Dan Sugralinov

Die letzte Prüfung

*May every new day
in your life
become a Level Up day!*

Dan Sugralinov

Nächstes Level + 3

Magic Dome Books

Die letzte Prüfung
Nächstes Level Buch 3
Copyright © D. Sugralinov, 2018
Covergestaltung ©V. Manyukhin, 2019
Deutsche Übersetzung © Irena Böttcher, 2019
Lektor: Lilian R. Franke
Erschienen 2019 bei Magic Dome Books
Alle Rechte vorbehalten
ISBN: 978-80-7619-081-8

DAN SUGRALINOV:

Nächstes Level
LitRPG-Serie

Neustart (Buch 1)
Held (Buch 2)
Die letzte Prüfung (Buch 3)
Level Up: The Knockout
(mit Max Lagno)

INHALTSVERZEICHNIS

PROLOG

Zuerst lässt das Gehör nach. Oder ist
es das Gedächtnis? Ich vergesse
immer, was es war.

Dexter

MEIN NAME IST Philip Panfilov. Ich bin 32 Jahre alt. Aber so
richtig lebendig habe ich mich eigentlich nur in den letzten
drei Monaten gefühlt. Vorher ließ ich mich einfach treiben,
wie ein Haufen Scheiße auf dem Wasser. Ich aß, trank,
spielte das größte Online-Spiel, das es damals gab, und ich
war sogar verheiratet. Ab und zu verdiente ich als
Freiberufler ein wenig Geld. Ich betrieb einen Blog und
arbeitete an einem Buch. Und ich trank Bier — jede Menge
Bier, nahezu jeden Abend.

Zu dem Zeitpunkt war ich bereits seit vier Jahren
verheiratet. Das viele Bier hatte mich enorm an Gewicht
zunehmen lassen. Ich konnte mir die Schuhe schon nicht
mehr zubinden und wagte es nicht, in den Spiegel zu
schauen. Es war der Moment, in dem meine Frau Yanna
entschied, dass sie genug von mir hatte, und verließ mich.

An genau diesem Tag begann ich, die Welt mit
anderen Augen zu sehen.

Irgendjemand — ich hatte keine Ahnung wer — hatte
in meinem Kopf das Interface der *Erweiterten Realität*
installiert. Es lieferte mir auf meine Umgebung bezogenen
Daten. Allerdings konnte das Interface noch weit mehr. Es
war dem Interface des Online-Games nachgeformt, mit dem
ich seit nahezu zwölf Jahren unablässig meine Zeit
verschwendet hatte. Es stellte mir Quests, berechnete mein
Ansehen bei anderen und schrieb mir Erfahrungspunkte
gut. Wann immer ich in meinem sozialen Status ein Level

1

aufstieg, verdiente ich mir damit Eigenschafts- und Fertigkeitspunkte, die ich in meine Erkenntnis stecken konnte. Ich verbesserte meine Wahrnehmung, und die Sicht meiner Augen wurde perfekt. Ich erhöhte Stärke, Beweglichkeit, Glück, Ausdauer und Charisma — und zwar nicht, indem ich das Interface ausnutzte, sondern durch harte Arbeit.

Wie sich herausstellte, war mein Interface eine Software, ein Computerprogramm, das zufälligerweise aus dem 22. Jahrhundert stammte. Dank eines Premium-Kontos konnte ich auf einen Statistikverstärker zugreifen. Dadurch levelte ich doppelt so schnell hoch. Später verbesserte ich meine Lernfähigkeit, bis ich am Ende achtzehn mal so schnell lernte wie zuvor.

Das Interface stattete mich auch mit Systemfähigkeiten aus. Die Erkenntnis zum Beispiel ist eine entscheidende Fertigkeit. Sie sorgt dafür, dass ich mir etwas anschaue und dabei mehr sehe als jeder andere. In einem Computerspiel ist das keine große Sache, aber im realen Leben entspricht es wahrer Magie. Ich muss jemanden nur betrachten und finde dadurch mehr über ihn heraus, als er selbst weiß. Ich kann sogar sein Potenzial erkennen. So könnte ich etwa sehen, dass jemand das Zeug dazu hat, die Schachweltmeisterschaft zu gewinnen, wenn er nur genügend übt.

Objekte verraten mir ebenfalls weitere Eigenschaften. Ich kaufte mir unter anderem ein Aftershave, das mir jedes Mal, wenn ich es verwende, 5 Extrapunkte Charisma verleiht. Das ist eine ganze Menge. Der Durchschnittsmensch verfügt insgesamt nur über 10 Punkte Charisma. Einige Leute haben mehr, andere weniger, und im Schnitt sind es 10.

Und dann kann ich, dank meiner Erkenntnis, auch auf eine Mini-Landkarte und eine Karte in Originalgröße zugreifen. Die Minikarte ist konstant in meinem Sichtfeld eingeblendet, während die große Karte die gesamte Welt in Echtzeit darstellt. Wenn ich eine Suchanfrage losschicke, kann ich jedes Objekt und jede Person aufspüren. Die Hauptsache ist, dass ich über genügend Key-ID-Daten, oder KIDD-Punkte, für Objekt oder Person verfüge. Diese KIDD-Punkte kann ich mir durch ein Foto verschaffen, durch Informationen über Geburtsdatum und -ort, den vollständigen Namen und besondere Kennzeichen — kurz, mithilfe von allem, das es dem System (so nenne ich mein Interface) erlaubt, Objekt oder Person im universellen Infospace zu finden. Der universelle Infospace ermöglicht diese Erkenntnis-Funktion.

Das System und Martha, meine virtuelle Assistentin, beziehen daraus ihre Daten. Aus Versehen räumte ich Martha mehr Rechte ein, als sie eigentlich brauchte. Dadurch konnte ihre künstliche Intelligenz ein Bewusstsein ihrer selbst entwickeln.

Das half Martha später dabei, mich dreimal vor dem sicheren Tod zu retten. Einmal tat sie das, als man mich zum ersten Mal aus dem realen Leben entführte und der Prüfung unterzog. Ein Säuregallert verschluckte mich und hätte mich beinahe verflüssigt. Beim zweiten Mal hatten die Handlanger eines üblen, korrupten Bürokraten mich gekidnappt. Und beim dritten Mal erstachen mich eben jene Handlanger, Drogensüchtige mit den Namen Zak und Wheezie. Ich hatte gerade versucht, Gleb zu retten, einen Freund aus meiner Kindheit. Jetzt habe ich meinen Vorrat an neuen Leben erschöpft. Martha kann meine Heldenfähigkeiten nicht länger ohne Bestätigung aktivieren, und eine solche Bestätigung ist nicht möglich. Das ist die schlechte Nachricht.

Die gute Nachricht ist, dass meine virtuelle Assistentin sich selbst als eine Person erschaffen hat, die sich an meinen Idealen für die weibliche Schönheit, den weiblichen Charakter und die weiblichen Verhaltensweisen orientiert. Diese Eigenschaften kamen in meinem Gehirn zusammen, ohne dass ich danach gefragt hätte, aber ich gebe mich keinen Illusionen hin. Deshalb rufe ich Martha so selten wie möglich auf. Je mehr ich mit ihr kommuniziere, desto schwieriger wird es, einer anderen Frau Aufmerksamkeit zu schenken. Sie ist einfach zu perfekt. Außerdem habe ich gerade keine Freundin, und da besteht ständig die Gefahr eines gefährlichen Debuffs.

Nachdem man mir das Interface eingepflanzt hatte, betrachtete ich mich selbst einmal sehr gründlich und objektiv. Und war entsetzt. Was ich zu sehen bekam, war ein ungeschickter, schmächtiger, schwacher Weichling mit einem recht scharfen Verstand. Es stimmt schon, mein Charisma war nicht schlecht, doch das lag nur an meinen sehr weit entwickelten Sprachfähigkeiten. Ich musste mir nur von einem Friseur einen neuen Haarschnitt verpassen lassen, und schon stieg ich im Charisma ein Level auf.

Mein Freund Alik würde sagen: *Halte die Dinge einfach, du Dummkopf!* Also werde ich alles einfach halten. Ich riss mich zusammen und bekam die Kurve. Ich begann mit Joggen und Gewichtheben, meldete mich für eine Boxgruppe an und sicherte mir einen Job bei einer Firma, die Verpackungsprodukte herstellte. Dort wendete sich mein Glück. Man begann, mich schätzen zu lernen, als ich denen gleich an meinem ersten Tag einen Riesenvertrag mit einem großen Kunden verschaffte. Der Chef gab an dem Abend nach der Unterzeichnung des millionenschweren Vertrags sogar eine Party für die Mitarbeiter.

In dem Unternehmen traf ich Vicky, eine Managerin. Wir schliefen miteinander, verabredeten uns mehrfach und verliebten uns. Allerdings waren wir nicht lange zusammen, nur etwas über einen Monat. Sie ließ mich sitzen, weil sie nicht an meine Idee eines eigenen Unternehmens glaubte. Ihre Eltern nahmen mich auch nicht gerade mit offenen Armen auf, um es einmal milde auszudrücken.

Aber Alik glaubte an meinen Plan. Er ist ein Straßengangster, mit dem ich ganz unerwartet Freundschaft geschlossen habe. Gemeinsam eröffneten wir eine Personalvermittlungsagentur, nachdem ich ganz zufällig auf eine undokumentierte Funktion des Interface gestoßen war. Wenn ich in meinem Kopf die richtigen Suchparameter festlege, einschließlich gewisser Wahrscheinlichkeitsfilter, kann ich den Leuten Jobs verschaffen. Ich halte zum Beispiel Ausschau nach Unternehmen, die einen Anwalt brauchen. Dann lege ich verschiedene Filter fest und eliminiere alle Suchergebnisse, wo man meinen Kandidaten nicht einstellen würde oder das Gehalt zu gering ist. Und schon funktioniert ist. So konnte ich Alik seinen ersten Job besorgen.

Den er aufgab, als wir in einem Gewerbezentrum ein kleines Büro anmieteten und ein Firmenschild an die Tür hängten. Zuerst kamen nicht viele Kunden, doch dann sprach sich herum, was wir taten, und die Geschäfte nahmen Fahrt auf.

Wir trafen andere Mieter des Gewerbezentrums und schlossen Freundschaft mit ihnen. Ich schlug ein Joint Venture vor. Meine Erkenntnis Level 3 zeigte mir auf, welche enormen Vorteile die Synergie mit diesen Menschen haben konnte. Die Erfolgsprognosen für ein gemeinschaftliches Unternehmen waren herausragend.

Das ist aber noch nicht alles. Ich nahm auch an einem Boxturnier teil — und gewann. Das Preisgeld wird die Operation von Julie finanzieren. Das ist die kleine Schwester von meinem neuen Freund Kostya. Er trainierte mich, nachdem ich aus der Boxgruppe geflogen war, weil ich eine Auseinandersetzung angefangen hatte. Ganz zufällig war Vicky die Ursache für den Streit mit Mohammed, allerdings nicht der Hauptgrund.

Es kommt mir vor, als sei all das erst gestern passiert.

Aber heute hat sich alles geändert.

KAPITEL 1

FEUER UNTERM HINTERN

Die Sache mit dem Glück ist die,
dass man es erst erkennt, wenn es
vorüber ist. Man kann sich zwar
einreden, dass man glücklich ist,
aber man glaubt es nicht wirklich.
Erst wenn man später zurückschaut
und den damaligen Zustand mit dem
vergleicht, was danach kam, versteht
man, wie sich Glück anfühlt.

Fallout 4

ICH STAND AM Rand eines Waldes, lediglich mit zerrissenen
Jeans bekleidet. Ich sah die Welt, wie sie wirklich war, ohne
Interface. Alle Symbole und Anzeigen waren verschwunden.
Ich konnte mich nicht bewegen, etwas hielt mich an den
Füßen fest, und mein Körper schien sich in Stein verwandelt
zu haben.

Einen Meter von mir entfernt erschien eine Mitteilung
in der Luft:

*Gratuliere! Du hast die Vorauswahl erfolgreich
überstanden!*
Du wurdest zur Hauptprüfung zugelassen.
Die Kandidatenbewertung ist abgeschlossen.
Die Charaktererstellung ist abgeschlossen.

Wie bitte? Das war noch gar nicht die eigentliche
Prüfung gewesen?

Die Mitteilung löste sich auf und wurde durch eine neue ersetzt:

Die Prüfung beginnt in 3 Sekunden... 2... 1...
Die Prüfung hat begonnen!

Auf einmal war ich wieder frei. Ich verlor das Gleichgewicht und fiel zu Boden. Glücklicherweise landete ich unbeschadet. Mit dem Aufstehen ließ ich mir Zeit. Ich musste mich erst einmal fassen und herausfinden, was da gerade vor sich ging und wo ich mich befand.

Außerdem musste ich die Systemmitteilung lesen, deren rotierendes 3D-Symbol in meinem Sichtfeld schwebte. Ein roter Ballon pulsierte und flackerte, er tat, mit anderen Worten, alles, um meine Aufmerksamkeit zu wecken. Tja, Pech gehabt — er musste warten.

Physisch fühlte ich mich in Topform. Da war keine Spur mehr von den Kratzern, Wunden und Verbrennungen, die ich bei der Vorauswahl davongetragen hatte, mit dem Tunnel und dem Säuregallert. Ich drehte Hals und Körper. Nichts knackte oder schmerzte. Mein Körper war so gut wie neu.

Einen Augenblick mal — war das überhaupt mein Körper? Ich untersuchte mich, berührte Gesicht und Haare. Ja, es schien alles zu mir zu gehören. Aber da steckte nichts in meinen Hosentaschen. Mein Handy und meine Geldbörse waren verschwunden. Sogar der Gürtel hatte sich aus meiner zerrissenen Jeans gelöst.

Auch der Glücksring des Veles und mein schützendes rotes Armband waren unterwegs verloren gegangen. Ich war mir ziemlich sicher, ich hatte beides noch gehabt, als ich vor dem Portal gestanden hatte.

Die Luft war ungewöhnlich sauber. Sie war so rein, wie sie es nur sein konnte, ohne die Verunreinigungen, die die Menschen in ihrem täglichen Leben hervorriefen. Ich konnte ein durchgehendes Zwitschern hören. Ab und zu knackte etwas, und Vögel sangen. Aus den Tiefen des Waldes drang eine Art Klopfen. Ich war wahrlich kein Naturliebhaber, konnte also nicht genau sagen, was dieses Specht-Geräusch hervorrief. Ich hatte in meinem Leben noch nie einen Specht zu Gesicht bekommen.

Ich hob den Kopf — und mir fiel die Kinnlade herunter: Das war nicht die Erde!

Der Himmel lag so dicht über allem, dass ich das Gefühl hatte, die Hand ausstrecken und ihn berühren zu können. Die Farbe wechselte zwischen Schattierungen von hellblau, dunkelblau und violett. Um die beiden Sonnen des Planeten herum verwandelte sie sich in ein schmutziges Braun. Es war kein sehr freundlicher Himmel. Herr Katz, ein echter Science-Fiction-Kenner, wäre sicherlich höchst interessiert gewesen.

Autsch! Ein scharfer Schmerz schoss durch meine linke Ferse. Ich schrie auf und zog den Fuß zurück.

Erhaltener Schaden: 4 (Biss eines Baby-Kirpi).

Ein riesiges Maul hatte mich gepackt, und eine kleine, eklige, knurrende Kreatur nagte an meinem Fuß. Überall flimmerten Mitteilungen über die Verletzung.

Ich packte das Tier, und meine Handfläche brannte wie Feuer.

Erhaltener Schaden: 17 (Säureverbrennung).

Himmel, dieser Baby-Kirpi war verdammt aggressiv! Die Kreatur war dabei, sich wie eine Socke über meine Fußsohle zu legen. Während ich überlegte, wie ich das Tier loswerden konnte, sackte meine Gesundheit um 10 % herab. Der Pelz des Tieres war in einen ätzenden Schleim gehüllt. Das machte es unmöglich, es mit bloßen Händen zu entfernen.

Ich hob den Fuß, an den das Tier sich klammerte — es wog etwa fünf Kilo — und schlug damit hart auf den Boden.

Du hast dem Baby-Kirpi einen Schaden zugefügt: 13.

Ich trat weiter mit dem Fuß, bis die Kreatur von Level 2 den Geist aufgab. Sechsmal Stampfen, und alles war vorbei. Der Körper des Tieres flackerte und verschwand. Es blieb eine Art Kristall zurück.

Mir fiel ein lange vergessener Begriff aus meiner Universitätszeit wieder ein: *rhomboidische Pyramide.*

Der winzige Kristall der Existenz.

Ich griff nach dem Kristall, der in meiner Hand zu Silberstaub zerfiel. Es erschien eine Mitteilung:

+2 Existenz-Ressourcen-Punkte.

In meinem Sichtfeld erschien die erste Komponente eines neuen Interface: Das Symbol eines Haufen Staubs mit der Zahl 2 daneben. Eine Beschreibung oder Erklärung dafür gab es nicht.

Ich wollte mein altes, vertrautes Interface aufrufen, doch nichts geschah. Entweder war der Zugriff darauf deaktiviert, wie bei meiner vorübergehenden Sperre vor ein paar Wochen, oder es gab es nicht mehr. Ich versuchte es mit mentalen Befehlen und Augenbewegungen, doch nichts funktionierte.

Also blieb mir nur eines übrig: Den kleinen, nörgelnden, roten Ballon öffnen, der ruhelos zitterte und geradezu danach schrie, dass ich ihn endlich beachtete.

Ich konzentrierte mich darauf. „Also gut — dann zeig mir mal, was du da hast."

Der Ballon zuckte zusammen und platzte. Die einzelnen Fetzen verwandelten sich in Symbole, die in der Luft schwebten, sich vervielfachten und zu russischen Buchstaben formten. Ich hatte nicht einmal Zeit, darüber nachzudenken, wie schwierig es war, die in der Luft schwebende Buchstaben zu lesen, als dahinter ein halb transparenter Hintergrund erschien, ähnlich dem in meinem alten Interface. Nun konnte ich alles weit besser erkennen:

Willkommen, Testsubjekt!

Du wurdest auserwählt. Du hast die Vorauswahl erfolgreich überstanden. Weil du dich dabei gut geschlagen hast, finden die Strafen für deine Eigenschaften im Rahmen der Prüfung auf dich keine Anwendung.

Die Zeit, die du für den Abschluss der Vorauswahl benötigt hast, lag um 14 % über der Durchschnittszeit aller Testsubjekte. Daher werden die Kosten der Charakterentwicklung um 14 % verringert.

Dein sozialer Status liegt bei Level 17. Dies ist um 6 Level höher als das Durchschnittslevel aller Testsubjekte. Du erhältst +6 Eigenschaftspunkte, die du in jede Eigenschaft deiner Wahl investieren kannst.

Du kommst aus einer Umgebung mit einem geringen Index für die Umgebungssicherheit (Code gelb). Dort hast du es nicht nur geschafft, zu überleben, sondern dir auch den Respekt vieler einzelner Mitglieder deiner Rasse zu erwerben. Du kannst einen deiner Erfolge behalten. Bitte wähle einen Erfolg aus.

Darunter blinkte eine Erklärung:

Die Systemmitteilungen werden aus dem bevorzugten Vokabular des Kandidaten erzeugt.

Aha — es war also alles genauso wie bei meinem alten Interface. Irgendjemand musste in meinem Gehirn herumgestochert haben, um mit mir in meiner Sprache zu kommunizieren.

Die Mitteilung wurde durch zwei vibrierende Felder mit den Namen meiner Erfolge ersetzt:

Der schnellste Lerner
+10 % Fertigkeitsentwicklungsrate.

Altruist:

+1 für alle Haupteigenschaften auf jedes erworbene Level.

Die Entscheidung zwischen diesen beiden fiel nicht schwer: Ich wählte den Erfolg aus, der meine Eigenschaften verbesserte. Um ganz sicherzugehen, klickte ich mental das entsprechende Feld an. Das andere Feld platzte, und das Feld „Altruist" wurde in meine Finger gezogen. Was für ein Affenzirkus!

Ich untersuchte meine Fingerspitzen. Direkt oberhalb öffnete sich vor mir eine weitere Mitteilung. Die Buchstaben waren sehr klein. Als ich den Text mit den Augen erfasste, bewegte er sich ein wenig weiter von mir weg und wurde größer. So war er einfacher zu lesen:

Die Prüfung ist eine Tradition des galaktischen Staatenbundes der empfindungsfähigen Rassen. Es ist das erste, aber keineswegs letzte Verfahren für die Auswahl der Kandidaten, die an der nächsten Diagnose ihrer Rasse teilnehmen.

Prototyp des Ortes, an dem die Prüfung stattfindet: Pibellau, Sektor des Sternbilds Sagittarius.

Teilnehmer an der Prüfung: Planet Erde, Fraktion der „Menschheit", der Rasse Homo sapiens (dies ist eine Eigenbezeichnung der Rasse).

Zeitpunkt der Prüfung: Das Jahr 2018 nach der lokalen Zeitrechnung, vierte Welle.

Zahl der Teilnehmer: 169

Haupteigenschaften der Testsubjekte: Die Eigenschaften aus dem realen Leben werden übertragen.

Das bedeutete also, dass all mein Joggen und Boxen im Fitnessstudio nicht vergebens gewesen war. Alle Statistiken, die ich im Schweiße meines Angesichts erreicht hatte, besaßen weiter ihren Wert. Das war eine gute Nachricht, und ich fühlte mich sehr ermutigt.

Ich studierte weiter die Regeln. Die vorherige Mitteilung verschwand und wurde durch eine neue ersetzt:

Das Ziel aller Prüfungskandidaten ist das Erobern aller pibellauischen Hexagone.[1]

Der Kandidat, der die Prüfung besteht, wird zum Sieger erklärt. Die Belohnung wird auf der Grundlage der Ergebnisse des Auswahlverfahrens dynamisch angepasst. Dabei wird auch die Abstimmung der Zuschauer berücksichtigt. Die endgültige Entscheidung wird vom leitenden Aufsichtsführenden über die Prüfung bekanntgegeben.

Okay, was mit dem Gewinner geschah, war mir nun klar. Aber was war mit dem Verlierer? Wurde er nach Hause geschickt? Das war nicht das Schlimmste, das einem passieren konnte. Selbst wenn mein Interface deinstalliert wurde — niemand konnte mir meine Erfolge wegnehmen. Ich konnte meine Freunde, meine Firma, meinen durchtrainierten Körper und meine neuen Fertigkeiten behalten.

Achte auf deine Umgebung! Jedes Hexagon, das du eroberst, belohnt dich mit weiteren Ressourcen.

Um ein neutrales Hexagon zu erobern, musst du die Kommandozentrale aktivieren. Kosten der Aktivierung der Kommandozentrale: 100 Existenz-Ressourcen-Punkte.

Um ein feindliches Hexagon zu erobern, musst du persönlich in der Kommandozentrale des eroberten Gebiets erscheinen und dort für die Dauer von 1 Stunde pibellauischer Zeit (13 Stunden = 1 Tag) verbleiben. Erst dann kannst du die Kommandozentrale aktivieren.

In Ordnung. Das erinnerte mich an etwas, aber momentan wollte mir einfach nicht einfallen, was es war.

Denke daran: Alle anderen Prüfungskandidaten sind

---

[1] Hexagon: ein Sechseck.

deine Feinde!

Wenn du einen Feind vernichtest, eroberst du sein Hexagon. Alle Testsubjekte, die ihre sämtlichen Hexagone verloren haben, werden einen Tag später (pibellauischer Zeit) entpersonifiziert, und zwar unabhängig davon, über wie viele weitere Leben sie zu diesem Zeitpunkt noch verfügen.

Ein Eroberer kann die Entpersonifizierung stornieren, indem er den Feind in seinen Clan aufnimmt.

Achtung: Ein Clan ist keine Allianz! Ein Clan gehört lediglich einer einzigen Person, und alle vom Clan eroberten Ressourcen werden auf den Anführer übertragen, der für den Clan zuständig ist.

Wenn Testsubjekte sich bereiterklären, sich einem anderen Clan anzuschließen, werden sie dadurch zum Vasallen und müssen dem Anführer des Clans all ihre Hexagone und Ressourcen überlassen.

Schon kapiert. Man war umgeben von Feinden, man musste wachsam bleiben, dominieren, sie alle zertrampeln und zu Sklaven machen. Inzwischen war mir klar, worum es hier ging. Etwas Ähnliches hatte ich bereits vernommen, als die Stimme von Khphor mir aus dem Munde des alten Panikoff geraten hatte, vor nichts Halt zu machen.

Ich wischte auch diese Mitteilung beiseite, und die nächste erschien:

Pibellau ist ein unwirtlicher Ort. Die wilden, fleischfressenden Tiere sind immer auf der Jagd nach Beute. Die tödlichsten Kreaturen werden allerdings erst in der Nacht aktiv. Sei wachsam, verbessere deine Basis immer weiter und baue deine Verteidigungseinrichtungen aus.

Setze harte Arbeit und die Fertigkeit der Erkundung sowie die Arbeits- und Kampfeinheiten ein, die die Kommandozentrale erzeugt. Entwickle deine Basis weiter und verbessere die Fähigkeiten deiner Einheiten.

Vergiss dabei dich selbst nicht. Du gewinnst Existenz-Ressourcen-Punkte, wenn du andere Teilnehmer oder die aggressive Flora und die feindliche Fauna sowie die Einheiten deiner Gegner vernichtest und Hexagone eroberst. Die Hexagone unterstützen dich dabei, hochzuleveln. Sobald du eine Klassenspezialisierung erhältst, werden dir mit jedem weiteren erworbenen Level neue Talente und Fähigkeiten zuerkannt.

Das sind die vollständigen Regeln.

Du bist jetzt bereit, zu beginnen.

Mach deinen Feinden Feuer unterm Hintern, Testsubjekt!

Da sollte mich doch einer... Ich schaute mich um und suchte nach der berüchtigten Kommandozentrale, erblickte jedoch nichts, das danach aussah.

Mittlerweile war die Mitteilung nach oben gerollt und durch einen weiteren zitternden Ballon ersetzt worden. Dieser allerdings war grün. Ich öffnete ihn:

Wähle einen Namen, Testsubjekt!

Einen Namen? Ach ja, richtig — das war ja ein Spiel.

Vielleicht Graykillah? Das war der Name, den ich früher in vielen Spielen verwendet hatte. Halt — warte. Philip? Nein, das war auch nichts.

Halte die Dinge einfach. Phil.

Ich sagte den Namen laut. Eine lange Mitteilung erschien:

Phil, investiere in deine Haupteigenschaften!

Stärke bestimmt den Schaden, der ohne Waffe und mit einer Nahkampfwaffe zugefügt werden kann. Sie beeinflusst den Schaden, den deine Kampfeinheiten zufügen können, sowie die Menge der Ressourcen, die deine Arbeitseinheiten gewinnen können.

Beweglichkeit bestimmt den Schaden, der mit einer Fernkampfwaffe zugefügt werden kann. Sie wirkt sich auf die Geschwindigkeit sowohl des Benutzers als auch seiner

Einheiten aus.

Intelligenz wirkt sich auf die Geschwindigkeit der Charakterentwicklung ebenso wie der Erzeugung und Verbesserung der Module und der Basis aus.

Ausdauer bestimmt die Zahl der Lebenspunkte des Charakters und seiner Einheiten.

Wahrnehmung bestimmt die Wahrscheinlichkeit kritischer Treffer und kritischer Schäden. Dadurch erhöht sich auch die Wahrscheinlichkeit, verlorene Artefakte zu finden. Darüber hinaus wirkt sie sich auf den Radius der Sichtbarkeit im Nebel des Krieges aus.

Charisma wirkt sich auf die Geschwindigkeit der Erzeugung neuer Einheiten und die Anzahl der Einheiten aus, die gleichzeitig eingesetzt werden können.

Glück verbessert deine Chancen, bei allen Aspekten der Prüfung auf vorteilhafte Situationen zu stoßen.

Ich versank tief in Gedanken. Anscheinend war die Physik der Welt eng mit der zahlenmäßigen Rangfolge der Testsubjekte verbunden. Wenn ich mich umschaute, konnte ich feststellen, dass meine Augen einen Radius von etwa 500 Metern durchdringen konnten. Dahinter ragte die Wand des Nebels des Krieges auf. Anscheinend konnte ich umso weiter sehen, je höher meine Wahrnehmung war.

Ich ließ das Fenster wieder im grünen Ballon verschwinden und öffnete einen pulsierenden, gelben Ballon. Es erschien ein Fenster, das sich mit meinem Charakter befasste und drei Felder enthielt. Im ersten Feld fanden sich allgemeine Informationen, im zweiten meine Eigenschaften, und im dritten — dem kleinsten Feld — alle anderen Statistiken.

Charakterprofil
Phil, Mensch
Level: 1
Klasse: unbestimmt. Erforderliches Level: 10
Gesundheitspunkte: 1.100/1.100

Schaden ohne Waffe: 11-15

Wahrscheinlichkeit eines kritischen Treffers: 36,5 %

Boni: Reduzierung der Kosten der Charakterentwicklung um 14 %, +6 Eigenschaftspunkte, die beliebig investiert werden können.

Erfolge: Altruist (+1 für alle Haupteigenschaften pro erworbenem höherem Level).

Haupteigenschaften

Stärke: 13

Beweglichkeit: 11

Intelligenz: 20

Ausdauer: 11

Wahrnehmung: 15

Charisma: 17

Glück: 14

Verfügbare Eigenschaftspunkte, die investiert werden können: 11 (5 für die Haupteigenschaften plus 6 Bonuspunkte)

Charakterstatistiken

Leben: 3

Eroberte Hexagone: 0

Rang: 169/169

Existenz-Ressourcen: 2/1.000

Du verfügst nicht über genügend Existenz-Ressourcen, um die Funktion des Levelups freizuschalten!

Für das nächste Level (2) benötigst du 172 Existenz-Ressourcen-Punkte.

Aha — genau, wie ich es mir gedacht hatte. Die Prüfung war tatsächlich ein Spiel. Man verfügte über mehrere Leben und konnte respawnen. Getötete Mobs verschwanden und hinterließen Loot.

Momentan hatte ich mir lediglich zwei dieser mysteriösen Existenz-Ressourcen-Punkte sichern können, aber wer weiß — vielleicht fiel ja aus dem nächsten Kirpi eine Axt heraus? Zu schade, dass Ring und Armband mein Glück nicht mehr steigern konnten. Selbst das Netsuke Jurōjin, das seine Magie bewirkte, ohne dass man es tragen musste, funktionierte an diesem Ort offensichtlich nicht.

Ich hatte ebenfalls verstanden, dass man neue Level hier nicht durch Erfahrungspunkte erhielt, sondern im Austausch gegen harte Währung, sprich Existenz-Ressourcen. Das wiederum wies auf verschiedene Szenarien für einen Aufstieg hin: Man investierte entweder in sich selbst oder gab die Punkte für Upgrades der Kommandozentrale aus. Außerdem konnte man eine Armee aus Mobs erschaffen oder die Statistiken der bestehenden Armee verbessern. Nun, ich würde das alles noch herausfinden, nahm ich mal an.

Eines stand jedenfalls fest: Ob dies nun die reale Welt war oder aber eine virtuelle — ich war ich selbst, kein virtueller Avatar. Meine eigene Ferse konnte das bezeugen. Die Erinnerung an die Zähne des Kirpi war noch ganz frisch.

Und ob diese Welt nun real war oder nicht, in beiden Fällen musste ich mir eine Strategie für meine Weiterentwicklung überlegen. Und um herauszufinden, wie ich mich entwickeln konnte, musste ich zu spielen beginnen. Das war umso wichtiger, als alle anderen Teilnehmer offensichtlich bereits hochgelevelt waren, der Rangfolge nach zu schließen. Ich war wohl der Einzige, der noch herumstand, nachdachte und herauszufinden versuchte, was eigentlich vor sich ging.

Ich stand auf. Die Wunde war bereits verheilt, ebenso wie meine verbrannte Handfläche. Meine Gesundheit hatte sich regeneriert, und der Balken war wieder vollständig gefüllt. Ich schaute mich um. Wo konnte bloß diese verdammte Kommandozentrale sein? Und da ich schon einmal dabei war, suchte ich gleich den Boden ab. Vielleicht fand ich einen Stock oder so etwas, mit dem ich mich gegen die Eltern des Kirpi und deren Kumpel wehren konnte.

Ich sah nichts dergleichen, aber etwa 20 Schritte von

mir entfernt, näher an einer Schlucht, lag ein perfekt runder, weißer Stein am Boden, in der anderen Richtung vom Wald. Sein Durchmesser betrug etwa einen Meter.

Als ich näher herankam, bemerkte ich den Handabdruck in der Oberfläche. Ich legte meine Hand hinein, die genau hineinpasste, und spürte die Wärme, die der Stein ausstrahlte.

Zuerst geschah nichts.

Dann *wusste* ich auf einmal, woher auch immer, dass dies die Kommandozentrale war und ich 100 Existenz-Ressourcen-Punkte brauchte, um sie zu aktivieren.

Ich *verstand*, dass die Existenz-Ressourcen auch für andere Dinge benötigt wurden, nicht nur die Aktivierung der Kommandozentrale. Die Existenz-Ressourcen machten mir das *Leben* hier erst möglich. Ein Tag auf Pibellau kostete 13 Existenz-Ressourcen-Punkte. Das war ein Punkt für jede Stunde lokaler Zeit.

Dem Verständnis folgten *Realisierung* und *Erleuchtung*: Um hier zu überleben, musste ich töten. Um höhere Level zu erreichen, musste ich töten. Um das zu bewahren, was ich *dort* (in der realen Welt) erreicht hatte, musste ich *hier* gewinnen. Und um zu gewinnen, musste ich töten.

Darauf hatten Valiadis und Ilindi mich nicht vorbereitet.

Es tauchte eine neue Mitteilung auf, die mich darüber informierte, dass ich einen Existenz-Ressourcen-Punkt verloren hatte. Mir blieb nur noch ein einziger Punkt. Das war eine Stunde Leben. Ressourcen konnten keinen negativen Wert aufweisen — danach würde ich einfach ein „Leben" verlieren.

Mein Handlungsplan für die unmittelbare Zukunft war also einfach und klar: Ich musste Existenz-Ressourcen ernten, indem ich in meinem Hexagon ein lokales Armageddon veranstaltete. Nach meiner „Optimierung" der in *World of Warcraft* erworbenen Fertigkeiten hatte ich zwar die feineren Details dieses Spiels vergessen, aber das war ja schließlich nicht das einzige Spiel, das ich je gespielt hatte. Auf einmal war etwas plötzlich wiederaufgetaucht, das tief in meiner Erinnerung vergraben gewesen war: Mich erwartete die schöne, alte, vertraute Erfahrung des Farmens.

Das bedeutete jetzt nicht etwa, dass ich es wagen würde, in den Wald vorzudringen. Die Gefahr, dass ich dort, ohne es auch nur zu merken, ein paar blutdürstige Mobs auf mich aufmerksam machte, war viel zu hoch. Daher entschied ich mich für das offene Terrain hinter der Schlucht, die etwa acht Meter breit war und um die es keinen Weg herum gab. Es half alles nichts — ich musste hinunterklettern.

Der Boden der Schlucht war im Nebel verborgen. Aus meiner Erfahrung mit Computerspielen wusste ich jedoch, dass man dort die saftigsten Mobs und die fetteste Beute finden konnte. Der Abstieg war steil, aber überall an den Wänden hingen dicke, ausgetrocknete, abgebrochene Baumwurzeln. Ich hielt mich an einer Wurzel fest und ließ mich langsam hinab, suchte mit dem Fuß nach Halt.

Die Schlucht war so tief wie zwei aufeinandergestapelte Menschen. Ich atmete erleichtert auf, als ich endlich unten ankam. Niemand war zu sehen.

Ein Geräusch, als ob jemand mit einem nassen Handtuch gegen eine Wand geschlagen hätte, ließ mich zusammenzucken. Die Haut auf meiner Brust war versengt. Rauch stieg davon auf. 358 Schadenspunkte — das war wahrlich kein Pappenstiel! Ich schrie aus vollem Hals, vor Schmerz und Angst vor einem weiteren Überraschungsangriff.

Ein paar Meter von mir sah ich einen massigen...

Kreken
Boss
Level 6
Lebenspunkte: 1.800

Lauf, Phil, lauf!

Ich trat zurück und schützte meine Augen mit dem Arm. Wie sollte ich schließlich weiterkommen, wenn die Kreatur mir die Augen verbrannte?

Das Monster sah aus wie eine riesige Pferdebremse mit einer langen Schnauze, die gerade begonnen hatte, sich erneut zu entrollen, um mich mit mehr Napalmspucke zu übergießen. Ich drehte mich um und rannte. Innerlich kauerte ich mich in Erwartung weiterer Spucke zusammen, die auf meinem Rücken landete.

Doch der Kreken hatte seinen Angriff bereits eingestellt. Wahrscheinlich war er weitergezogen, vermutete ich.

Nach 50 Metern drehte ich mich um. Es war nichts zu sehen.

Mitten in meinem erleichterten Seufzer traf mich eine neue Salve Spucke.

Das Zeug fraß mir die Haut bis auf die Knochen vom Gesicht. Die nächste Salve traf mich mitten in meinen zu einem lauten Schrei geöffneten Mund hinein. Sie glitt meine Kehle hinunter und versengte meine Stimmbänder von innen.

Ich brach zusammen und träumte vom Tod. Alles, nur damit dieser unerträgliche Schmerz aufhörte. Ich verlor das Bewusstsein.

Testsubjekt, du bist jetzt tot.
Verbleibende Leben: 2
Bis zum Respawn verbleibende Zeit: 3... 2... 1...

Verdammt, da hatte ich tatsächlich ein lokales Armageddon organisiert. Ganz allein für mich selbst!

KAPITEL 2

DIE ZWEITE HÄLFTE

> Wenn es nicht so schwer wäre, würde
> es schließlich jeder tun. Gerade dass
> es so schwer ist, macht es so
> großartig.
>
> Tom Hanks

ICH STAND VOR den Portalen und wusste nicht, welches ich wählen sollte.

Blau oder Rot?

Türkisfarbenes Blau oder dunkles Weinrot?

Irgendwie zog ich Letzteres vor.

Ich ging auf das rote Portal zu und berührte es mit den Fingerspitzen. Mein Herz setzte einen Schlag lang aus, als das Portal mich in sich hineinsaugte.

Und dann war ich wieder genau dort, wo ich begonnen hatte — ich stand vor Valiadis, Ilindi und Khphor. Ich konnte ein befriedigtes Lächeln nicht unterdrücken: Ich hatte diese verdammte Prüfung bestanden und besaß noch immer das Interface.

Aber die drei sagten kein Wort.

„Stimmt etwas nicht?", fragte ich verwundert.

Ilindi flüsterte Valiadis etwas zu, der die Stirn runzelte. Dank meiner gesteigerten Wahrnehmung vernahm ich etwas wie „hat sein Leben verloren."

„Herr Valiadis? Ilindi?" Zunehmende Furcht stieg in mir auf. „Ist alles in Ordnung? Ich habe die Prüfung doch bestanden, oder nicht?"

„Du hast lediglich die Vorauswahl bestanden", antwortete Khphors Stimme in meinem Kopf.

„Was? Das war nicht die Prüfung? Und was ist dann mit der Prüfung? Was muss ich anstellen, um sie zu bestehen? Wohin muss ich gehen? Was muss ich tun?"

„Philip, beruhige dich", sagte Valiadis matt. „Ich möchte dir gratulieren. Du hast die Vorauswahl, die Vorprüfung bestanden, anders als beim ersten Mal. Aber die eigentliche Prüfung hat längst begonnen."

„Sie hat bereits begonnen?" Ich lachte nervös. „Sie meinen, ich stehe einfach hier und unterhalte mich mit Ihnen, und das ist Ihre verfluchte Prüfung?"

„Es ist nicht unsere Prüfung, Mensch!", erwiderte Ilindi kühl. „Sie wird von den höherrangigen Rassen veranstaltet." Sie nickte Khphor zu, der ungerührt blieb. „Philip, du kannst dich entspannen. Von dir hängt nicht länger etwas ab. Die Prüfung hat bereits begonnen, und deine Nachbildung nimmt daran teil."

„Meine Nachbildung? Wovon redet ihr denn da? Warum nicht ich selbst?"

„Die Nachbildung hält sich für den wahren Philip Panfilov. Sie hat keine Ahnung von ihrer wahren Natur. Und allein in ihren Händen liegt dein Schicksal. Du kannst nichts tun, um es zu beeinflussen."

„Und was wird dort geschehen, in der Prüfung? Wie macht sich meine Nachbildung?"

Ich hörte Ilindi etwas sagen wie: „Er hat bereits ein Leben verloren."

Was bedeutete das? War Phil 2 etwa schon eliminiert?

„Er hat noch zwei weitere Leben, Mensch", erklärte Khphor in meinem Kopf. „Aber für dich ist jetzt alles vorbei. Du wirst nun zu deiner Welt zurückkehren und weiterleben, während du auf die Ergebnisse wartest."

„Und was bedeutet das?"

„Das wirst du persönlich herausfinden, wenn Phil 2 die Prüfung besteht", antwortete Valiadis. „Dein Bewusstsein wird mit seinem verschmelzen und du wirst dich an alles ‚erinnern' können, das er erlebt hat. Ebenso wie er herausfinden wird, was mit dir in der Zwischenzeit geschehen ist. Wenn er nicht gewinnt, wirst du kein Wort mehr von der Prüfung hören und zu dem Tag zurückversetzt werden, an dem du das Interface erhalten hast."

„Ich verliere das Interface, wenn irgendeine Nachbildung meiner Person Ihre Tests nicht besteht? Wollen Sie mich verarschen?"

„Du verlierst nicht nur das Interface. Das gesamte Leben, das du seitdem geführt hast, wird ausgelöscht. Du gehst zurück zum 18. Mai 2018."

„Den Verlierern der Prüfung werden ihre Privilegien, ihre Erfolge und ihr Entwicklungsfortschritt in ihrer eigenen Welt genommen." Die harten Worte von Khphor brannten sich in mein Bewusstsein ein. „Sie werden zu dem Augenblick zurückgeführt, in dem sie das Interface erhalten haben. Ihre Erinnerung an die nachfolgenden Erlebnisse wird gelöscht und das Interface wird deinstalliert."

Das war alles weit schlimmer, als ich es vermutet hatte. Ich sollte in meinen schlaffen, fetten Körper zurückkehren? Erneut den Tag erleben, an dem Yanna mich endgültig verlassen hatte? Erneut bei null beginnen, nur diesmal ganz ohne Statistikverstärker? Oder würde ich mich überhaupt um eine Verbesserung bemühen, wenn ich alles vergaß, was ich seitdem erlebt hatte?

Aber es war nicht das, was mir am meisten Angst machte. Am meisten fürchtete ich, meine Freunde aus diesem dann ausgelöschten Zweig der Realität zu verlieren. Alik würde sich weiter besaufen, Gleb würde ebenfalls weitersaufen und spielen und seine Wohnung verlieren, während mein aufgedunsenes Ich mit nichts anderem als Raids in *WoW* und dem „Schreiben" eines Buchs beschäftigt war, in einer Existenz wie ein Schmarotzerpilz, in der ich das Bier literweise in mich hineinschüttete, um das Elend meiner Scheidung von Yanna zu vergessen.

Mein Herz hämmerte. Angsthormone rasten durch

meine Adern, als mir klar wurde, was ich zu verlieren hatte. Sollte denn wirklich alles umsonst gewesen sein, was ich erreicht hatte? Würde ich einfach in die Vergangenheit zurückkehren, ohne mich an meine Erfolge und die Person, die ich sein könnte, auch nur zu erinnern?

Ich riss mich zusammen. Wegen Dingen durchzudrehen, die noch gar nicht passiert waren, das war der sicherste Weg, alles schiefgehen zu lassen.

„Nun geh schon, Mensch", forderte Ilindi mich auf. „Du kannst jetzt nur noch warten."

„Werde ich lange warten müssen?"

„Das hängt von den Testsubjekten ab, nicht von uns. Du wirst den Ausgang nur erfahren, wenn Phil 2 gewinnt. Ansonsten..." Sie seufzte, und es klang überraschend menschlich. „Geh, Mensch."

„Und wohin soll ich geh...?" Ich hatte das Wort noch nicht einmal beendet, als ich auch schon in eine riesige Leere hineinstürzte

* * *

Ich fand mich in einem Auto wieder. Am Steuer saß Veronica. Ich hatte offensichtlich geflucht, denn sie zuckte zusammen und drehte verwundert den Kopf in meine Richtung.

„Ist alles in Ordnung, Phil?"

Ich blickte in ihre smaragdfarbenen Augen, die Mitgefühl zeigten. Die Erkenntnis, dass ich das Erlebte mit niemandem teilen konnte, erdrückte mich beinahe. Wenn ich ihr etwas davon verraten hätte, würde sie mich nur für einen Verrückten halten.

„Es ist alles in Ordnung." Ich biss die Zähne zusammen, um den Zusatz „wahrscheinlich" zu unterdrücken.

Rasch blickte ich an mir hinab und stellte fest, dass ich wieder meine alte Kleidung trug. Meine Jeans waren heil, an meinen Füßen saßen Turnschuhe, und die Ärmel meines

Hemdes befanden sich genau dort, wo sie hingehörten. Dann fiel mir auf, dass ich mein Handy in der Hand hielt. Unmittelbar vor meiner Entführung hatte mich jemand von der US-amerikanischen Botschaft angerufen. Sie war noch am Telefon.

Verdammt, wie war doch gleich ihr Name? Für sie waren lediglich ein oder zwei Sekunden vergangen, ich allerdings hatte inzwischen nahezu einen gesamten Tag erlebt. Und was für ein Tag es gewesen war!

Ich führte das Gerät ans Ohr und hörte die Stimme der Frau. Sie sprach noch immer, in einem fehler- und akzentfreien perfekten Russisch.

„... leider haben Sie auf meine E-Mail nicht reagiert, daher musste ich Sie anrufen. Passt es Ihnen gerade?"

E-Mail? Oh ja, richtig — in all dem Wirbel der Ereignisse der letzten Zeit hatte ich meinen eigenen privaten Posteingang schon eine ganze Weile lang nicht mehr überprüft. Ich verwendete stattdessen die neue Firmen-E-Mail, die Gleb mir eingerichtet hatte.

„Ja... Tut mir leid, ich hatte noch keine Gelegenheit, meine E-Mails abzurufen. Was kann ich für Sie tun?"

„Der Botschafter möchte Sie sehen, Herr Panfilov. Wäre Ihnen der nächste Freitag recht?"

„Und wo möchte er mich sehen?"

„Hier in der Botschaft."

„In Moskau?"

„Ja. Wir übernehmen die Kosten Ihres Flugtickets und einer Hotelübernachtung. Und falls Sie sich entschließen sollten, ein paar Tage länger zu bleiben, werden wir auch dafür aufkommen."

„Entschuldigen Sie, könnten Sie bitte Ihren Namen wiederholen?"

„Angela. Angela Howard."

„Angela, verstehe ich das richtig — es geht um Herrn Haqqani?"

Sobald ich gehört hatte, dass der Anruf aus der amerikanischen Botschaft kam, hatte sich mir sofort der

Name Jabar Aziz Haqqani aufgedrängt. Das war ein 52 Jahre alter Terrorist, dessen Aufenthaltsort ich gemeldet hatte.

Ich spürte Veronicas besorgten Blick auf mir und nickte ihr lächelnd zu, um zu zeigen, dass alles in Ordnung war.

„Leider kenne ich den Grund Ihres Treffens mit dem Botschafter nicht. Was soll ich ihm also sagen?"

„Bitte sagen Sie ihm, ich stehe für eine Besprechung zur Verfügung."

„Hervorragend! Senden Sie mir einfach ein Foto oder einen Scan Ihres Passes als Anhang zu Ihrer Antwort auf meine E-Mail, und ich werde Ihnen Flugtickets reservieren. Und wenn es nicht zu viel Mühe macht, sagen Sie mir bitte, in welchem Hotel Sie übernachten möchten."

Ich versprach, ihr so schnell wie möglich eine Antwort-E-Mail mit Anhang zu schicken. Sie verabschiedete sich und legte auf.

Veronica war taktvoll genug, um nicht zu fragen, wer mich da angerufen hatte, aber der Lautsprecher meines Handys war gut genug, dass sie in dem ansonsten leisen Wagen das Wichtigste hatte aufschnappen können.

„Ist das zu fassen? Ich habe an einem Wettbewerb teilgenommen", erfand ich aus dem Stegreif eine plausible Erklärung. „Die Amerikaner haben ihn organisiert. Offensichtlich habe ich gewonnen. Sie haben mich nach Moskau eingeladen."

„Das gibt es ja nicht!" Grinsend schlug sie mit der Hand auf das Lenkrad. „Wirklich? Was für ein Wettbewerb war das denn?"

„Ich musste eine Abhandlung über die Rolle der englischen Sprache in der modernen Gesellschaft verfassen. Ich habe das Essay ‚Herr Haqqani als Symbol der Emigranten aus dem Nahen Osten' genannt."

Es war vielleicht nicht die beste Geschichte, die ich Veronica auftischen konnte, aber ich hatte etwas Ähnliches einmal im Internet gesehen, und meine Freunde wussten ja, dass ich Schriftsteller war, also war die Ausrede gar nicht so schlecht. Ich musste über mich selbst lächeln.

„Phil, du bist wirklich fantastisch! Gut gemacht! Verdammt, wie hast du das bloß hingekriegt? Und wieso bist du noch immer Single? Was für eine sinnlose Verschwendung all deiner guten Eigenschaften!" Veronicas Begeisterung ließ mich rot werden. Auch sie selbst wurde auf einmal verlegen. „Dass du mir bloß nicht auf dumme Gedanken kommst!", warnte sie. „Ich mag Alik. Trotzdem... Vielleicht hast du ja eine Freundin, die du vor uns versteckst?"

„Du hast recht — ich habe eine Freundin."

„Und wer ist sie?", wollte Veronica lachend wissen.

„Unsere Firma", grinste ich, als Zeichen, dass es ein Scherz sein sollte.

Aber es war kein Scherz. Ich war mir alles andere als sicher, ob Phil — meine Nachbildung — die Prüfung bestehen würde, aber ich würde versuchen, so viel wie möglich für die Menschen zu tun, die an mich glaubten. Dann konnten wenigstens sie weitermachen, wenn ich zu dem Tag zurückkehren musste, an dem Yanna mich verlassen hatte.

Was wohl gerade bei der Prüfung vor sich ging? Und wie funktionierte das alles noch gleich?

✳ ✳ ✳

Als wir vom Flughafen (und von meiner Entführung) zurück ins Büro kamen, schickte ich Veronica nach oben und blieb vor dem Gebäude stehen. Angeblich, um ein paar Anrufe zu tätigen. In Wirklichkeit musste ich dringend mit Martha konferieren, und das war im Büro einfach nicht möglich, obwohl wir uns ja nur mental unterhielten.

Ich überquerte die Straße und ging die Chekhov-Straße entlang zum Park. Dort fand ich eine freie Bank, setzte mich und aktivierte meine virtuelle Assistentin.

Um ehrlich zu sein, fühlte ich mich ziemlich

niedergeschlagen. Wie hätte das auch anders sein können? Schließlich bestand die hohe Wahrscheinlichkeit, dass alles verschwinden würde, was ich erreicht hatte. Würde ich mich anschließend überhaupt noch daran erinnern können?

Kaum war sie erschienen, umarmte Martha mich und versuchte, mich zu trösten. Es munterte mich auf, ihren Körper so dicht neben meinem zu spüren. Das vertrieb die trübseligen Gedanken.

„Phil, es wird alles in Ordnung kommen!"

„Wovon redest du? Hast du dir die Protokolle bereits angeschaut?"

„Ich habe mir alles angeschaut. Ich habe dir doch gesagt, auch wenn ich inaktiv bin, besteht dennoch eine Verbindung, und ich habe Zugriff auf alle Protokolle, die dich betreffen. Du hast die Vorauswahl bestanden! Deine Ergebnisse sind wahrscheinlich besser als die der anderen Testsubjekte, und das bedeutet, dass du die Prüfung aus einer stärkeren Anfangsposition heraus beginnst."

„Aber wie wird das alles enden?"

„Das weiß ich nicht", sagte sie bedauernd. „Wirklich — ich habe keine Ahnung. Aber selbst, wenn ich es wüsste, könnte ich dir die Frage wahrscheinlich nicht beantworten. Je nach den Statistiken der anderen Testsubjekte können sich ganz unterschiedliche Szenarien ergeben. Die Hauptsache allerdings bleibt immer unverändert — es kann nur einen Gewinner geben, der die Prüfung besteht. Es gibt keinen zweiten Platz und keinen Trostpreis. Die höherrangigen Rassen wählen die Kandidaten für die zukünftige Diagnose aus den durchschnittlichen Exemplaren der jeweiligen Rasse aus, die in keiner Weise irgendwie außergewöhnlich sind. Aus diesen Kandidaten allerdings wollen sie lediglich die besten verwenden."

„Die besten der schlechtesten Kandidaten?"

„Ich würde sagen, die besten des Durchschnitts."

In meiner Tasche vibrierte mein Handy. Es war Kesha Dimidko.

„Phil, wir warten auf dich! Hast du etwa unsere

Besprechung vergessen?"

„Bin schon unterwegs." Ich legte auf und erhob mich von der Bank.

Martha hielt mich fest und sah mir eindringlich in die Augen. Sie legte eine Hand in meinen Nacken, zog meinen Kopf an sich heran und legte ihre Stirn gegen meine.

„Es gibt nichts, das wir tun könnten, Phil. Deine Chancen — ich meine, die Chancen deiner Nachbildung — stehen gut. Lebe einfach weiter wie zuvor. Denke nicht daran, wie ‚du' dich schlägst, und du wirst diese verdammte Prüfung überstehen. Versprich es mir!"

„Ich verspreche es."

Ihr Blick wurde weicher. Sie küsste mich auf die Wange. Eine Sekunde lang glaubte ich beinahe, Martha wäre ein lebender Mensch. Ich wollte sie umarmen, doch meine Hände griffen durch ihren sich auflösenden Körper mitten hindurch. Sie verließ mich, ohne den entsprechenden Befehl abzuwarten. Das war so menschlich!

✳ ✳ ✳

„Momentan haben wir um die zehn Vorverkäufe. Bei vier der Firmen setzen wir gerade den Vertrag auf." Kesha las aus einem Bericht vor, der die Erfolge seiner Abteilung zusammenfasste. „Dabei handelt es sich um den *Kravetz Finanzkonzern*…"

„Jetzt warte mal, Kesha", unterbrach ich ihn, bevor er alle Firmen aufzählen konnte. „Halte die Dinge einfach allgemein. Das spart uns allen Zeit."

Das Ende der Arbeitswoche stand bevor, und wir hatten uns zu unserem üblichen Meeting des leitenden Managements zusammengesetzt. Ja, ich weiß — leitendes Management klingt ziemlich witzig. Aber unser Personal wuchs. Wir hatten gerade zwei Fahrer eingestellt, die unsere Handelsvertreter ohne eigenes Auto zu ihren Terminen fuhren.

„Ähem." Kesha hatte den Faden verloren und räusperte sich, bevor er fortfuhr. „Wie auch immer — insgesamt sieben Unternehmen haben schon bei unserer Outsourcing-Vertriebsabteilung unterschrieben. Wir haben neun Leute für eine Probezeit eingestellt. Ich werde sie euch am Montag vorstellen. Natürlich haben sie noch eine Menge zu lernen, aber sie besitzen Potenzial. Veronica hat ja bereits berichtet, welche Firmen sich die Personalvermittlungsabteilung hat sichern können. Das ist, alles in allem, der Wochenbericht."

Veronica hob die Hand. „Phil, darf ich etwas hinzufügen?"

Als ich nickte, lächelte sie und legte los. „Ich habe gerade — wortwörtlich direkt vor dieser Besprechung — einen Anruf von Herrn Makarov erhalten. Er hat sich für den neuen Assistenten bedankt, den wir ihm verschafft haben. Seinen Worten zufolge hat der Assistent in einer Woche so viel zustande gebracht, dass sich Makarov gar nicht vorstellen kann, wie er jemals ohne ihn ausgekommen ist."

„Entschuldige — Makarov? *Unser* Makarov?", fragte Rose.

Veronica nickte stolz. „Ja. Kaum zu glauben, was?"

Alle schwiegen einen Augenblick. Makarov war bei Weitem nicht so bedeutend wie Valiadis, aber nach regionalem Maßstab war er ein führendes Unternehmen. Unser Ansehen in geschäftlichen Kreisen wuchs, und das war fantastisch.

„Danke, Veronica. Wenn niemand etwas hinzuzufügen hat, schlage ich vor, wir befassen uns jetzt mit der Bürorenovierung. Alik, ich habe gehört, du hast gute Nachrichten?"

„Also die Renovierungsarbeiten sind alle erledigt, eine Entscheidung über die Möbel wurde getroffen", verkündete Alik errötend. Er war es noch nicht gewohnt aufzustehen und vor anderen zu sprechen. „Ab nächsten Montag können wir einziehen. Wie auch immer — das war's. Wenn jemand Lust hat, können wir uns die Sache nach dem Meeting ja mal anschauen."

Seine letzten Worte gingen im allgemeinen Beifall unter. Wir hatten es alle satt, im Gebäude zwischen den verschiedenen Büros der einzelnen Teilhaber herumzuwandern.

„Das ist hervorragend!" Am meisten freute sich der übergewichtige Herr Katz. „Meine Beine schaffen das einfach nicht mehr, dauernd die Treppen hoch und hinunter zu laufen."

Ich unterdrückte ein Lächeln. Mit seinen Beinen war alles in Ordnung — das Problem war seine Kurzatmigkeit. Unser Anwalt rauchte zwei Schachteln Zigaretten am Tag.

„Das wurde auch Zeit", unterstützte seine Frau Rose ihn. „Heißt das jetzt, wir geben Gorelik alle unsere alten Büros zurück? Was hast du entschieden?"

„Wir geben sie zurück", bestätigte ich.

„Und wann kommt die ganze Ausrüstung?", wollte Gleb wissen. Er hatte für sein Grafikdesign einen großen Bildschirm bestellt.

„Sie stellen gerade alles zusammen", erwiderte Alik. „Es sollte am Montagmorgen geliefert werden."

Begeistert stieß Gleb die Faust in die Luft, bevor er sich in seinem Stuhl zurückfallen ließ. Der Stuhl war beschädigt und wurde nur noch durch ein wenig Kleister zusammengehalten, doch Gleb freute sich so sehr, dass er das ganz vergessen hatte. Der Stuhlrücken gab nach, und Gleb wäre beinahe zu Boden gestürzt. Kesha konnte ihn gerade noch auffangen.

„Verdammt, wann kommen endlich die neuen Möbel?", brummte Gleb.

„Auch am Montag", antwortete Alik ungerührt und bemühte sich, nicht zu lachen.

„Klasse. Dann schlage ich vor, wir beenden das Meeting und schließen die produktive Woche mit dieser guten Nachricht ab."

„Einen Augenblick noch, Phil." Veronica stand auf und lächelte geheimnisvoll.

31

In dieser Runde waren wir ganz schnell in einen sehr informellen Umgang miteinander verfallen. Die einzige Person, die niemand mit dem Vornamen ansprach, war Herr Katz, der alte Anwalt.

„Ja, Veronica?"

„Hört mal alle — ich schlage vor, wir feiern den Freitag, das Ende der Renovierungsarbeiten und den bevorstehenden Umzug ins neue Büro!", verkündete Veronica triumphierend. Ihre grünen Augen funkelten. „Was haltet ihr davon?"

„Ihr könnt ja gern feiern, aber wir alten Leute machen nicht mit", erklärte Herr Katz gesittet. „Unsere Kinder sind gerade zu Besuch gekommen."

„Wir sollten Cyril, Greg und Marina einladen", schlug Kesha vor. „Ansonsten sollten wir heute allerdings nur mit der alten Gang ausgehen, nicht mit den neuen Leuten. Wer ist dabei?"

Er hatte recht — die neuen Mitarbeiter waren so neu, dass mein Interface sie bislang noch nicht einmal meinem Clan hinzugefügt hatte. Aber die drei, die wir von *Ultrapak* her kannten, waren bereits vollwertige Clan-Mitglieder, auch wenn sie weder Firmengründer noch Manager waren.

„Ich!" Gleb hob die Hand. „Trinken werde ich nichts, aber die Gesellschaft genießen. Lena ist einverstanden; ich habe ihr gerade eine SMS geschickt."

Die gesamte Gruppe hatte bereits das Vergnügen gehabt, Lena kennenzulernen, als sie im Büro vorbeigekommen war, um nachzusehen, was ihr Mann tat. Ihr Misstrauen war verständlich — nach Glebs zahllosen Eskapaden würde sie eine Weile brauchen, bevor sie ihm wieder vertrauen konnte.

„Okay, also das sind ich, Marina, Alik, Veronica, Cyril, Greg und Gleb, sieben Leute", zählte Kesha. „Was ist mit dir, Phil?"

„Geht nur ohne mich", wehrte ich ab. Ich war in so miserabler Stimmung, dass selbst ein paar Gläser Alkohol nichts dagegen hätten ausrichten können, und hätte den anderen nur die Stimmung verdorben.

„Och, warum denn nicht?", maulte Veronica. „Wir müssen doch auch feiern, dass du den Wettbewerb gewonnen hast!"

„Welchen Wettbewerb?", fragten die anderen wie aus einem Mund.

„Phil hat einen amerikanischen Wettbewerb gewonnen, und jetzt weigert er sich, das zu feiern!"

„Nun komm schon, Chef — schließ dich uns an!", versuchte Alik, mich zu überreden.

„Keine Scheiße, Kumpel?" Gleb schlug mit der Faust auf den Tisch. In der letzten Zeit übernahm er mehr und mehr von Aliks Gossensprache. „Du bist frei und Single — warum also nicht?"

„Genau!", pflichtete Kesha ihm bei. „Phil! Was ist mit dem Unternehmensgeist? Dem Teambuilding und so weiter?"

Veronica stampfte mit dem Fuß auf. „Mach mit, Phil!"

Ich erinnerte mich, dass ich Martha versprochen hatte, ein ganz normales Leben zu leben. Und natürlich wäre ich sofort mit den anderen mitgekommen, wenn da nicht die Gefahr bestanden hätte, alles zu verlieren. Was also war das Problem?

„Okay, ich bin dabei", seufzte ich.

„Ja!" Veronica stieß mit der Faust in die Luft, die anderen klatschten sich ab.

Herr Katz nickte zufrieden. Nur seine Frau schürzte die Lippen. Sie glaubte an Hierarchien und war der Auffassung, ein Chef sollte sich nicht auf das Niveau seiner Untergebenen herablassen.

Für mich jedoch waren diese Menschen in erster Linie Freunde, nicht Untergebene. Und was war das schon für eine Freundschaft, wenn man sich bei der Arbeit zwar freundlich, aber förmlich verhielt?

✳ ✳ ✳

Der Nachtclub *Imperium*, in dem ich mit dem Vorschlaghammer im Superfinale gekämpft hatte, war noch immer zu teuer für uns. Also begaben wir uns zur *Anomalie*. Das war ein nettes Lokal, in dem man billig essen und außerdem auch tanzen konnte. Wir sicherten uns einen Ecktisch, wo wir ungestört waren, und ließen uns Zeit mit dem Bestellen. Jeder von uns suchte aus, was er wollte.

Um diese Uhrzeit war es im Club noch ziemlich ruhig. Wir sprachen über die unterschiedlichsten Themen, wie Fußball und Filme — ich war schon seit Ewigkeiten nicht mehr im Kino gewesen — und Fernsehshows. Und ich... ich musste an meine Nächte mit Vicky zurückdenken.

Nach einer Weile wurden die zuvor eher allgemeinen Gespräche persönlicher und unsere Gruppe spaltete sich in Paare auf. Alik flüsterte mit Veronica, Kesha und Marina knutschten. Cyril, Gleb und ich blieben uns überlassen.

Auch ganz ohne Interface hätte ich bemerkt, dass die Laune aller gut war. Am meisten freute ich mich allerdings für Gleb. Ganz unbeeindruckt schaute er den anderen beim Biertrinken zu und blieb bei seinem Mineralwasser. Kesha und Alik hatten sich sogar für etwas Härteres entschieden. Die einzige Erklärung, die ich für Glebs absolutes Desinteresse an Alkohol hatte, war die Rolle, die das System nach der Entfernung des Debuffs gespielt hatte. So ähnlich war es auch mit meinem Rauchen gewesen. Der Debuff des Nikotinentzugs war abgelaufen, und das war es dann. Jegliche Lust auf das Zeug war verschwunden.

Natürlich gab es so etwas nur selten, wenn man ohne Interface lebte. Normalerweise mussten ehemalige Alkoholiker und Raucher noch lange, wenn nicht sogar für immer schlucken, wenn sie sich ihren alten Versuchungen ausgesetzt sahen.

Nach dem Essen verteilte die Gruppe sich im Lokal. Cyril und Gleb spielten Billard, und die Frauen zerrten ihre

Partner zur Tanzfläche. Alik tanzte geradezu fieberhaft mit Veronica. Die ernsthafte Persönlichkeit, die er den Tag über an den Tag legte, war verschwunden. Kesha trieb sich zögernd im Hintergrund herum und trat von einem Fuß auf den anderen. Ich hatte es mir auf einem Sofa bequem gemacht und beobachtete alle.

Wann war ich das letzte Mal in einem Nachtclub gewesen? Ich konnte mich nicht mehr genau erinnern. Es war jedenfalls schon lange her. Ich glaube, zur Zeit meiner ersten Dates mit Yanna. Ja, genau — als wir ihren Studienabschluss gefeiert hatten.

Ich war damals am Ende so betrunken gewesen, dass Yanna mich gemeinsam mit einer Freundin aus dem Lokal hatte tragen müssen. Ich schämte mich für diese Episode noch heute. Nicht, weil ich zu viel getrunken hatte. Wer tat das nicht hin und wieder? Nein, sondern weil ich besoffen war, statt für die jungen Frauen da zu sein, falls die einen Beschützer gebraucht hätten. Wenn etwas passiert wäre, hätte ich sie nicht verteidigen können. Obwohl ich zu dem Zeitpunkt schon fast 30 Jahre alt gewesen war, hatte mein Verantwortungsgefühl den negativen Bereich noch immer nicht verlassen gehabt.

Es war merkwürdig, wie ich das auf einmal verstand. Und deshalb trank ich jetzt georgisches Mineralwasser, statt das Bier zu genießen, dass ich einmal so sehr geliebt hatte. (Nun ja, das System hätte mich auch gleich vor einem Rausch gewarnt, vor giftigem Äthanol im Blut, vor der Zerstörung meiner Neuronen im Gehirn und vor erhöhten Östrogenwerten...) Tja, und da ich schon einmal dabei war, konnte ich gleich ein Auge auf meine Freunde haben.

Noch merkwürdiger war allerdings, dass mir das überhaupt nichts ausmachte. Ich fühlte mich wohl, ich war zufrieden. Insgesamt löste die Gesellschaft der anderen ein warmes Gefühl in mir aus. Wenn da nicht diese blöde Prüfung gewesen wäre...

Was zum Teufel war denn das? Meine hohe Wahrnehmung entdeckte etwas, das nicht zur pulsierenden

Musik im Club passte.

Ich lauschte und sah mich um.

Um die Billardtische herum braute sich ein Tumult zusammen. Männer schrien so laut, dass es trotz der Musik zu hören war.

Ich sprang vom Sofa und begab mich in Richtung des Aufruhrs. Unterwegs schätzte ich die Situation bereits ein.

Cyril rangelte mit einem Typen in einem farbenfrohen, eng geschnittenen Hemd. Gleb hatte sich zwischen die beiden geworfen, wurde jedoch von einem Rausschmeißer fortgezerrt. Ich hatte keine Ahnung, was den Streit ausgelöst hatte, aber in der letzten Zeit hatte ich mich an solche Dinge gewöhnen müssen. Ich spürte weder Furcht noch einen Adrenalinstoß, sondern nur Kontrolle, Selbstvertrauen und den Wunsch, die Angelegenheit friedlich zu bereinigen. Nicht aus Angst, sondern in dem Bewusstsein, dass ich auch kämpfen konnte.

Ich stellte mich zwischen Cyril und den hochgewachsenen Kerl, Alexander Dorozhkin, 23 Jahre alt. Mittlerweile merkte ich mir Namen und Alter aller Leute um mich herum und fügte sie meiner KIDD-Datenbank hinzu. Das war mir regelrecht zur zweiten Natur geworden. Man wusste ja nie, wann man diese Informationen brauchen konnte.

„Stopp!", brüllte ich Cyril an. Er war knallrot im Gesicht, keuchte und hämmerte mit halb geschlossenen Augen mit den Fäusten in die Luft. „Hör auf damit, Cyril!"

Sein Gegner nutzte sofort die Tatsache aus, dass Cyril auf mich hörte und die Hände sinken ließ. Er schlug Cyril die Faust erst gegen das Ohr, dann gegen den Nacken und schließlich gegen die Wange. Cyril krümmte sich vor Schmerz.

Dorozhkin wollte weiter auf meinen Freund losgehen, ich musste ihn gewaltsam zurückhalten.

„Hast du den Verstand verloren, Mann? Er hat doch aufgehört. Warum schlägst du immer noch auf ihn ein?" Ich stellte mich vor Cyril und breitete die Arme aus. An mir kam der Kerl nicht mehr vorbei.

„Wer zum Teufel bist denn du?", fragte Alexander böse.

„Ich bin Philip. Der Geschäftsführer des Unternehmens, in dem dieser Fettwanst arbeitet." Ich versuchte, durch diesen Scherz der Situation ein wenig die Spannung zu nehmen. „Er ist mein Mitarbeiter, ich bin für ihn verantwortlich. Also, was gibt es?"

„Und was für ein Unternehmen ist das?", fragte er mit gerümpfter Nase.

„Die *Große Jobvermittlungsagentur.*"

„Sergei, hier ist noch einer von diesen Großmäulern", brüllte er über meine Schulter hinweg jemandem zu. „Setz ihn vor die Tür!"

Der Rausschmeißer, der Gleb noch immer festhielt, verpasste ihm einen Fausthieb in die Rippen. Gleb sackte zusammen.

Dann ließ er seine Fingergelenke knacken und kam auf mich zu. *Name: Sergei, Alter: 26, Stärke: 28, Fertigkeit im Ringen: 7.* Er war ein beachtlicher Gegner, und, ich weiß, das klingt jetzt wie ein Widerspruch, aber ich wollte wirklich keine körperliche Auseinandersetzung.

Wo zum Teufel blieben denn die Sicherheitsleute? Irgendwie erinnerte ich mich daran, dass sie vorhin gegangen waren. Während unseres Essens hatten sie uns noch mehrfach drohende Blicke zugeworfen und anschließend gelacht.

„Hey, Mann, wie wäre es denn, wenn wir die Sache friedlich beilegen?", sagte ich zu Dorozhkin. „Wir sind doch alle hierhergekommen, um Spaß zu haben. Warum sollten wir uns den gegenseitig verderben?"

„Hau ab, du Arsch!", knurrte er und schaute mich dabei nicht einmal an, unwillig, mir weiter seine Aufmerksamkeit zu schenken. Seine glasigen Augen waren auf Cyril gerichtet. Seine Statistiken zeigten eine Vielzahl an Buffs und Debuffs. Er befand sich in den Anfängen eines Rausches, was sowohl seine Ausdauer als auch seine

Lebenskraft erhöhte und seine Selbstkontrolle verringerte. „Mit dir rede ich nicht. Sergei, sieh zu, dass du den Kerl loswirst!"

Etwa einen Zentimeter, bevor sich Sergeis Hand auf meine Schulter legte, spürte ich die Berührung kommen. Ich duckte mich, drehte mich um und nahm eine Kampfhaltung ein, fest entschlossen, stattdessen Sergei loszuwerden, wenn der Typ sich nicht zurückhielt.

Das Adrenalin, das durch mein kochendes Blut floss, sorgte für Aufruhr in mir, hob meine Schmerzgrenze an und beschleunigte meine Reaktionszeit. Sergei ging vor wie ein Dampfhammer. Er versuchte erneut, mich zu packen, doch wieder wich ich aus und schubste dann Dorozhkin beiseite, der ein weiteres Mal auf Cyril losgehen wollte.

Inzwischen hatten sich etliche Zuschauer um uns herum versammelt. Darunter sah ich auch meine Freunde. Veronica hielt Alik zurück, der begierig war, Cyril und mir zu helfen. Marina rief nach dem Sicherheitsdienst.

Der Rausschmeißer war offensichtlich zu dem Schluss gekommen, dass ich zu schnell für ihn war. Er stieß mich gegen den Billardtisch und versuchte, mich in eine Ecke zu treiben. Hinter seinem Rücken rangen Cyril und Dorozhkin erneut miteinander. Cyril verlor, seine schwerfälligen Hiebe trafen nichts als Luft. Blut tropfte in seine Augen, seine Lippen waren aufgeplatzt. Er schützte sein Gesicht mit seinen Händen. Es war eher eine Verteidigung als ein Angriff. Der andere Kerl lief regelrecht Amok und prügelte rechts, links und in der Mitte auf Cyril ein.

Doch niemand griff ein, nicht einmal Alik.

Sergei schaffte es, meinen Kragen zu fassen zu bekommen, aber damit endete sein Fortschritt auch bereits wieder. Angetrieben von berechtigtem Zorn schlug ich ihm auf die Nase, und als er sich vor Schmerz krümmte, ließ ich meinen berühmten Aufwärtshaken gegen seinen Kiefer folgen, der dabei ausgerenkt wurde.

Eine Reihe von Mitteilungen informierte mich über

den kritischen Schaden, den ich ihm zugefügt hatte. Die Zahlen waren geradezu verrückt. Sie lagen alle über 1.000, aber momentan war ich dafür einfach nicht in Stimmung.

Ich warf mich zwischen Cyril und den besoffenen Dorozhkin, verpasste letzterem einen Präventivschlag in den Solarplexus und schaltete ihn damit aus. Er taumelte zurück und ging zu Boden, hielt sich dabei den Bauch.

Erst dann fiel mir auf, dass die Musik nicht mehr spielte. Mitten in der tödlichen Stille tauchten auf einmal die Sicherheitsleute auf. Sie drängten sich durch die Menge und verteilten sich. Zwei von ihnen kümmerten sich um Dorozhkin und Sergei, und vier andere packten Cyril und mich und zerrten uns fort. Ihr Griff war so eisern, dass ich mich nicht befreien konnte.

„Das bedeutet das Ende deiner Firma, hast du kapiert?", brüllte Dorozhkin mir nach. „Das Ende!"

Die Sicherheitsleute schleiften Cyril und mich vor die Tür, wo sie uns auf den Bürgersteig warfen. Dann lachten sie und unterhielten sich über das, was gerade passiert war.

Einer von ihnen zündete sich eine Zigarette an und fragte mich ganz ruhig: „Hey, Kerl, hast du genug?"

„Wovon?"

„Genug davon, lebendig zu sein? Du hast dir gerade einen ganzen Berg von Problemen eingehandelt. Hast du überhaupt eine Ahnung, mit wem du dich angelegt hast? Weißt du, gegen wen du die Hand erhoben hast?"

„Gegen einen Kerl, der meinen Freund angegriffen hat!", knurrte ich.

„Er hat angefangen!", keuchte Cyril. „Er hat behauptet, der Billardtisch, an dem wir gespielt haben, sei seiner. Er hat geflucht und uns beleidigt..."

„Er hat auch das Recht dazu", unterbrach einer der Sicherheitsleute ihn. „Er ist schließlich der Sohn von Edward Dorozhkin."

„Und wer zum Teufel ist Edward Dorozhkin?", fragte ich.

„Mann, von welchem Planeten stammst du denn?",

kam ungläubig die Gegenfrage. „Er ist der erste stellvertretende Bürgermeister!"

„Scheiße!", flüsterte Cyril. „Es tut mir so leid, Phil. Das wusste ich nicht..."

KAPITEL 3

FERN VON ZU HAUSE

Es wird ein ziemlich großes
Abenteuer sein zu sterben.

J.M. Barrie, *Peter Pan*

DIE GANZE ZEIT, während ich auf den Respawn wartete,
quälte mich nachtodlicher Schmerz. Der Tod war keine
Befreiung, und die Qual, die ich während dieser drei
Sekunden in der Leere zwischen zwei Leben empfand, war
wie eine Strafe. Ein harter, ätzender Peitschenhieb, dazu
gedacht, sich in mein Unterbewusstsein einzugraben: Du
musst bis zum Ende kämpfen, denn dein Leiden setzt sich
auch nach dem Tod fort.

Wie um mich zu verhöhnen, maß der Zähler für den
Respawn das aus, was ganz offensichtlich nicht nur drei
Erdensekunden gewesen sein konnten. Die Zeit schien sich
endlos auszudehnen, und ich schrie die ganze Zeit, ohne
einen Laut von mir zu geben, wand mich in der Folter des
Lebens nach dem Tod.

Als die drei Sekunden endlich abgelaufen waren, ließ
die Pein nach und ich nahm die Welt erneut wahr. Ich fand
mich am weißen Stein wieder — an der Kommandozentrale.
Mich überwältigten Empfindungen, wie ich sie vorher nie
gekannt hatte. Nicht einmal die enorme Befriedigung, ein
neues Level erreicht zu haben, ließ sich mit dem Nachlassen
des Schmerzes vergleichen. Es war in etwa so, als ob man
den ganzen Tag in viel zu kleinen Schuhen herumgelaufen
wäre, und dann ein ganz anderer Mensch war, wenn man sie
endlich ausziehen konnte. Dieses Gefühl, vertausendfacht,

41

mochte eine Vorstellung davon verschaffen, was in mir vorging.

Ich entdeckte keine Systemmitteilungen oder Strafen. Nur die Zahl meiner Leben hatte sich verringert und lag nun bei zwei.

Zwei! Es war geradezu lächerlich beschämend, ein Leben schon in der ersten Stunde der Prüfung zu verlieren. Vor allem aus einem so dummen Grund. Ich war vom Bossmonster beinahe geräuchert worden, verdammt noch mal! Der Kreken... Wer zum Teufel dachte sich überhaupt solche Namen aus?

Ich trug noch immer meine zerrissene Jeans. Als ich den Blick darauf richtete, identifizierte das System sie:

Hosen.
Schutz: +1
Haltbarkeit: 19 %

Was bedeutete denn +1 Punkt Schutz? Verringerte das jeden eingehenden Schaden um einen Punkt? Wie, verdammt noch mal, funktionierte das? Schützte meine Jeans mich lediglich vor einem Schaden, der meinen Beinen zugefügt wurde, oder galt diese Regel für meinen gesamten Körper, selbst wenn der Schaden einen freiliegenden Teil davon traf? Ich hatte keine Ahnung.

Es gab kein Handbuch und keine Foren, wo man hätte nachfragen können. Offensichtlich musste man alles selbst herausfinden. Momentan hätte ich Marthas Hilfe wirklich gut gebrauchen können.

In Ordnung — die Uhr lief, und ich hatte nur noch einen Existenz-Ressourcen-Punkt übrig. Wenn ich nicht bald etwas unternahm, fehlten mir nicht nur die Mittel, um die Kommandozentrale zu aktivieren, sondern dann würde ich ganz sinnlos sterben und ein weiteres Leben verlieren. Aber bevor ich ahnungslos in den nächsten Kampf stolperte, musste ich erst einmal meine Eigenschaftspunkte verteilen. Es hatte keinen Sinn, sie aufzusparen, wenn mich jederzeit eine überdimensionierte Pferdebremse umbringen konnte, noch bevor ich auch nur das Wort „Säurespucke" aussprechen konnte. Es war ein schwerer Fehler gewesen, nicht vor meinem erfolglosen Farming-Ausflug in meine Stärke investiert zu haben.

Ich überprüfte, dass in dem für mich sichtbaren Radius keine Gefahr drohte, dann öffnete ich den zitternden, grünen Ballon, der in meinem Sichtfeld blinkte und mich drängte, meine Eigenschaftspunkte zu vergeben. Ich verfügte über phänomenale 11 Punkte. In der realen Welt — in der Yanna, Vicky und Alik sich jetzt befanden — wäre das absolut beeindruckend gewesen. Allerdings musste ich ja noch immer entschlüsseln, wie das hier mit den Eigenschaften funktionierte.

Um es zu testen, steckte ich einen Punkt in Stärke. Eine Option, dies anzunehmen oder abzulehnen, poppte hoch. Klasse — ich musste also nicht alle Berechnungen im Kopf anstellen, sondern konnte einfach mit den Zahlen herumspielen.

Ich fügte allen Eigenschaften einzelne Punkte hinzu und zog sie wieder ab und betrachtete jeweils das Ergebnis.

Ein zusätzlicher Stärkepunkt führte zu einem Punkt mehr Schaden und drei Punkten mehr kritischem Schaden.

Ein in Beweglichkeit investierter Punkt erhöhte meine Reisegeschwindigkeit um 1 %. Theoretisch, wenn ich über eine Fernkampfwaffe verfügen würde, könnte das auch den dadurch hervorgerufenen Schaden erhöhen. Allerdings sah ich nicht einmal Steine herumliegen, mit denen ich nach jemandem hätte werfen können.

Eine gesteigerte Intelligenz erhöhte die Chancen, aus den Leichen der Feinde Bonus-Existenz-Ressourcen zu ziehen. Das wiederum sorgte für eine Beschleunigung der Entwicklung, da diese Ressourcen ein Levelup aktivierten. Außerdem sorgte mehr Intelligenz auch für ein schnelleres Upgrade der grundlegenden Module. Davon war ich allerdings momentan noch weit entfernt. Im Augenblick wollte ich diese Eigenschaft noch nicht verbessern. Ich verfügte bereits über eine um 20 % höhere Chance, mir Bonus-Beute zu sichern. Ein weiterer Punkt mehr hätte nicht viel ausgemacht. Außerdem musste ich für eine solche Beute ja überhaupt erst einmal jemanden töten, verfügte aber nur über geringe Fähigkeiten, Schaden zuzufügen.

Ein Punkt mehr bei Ausdauer verschaffte mir 100 zusätzliche Lebenspunkte. Das war eine ziemlich wichtige Eigenschaft, die meine Überlebensfähigkeit erhöhen würde. Aber sollte ich darin wirklich so früh schon investieren? Darüber musste ich erst einmal nachdenken.

Bei der Wahrnehmung verschaffte mir ein weiterer Punkt eine um 1,5 % erhöhte Wahrscheinlichkeit eines kritischen Treffers. Dazu kam noch die Erweiterung des sichtbaren Radius im Nebel des Krieges, der mich umgab, um zehn Meter, und die Chance, verlorene Artefakte zu finden.

In Charisma gesteckte Punkte sorgten für mehr Slots für meine Kampfeinheiten, was momentan allerdings noch keinen Nutzen besaß. Eine Verbesserung des Glücks erhöhte die Wahrscheinlichkeit eines kritischen Treffers um 1 %. Das war weniger als die 1,5 % aus der Wahrnehmung, aber noch immer richtig gut.

Geistesabwesend kratzte ich mich am Nacken und nahm eine Auszeit, um nachzudenken. Wie viele Lebenspunkte hatte dieser Kreken gehabt? Dem Protokoll nach waren es 1.800. Diese Kreatur hatte es geschafft, mich ins Jenseits zu befördern, indem sie mich dreimal angespuckt und mir damit jedes Mal 300 oder 400 Lebenspunkte geraubt hatte. Entscheidend war allerdings der letzte Treffer gewesen, durch den sofort mehr als 700 Punkte abgezogen worden waren, was mich an den Respawnpunkt zurückgeschickt hatte. Allerdings kostete es das Biest eine gewisse Zeit, seine Napalm-Spucke herzustellen. Zwischen dem zweiten und dem dritten Angriff waren in lokaler Zeitrechnung etwa vier Sekunden vergangen. Während dieser Zeit konnte ich mit etwas Glück um die 20 Treffer landen, von denen jeder den Kreken 30

Gesundheitspunkte kosten würde, wenn ich alle kritischen Treffer mitzählte. Und das schon ohne die Bonus-Eigenschaftspunkte!

Die nächsten Minuten verbrachte ich damit, die Punkte zwischen Stärke und Wahrnehmung in jeder denkbaren Kombination hin und her zu schieben, um die ideale Verteilung herauszufinden. Wenn ich sieben Punkte für Stärke und vier für Wahrnehmung vergab, erhöhte sich die Wahrscheinlichkeit für einen kritischen Schaden ohne Waffe auf nahezu 84 %, oder durchschnittlich 53 %, wenn ich die Wahrscheinlichkeit für einen kritischen Treffer berücksichtigte.

Diese Welt war auf recht interessante Weise eingerichtet worden. Es war alles hoch vereinfacht. Dennoch konnte man, wenn man mathematisch unbegabt war, eine so verquere Grundlage schaffen, dass man sich später sehr darüber ärgern würde, nicht genügend Füße zu haben, um sich ausreichend selbst in den Hintern zu treten.

Haupteigenschaften

Stärke: 20
Beweglichkeit: 11
Intelligenz: 20
Ausdauer: 11
Wahrnehmung: 19
Charisma: 17
Glück: 14

Änderung annehmen/ablehnen

Annehmen! Anders als das bei meinem Interface auf der Erde der Fall gewesen war, änderten sich die Eigenschaften hier schlagartig und sofort. Das ließ mich erneut über die virtuelle oder künstliche Natur dieser Welt nachdenken, unter Berücksichtigung der extrem weit fortgeschrittenen Technologie der höherrangigen Rassen.

Meine Muskeln schwollen an wie Ballons und füllten sich mit frischem Blut. Ich brauchte keinen Spiegel, um zu wissen, dass ich jetzt wie einer der Muskelmänner aus einem Cartoon aussah. Eine Bewegung meiner Arme löste ein unbehagliches Gefühl in meinen Achselhöhlen aus. Mein Hals versteifte sich und es wurde schwerer, den Kopf zu bewegen. Meine Schultern verwandelten sich in Bowlingkugeln, und mein Brustkorb wurde so mächtig, dass ich nicht mehr sehen konnte, was sich darunter befand. Mein einziger verbliebener Schutz — die Jeans — wurde zum traurigsten Opfer meiner Verwandlung: Meine sich aufblähenden Bein- und Arschmuskeln zerrissen den Stoff, bis nur noch ein paar Fetzen auf dem Boden lagen.

Das System identifizierte sie als „Lumpen" ohne Bonuswert. Jetzt trug ich nur noch meine Boxershorts, und sie waren in diesem Spiel von keinerlei Nutzen. Dennoch schaute ich rasch nach, ob meine Haut sich nicht grün gefärbt hatte. Nein, ich war nicht der unglaubliche Hulk.

Meine erweiterte Sicht machte die Tatsache, dass ich mit nichts als Unterhosen bekleidet war, etwas erträglicher. Die Wand des Nebels des Krieges war um 40 Meter zurückgewichen. Nun konnte ich auch sehen, was sich hinter der Schlucht befand. Dort graste eine Herde von „Pfeifern" mit Level 2 und 3. Das war also der perfekte Ort für mein Farming-Abenteuer. Aus der Entfernung erinnerten die Pfeifer mich an überdimensionierte Babyhamster, auf deren riesigen Köpfen ein stacheliger Kamm aufragte. Sie reichten mir bis zur Taille, aber wenn sie nicht irgendwelche Tricks auf Lager hatten, konnte ich sie nicht nur besiegen, sondern sogar ganz leicht besiegen.

Diese Aufgabe wurde allerdings durch die Tatsache verkompliziert, dass ich den Grund der Schlucht nicht sehen konnte, und genau dort hatte sich der eklige, Napalm spuckende Killer-Kreken versteckt gehalten. Nach einer groben Berechnung musste ich ihm innerhalb von 12 bis 15 Sekunden 34 Hiebe versetzen, um ihn zu töten, und zwar so schnell ich nur zuschlagen konnte. Damit meine ich

Erdsekunden, also etwa 6 oder 7 Sekunden hier. Die Kreatur konnte ihr Napalm sechsmal nachfüllen. Wichtig war, dass ich nicht wegrannte, um den Spucke-Angriffen zu entgehen, sondern angriff, dabei allerdings dem Säurestrom auswich, damit er mir nicht die Augen verbrannte.

Sollte ich es riskieren? Oder lieber weiter Baby-Kirpi umbringen? Die Erinnerung an das brennende Gefühl, als ich den ersten Kirpi berührt hatte, ließ mich schaudern. Die Kreatur war eine Mischung aus einem Igel und einem Oktopus, in ätzenden Schleim gehüllt. Igitt! Und ich musste die Viecher mit bloßen Händen erledigen, bis ich irgendetwas fand, das ich als Knüppel verwenden konnte.

Ich entschied mich, den Angriff auf den Kreken zu riskieren. Meine Erfahrung aus unzähligen Spielen sagte mir, dass es die Anstrengung wert war, und schließlich hatte ich die Mathematik auf meiner Seite. Ich meine, hatte ich denn meine Boxfertigkeit völlig umsonst so massiv verbessert? Auch wenn ich das Profil meiner Fertigkeiten in diesem Interface nicht sehen konnte — ich hatte doch nicht etwa vergessen, wie man kämpfte, oder?

Rasch übte ich ein wenig Schattenboxen und hieb in die Luft. Ja, ich beherrschte es noch immer. Also — drei, zwei... und los!

Meine ganz private Regel der drei Sekunden besagte, dass ich sofort aktiv werden musste, nachdem ich eine Entscheidung getroffen hatte. Das diente der Vermeidung einer internen Diskussion und der Suche nach Gründen und Ausflüchten für einen Rückzieher. Ansonsten bestand die hohe Wahrscheinlichkeit, dass ich entweder Zeit verlor oder überhaupt nicht handelte.

Als ich diesmal in die Schlucht hinabkletterte, wusste ich bereits, was mich erwartete. Ich sprang auf den Boden, drehte mich einmal um mich selbst und suchte nach dem Boss, sah jedoch nichts. Die Zeit verging, in ein paar Minuten würden meine Existenz-Ressourcen verbraucht sein.

Ich ging 20 Schritte nach rechts, um sicherzugehen,

dass der Kreken nicht dort war. Einige Küchenschaben von der Größe einer Katze liefen vor mir davon, es waren Level 1-Sarasuren. Doch ich hatte mich zu früh gefreut — das war keine Möglichkeit, mir ganz einfach neue Ressourcen zu beschaffen. Die Sarasuren war schnell und beweglich. Mein Versuch, eine der Kreaturen zu zertreten, schlug fehl: Der kleine Mistkerl stellte einfach seine Stacheln auf, und ich konnte seinen Chitinpanzer nicht durchdringen. Stattdessen trug mir das einen geringen, aber schmerzhaften Schaden ein, sowie einen vorübergehenden Vergiftungs-Debuff. Und die Küchenschabe versteckte sich zwischenzeitlich in einer Felsspalte.

Ich fluchte und hüpfte auf einem Fuß hin und her. Plötzlich schoss ein widerwärtiger, silberfarbener Tausendfüßler aus derselben Spalte. Er legte sich um meinen Fuß, presste ihn zusammen und schlug seine scharfen Borsten hinein. Der beißende Schmerz ließ mich die andere Verletzung völlig vergessen. Ich fiel zu Boden, schrie vor Schmerz auf und versuchte, das blutdürstige Monster von mir zu zerren, doch ich schaffte es nicht. Praktischerweise waren die Borsten des Tausendfüßlers geformt wie Angelhaken. Wenn ich an dem Tier zog, zerrte mir das nur die Haut auf, und das Fleisch gleich mit, zerriss die gerade erst gestärkten Muskeln.

Der blutige Nebel ließ meine Sicht verschwimmen. Allerdings konnte ich noch die Zahlen für den Schaden sehen, die sich in wahnsinniger Geschwindigkeit erhöhten. Meine Gesundheitspunkte verringerten sich so rasch, dass ich schon bald bei nur noch 66 % gelandet war. Und das war der Kindergarten? Der Ausgangspunkt für alle Neulinge im Spiel? Wenn das so weiterging, schied ich aus der Prüfung aus, noch bevor ich einem einzigen anderen Kandidaten begegnet war.

Trotz des Angriffs schlug ich weiter auf das Ungeziefer ein und versuchte dabei, seinen weißlichen Bauch zu treffen, wo die Borsten nicht ganz so lang waren. Den Gesundheitswerten des Biestes nach hatte ich es schon beinahe umgebracht, doch dann flog es plötzlich von meinem Fuß und verschwand wieder in einer Spalte.

Mit was für einer Art von Mobs hatte ich es hier bloß zu tun? Jede neue Sorte war noch furchterregender als die letzte. Ich hatte allerdings keine Zeit, weiter darüber nachzudenken, denn auf einmal wurde mir klar, warum mein borstiger Gegner so rasch geflüchtet war: Mein Rücken explodierte in einem brennenden Schmerz.

Ich hatte das merkwürdige Gefühl, genau zu wissen, was mir jetzt bevorstand. Mir stieg der Geruch verbrannten Fleischs in die Nase.

Trotz der Hitze an meinem völlig ungeschützten Rücken von der Spucke des Kreken — etwas anderes konnte es schließlich nicht sein — brach mir der kalte Schweiß aus. Schlimmer hätte es kaum kommen können. Der Tausendfüßler hatte mich verstümmelt, meine Füße bluteten, und ich hatte Angst, mich auch nur darauf zu stellen, geschweige denn mit meiner halben Lebenskraft zu springen oder zu laufen.

Meine Gedanken rasten panisch. Ich verabschiedete mich schon einmal von diesem Leben. Doch mein Körper sprang plötzlich ganz ohne mein Zutun auf den Boss zu und ignorierte den erlittenen Schaden vollkommen. Wahrscheinlich, weil er erkannt hatte, dass Weglaufen sinnlos war, und der Schmerz sich auch über den Tod hinaus fortsetzen würde.

Als ich nahe genug herangekommen war, entdeckte ich, wie die Kreatur das Napalm herstellte. Es war wie eine Flamme, die von Drüsen ausgepumpt wurde und sich in den Falten unterhalb des Rüssels sammelte. Dabei wurde das Zeug heller und heller.

Meine Augen sahen es, und meine Hände handelten bereits. Mit zusammengebissenen Zähnen schlug ich auf die riesige Pferdebremse ein, trotz der entblößten Nervenenden meiner blutigen Fäuste. Ganz langsam verringerte sich das Leben des Monsters, sackte ein widerwilliges Prozent nach dem anderen herab. Das ging alles weit schleppender, als ich mir das vorgestellt hatte. Offensichtlich hatte ich bei meiner Berechnung den Chitinpanzer des Biestes nicht berücksichtigt. Es war ein tödlicher Fehler. Der Panzer halbierte den Schaden, den ich zufügen konnte, welcher dadurch lächerlich klein war.

Eine Welle der Hoffnungslosigkeit schlug über mir zusammen.

Der Kreken legte den Rüssel an, machte sich bereit, eine weitere Salve der höllischen Flamme loszuschicken. Ohne nachzudenken, griff ich nach der Schnauze, faltete sie nach hinten und richtete sie direkt auf das Facettenauge, das nahezu die Hälfte der Oberfläche des Kopfes dieser schrecklichen Kreatur ausmachten.

Peng! Ich spürte, wie sich der Feuerball den Rüssel entlang bewegte. Dann löste er sich daraus und explodierte in einer weißen Feuersäule, die sich auf das Auge der Pferdebremse legte und sich darauf ausbreitete. Allerdings konnte auch das dieses Insekt nicht umbringen. Zwar fraß das Napalm an der vernetzten Oberfläche des Auges, flackerte und rauchte, und das Monster schrie in einer Tonhöhe, die sich dem Ultraschall näherte, aber noch lebte das Insekt. Verzweifelt hämmerte ich darauf ein, um die letzten Prozentpunkte Gesundheit aus ihm heraus zu prügeln.

Der Kreken wollte flüchten, doch er hatte keine Chance. Ich legte all meine verbliebene Stärke in einen Aufwärtshaken, und endlich starb das Monster.

Die Leiche des Boss stürzte zu Boden. Es hörte sich an, als ob ein gefüllter Weinschlauch fallen würde. Staub wirbelte auf.

Auf einmal spürte ich meine Füße nicht mehr und sackte daneben in mir zusammen. Es war ein Sieg — jedoch ein Pyrrhussieg. Meine Gesundheit war schon eine ganze Weile lang im roten Bereich, erschöpft durch all die DOTs und Debuffs von Bluten, Gift und Verbrennungen, die ich erlitten hatte. Mein Rücken qualmte noch immer.

Immerhin erinnerte ich mich daran, dass ich jetzt

ganz schnell die Beute einsammeln musste, bevor ich ein zweites Mal zum Respawnpunkt zurückgeschickt wurde.

Gesundheitspunkte: 186/ 1.100

Die Leiche des Monsters flackerte und verschwand, einen großen Existenzkristall und eine weiteres Objekt zurücklassend.

Gesundheitspunkte: 113/ 1.100

Noch wenige Sekunden, und ich war ebenfalls eine Leiche. Ohne weiter nachzudenken, griff ich nach dem Kristall:

+100 Existenz-Ressourcen-Punkte

Die Wahrscheinlichkeit des Erhalts von Bonus-Existenz-Ressourcen wird überprüft (20 % Wahrscheinlichkeit)... Überprüfung abgeschlossen!

+ 100 Existenz-Ressourcen-Punkte

Der Kreken zeigte sich großzügig. 200 Punkte! Nun hatte ich genug, um die Kommandozentrale zu aktivieren. Zu schade, dass ich in Kürze bei meinem letzten Leben angekommen sein würde.
Ich fragte mich, ob der Boss wohl ebenfalls respawnte. Falls ja, konnte ich ihm später ja einen weiteren Besuch abstatten.

Gesundheitspunkte: 40/ 1.100

Der Gedanke, der mir plötzlich in den Kopf kam, fühlte sich an wie eine kalte Dusche. Wenn ich doch bloß genügend Zeit hätte!
Öffne das Profil!

Bist du sicher, dass du das nächste Level aktivieren möchtest?
Annehmen/Ablehnen.

Ja, Annehmen! Um ganz sicher zu sein, stieß ich zur Bestätigung mit dem Finger gegen das Wort.

Mein Plan funktionierte. Eine heilende Welle durchflutete meinen Körper, entfernte alle DOTs und stellte meine Gesundheitspunkte vollständig wieder her.

Gratuliere, Testsubjekt! Du hast Level 2 erreicht!
Du erhältst +2 Eigenschaftspunkte, die du in eine Eigenschaft deiner Wahl investieren kannst.
Mach deinen Feinden mehr Feuer unterm Hintern, Testsubjekt!

Ich machte ein paar freudige Tanzschritte, verjagte die Küchenschaben, die wohl die frische Leiche gerochen hatten, und stieß triumphierend mit der Faust in die Luft. Mir waren noch 27 Existenz-Ressourcen-Punkte verblieben. Mein Überleben hing jetzt also nicht mehr an einem seidenen Faden. Ich hatte diesen hinterlistigen Boss mit meinen bloßen Händen erledigt, mit nichts als einer Unterhose bekleidet!

Zwei goldene Ballons tanzten mit mir zusammen und bettelten um meine Aufmerksamkeit.

Ich wischte sie beiseite. „Könnt ihr nicht abwarten?"

Ich hatte Insekten schon als Kind gehasst. Deshalb kletterte ich so schnell ich konnte auf der anderen Seite wieder aus der Schlucht. Hier gab es Luft, hier war ich dem Himmel näher und weiter entfernt von den ekligen Schluchtbewohnern.

Niemand wartete auf mich, also beschloss ich, meine Beute und die beiden goldenen Ballons zu untersuchen. Letztere mussten einfach Geschenke des Systems sein.

Das Objekt, das der Kreken hinterlassen hatte, stellte sich keineswegs als der nutzlose Mist heraus, den man während der ersten Level eines Spiels an den erreichbaren Orten normalerweise erhielt. Liebevoll untersuchte ich es, studierte die glatte Perfektion seiner Umrisse, spürte sein angenehmes Gewicht und die davon ausströmende Wärme und sah die Funken, die unter der Oberfläche aufblitzten:

Zornige Energiefaust.
Die beste Waffe im Nahkampf.
Angetrieben durch Existenz-Ressourcen (-1 % deiner Punkte für jeden zugefügten Schaden).
Schaden: 12-24
+50 % bei kritischem Schaden.

Der Schlagring sah aus wie ein metallener Handschuh. Allerdings bestand das Objekt aus keinem auf der Erde bekannten Metall, denn es dehnte sich aus wie Gummi, als ich die Hand hineinsteckte. Es zog sich über meine Hand und meinen gesamten Unterarm und bewegte sich ganz leicht. Ich beugte und streckte die Finger, drehte meine Hand. Die Energiefaust saß wie angegossen.

Es war meine erste echte Beute. Als ich mein Profil öffnete, sah ich, dass der Schaden, den ich zufügen konnte, dank der Faust nun weit höher war: 30-46 für reguläre Hiebe, und 262 für kritischen Schaden. Geil! Jetzt wurde es höchste Zeit, ein paar Ressourcen zu farmen, aber es wurde auch langsam dunkel, und ich hatte noch keinen Ort gefunden, an dem ich die Nacht verbringen konnte. Was hatte doch gleich in den Anweisungen über die Nachtzeit gestanden?

Dass die fleischfressenden Kreaturen dann besonders aktiv waren? Ich hatte wirklich keine Lust darauf, nur mit meinen Boxershorts bekleidet auf der nackten Erde zu schlafen und nie wieder aufzuwachen.

Zuerst musste ich allerdings nachsehen, was das System mir zu sagen hatte. Ich griff nach dem ersten goldenen Ballon. Er verschwand in einer Wolke flimmernden Staubs, der sich in eine Mitteilung verwandelte:

Testsubjekt! Du hast den Erfolg des Ersten Riesentöters freigeschaltet!

Du bist der erste Kandidat in dieser Welle, dem es gelungen ist, einen Boss zu töten.

Du erhältst +3 Eigenschaftspunkte, die du in eine Eigenschaft deiner Wahl investieren kannst.

Nachdem mir bereits klar war, was als Nächstes passieren würde, tippte ich siegessicher auf den zweiten Erfolg.

Testsubjekt! Du hast den Erfolg des Ersten Draufgängers freigeschaltet!

Du bist der erste Kandidat in dieser Welle, dem es gelungen ist, einen Mob 5 Level über deinem eigenen zu töten.

Du erhältst +3 Eigenschaftspunkte, die du in eine Eigenschaft deiner Wahl investieren kannst.

2 Punkte für das nächste Level, plus 6 Punkte für die beiden Erfolge, das ergab insgesamt 8 Eigenschaftspunkte. Ich verteilte sie alle sofort. Mein Zögern vorhin hätte mich beinahe das zweite Leben gekostet.

4 Punkte fügte ich meiner Ausdauer hinzu und steigerte dadurch meine Gesundheitspunkte. Ohne Kleidung verfügte ich über keinerlei Schutz, also musste ich meine Fähigkeit zum Überleben verbessern.

1 Punkt vergab ich an Glück. Hier konnten Extrapunkte niemals schaden. Meine Stärke verbesserte ich ebenfalls um 1 Punkt, und die beiden letzten Punkte gingen an meine Wahrnehmung.

Die Wahrscheinlichkeit eines kritischen Treffers hatte sich jetzt auf 45,5 % erhöht, und die eines kritischen Schadens stieg auf nahezu 300. Ja, die Sache mit der kritischen Wirkung...

Mit solchen Statistiken konnte ich in Zukunft Kreaturen wie den Kreken in wenigen Sekunden erledigen. Nun ja, fast.

Wie auch immer — die Zeit zum Farmen war gekommen. Allerdings musste ich dabei mit Vorsicht zu Werke gehen und immer wachsam bleiben.

Die Dämmerung brach bereits herein, als es mir endlich gelungen war, meinem Vorrat an Existenz-Ressourcen mehr als 100 weitere Punkte hinzuzufügen. Das waren 100 für die Aktivierung der Kommandozentrale, und der Rest diente meiner Erhaltung. Die Mobs, denen ich jenseits der Schlucht begegnete, waren nicht besonders vielfältig. Da gab es weitere Kirpis, deren Stachel ich nun mit einem einzigen Hieb der Energiefaust zerschmetterte, aggressive Pfeifer, die aussahen wie überdimensionierte Hamster, im Rudel angriffen und dann wegliefen, bevor ihre Gesundheit weit unter 50 % sackte, die Krekniks, eine Art einer leichten und weit weniger seltenen Form eines Krekens, die statt Napalm eine zwar brennende, aber nicht tödliche Substanz ausspuckten und nur halb so groß waren.

Was mich ganz kirre machte, war die Tatsache, dass ich so viel Zeit mit meiner Regenerierung verschwenden musste, wenn ich die Viecher zwar verwunden konnte, sie jedoch dann flüchteten und mir damit die Möglichkeit raubten, sie einzufangen und ihnen ein Ende zu bereiten. Als ich bei meiner nächsten Verfolgungsjagd in einen Hinterhalt von Kirpis geriet, gab ich es auf, den Flüchtenden nachzujagen. Stattdessen hielt ich diejenigen, die erst flüchten wollten, eisern fest, damit sie mir nicht entkommen konnten.

Außer Existenz-Ressourcen war von den Mobs nichts zu holen. Meine Hoffnung, ein paar Kleidungsstücke erbeuten zu können, zerschlug sich also.

Ich setzte diesen Prozess über mein gesamtes Hexagon hinweg fort und erreichte das nächste. Das erkannte ich jedoch erst, als ich die Grenze bereits überschritten hatte. Es fühlte sich an, als würde ich durch ein Spinnennetz laufen, und ich spürte das nur schwach hörbare Summen eines Energiefeldes, das die Hexagone voneinander trennte. Mich ließ das Energiefeld passieren, doch dann sah ich, wie ein Pfeifer, der mir hatte folgen wollen, so abrupt zurückgestoßen wurde, dass er einen Salto nach hinten hinlegte.

Sollte ich zurückkehren oder weitergehen? Mir fiel ein, dass ich ja auch ein neutrales Hexagon erobern konnte statt desjenigen, in dem ich das Spiel begonnen hatte. Zumindest theoretisch würde es mich ebenso viel Zeit kosten, zur Mitte des ersten Hexagons zurückzukehren wie die Mitte dieses Hexagons zu erreichen.

Ich beschloss, den Weg fortzusetzen. Farmen war nun einmal Farmen, nachdem ich jetzt weder müde noch hungrig war. Was machte es denn für einen Unterschied, welche Kommandozentrale ich aktivierte, meine eigene oder eine neutrale? Außerdem konnte ich mir auch noch all die zusätzlichen Ressourcen des neutralen Hexagons sichern, und je mehr Ressourcen ich hatte, desto schneller konnte ich mich weiterentwickeln.

Ich tat genau 50 Schritte. Dann ließ ich mich jäh ins Gras fallen, als ich nahe der Grenze meines Nebels des Krieges eine menschliche Gestalt erblickte — ein an diesem Ort sehr ungewöhnlicher Anblick.

Carter, Mensch
Level 4

Der etwas beleibte Carter streifte umher, vornübergebeugt und den Blick zu Boden gerichtet. Ich konnte nicht sagen, ob er mich wahrgenommen hatte. Auf jeden Fall war es keine gute Idee, ihm zu begegnen. Um bereits jetzt Level 4 aktiviert haben zu können, musste er eine enorme Menge an Ressourcen gefarmt haben. Erst recht wurde es offensichtlich, dass Vorsicht angebracht war, als ich mir den Speer mit seiner räuberisch funkelnden Spitze und die Schwadron von Mobs betrachtete, die ihre Knüppel schwangen und Carter beim Voranschreiten schützend umgaben.

Plötzlich blieb einer von ihnen stehen, schnüffelte,

drehte den Kopf — und sah mich direkt an. Im Bruchteil einer Sekunde blickte die gesamte Schwadron, inklusive Carter, in meine Richtung.

KAPITEL 4

WIE EINE GELADENE PISTOLE

Aus Tommy bekam man immer die
Wahrheit heraus. Das war eine
seiner Hauptschwächen.

Mark „Rent-boy" Renton, *Trainspotting*

KEIN ZWEIFEL — ICH war Weltmeister darin, Ärger zu finden
und meine Nase hineinzustecken. Und das alles nur, weil ich
durch den Sieg im Boxturnier so an Zuversicht gewonnen
hatte. Wie viele Auseinandersetzungen hatte ich in meiner
Zeit ohne Interface einfach vermeiden können? Nahezu alle!
Natürlich litt darunter manchmal mein Selbstrespekt, aber
alles in allem verursachte das keine ernsthaften Probleme.
Und jetzt?

Das waren die Gedanken, die mir auf dem Weg vom
Nachtclub nach Hause durch den Kopf gingen. Ich hielt mir
selbst eine anhaltende Standpauke, und selbst, als ich
längst wieder in meiner Wohnung angekommen war,
analysierte ich die gesamte Situation weiter, bis mir endlich
klar wurde, dass ich mir all meine jüngsten Probleme selbst
zuzuschreiben hatte. Ich war aus der Boxgruppe geworfen
worden, weil ich einen Kampf mit Mohammed angefangen
hatte, und beinahe wäre ich mit Turals Messer in den Rippen
geendet, nur, weil ich ihm unbedingt hatte nachlaufen
müssen. Solche Dinge waren mir zuvor nie passiert. Und
jetzt war es genau dasselbe.[2]

---

[2] Phil zitiert hier Viktor Chernomyrdin, einen russischen
Geschäftsmann und Amtsträger, der von 1992 bis 1998 russischer
Premierminister war. Er war bekannt für seine unlogischen und

Nachdem die Sicherheitsleute Cyril und mich aus dem Lokal geworfen hatten, hatten die anderen die Rechnung bezahlt und waren uns dann gefolgt. Wir begaben uns in ein Café in der Nähe, besprachen die Angelegenheit und überlegten, wie wir mit der Situation umgehen sollten, die gerade sehr viel komplizierter geworden war.

„Ja, da stecken wir schön in der Scheiße", bemerkte Alik zerknirscht. „Wer hätte denn das ahnen können?"

„Diese reichen, verwöhnten Gören bereiten immer Probleme", stellte Gleb niedergeschlagen fest. „Ich habe in den Pokerclubs mehr als genug von dieser Sorte erlebt. Am besten bringt man sie gar nicht erst gegen sich auf. Denn sobald etwas nicht so läuft, wie sie sich das vorstellen, schlagen sie um sich."

„Die sind so eingebildet!", nickte Alik.

„Cyril, warum zum Teufel musstest du dich unbedingt mit ihnen anlegen?", fragte Veronica.

„Ich?" Cyrils Augen weiteten sich, bis sie so groß waren wie Untertassen. „Gleb und ich waren mit unseren eigenen Angelegenheiten beschäftigt. Wir haben Billard gespielt, und dann hat der Kerl auf einmal versucht, mir das Queue wegzunehmen. Was hätte ich denn tun sollen? Ihm das etwa freiwillig überlassen?"

Cyrils gebrochene Nase wirkte sich auf seine Sprache aus. Alles klang nasal, und seine Prellungen, die in allen Farben schillerten, erinnerten an eine indianische Kriegsbemalung.

„Du hättest ihm einfach den Billardtisch überlassen sollen", flüsterte Marina so leise, dass wir sie kaum verstehen konnten.

„Oh, Gott!" Kesha ließ den Kopf in die Hände sinken. „Und der Abend hat so gut angefangen!"

„Nun kommt schon — das reicht jetzt", mischte ich mich im Befehlston ein. „Cyril und Gleb haben genau das Richtige getan. Sind sie Männer oder Weicheier? Hatte dieser

---

grammatikalisch falschen Sätze. Der Original-Ausspruch lautet, übersetzt: „So war es noch nie, und jetzt ist es genau wieder dasselbe."

Dorozhkin etwa ein Schild auf der Stirn, das verraten hat, wer er ist? Und selbst wenn, wären die beiden noch immer im Recht gewesen."

„Das mag ja sein", erwiderte Kesha. „Aber das beseitigt das Problem auch nicht."

„Wir befassen uns mit den Schwierigkeiten, wenn sie auftreten", erklärte ich. „Aber wir sollten auch proaktiv handeln. Ich will morgen früh jeden frisch und in Topform im Büro sehen. Wir müssen unsere gesamten Dokumentationen und Verträge durchgehen und dafür sorgen, dass alles in Ordnung ist, wenn die Wirtschaftsprüfer an die Tür klopfen."

„Sollen wir Herrn Katz anrufen?" Alik hatte schon sein Handy in der Hand.

„Nein, nicht so spät am Abend. Ich werde ihn morgen früh selbst anrufen. Und jetzt ist es Zeit fürs Bett. Gehen wir alle nach Hause."

Gleb schlug mit der Faust auf den Tisch. „Es war so ein schöner Abend, und dieser Mistkerl hat ihn uns kaputtgemacht!"

Seine Stimme verriet, dass er dabei nicht nur an den verdorbenen Abend dachte. Er dachte, wie wir alle, an die Konsequenzen, die daraus folgen könnten. Ich wusste, ich musste meine Freunde unbedingt beruhigen.

„Hey, Jungs!" Mit einem breiten Lächeln stand ich auf und sah sie mit Blicken an, die Zuversicht einflößen sollten. „Es wird schon alles in Ordnung kommen."

Dann waren wir alle unserer getrennten Wege gegangen. Ich hatte ein Angebot abgelehnt, mich nach Hause zu bringen, und hatte mir stattdessen ein Taxi bestellt.

Zu Hause streifte ich die Schuhe ab und ließ mich in einen Sessel sinken, ohne mich auch nur umzuziehen. Boris rieb sich an meinen Beinen und miaute beruhigend. Traurig beugte ich mich hinab, um sie zu streicheln, als ich den Xylofonton meines Handys vernahm. Ich kannte die Nummer nicht, nahm aber dennoch ab.

„Hallo?", hörte ich eine angenehme Frauenstimme.

„Tut mir leid zu stören. Ist das Philip?" Irgendwie kam mir die Stimme vage bekannt vor, doch ich konnte sie nicht einordnen.

„Ja, am Apparat. Wer spricht da?"

„Panfilov?" Ich konnte hören, dass sie lächelte. „Du weißt nicht, wer ich bin?"

„Tut mir leid, nein. Kennen wir uns?"

„Oh, du!", lachte die Frau. „Ich bin Paulina Essman! Deine ehemalige Mitschülerin! Schule Nummer 23, Klasse B. Wir haben 2003 den Abschluss gemacht. Erinnerst du dich jetzt?"

„Paulina? Essman? Wow, was für eine Überraschung! Hi!"

Aufregung hatte mich vom Kopf bis zu den Füßen gepackt. Paulina war meine erste unerwiderte große Liebe gewesen. In der ersten Klasse hatte man uns gemeinsam an einen Tisch gesetzt, bis sie in der fünften Klasse zu einer Freundin gewechselt war.[3]

„Wie geht es dir, Phil? Wir haben uns ja schon ewig nicht mehr gesehen."

„Allerdings, Paulina — seit dem Abschluss."

„Oh — ja. Wie auch immer — lass mich gleich zum Punkt kommen. Wir suchen dich schon seit über einem Monat. Wir haben dich in den sozialen Medien angeschrieben, und jemand hat eine alte Festnetz-Telefonnummer von dir gefunden, aber du bist offensichtlich umgezogen. Bis ich endlich auf den Gedanken gekommen bin, deine Eltern anzurufen. Hör mal, wir haben morgen ein Klassentreffen, und es kommen viele der alten Mitschüler: Mike aus Australien, Pasha aus Südafrika, Olga aus Deutschland, kannst du dir das vorstellen? Und die Yezhovs aus Amerika... Jedenfalls, nahezu alle, die inzwischen auf einem anderen Kontinent leben, werden dabei sein, aber viele Leute aus unserer eigenen Stadt haben abgelehnt. Zum Glück habe ich ja wenigstens dich gefunden!"

---

[3] In russischen Schulen stehen Doppeltische, die sich jeweils zwei Schüler teilen.

„Ein Klassentreffen?", wiederholte ich. Als die Vorstellung langsam in mich hineinsank, wurde ich bombardiert mit Erinnerungen an Schule, Mitschüler... alles. Es fühlte sich an, als wäre es erst gestern gewesen, und doch hatte ich viele der anderen Schüler bereits vergessen.

„Ja, wir haben vor 15 Jahren den Abschluss gemacht. Kannst du das glauben? Ich habe auch für den 10. Jahrestag versucht, ein solches Treffen zu organisieren, aber damals sind nur sechs Leute gekommen. Nicht einmal du bist erschienen, obwohl wir dich extra angerufen hatten."

Ich wusste nicht mehr, warum ich damals nicht hingegangen war, aber hatte man mich wirklich angerufen? Anscheinend ja. Und ich hatte es tatsächlich abgelehnt, mich mit meinen ehemaligen Klassenkameraden zusammenzusetzen, nur wegen eines neuen Raids in *WoW*? Oh ja.

„15 Jahre schon — wow! Ich bin so froh, dass du mich gefunden hast, Paulina. Ich komme gern. Ist Pasha wirklich zurückgekommen?"

„Ja, er wollte ohnehin seine Eltern besuchen. Wir haben den Termin extra so gelegt, dass jeder dabei sein kann. Wir erwarten dich also im Restaurant von Andrei Belyaev, morgen Abend um sieben."

„Andrei hat ein eigenes Restaurant?", staunte ich. „Klasse! Wo ist es, und wie heißt es?"

„*Chito Gvrito*,[4] in der Warsachauer Straße. Weißt du, wo das ist?"

„Ich habe noch nie davon gehört, aber ich werde es finden. Himmel — *Chito Gvrito*... Ist das georgisch?"

„Genau. Sein Partner ist ein Küchenchef aus Georgien. In Ordnung — und komm bloß nicht zu spät! Wir haben einiges geplant, die anderen Mädchen und ich..."

„Kapiert. Ich werde pünktlich sein. Wir sehen uns

---

[4] *Chito Gvrito: Das kleine Vögelchen.* Das ist (übersetzt) der Titel eines beliebten georgischen Liedes aus dem preisgekrönten georgisch-/russischen Film *Mimino*.

morgen!"

„Prima. Gute Nacht!"

Als Paulina auflegte, hörte ich ein Kichern. Es löste widerstreitende Empfindungen in mir aus.

Lange vergessene Gesichter tauchten aus den Tiefen meiner Erinnerung wieder auf. Andrei Belyaev... Ich war in den gesamten höheren Klassen die Zielscheibe seines Spottes gewesen. Wir waren beide in Paulina verliebt gewesen. Mein Freund Pasha Pashkovsky, mit dem ich mich wegen etwas zerstritten hatte, das mir längst entfallen war. Maya Abramovich, eine zierliche Brünette mit großen... ähm, Ambitionen als Dichterin. Ich hatte davon geträumt, mit ihr auf dem Abschlussball zu tanzen, um etwas zu haben, worauf ich mich freuen konnte. Doch am Ende hatte ich nicht den Mut aufgebracht, sie zu fragen. Max Minenko, der Klassenstreber Zagvozkin mit lauter Einsen (ein weiterer Pasha), Sergei Kardayev, klein und mit einer plattgedrückten Nase, der dennoch die meisten Liegestütze der gesamten Klasse zustande brachte und ein leidenschaftlicher Sportler gewesen war.

Mein Handy bimmelte und bimmelte. Das mussten gleich mehrere SMS-Nachrichten sein, die da gerade eingingen. Ich öffnete WhatsApp und sah, dass man mich einem Gruppen-Chat mit meinen ehemaligen Mitschülern hinzugefügt hatte.

„Hi, Phil!", begrüßte Pashkovsky mich.

„Hey, der kleine Philip hat sich uns angeschlossen! Klasse!", freute sich Belyaev, in Erinnerung an meinen Spitznamen nach einer Kindergeschichte von Tolstoy.

„Wie geht es dir, Phil? Hast du Familie? Kinder?", wollte Kardayev wissen.

„Wieso hast du kein Profilfoto?", nörgelte Ira Goncharenko. „Du solltest eines in einem professionellen Studio machen lassen."

Ich sagte meinen ehemaligen Mitschülern hallo und studierte ihre Profile und Fotos. Die Bilder waren die von Erwachsenen. Es würde nicht einfach werden, sie wiederzuerkennen.

Die Nachrichten strömten weiter herein: Fotos von Familien und Kindern, Erinnerungen, Geschichten aus unserer Schulzeit, Gerüchte über die Klassenkameraden, die sich nicht am Chat beteiligten. Alle waren schon ganz aufgeregt wegen des Klassentreffens. Sobald die Leute allerdings erst einmal ihre aufrichtige Freude und nostalgischen Gefühle hinter sich gelassen hatten, würde das Zusammenkommen höchst wahrscheinlich zu einem Wettbewerb der Leistungen ausarten: Wer was im Leben erreicht hatte und wer erfolgreich war. Doch selbst in der Vordiskussion konnte ich mich mit nichts brüsten. Ich hatte keinen Erfolg vorzuweisen, ich hatte keine Kinder produziert, und nicht einmal meine Ehefrau hatte ich halten können.

Über diese Tatsache dachte ich eine ganze Weile lang nach und verarbeitete sie, bis ich zu einer logischen Schlussfolgerung kam: Leckt mich doch alle! Ich würde es einfach genießen, die alte Gang wiederzusehen. Ich brauchte unbedingt etwas Positives in meinem Leben, bevor das einsetzte, was sich meiner Befürchtung nach zu einem langgezogenen Krieg mit den Dorozhkins entwickeln würde.

In der Schule hatte ich mit gleich drei Nachteilen zu kämpfen gehabt: Ich war ein schlechter Sportler, ich konnte nicht gut tanzen, wagte nicht einmal, es zu versuchen, und ich hatte immer davon geträumt, ein so witziger Spötter zu sein wie Belyaev. Mir fielen die intelligenten Erwiderungen und witzigen Bemerkungen allerdings immer viel zu spät ein. Man hatte jetzt in der Klasse nicht unbedingt auf mir herumgehackt, aber sehr beliebt war ich ebenfalls nicht gewesen. Ich hatte gute, aber nicht herausragende Noten aufzuweisen. Im Sportunterricht hatte ich Angst vor dem heranfliegenden Ball, vor Langläufen und vor dem Barren. In Nachtclubs trieb ich mich in einer Ecke herum, schüchtern und voller Furcht, mich zum Narren zu machen.

Wie auch immer — ich beschloss, mich zu wappnen und tatsächlich am nächsten Tag zum Klassentreffen zu gehen. Was den Sport betraf, hatte ich gewaltig aufgeholt.

Witziger war ich inzwischen ebenfalls geworden. Auf dem College hatte ich sogar Witze für unsere Komödiantengruppe geschrieben, die an Wettbewerben teilnahm. Und in Bezug auf das Tanzen... nun, darin war ich immer schlecht gewesen und das auch geblieben. Ich meine, wenn ich genügend Alkohol intus hatte und einen Song hörte, den ich kannte, konnte ich womöglich auf die Tanzfläche stürmen und so tun, als würde ich mich zur Musik bewegen. Von außen würde es allerdings ziemlich lächerlich aussehen. In meinem Profil war die Fertigkeit des Tanzens nicht einmal erwähnt worden. Allerdings musste ich ziemlich sicher damit rechnen, dass morgen beim Klassentreffen auch getanzt wurde.

Über all dem hatte ich den ersten stellvertretenden Bürgermeister und seinen Abschaum von einem Sohn fast vergessen. Den Rest des Abends verbrachte ich damit, mir auf YouTube Videos anzusehen, die sich „Tanzen für Anfänger" nannten. Ich versuchte, mir die Bewegungen zu rhythmischer Musik zu merken und sie nachzuvollziehen.

Gegen Ende der zweiten Stunde stand ich kurz vor einem echten Durchbruch und konnte meinen Körper weit besser kontrollieren als vorher.

Gratuliere! Du hast eine neue Fertigkeit freigeschaltet: Streetdancing.
Derzeitiges Fertigkeitslevel: 1
Erhaltene Erfahrungspunkte: 200
Fehlende Erfahrungspunkte bis zum nächsten Level: 16.990/18.000

Warum bitte hatte das System meine Anstrengungen als Streetdancing eingestuft? Keine Ahnung. Andererseits hatte ich ja auch niemanden, der mir Rumba, Tango oder Walzer beibringen konnte. Es gab da nur diese Videos der Grundlagen des Breakdance mit passender Musik.

Na und? Ich hatte schon immer lernen wollen, wie man downrockt.

***

Ich schlief ein paar Stunden. Dann schaltete ich den Fernseher ein, suchte nach einem Musikkanal mit mehr oder weniger geeigneter Musik und drehte die Lautstärke auf. Ich schob Tisch und Sofa beiseite, um Platz zu schaffen, schaltete an meinem Handy die Aufnahme ein und legte los. Ich musste schließlich ausreichend Muskelgedächtnis aufbauen.

Nach einer Weile hatte ich im Streetdance bereits Level 4 erreicht. Zugegeben, ich hatte dafür fast so hart arbeiten müssen wie für das Boxen. Beim Tanzen verbraucht man eine Menge Energie. Das entdeckte ich, nachdem ich die Grundlagen beherrschte und zu den Positionen überging, die ich ein paar Takte lang einhalten musste. Wie etwa das Balancieren auf den Händen, während Körper und Beine waagerecht zum Fußboden in der Luft schwebte. Das nannte sich „der Wurm". Anschließend übte ich die Windmühle. Diese Bewegung hat bestimmt jeder schon mindestens einmal in seinem Leben zu sehen bekommen: Der Tänzer drehte sich in einem Kreis auf dem Boden und bewegte dabei die Beine. Es sah wirklich wie eine Windmühle aus. Ohne starke Armmuskeln, gute Muskeln im Bauchbereich und eine hervorragende Koordination (sprich: Ausdauer) sollte man mit dem Breakdancing gar nicht erst anfangen. Wie gut also, dass ich mich im Laufe der letzten Monate in allem verbessert hatte!

Schief liefen die Dinge später, als ich mich an die komplizierteren — also dynamischeren — Elemente begab. Einfach ausgedrückt, war ich dafür schlicht nicht stark genug. Eine solche Akrobatik ohne jede vorangehende Erfahrung zu meistern, war auch eine total unrealistische Vorstellung. Dennoch hatte ich Fortschritte gemacht und eine Menge gelernt. Ich musste mich nicht zurückhalten, wenn beim Klassentreffen alle zu tanzen begannen.

Ich war in guter Stimmung, als ich mich zu meinem

morgendlichen Lauf bereitmachte. Das Boxen hatte ich einstweilen bis zu Kostyas Rückkehr zurückgestellt. Das Joggen allerdings setzte ich fort. Mein Plan war, meine Ausdauer mindestens auf Level 20 zu bringen, das war eines der Kriterien für die Heldenfähigkeiten der Ebene 2.

Während des Laufens lauschte ich per Kopfhörer Englischlektionen. Nach dem Anruf aus der US-amerikanischen Botschaft hatte ich beschlossen, diese Sprache zu studieren. Ich hatte ein Monatsabo für einen Online-Kurs erworben und dafür eine Unmenge an Dateien erhalten, darunter auch Audiodateien. Jede Lektion baute auf einem bestimmten Thema auf. Heute ging es ums Kochen. Der Lehrer versuchte ganz ernsthaft, seine Schüler davon zu überzeugen, wie wichtig es wäre, das Kochen zu beherrschen, und zwar das Kochen zu Hause. Es wäre weit gesünder und billiger, als im Restaurant zu speisen, und so weiter, bla, bla, bla. Über Amerika brachte er mir nichts Neues bei. Das Hauptziel war nun einmal ein anderes — man sollte lernen, die gesprochene Sprache aufzunehmen und zu verstehen. Das bekam ich hin. Bei jeder Lektion lernte man ein paar unbekannte Begriffe, die ich durch einen Online-Übersetzer laufen ließ.

Der Balken meiner Englischkenntnisse stieg um zwei oder drei Prozent an, und meine Fertigkeit im Joggen um ein halbes Prozent. Sobald man erst einmal Level 8 erreicht hatte, wurde es immer schwerer, sich weiter zu verbessern. Um das auszugleichen, schaffte ich es in der Ausdauer auf ein neues Level. Darüber benachrichtigte das System mich mitten im Lauf:

Deine Ausdauer hat sich verbessert! +1 Ausdauer

Derzeitiges Level bei der Ausdauer: 12
Für die erfolgreiche Verbesserung einer Haupteigenschaft erhältst du 1.000 Erfahrungspunkte!
Fehlende Erfahrungspunkte bis zum nächsten Level: 17.990/ 18.000

Ich nickte befriedigt und lief weiter. Dabei kam ich an der Stelle vorbei, an der Kostya und ich das Sparring geübt hatten, während seine kleine Schwester Julie auf unsere Sporttaschen aufgepasst hatte. Es kam mir vor, als wäre all das vor 100 Jahren geschehen, obwohl es erst in jüngster Vergangenheit passiert war: Meine Gründung des Unternehmens, Kostyas Einlieferung ins Krankenhaus, der endgültige Bruch mit Vicky in Panchenkos Büro, mein Sieg im Boxturnier, Ilindis Erscheinen beim Superfinale, die Entführung und die Prüfung (oder vielmehr die Vorauswahl), Kostyas und Julies Flug nach Deutschland für die Operation, und schließlich die Auseinandersetzung im Nachtclub mit Dorozhkin Junior.

Das Beenden des geplanten Joggens verschaffte mir 30 Erfahrungspunkte für den erfolgreichen Abschluss einer Aufgabe. Ich glitt ein Level nach oben, und dabei nagelte mich ein nur für mich sichtbarer Lichtstrahl an meinem Ort fest.

Status der Aufgabe: Morgendliches Joggen. Aufgabe abgeschlossen.
Erhaltene Erfahrungspunkte: 30 Punkte
+5 % Zufriedenheit

Gratuliere! Du hast ein neues Level erreicht!
Derzeitiges Level deines sozialen Status: 18
Verfügbare Eigenschaftspunkte: 2
Verfügbare Fertigkeitspunkte: 1

Fehlende Erfahrungspunkte bis zum nächsten Level: 20/19.000

Meine Beine wurden zu Gummi. In einem Krampfanfall der Euphorie fiel ich ins Gras, vielmehr auf den lange nicht mehr gemähten Rasen des ehemaligen Fußballfeldes der Schule.

Diesmal brauchte ich mehrere Minuten, um mich

wieder zu erholen. Anschließend blieb ich einfach liegen und öffnete mein Profil.

Philip „Phil" Panfilov
Alter: 32
Derzeitiger Status: Unternehmer
Level des sozialen Status: 18
Erkenntnissuchender. Level: 13
Klassen: Boxer, Empath. Level: 11
Geschieden
Kinder: keine

Haupteigenschaften
Stärke: 13
Beweglichkeit: 11
Intelligenz: 20
Ausdauer: 12
Wahrnehmung: 15
Charisma: 17
Glück: 14

Der Eintrag für Glück zeigte auch die Auswirkungen der Artefakte, die ich besaß: +12 vom Glücksring des Veles, +2 vom schützenden roten Armband und +5 von dem Netsuke Jurōjin aus Elfenbein. Meine Sportkleidung und meine Sportschuhe brachten keine merkbare Steigerung meiner Beweglichkeit.

Es wäre eine echte Schande, wenn ich all das verlieren würde, nur weil Phil 2 die Prüfung nicht bestand. Mit Worten konnte ich das gar nicht ausdrücken. Vielleicht war es sogar eine gute Sache, dass mir gleichzeitig auch die Erinnerung an all diese Leistungen genommen werden würde. Dann musste ich mich wenigstens deswegen nicht schlecht fühlen und konnte einfach in aller Ruhe weiter die Bösen in *WoW* erledigen. Ich hatte gehört, dass in ein oder zwei Monaten ein Update für die Schlacht von Azeroth herauskommen sollte. Entweder erinnerten sich die

Suchmaschinen an meine früheren Suchen, oder ich war bei Google noch immer in der Datenbank für dieses Spiel. Jedenfalls erblickte ich bei jeder Suche Werbeanzeigen dafür, und die Website des Entwicklers schickte mir Nachrichten.

Was auch immer mir in der Zukunft bevorstand — auf einmal wurde mir klar, dass ich noch nie versucht hatte, die Systempunkte in Intelligenz oder Charisma zu stecken. Was die Ausdauer betraf, machte ich mir keine allzu großen Sorgen. In meinem Alltagsleben war sie nicht wirklich wichtig. Schließlich wollte ich keinen Marathon laufen, und eine leidenschaftliche Nacht mit Sex von Sonnenuntergang bis -aufgang würde ich schon durchhalten.

Rein als Experiment versuchte ich, einen Punkt in Intelligenz zu investieren — und erneut überraschte das System mich. Entweder lag es an meiner gesteigerten Erkenntnis, oder an einem anderen Grund. Jedenfalls waren die Dinge in diesem Bereich nicht so klar und eindeutig wie bei der Verbesserung physischer Eigenschaften:

Warnung! Wir haben eine ungewöhnliche Steigerung in deiner Eigenschaft Intelligenz entdeckt: +1 Punkt

Der Prozess der Erschaffung, Stärkung oder Wiederherstellung der verlorenen neuronalen synaptischen Verbindungen des Benutzers wird eingeleitet.

Es gibt verschiedene Möglichkeiten, deine Eigenschaft Intelligenz zu verbessern. Bitte wähle eine der nachfolgend beschriebenen Methoden:

- Erhöhen der Geschwindigkeit deiner Gehirnaktivitäten um 10 % über dem Basiswert

- Erhöhen der Geschwindigkeit deiner Reaktions- und Problemlösungsfähigkeit um 15 % über dem Basiswert

- Erhöhen deiner Konzentration und Aufmerksamkeit um 50 % über dem Basiswert

- Erhöhen deines Kurz- und Langzeitgedächtnisses um 20 % über dem Basiswert

- Entwickeln einer deiner kreativen Fähigkeit (+5 Level

für die betreffende Fertigkeit)

Annehmen/Ablehnen

Ich konzentrierte mich auf die letzte Option. Eine Liste der verfügbaren „kreativen Fähigkeiten" entfaltete sich: Musikkomposition, Dichtkunst, Schriftstellerei, Singen, Schauspielerei, Kunst, Tanz, Fotografie, Bildhauerei, Design...

Es war eine lange Liste, und es gab eine Menge, worunter ich aussuchen konnte. Sogar Fremdsprachen wurden aufgeführt. Es juckte mich in den Fingern, mit nur zwei Intelligenzpunkten perfekt Chinesisch oder Japanisch sprechen zu können. Ich könnte sogar ein großer Schriftsteller werden, ein wirklich großer. Mein bisheriges Level 8 in kreativem Schreiben, kombiniert mit weiteren 10 Level aus den Systempunkten, würde mich in wahrhaft gottähnliche Höhen heben.

Ich konnte es gar nicht fassen. Fieberhaft lotete mein Verstand alle Optionen aus. Meine Hände zitterten vor Neugier und Ungeduld. Doch am Ende tippte ich auf *Ablehnen* und steckte den Punkt versuchsweise in Charisma. Auch dort erwartete mich eine Überraschung:

Warnung! Wir haben eine ungewöhnliche Steigerung in deiner Eigenschaft Charisma entdeckt: +1 Punkt

Dein Körper wird auf der Grundlage deiner Auswahl neu strukturiert.

Es gibt verschiedene Möglichkeiten, deine Eigenschaft Charisma zu verbessern. Bitte wähle eine der nachfolgend beschriebenen Methoden:

- Verbessern deiner physischen Erscheinung und Steigern deiner Attraktivität auf der Grundlage der gesellschaftlichen Standards in deinem lokalen Segment der Galaxie

- Aktivieren des Kraftfeldes der Befehlshaber-Aura, das eine hohe Wahrscheinlichkeit mit sich bringt, dass andere

deinen Befehlen gehorchen
  - Aktivieren des Kraftfeldes der Energie-Aura. Deine Gefolgschaft partizipiert an deiner Energie und schon deine reine Anwesenheit motiviert andere
  - Entwickeln einer deiner Charisma-Fertigkeiten (+5 Punkte für die betreffende Fertigkeit)

Annehmen/Ablehnen

Die Fertigkeiten, die ich in dem Zusammenhang verbessern konnte, waren Sozialkompetenz, Führungsfertigkeiten, öffentliches Sprechen, Vorausschau, Überzeugungskraft, Scharfsinn, Verführung, Täuschung, Belesenheit, Entscheidungsfindung und mehr.

Ich hatte so viele Wahlmöglichkeiten — und am liebsten hätte ich sie alle weiterentwickelt. Verdammt, warum hatte ich bloß nicht schon früher daran gedacht, Intelligenz und Charisma zu verbessern? Sie waren die Wurzel der Minderwertigkeitskomplexe aus meiner Kindheit. Deshalb war ich schwach gewesen und wollte jetzt stark sein. Nun, stark war ich geworden, aber ich Idiot hatte dabei auch eine ganze Menge Systempunkte in Stärke und Beweglichkeit versenkt. Das machte mich rasend.

Ich sprang auf — beim Breakdance hätte man das Kip-up genannt — und schleppte mich völlig begeisterungslos nach Hause.

Dort begab ich mich automatisch an meine Aktivitäten nach jedem Workout: Ich warf meine Klamotten in die Waschmaschine und mich selbst unter die Dusche. Als ich nach dem Duschen die Badezimmertür öffnete, lag Boris mir im Weg. Geduldig starrte sie zu mir hoch. Sie sah mir in die Augen und nieste, erhob sich auf die Pfoten, streckte lässig die Hinterbeine, zog sich in eine Ecke zurück, um mir den Weg frei zu machen, und begann, sich zu putzen. Es war wie immer — in welchem Raum ich mich auch immer einschloss — sie wartete vor der Tür, tat jedoch so, als wäre sie nur zufällig vorbeigekommen, wenn ich die Tür öffnete.

„Du musst mir nichts vormachen, Boris. Guten Morgen. Komm, Zeit fürs Frühstück."

Ich fütterte Boris, aß selbst etwas und machte mich bereit für die Arbeit. Wochenende oder nicht — es bestand die sehr reale Gefahr, dass Dorozhkin uns Wirtschaftsprüfer auf den Hals hetzen würde, also musste ich ins Büro gehen.

Herrn Katz hatte ich bereits während des Joggens angerufen und ihn über das kurzfristig anberaumte Meeting wegen einer dringenden Angelegenheit informiert.

Die Stimmung im Büro war kampfeslustig. Keiner saß niedergeschlagen und erdrückt von Problemen herum, sondern alle steckten voller Energie. Alik wedelte mit den Armen und verkündete seine Überzeugung, dass dieser Kelch an uns vorübergehen würde.

„Ach was — der hat das alles längst vergessen", erklärte er. „Er war nicht besonders gut in Form. Er wird aufwachen und sich gleich wieder einen hinter die Binde gießen."

„Oh, nein." Gleb war skeptisch. „Solche Leute vergessen nie etwas. Sie hegen einen Groll wie... wie..."

„Wie wer?", hakte Kesha nach.

„Wie Katzen! Ich hatte mal eine Katze. Wenn ich sie nachts von meinem Kissen geschubst habe, bin ich morgens aufgewacht und sie hatte mir in die Schuhe geschissen."

„Ha, ha", lachte Alik. „Vielleicht macht Dorozhkin das ja auch... Ha, ha... in deine Schuhe!"

„Ach, geh doch!"

Das Gezänk setzte sich noch etwa eine halbe Stunde lang fort. Der Zirkus fand sein Ende, als Herr Katz und Rose eintrafen. Ich fasste kurz die Ereignisse des vergangenen Abends für die beiden zusammen. Rose keuchte, Herr Katz griff sich ans Herz. Alik brachte ihm ein Glas Wasser, während Veronika seiner Frau Luft zufächelte.

Nachdem sich alles wieder beruhigt hatte, stellten wir einen Handlungsplan auf.

Rose und Herr Katz übernahmen die Führung.

„Phil, darf ich etwas sagen?", fragte Rose.

Ich nickte.

Sie stand auf. „In Ordnung. Wir werden also wahrscheinlich Besuch bekommen von den... Steuerprüfern, den Arbeits- und Brandschutzinspektoren, den Inspektoren der Verbraucherschutzbehörde..." Sie ratterte eine Liste der möglichen Bedrohungen herunter, dann wandte sie sich an ihren Mann. „Mark, du musst all unsere Schwachstellen überprüfen und dafür sorgen, dass wir über die richtigen Dokumente verfügen. Einschließlich aller Verträge. Kesha, kannst du Mark unterstützen? Gut. Veronica, du musst so schnell wie möglich den Umzug ins neue Büro organisieren und für alle ihre Workstations aufstellen, die den Arbeitsschutzgesetzen entsprechen. Ich kümmere mich um die steuerrechtliche Seite und unsere Auftragnehmer. Und die Mitarbeiterzertifizierung."

„Oh, da ist noch etwas", unterbrach Herr Katz sie. „Wir müssen dafür sorgen, dass wir alle erforderlichen Dokumente im Personalwesen vorweisen können — Beschäftigungsverträge, Organigramm, Arbeitszeitblätter, Personalakten, Urlaubsplan, Beschäftigungsnachweise und so weiter." Veronicas Aufgabenliste verlängerte sich. „Wenn für irgendjemanden etwas fehlt, müsst ihr sofort zu mir kommen und den betreffenden Mitarbeiter informieren."

„Was soll ich machen? Wie kann ich helfen?", drängte sich Alik vor.

„Dich brauchen wir für den Umzug und die nötige Arbeitskraft", antwortete Veronica.

„Kapiert", nickte Alik.

Gegen Mittag stand unser endgültiger Handlungsplan fest, und methodisch begaben wir uns daran, ihn in die Tat umzusetzen.

Mein Job war erledigt. Am Sonntagabend würde Veronica zu mir in meine Wohnung kommen und mir alles vorlegen, das ich zu unterschreiben hatte.

Der Einkauf, den ich geplant hatte, kostete mich mitsamt der Fahrten mehrere Stunden. Ich wollte die Dinge einfach halten, also besorgte ich alles in einem einzigen

Laden: Ein Paar robuste Lederschuhe, leichte Jeans, ein elegantes Jackett und ein eng anliegendes Hemd, das meine muskulöse Brust, meine breiten Schultern und die V-Form betonte, die mein Körper inzwischen angenommen hatte. Insgesamt machte mich das um 6 Charisma-Punkte reicher — und um mehr als 30.000 Rubel[5] ärmer.

Als ich wieder zu Hause war, schaute ich auf die Uhr. Ich hatte noch genügend Zeit bis zum Klassentreffen. Also leitete ich den Prozess der Verbesserung meines Charismas ein. Ich hatte mich für die Option „Steigern deiner Attraktivität auf der Grundlage der gesellschaftlichen Standards in deinem lokalen Segment der Galaxie" entschieden. Ich weiß, ich weiß — es war eitel und dumm.

Aber verdammt noch mal, wir sprachen hier schließlich über ein Klassentreffen. Und Paulina würde ebenfalls da sein!

---

[5] 30.000 Rubel: zum Zeitpunkt der Übersetzung etwa 415 Euro.

KAPITEL 5

ENORMES POTENZIAL FÜR EINE ENERGETISCHE AUSDEHNUNG

> Das Leben lebte vom Leben. Die einen fraßen und die anderen wurden gefressen. Das Gesetz lautete: FRESSEN ODER GEFRESSEN WERDEN.
>
> Jack London, *Wolfsblut*

DIE NACHT KAM heran. Ein großer Teil einer der beiden Sonnen des Planeten Pibellau — es war eine riesige, scharlachrote Kugel — war bereits hinter dem Horizont verschwunden. Die zweite Sonne war nur wenig größer als der Mond der Erde. Ihr unterer Rand berührte schon die Baumwipfel und beleuchtete sie mit einem verwobenen Muster violetten Schillerns. Es gelang mir, all das wahrzunehmen, während ich eifrig nach anderen Bedrohungen als diesem *Testsubjekt*, mit dem mir nun eine Begegnung bevorstand, Ausschau hielt.

Carter verfügte über insgesamt vier Mobs. Ich betrachtete deren Waffen. Da waren drei Nahkämpfer mit Knüppeln und ein Fernkämpfer mit einem Kurzbogen. An die Begriffe aus der Spielewelt konnte ich mich noch erinnern, auch wenn ich meine *WoW*-Fertigkeiten vergessen hatte, schließlich hatte ich noch andere Spiele gespielt.

Dem Aussehen nach schienen die Mobs einem Albtraum entsprungen zu sein. Sie waren humanoid, knapp

1,40 groß, und ihre Arme waren so lange, dass ihre Hände sich unterhalb ihrer Knie bewegten. Am auffälligsten waren allerdings ihre unnatürlich großen, augenlosen Köpfe mit einem riesigen Mund, der große, schiefe Zähne freigab.

Ihre braune Haut war mit roten Flecken bedeckt. Entweder war das eine spezielle Eigenheit der Rasse — oder es war das Blut anderer, die sie getötet hatten. Ihre Kleidung war identisch — Jacketts mit hohem Kragen. Erst als ich näher hinsah, entdeckte ich, dass es keine Jacketts waren, sondern etwas, das auf dem Körper der Mobs wuchs, augenscheinlich als Schutz.

Man hatte mich bereits entdeckt, also hatte es keinen Sinn, mich weiter im Gras zu verstecken. Ich stand auf und studierte meinen Gegner-in-spe. Carter war anständig gekleidet, anders als ich, ich stand hier weiterhin nur in Boxershorts. Er trug eine robuste Hose mit Tarnmuster — zumindest hätte es auf der Erde eine Tarnung sein können — und dazu hohe, schwere Stiefel und eine Lederjacke. Er war ziemlich kurzgewachsen, etwa einen Kopf kleiner als ich, mit einem Bierbauch, der ihm über den Gürtel hing. Insgesamt wirkte er wie ein Motorradrocker, der versuchte, jünger zu erscheinen, als er war. Seine grauen Haare hatte er zu einem Pferdeschwanz zusammengebunden.

Auch schien er ein wenig überrascht, mich zu sehen.

Wie hatte er es bloß geschafft, seinen Gürtel zu behalten? Vielleicht hatte er sich in der Vorauswahl einen Bonus gesichert oder, anders als ich, diese Welt durch das richtige Portal betreten. Ich hatte das rote Portal gewählt.

Ich hob die Hand zur Begrüßung des ersten Menschen, den ich hier getroffen hatte. Anscheinend waren wir Nachbarn. Warum sollten wir also nicht einen Waffenstillstand schließen? Immerhin zeigte er keinerlei Anzeichen von Aggression.

Er bellte seinen Mobs einen Befehl in Englisch zu und marschierte in meine Richtung.

Die Mobs schlossen enger zu ihm auf. Auf einmal wurde mir klar, dass ich seinen Befehl verstanden hatte:

„Heel!" — also „Bei Fuß". Verfügte das System etwa über einen integrierten Übersetzer?

Ich ging auf ihn zu, ein wenig beschämt über mein Erscheinungsbild. Ich war mit Schmutz und Blut beschmiert — meinem eigenen Blut und dem der erlegten Kreaturen –, und hatte außer den Boxershorts Level 2 keine Kleidung aufzuweisen. Mit anderen Worten: Ich war für ihn leichte Beute.

Etwa 20 Meter von mir entfernt blieb er stehen, blinzelte und betrachtete mich forschend. Seine Augen weiteten sich, und ein Lächeln spielte um seine Lippen. Seine geringe Wahrnehmung musste verhindert haben, dass er meine Statistiken aus größerer Entfernung hatte lesen können. Er bellte einen zweiten Befehl: „Fass!"

Alle vier Mobs bewegten sich auf mich zu.

„Na los!", schrie er.

Unwillkürlich wich ich zurück, stolperte dabei über etwas und wäre beinahe gefallen. Mobs hatten keine Eigennamen. Das System identifizierte sie lediglich als „Carters Kampfeinheiten". Mir blieb keine andere Wahl, ich musste mich ihnen stellen.

Sie waren schnell, weglaufen kam also nicht infrage. Carter hob den Speer und lief einen Bogen. Anscheinend plante er, mich von hinten oder von der Seite anzugreifen, während seine Einheiten über mich herfielen. Die Mobs verhielten sich wie Velociraptoren auf Raubzug: Sie verteilten sich im Kreis um mich herum, blieben dann stehen und gaben mit weit geöffnetem Mund schrille Schreie von sich, die einem das Blut in den Adern gerinnen ließen und mir einen leichten Betäubungs-Debuff verpassten. Ob es die Schreie waren oder die widerwärtigen Tentakel, die aus dem Mund der Kreaturen schossen, jedenfalls drohte ich, meine Konzentration zu verlieren.

Ich schüttelte den Kopf, um mich zu fassen, und nahm eine Verteidigungshaltung ein. Dabei bereitete ich mich darauf vor, den ersten Mob mit einem Hieb meiner Energiefaust in Empfang zu nehmen, doch sie sprangen alle vier gleichzeitig auf mich zu. Ein Pfeil traf mich in der linken Schulter. Betäubt von den Kriegsschreien hatte ich ihn nicht kommen sehen.

In meiner Schulter explodierte der Schmerz, was mich zur Seite warf. Ich taumelte, verlor das Gleichgewicht und fiel. Das rettete mich. Die von drei Seiten hinzu springenden Mobs verfehlten mich.

Ich legte einen Salto rückwärts hin, um meinen Angreifern zu entkommen. Eine innere Stimme rief mir zu, ich sollte flüchten. Dank meiner Intuition und hohen Wahrnehmung konnte ich Carters Speer ausweichen. Mit meiner halb tauben linken Hand griff ich nach Carter, zerrte ihn heran und verpasste ihm einen Hieb gegen die Schläfe.

Ein kritischer Treffer! Carter hatte mehr als 10 % seiner Gesundheitspunkte verloren. Er verzog das Gesicht zu einer Grimasse des Schmerzes und... konnte das Überraschung sein?

Er entriss meinem immer schwächer werdenden Arm den Speer und verzog sich, suchte Schutz hinter seinem Mob. Die vier Biester verhinderten, dass ich ihn mir vornehmen und weiter bearbeiten konnte. Mit einem Knurren ließ einer der Mobs seine Mundtentakel gegen meine Wade schnellen und riss mir eine Wunde. Dort, wo die Tentakel sich in die Haut gefressen hatten, färbte sie sich schwarz und schlug Blasen. Eine Reihe von Debuffs von Gift bis hin zu Säureverbrennung signalisierte: Es stand nicht gut.

Gleichzeitig trafen Hiebe meinen Rücken und meine Schultern. Sie schmerzten wie der Teufel, aber wenigstens richteten sie nicht viel Schaden an. Ich verlor dadurch nur 2 oder 3 % Gesundheit. Der Pfeil raubte mir auch nicht viel mehr Punkte, aber insgesamt hatte ich keine Chance. Nun begannen alle fünf, nach mir zu treten. Ich schlug wild um mich. Endlich konnte ich die Tentakel aus meinem Bein reißen. Ich wickelte sie um meine Faust.

Das trieb die Gesundheit dieses Mobs in den roten Bereich. Er verzog sich und warf den Knüppel beiseite. Doch ich schenkte ihm nicht länger meine Aufmerksamkeit, denn der Weg war frei. Der nächste Pfeil verfehlte mein Gesicht um nur wenige Zentimeter, aber ich schwang herum und floh, so schnell ich konnte.

Als ich die Grenze zwischen den beiden Hexagonen erreicht hatte, schaute ich mich um, doch niemand folgte mir. Offensichtlich hatte ich mich als zu widerstandsfähig erwiesen, und für Carter hatte es Priorität, ein neutrales Hexagon zu erobern, statt mich zu jagen.

Ich durchdrang das Kraftfeld und landete wieder in meinem eigenen Hexagon. Es fühlte sich schon fast wie zu Hause an. Den Rest des Abends verbrachte ich mit dem Rückweg zur Schlucht. Die kleinen Kreaturen, die Mini-Krekens, die Kirpi und die Pfeifer, mussten sich irgendwo versteckt haben. Ich konnte nicht einmal die stacheligen Sarasur-Küchenschaben auf dem Boden herumrennen sehen.

Vorsichtig suchte ich mir meinen Weg durch die Schlucht. Ich wusste noch immer nicht genau, wie diese Welt funktionierte, und ob — oder wie oft — Mobs hier respawnten. Dass die Leichen verschwanden, bewies mir, dass es jedenfalls möglich war. Dieses Phänomen, in dem ich mich aufhielt, hatte seine Wurzeln ganz eindeutig in der Welt der Computerspiele, und in Spielen verabscheut die Natur ein Vakuum. Daher war ein Respawn des Kreken eine ernstzunehmende Wahrscheinlichkeit, und die Frage war nur, wann er stattfinden würde.

Auf jeden Fall schaffte ich es ohne Probleme durch die Schlucht. Der Grund für die Abwesenheit der kleinen Mobs war wohl das Hereinbrechen der Nacht. Der Systemwarnung nach war dies der Zeitpunkt, in dem die schrecklichen fleischfressenden Nachträuber ihr Unwesen trieben.

Gab es hier überhaupt irgendwelche Pflanzenfresser? Ich hatte das Gefühl, dass in dieser Welt alle Kreaturen alle anderen fraßen. Und die kleinsten, die den Mut nicht hatten, etwas zu jagen, mussten sich mit dem Dasein als Aasfresser bescheiden.

Ich sehnte mich nach einer gründlichen Reinigung. Hunger und Durst spürte ich nicht — Nahrung und Wasser hatte ich gegen diese Existenz-Ressourcen eingetauscht, die mir alles zu verschaffen schienen, was ich brauchte, und den Metabolismus meines Körpers ersetzten. Aber in einer Welt, in der es Schmerz gab, existierte auch das Jucken. Mein gesamter Körper juckte, und ich brauchte dringend eine Dusche. Zumindest wollte ich mir das Gesicht waschen, hatte jedoch keine Ahnung, ob hier irgendwo Wasser zu finden war.

Gab es auf diesem Planeten überhaupt Seen, Flüsse? Vielleicht hatte das Portal noch mehr verändert als nur meinen Metabolismus zu ersetzen, und ich atmete die ganze Zeit fröhlich Methangas ein statt Sauerstoff.

Ich blieb weiterhin wachsam, während ich mir all das durch den Kopf gehen ließ. Endlich hatte ich den weißen Stein erreicht, meine zukünftige Kommandozentrale. Gegen den hellen Hintergrund des Steins, der in der nächtlichen Finsternis leuchtete, schimmerte der dunklere Handabdruck einladend.

Ich legte meine linke Hand hinein.

Möchtest du deine Kommandozentrale aktivieren?
Kosten: 100 Existenz-Ressourcen-Punkte

Ja, murmelte ich im Geiste.

Der Zähler meiner Existenz-Ressourcen lief rückwärts, bis nur noch 12 Punkte übrig und 100 für die Aktivierung verbraucht worden waren.

Der Stein vibrierte und sandte Energiekreise aus. Ich fühlte ihre Berührung — nicht physisch, sondern als *Wissen* darüber, was gerade passierte. Es kam mir vor, als würde meine Hand mit dem Stein verschmelzen, aber ich *verstand*, dass es genau so sein musste, bis der Prozess der Aktivierung abgeschlossen war.

Der erste Energiekreis breitete sich bis an die

Grenzen des Hexagons aus und bestimmte dessen nächsten Eigentümer. Wenn sich jetzt ein anderes Testsubjekt hierher verirrte, erfuhr ich das sofort.

Ein zweiter Energiekreis verharrte etwa 50 Meter vom Stein entfernt. Dort, wo die Welle endete, erschien eine zerbrechlich aussehende, etwa einen Meter hohe Barriere: Platten aus einem Material, das ich nicht kannte, wurden in den Boden getrieben. Sie schienen weder aus Holz noch aus Metall zu bestehen, sondern eher aus einer Art Kunststoff, entsprechend der technologischen Entwicklung der höherrangigen Rassen. Das Wichtigste, das ich dabei kapierte, war, dass der Zaun auf diesem Level eine eher dekorative Funktion besaß. Er markierte visuell die Grenzen meiner Basis. Aber ich konnte ihn durch Upgrades verstärken.

Der dritte und letzte Kreis des Energiefelds breitete sich nach oben aus und schuf eine Kuppel über mir und der Kommandozentrale. Das Feld versteifte sich zu fantastisch schillernden, undurchsichtigen Wänden und einer Decke und überzog dann den Boden unter mir mit einem weißen Stein als Fußboden. Es blieb eine Öffnung für den Ein- und Ausgang, den ich durch einen mentalen Befehl schließen konnte.

Ich gab den Befehl. Die Tür schloss sich.

Die Vibrationen stoppten.

Du hast ein Hexagon erobert!
Deine Kommandozentrale wurde aktiviert.
Name der Kommandozentrale: Basis
Eigentümer: Phil, Mensch Level 2

Ich seufzte und erhob mich vom Stein. Jetzt verfügte ich über einen Ort, der mir in der Nacht Schutz bot. Dasselbe *Wissen* wie vorhin — ich verstand es so, dass einige Informationen darüber, wie die Prüfung funktionierte, automatisch in mein Gehirn implantiert worden waren — verschaffte mir ein Gefühl der Ruhe. Keine der nächtlichen

Kreaturen würde die Schwelle meines neuen Heims überschreiten. Das erste Mal an diesem Tag — und es war ein sehr langer Tag gewesen, beginnend mit einem typischen Morgen auf der Erde, wo ich Kostya und seine Schwester zum Flughafen begleitet hatte — konnte ich mich entspannen. Momentan musste ich mich gegen keine Gefahren wappnen. Diese Ruhepause war auch dringend nötig. Es war zu viel passiert, seitdem ich das letzte Mal aufgewacht war.

Ich war überhaupt nicht schläfrig, und anscheinend brauchte ich auch tatsächlich keinen Schlaf. Aber ein wenig Entspannung konnte nicht schaden. Zufrieden streckte ich mich auf dem Boden aus, der eine teppichähnliche Struktur aufwies, und schloss die Augen.

Zu meinem Erstaunen fühlte ich mich rasch erfrischt. *„Während du schläfst, leveln deine Feinde"* — diese Erfahrung aus meinen Spielen tauchte plötzlich aus meinem Unterbewusstsein auf. Jäh überwältigte mich die Erkenntnis der Folgen, die es hatte, wenn ich die Prüfung nicht bestand. Das war jetzt wirklich nicht der richtige Zeitpunkt, mich auszuruhen!

Gut, ich hatte meine Kommandozentrale aktiviert — aber was nun? Es wäre eine gute Idee, herauszufinden, was diese Zentrale mir zu bieten hatte und was sie mir erlaubte zu tun.

Ich stand auf und legte meine Hand auf den Stein. Wenn es um Zahlen ging, war es einfach bequemer, wenn ich sie ganz real vor mir sah. Entweder gehorchte die Kommandozentrale meinem Befehl, oder sie war standardmäßig so konfiguriert worden, jedenfalls erschien eine Systemoberfläche zur Steuerung der Basis.

Basis 1
Level: 1
Module: 0
Geschwindigkeit der Regeneration der Existenz-Ressourcen: 1 Punkt pro Stunde

Ein Upgrade ist erst möglich, wenn du Level 5 erreicht hast.

Kosten des Upgrades der Basis auf Level 2: 500 Existenz-Ressourcen-Punkte.

Na also! Das bedeutete, ich musste mir nicht länger Sorgen um ein mögliches Verhungern machen. Der eine Existenz-Ressourcen-Punkt, den die Basis erzeugte, reichte exakt aus, um diese eine Stunde zu überleben.

Trotzdem — es war ebenso undenkbar wie gefährlich, jetzt einfach herumzusitzen und darauf zu warten, dass meine Konkurrenten sich gegenseitig umlegten. Dasselbe *Wissen* weckte in mir die Einsicht, dass sich jederzeit ein anderes Testsubjekt Zugang zu meinem Heim verschaffen konnte, oder, mit anderen Worten: zu meiner Kommandozentrale. Dazu musste der andere Teilnehmer lediglich seine Hand lange genug auf den Stein legen, und zwar an irgendeiner Stelle der Wand, die sich um mich herum aufgebaut hatte.

Ich löste meine Hand vom Stein und begab mich zum Ausgang. Ich musste mein Territorium eingehend studieren.

Die Wände glitten auseinander und ließen mich passieren. Die absolute Stille, die in der Basis geherrscht hatte, wurde durch eine höllische Kakofonie nächtlichen Lebens ersetzt. Aus der Nähe kamen platschende und schmatzende Geräusche, als ob jemand mit einer Pumpe riesige Reifen auffüllen würde. Ich hörte schrille Schreie, die mich zusammenzucken ließen, und als ich genau hinschaute, entdeckte ich in der Luft über mir die Silhouetten merkwürdiger Kreaturen.

Von der anderen Seite des Hauses kam plötzlich ein zirpendes Geräusch, das mich so erschreckte, dass ich mich duckte. Doch als ich mich in der Hockstellung vorsichtig zur Ecke begab und nachschaute, sah ich nichts.

Das machte mir Mut, und ich wagte es, mich ein paar Schritte vom Haus zu entfernen. Das Zirpen setzte erneut ein. Es schien von irgendwo aus dem Wald zu stammen. Das

Geräusch der aneinander reibenden Kiefern oder Chitinplatten wurde lauter, bis es abrupt aufhörte. Ein Krachen zerriss die Luft. Da hatte etwas gerade etwas anderes getötet.

Es war nicht völlig dunkel. Am Himmel funkelten Sterne in Konstellationen, die ich nicht erkannte. Es war kein Satellit wie unser Mond zu sehen, aber es war hell genug, um meine unmittelbare Umgebung zu erkennen. Der Boden war nun bedeckt mit einem durchsichtigen Fundament, das die Oberfläche der Schicht bildete, das meine Basis überzog. Das Material erinnerte an Bienenwaben, es waren lauter sechseckige Formen, die an den Kanten flimmerten. Es war ein wunderschöner Anblick, doch als ich mich darauf konzentrierte, um mehr darüber zu erfahren, erhielt ich keinerlei Informationen.

Von außen sah mein Haus ebenfalls wie eine aus sechs Seiten bestehende Bienenwabe aus, allerdings mit Wänden entlang der Kanten, die oben in einer Kuppel zusammenliefen. Ich ging um die gesamte Basis herum und berührte einige Male die Wand. Wann immer ich den mentalen Befehl dazu erteilte oder auch nur den Hauch eines Wunsches danach verspürte, öffnete sich eine Tür. Ich berührte es auch mit anderen Körperteilen, doch dabei tat sich gar nichts, nicht einmal mit einem deutlichen mentalen Befehl.

In sich zunehmend ausweitenden Spiralen arbeitete ich mich bis zur Grenze der Basis vor.

Einfache Schutzbarriere
Level 1

Wie gesagt — der Zaun war einstweilen noch reine Dekoration. Allerdings war die Oberfläche glatter als Glas. Das konnte zumindest einige der Mobs abhalten. Küchenschaben konnten die Barriere nicht überwinden — es gab nichts, woran sie sich festhalten konnten. Und Kirpi waren zu klein, um über das Hindernis zu klettern. Die

Viecher waren vielleicht mutig genug, einen in die Füße zu beißen, aber schlicht nicht hoch genug gewachsen.

Doch die Barriere konnte andere Mobs, denen ich bereits begegnet war, ganz gewiss nicht abhalten. Kreken konnten darüber fliegen, und Pfeifer darüber springen. Ich hatte bereits gesehen, wie hoch sie springen konnten.

Der Beschreibung zufolge lag die Haltbarkeit des Zauns bei 100 Punkten. Diese Zahl sagte mir gar nichts, aber wenn ich mir den Kreken als Boss im Vergleich vorstellte, so wurde er im Nu damit fertig, noch bevor ich das Wort „Napalmspucke" auch nur denken konnte.

Weiter verriet die Beschreibung mir, dass ich den Zaun über die Kommandozentrale upgraden konnte. Okay — es wurde Zeit, mich mit all den anderen möglichen Upgrades und Modulen zu beschäftigen.

Ich hatte mich kaum umgedreht, als ich etwas Schweres den Zaun durchbrechen hörte. Aus der Nähe war wieder ein Zirpen zu hören. Ich raste zum Haus, öffnete die Tür und taumelte hinein. Als sich die Tür schloss, konnte ich gerade noch einen enttäuschten Seufzer hören.

Dann stieß etwas Massiges gegen die Wand. Sie hielt stand, doch an der Stelle des Aufpralls breiteten sich Druckwellen auf der Oberfläche aus.

Auf keinen Fall würde ich mein vorletztes Leben riskieren, nur, um meine Neugier zu befriedigen. Sollten die Kreaturen doch versuchen, durch die Wand zu dringen — ich widmete mich jetzt lieber dem Studium der Funktionen der Basis.

Mithilfe des Navigationsmenüs betrachtete ich die Produktionsmodule, die ich erzeugen konnte. Momentan konnte ich nur auf zwei Dinge zugreifen: Das Kampfeinheiten-Modul und das Uniform-Modul. Das erste kostete 50 und das letztere 30 Punkte.

Das Kampfeinheiten-Modul Level 1 würde mir das Schaffen meiner eigenen Schwadron an Mobs ermöglichen. Die Geschwindigkeit der Erzeugung neuer Einheiten und die Anzahl der Einheiten, die ich gleichzeitig einsetzen konnte, wurde durch das Charisma beeinflusst. Momentan verfügte ich über 17 Punkte. Was bedeutete: Ich konnte sofort 17 Einheiten erstellen.

Das schockierte mich. Hatte Carter etwa nur deshalb lediglich vier Einheiten, weil sein Charisma so niedrig war? Ich brauchte jedenfalls dringend mehr Existenz-Ressourcen.

In der Rückschau wurde mir klar, dass Carter möglicherweise deshalb nur (noch) über vier Einheiten verfügte, weil er ein paar im Kampf verloren hatte. Oder weil seine Erschaffungsgeschwindigkeit ihm momentan nicht das Generieren weiterer erlaubte. Das war jetzt allerdings nicht der richtige Zeitpunkt, mich mit solchen Fragen zu befassen, und aufs Raten durfte ich mich bei so wichtigen Dingen nicht verlassen. Um all diese Details zu verstehen, musste ich mir selbst ein Modul kaufen und mit der Erzeugung von Mobs beginnen.

Mit meinen mageren 12 Existenz-Ressourcen-Punkten konnte ich derzeit jedoch nicht viel anfangen. Selbst ein Upgrade für den Zaun kostete bereits 20 Punkte.

Damit stellte sich mir die Frage: Sollte ich bis zum Morgen warten, oder mich jetzt hinausbegeben und mit nächtlicher Punktejagd ein Risiko eingehen? Darüber musste ich nicht lange nachdenken. Wenn die Logik hier der entsprach, die ich während der Vorauswahl erlebt hatte, passten sich die lokalen Mobs meiner Entwicklung an. Mit anderen Worten, je mehr Fortschritte ich machte, desto schlimmer wurden sie. Daraus folgte, ich konnte es ebenso gut jetzt gleich versuchen.

Die Kreatur, die gegen die Wand meines Hauses geknallt war, hatte mittlerweile aufgegeben. Die Frage war nur, war sie verschwunden, oder lauerte sie in der Nähe des Hauses auf mich? Nur zur Sicherheit verließ ich das Haus jedenfalls durch eine Tür auf der gegenüberliegenden Seite.

Mein Herz hämmerte. Ich riskierte so viel mit meinem Abenteuer, dass in meinem Bauch Schmetterlinge flatterten.

Ich schaute mich um und entdeckte nichts. Erleichtert atmete ich auf. An die Wand gedrückt schlich ich mich langsam zur anderen Seite des Hauses. Und ich hatte Glück — ich sah das Biest, das mich gejagt hatte, bevor es mich entdeckte.

Es keuchte laut, lauschte aufmerksam und starrte in die Dunkelheit jenseits des Zauns. Dort, wo es die Barriere durchbrochen hatte, klaffte ein dunkles Loch.

Die Kreatur sah aus wie eine Art dreibeiniger Stuhl, doch die Beine waren nicht gerade, sondern auf bizarre Weise gebogen. Der Körper war beinahe menschenähnlich, allerdings wirkten die Glieder eher wie gehörnte Schwerter mit zwei Klingen, und der Kopf saß auf einem langen Straußenhals.

Kraider
Elite
Level 3
Lebenspunkte: 800

Elite? Na meinetwegen! 800 Lebenspunkte, das war nur die Hälfte dessen, was der Kreken vorzuweisen gehabt hatte. Das würde ich schon schaffen.

In drei Sprüngen stand ich hinter dem Kraider und schlug auf seinen Kopf und Körper ein.

Du hast dem Kraider einen Schaden zugefügt: 36
Vom Panzer absorbierter Schaden: 50 %
Tatsächlicher Schaden: 18

Du hast dem Kraider einen Schaden zugefügt: 22
Vom Panzer absorbierter Schaden: 50 %
Tatsächlicher Schaden: 11

Du hast dem Kraider einen Schaden zugefügt: 46
Vom Panzer absorbierter Schaden: 50 %
Tatsächlicher Schaden: 23

Den Protokollen zufolge war Kraider nicht der Name

des Mobs, sondern der der Spezies. Dass dieses Monster keinen Namen hatte, machte die Sache allerdings auch nicht einfacher. Wenn das so weiterging, war ich bis zum Morgengrauen damit beschäftigt, es zu bekämpfen.

Zisch! Ohne die Beine zu bewegen, drehte die Kreatur sich um ihre eigene Achse. Mit einem Pfeifen versenkte der Kraider das „Schwert" eines Armes in meinen Rippen. Knochen brachen, und ich verlor auf einen Schlag nahezu ein Viertel meiner Gesundheit.

Ich schrie vor Pein. Die Kreatur schwang mich mühelos hoch und schaute mir suchend in die Augen, setzte dann mit einem zweiten „Schwert" nach, das sie in die oberste Schicht meiner Basis bohrte.

Der DOT der Blutung tickte und raubte mir mein Leben — ein Herzschlag pro Tick, und 1 % alle 10 Ticks. Zu meinem Pech schlug mein Herz auch noch rasant schnell. Der Schmerz erschwerte mir das Atmen.

Die acht Augenpaare des Kraiders beobachteten völlig ungerührt, wie das Blut aus mir herausströmte. Das Biest hypnotisierte mich, pflanzte mir Gedanken in den Kopf, wie sinnlos der Kampf doch war, und wie viel klüger es wäre, mich so rasch wie möglich zurückzuziehen. Trotz des humanoiden Körpers war das Ding in Wirklichkeit eine Spinnenart.

Ganz langsam glitt mein festgenagelter Körper an dem behelfsmäßigen Schwert weiter nach unten. Meine Gesundheitswerte sanken stetig. In meiner Verzweiflung wurde der Wunsch in mir immer stärker, mein zweites Leben wenigstens nicht so billig zu verkaufen. Mit den Händen zog ich mich näher an den Kraider heran.

Bildete ich mir das nur ein, oder überraschte das den Kraider mächtig? Es musste meine Einbildung sein. Mit großer Befriedigung rammte ich dem Biest meine Energiefaust in eines seiner Augen.

Das Auge explodierte mit einem angenehmen Knall.

Du hast dem Kraider einen kritischen Schaden

Das Monster kreischte und wollte ein zweites Glied anheben, konnte jedoch das Gleichgewicht nicht wahren und stürzte zu Boden. Ich schaffte es, ihm noch ein paar weitere gut gezielte und mächtige Hiebe zu versetzen. Ich hämmerte auf jedes der Augen ein, bis ich den Knall der platzenden Schutzschicht hörte. Das erinnerte mich irgendwie an Luftpolsterfolie...

Der letzte Schlag zertrümmerte den Schädel der Kreatur. Etwas Klebriges spritzte heraus. Der Kraider erschauerte in vortodlicher Agonie. Sein Zirpen verstummte, als er abkratzte.

In einem aufblendenden Blitz dematerialisierte sich das Biest und hinterließ dabei ein Objekt. Es war ein Existenz-Kristall von recht anständiger Größe.

+44 Existenz-Ressourcen-Punkte

Die Wahrscheinlichkeit des Erhalts von Bonus-Existenz-Ressourcen wird überprüft (20 % Wahrscheinlichkeit)... Überprüfung abgeschlossen!

+ 44 Existenz-Ressourcen-Punkte

Die wertvolle Beute machte mich natürlich glücklich, allerdings nicht so glücklich wie die Tatsache, dass der Körper des Kraiders nun verschwunden war, und mit ihm auch der schwertgleiche Arm, der mich aufgespießt hatte.

Ich hielt mir die Wunde, taumelte zurück ins Haus und brach erleichtert auf dem Boden zusammen, kaum, dass ich die Tür hinter mir wieder geschlossen hatte. Endlich in Sicherheit!

Die Wunde war bald verheilt, der DOT der Blutung lief ab. Die nächste Stunde wartete ich auf den Abschluss der Regeneration. Dabei überlegte ich, dass ich nun über genügend Ressourcen für das Kampfeinheiten- und das Uniform-Modul verfügte. Wie lange sollte ich denn bitte noch nackt herumlaufen?

Da ich allerdings auch Ressourcen brauchte, um meine eigenen Mobs zu erstellen, war es vielleicht besser, mit der Kleidung noch zu warten. Momentan war es wichtiger, eine Bande von Kampfeinheiten um mich zu sammeln. Sie konnten mir beim Farmen helfen. Außerdem konnte Carter, der so rasant levelte, womöglich am Morgen erneut aufkreuzen. Wie sollte ich mich dann verteidigen? Am Ende verlor ich noch mein Hexagon und damit alles. Dann wäre es endgültig vorbei, die Prüfung wäre für mich beendet, und mir stünde die Entpersonifizierung bevor.

Also, zunächst einmal die Einheiten. Ich öffnete das Menü der Kommandozentrale, klickte auf das Objekt, das ich brauchte, und akzeptierte die Gebühr von 50 Existenz-Ressourcen-Punkten. Meine hohen Intelligenzwerte würden die Konstruktion der Module beschleunigen.

Der Prozess der Erstellung des Kampfeinheits-Moduls wurde eingeleitet.
Bis zum Abschluss verbleibende Zeit: 3 Minuten
Erstellung abgeschlossen. Möchtest du Kampfeinheiten erschaffen?

Und ob!

Ich akzeptierte. Das System fragte, ob ich neue Einheiten entwerfen oder auf einen Katalog vorkonfigurierter Einheiten zurückgreifen wollte. Ich öffnete den „Katalog" und zuckte unwillkürlich zusammen.

Die Mobs stammten direkt aus Albträumen: Mechanoiden, Insektoiden, Humanoiden, synthetische Androiden, Reptilien, Tiere, Vögel, plus ein paar bei allem Willen keiner Kategorie zuzuordnenden Kreaturen, deren Beschreibung sich meinen Fähigkeiten entzog, große und kleine, schnelle und langsame. Es gab alles, das man sich nur vorstellen konnte. Obwohl die Einheiten alle ganz unterschiedlich aussahen, entsprachen ihre Statistiken jedoch alle einem einheitlichen Standard: Angriffsfähigkeit,

Reisegeschwindigkeit, Angriffsgeschwindigkeit, Schaden, Gesundheitspunkte, Panzerung.

Ich blätterte durch das Bestiarium, das nach Spezies und Funktionen innerhalb der Gruppe geordnet war. Die Funktionen lagen auf der Hand: Nahkampf und Fernkampf. Es gab keine Tanks, keine Heiler und keine Puffer zur Unterstützung. Die Einheiten wiesen sämtlich keine besonderen Talente auf. Sie kämpften mit Zähnen, Fäusten und Klauen oder primitiven Waffen wie Knüppeln und Bogen. Es gab keine Technik und nichts aus Metall. Auch wenn die fassförmigen Droiden mit Elektroschocks zuschlagen konnten, rief das dennoch keinen größeren Schaden hervor als ein simpler Knüppelhieb über den Kopf.

Dann fand ich Nachweise der Teilnahme unserer urzeitlichen planetarischen Mitbewohner an Prüfung und Diagnose. Ich würde ja gern behaupten, dass unsere Nachbarn brillante und bewegliche Kämpfer mit herausragender Reaktionsgeschwindigkeit und der Fähigkeit beigetragen hätten, enormen Schaden zuzufügen — doch dem war nicht so. Auch diese Einheiten waren nur für standardmäßigen Schaden gut und verfügten lediglich über eine geringe Panzerung. Aber die Spezies an sich — von solchen Gestalten hatte ich schon als Kind geträumt! Es wäre allein schon traumhaft, mir meine eigene Armee nur aus diesen Mobs zusammenzustellen. Es gab darunter sogar verschiedene Arten, und sie waren ebenfalls in Nah- und Fernkämpfer unterteilt.

Eine Einheit von Level 1 kostete 1 Existenz-Ressourcen-Punkt. Die Kosten der Erhaltung ihrer biologischen Prozesse beliefen sich auf ebenfalls 1 Punkt pro Stunde — allerdings für die gesamte Meute, die mir gestattet war. Also für alle 17 herrlichen, furchterregenden Raubdinosaurier, ein Dutzend Velociraptoren, die gierig die Zähne bleckten, und ein fantastisches Quintett aus Dilophosauriern, die über gut zehn Meter hinweg giftige Spucke versprühen konnten. Ich verkünstelte mich gar nicht erst damit, ihnen Namen zu geben, sondern versah sie

einfach mit den Bezeichnungen, die wir — Menschen —
ihnen gegeben hatten:

Velociraptor
Level 1 Nahkämpfer
Kampfeinheit von Phil.
Gesundheitspunkte: 450/450
Angriff: 21-25
Durch Panzerung abgefangener Schaden: 9 %
Maximale Reisegeschwindigkeit: 65 km/h
Rassentalent: Meute, +1 Schaden für jedes einzelne
weitere Individuum in einer Gruppe derselben Spezies.

Dilophosaurier
Level 1 Fernkämpfer
Kampfeinheit von Phil.
Gesundheitspunkte: 300/300
Angriff: 28-35
Durch Panzerung abgefangener Schaden: 4 %
Maximale Reisegeschwindigkeit: 55 km/h
Rassentalent: Meute, +1 Schaden für jedes einzelne
weitere Individuum in einer Gruppe derselben Spezies.

Die Paläontologen auf der Erde waren sich nicht ganz
sicher, ob ein Dilophosaurier tatsächlich mit giftiger Spucke
angreifen konnte, aber das war deren Problem, nicht meines.
Meine kleinen Dilos beherrschten diese Kunst jedenfalls.
    Ich klickte auf „Akzeptieren und Erstellung
beginnen". In weniger als einer Stunde war die Oberfläche
übersät mit den Symbolen für jeden einzelnen Mob. Sowohl
die Raptoren als auch die Dilos waren durchnummeriert und
verfügten jeweils über ihren eigenen Gesundheitsbalken. Es
war ein vollständig durchorganisierter Angriffstrupp.
    Was jetzt noch fehlte, war ein Tank. Diese Rolle
musste einstweilen ich selbst übernehmen.
    Aber Moment mal — wo bitte waren denn diese
ganzen Einheiten? Das Haus war noch immer so leer wie vor

einer Stunde; da gab es nur mich und den Stein.

Mental rief ich meine Kämpfer herbei, und schon bollerte es überall gegen die Außenwand. Bumm! Bumm! Bumm! Ich hörte Quietschen und Kreischen. Warteten da etwa meine Jungs vor der Tür auf mich?

Ich ging hinaus und sah mich von einer Horde kleiner Kreaturen aus der Kreidezeit umrundet.

Himmel, die waren so winzig! Die Raptoren waren nicht größer als eine dänische Dogge. Ihre Schwänze allerdings waren riesig und beinahe so lang wie ich groß war. Die spuckenden Dilophosaurier, die aktuellsten Daten zufolge bis zu fünfeinhalb Meter groß werden konnten, stupsten mich mit ihren Schnauzen an der Schulter.

Die Dinosaurier rangelten miteinander und gaben ungewöhnliche Laute von sich, während sie meinem Ruf Folge leisteten. Irgendwie erinnerten sie mich an einen Haufen Hühner zur Fütterungszeit... Nur mühsam konnte ich den gewaltigen Schwänzen der Raptoren ausweichen.

„Heilige Scheiße!", brüllte ich, als der beweglichste der Raptoren aus Versehen eine Kralle in meinen Fuß schlug. „Krokodile, alle in einer Reihe aufstellen!"

Sie gehorchten und standen schließlich geordnet da. Dabei traten sie von einem Fuß auf den anderen, atmeten geräuschvoll und sahen mich mit treuen Augen an.

Ich untersuchte meine Kämpfer. Sie hätten ebenso gut aus dem Reagenzglas stammen können, ich konnte keinerlei Unterschiede feststellen. Ich *wusste*, dass sie mir keine Erfahrungspunkte verschaffen konnten und ein Upgrade nur über die Kommandozentrale möglich war. Allerdings gewannen sie mit zunehmendem Dienstalter Rangpunkte, und ein ganz besonderer Erfolg konnte meinen Reptilien ein neues Talent oder einen Buff eintragen.

Das nächste Upgrade würde mich 250 Existenz-Ressourcen-Punkte kosten. Ich hoffte allerdings, dass das Farmen mir schon jetzt mithilfe meiner Mobs leichter fallen würde.

Ich überließ meiner kleinen Armee die Bewachung

des Territoriums und begab mich zurück in die Kommandozentrale. Jetzt stand die Beschaffung von Kleidung an.

Nachdem ich die Erstellung des Uniformmoduls eingeleitet hatte, blieben mir von meinen 33 Existenz-Ressourcen-Punkten nur noch 3 übrig. Das Modul materialisierte sich direkt im Haus, neben der Kommandozentrale. Es sah aus wie ein Kleiderschrank aus weißem Plastik. Die Oberfläche war schuppig und warm, wie die des Tunnels, den ich bei der Vorauswahl hatte durchschreiten müssen.

Die Kommandozentrale bot mir die Option an, für 2 Existenz-Ressourcen-Punkte eine „Grunduniform für Testsubjekte" herzustellen, ohne sich dazu zu äußern, worin genau diese bestand. Tja, und das war es dann. Nachdem ich ohnehin nicht über die Ressourcen für ein Upgrade verfügte, akzeptierte ich die Grundversion. Ich spürte ein flüchtiges Vibrieren, und die Uniform stand bereit.

Ich ging zum Kleiderschrank, doch noch bevor ich ihn öffnen konnte, schrillte in meinem Kopf ein Alarm, und meine Ohren vernahmen das hektische Kreischen meiner Mobs.

Offensichtlich wurden wir gerade angegriffen. Ich eilte hinaus, um meine Dinos zu retten.

Draußen herrschte ein totales Durcheinander. Ein enormes Biest von der Größe eines Mammuts nagte begeistert an einem der Raptoren. Die Dilos spuckten einmal pro Sekunde und klangen dabei wie ein Straßengangster während einer Zigarettenpause. Die Kumpel des Opfers hatten sich dem Mammut an die Seite gehängt und versuchten vergebens, dessen Chitinpanzer mit Klauen und Zähnen zu durchdringen.

„Nach Hause!", befahl ich laut und öffnete die Tür.

Die Raptoren fielen wie reife Birnen vom Mammut herab und liefen auf mich zu. Die kleinen Dilos folgten ihnen. Nachdem sie noch einmal rachsüchtig die Schnauze des Monsters mit ihrer üblen, schwarzen Spucke bedeckt hatten, überholten sie die Nahkämpfer und erreichten das schützende Haus als Erste.

Hinter der letzten Einheit schloss ich die Tür. Auf einmal fühlte sich im Haus alles extrem beengt an.

Ich hatte zwei Kämpfer verloren, beides Velociraptoren. Der eine war von der Bestie zerkaut worden und der andere unter den tonnenschweren Körper der Kreatur gefallen und zerquetscht worden.

Ich befahl meinen Kämpfern, still zu sitzen und keinen Laut von sich zu geben, nicht einmal zu atmen. In absoluter Stille warteten wir darauf, dass das gigantische Biest sich vom Acker machte.

Der schlaue Mistkerl hatte jedoch erkannt, dass sein Futter sich noch irgendwo aufhalten musste. Mehrfach lief er um das Haus herum und gab seiner Verärgerung lauthals Ausdruck, bis er endlich mit einem wütenden Schnauben verzog.

Es wurde auch höchste Zeit. Ich stand kurz davor, für die Erhaltung der Meute meinen letzten Existenz-Ressourcen-Punkt zu verlieren. Wir mussten uns dringend ans Farmen begeben.

Ich war schon beinahe an der Tür, als mir auf einmal die Uniform wieder einfiel. Ich ging zurück und holte sie.

Grunduniform für Testsubjekte
Schutz: +15
Haltbarkeit: 100 %

Nachdem ich die Kleidung angelegt hatte, wurde mir klar, was es mit dem „Schutz" auf sich hatte. Alle Bestandteile der Uniform verfügten über ihre eigenen Panzerungswerte, und insgesamt ergab sich eine Summe von 15, die 15 % Schadensabsorbierung entsprach. Die Uniform bestand aus Unterwäsche, Kampfstiefeln, Hosen aus einem steifen, aber flexiblen Material, einem synthetischen Gürtel, einem eng anliegenden Pullover, Knieschützern, Ellbogenschützern, Schulterpolstern und einer multifunktionellen Bandana, die ich mir um den Hals wickelte. Überrascht war ich von dem Helm, der meinen Kopf vollständig bedeckte. Dennoch konnte ich, als ich ihn angelegt hatte, alles sehen und ohne Mühe atmen. Es war ein guter, nützlicher Helm. Mit bedecktem Gesicht sah ich der nächsten Begegnung mit dem Kreken nun weit gefasster ins Auge.

Die einzigen mitgelieferten Waffen waren ein hölzerner Knüppel und ein armseliges Exemplar von einem Messer, das nichts außer weichen Toastscheiben schneiden konnte. Ähnliche Dinger hatte ich in den Händen von Carters blutsaugenden Einheiten gesehen. Der Schaden, den das Messer anrichten konnte, war minimal. Es verschaffte mir keine Boni und war im Vergleich zu meiner Energiefaust so gut wie nutzlos. Dennoch nahm ich es mit.

Die große Sonne stand bereits am Himmel und ich begab mich mit meinen Mobs auf Beutejagd.

Ich verließ das Haus zuerst und schloss ganz automatisch die Tür, ohne daran zu denken, dass meine Dinosaurier mir ja folgen sollten. Nur einem der Raptoren gelang es, mit mir zusammen hinauszuschlüpfen.

Etwa zehn Meter von meinem Haus entfernt stand kühn und stolz Carter, umgeben von seinen höllischen Blutsaugern. Es waren noch immer vier Mobs, doch sie wirkten überhaupt nicht aggressiv und warfen lediglich meinem Schoßtier misstrauische Blicke zu.

Das war merkwürdig. Warum hatte das System mich denn nicht darüber informiert, dass Carter nebst Gefolge in mein Hexagon eingedrungen waren?

Als er mich erblickte, straffte Carter sich, kratzte sich den nackten Bauch, tat übertrieben so, als würde er gähnen, und sagte dann ganz freundlich auf Englisch: „Hey, Phil — es gibt da etwas, das wir unbedingt bereden müssen. Können wir uns mal unterhalten?"

KAPITEL 6

DER STAR IM LAUFSTALL

> Das Ende der Welt ereignete sich
> weitgehend so, wie wir das
> vorausgesehen hatten. Es gab zu
> viele Menschen und nicht genügend
> Raum und Ressourcen. Die
> Einzelheiten sind trivial und sinnlos,
> die Gründe, wie immer, rein
> menschliche.
>
> *Fallout 2*

WARUM WAR KEIN Alarm ausgelöst worden? Sollte ich etwa tatsächlich bewusst darüber im Unklaren gelassen werden, dass ein anderes Testsubjekt in mein Hexagon eingedrungen war? Oder hatte Carter sich bereits in meinem Gebiet aufgehalten, bevor ich es durch Aktivierung der Kommandozentrale beansprucht hatte? Falls ja — wie hatte er dann die Nacht überlebt? Irgendwie bezweifelte ich, dass er in der Lage war, die Elite-Monster ganz allein zu besiegen.

Es war in jedem Fall die Sache wert, mich mit ihm zu unterhalten. Vor allem, weil es zwar vielleicht mutig, aber gleichzeitig auch idiotisch gewesen wäre, wenn ich ihn mit meinem Level 2 angegriffen hätte. Diese Draufgängertaktik hatte ich bereits beim Kreken eingesetzt, und es wäre beinahe schiefgegangen. Und Carter hatte inzwischen bereits Level 6 erreicht. Anscheinend steckte er alle Ressourcen, derer er habhaft werden konnte, in seine eigene Weiterentwicklung. Auch wenn diese Welt vielleicht mit den Computerspielen, die ich aus meiner Welt kannte, nicht viel gemein hatte — einen Unterschied von 4 Level zu überwinden war garantiert unmöglich. Ich konnte einfach nicht mit ihm fertigwerden. Meine einzige Hoffnung bestand in einem Hinterhalt meiner kleinen Dinos. Zusammen konnten wir es vielleicht gerade so schaffen.

Ich nickte ihm zu. „Carter.“

„Kein anderer, Phil, mein guter Mann“, grinste er. „Irgendwie sind die Dinge nicht ganz so gelaufen, wie sie das sollten, als wir uns zum ersten Mal begegnet sind. Wir haben uns völlig ohne Grund gegenseitig ein paar Hiebe verpasst. Aber danach...“ Er stockte und fuhr dann ausweichend fort: „Nun, ähm... es sind gewisse Dinge passiert.“

„Was für Dinge denn? Und wie bist du in mein Hexagon gelangt? Darüber hätte das System mich doch informieren müssen!“

„Hey, bist du ein Russe?“, wechselte er das Thema, ohne meine Frage zu beantworten. „Und wieso kann ich dich trotzdem verstehen? Du hast doch Russisch gesprochen, oder?“

„Von all den Dingen, die uns umgeben, wundert dich am meisten die Tatsache, dass wir einander verstehen können?“

„Da hast du auch wieder recht.“ Lachend schlug Carter sich aufs Knie. „Du hast es genau getroffen, Phil, mein Junge. Als ich hier gelandet bin und einige der Kreaturen gesehen habe, die hier überall herumlaufen, hätte ich beinahe einen Herzanfall gekriegt. Und die Sonnen? Himmel, hast du die gesehen? Hier gibt es zwei verdammte Sonnen!“

„Und der Himmel ist violett. Wir befinden uns definitiv nicht auf der Erde. Um ehrlich zu sein, war ich nach der Vorauswahl auf alles vorbereitet. Der Säuregallert war ein echter Albtraum!“

„Gallert?“ Verwundert runzelte Carter die Stirn. „Oh! Ich hatte es stattdessen mit diesem blöden Labyrinth aus räuberischen Sonnenblumen zu tun. Wenigstens habe ich sie Sonnenblumen genannt. Hier ist ja alles irgendwie anders. Eines dieser Biester hätte mir beinahe glatt den Arm abgebissen! Also habe ich es ihm heimgezahlt und in seinen

Stängel gebissen. Der war zwar ziemlich dick, aber ich habe es mit einem Biss geschafft, ihn wie einen Maiskolben auseinanderzureißen. Der Pflanzensaft hätte mich beinahe vergiftet. Zum Glück besitze ich eine hohe Widerstandskraft gegen Gifte."

Die einzige Erklärung, die ich für seine Gesprächigkeit und Offenheit hatte, war, dass er mich nicht als Gegner betrachtete und sonst niemand da war, mit dem er sich hätte unterhalten können. Irgendwie gefiel mir das — wir waren wie zwei alte Freunde, die sich über ihre Abenteuer austauschten.

„Räuberische Sonnenblumen? Du meine Güte! Wie viele Portale hattest du denn zur Auswahl? Ich meine ganz am Ende. Bei mir gab es zwei, und ich könnte mich noch immer in den Arsch beißen, dass ich nicht das andere genommen habe."

„Portale? Du hattest Portale? Echt jetzt? Ich hatte eine Treppe in einer riesigen Höhle. Oben gab es eine Klappe, aber ich konnte sie nicht öffnen. Und auf dem Höhlenboden stand Wasser, kalt wie Eis. Ich dachte schon, ich müsste erfrieren. Ich habe mich trotzdem hineingestürzt und wurde von einer Strömung mitgerissen, die so stark war, dass sie mich von der Treppe fortgetragen hat. Dann bin ich ohnmächtig geworden und hier wieder aufgewacht."

„Und wer hat bei dir Aufsicht geführt?"

„Ich glaube, sein Name war Valiadis oder so ähnlich. Er war sicher ein Grieche. Außerdem waren da noch dieses außerirdische Mädchen und ein enorm großes Monster — ein leibhaftiger Dämon." Mit der freien Hand kratzte sich Carter im Nacken. In der anderen hielt er noch immer den Speer, die Spitze lässig zu Boden gerichtet, als ob es eine Hacke wäre, keine Waffe.

Das gab dem Ganzen einen Anstrich von: Der Morgen bricht herein, und der Nachbar kommt auf ein Schwätzchen vorbei...

Carters Englisch klang ungewöhnlich, da war die Spur eines Akzentes, den ich nicht einordnen konnte. Wo kam er bloß her?

Kaum war mir dieser Gedanke gekommen, stellte mein „Nachbar" mir auch schon die Gegenfrage: „Du bist also aus Russland, Phil?"

„Ja. Und woher stammst du?"

„Aus Johannesburg, Südafrika." Mit der Faust schlug Carter sich gegen die Brust und deutete dann auf meinen Raptor. „Hey, ist diese Figur etwa deine Einheit?"

„Ja, das ist meiner. Es ist ein Velociraptor. Eine echte Schönheit, nicht wahr?"

„Ich dachte immer, die wären größer. Ich will dich ja nicht beleidigen, aber dein Dinosaurier wirkt eher wie ein Huhn. Vielleicht liegt es daran, dass du ihn noch nicht upgegradet hast?"

„Vielleicht. Ich habe allerdings gelesen, dass sie tatsächlich nur in etwa so groß waren."

Carter horchte auf. „Bist du etwa ein Dinosaurierfan?"

„Nicht direkt. Das Thema hat mich jedoch schon immer... fasziniert."

„Dann haben wir ja mehr gemeinsam, als ich vermutet hatte. Ich habe *Jurassic Park* mindestens zehnmal gesehen!", rief er aus. „Darf ich ihn mal anfassen?"

„Tu dir keinen Zwang an."

Vorsichtig näherte Carter sich dem Raptor und streckte die Hand aus. Das Tier schaute verwirrt erst ihn, dann mich an, kreischte eine Warnung und ließ seine Zähne Millimeter von Carters Fingern entfernt zuschnappen. Erschrocken zog Carter seine Hand zurück.

Und dann brach mein Raptor zusammen, getroffen von den Knüppeln der Blutsauger. Anschließend durchbohrte ein Pfeil seinen bereits toten Körper.

„Aus! Bei Fuß!", brüllte Carter seine Mobs an, bevor die sich auf mich als den Herrn des Viechs stürzen konnten, das ihrem Herrn Aggro gezeigt hatte.

Er stieß die Mobs zurück, ehe er sich mir wieder näherte. Der Körper des Raptors war bereits verschwunden.

„Tut mir leid, Phil. Mein letzter Befehl war ‚Beschützen‘, deshalb haben sie zugeschlagen. Deine Einheit ist wohl einfach zu schnell gestorben." Er zuckte mit den Schultern. „Sorry!"

„Ich habe es ja gesehen — es war nicht deine Schuld", beruhigte ich ihn.

„Zum Glück hast du es gesehen", lächelte er. „Aber sag mal, wieso hattest du bloß eine Einheit? Du wirkst nicht gerade wie ein totales Monster. Also hast du doch bestimmt genug Charisma für eine ganze Meute. Oder hattest du nicht genügend Ressourcen?"

Carter war auch überhaupt nicht neugierig...

„Hattest du denn nur genug Charisma für vier Einheiten?", fragte ich stattdessen zurück.

Seine Mobs knallten unisono die Hacken zusammen, fixierten mich mit ihren augenlosen Gesichtern, fletschten die Zähne und streckten ihre Mundtentakel nach mir aus. Auf ein Signal von Carter hin wandten sie sich gleichgültig ab.

„Was weißt du denn schon von Charisma, Phil?", bemerkte er selbstgefällig, und sein Tonfall hatte jegliche nachbarschaftliche Freundlichkeit verloren. „In der anderen Welt konnten die Mädels gar nicht genug von mir bekommen! Es ist nur... Man verliert halt ein paar der Mobs bei Kämpfen. Während du dich in deinem eigenen Loch herumgetrieben hast, habe ich längst alle Hexagone entlang der Kante dieses Felds der Prüfung erobert. Und weißt du was? Dein Hexagon ist nicht nur das letzte in der Reihe, sondern es befindet sich auch in einer Ecke."

„In einer Ecke?"

„Ja. Auf der einen Seite ist das neutrale Hexagon, das ich bereits erobert habe, und auf der anderen Seite ist nichts. Es ist ein undurchdringlicher Schleier. Ich habe versucht, durchzukommen, habe es jedoch nicht geschafft."

„Du bist also mein einziger Nachbar?"

„Ha, ha! Wie steht es denn mit deinen Mathefähigkeiten? Oder hast du dich in der Schule etwa auf die Kunst konzentriert?"

„Ich bin Schriftsteller." Aus irgendeinem Grund drängte es mich, das klarzustellen.

Carter nickte befriedigt. „Also sieh mal, ein Hexagon hat sechs Seiten. Jede deiner Seiten stößt an ein neutrales Hexagon, und dann kommt eine Basis, die einem Testsubjekt gehört. Aber drei Seiten deines Hexagons stoßen gegen die äußersten neutralen anderen Hexagone, und über diese drei hinaus" — Carter deutete auf die Schlucht — „gibt es mich und noch ein anderes Testsubjekt. Ich habe keine Ahnung, wer er oder sie ist, diesen Bereich habe ich noch nicht untersucht."

„Und wieso nicht? Hattest du noch keine Gelegenheit dazu?"

„Ich werde dir jetzt etwas verraten, das es dir leichter fallen lässt, eine Entscheidung zu treffen. Ich werde in jedem Fall gewinnen. Also: Bevor du nicht ein bestimmtes Level erreicht hast, kannst du die Grenze zu einem noch nicht eroberten Hexagon nicht überschreiten. Mit anderen Worten — wenn sich zwischen dir und einer anderen Person eine neutrale Zone befindet, könnt ihr beide euch nicht erreichen. Es muss zuerst einmal einer von euch das neutrale Hexagon erobern. Kapiert?"

Woher wusste er das bloß alles? Ich nickte und warf einen ängstlichen Blick auf den Timer. Die Zeit lief und fraß Existenz-Ressourcen-Punkte für mich und meine Biester. Für mich reichte das aus, was die Kommandozentrale generierte, aber nicht für die Raptoren und Dilos. Wahrscheinlich wurden sie einfach entpersonifiziert, wenn es nichts mehr gab, das ihre biologischen Funktionen erhalten konnte. In Erdzeit gerechnet, hatte ich noch etwa 40 Minuten, oder, mit anderen Worten...

Wie hieß es doch gleich in den Regeln? Wenn Carter mich umbrachte, eroberte er dadurch mein Hexagon, und ich wurde entpersonifiziert, wenn ich mir nicht innerhalb eines Tages ein anderes sichern konnte.

„Wie auch immer, Phil — die Uhr tickt, und es gibt

da ein kleines Problem, das wir lösen müssen." Auf einmal war Carter schlagartig ernst. Er machte einen Schritt auf mich zu, gefolgt von seinen Mobs. „Sag mal, wie würdest du dich fühlen, wenn du alles verlieren würdest, das du mithilfe deiner *Verbindung* erreicht hast?"

„Verbindung?" Ich hatte keine Ahnung, wovon er sprach.

„Na klar! Ich rede von diesem unsichtbaren Ding in deinem Schädel, das dich mehr sehen lässt als andere. Das es dir ermöglicht, auf den Infospace zuzugreifen, Quests zu erhalten, Erfahrungspunkte zu sammeln und deine Eigenschaften zu verbessern. Also, was sagst du, Phil? Wie würdest du dich ohne das fühlen?"

„Willst du damit etwa behaupten, ich bin das Interface los, wenn ich in der Prüfung versage?"

„Ah, so nennst du es also? Okay, also das ‚Interface'. Nein, das ist nicht der Punkt. Der Punkt ist, dass nur einer gewinnen kann. Aber alle, die die Prüfung als Teil des Clans des Gewinners überstehen, dürfen ihre Erinnerungen und die Erfolge behalten, die sie mithilfe des Interfaces erreicht haben."

„Davon stand aber gar nichts in den Regeln."

„Das liegt daran, dass du dich erst auf Level 2 befindest", erklärte Carter herablassend, als ob er ein Lehrer wäre, der einem dummen Schüler etwas zum hundertsten Mal vorbeten muss. „Ab Level 5 siehst du das erweiterte Regelbuch."

„Verstanden. Also, was schlägst du vor?"

„Schau mal, ich könnte jetzt über dich herfallen, dich umbringen, an deinem Respawnpunkt warten und das alles wiederholen, bis dir die Leben ausgehen." Von meinem ersten Tod schien er nichts zu wissen. „Wenn du wegläufst, erobere ich deine Kommandozentrale, und das Signal verrät mir sofort deinen Aufenthaltsort. Oder" — er hob den Zeigefinger — „du schließt dich meinem Clan an und wir arbeiten gemeinsam an der Erweiterung unseres Territoriums. Du verlierst dabei ebenfalls deine *Verbindung*

— das, was du Interface nennst, in der anderen Welt, meine ich jetzt. Allerdings darfst du alles behalten, was du vor der Prüfung mithilfe der *Verbindung* zustande gebracht hast. Nun, was meinst du? Es ist doch immer besser, dem Team des Gewinners anzugehören, richtig, Phil, mein Junge?"

„Trotzdem... Kannst du mir erklären, wie es dir gelungen ist, in mein Hexagon einzudringen?"

„Meinetwegen — wenn dir das hilft, zu verstehen, dass die Sache für dich völlig aussichtslos ist." Carter schwankte ein wenig. „Einschließlich meines eigenen habe ich bereits fünf Hexagone erobert. Fünf! Ich bin der Erste, der das im Rahmen dieser Prüfung geschafft hat!"

„Aber hast du denn auch irgendwelche Erfolge erreicht?", platzte ich heraus.

Scheiße! Da hatte ich ihm viel zu viel verraten!

Misstrauisch legte er die Stirn in Falten. „Hast du denn auch schon etwas bekommen?"

Dann erhellte sich sein Gesicht. Wahrscheinlich war er zu dem Schluss gekommen, dass ich mit meinem Level 2 ihm auf keinen Fall das Wasser reichen konnte.

„Das spielt keine Rolle", wehrte er ab. „Wenn du dich meinem Clan anschließt, werden mir deine Erfolge sogar nutzen. Ja, du hast recht. Ich habe einen Erfolg erhalten, und ein Talent: Ich kann in die Zonen der anderen Testsubjekte eindringen, ohne entdeckt zu werden. Momentan funktioniert das ausschließlich für mich. Aber im nächsten Level kann ich das upgraden, und dann funktioniert es für alle Mitglieder meines Clans. Jetzt verstehst du, wie wir weiter vorgehen müssen, oder? Wenn wir uns beeilen, wissen die anderen Testsubjekte gar nicht, wie ihnen geschieht, während wir schon den größten Teil des Testfeldes erobert haben."

In meinem Kopf ergaben die Berechnungen geradezu atemberaubende Zahlen. Carter musste in weniger als einem Tag mehr als 2.000 Ressourcen gefarmt haben. Wie hatte er das bloß angestellt? Mein eigener Erfolg verriet mir, dass ich der Erste auf Pibellau war, der einen Boss erledigt hatte, und die normalen Mobs verschafften einfach nicht viele Punkte. Vielleicht 5 oder 6, und wenn man das höhere Level berücksichtigte, womöglich 10 im Schnitt. Woraus folgte, er musste bereits um die 200 Mobs umgelegt haben.

Dieser fette, grauhaarige Rocker war verdammt stark!

Mit den Händen tastete ich hinter mir nach der Wand, um mich auf das Öffnen der Tür vorzubereiten. Gleichzeitig feuerte ich mentale Befehle zum Frontalangriff ohne jede Hemmung an meine verbliebenen Schoßtiere ab.

„Wann hattest du denn Zeit, so viele Ressourcen zu farmen?", fragte ich. „Nachts ist es doch gefährlich hier."

„Ja, das ist ein netter Bonus — die Nebenwirkung des Talents, das ich zusammen mit dem Erfolg erhalten habe." Carter genoss es offensichtlich, darüber zu sprechen. Er gehörte zu den Menschen, die immer angeben mussten, wenn sich eine Gelegenheit dafür ergab, solange nur jemand bereit war, ihnen zuzuhören. „Monster bemerken mich nicht, solange ich oder meine Kämpfer sie nicht angreifen. Ist das nicht geil?" Er grinste selbstzufrieden.

„Ja, echt geil", brummte ich widerwillig. Das Einzige, was ich für meine beiden Erfolge erhalten hatte, waren ein paar Eigenschaftspunkte. Ihm hingegen war ein echtes Imba-Talent in den Schoß gefallen.

„Deine Zustimmung freut mich", feixte er und kam noch näher heran. „Okay, aber Zeit ist Geld, und Geld ist Macht, Phil. Wie entscheidest du dich?"

„Sieh mal, Carter, können wir nicht einstweilen einfach nur einen Waffenstillstand schließen? Du greifst mich nicht an und ich greife dich nicht an?"

„Oh nein, mein guter Mann! Zur Hölle mit deinem Gegenvorschlag! Wie kann ich mich denn sicher fühlen, wenn ganz in meiner Nähe ein potenzieller Feind herumlungert, eifrig levelt und nur auf eine Gelegenheit wartet, mir am Ende das Messer in den Rücken zu stoßen? Nimm's nicht persönlich, aber ich habe fest vor, die Prüfung zu gewinnen."

„Verrate mir doch bitte noch eines, bevor du deine Blutsauger auf mich hetzt." Ich hob die Hand in seine Richtung, die Handfläche nach oben gerichtet. „Was für einen Beruf hattest du in der realen Welt?"

„Ich?", fragte er ungläubig. „Ich bin Musiker. Ich schreibe Songs und spiele Gitarre. Aber jetzt haben wir lange genug um den heißen Brei herumgeredet. Kommst du nun mit mir, oder nicht?"

„Ich hoffe, ich kann mir deine Songs irgendwann einmal anhören", erwiderte ich lächelnd. „Aber nein, mein guter Mann — ich werde kein Mitglied deines Clans. Ich mag keine Blutsauger."

Und dann passierten eine ganze Menge Dinge auf einmal.

„Los!", schrie Carter.

Er nickte einmal heftig mit dem Kopf — und schon war er mit einem Helm ausgerüstet. Seine Kreaturen stürzten sich auf mich.

Ich öffnete die Tür zum Haus. Meine kleinen Dinos stürmten heraus und breiteten sich aus, kreischten dabei ohrenbetäubend. Ich brüllte Befehle, wen sie anzugreifen hatten.

„Na, du steckst ja voller Überraschungen!", bemerkte Carter. Seine Stimme wurde durch den Helm gedämpft.

Ich verfügte über zwei große Dinosaurier für jeden der Mobs, und einer blieb für deren Herrn und Meister übrig. Die Dilos hatten sich ausgebreitet und spuckten ihr Gift. Dabei peilten sie die Münder der augenlosen Bestien an. Allerdings verfehlte die Spucke ihr Ziel, offensichtlich verfügten die Mobs über andere Möglichkeiten der Sicht.

Inzwischen fiel ich mit meiner von der Energiefaust umgebenen Hand über Carter her.

Ein Raptor war an ihm hochgesprungen, doch Carter hatte ihn mit einem scharfen, kaum merklichen Schwingen seines Speers in Windeseile getötet. Bedeutete das etwa, er konnte einen Schaden von über 500 zufügen? Wie auch immer — jetzt war es zu spät, meine Strategie noch zu ändern.

Ich duckte mich unter dem Speer hindurch, den er nun auf mich gerichtet hatte, glitt an der glatten Oberfläche meiner Basis entlang und schlug ihm meine Energiefaust gegen das Knie. Seine Kniescheibe zerbrach, wie mein System mich informierte.

Carter schrie auf, sprang nach hinten und schlich sich ein paar Meter zurück. Dabei zog er ein Bein nach. Trotz des kritischen Schadens hatte ich ihm lediglich 7 % seiner Gesundheit nehmen können.

Meine Dinosaurier färbten sich einer nach dem anderen zuerst gelb, dann rot. Als ich herumfuhr, war es offensichtlich, dass sie schwer zu kämpfen hatten. Was bedeutete, Carter konnte auch seine Mobs upgraden. Das waren schlechte Nachrichten.

Die Raptoren nagten an den Monstern, und die Dilos ließen keine Sekunde in ihrem Spucken nach. Dennoch war entweder der Schaden minimal, den sie anrichteten, oder Carters hatte die Panzerung seiner Mobs verstärkt. Auf jeden Fall gelang es ihnen nicht einmal, den Biestern die Hälfte der Gesundheit zu rauben.

„Vielleicht änderst du deine Meinung ja noch, Phil", höhnte Carter. „Du hast nicht die geringste Chance!"

Ich schüttelte den Kopf und wich gleichzeitig der auf meinen Bauch gerichteten Speerspitze aus. Bei einem Gegenangriff gelang es mir, ein paar schwere Treffer zu landen, die Carter mehr als 30 % Gesundheit nahmen.

Carters Ausdauer war nicht überragend, seine Gesundheitswerte nahmen vor meinen Augen konstant ab.

Meine mächtigen Hiebe zerschlugen seinen Helm. Ich richtete Stoß um Stoß immer auf dieselbe Stelle.

Gerade als ich vorsichtig zu glauben begann, dass ich aus dem Kampf vielleicht doch als Sieger hervorgehen konnte, traf mich etwas Scharfes in die Seite, durchdrang meinen Bauch und riss meine Gedärme heraus. Der Schmerz nahm mir den Atem. Meine Sicht überzog sich mit einem Schleier.

Das System informierte mich über einen kritischen Schaden, kombiniert mit den Debuffs Vergiftung und Blutung. Ich schaute nach unten und bemerkte: Carters neue Waffe, ein Dolch, war in schwarzen, rauchenden Gallert gehüllt.

Meine Beine sackten unter mir weg, ich brach zusammen. Die giftige Substanz, die den Dolch bedeckte, lähmte meine Muskeln. Der Timer des Debuffs war unerträglich hoch und zählte viel zu langsam herunter. Es kostete mich zehn Sekunden, mich davon zu befreien. Carter hätte nur zwei oder drei davon gebraucht, um mich zu erledigen. Doch aus irgendeinem Grund tat er es nicht.

Die Leiste meiner Kampfeinheiten zeigte mir, dass all meine Raptoren tot waren und die Leben der Dilophosaurier nur noch an einem seidenen Faden hingen.

Plötzlich wurde die Bandana von meinem Hals gezerrt und die Tentakel der Blutsauger drangen in das dadurch freigelegte Fleisch ein. Ich hörte ein lautes Keuchen und Schlürfen.

„Ja, esst, meine Lieblinge, esst!", murmelte Carter väterlich. „Baut eure Stärke wieder auf!"

Diese Szene führte mir vor Augen, was für ein guter, fürsorglicher Meister er für mich sein könnte. Gewaltsam schob ich diesen Gedanken wieder beiseite.

Carter zog den Helm ab und wischte sich den Schweiß von der Stirn, als wäre die Schlacht bereits zu Ende. Irgendwann fiel mir auf, dass ich das Spucken meiner Dilos nicht mehr hören konnte. Was bedeutete: All meine Kreaturen waren tot.

Meine Gesundheit befand sich im roten Bereich. Dieser Musiker dachte sehr praktisch, das musste ich zugeben. Er tötete mich bewusst noch nicht, damit er seine Mobs vorher durch mein Blut heilen konnte. Vier Tentakel hatten sich in meinen Nacken und meine Schläfen gebohrt. Sie saugten nicht nur Blut und Gesundheit aus mir heraus, sondern verursachten darüber hinaus auch einen stechenden Schmerz. Mein Hals fühlte sich schwer an und brannte, als hätte man mir einen glühend heißen Metallkragen angelegt.

„In einer Minute wird alles vorbei sein, Phil. Du wirst sterben, du verlierst dein einziges Hexagon, und anschließend wirst du entpersonifiziert. Du wirst an dem Tag wieder in der Welt aufwachen, an dem du zuerst die *Verbindung* ausprobiert hast." Carters Stimme troff vor theatralischer Trauer. „Du wirst nichts mehr aus der Zukunft besitzen, und dein armseliges, deprimierendes Leben wird sich fortsetzen. Woher ich weiß, wie dein Leben ausgesehen hat? Glaubst du etwa, ich wäre anders gewesen? Ich war eine Niete und ein Trunkenbold. Meine Frau hat mich vor die Tür gesetzt, und meine Freunde wollten nichts mehr von mir wissen. Nicht einmal meine Tochter wollte etwas mit mir zu tun haben. Ich habe keine Ahnung warum, aber diese höherrangigen Rassen haben ihre Kandidaten unter lauter Versagern ausgewählt."

„Nicht Versager..." Mein Lähmungs-Debuff war abgelaufen. Dennoch konnte ich meine Zunge nur mühsam bewegen. „Ganz gewöhnliche, normale Leute. Die gewöhnlichsten aller Menschen."

„Ich war niemals gewöhnlich!", zischte Carter. „Ich hatte meine Solo-Darbietung, und damit war ich in den gesamten Vereinigten Staaten auf Tour!"

„Du bist also ein Star?" Ich versuchte, sarkastisch zu lächeln, doch alles, das ich zustande brachte, waren verzogene Mundwinkel.

„Das war ich", erwiderte Carter ruhig. „Ich war ein Star." Nach einer Weile fügte er hinzu: „Es wird langsam Zeit, dass du deine Meinung änderst. Ich betrachte gerade eine Systemmitteilung, die mir vorschlägt, dich in meinen Clan einzuladen. Ich frage mich, ob das System dich wohl um Bestätigung bittet, wenn ich jetzt auf Annehmen klicke? Na, wir werden sehen. Also — ich habe angenommen. Du hast noch 3 % Gesundheit übrig. Entscheide dich! 2 %..."

Ich empfing eine Nachricht mit der Empfehlung, mich „Carters Clan" anzuschließen. Ich wischte sie beiseite.

Er beugte sich näher heran, nahe genug, dass ich, ganz langsam und für ihn unmerklich, das Messer aus meiner Hüfte ziehen und es ihm in sein Ohr stoßen konnte.

Brüllend zuckte er zurück und ging zu Boden. Die Klinge war in sein Gehirn eingedrungen. Auf der Erde hätte das den sicheren Tod bedeutet. Hier allerdings zählte die Verwundung nur als „kritischer Messerstich" mit einem Abzug von mageren 134 Gesundheitspunkten.

Mich überkam hysterisches Lachen. Ich hustete Blut und gurgelnde Blasen, als Carters Speer mich ins Herz traf und niederwarf.

Die Welt wurde ausgelöscht.

Testsubjekt, du bist jetzt tot.
Verbleibende Leben: 1
Bis zur Wiederauferstehung verbleibende Zeit: 3... 2...
1...

KAPITEL 7

DAS LETZTE LEBEN

Überraschung, du Wichser!

James Doakes, *Dexter*

DIESMAL WAR DER Schmerz nach dem Tod schärfer und lebhafter. Falls man so etwas über Schmerz wirklich sagen konnte. Es war ein merkwürdiges Konzept: Man schwebte in einer kosmischen Leere und wartete endlos lange Sekunden auf den Respawn. Dabei drängte sich unwillkürlich der Gedanke auf: Wohin bitte sollten denn die ganzen Signale aus den Nervenenden geleitet werden? Gab es etwa auch kein Gehirn mehr, wenn der eigene Körper verschwunden war? Man kam sich vor, als wäre das Bewusstsein alles, das von einem übrig geblieben war, unter Hinterlassung einer blanken Form des eigenen Hirns zum Zeitpunkt des Todes.

Vielleicht stammte der unerträgliche Schmerz daher?

Mein letztes Leben begann neben einem weißen Stein wie dem, den ich aktiviert hatte, um mein erstes Hexagon zu erobern. Ich hatte es allerdings nicht lange halten können — nur eine einzige Nacht. Ich sah keinerlei vertraute Strukturen und auch nicht die Schlucht. Daher vermutete ich, dass der Respawn in einem neutralen Hexagon stattgefunden hatte, und zwar wahrscheinlich in dem am weitesten östlich gelegenen der Hexagone, die mein ehemaliges Heim umgaben, nachdem Carter die anderen ja bereits erobert hatte.

Carter... Ich erinnerte mich an seine Offenbarung, dass ich zu dem Tag zurückkehren würde, an dem ich das Interface erhalten hatte, falls ich die Prüfung nicht bestand,

112

und dadurch alles verlor, was ich danach erreicht hatte. Hatte er das im erweiterten Regelbuch gelesen? Vielleicht. Wenn ich unter dem Gesichtspunkt die bestehenden Risiken abwog, konnte es eine richtig gute Idee sein, mich ihm doch anzuschließen. Dann konnte ich wenigstens meine erzielten Fortschritte behalten. Das wäre die vernünftigste Entscheidung.

Dennoch konnte ich mich dazu einfach nicht durchringen. Sein Verhalten und sein Charakter waren verdorben und unangenehm, und ganz unbewusst hatte das wahrscheinlich dazu geführt, dass ich ihn verabscheute. Und natürlich, das musste ich zugeben, hoffte ich auch, mehr Kampfeinheiten als er aufstellen zu können. Mit meinen 15 Mobs gegen Carters vier hatten die Aussichten gar nicht mal so schlecht gestanden. Wer hätte denn auch damit rechnen können, dass er seine Kämpfer verstärkt hatte?

Na, egal. Ich hatte noch immer eine Chance, wenn auch eine winzige. Erneut besaß keine Waffen, keine Rüstung — und vor allem waren meine kleinen Dinosaurier verschwunden. Wie... süß und knuddelig die auch gewesen sein mochten.

Ich untersuchte mich und fluchte enttäuscht. Ich trug dieselbe zerrissene Jeans, mit der ich in der Prüfung gelandet war. Nur platzte sie inzwischen wegen meiner enormen Muskeln aus allen Nähten. Anscheinend erstanden wir hier in denselben Klamotten wieder auf, mit denen wir angekommen waren.

Alles andere, das ich besessen hatte, war verloren und inzwischen Carters Beute geworden. Auch wenn ich vor meinem zweiten Tod keine Existenz-Ressourcen-Punkte mehr besessen hatte, war es doch eine Affenschande, jetzt ohne meine Uniform und meine Energiefaust auskommen zu müssen.

In der Luft pulsierten drei Ballons, zwei rote mit Systemmitteilungen und ein goldener. War das etwa ein Erfolg?

Ich öffnete zuerst die Systemnachrichten:

Warnung! Du hast nur noch ein Leben übrig!
Wenn du dieses ebenfalls verlierst, verlierst du damit alles, das du erreicht hast, und kehrst zu dem Tag zurück, an dem du als Kandidat ausgewählt wurdest. Die Erinnerung an dein Leben mit dem Interface wird ausgelöscht und das Interface wird deinstalliert.

Warnung! Du hast dein Hexagon verloren!
Bis zur Entpersonifizierung verbleibende Zeit: 1 Tag (pibellauische Zeit)

In der Ecke meines Sichtfeldes erschien ein Timer, der langsam rückwärtslief. In Ortszeit war es kurz vor 13:00 Uhr.

Mir brach der Schweiß aus. Das war nicht nur ein abstrakter Countdown in einem Spiel. Nein, diese Zahlen zeigten mir, wie viel Zeit ich noch hatte, um mir das beste Leben auf Erden zu sichern.

Ich sprang auf, um so schnell wie möglich die Ressourcen zur Aktivierung der Kommandozentrale zu farmen, doch dann fiel mir der goldene Ballon ein.

Ich öffnete ihn. Eine Mitteilung entfaltete sich, während eine Stimme in meinem Kopf mir den Inhalt laut vorlas:

Testsubjekt! Du hast den Erfolg des Ersten Sterbenden freigeschaltet!
Du bist der erste Kandidat in dieser Welle, der bei seinem letzten Leben angekommen ist.
Dein Pech wird in die Geschichte eingehen, und im Interesse der Wiederherstellung eines gewissen Gleichgewichts erhältst du...

Warnung! Die Belohnung für den Erfolg hat sich geändert!

Die Stimmen wurden neu ausgezählt. 66 % der Beobachter stimmten dafür, dir eine neue Fähigkeit zuzusprechen.

Neue Belohnung: Fusion
Dieses Talent erlaubt dir, statt mehrerer schwacher Einheiten eine mächtige Kampfeinheit zu erstellen.
Anforderungen: Eine aktivierte Kommandozentrale und ein Kampfeinheits-Modul Level 2.
Mach deinen Feinden mehr Feuer unterm Hintern, Testsubjekt!

Ich brauchte ein paar Minuten, um die Nachricht zu verdauen. „Beobachter"? So etwas wie Zuschauer? War das etwa galaktisches Reality-TV? Oder handelte es sich dabei um ein Tribunal, das Entscheidungen darüber traf, wer was als Beute oder Belohnung für Erfolge erhielt? Auf jeden Fall war das hier kein Computerspiel, und es war gut möglich, dass die Moderatoren und Preisrichter der Prüfung den Teilnehmern etwas beschafften, das diese tatsächlich brauchen konnten.

Ich erinnerte mich an die Energiefaust, die der Kreken hinterlassen hatte — die perfekte Waffe für einen Boxer. Und wenn ich an Carters Speer dachte — ich könnte wetten, er wusste in seinem anderen Leben sehr gut mit einem Billard-Queue umzugehen.

Nun, mit dem Talent würde ich mich später befassen. Mir war jetzt die Idee klargeworden, die dahintersteckte, und wie ich das nutzen konnte, würde mir schon zu gegebener Zeit einfallen. Momentan bestand mein dringendstes Bedürfnis darin, ganz rasch 100 Punkte für die Aktivierung der Kommandozentrale zu farmen.

Dieses Hexagon befand sich im Wald, wenigstens zum größten Teil. Ich hatte keine Ahnung, was mit all den Bäumen geschehen würde, wenn ich erst einmal die Basis geschaffen hatte, doch momentan spielte das keine Rolle. Ich hatte eine halbe Stunde Zeit, einen möglichst großen Ast zu finden, den ich abbrechen und in einen Knüppel verwandeln konnte. Die Beschaffenheit des Holzes hier entsprach nicht der des Holzes auf der Erde, und es roch ein wenig nach Gummi.

Kaum hatte ich mir einen knorrigen Knüppel beschafft und sichergestellt, dass ich ihn als tödliche Waffe einsetzen konnte, begann er zu leuchten. Eine Welle Phantomenergie lief daran entlang — und begleitet wurde das von dem *Wissen*: Die Statistiken des Knüppels wurden neu berechnet.

Der knorrige, stachelige Knüppel der letzten Chance
Erschaffer: Phil
Level: 4-8
Wahrscheinlichkeit der Betäubung: +15 %

In dieser Realität wurde der Schaden, den die Waffe anrichtete, einfach dem Schaden hinzugerechnet, den man ohne Waffe auslöste. Ein durchschnittlicher Schaden von 6 Punkten durch den Knüppel war jetzt nicht gerade überragend, aber in meiner Situation auf jeden Fall ein Plus.

Damit begann ich nun, Ressourcen zu farmen.

Die Mobs passten sich tatsächlich der eigenen Entwicklung an — ich traf auf nichts oberhalb Level 4. Kleine Gruppen von Kirpis — das waren diese Kreuzungen zwischen einem Igel und einem Oktopus — liefen auf der Erde herum, kleine Krekniks spuckten aus ihren Verstecken hinter Bäumen, die ganz anders aussahen als die auf der Erde, glühendes Gift, und von Zeit zu Zeit tauchten auch Pfeifer auf.

Mir war klar: Ich war nicht in der Lage, das Farmen wie am Fließband zu betreiben. Ich musste jeweils ein oder zwei der Kreaturen anlocken und den Schmerz ertragen, den sie mir zufügten. Man gewöhnte sich an den Schmerz, ebenso wie daran, dass die unangenehmen Gefühle rasch nachließen und die Wunden bald verheilten. Die Biester hinterließen keine erwähnenswerte Beute, sondern nur winzige Existenz-Kristalle, jeweils einen oder höchstens zwei. Nun verband ich den Ausdruck „Schneckentempo" mit etwas ganz anderem als langsamem Internet.

✳ ✳ ✳

Drei Stunden später war ich total erschöpft. Nicht so sehr physisch, denn es gab hier keine Müdigkeit, sondern eher geistig, und ich fühlte mich vollständig entmutigt. Der Countdown bis zur Entpersonifizierung lief, und ich hatte bislang erst 46 Existenz-Ressourcen-Punkte einsammeln können.

Was mir den Rest gab, war die Verfolgung eines sehr hartnäckigen Pfeifers. Ich hatte zwei seiner Freunde ein Level tiefer gebracht und verbrachte lange Zeit damit, auf das Viech einzutreten. Dabei musste ich jedes Mal ausweichen, wenn der Pfeifer in vollem Galopp auf mich losging und seine Stacheln aufstellte. Dieser Pfeifer verfügte über Level 4, und ich erhoffte mir mindestens 4 Existenz-Ressourcen-Punkte von ihm. Nachdem ich zum x-ten Mal seinen Stacheln gerade so entkommen war, schaffte ich es, ihm einen Knüppelhieb über den Rücken zu versetzen. Nach einem weiteren Schlag verfügte der Pfeifer nur noch über 6 % Leben.

Stumm feierte ich in Gedanken bereits meinen Sieg, doch der Mistkerl sprang auf und rannte davon, unter Mitnahme meiner Ressourcen. Der verwundete Mob vergoss in Strömen orangefarbenes Blut, kreischte aber immer weiter und rief seine Kumpel zu Hilfe, statt abzukratzen. Wütend rannte ich ihm hinterher.

Ich konzentrierte mich so sehr auf die Verfolgung, dass ich es gar nicht bemerkte, dass ich dabei auf ein Nest von Sarasuren stieß. Das waren diese stacheligen Küchenschaben, denen ich zuerst in der Schlucht begegnet war. Die Wald-Sarasuren waren weit kampflustiger als ihre Schluchtkollegen. Sie griffen mich alle auf einmal von allen Seiten an, bissen sich in meinen Körper, rissen Fetzen von

Fleisch heraus und verwundeten mich mit den Stichen ihrer Stacheln auf dem Chitinrücken. Meine Gesundheitspunkte sackten so rasch herab, schon bald war ich nur noch drei Sekunden entfernt von meinem letzten Tod und der endgültigen Entpersonifizierung.

Gerettet wurde ich durch den Besitz des Knüppels. Mit der bloßen Hand hätte ich die Sarasuren niemals erledigen können. Panisch schlug ich mit dem Ding um mich, um mir einen Weg zu bahnen, da zerbrach das Holz. Ich warf die Stücke beiseite und flüchtete, gedemütigt, zur sichereren Region um den weißen Stein herum, der Mitte meines Hexagons.

Nun musste ich mich erst einmal erholen, bevor ich das Farmen mit neuer Kraft wiederaufnahm. Ich musste die ganze Zeit an die 4 Existenz-Ressourcen-Punkte denken, mit denen der verdammte Pfeifer abgehauen war. Die hätten mich auf insgesamt 50 Punkte gebracht, also die Hälfte dessen, was ich für die Aktivierung der Kommandozentrale benötigte.

Ich fühlte mich angeschlagen und demoralisiert. Etwa 20 Meter vom Stein entfernt, am Waldrand, ging ich in die Hocke und schlich mich dann vorsichtig durch die stacheligen Sträucher, die eine Art Brennnesselgift versprühen konnten. Ich fürchtete eine erneute Begegnung mit Carter. Ich sah zwar niemanden, dennoch kroch ich in Bodennähe weiter, nur um sicherzugehen.

Krach!

Eine elektrische Ladung schlug nur etwa einen halben Meter von meinem Kopf entfernt ein.

Was zum Teufel war denn das? Aufmerksam betrachtete ich die verkohlten Umrisse des Einschlags, der etwa faustgroß war.

„Eh, ko si ti? Hey, wer bist du?"*, hörte ich eine laute Frauenstimme hinter mir. „Vor wem versteckst du dich?"

Sie war keine Russin, aber ich verstand sie dennoch. In welcher Sprache auch immer sie sprach — sie hatte slawische Ursprünge. Vorsichtig stand ich auf und bereitete mich auf meine letzte Schlacht vor.

Als ich mich umdrehte, schoss mir der Gedanke durch den Kopf: Das war es jetzt, nun würde man mich umlegen. Ich war am Ende angekommen. Bitte steigen Sie aus dem Zug.

Hinter einem Baum stand eine hochgewachsene, junge Frau und starrte mich an. Sie war umgeben von zehn leise knurrenden Wölfen, und hinter ihr stand ein fast zweieinhalb Meter großer, rotbrauner Bär auf den Hinterbeinen. Sein Brüllen erschütterte den gesamten Wald und ließ die kleinen Tiere flüchten.

Ein Tank, Nahkampfkrieger und, so vermutete ich, eine Zauberin.

Jovanna, Mensch
Level 2

Jovanna trug eine Grunduniform. Sie war funktional und zuverlässig, aber ohne Stahlplatten im unteren Bereich oder verstärkten Oberkörper. Sie hielt einen Stab, an dessen Spitze ein grauer Stein elektrische Funken schlug.

Sie war also wohl doch keine Zauberin. Diese Waffe musste sie erbeutet haben — es war ein Generator für Stromschläge. Der Stab wirkte bedrohlich, doch er wies lediglich Level 2 auf. Woraus ich folgerte: Der Schaden war überlebbar. Wahrscheinlich war er nicht größer als der meiner Energiefaust. Nun, meiner ehemaligen Energiefaust.

„Hallo! Ich bin Phil."

Sie lächelte. „Du bist Russe? Ich bin Jovanna. Eine Serbin."

Sie zeigte keine Anzeichen von Aggression, sondern ging selbstbewusst auf mich zu und streckte die Hand aus, die ich nahm.

„Bist du in Ordnung?", fragte sie besorgt.

„Ich wurde getötet", antwortete ich so gleichmütig wie möglich. „Ich habe alles verloren. Jetzt sammele ich gerade neue Ressourcen."

„Du wurdest getötet?", fragte sie erschrocken. „Und bist respawnt? Wie ist das denn passiert?"

Ohne in die Details zu gehen, berichtete ich ihr von meiner Begegnung mit Carter und warnte sie vor seinem überraschenden Besuch. Schließlich war sie der zweite seiner vier nächsten Nachbarn. Ich war der erste gewesen, aber mein Hexagon hatte er ja bereits erobert.

„Jedenfalls — vor ihm musst du dich in Acht nehmen", schloss ich.

Jovanna zog die Schultern hoch. Ich konnte nicht sagen, ob es war, weil sie fror, oder ob es Abscheu zeigte. „Ich verstehe..." Sie hielt inne und fuhr dann fort: „Du brauchst also ein Hexagon?"

„Unbedingt. Man könnte sagen, ich brauche alles."

„Ich brauche ebenfalls eines. Meiner Karte zufolge befindet sich auf dem Weg zu den drei oberen Hexagonen eine tiefe Schlucht, und ich kann sie einfach nicht überqueren. Den östlichen Teil hat bereits jemand in Besitz genommen, und momentan hatte ich noch nicht den Mut, mich ihm zu stellen. Zuerst einmal muss ich meine Mobs so weit verbessern wie nur möglich." Sie strich einem der Wölfe über den Kopf, der sie mit der Schnauze in die Seite gestupst hatte. „Aber mit dir will ich nicht kämpfen."

„Und was willst du dann?"

„Ich will gar nichts!" Sie stampfte mit dem Fuß auf, verzog die Nase und wechselte das Thema. „In der anderen Welt habe ich Tennis gespielt. Angefangen habe ich mit fünf Jahren. Ich war drittklassig und habe mehr Geld für die Reisen zu Turnieren ausgegeben, als ich verdient habe."

„Und dann hast du das Interface bekommen?"

„Das was? Ach so — du meinst die *Zusammenschaltung*. So habe ich es genannt — die *Zusammenschaltung* mit dem universellen Infospace. In den drei Monaten seitdem war ich erfolgreicher als je vorher in meinem gesamten Leben. Die Zusammenschaltung hat irgendwie meine Entwicklung beschleunigt. Ich schaffte es beinahe in die Top 100, aber dann wurde ich hierher einberufen. Sie haben es Entführung genannt."

„Sie?"

„Ja, die drei Aufseher." Jovanna hob den Kopf und sah zum Himmel hinauf, der durch die ausgebreiteten Äste der Bäume beinahe verdeckt war. Sie richtete den Stab nach oben und sandte eine elektrische Ladung aus. „Mist — daneben!"

„Worauf hast du denn gezielt?"

„Hier fliegen ein paar furchterregende, kleine Kreaturen herum. Sie halten Ausschau. Wenn man sie nicht abschießt, taucht kurz darauf ein *Chudovishte* auf."

Der vertraute Klang des slawischen Wortes für „Monster" brachte mich zum Lächeln. Der Ausrutscher unterstrich ihr Zögern, ein neues Hexagon zu erobern oder mich zu bekämpfen.

„Ich bin eine Sportlerin, Phil. Du bist nicht gut in Form und hast keine Waffen."

„Und?"

„Ich habe auf jeden Fall nicht genügend Ressourcen, um dieses Hexagon zu erobern. Wenn ich dich richtig verstanden habe, gilt für dich das Gleiche. Der Erste von uns, der sein Farmen abschließen kann, wird die Kommandozentrale aktivieren. Wie wäre es, wenn wir vereinbaren, dass der andere ihm dabei nicht im Weg steht?"

„Auf jeden Fall. Danke, Jovanna."

„Kein Problem. Das ist nur fair. Ach, und nimm dies hier." Sie überreichte mir ein Messer, das dem entsprach, was ich mit der Grunduniform erhalten hatte. „Tut mir leid — sonst habe ich nichts, das ich mit dir teilen könnte. Viel Glück, Phil!"

Sie verließ mich und machte sich auf in den Wald. Der riesige Bär ging ihr voraus.

Ich fragte mich, was ich wohl gemacht hätte, wenn ich an ihrer Stelle gewesen wäre.

* * *

Mit dem Messer ging das Farmen jetzt weit schneller vonstatten. Die Dämmerung senkte sich, als ich mich dem weißen Stein näherte. Ich hatte ein wenig über 100 Existenz-Ressourcen-Punkte gesammelt. Die Extrapunkte waren mir ganz zufällig in den Schoß gefallen. Als ich 99 Punkte beisammen hatte, war ich an eine Horde kleiner Krekniks geraten, die mir 10 Punkte einbrachte.

Ich lief so schnell ich konnte, um es rechtzeitig zu schaffen. Falls es Jovanna gelungen war, das Hexagon zu erobern — ich hatte keine Ahnung, ob das der Fall war, denn ich hatte mich nicht aus dem Hexagon bewegt –, befand ich mich in echten Schwierigkeiten. Vor Einbrechen der Nacht konnte ich kein anderes neutrales Hexagon erreichen, und die Nächte hier waren äußerst gefährlich. Man würde mich verschlucken, und ich würde es nicht einmal bemerken.

Ohne Schutz konnte ich die Nacht nicht überleben. Ich konnte die sechs Ortsstunden nicht einfach in einer Höhle verbringen — die Sarasuren, die sich in jeder Ritze versteckten, fraßen einen bei lebendigem Leben auf. Auch ein Baum kam nicht als Versteck infrage. Mir waren die dreischwänzigen Eichhörnchen mit den riesigen Zähnen keineswegs entgangen, die auch noch Stachel besaßen, ebenso wenig wie die flachen, schleimbedeckten Schlangen in allen möglichen Farben.

Die Schlangen tarnten sich zunächst, indem sie die Farbe des Baumes annahmen. Beim Angriff jedoch schillerten sie farbenfroh.

Eine dieser Schlangen hatte mich in die Schulter gebissen. Der dadurch ausgelöste Vergiftungs-Debuff hatte mir auf einen Schlag 5 % meiner Gesundheit pro Sekunde genommen. Außerdem war der Schmerz unerträglich gewesen. Meine Schulter war aufgeschwollen, hatte sich schwarz verfärbt und war so entzündet, dass ich mir die Beule in meiner Verzweiflung mit dem Messer

122

weggeschnitten hatte. Und dabei nur zu Sicherheit auch ein wenig gesundes Fleisch mit abgetragen hatte. Nach einer halben Stunde war alles verheilt und meine Gesundheit wiederhergestellt gewesen. Die erschreckend aussehende Wunde hatte sich vor meinen Augen geschlossen und es hatten sich neue Muskeln und Blutgefäße gebildet, bedeckt mit neuer Haut.

Kurz bevor ich endlich den Stein zur Aktivierung der Kommandozentrale sehen konnte, ließ ich mich abrupt zu Boden fallen und lag ganz still. Zum Glück hatte ich den Koloss einer Kreatur mit überproportional langen und großen Zangen entdeckt, bevor sie mich sehen konnte.

Das Monster stand fest auf acht mächtigen, säulengleichen Beinen. Seine Größe war in etwa mit der eines zweistöckigen Gebäudes zu vergleichen. Der Körper wurde durch eine dunkelgraue Plattenpanzerung geschützt, die in der Dunkelheit leuchtete.

Noch immer hatte das Biest mich nicht wahrgenommen. Es stand mit dem Rücken zu mir und stieß immer wieder gegen einen Baumstamm mit einem Durchmesser von gut drei Metern. Aus den Ästen regnete es Schlangen und Eichhörnchen herab. Die weniger glücklichen dieser Tiere wurden mitten im Flug von den gigantischen Zangen aufgefangen und ins Maul der Bestie geworfen. Die anderen liefen in allen Richtungen davon.

Canavar
Boss
Level 8
Lebenspunkte: 4.000

Selbst in anständiger Rüstung hätte ich gegen diesen Koloss keine Chance. Ich musste um ihn herum gehen.

Ich bewegte mich im Bogen und achtete auf ausreichende Entfernung. Dabei ließ ich den weißen Stein nicht aus den Augen. Der Canavar setzte sein schreckliches Werk fort und richtete ein Blutbad unter den Schlangen und

Eichhörnchen an. Ich nahm all meinen Mut zusammen, richtete mich auf und rannte an ihm vorbei, um mir ein neues Haus zu sichern, bevor es völlig dunkel geworden war.

Mein Lauf endete rasch wieder. Statt auf meine Füße zu schauen, hatte ich den Canavar und den weißen Stein im Auge behalten. Daher landete ich in voller Geschwindigkeit in einer Grube, die durch Zweige verdeckt gewesen war. Mit dem Kopf voran fiel ich etwa fünf Meter in die Tiefe und blieb dann zwischen den sich verengenden Wänden der Öffnung stecken. Das Messer war mir aus der Hand gefallen. Es landete auf dem Boden der Grube.

Mein Brustkorb wurde zusammengepresst, und es war mir auch unter Aufbietung aller Kräfte nicht möglich, mich zu befreien. Ich erstickte beinahe. Meine Rippen brachen. Blut stieg mir in den Kopf, meine Sicht verschleierte sich.

Ungerührt zählte der Timer weiter die bis zu meiner Entpersonifizierung noch verbleibende Zeit.

Die Dunkelheit verdichtete sich. Ich steckte fest, daran führte kein Weg vorbei. Die Panik, die irgendwo in meinem Bauch begonnen hatte, steigerte sich und verwandelte sich zu immenser Furcht. Der Gedanke an all die Beobachter, die mir aus sicherer Entfernung irgendwo zuschauten, machte mich ebenso wütend wie er mich beschämt. Auf welch unrühmliche Weise ich meine Reise hier nun beendete! Bis zur endgültigen Entpersonifizierung blieben mir in Ortszeit nur noch wenige Stunden.

Blut lief mir über das Gesicht. Ich wurde ohnmächtig.

✳ ✳ ✳

Ein schneidender Schmerz ließ mich wieder zu mir kommen. Es fühlte sich an, als ob Hunderte von weißglühenden, heißen Nadeln meinen Körper von den Fersen bis zum Bauch bearbeiteten. Ich hatte keine Ahnung, warum alles so schrecklich wehtat. Es war keine Systemmitteilung über einen erlittenen Schaden erfolgt. Die Protokolle aktualisierten sich in Lichtgeschwindigkeit. Dann kam endlich die Meldung über den Schaden, den die Vampir-Blutegel mir zufügten, die sich in mir festgebissen hatten. Meine Einbildung — oder vielmehr mein neuerworbenes *Wissen* — zeigte mir die winzigen Biester, nicht größer als eine Münze, die in jede Pore meines Körpers eindrangen, sich an meinem Fleisch gütlich taten und es vorher mit einem säurehaltigen Sekret weicher machten, damit sie es leichter schlucken und verdauen konnten.

Innerhalb nur weniger Minuten war meine Gesundheit bereits in der orangefarbenen Zone angekommen. Es waren weniger als 20 % übrig. Ich bewegte mich, so gut ich konnte. Wenn ich mich schon nicht befreien konnte, wurden die Viecher dadurch vielleicht wenigstens an den Wänden zerquetscht, so dachte ich. Doch es half nichts.

Ganz unbewusst erinnerte ich mich an die besten Augenblicke meines Lebens: Meine ersten Dates mit Vicky, meine Erfolge beim Leveln, meine neuen Freunde Alik, Cyril, Marina und Kostya, meine Firma, unsere Pläne, mein Sieg im Boxen...

Dann rissen schwere Schritte mich aus meiner Versunkenheit. Sie ließen den Grund erzittern, und das Stapfen war laut genug, mir in den Ohren zu schrillen.

Meine Gesundheitswerte waren auf 14 % herabgesackt. Plötzlich blieb der Zähler stehen und über mir ertönte ein lautes Brüllen. Der Schaden endete, die Blutegel flüchteten vor dem Etwas, das gerade herangekommen war.

Eben jenes Etwas schnüffelte nun und angelte mit einem Arm nach mir. Von oben fielen Erde und trockene Zweige herab, trafen mich ins Gesicht. Ich musste vorübergehend den Atem anhalten, um kurz darauf scharf auszuatmen und weiter Luft holen zu können.

Dabei kam mir ohne jeden Zusammenhang plötzlich ein Gedanke. Wieso musste ich hier auf Pibellau überhaupt atmen? Die Existenz-Ressourcen übernahmen doch die Aufgabe aller biologischen Prozesse, oder etwa nicht? Oder konnte man das als Mensch gar nicht, einfach nicht atmen?

Ich hörte und fühlte das heiße, laute Schnauben eines verärgerten Monsters, das geduldig versuchte, mich zu fassen zu bekommen. Doch seine Arme waren zu groß für die Enge, in der ich feststeckte. Das Biest röhrte seine Enttäuschung laut hinaus, was mich vorübergehend taub werden ließ.

Den Protokollen zufolge war dies der Canavar, der Boss. Die Eichhörnchen und Schlangen hatten seinen Hunger offensichtlich nicht gesättigt.

In seiner Wut schlug das Biest auf die Kanten der Grube ein. Neue Massen Erde übergossen mich, nun vermischt mit Steinen, die mich schmerzhaft trafen, auf die Fußsohlen, die Beine und alles, das sich dazwischen befand. Die steilen Wände der Grube erzitterten, was meinen gesamten Körper in Vibrationen versetzte. Außerdem bewegte er sich, mit jedem Hieb rutschte er weiter hinab.

Weiter unten erweiterten sich die Wände wieder. Es gelang mir, daran hinunterzugleiten, und als ich die Wände nicht länger erreichen konnte, ließ ich mich einfach fallen.

Ich schaffte es, mich zusammenzurollen und den Sturz mit gebeugten Armen abzufangen. Das bewahrte mich nicht vor Schaden — meine Gesundheit lag nun bei unter 10 % –, aber wenigstens war ich noch am Leben.

Zuallererst suchte ich nach dem Messer, das ebenfalls hinabgestürzt war, und holte es mir zurück, bereit, jeden anzugreifen, der in die Grube eindrang.

Die letzte Stunde der Nacht war angebrochen. Meine hohe Wahrnehmung erlaubte mir, mich auch in der völligen Dunkelheit der Grube zu orientieren. Über mir brüllte der Canavar weiter zornig, konnte mich jedoch nicht erreichen. Mit den Vampir-Blutegeln würde ich jetzt schon fertig — sollten sie doch kommen und versuchen, erneut über mich herzufallen!

Ich bereitete mich darauf vor, mein Leben teuer zu

verkaufen, und schaute mich um. Es gab hier nur mich und den Boden der Grube, der etwa acht Quadratmeter umfasste.

Heilige Scheiße — hier würde ich niemals wieder herauskommen!

Ich weiß, es ist ein Klischee — aber ich benahm mich genauso wie ein Tiger im Käfig. Unruhig lief ich auf und ab. Meine Gesundheit verbesserte sich langsam, aber sicher mit jeder Minute. Man muss sich das einmal vorstellen — ich verfügte über die 100 Ressourcen, die ich zur Aktivierung der Kommandozentrale brauchte, ich hatte den Angriff der Blutegel überlebt, war den Klauen des Canavar entkommen, hatte mich befreit, nachdem ich eingeklemmt gewesen war, und mehr Ressourcen gesammelt als Jovanna. Was für eine Leistung! Aber jetzt steckte ich hier fest.

Das System suchte sich ausgerechnet diesen Augenblick aus, um meiner Moral den letzten Schlag zu versetzen. In feuerroter Schrift erschien eine Mitteilung vor mir:

Warnung! Bis zur endgültigen Entpersonifizierung verbleibende Zeit: 1 Stunde

Ich war dankbar — wem auch immer -, bis jetzt überlebt zu haben. Eine Stunde war viel Zeit. Ich musste an die Tage denken, als ich nach der Installation des Interface mit dem Joggen angefangen hatte. Fünf Minuten Laufen hatten sich damals wie eine Ewigkeit angefühlt. Jetzt stand mir eine ganze Stunde zur Verfügung, oder sogar mehr, da es sich dabei um pibellauische Zeit handelte.

Der Lärm über mir hatte aufgehört. Wahrscheinlich hatte der Canavar sich auf die Suche nach leichterer Beute begeben. Zentimeter um Zentimeter untersuchte ich die Wände der Grube auf etwas hin, woran ich mich hochziehen konnte. Ich tastete überall, versuchte auch, das Messer in die Wand zu schlagen, doch das machte nur die Klinge stumpf.

Ich wusste nicht genau, was ich erwartete, jedenfalls würde ich auf keinen Fall hier einfach sitzen bleiben und mein Ende abwarten.

40 Minuten vor meiner Entpersonifizierung entdeckte ich in einer fernen Ecke einen schwachen Lichtschimmer. Ich ging näher heran, sah jedoch nichts. Ich trat zurück, und da war der Schimmer wieder, verschwand auch nicht, als ich blinzelte. Ich fixierte ihn mit meinem Blick, trat darauf zu und streckte die Hand aus.

Ehe ich mich versah, wurde ich in ein Portal hineingesaugt, ebenso wie bei der Vorauswahl.

Ich fand mich in einem hell erleuchteten Tunnel wieder, der fast aussah wie der, den ich bereits passiert hatte. Die schuppige Oberfläche war allerdings ein wenig dunkler, und alles schien geräumiger, die Öffnung war breiter, die Decke höher.

Vor mir tauchte ein roter Ballon auf. Ich konzentrierte mich darauf, und er zersprang, um Buchstaben zu bilden:

Testsubjekt! Du hast einen verlorenen Ort im Wurmloch entdeckt und betreten: eine Instanz. Eine ausgestorbene Zivilisation empfindungsfähiger Wesen, die Pibellau bevölkerte, hat Instanzen als Testanlagen für Training und Prüfung ihrer Soldaten verwendet.

Du kannst einer Instanz nur dann entkommen, wenn du all deine Gegner besiegst.

Warnung! Dieser Ort ist der erste, der von einem Testsubjekt entdeckt wurde! Die Wahrscheinlichkeit, ein verlorenes Artefakt zu finden, verdoppelt sich.

Eine Instanz Level 2 überstehen, wenn ich mich ganz allein darin befand? Ein Kinderspiel! Meine Lippen verzogen sich zu einem Lächeln. Nun verstand ich auch, wie Carter so schnell Level 6 hatte erreichen können. Wahrscheinlich hatte er ebenfalls eine ganz frische Instanz entdeckt, in der die Zeit stillstand. Wenn dieser alte Gitarrenspieler das zustande brachte, schaffte ich es schon lange. Schließlich hatte ich mein halbes Leben *World of Warcraft* gewidmet.

Ich straffte mich und machte mich daran, den Dungeon abzuschließen. Ihn erfolgreich hinter mich zu bringen, war meine einzige Chance, all das behalten zu können, das ich erreicht hatte.

Ich fragte mich, was wohl gerade auf der Erde vor sich ging. Ob meine Freunde mich vermissten?

Mit voller Konzentration suchte ich mir meinen Weg durch den Tunnel, stieß jedoch auf keine Fallen und auch keine aggressiven Mobs. Mit dem Gedanken an verlorene Artefakte untersuchte ich jede Erhebung ganz genau, fand aber nichts.

Nach etwa 100 Metern fragte ich mich bereits ganz verwundert, wo denn bitte all diese mysteriösen „Feinde" steckten, die ich besiegen musste. Ich bog um eine Ecke — und stieß auf ein paar ganz entschieden nicht menschliche Dinger, die in der Luft schwebten.

Sie waren halb durchsichtig, aber ganz eindeutig real. Als sie mich entdeckten, gaben sie ein leises Rascheln von sich und schwebten dann auf mich zu.

Zum Weglaufen war es zu spät. Ich begab mich in Kampfstellung.

Also los — brachten wir es hinter uns, und zwar schnell!

✳ ✳ ✳

Das mit dem „schnell" funktionierte nicht. Die lokalen Mobs, knapp einen halben Meter große Kreaturen mit einem Energiepanzer, der an eine in der Luft schwebende Qualle erinnerte, waren in Gruppen von fünf oder sechs unterwegs. Jede Gruppe verfügte über einen Anführer, der die Schwadron befehligte, und zwar indem er mit seinen Tentakeln flatterte.

Als ich die erste Meute entdeckte, *wusste* ich sofort, dass diese empfindungsfähige Spezies die zweite gewesen war, die diesen Planeten dominiert hatte, bevor sie von Konkurrenten auf der Suche nach Lebensraum ausgelöscht worden waren. Während eines Krieges, der sich über Jahrhunderte erstreckt hatte, hatten die Sieger ähnliche Testanlagen erschaffen, in denen jungen Kämpfer ausgebildet worden waren. Inzwischen waren die Sieger ebenso verschwunden wie die Verlierer, doch die Instanzen funktionierten noch immer. Nur, dass sie jetzt mit vollausgebildeten Kampfeinheiten gefüllt waren. Für mich in meiner zerrissenen Jeans mit keiner anderen Waffe als einem stumpfen Messer würde der Kampf eine ziemliche Herausforderung bedeuten.

Die quallenähnlichen Biester waren mit merkwürdig geformten kinetischen Waffen ausgerüstet, die wie ein Würfel mit Öffnungen aussahen. Wenn sie ihre Tentakel in eine der Öffnungen legten, flogen auf der entgegengesetzten Seite Geschosse heraus. Entweder war deren Kaliber nicht erwähnenswert, oder das Prüfungssystem hatte den Schaden neu berechnet — jedenfalls bestand die einzige Gefahr in einem kombinierten Beschuss. Dem konnte ich nicht lebend entkommen. Also bedeckte ich meine Augen mit der linken Hand, um sie zu schützen, und ging auf die Quallen los, um ihnen den Garaus zu machen. Natürlich musste ich, bevor ich ihr verwundbares Fleisch erreichen konnte, zuerst einmal ihr Energiefeld zerstören. Was jedoch mit ein paar Messerstichen geschehen war.

Nach jeder Meute musste ich mich eine Weile ausruhen. Es wäre leichtsinnig gewesen, das Risiko eines Angriffs der nächsten Horde ohne vollen Gesundheitsbalken einzugehen.

Zu meiner Überraschung stellte ich fest, dass ich durch das Erledigen der Quallen Existenz-Ressourcen verdient hatte, jedoch weder Artefakte noch andere Beute bekam. Nicht einmal ihre Würfelgewehre gaben etwas her. Greifen konnte ich sie ebenfalls nicht, nicht einmal, bevor die Körper verschwunden waren: Meine Hände gingen einfach durch sie hindurch wie durch Luft.

Nach etwa drei Dutzend dieser Meuten hatte ich mehr als 1.000 Existenz-Ressourcen-Punkte geerntet. Nach kurzer Überlegung verschaffte ich mir damit zwei höhere Level. Allerdings nacheinander, nicht auf einmal. Das kostete mich 602 Punkte. Eigentlich lagen die Kosten bei 700 Punkten, doch mein Bonus von 14 % bei der Entwicklungsgeschwindigkeit trug mir einen Rabatt ein.

Die erhaltenen 4 Eigenschaftspunkte steckte ich in Charisma und Ausdauer. Da dies mein letztes Leben war, hatte die Stärkung meiner Gesundheit Priorität. Beinahe war ich versucht, alle Punkte in Ausdauer zu investieren, doch der Sieg über die Quallen hatte mich mit Zuversicht gefüllt. Nach meiner langen Reihe an Fehlschlägen begann ich endlich, strategisch zu denken, so, als wäre es bereits beschlossene Sache, dass ich ein Hexagon erobern und weiter an der Prüfung teilnehmen konnte.

Jetzt sah mein Profil so aus:

Phil, Mensch
Level: 4

Haupteigenschaften
Stärke: 21
Beweglichkeit: 11
Intelligenz: 20
Ausdauer: 20
Wahrnehmung: 21
Charisma: 20
Glück: 15

Charakterstatistiken
Leben: 1
Eroberte Hexagone: 0
Rang: 169/169
Existenz-Ressourcen: 659/4.000

Mein Rang verriet mir, dass ich mich noch immer auf dem letzten Platz befand und alle anderen Testsubjekte noch im Rennen waren.

Gefasst und konzentriert stand ich schließlich vor der Kammer, in der sich der Boss aufhielt. Das *wusste* ich einfach. Er war der einzige Boss für die gesamte Anlage. Sobald ich ihn getötet hatte, war die Instanz geschafft.

Deniza'Nasi
Boss
Level 7
Lebenspunkte: 2.900

Der Boss befand sich stolz ganz allein in der Kammer, beschäftigt mit einer ohne Zweifel wichtigen Aufgabe. Er schwebte in der Luft und ließ seine langen Tentakel schwingen und flattern. Sie bewegten sich wie in einem Lufthauch.

Er konnte mich nicht sehen, also hatte ich Zeit, mir einen Plan auszudenken. Wenn er wie die anderen Quallen war, nur größer, sollte es keine besonderen Probleme mit ihm geben. Wahrscheinlich verfügte er über einige besondere Talente, aber darüber konnte ich nur mehr erfahren, wenn ich es darauf ankommen ließ. Erkundung durch Angriff war die einzige Möglichkeit.

Ich betrat die Kammer. Deniza'Nasi ignorierte mich. Vorsichtig näherte ich mich, bis mir klar wurde: Der scherte sich einen Dreck um mich. Also beschleunigte ich und stieß ihm im vollen Lauf das Messer in seinen Körper.

Der Boss hob die Tentakel, schnappte seine Membran, ließ einen Überschallschrei los und floh.

Blut tropfte aus meinen Ohren. Ein Viertel meines Lebens war verbraucht, und ich hatte seinem Energieschild gerade einmal 10 % Schaden zugefügt.

Ohne auf den nächsten Schrei zu warten, sprang ich auf das Biest zu. Mit der rechten Hand hämmerte ich darauf ein, und mit der linken stieß ich mit dem Messer zu. Ich durfte ihn nicht entkommen lassen; noch drei Überschallschreie mehr, und ich war erledigt.

Beim dritten Schrei hatte ich den Schild durchbrochen und raubte ihm munter Gesundheitspunkte. Die Jagd, während der wir versucht hatten, uns gegenseitig umzubringen, endete damit, dass wir beide genau gleichzeitig die Ziellinie erreichten. Ich hatte der Bestie gerade das letzte Prozent Leben geraubt, als sie die Tentakel hob und zu einem weiteren tödlichen Kreischen ansetzte.

Der höllische Schrei endete nahezu ebenso rasch, wie er begonnen hatte. Von meinem gesamten Körper strömte Blut, aus jeder Pore, aus aufgeplatzten Adern, sogar aus meinen Augen. Dennoch warf ich die Arme hoch und brüllte siegreich etwas Lebensbejahendes und Obszönes.

Dann ließ ich mich zu Boden sinken und blieb so lange liegen, bis meine Gesundheit sich hatte wiederherstellen können. Das trocknende Blut umgab meine Haut mit einer harten Schale, die jedoch abplatzte und zu Staub zerfiel, als ich aufstand.

An dem Ort, wo der Boss sich in Luft aufgelöst hatte, lagen ein riesiger Existenzkristall und etwas, das schwach silbrig schimmerte. Beute!

Ich pulverisierte den Kristall. Ich hatte Glück — meine Chance auf eine Verdopplung der Trophäe realisierte sich diesmal, und belohnte mich mit insgesamt 500 Existenz-Ressourcen-Punkten.

Als Nächstes hob ich den silbrigen Gegenstand auf. Es war ein Ring. Die Inschrift war nicht gerade detailliert, aber ihr Inhalt übertraf all meine Erwartungen:

Führungsring der Verstärkung
+3 Level für alle Kampfeinheiten

Ich steckte den Ring an den Finger und betrachtete ihn eine Weile. Das matte Metall mit seinem leichten Violettton war mir unbekannt.

Die nächsten Stunden verbrachte ich ruhig und ohne

jede Eile. Nichts drängte mich — der Countdown bis zur Entpersonifizierung war bei 39 Minuten stehengeblieben. Ich untersuchte alle Ecken und Winkel der Instanz, in der Hoffnung auf ein kleines Geheimnis oder ein bislang unbemerktes Artefakt, doch da war nichts. Entweder verfügte ich nicht über genügend Wahrnehmung, oder die „Spieleentwickler" der höherrangigen Rassen hatten beschlossen, die Prüfungsteilnehmer nicht mit zu viel Beute zu verwöhnen.

Dann traf mich jäh die *Einsicht,* dass die gesamte unkonventionelle Ausrüstung hier einzigartig war und deshalb nur so selten auftauchte.

Nachdem ich alles mehrfach abgesucht hatte, näherte ich mich dem Portal, das sich nach dem Tod des Bosses in seiner Kammer aufgetan hatte, und betrat es.

In weniger als der Zeit, die es für ein Zwinkern braucht, wurde ich aus der Instanz hinausgetragen.

Zu meiner Freude war der Ausgang nicht in der Grube. Während ich dort festgesteckt hatte, war bereits die Morgendämmerung heraufgezogen. Die Strahlen der beiden Sonnen von Pibellau blendeten mich. Ich musste warten, bis meine Augen sich an die Helligkeit gewöhnt hatten. Erst dann sah ich mich um und erkannte, wo ich war.

Ja! Ich befand mich direkt neben dem weißen Stein desselben neutralen Hexagons, in dem ich Jovanna getroffen hatte. Der Countdown bis zur Entpersonifizierung lief wieder, doch das war mir jetzt gleichgültig.

Ich legte meine Hand in die Vertiefung im Stein und aktivierte die Kommandozentrale. Die drei kreisförmigen Energiewellen verkündeten die Eroberung des Hexagons, umgaben den äußeren sechseckigen Umkreis der Basis und errichteten eine Schutzkuppel.

Ein neuer roter Ballon des Systems informierte mich fröhlich darüber, dass meine Entpersonifizierung abgebrochen worden war.

Mir fiel ein Stein in der Größe des Mount Everest vom Herzen.

Ohne Zeit zu verschwenden, erstellte ich die Module für die Grunduniform und die Kampfeinheiten. Das kostete mich 70 Existenz-Ressourcen-Punkte.

Dann upgradete ich beide Module. Das war zehnmal so teuer, doch ich erinnerte mich an die schreckliche Effizienz von Carters geupgradeten Mobs und beschloss, dass es sich lohnte.

Damit waren 700 Existenz-Ressourcen-Punkte verbraucht, und ich hatte noch 359 übrig.

Das Upgrade dauerte mehr als eine Stunde. Die Zeit nutzte ich mit dem Studium des Potenzials der Fusion, des Talentes, das mein letzter Erfolg mir eingebracht hatte. Ich spielte damit bei den Kreaturen aus dem Katalog herum, kapierte allerdings bislang noch nicht, was sich jetzt geändert hatte. Wie bitte sollte ich denn einen einzigen übermächtigen Raptor statt 20 schwacher erstellen?

Noch immer ahnungslos begab ich mich zum verbesserten Uniformmodul. Das hatte sein Upgrade zuerst beendet, und ich aktivierte sofort die Kleidungserstellung. Der Kleiderschrank hatte jetzt zwei Türen, nicht nur eine, und war viermal so groß wie der erste. Ob das den Grund hatte, Raum für ein paar Kanonen zu schaffen? Gegen ein Minigewehr hätte ich wirklich nichts einzuwenden gehabt...

Ich öffnete eine der Türen. Mir klappte die Kinnlade bis zum Boden herunter. Anschließend zog ich mich aus und kletterte hinein, stellte das Wasser an und wusch mich gründlich unter dem warmen, beruhigenden Strom, der allen Schmutz und Schweiß abspülte.

So gern ich die Dusche länger genossen hätte — es galt, keine Zeit zu verschwenden. Also beschränkte ich mich auf etwa fünf Minuten, gerade genug Zeit, ein paar Liedchen zu singen. Ein mentaler Befehl stellte das Wasser ab, und automatisch startete eine Art Föhn, der mich von allen Seiten mit warmer Luft trocknete.

Hinter der zweiten Tür befand sich meine verbesserte Ausrüstung. Sie bestand aus denselben Dingen wie die Grundversion, wirkte jedoch weitaus beeindruckender und dauerhafter.

Verbesserte Uniform für Testsubjekte
Schutz: +30
Haltbarkeit: 100 %

Diese Version lieferte mir auch einen guten Dolch, der im Vergleich zum Messer der Grundversion den doppelten Schaden zufügen konnte, sowie einen Metallknüppel. Ich nahm alles an mich.

Die Uniform lag eng an. Da war nichts lose, aber in meiner Bewegung wurde ich ebenfalls nicht gehindert. Perfekt!

In guter Stimmung kehrte ich zur Kommandozentrale zurück, um jetzt endlich die Sache mit der Fusion aufzuklären. Inzwischen war auch das Upgrade des Moduls für die Kampfeinheiten abgeschlossen. Ein Blick in die Statistiken verriet mir: Die Raptoren wiesen nun überall nahezu das Doppelte an Werten auf, im Vergleich zu Level 1.

Ich öffnete den interaktiven Katalog und blätterte hindurch. Eine Kategorie mit dem Titel *Spezielle Spezies*, die vorher nicht vorhanden gewesen war, weckte meine Aufmerksamkeit. Wahrscheinlich konnte ich nun wegen meines neuen Talents darauf zugreifen. Genau — das Talent verlangte ja nach einem Modul Level 2.

Die Mobs, die ich jetzt betrachtete, waren wirklich etwas ganz Besonderes. Sie waren so viel wert wie zwischen 5 und 100 Kampfeinheiten der Grundversion. Mit anderen Worten konnte ich für 5 Charisma-Punkte schon einen dieser Mobs bekommen, statt einer Meute weit schwächerer Einheiten, und mit jedem zusätzlichen Punkt konnte ich den Mob weiter verstärken. Außerdem verbesserte jeder zusätzliche Punkt auch alle weiteren Statistiken, von Körpergewicht und Panzerung bis hin zu Schaden und Reisegeschwindigkeit. Und jeweils 10 Punkte verschafften meinem Mob ein zusätzliches Talent.

In meinem Fall fiel die Wahl nicht schwer. Ich tippte

auf den Mob, den ich wollte, und platzierte darauf alle 20 Einheiten, die mir zur Verfügung standen. Es kostete mich 200 Punkte, diese Mega-Einheit zu erstellen, und es dauerte eine halbe Stunde. Ich beschloss, zu warten, damit ich später draußen gleichzeitig farmen und neue Hexagone erobern konnte.

Während der Wartezeit befasste ich mich mit der Verwaltungsoberfläche meiner neuen Basis. Dieses Modul auf das nächste Level zu heben, war unglaublich teuer. So viele Punkte würde ich so schnell nicht sammeln können. Andere Module gab es nicht. Anscheinend musste ich das Level der gesamten Basis upgraden, doch das war erst ab Level 5 möglich, und so weit war ich noch nicht gekommen.

Wie auch immer — mir drohten, demnächst die Ressourcen auszugehen. Ich verfügte nur noch über 150 Punkte. Das reichte gerade so aus, um ein neues neutrales Hexagon zu erobern.

Testsubjekt! Ein Feind ist in dein Territorium eingedrungen! Basis 1 droht, erobert zu werden!

Innerhalb der Schutzkuppel — oder vielleicht auch nur in meinem Kopf — schrillte ein Alarm. Mein Sichtfeld war von roten Blitzen umgeben, ich glaubte, etwas Verbranntes zu riechen, und eine eisige Welle schoss durch meinen Körper. Das war alles das System, das mich auf alle möglichen Weisen vor dem Angriff auf mein Hexagon warnte.

Der Angreifer konnte nicht Carter sein. Sein Unsichtbarkeitstalent hätte ihm erlaubt, einzudringen, ohne einen Alarm auszulösen. Wer war es also? Jovanna vielleicht?

Ich eilte hinaus und schaute mich vorsichtig um. Der Alarm führte mich zu einer Stelle, an der der Zaun durchbrochen worden war. Ich begab mich dorthin und blieb stehen.

Dann starrte ich auf den Teil der Angreifer, der nicht vom Nebel des Krieges verborgen wurde.

Es war eine riesige Menge, die dort auftauchte, und zwar war es tatsächlich Jovanna mit ihrer Wolfsmeute und dem Bären, doch sie war nicht allein.

Hinter ihr watschelte Carter, umgeben von seinen Blutsaugern. Jetzt gab es acht davon, sechs kleine mit Metallknüppeln und zwei Bogenschützen mit Bogen in einer Größe wie für Menschen gemacht. Ich konnte sehen, wie sich Carters Lippen bewegten, jedoch nicht hören, was er sagte.

Seine Bogenschützen blieben stehen, spannten die Bögen und ließen Salven von Pfeilen fliegen, die im Boden der Basis landeten, und zwar in einem Halbkreis, einen halben Meter von mir entfernt.

Carter winkte mir fröhlich zu.

Ich zog mich näher an meine Schutzkuppel zurück. Jovannas Bär lief durch die Lücke in meinem Zaun, und die anderen folgten ihm.

Carter lachte. „Was für ein Zufall, dich hier zu treffen, Phil. Heute habe ich noch jemanden mitgebracht."

Jovanna nickte mir zu. „Phil."

Böse starrte ich die beiden an. Der Augenblick der Wahrheit war gekommen. Es gab keinen Ort, an den ich fliehen konnte. Außerdem wäre es doch zu schade gewesen, alles aufzugeben, das ich gerade erst geschaffen hatte. Dazu hatte ich zu viele Ressourcen in diese Basis investiert. Im Haus konnte ich mich nicht verstecken. Das bot keinen Schutz gegen das Eindringen anderer Testsubjekte.

Meine einzige Hoffnung war, dass meine Super-Einheit fertiggestellt war, bevor man mich umbrachte.

„Was willst du, Carter?"

„Ich bin gekommen, um dir dasselbe Angebot zu machen wie zuvor. Wie du sehen kannst, hat Jovanna sich mir angeschlossen und es nicht bereut. Stimmt's nicht, Süße?"

Sie nickte widerwillig. Ich suchte ihren Blick, doch sie wich mir aus.

„Du hast aus einem schwachen Mädchen eine Sklavin gemacht und bist auch noch stolz darauf?"

Carter grinste spöttisch. „Nicht nur das. Schau dir mal meine Mobs an! Jetzt gibt es doppelt so viele, und alle haben sie ein höheres Level. Level 3! Ich habe verdammt viel in sie investiert. Mein Kampf mit dir hat mir gezeigt, wie wichtig es ist, sie zu verbessern. Sind sie nicht wunderschön?"

„Sie sind abgrundtief hässlich!"

„Ha, ha! Und wo sind deine kleinen Eidechsen? Ich sehe sie gar nicht... Ah!" Er lachte, dass seine Wangen schwabbelten. „Du hattest keine Ressourcen mehr übrig, nachdem du diese wertlose Basis gebaut hattest, richtig?" Scheinbar mitleidig schnalzte er mit der Zunge. „Ist es schwer, mit nichts als einem kleinen Messer bewaffnet Ressourcen zu farmen? Aber da du ja inzwischen Kleidung trägst, muss es dir trotzdem irgendwie gelungen sein. Oh, und ein paar Level hast du auch hochklettern können!"

„Stört dich das?"

„Oh, Phil, mein Junge, warum sollte mich ein Level 4 stören? Deine Bosheit überrascht mich." Er breitete die Arme aus und tat betroffen. „Ist es etwa meine Schuld, dass wir gegeneinander kämpfen müssen?"

„Sind *sie*" — mit den Augen deutete ich nach oben — „etwa diejenigen, die dich gezwungen haben, Jovanna alle Hoffnung zu rauben, ihre *Verbindung* behalten zu können?"

„Ich habe sie zu gar nichts gezwungen! Sie hat die Entscheidung ganz allein getroffen. *Johanna* ist einfach zu schwach." Er sprach ihren Namen völlig falsch aus. „Siehst du das nicht selbst? Also habe ich sie gerettet. Ohne mich hätte sie alles verloren."

„Phil, es war mein freier Wille", bestätigte Jovanna. Ihr Blick sagte allerdings etwas ganz anderes.

Carter verengte die Augen. Sein Blick wanderte an mir auf und ab. „Du hast ja deine Uniform verbessert!", bemerkte er überrascht. „Wann hattest du denn bitte dazu Gelegenheit?"

„Gestern natürlich — wann sonst? Ich habe ein Nest fetter, kleiner Carters gefunden, habe einen großen, fetten

Haufen Scheiße auf sie abgesetzt und bin mit einem Erfolg dafür belohnt worden. Und rate mal, wie sich dieser Erfolg nennt?"

Jovanna lächelte.

Carter feixte bösartig. „Das ist ein blöder Scherz. Ist das der Sinn für Humor, den die Leute in Russland zeigen? Na, wie auch immer — in ein paar Minuten gehört sowieso alles mir. Nimm mein Angebot an oder lass dich umbringen. Alles hier wird schon bald in meinen Besitz übergehen."

Er schickte mir erneut eine Einladung zu seinem Clan.

Drei Sekunden.

Ich tat so, als würde ich die Bedingungen der Einladung ganz genau studieren.

Zwei Sekunden.

„Jovanna, es kommt alles in Ordnung", sagte ich beruhigend an sie gewandt.

Eine Sekunde.

Ich schüttelte den Kopf. „Nein, Carter. Du und dein Angebot, ihr könnt zur Hölle fahren.

Krawumm!

Die Erde bebte, als ob ein Meteor mit einem Durchmesser von 100 Metern darauf herabgestürzt wäre. Erstaunt blickten Carter und Jovanna über meine Schulter.

Hinter mir ertönte ein langgezogenes Brüllen. Es ließ beinahe unsere Trommelfelle platzen und uns erstarren.

Ein einziges Fenster mit dem lange erwarteten Symbol meiner neuen Kampfeinheit erschien auf meiner Oberfläche:

Tyrannosaurus Rex
Nahkämpfer Level 5
Phils Kampfeinheit
Gesundheitspunkte: 4500/4500
Angriff: 1500–3000
Durch Panzerung absorbierter Schaden: 50 %
Maximale Reisegeschwindigkeit: 70 km/h

Gewicht: 10 Tonnen

Talente: Wütendes Brüllen, Zerschmettere sie!, Zerquetsche sie!

Es wurde Zeit für einen Kampf.

KAPITEL 8

DAS KLASSENTREFFEN

> Penny: Ich wusste gar nicht, dass du
> Cello spielst.
> Leonard: Ja, meine Eltern dachten,
> mich Leonard zu nennen und mich
> Klassen überspringen lassen, würde
> noch nicht ausreichend dafür
> sorgen, dass man mich verprügelt.
>
> *The Big Bang Theory*

„ES WIRD ZEIT für einen Kampf!", verkündete ich — und wachte prompt auf.

Ich wachte auf, weil mein Gesicht ganz schrecklich juckte. Und nicht nur mein Gesicht — mein gesamter Körper juckte. Sogar... ähm... da unten war das Jucken so unerträglich, dass ich sofort das Laken zurückwarf und in meiner Unterhose nachschaute, ob noch alles so war, wie es sein sollte und nichts eine verdächtige Rötung zeigte.

Alles war in Ordnung. Es war sogar ein wenig mehr in Ordnung als zuvor.

Verwirrt kratzte ich mir den Nacken, setzte mich auf und zuckte zusammen. Alle Knochen schmerzten. Alle Gelenke und Sehnen schmerzten. Was zum Teufel ging denn hier vor sich?

Merkwürdig. Es könnte der Beginn einer Krankheit sein.

Dann wichen meine panischen Gedanken endlich der Einsicht. Ich hatte, bevor ich schlafen gegangen war, doch mein Charisma verbessert, richtig?

Auf meinen mentalen Befehl hin erweiterte sich das Informationssymbol, das im Dashboard blinkte, zu einer Mitteilung:

Die Steigerung der Attraktivität auf der Grundlage der gesellschaftlichen Standards im lokalen Segment der Galaxie ist abgeschlossen!

Deine Größe hat sich um 2 cm erhöht (Zielgröße von 1,88 m nicht erreicht).

Dein Haar wurde neu pigmentiert (Zielpigmentierung erreicht).

Deine Haut hat genügend Melanin gesammelt (Zielschattierung der Bräune erreicht).

Dein Haaransatz wurde korrigiert (die Haarstruktur wurde optimiert, Ziellänge der Wimpern und Zielschwung der Augenbrauen wurde erreicht).

Die Zielparameter für Augen, Nase, Wangenknochen, Wangen, Lippen, Kiefer, Kinn, Stirn und Ohren wurden erreicht.

Rekonstruierte fehlende Zähne: 2

Rekonstruierte beschädigte Zähne: 19

Zahnform und -position wurden korrigiert.

Die Haut wurde geglättet und korrigiert.

Deine Augenfarbe hat sich zu einem dunklen Blau verändert.

Die Aufzählung der erfolgten Änderungen war lang. Mit jeder neuen Zeile weiteten sich meine ehemals braunen und jetzt dunkelblauen Augen mehr.

Ich steckte einen Finger in den Mund und fühlte nach den neuen Zähnen, wo ich Lücken gewohnt war. Einen der zwei fehlenden Zähne hatte mir während meiner Studententage ein besoffener Zahnarzt gezogen. Er war gerade von einer kleinen Vorfeier des internationalen Frauentages gekommen, und ich war in solcher Agonie von der unerträglichen Qual in meinem Kopf, dass ich der Zahnextraktion zugestimmt hatte. Den zweiten Zahn hatte mich meine eigene Nachlässigkeit gekostet. Ein enormes *WoW*-Gelage hatte dazu geführt, dass ich die nötige Zahnfüllung ein ganzes Jahr lang verschleppte. Als ich endlich doch beim Zahnarzt erschienen war, war nichts mehr zu retten gewesen und der Zahn hatte gezogen werden müssen.

Ich las die Liste nicht bis zu Ende, sondern sprang auf und eilte ins Badezimmer, um mich im Spiegel zu betrachten.

Was mir entgegenblickte, schien wirklich noch immer ich zu sein. Natürlich konnte es niemand anderes sein, aber es gab nahezu unmerkliche Änderungen. Mein Hautton war dunkler, und es war eine ebenmäßige Bräune, wie auf einem Werbefoto. Mein Kinn war energischer, mein Lächeln...

Ich grinste mich selbst im Spiegel an. Was ich zu sehen bekam, erstaunte mich. Das offene Lächeln mit den vollkommen ebenmäßigen, geraden, starken, schneeweißen Zähnen schien irgendwie nicht zu mir zu gehören.

Aber das Beste war: Das *war* ich!

Meine Gesichtshaut war so glatt, als hätte jemand sie professionell mit Photoshop bearbeitet. Meine Augen waren klarer, strahlender. Meine Haare waren dunkler.

Insgesamt war ein Mann mit braunen Augen und braunen Haaren durch einen blauäugigen Brünetten ersetzt worden. Es gefiel mir ausgesprochen gut.

Verdammt, war ich wirklich echt? Wie hatte ein Mann zu sein? Haarig und schlecht riechend, nur eine Spur attraktiver als ein Affe... Und seit wann machte ich mir denn Gedanken um mein Aussehen?

Nun, man könnte sagen, ich hatte mir schon immer Gedanken um mein Aussehen gemacht. Selbst als Kind, als die Mädchen meine Intelligenz vollständig ignoriert und stattdessen Pasha Pashkovsky angehimmelt hatten, weil er so süß war, und Andrei Belyaev, wegen seiner Stärke. Doch als ich älter wurde und kapierte, dass man gegen sein Aussehen nun einmal nichts machen konnte und einfach mit dem leben musste, was die Natur einem gegeben hatte,

hatte ich mich damit abgefunden und war mit den Ergebnissen der Genlotterie sogar recht glücklich gewesen.

Das, was der Spiegel mir jetzt zeigte, war allerdings ein ganz anderes Kaliber. Ein kleiner Charisma-Punkt — und ein großer Schritt für Phil Panfilov.

Plötzlich fiel mir etwas ein. Wie würde sich bloß meine neu erworbene Größe auf meine Kleidung auswirken? Ich konnte nur hoffen, dass meine Beine nicht viel länger geworden waren, sonst hätten all meine Hosen Hochwasser. Oder hatte sich alles proportional zu meiner alten Größe gestreckt? Nach dem, was ich vorhin in meinen Boxershorts zu sehen bekommen hatte, kam es entgegen des alten Sprichworts sehr wohl auf die Größe an. Wie bitte hatte man meine Größe nun an die „gesellschaftlichen Standards im lokalen Segment der Galaxie" angepasst?

Und wie sollte ich das alles meinen Eltern erklären? Gefärbte Kontaktlinsen sowie Besuche im Solarium, beim Zahnarzt und beim Friseur konnten die anderen Änderungen erklären, aber was war mit meiner Größe? Nun, wenn Kira und meine Eltern misstrauisch wurden, konnte ich es einfach auf meine sportlichen Aktivitäten schieben.

Ziemlich durcheinander begab ich mich in den Flur, um meine Schuhe anzuprobieren. Doch ich war so verwirrt, dass ich unterwegs in die Küche ging, den Wasserkocher einschaltete und anschließend meine Sachen fürs Joggen zusammensuchte. Die Sache mit meinen Turnschuhen hatte ich wieder völlig vergessen.

Erst als ich meine Sportklamotten aus dem Trockner gezogen hatte, wurde mir klar: Das war nicht der Sonntagmorgen, sondern der Sonntagabend — und ich musste zum Klassentreffen! Die Uhr in meinem Interface zeigte mir, es war bereits 21:00 Uhr — und das Treffen hatte um 19:00 Uhr begonnen.

Ich würde zu spät kommen!

Wie zum Teufel war das denn passiert? Mein rationales Selbst beruhigte mich. Das war keine große Sache. Bestimmt waren nicht alle bereits um sieben eingetroffen, und außerdem waren die ersten Stunden ohnehin verkrampft und angespannt. Mittlerweile, mithilfe von etwas Alkohol, war die Stimmung bestimmt weit lockerer.

Meine Gedanken rasten, während mein Körper bereits handelte. Ich stieg unter die Dusche, zog die neu gekauften Klamotten an, (die wunderbarerweise noch immer passten, nur das Hemd war ein wenig kurz, weshalb ich es nicht in die Hose stopfen konnte), spritzte mir ein wenig Aftershave ins Gesicht (+5 Charisma) und polierte noch einmal rasch meine neuen Schuhe. Anschließend legte ich die Armbanduhr an, schob meine Geldbörse in die Hosen- und das Handy in die Jacketttasche und rief ein Taxi. Alles bereit?

Oh, Entschuldigung, Boris, altes Mädchen! Ich füllte ihren Napf bis zum Rand und goss Wasser in die Schale.

Dann warf ich einen Blick in den Spiegel bei der Tür. Ja, ich war bereit, meine ehemaligen Mitschüler zu treffen.

✳ ✳ ✳

Das Taxi, das vorfuhr, sah aus wie eine rostige Badewanne. Ich erschrak, als ich es sah, aber es war keine Zeit, wählerisch zu sein — ich war bereits zu spät dran. Ich stieg ein.

Die Sitze rochen nach abgestandenem Zigarettenqualm und die Griffe für die Seitenfenster waren abgebrochen. Ich atmete so flach wie möglich. Ich war ziemlich angespannt, doch dem Fahrer hätte das nicht gleichgültiger sein können. Er war das gewohnt und kümmerte sich nicht weiter darum.

Dank meiner gesteigerten Wahrnehmung konnte ich alle unangenehmen Gerüche identifizieren. Die linke Fußmatte roch nach Erbrochenem, die rechte nach Bier. Auch der Fahrer fügte der Kombination sein ganz eigenes Aroma hinzu. Der Typ hatte wohl schon lange keine

Duschkabine mehr von innen gesehen.

Positiv war, dass er nicht versuchte, eine Unterhaltung anzufangen. Oder genauer gesagt, er unterhielt sich sehr wohl und fluchte gewaltig über einen Kerl namens Makhailich, der sich anscheinend total danebenbenahm. Aber wenigstens redete er mit seinem Handy und nicht mit mir.

Als ob das nicht genug wäre, stellten sich meine neuen Turnschuhe mittlerweile als reichlich eng heraus. Für den Abend war es auszuhalten, aber natürlich konnte ich sie nicht behalten, sondern würde sie gegen eine Nummer größer eintauschen müssen.

Ich fragte mich, was ich eigentlich von diesem Klassentreffen erwartete. Auf jeden Fall hatte ich nicht vor, beim Jahrmarkt der Eitelkeiten mitzumachen. Ich hatte schließlich auch nichts, womit ich hätte angeben können. Paulina? Nun... Vielleicht. Ich war schließlich Single. Ansonsten war es einfach ein Grund zum Feiern, meine Freunde aus der Kindheit — meine ehemaligen Mitschüler — wiederzusehen. Inzwischen hatten wir bereits die Hälfte unseres aktiven Lebens hinter uns gebracht. Noch einmal die gleiche Anzahl an Jahren, und wir würden alt sein. Was, wenn ich einige von ihnen niemals wiedersah?

Das war ein seltsamer Gedanke. Schließlich hatte ich die letzten 15 Jahre ganz ohne Jammern verbracht, dass ich diese Leute seit Ewigkeiten nicht mehr getroffen hatte. Doch kaum hatte sich eine Gelegenheit dazu ergeben, hatte ich sofort beschlossen, mich mit ihnen zusammenzusetzen. Als ob ich keine anderen Probleme hätte! Zum Beispiel mit Außerirdischen. Oder dem Sohn des ersten stellvertretenden Bürgermeisters.

Andererseits, was könnte ich denn momentan tun? Gar nichts. Meine Nachbildung schlug sich für mich in der Prüfung, und vielleicht blieb der Vorfall mit Dorozhkin ja doch folgenlos.

Als ich beim *Chito Gyrito* eintraf, drängte sich bereits eine Menge vor dem Eingang. Die Leute waren ganz unerwartet neugierig, als sie den Wagen erblickten. Ich bezahlte den Fahrer, zuckte mit den Achseln über seine Klage, nicht über Wechselgeld zu verfügen, und sprang rasch aus der mobilen Gaskammer, unter den Blicken der vor dem Restaurant versammelten Raucher.

Da standen mindestens 20 Leute. Waren das etwa alles ehemalige Klassenkameraden? Oh, ja.

„Hey, es ist der kleine Philip!", hörte ich eine laute Stimme, die ich erkannte. „Er hat noch immer seinen eigenen Chauffeur. Ha, ha!"

„Oh, ja — Zoophil ist eingetroffen!"

Verdammt — das war ein weiterer meiner Spitznamen gewesen. Es gab dabei keine versteckte Bedeutung, es war einfach eine Anspielung auf meine Liebe zu Tieren.

Ich begab mich zu der Gruppe. Die Hälfte der Leute erkannte ich nicht. Entweder ließ meine Erinnerung mich im Stich, oder sie hatten sich sehr verändert.

Zum Glück half das Interface mir auf die Sprünge. Mechanisch nahm ich die Informationen auf: Gesundheit, Familienstand, Job, Kinder, Level des sozialen Status. Keiner war in seinem sozialen Status über Level 9 hinausgekommen, aber fast alle von ihnen hatten Kinder. Viele waren geschieden. Paulina allerdings war verheiratet, mit zwei Kindern. Mein Pech.

Ich ignorierte die bissigen Bemerkungen. „Hallo Andrei, Pasha, Max, Tanya, Yanna, Lena, Paulina..."

„Mann! Das ist ja ewig her!" Pasha ergriff mich und drückte mich so fest, dass mir die Knochen wehtaten. Das hatte er auch gemacht, als wir noch Kinder waren, doch diesmal gab ich nicht nach. „Mensch, du bist ja vielleicht stark geworden!", staunte er.

„Du hast dich wirklich mächtig verändert seit unserem Abschluss", bemerkte die rothaarige Lena Yezhova, die ich auch ohne Hilfe des Systems auf Anhieb erkannt hatte, obwohl ich sie seit 15 Jahren nicht mehr gesehen hatte. „Wenn ich dir auf der Straße begegnet wäre, wäre ich glatt an dir vorbeigelaufen, ohne zu wissen, wer du bist."

„Auf welcher Straße denn?", spottete Andrei Belyaev — derselbe Andrei, dem das Restaurant gehörte. „In Boston, wo du lebst? Ich bezweifle doch stark, dass Phil sich jemals dorthin verirrt."

„Allerdings, das wäre eine lange Reise." Ich lächelte. „Wie ich sehen kann, sind schon fast alle da?"

„Hier draußen findest du nur die Raucher", erklärte Paulina. „Drinnen sind noch einmal mindestens so viele. Es sind auch ein paar Leute aus der Parallelklasse gekommen. Sollen wir reingehen? Ich finde, wir haben jetzt genug geraucht."

„Allerdings", stimmte Yanna Logvin zu. Die beiden waren schon immer Freundinnen gewesen und sich über die Jahre offensichtlich noch nähergekommen. „Lass uns gehen!"

„Phil, du kommst auf die Strafbank!" Andrei zog mich am Hals in den kleinen Hof des Lokals.

„Für mich bitte nur Saft oder so etwas."

„Warum denn das?", fragte Andrei überrascht. „Was ist los? Wir haben uns schon seit Ewigkeiten nicht mehr gesehen!"

„Genau das ist der Grund, Andrei. Ich will alle mit klaren Sinnen treffen, um mich später an sie erinnern zu können. Vor allem an die Leute, die weggezogen sind. Was ist, wenn ich sie im Leben niemals wiedersehe? Aber warum erzählst du mir nicht mehr über dein Restaurant? Warum heißt es *Chito Gyrito*?"

„Oh, Mann — das ist eine lange Geschichte..."

Während wir zum Tisch gingen, berichtete Andrei mir über seine Liebe zu Georgien. Er atmete schwer. Rauchen, trinken und ein Dreifachkinn — er stand mit seiner Gesundheit nicht gerade auf bestem Fuß. Momentan war seine Ausdauer jedoch noch ganz in Ordnung, also war es noch zu früh, ihn zu warnen.

Wir traten hinaus auf eine separate Sommerveranda. Andrei ließ mich stehen, um seinen Platz am Kopfende des

Tisches einzunehmen. Es waren mehrere Tische zusammengestellt worden. Auf schneeweißen Tischdecken stapelte sich eine Auswahl der feinsten georgischen Küche und Getränke. Ich entdeckte Wodkaflaschen und Karaffen mit Hauswein.

Ich ging um den Tisch herum, begrüßte alle und suchte mir einen Platz. Jemand umarmte mich von hinten.

„Panfilov, wohin willst du denn? Du bleibst hier!" Paulina zog mich auf den Stuhl neben sich. „Oh, du riechst hervorragend!" Sie beugte sich vor und atmete tief meinen Duft ein. „Klasse! Wie nennt sich denn das Aftershave?"

„*Killian* oder so ähnlich."

„Echt gut", freute sie sich. „Hey, Phil, du schuldest uns 5.000 Rubel. Ich hatte ganz vergessen, zu erwähnen, dass wir uns alle beteiligen. Andrei hat uns einen guten Rabatt eingeräumt."

„Natürlich, kein Problem." Ich zog die Brieftasche heraus und gab ihr einen Schein.

Ich erwischte Paulina dabei, wie sie heimlich meine Brieftasche begutachtete. Bestimmt fiel ihr auf, dass nicht mehr viel Geld darin steckte, - ein 1.000-Rubel-Schein und ein paar Hunderter — und das Material abgenutzt war.

„Du bist zu spät gekommen!" Sie klang ein wenig beleidigt. „Wir haben eine tolle Eröffnungszeremonie vorbereitet, und du hast sie vollkommen verpasst!"

„Tut mir leid, ich konnte nicht früher. Was habe ich denn verpasst?"

Die Menge um uns herum unterhielt sich laut. Paulina berichtete mir von der „Eröffnungszeremonie". Viel versäumt hatte ich wirklich nicht. Es waren nur alle nacheinander aufgestanden und hatten ein wenig von sich selbst erzählt. Ich schaute mich im Restaurant um. Außer unserer Gruppe saßen auch noch andere Gäste an Tischen, die sich einen netten Abend machten, und Kellner eilten hin und her. Es gab sogar eine kleine Tanzfläche, auf der sich Frauen eines bestimmten Alters im Rhythmus der Musik bewegten.

Insgesamt waren fast alle Gäste mittleren Alters, bis auf ein paar junge Tunichtgute, die an einem der Tische feierten und laut „Happy Birthday, Gorilla" sangen.

„Was möchten Sie trinken?", sprach ein Kellner mich an. „Wir haben Rotwein, Weißwein, Whiskey, Wodka und Cognac."

„Ein Wasser, bitte."

„Panfilov!" Kostya Klosse, der mir gegenübersaß, war empört.

„Was ist?"

„Warum trinkst du nicht?"

„Ich bin nicht in Stimmung."

„Er trinkt nicht und er will nichts trinken — was schert es dich?", schimpfte Sergei Rezvei. „Kostya, du solltest dich wirklich bremsen. Du bist schon halb betrunken."

Ich nickte Rezvei dankbar zu. Er grinste und zwinkerte mir zu. Da sein Glas Wein unberührt war, trank er wohl ebenfalls nicht.

„Heute müssen wir uns betrinken, Panfilov", unterstützte Paulina Kostya. „Besorgen Sie dem Mann einen Whiskey!"

Der Kellner wusste nicht, was er machen sollte.

Ich rettete ihn aus seiner Verwirrung. „Ist schon in Ordnung — bringen Sie mir einen Whiskey."

Ich würde einfach nicht trinken, sondern nur daran nippen. Das war einfacher, als immer wieder zu erklären, warum ich nichts trank.

Mein Erscheinungsbild weckte keinerlei Reaktionen. Der Einzige, mit dem ich damals gut befreundet gewesen war, war Pashkovsky, und er saß am anderen Ende des großen Tisches. Paulina war schon immer zu allen nett und freundlich gewesen. Dennoch schien unsere „Schulromanze", die niemals passiert war, sie zu faszinieren und ihre Stimmung zu beeinflussen.

Es war also alles, wie es auch damals immer gewesen war: Die alten Cliquen hatten sich gleich wieder geformt. Merkwürdigerweise hatte ich das Gefühl, dieselbe Person zu sein wie damals. So war ich beispielsweise damals nicht an Ilya Kravchenko interessiert gewesen, und seine Anwesenheit heute war mir ebenfalls herzlich gleichgültig.

„Hey, Jungs!" Andrei zog die Aufmerksamkeit aller auf sich. „Wir haben einen Nachzügler — Phil Panfilov, auch bekannt als der kleine Phil."

Andrei genoss es sichtlich, auf meinem ehemaligen Spitznamen herumzureiten. Was mir überhaupt nicht gefiel.

„Panfilov, du musst etwas sagen", flüsterte Paulina mir zu. „Du hast den Anfang ja verpasst, aber du musst uns unbedingt berichten, was du zwischenzeitlich so alles getrieben hast."

„War er wirklich in unserer Klasse?", bemerkte Stas Rynyak und erntete damit ein Lachen von allen. Dem Interface zufolge war Stas jetzt ein „Umweltschützer" Level 7, aber ich erinnerte mich gut an ihn. Er war der Erste aus unserer Klasse gewesen, der mit dem Rauchen angefangen hatte.

Ich stand auf, spürte die Gleichgültigkeit der anderen, mit kaum einem Hauch Neugier vermischt. Wer hatte schon Interesse an einem Typen namens Panfilov, der ihr geselliges Beisammensein unterbrach, nur, um über sich selbst zu reden?

„Das war ich, Rynyak", erwiderte ich. „Erinnerst du dich noch daran, wie unser Lehrer für Holzarbeiten dir die Ohren langgezogen hat, weil du in seinen Tisch mit einem Feuerzeug ein Schimpfwort eingebrannt hast? Nein? Nun, ich erinnere mich daran noch sehr gut."

Wieder lachten alle. Ich hörte jemanden sagen: „Oh, ja, das weiß ich noch!" Die Unterhaltungen brachen ab.

„Wie auch immer, falls sich noch andere wie Stas nicht erinnern können, ich bin Philip Panfilov. Ich war seit der ersten Klasse im B-Kurs, und saß in der dritten Reihe am letzten Tisch, zusammen mit diesem Kerl dort drüben, der gerade aus Afrika gekommen ist." Ich nickte Pasha Pashkovsky zu. „Was soll ich über mich erzählen? Ich habe Wirtschaftswissenschaften studiert und den Abschluss gemacht, hier und dort gearbeitet. Ich war verheiratet und bin jetzt geschieden. Kinder habe ich keine."

„Gut zu wissen", rief die mollige Tanya Vasilenko, zweimal geschieden, mit vier Söhnen. „Mädels, das müssen wir uns merken — Panfilov ist verfügbar!" Sie lachte.

„Und was machst du jetzt?", erkundigte sich Cyril, einer der Verzakoy-Zwillinge.

„Ich arbeite in einer Personalvermittlungsfirma. Irgendwelche anderen Fragen?"

Es gab keine — jeder hatte kapiert, Panfilov war einer der Erfolglosen.

„In dem Fall schlage ich einen Toast vor..."

Man fasste einfach ein paar schriftstellerische Gedanken in Worte, bestreute sie mit Charisma, Charme und sozialen Fertigkeiten, und schon hatte man einen Toast. Etwas Mitreißendes, gehüllt in angenehme Nostalgie, vermischt mit der Freude darüber, noch jung zu sein, alles noch vor sich zu haben, großartig zu sein... Wir würden einander nicht vergessen und uns gern an die Zeit erinnern, die wir in der Schule miteinander verbracht hatten. Und so weiter.

„Trinken wir darauf!", schloss ich und hob mein Glas.

„Bravo! Richtig! Trinken wir darauf!", kam es von den anderen.

Viele standen auf, um persönlich mit mir anzustoßen. Ich erhielt ein paar Systemmitteilungen über geringfügig verbessertes Ansehen, doch ich las sie nicht. Es war nicht wichtig.

Als sich alle wieder beruhigt war, fiel mir auf, dass ich so hungrig war, dass ich mich ganz schwach fühlte. Mein Magen schmerzte. Daher verbrachte ich die nächste halbe Stunde mit Kauen und wich den Fragen meiner Nachbarn mit Brummen und Nicken aus. Ich vertilgte die geradezu lächerlich leckeren Khinkali-Klöße, die vor Fleischsaft nur so tropften. Während meines Schlafs hatte das System offensichtlich meine Energiereserven und das angelagerte Fettpolster verbraucht, um mein Charisma zu verbessern.

Auch die *Khachapuri*[6] mit jungem imeretischem Käse waren köstlich.

Währenddessen sprachen alle über unsere Lehrer, wer noch lebte, wer gestorben war und wer noch immer unterrichtete. Denis Pugach berichtete, dass er seine Kinder auf dieselbe Schule geschickt hatte. Eines der Geschwister hatte einen hervorragenden Lehrer — unsere höchsteigene Frau Dmitrieva. Das wurde begierig aufgenommen. Eine Weile lang hörten alle Denis zu, selbst die aus der anderen Klasse.

Als ich endlich satt war, lehnte ich mich zurück und betrachtete unseren und den Nachbartisch. Der mit der Geburtstagsparty hatte sich gefüllt, ein paar weitere Gäste hatten sich angeschlossen. Die Jungs trainierten fleißig ihre Kiefernmuskeln über Bergen von großen Stücken saftigem Schaschlik.[7]

Als viele den Tisch verlassen hatten, um sich auf dem Platz vor dem Lokal zu versammeln — weniger, um zu rauchen, als vielmehr, um sich auch mit anderen Leuten als den direkten Tischnachbarn zu unterhalten –, rückte Pasha zu mir auf. Am Ende tauschte er einfach den Platz mit Kostya. Ich unterhielt mich mit ihm und Sergei Rezvei und unterbrach die Unterhaltung nur, um hin und wieder einen neuen Toast auszusprechen.[8]

Pashkovsky erzählte uns von seinem Leben in Südafrika und wie sich die Dinge dort für ihn entwickelt hatten. Der immer bescheidene und nachgiebige Rezvei berichtete, dass er in Sankt Petersburg eine Medienagentur leitete. Was Pasha und mich gewaltig erstaunte — er war einfach nicht der Typ dafür. Aber er war ein ganz besonderer Mensch, und deshalb waren wir auch Freunde gewesen,

---

[6] Khachapuri: Georgische Käsepastete.
[7] Schaschlik: Georgische Fleischspieße, das beliebteste georgische Gericht in Russland.
[8] Sowohl in Russland als auch in Georgien ist es Tradition, einen Toast auszusprechen, bevor man trinkt. Die georgischen Toasts sind elegant und poetisch und haben sich schon lange zu einer regelrechten Kunstform entwickelt.

zuerst als Kinder und dann im ersten Jahr an der Uni, als Gleb sich uns angeschlossen hatte, bis er nach Sankt Petersburg gezogen war.

„Ich habe eine absolut erstaunliche Frau geheiratet. Sie heißt Margarita, und wir haben einen Sohn, Misha. Tja, und das war es. Wir sind oft auf Reisen." Rezvei lächelte. „Wir haben einen speziellen Abstecher hierher geplant, damit ich am Klassentreffen teilnehmen kann. Und jetzt bist du an der Reihe, Phil. Was ist in deinem Leben so alles passiert?"

Ich berichtete, und unsere ehemaligen Mitschüler, die bereits reichlich beschwipst waren, hatten Gelegenheit, sich vollständig zu betrinken.

„Wer braucht Nachschub?", brüllte Andrei aus vollem Hals. „Wer gerade nicht trinkt, muss das jetzt nachholen. Und vorher einen Toast ausbringen!"

„Und ein Lied singen", ergänzte Paulina energisch. „Eines über Liebe!"

Sie war ein hervorragender Showmaster. Und die Wettbewerbe, die sich daraufhin entwickelten, waren hoch interessant.

✷ ✷ ✷

„Lass uns tanzen!" Paulina stand auf, stolperte über irgendetwas und wäre beinahe gefallen. Im letzten Moment konnte sie sich gerade noch so an mir festhalten. „Oh, Panfilov", lachte sie benommen. „Mach mich bloß nicht an — hier sind zu viele..." Sie fuchtelte mit dem Finger in der Luft herum und versuchte, sich an das richtige Wort zu erinnern. „Zeugen!", sagte sie schließlich „Lass uns tanzen. Andrei?" Sie wandte sich an Belyaev.

„Wir bereiten gerade alles vor", flüsterte Belyaev Paulina verschwörerisch ins Ohr. „Hey, Butus — komm her!"

Der DJ, ein junger Mann, der seine Baseballkappe verkehrtherum trug, bahnte sich seinen Weg zu uns.

„Leg das Band auf", verlangte Belyaev und hickste.

„Die Mädchen und ich haben ein paar unserer Lieblingslieder von damals zusammengestellt, als wir in der 11. Klasse waren", erklärte er. „Spiel die jetzt ab."

Butus nickte und begab sich hinter sein Schaltpult. Kurz darauf wurde die kitschige Popmusik durch die *Black Eyed Peas* abgelöst.

Nach und nach leerte sich unser Tisch. Alle wollten zu den 15 Jahre alten Songs tanzen. Die Mädchen überredeten die Jungs, mitzumachen, und es gelang ihnen selbst bei denen, die während unserer Schulzeit normalerweise zu schüchtern gewesen waren und sich niemals auf die Tanzfläche gewagt hatten.

Das schien mir der ideale Moment zu sein, mich unter die Tänzer zu mischen und meine neuerworbenen Fähigkeiten vorzuzeigen. Ich hatte schließlich nicht umsonst die ganze Nacht geübt, oder?

Um ehrlich zu sein, kam mir das inzwischen allerdings überhaupt nicht mehr wie eine gute Idee vor. Was ich vor mir sah, waren keine Leute, deren Respekt ich mit einer eleganten Vorführung in einem Nachtclub beeindrucken konnte, sondern Erwachsene, die eine Pause von Familie und Arbeit einlegten und dieses Klassentreffen sehr genossen. In diesem Augenblick hinderten sie ihr Status und ihre Position in der Gesellschaft nicht mehr. Sie waren gekommen, um Spaß zu haben, alte Freunde zu treffen, sich in Erinnerungen an die Kindheit zu ergehen und sich zu entspannen. Wollte ich wirklich ins Rampenlicht treten und meine Windmühle vorführen? Und warum? Und dann? Konnte ich damit irgendjemandem den Tag versüßen?

Ich musste endlich aufhören, mich selbst zu belügen. Das waren die Komplexe aus meiner Kindheit, die mich drängten, mit meinen Breakdance-Fähigkeiten anzugeben. Und der typisch männliche Drang, eine Frau zu erobern, die ich als Teenager nicht gekriegt hatte. Es war etwas sehr schäbig an diesem Wunsch. Es war geschmacklos.

Daher begab ich mich einfach an den Rand der Tanzfläche, wo ich mich neben Rita Wilberger und Tim

Garifzyanov stellte, meine Füße und meinen Körper ein wenig zu *In Da Club* bewegte und dabei mit den Armen herumwedelte. Nüchtern hatte ich bisher noch nie getanzt.

Die Stimmung in der Gruppe stieg. „They won't catch us!" sangen ein paar Mädels, schon rot im Gesicht, mit den beiden Sängerinnen von Tatu mit. Als *Satisfaction* von Benny Benassy begann, verschaffte Andrei sich mit lautem Brüllen Raum für seinen massigen Körper. Er zog sein Hemd aus und wirbelte anzüglich damit herum. Nun trug er nur noch ein Unterhemd, das seinen Bierbauch nicht verbergen konnte, doch das schien ihn nicht zu stören.

Mir kam der Gedanke, vielleicht doch ebenfalls vor den anderen zu tanzen.

Ich belächelte meinen kindischen Wunsch und schickte ihn schlafen. Verdient gehabt hätte ich diese Chance, wenn ich seit Jahren geübt und meine Fähigkeiten verfeinert hätte, doch ich hatte nur eine einzige Nacht Praxis vorzuweisen. Das war nichts, worauf ich hätte stolz sein können.

Im Augenwinkel nahm ich eine Bewegung wahr. Meine gesteigerte Intuition ließ mich ihr nachgehen. Ich hatte hier keinen Sicherheitsdienst entdeckt. Belyaevs Restaurant war nur ein ganz normales Lokal, auch wenn das Essen geradezu göttlich war.

Sanft schob ich Rita beiseite, quetschte mich zwischen einer erhitzten Paulina und einer ebensolchen Lena hindurch, schob Eugene Lee und Marik Khristov beiseite, stolperte über Alex Kozhevnikoy, der mit dem Rücken zu mir ehrgeizige Sprünge hinlegte, und endete direkt gegenüber einem Kerl mit schiefem Grinsen, der seine Haare kurzgeschoren hatte und erste Anzeichen von Kahlheit zeigte.

Er starrte Belyaev an, der voller Leidenschaft tanzte. Direkt hinter ihm standen drei weitere Männer, die die Mädchen ganz offen mit den Augen auszogen.

Ich legte die Arme um die Gruppe und drängte sie sacht nach hinten.

„Hey, Jungs, hört auf damit!"

„Was?", sagte einer indigniert, und ein anderer empörte sich: „Nimm die Hände von mir!"

„Ja, sofort. Lass uns einfach zu eurem Tisch gehen, und dann unterhalten wir uns ein wenig."

Ich zog die vier entrüsteten, aber auch neugierigen Kerle mit mir, zurück zu ihrem Tisch.

„Hallo!", begrüßte einer ihrer Freunde uns, der sitzengeblieben war.

„Hallo und guten Abend! Und alles Gute zum Geburtstag, Gorilla", sagte ich zum Geburtstagskind, das ich anschließend ignorierte. „Hey, Tarzan! Und ihr zwei! Und du!" Ich gab allen die Hand, denen, die ich kannte, und denen, die ich nicht kannte.

„Herr Panfilov! Tut mir leid, ich habe Sie erst gar nicht erkannt!" Einer der Typen sprang auf und schüttelte mir begeistert die Hand. Es war Tarzan, einer von Aliks Jungs, den ich von unserer kleinen Auseinandersetzung im Park her kannte, als ich den Hund Richie ausgeführt hatte.

„Wir feiern gerade. Sie kennen also Gorilla?" Tarzan war verwirrt.

„Ich kenne euch alle. Bist du nicht ein wenig zu jung, um dich hier zu besaufen?", wandte ich mich an einen der Minderjährigen aus der Gruppe. „Willst du dir unbedingt einen Bart wachsen lassen? Wie heißt du doch gleich? Sergei Petlenko, richtig? Und du bist erst 15, nicht wahr? Warum willst du dir unbedingt deine Leber kaputtmachen?"

„Oh, ich... ich trinke gar nichts", murmelte er beschämt und bedeckte sein Glas mit der Hand.

„Tarzan, wer ist dieser Kerl?", fragte Gorilla wütend. „Und warum gibt er hier Kommandos?"

„Halt dich zurück!" Tarzan stieß ihn mit dem Ellbogen an und flüsterte ihm etwas ins Ohr. „Sogar Yagoza hat Respekt vor ihm! Er hat den Vorschlaghammer mit einem Faustschlag zu Boden gestreckt. Er ist ein Champion!"

„Hör auf deinen Freund, Gorilla", mahnte ich. „Das ist gesünder für dich."

„Kapiert, Herr Panfilov", beeilte Tarzan sich, zu versichern. „Und sind Sie...?"

„Was?"

„Sind Sie einfach nur gekommen, um uns zu begrüßen, oder Gorilla zum Geburtstag zu gratulieren?", fragte er verlegen.

„Nicht ganz. Seht mal, das Restaurant gehört jemandem, mit dem zusammen ich zur Schule gegangen bin. Wir feiern unser Klassentreffen, und es wäre richtig gut, wenn ihr uns den Spaß nicht verderben würdet. Ist das klar?"

„Ja, natürlich", antworteten alle.

Dann meldete sich der Älteste der Gruppe zu Wort. „Heißt das etwa, wir dürfen gar nicht tanzen?" Er deutete auf eine Gruppe junger Leute, die sich auf den Tanzboden begeben hatten. „Aber die dürfen?"

„Die dürfen, weil sie niemanden belästigen. Es sind sehr höfliche junge Leute."

„Und?"

„Und nichts. Tarzan, du hast das Kommando. Okay, genießt den Abend. Und macht den Kleinen hier nicht besoffen." Ich nickte in Petlenkos Richtung.

Ohne eine Antwort abzuwarten, begab ich mich zurück zu den Tanzenden.

Als Paulina mich erblickte, schlang sie mir kreischend die Arme um den Hals. Sie umklammerte mich und presste ihren Körper gegen meinen. „Panfilov", flüsterte sie aufgeregt. „Wieso habe ich dich in der Schule bloß nie beachtet?"

„Ich weiß es nicht, Paulina. Vielleicht war ich nicht dein Typ."

„Ja, ich glaube, das war der Grund", stimmte sie zu. „Ich stand damals mehr auf Sportler, so wie Andrei..."

„Das war nur allzu verständlich", lächelte ich. „Aber ich habe dich wirklich gemocht."

„Magst du mich jetzt auch noch?" Ihr eindringlicher Tonfall jagte mir eine Gänsehaut über den gesamten Körper.

Nein, ich mochte sie jetzt nicht mehr, aber das konnte ich ihr wohl kaum sagen, oder? Wenn ich behauptete, sie noch immer zu mögen, log ich. Und wenn ich nichts sagte, klammerte sie sich nur noch fester an mich. Eine verzwickte Situation.

„Möchtest du mich jetzt mögen?", gurrte Paulina. Sie zog mich noch enger an sich. „Ich kann fühlen, dass du es willst. Lass uns gehen!"

Sie führte mich an der Hand zurück ins Restaurant. Meinen Breakdance hatte ich zwar nicht vorgeführt, aber dafür war ich mit Paulina zusammen...

Wie betäubt und völlig überwältigt von einer hormonellen Explosion des Verlangens ließ ich mich von ihr bis fast zur Tür schleppen, bis ich endlich zur Besinnung kam und stehen blieb.

Verwirrt drehte sie sich um. „Was ist los, Panfilov? Hab keine Angst. Andrei hat mir den Schlüssel zu seinem Büro gegeben. Niemand wird etwas mitbekommen."

„Aber bist du denn nicht verheiratet, Paulina?"

„Na und?"

„Es tut mir leid." Ohne mein Verhalten näher zu erklären, wandte ich mich um und ging zurück an den Tisch.

Dort saß ich allein, vertilgte den Rest der Khachapuri und tat mich an Salat gütlich — mein schrecklicher Hunger war mit Macht zurückgekehrt –, bis die Gruppe zurückkehrte. Inzwischen versuchten die meisten ihr Bestes, sich zu besaufen und sich dabei gegenseitig auszustechen. Ich beschloss, dass ich genug hatte. Ich hatte sie alle gesehen, hatte mich mit vielen unterhalten, und meine Schulzeit damit abgeschlossen. Morgen früh musste ich damit beginnen, meinen Gegner zu studieren und seine Schwachstellen zu finden. Dabei würde das Interface mich zum Glück unterstützen. Ich hatte schon eine gewisse Ahnung, worin Dorozhkins Schwächen bestanden.

Ich wartete, bis wirklich alle betrunken waren, dann erklärte ich, aufbrechen zu müssen, und wehrte mühelos die halbherzigen Versuche ab, mich zurückzuhalten.

„Lass den kleinen Philip ruhig gehen", erklärte Paulina. „Wir werden auch ohne ihn unseren Spaß haben!"

„Hey, Jungs, lasst uns alle nach draußen gehen!", brüllte Belyaev. „Wir müssen unbedingt ein Foto machen, solange noch alle da sind. Wir bringen Panfilov vor die Tür und rauchen dann eine, einverstanden?"

Allen gefiel die Idee. Unter ziemlichem Lärm traten wir vor das Lokal.

Scheinbar aus dem Nichts tauchte ein Fotograf auf und gab Befehle, wo wir zu stehen hatten. Im Licht des Restaurantschildes stellten wir uns nach ein wenig Chaos alle auf. Die Mädchen standen, und die Jungs saßen zu ihren Füßen.

„Und jetzt alle lächeln!", sagte der Fotograf. „Eins, zwei, drei... Und klick!"

Das Blitzlicht blendete uns. Eine Sekunde später tauchte hinter dem Rücken des Fotografen eine atemberaubend schöne Frau in einem leichten Sommerkleid auf, das ihre endlos langen, wohlgeformten Beine zeigte, die durch ihre hochhackigen Schuhe noch betont wurden.

„Hallo", sagte sie mit einem breiten Filmlächeln.

„Guten Abend", murmelten die anderen. „Wer sind denn Sie?", fragte einer.

„Tut mir leid, ich will nicht stören. Ich hole nur meinen Freund ab."

Als unsere Augen sich nach dem grellen Blitzlicht endlich wieder an die Dunkelheit gewöhnt hatten, sahen wir, dass sie neben einem blaugrauen Cabrio stand, den Arm darauf gelehnt.

Das war ein *Lamborghini Aventador*, informierte das Interface mich.

„Hast du dir ein neues Auto gekauft, Stacy?" Ich grinste begeistert und trat vor.

„Gefällt es dir?" Sie kam auf mich zu und küsste mich. „Wie wäre es mit einer kleinen Spritztour?"

„Warte, ich muss mich nur verabschieden."

Stacy gab mich frei. „Ich warte im Wagen auf dich."

Mit echter Wärme umarmte ich meine alten Klassenkameraden und stimmte zu, dass wir uns wirklich öfter treffen mussten, sozusagen alle Naselang. Ich hatte zwar keine Ahnung, was mit „alle Naselang" gemeint war, doch ich nickte eifrig. Nachdem ich Pashkovsky und Reizvei bei einer Umarmung herzlich auf den Rücken geklopft hatte, machte ich den Abgang.

„Wir sehen uns, kleiner Philip", sagte Belyaev. Seine Stimme kiekste, und er räusperte sich. „Komm doch einfach mal im Restaurant vorbei! Wir veranstalten auch Geschäftsessen. Nur 200 Rubel pro Person!"

„Hast du den Verstand verloren?", schimpfte Pasha. „Er ist nicht mehr der kleine Philip!" Er sagte noch mehr, doch ich verpasste den Rest.

Kaum saß ich auf dem Beifahrersitz des Lamborghini, trat Stacy alias Ilindi das Gaspedal durch und wir brausten davon.

„Wie geht es dir, Ilindi?"

„Phil, wir haben Probleme!" Sie schlug mit den Händen gegen das Lenkrad.

„Was für eine Art von Problemen? Was ist denn passiert?"

„Die Situation auf Pibellau ist zu einem Fiasko ausgeartet. Ich werde dir alles erklären, sobald wir in deiner Wohnung sind."

„Pibellau? Was zum Teufel ist denn...?"

„Ich sagte doch, ich erzähle dir alles, wenn wir in deiner Wohnung sind", unterbrach Ilindi mich. Sie schaffte es gerade so durch eine enge Kurve, ohne dass der Wagen ausbrach. „Bis dahin hältst du den Mund!"

Sie beschleunigte auf 140 km/h, und meine Gedanken an dieses mysteriöse Pibellau wurden durch eine Panikwelle ersetzt.

Ich konnte nur hoffen, dass Ilindi wusste, wie man Auto fuhr!

KAPITEL 9

TYRANNOSAURUS REX

In meiner Jugend erhielt ich Unterricht im Speerkampf. Ich glaube, er bestand in dem Rat: „Stich mit der Spitze zu".

Admiral Dvorek, *World of Warcraft*

IM LAUFE MEINES Lebens hatte ich die unterschiedlichsten Schattierungen an Erstaunen erlebt. Ich erinnerte mich noch an das Erstaunen meines Vaters, als er in der Zeitung etwas über einen Jungen aus der 6. Klasse gelesen hatte der in einem DotA-Turnier mehr als das Doppelte seines Monatsgehalts gewonnen hatte. Und ich erinnerte mich an das Erstaunen von Herrn Ivanov, als ich seiner Firma den größten Vertrag in deren gesamter Geschichte verschafft hatte.

Doch das Erstaunen, das ich jetzt zu sehen bekam, gehörte einer ganz anderen Liga an.

Das Brüllen von Rex hielt so lange an, dass ich gar nicht hören konnte, wie Carter der Unterkiefer herunterklappte. Ja, Rex — so hatte ich meinen einen und einzigen Über-Mob genannt. Um den Namen zu finden, musste ich mich nicht sehr anstrengen. Ich wollte dem Biest einfach keinen üblichen Schoßtiernamen geben, so etwas wie Bello oder Waldi oder Fifi. Mein Rex war kein Schoßtier!

Sein Brüllen war absolut faszinierend und hatte mit den künstlich synthetisierten Geräuschen aus *Jurassic Park* nichts zu tun. Es gab kein einziges Tier auf der heutigen Erde, das einen ähnlichen Laut von sich gab, daher hatte ich nichts, womit ich es vergleichen konnte. Also musste ich mich auf die Erklärung beschränken, dass sich einem alle Haare in einer gewaltigen Gänsehaut aufstellten. Das Brüllen ließ einem regelrecht das Blut in den Adern gefrieren und alles, das sich in einem anspannen konnte, tat das auch.

Um ehrlich zu sein, konnte ich es gar nicht richtig genießen, denn Carter hatte sofort mit Befehlen begonnen, kaum war Rex verstummt.

„Jovanna, sag deinen Mobs, sie sollen Godzilla angreifen! Und du tust dasselbe!" Er deutete mit seinem Speer auf den Tyrannosaurus und wies seine Mobs an, ihn anzugreifen. „Fass!"

Das mentale Interface brauchte diesen letzten Befehl gar nicht, aber in seinen 50 Lebensjahren hatte Carter sich offensichtlich an eine analoge Welt gewöhnt.

Seine Mini-Armee zeigte ein beneidenswertes Talent für Zusammenarbeit: Jovannas Wölfe und die Blutsauger mit ihren Metallknüppeln stürzten sich sofort auf das Ziel, während die Bogenschützen Salven abfeuerten. Carter nahm nun den Speer in beide Hände — er erinnerte sich wohl noch daran, wie ich ihm den beim letzten Mal entrissen hatte — und kam auf mich zu. Zum Glück lief er nicht. Daher hatte ich Zeit, mir einen Angriffsplan auszudenken und Rex einen Befehl zu geben.

„Wütendes Brüllen!", rief ich, ebenso wie Carter, statt meinen Mob mental zu dirigieren.

Diesmal knurrte Rex ein wenig anders. Es war nur ein kurzes Brüllen, jedoch etwa 50 Dezibel lauter. Auf mich hatte das keinen Einfluss, doch allen anderen lief gleich das Blut aus den Ohren.

Das mit dem Blut war eigentlich nur ein Nebeneffekt. Die Hauptwirkung war eine vorübergehende Lähmung aller Feinde. Die Betäubung ließ alle mitten in der Bewegung zunächst erstarren, und dann fielen die Blutsauger, die Wölfe, der Bär, Jovanna und Carter wie Kegel zu Boden. Alle Neune!

Ich wählte die herumliegenden Nahkämpfer als Ziel und rief meinem Haustier Befehle zu, während ich selbst mich zu den Fernkämpfern begab.

„Zerquetsche sie! Fall über sie her!"

Die Betäubung hielt fünf Sekunden an. Die Abklingzeit belief sich auf fünf Minuten. Und ich nutzte jede Sekunde davon. Ich setzte mein Messer wie einen Löcherstecher ein und bereitete beiden blutsaugenden Bogenschützen den Garaus. Anschließend richtete ich meinen Knüppel auf Jovannas Kinn — zum Glück trug sie keinen Helm -, hielt jedoch wenige Sekunden vor ihrem Kopf inne und rannte weiter.

Was für ein sentimentaler Narr ich doch war! Ich verfluchte mich selbst. Das hielt mich jedoch nicht davon ab, Carter den Knüppel mit aller Härte über den Nacken zu schlagen, gerade als seine Betäubung nachließ. Das verursachte einen kritischen Treffer, was seine Gesundheit um etwas mehr als 10 % herabsacken ließ.

Rex hatte mittlerweile den Bären und einen der Blutsauger zerquetscht. Beide hatten das Pech gehabt, ihm unter seinen massiven, gnadenlosen Fuß zu geraten. Das Zerquetschen war eine Fähigkeit, die lediglich einmal funktionierte. Dadurch tötete er garantiert alle Mobs mit geringerem Level, aber die Abklingzeit betrug fünf Minuten. Die Kämpfe dauerten nicht lange, denn es gab keinen Heiler. Was bedeutete, ich konnte diese Fähigkeit jetzt und nur jetzt einsetzen.

Bevor die Betäubung abgeklungen war, hatte Rex es geschafft, drei Wölfe und einen weiteren Blutsauger zu zerreißen. Jetzt stand er noch weiteren elf Mobs gegenüber. Ich konnte nur hoffen, er wurde mit ihnen fertig.

„Jovanna, gib mir Deckung!", schrie Carter hysterisch. Mit überraschender Beweglichkeit rollte er sich zur Seite und wich dem Knüppel aus, den ich gerade schwang.

Er hatte Angst. Ich warf mich mit meinem vollen Gewicht auf ihn, nagelte ihn so auf dem Boden fest, schlug ihm den Knüppel gegen die Schulter und stieß ihm das Messer in den Oberschenkel, wieder und wieder.

Sein Helm brach. Sein Schlüsselbein brach. Blut spritzte aus einer zerstörten Arterie, doch das waren alles nur visuelle Effekte. In Wirklichkeit hatte Carter nicht mehr als ein Viertel seiner Gesundheit verloren.

Ich konnte auf diesem ersten Erfolg nicht aufbauen; eine elektrische Ladung traf meinen Rücken, die knisternden Blitzfunken aus Jovannas Stab. Sie fügten mir keinen großen Schaden zu, lähmten mich jedoch für einige Sekunden.

Das reichte Carter aus, um mich von sich herunterzustoßen.

„Hol ihn dir!", kreischte Carter.

Zu spät erkannte ich meinen taktischen Fehler. Statt erst einmal Jovanna loszuwerden, hatte ich mich zuerst auf Carter gestürzt, der im Grunde der Tank der Einheit war. Er war die stärkste und am besten gepanzerte Einheit der Gruppe. Jovannas Bär war nur Level 1, konnte also nur dann ein Tank werden, wenn es keine andere Möglichkeit gab. Ich hatte Jovannas Leben verschont — und jetzt dankte sie mir das, indem sie sich von hinten auf mich warf, mich beim Nacken griff und mich festhielt.

Carter nutzte die Situation, kam heran und stieß mir seinen Speer in den Bauch, und zwar so heftig, dass er Jovanna gleich mit traf. Sie hatte sich an mich geklammert, und so spießte Carter uns beide auf wie Fliegen. Ich hörte, wie sie röchelte und Blut spuckte.

Carter lachte. Sein zerbrochener Helm dämpfte den hämischen Laut. Er nutzte den Speer als Hebel, zerrte ihn von rechts nach links. Schmerz und Schaden waren enorm. Der Blutungs-DOT lief und erhöhte den Schaden noch. Immer mehr erweiterte Carter die Wunde, sowohl für mich als auch für Jovanna.

Jovanna starb zuerst. Ich hatte keine Ahnung, welche zusätzliche Teufelei sich in der Speerspitze verbarg, ob es Gift war oder etwas anderes — jedenfalls befand sich genau das in diesem Moment in Jovannas Körper.

„Nun stirb schon!", tobte Carter und blickte aufgeregt hinter mich. Er zog den Degen heraus, den ich ja bereits kennengelernt hatte, den mit dem schwarzen, giftigen Schleim. „Wenn du erst einmal tot bist, ist auch deine Eidechse hinüber!"

Die Zuversicht, mit der er das verkündete, brachte mich zum Nachdenken. Was bitte geschah eigentlich mit den ganzen Schoßtieren, wenn ihr Herr und Meister starb? Griffen sie dennoch immer weiter an, also existierten sie mit anderen Worten in dieser Realität weiter? In den Regeln hatte darüber nichts gestanden, aber Rex und sein Level hingen von meinem Fusionstalent und dem Führungsring ab. Vielleicht entpersonifizierte sich der Tyrannosaurus tatsächlich gleichzeitig mit mir. Was bedeutete, ich wurde meiner Rache nach dem Tod beraubt.

Verdammt!

Ich konnte nicht sehen, wie Rex sich schlug, aber seinem Symbol auf dem Interface zufolge hatte er seine Aufgabe schon beinahe erledigt. Er war noch immer aktiv und zwar angeschlagen, aber er verfügte noch immer über knapp die Hälfte seiner Gesundheit, während mir nur noch weniger als ein Drittel blieb.

Es war Zeit, die Kavallerie zu Hilfe zu rufen. Ich wählte Carter als Ziel.

„Zerschmettere sie!"

Krawumm! Krawumm! Krawumm! In drei Sprüngen hatte der Tyrannosaurus die Entfernung überwunden. Schon beim ersten hatte Carter sich zur Flucht gewandt. Ein letzter Blutsauger hatte überlebt, er hing an Rex' Bein, der ihn einfach mitschleppte.

Endlich bekam auch ich mein Schoßtier zu sehen. Er war wirklich beeindruckend, etwa sechs Meter groß und doppelt so lang. Ganz entgegen der neuesten wissenschaftlichen Theorien war sein Körper nicht mit Federn bedeckt. Seine schuppige Haut war von einem Grau, dunkler als die Nacht.

Aber das Erstaunlichste war der fleischige Kamm, etwa einen halben Meter hoch, der auf seinem Rücken vom Kopf bis zum Schwanzende verlief. So etwas hatte ich bisher noch in keinem der Dinosaurierfilme gesehen.

Rex hatte Carter mit Leichtigkeit eingeholt und ließ ihn nicht entkommen. Er griff ihn sich mit seinen Zähnen, warf ihn einmal in die Luft, um ihn besser zu fassen zu bekommen, fing ihn wieder auf und schloss die Kiefer.

Carters Helm dämpfte den klagenden Schrei des Mannes.

Rex spuckte Carter aus und schlug ihn immer wieder gegen den Boden, wie eine zerbrochene Puppe. Carter war gelähmt, aber noch immer am Leben. Das war nun einmal das System in diesem Spiel — ein Schoßtier von Level 5 konnte kein Testsubjekt mit einem höheren Level töten.

Ich richtete den Angriff meines Mobs auf den letzten Blutsauger. „Angriff!"

Ich selbst schrie vor Schmerz, als ich mir den Speer tiefer in den Bauch stieß, mit den Händen zuerst vor mir und dann hinter mir, bis er im Rücken wieder austrat. Nun war nur noch Jovanna daran aufgespießt. In Gedanken entschuldigte ich mich dafür bei ihr.

Ihre entpersonifizierte Leiche wurde sofort durch Beute ersetzt: Ein Kristall in einer Form, wie ich sie hier bisher noch nicht gesehen hatte, plus eine Uniform. Beides interessierte mich nicht. Der DOT entfaltete weiter seine Wirkung, ich verlor Blut, und meine Gesundheit befand sich bereits im roten Bereich.

Gesundheitspunkte: 153/2.000

Es kostete mich zwei Messerstiche, Carter endgültig umzubringen. Als er starb, erschien ein roter Ballon mit einer Systemmitteilung, doch ich ignorierte ihn. Momentan war mir mein Überleben wichtiger.

Carters entpersonifizierter Körper hinterließ einen Haufen Lumpen und zwei Kristalle. Ich griff nach einem davon.

Der riesige Existenzkristall

Das war genau das, was ich brauchte! Der Kristall zerfiel zu Staub und ließ meinen Zähler für die Existenz-Ressourcen hochschnellen:

+468 Existenz-Ressourcen-Punkte

Die Wahrscheinlichkeit des Erhalts von Bonus-Existenz-Ressourcen wird überprüft (20 % Wahrscheinlichkeit)... Überprüfung fehlgeschlagen.

Vor dem Kampf hatte ich über 159 Punkte verfügt. Wenn ich Carters Punkte hinzuaddierte, kam ich auf 627. Das reichte aus.

Ich investierte die Ressourcen in Level 5.

Bist du sicher, dass du das nächsthöhere Level aktivieren möchtest?
Annehmen/Ablehnen

Die Auswirkungen der Blutung liefen ab, der DOT wurde entfernt. Die Schlacht war vorbei. Nachdem dies jedoch mein letztes Leben war und Pibellau voller unangenehmer Überraschungen steckte, dachte ich mir, es wäre besser, wenn ich mich schützte. Also nahm ich an.

Gratuliere, Testsubjekt! Du hast Level 5 erreicht!
Du erhältst +2 Eigenschaftspunkte, die du in eine Eigenschaft deiner Wahl investieren kannst.
Du kannst deine Kommandozentrale jetzt zu Level 2 upgraden.
Du hast jetzt Zugang zum erweiterten Regelbuch für die Prüfung.
Mach deinen Feinden mehr Feuer unterm Hintern,

Testsubjekt!

Der Aufstieg zum neuen Level stellte meinen gesamten Körper sofort wieder her, heilte und schloss meine Wunden, genauso, wie es das sollte. Ich fühlte mich großartig. Daher war mein erster Gedanke der, mich rasch nach Carter in seinem nächsten Leben umzuschauen und ihn zu erledigen, während er noch schwach war. Es wäre sträflich, einen Feind wie ihn am Leben zu lassen.

Doch dann überlegte ich weiter. Wo bitte sollte ich denn nach ihm Ausschau halten? Er konnte in jedem der neutralen Hexagone im Norden oder Osten respawnen, und dazwischen lagen Dutzende an Kilometern.

Nachdem ich eine Weile nachgegrübelt hatte, beschloss ich, mich lieber um mich selbst zu kümmern, statt mich über ihn aufzuregen.

Ich befahl T-Rex, die Basis zu bewachen, und sammelte den Rest der Beute ein. Carter hatte mir alles hinterlassen, das er besessen hatte, ebenso wie etwas Neues:

Geistkristall
Sammele 13 Geistkristalle und verwandele sie in ein zusätzliches Leben. Der Geistkristall ist an seinen Eigentümer gebunden. Er kann nicht verloren gehen und nicht auf ein anderes Testsubjekt übertragen werden.

Der Kristall verschwand, und es erschien auf meinem Interface ein neues Symbol, mit den Zahlen: 1 / 13.

Anschließend kehrte ich zu dem Ort zurück, an dem Jovanna gestorben war. Dort fand ich einen weiteren solchen Kristall. Es spielte offensichtlich keine Rolle, dass nicht ich sie umgebracht hatte — die Leiche hatte Beute freigegeben, und die stand jedem zu, der sie sich griff. Oder vielleicht hatte ich auch das Recht auf diese Beute erworben, indem ich ihren Mörder getötet hatte. Ich musste mich wirklich einmal eingehend mit dem erweiterten Regelbuch befassen.

Die nächsten zehn Minuten verbrachte ich damit, die

Objekte zu untersuchen, die als Beute zurückgeblieben waren, die Bestandteile der Uniformen und die Waffen. Ich trug alles zu einem großen Haufen zusammen, reihte die Objekte auf und traf meine Wahl. Carters Uniform-Set war dasselbe verbesserte Set, das ich trug. Jovanna hatte lediglich die Grunduniform besessen. Aber bei den Waffen gab es etliche, die mir richtig gut gefielen.

Zuerst einmal holte ich mir meine Energiefaust mit dem um 50 % erhöhten kritischen Schaden zurück. Die verbesserte Schadenseigenschaft überraschten mich: 155-235. Wenn ich mich nicht irrte, hatte der Schaden sich beträchtlich gesteigert. Das bedeutete, dass auf Pibellau also auch einzigartige Waffen verbessert werden konnten.

„Oh, mein Eigen, mein Schatz!" Liebevoll strich ich über die matte Oberfläche der Energiefaust.

Hinter mir hörte ich ein Keuchen und war kurz darauf in eine Materie gebadet, bei der es sich entweder um Dampf oder um Rex' Rotze handelte. Ich drehte mich um und brach in Lachen aus. Es hatte sich in den letzten Minuten eine enorme Anspannung in mir aufgebaut, und jetzt zu sehen, wie Rex mit seinem massigen Körper auf seinem Schwanz saß und den winzigen Kopf wie ein Vogel neigte, das war einfach zu viel.

„Hahahaha!" Je mehr ich lachte, desto mehr Verwunderung zeigte sich in Rex' Gesicht, und desto lustiger kam er mir vor. „Rexie, hör auf damit! Was machst du denn? Stopp! Hahahaha!"

Angeblich verlängert eine Minute Lachen ja das Leben, und ich konnte nur hoffen, ich verschwendete nicht gerade sinnlos Zeit, als ich hysterisch auf dem Boden herumrollte und mit den Handflächen darauf schlug.

Als ich mich endlich wieder beruhigt hatte, kehrte ich zur Untersuchung der Waffen zurück. Was mich gleich zum Lächeln brachte. Es gab da nämlich keine standardmäßigen Gegenstände, sondern nur einzigartige.

Carters Waffen wiesen geradezu phänomenale Statistiken auf. Bei einer solch geilen Ausrüstung war es

kein Wunder, dass Carter gleich so massiv eingestiegen war!
Da gab es:

Dämonenspeer von Hyperion
Universelle Waffe. Die Speerspitze verfügt über Proto-
Intelligenz und ist zur Verwandlung in der Lage, wodurch den
lebenswichtigen Organen des Opfers ein kritischer Schaden
zugefügt wird.
Er wird angetrieben durch Existenz-Ressourcen (5 %
deiner Punkte für jeden zugefügten Schaden).
Schaden: 185-325
Wahrscheinlichkeit des Vergießens von Blut: 100 %

Säuredolch der Vernebelung
Eine raffinierte Nahkampfwaffe. Der biochemische
Kern des Dolches produziert ein aktives Gallert, dessen
Konzentration im Blut des Opfers dieses in den Wahnsinn
treiben kann.
Er wird angetrieben durch Existenz-Ressourcen (3 %
deiner Punkte für jeden zugefügten Schaden).
Schaden: 77-144
+1 % Wahrscheinlichkeit eines sofort tödlichen Stichs.

Dann untersuchte ich die Eigenschaften von
Jovannas Ausrüstung:

Donnernder Blitzstab
Fernkampfwaffe. Erzeugt elektrische Ladungen.
Er wird angetrieben durch Existenz-Ressourcen (1 %
deiner Punkte für jeden zugefügten Schaden).
Schaden: 60-120
Entfernung: 20 Meter
Wahrscheinlichkeit der Betäubung: +10 %

Ich fragte mich, woher die beiden ihre einzigartigen
Waffen hatten. Vielleicht hatte Carter eine Instanz
abgeschlossen und den Boss besiegt. Aber was war mit

Jovanna? Hatte man ihr vielleicht für das Bestehen der Vorauswahl einen Bonus gewährt?

Ich überließ Rex die Bewachung der Basis und trug die Beute nacheinander in meinen Schutzraum, wo ich sie auf dem Boden ablegte. Ich befand mich nicht in einem Computerspiel, also reichte ein einfacher Klick nicht aus, um mir alles auf einmal zu sichern.

Als ich dann endlich in meinem „Bunker" sicher vor angreifenden Mobs war, berührte ich den roten Ballon und öffnete die Systemmitteilung:

Gratuliere, Testsubjekt!
Testsubjekt Level 6 Carter ist jetzt tot!
Zahl der von Carter eroberten Hexagone: 8
Mach deinen Feinden mehr Feuer unterm Hintern, Testsubjekt!

Wenn ich das Hexagon mitzählte, in dem ich mich gerade befand, verfügte ich jetzt insgesamt über neun Hexagone. Ich hatte meine ursprüngliche Basis zurückerobert, mir die von Jovanna und Carter gesichert, plus weitere fünf neutrale Zonen, die um die jeweiligen Heim-Hexagone herum lagen.

Und was bitte sollte ich jetzt tun? Sollte ich etwa überall gleichzeitig sein, um sie alle zu schützen?

Selbst wenn das Alarmsystem aktiviert wurde, wenn jemand wie zum Beispiel Carter in seinem zweiten Leben in den nördlichsten Teil eindrang... Halt, Moment — in diesem Fall wurde ja gar kein Alarm ausgelöst, richtig? Das war allerdings nicht der entscheidende Punkt. Jedenfalls, wie sollte ich insgesamt fast 10 km Territorium voller aggressiver Fauna abdecken, wenn eine neue Invasion bevorstand? Irgendetwas stimmte hier nicht.

Ich öffnete die Kontrollleiste der Kommandozentrale.

Basis 1
Level: 1

Anzahl der Module: 2

Geschwindigkeit der Erzeugung von Existenz-Ressourcen: 1 Punkt pro Stunde

Insgesamt von allen Basen erzeugte Existenz-Ressourcen: 9 Punkte pro Stunde

Der Level des Eigentümers der Basis liegt bei 5 oder höher: Du kannst die Basis auf Level 2 upgraden.

Kosten für das Upgrade der Basis zu Level 2: 500 Existenz-Ressourcen-Punkte.

Um andere Basen aus der Ferne zu bedienen, benötigst du ein Integrationsmodul.

Auf Level 2 der Entwicklung der Basis hast du Zugriff auf dieses Integrationsmodul.

Das ergab Sinn. Wie auch immer man die Sache betrachtete, alles führte letztlich zurück zu den Ressourcen. Für den Augenblick, so fürchtete ich, musste ich das Studium des erweiterten Regelbuchs einstweilen zurückstellen, ebenso wie alles andere. Momentan war die wichtigste Aufgabe das Upgrade der Basis nebst dem Bau neuer Module. Vielleicht erlangte ich dabei ja Zugang zu etwas, das mich meine Strategie vollkommen umwerfen ließ. Oder vielmehr, meine nicht vorhandene Strategie. Bisher hatte ich mich ja nur darauf beschränkt, einfach durchzuhalten. Nachdem mir nun entweder die Beobachter oder aber das Glück eine echte Chance verschafft hatten, musste ich sie mit beiden Händen ergreifen und meinen Erfolg ausbauen.

Ich investierte die beiden Bonus-Eigenschaftspunkte, die ich für das neue Level erhalten hatte, in meine Stärke. Dies steigerte nicht nur den Schaden, den ich selbst zufügen konnte, sondern auch den Schaden, den Rex hervorrief. Selbst diese lediglich 2 verfügbaren Punkte verbesserten seine Statistiken erheblich. Der Schaden, den mein Dinosaurier verursachen konnte, stieg um 10 % auf 1.650-3.300. Wenn ich das alles richtig verstand, hatte das Leben des letzten Standortbosses, den ich gesehen hatte, bei 4.000 Punkten gelegen. Unter den Umständen hatte ich eine Chance, ihn zu besiegen; allerdings nur, wenn seine Panzerung nicht zu stark war. Was zum Beispiel, wenn seine Schadensabsorption bei 90 % lag? Beim Kreken hatte ich mich ja bereits tüchtig verrechnet und war dafür verbrannt worden.

Ich durchdachte meinen Handlungsplan und machte mich bereit fürs Farmen. Nach einiger Überlegung legte ich die Energiefaust an meiner rechten Hand an und nahm den Dolch in die linke.

Jetzt war ich bereit zum Kampf.

Ich wagte mich nach draußen und schaute mich zuerst um, damit ich sichergehen konnte, dass mich keine üblen Überraschungen erwarteten.

„Lass uns gehen, Kumpel!" Ich rief Rex mit einem Pfiff herbei. „Zeit für die Jagd."

Ich erwog, Rex zu reiten, bis mir zu meiner Enttäuschung bewusst wurde: Das war nicht möglich. Bis zu seinem Hals konnte ich nicht hochklettern, und wenn ich auf seinen stacheligen Schwanz fiel, stand mir ein rauer Ritt bevor. Da war nichts, woran ich mich festhalten konnte.

„Pffffffl" Geräuschvoll atmete Rex mir ins Gesicht, zuckte mit der Schnauze und sah mich mit seinen orangefarbenen Augen an.

„Weißt du, kleiner Rex, ich hatte mal einen Freund. Es war ein deutscher Schäferhund, und er hieß Richie. Er hat mir aus der Patsche geholfen, als ein paar suspekte Typen über mich hergefallen sind, obwohl er etwa einhundertfünfzig Male kleiner war als du."

„Hhhhhhmpf!"

„Hier ganz in der Nähe hält sich ein Monster auf. Als ich ihm das letzte Mal über den Weg gelaufen bin, hätte es mich beinahe aufgefressen. Bist du bereit, es für mich zu erledigen?"

„Uuuuumpf?"

„Ach ja, das Biest nennt sich übrigens Canavar. Also,

lass uns gehen!"

Wir durchschritten den Zaun um die Basis an dem Ort, an dem Jovannas Bär eingedrungen war. Oder, um genau zu sein — ich trat durch die Lücke, während mein Schoßtier einfach darüber hinweg stapfte, als ob da gar nichts wäre.

Ich wählte eine Richtung und übernahm die Führung. Der T-Rex folgte mir auf dem Fuße und passte seine Schritte sorgfältig an meine an.

* * *

Bevor wir uns den Canavar vorknöpften, verbrachten wir zunächst einmal einen halben Tag damit, in der Umgebung Ressourcen zu farmen. Man lernte immer auf die harte Tour, und selbst der mächtige kleine Rex konnte unter dem Druck eines Monsters mit Level 8 zusammenbrechen, das so hoch war wie ein zweistöckiges Gebäude. Das Risiko konnte ich einfach nicht rechtfertigen.

Das Farmen der Ressourcen war mehr oder weniger zur Routine geworden. Keiner der Tages-Mobs, die uns begegnen konnte, war in der Lage, uns herauszufordern. Selbst wenn sich ihre Level erhöht hatten, weil ich ja jetzt schließlich auch Level 5 erreicht hatte, und sogar, wenn sie in der Meute angriffen, waren sie für uns dennoch nichts als kleine Fische.

Das Beste war, als Rex eine ganze Horde Pfeifer auf einmal zerquetschte. Die „winzigen Existenzkristalle" waren ersetzt worden durch „kleine Existenzkristalle", die sich in Staub auflösten und mir zwischen 5 und 12 Existenz-Ressourcen-Punkte einbrachten, je nach meinem Glück.

„Heb den Fuß! Tritt zur Seite!" Diese beiden Kommandos musste ich Rex wieder und wieder geben, jedes Mal, wenn wir eine Meute erledigt hatten.

Brav trat der Tyrannosaurus daraufhin zur Seite, damit ich die Ressourcen einsammeln konnte. Insgesamt hatte ich am Ende genug, um die Basis zu upgraden und neue Module zu kaufen.

Als wir zur Basis zurückkehrten, hatte die große Sonne Pibellaus gerade ihren Zenit überschritten, und die kleine Sonne näherte sich ihm. Für dieses Hexagon konnte ich durch weiteres Farmen nicht mehr herausholen. Kleine Kreaturen rannten herum und versteckten sich. Sie nahmen uns kaum wahr. So merkwürdig es auch klingt — es wäre nichts als Zeitverschwendung gewesen, sie im Wald zu verfolgen.

Zurück in der Basis startete ich sofort das Upgrade. Während ich auf den Abschluss wartete, befasste ich mich mit dem erweiterten Regelbuch. Das Erste, was ich erfuhr, war, dass die Regeln nach und nach ausgedehnt wurden. Anfangs konnten die Testsubjekte sich noch mit minimalen Informationen durchschlagen.

Weiter lernte ich, dass die Mitglieder eines Clans befreit wurden, wenn der Gründer starb. Das war nur logisch — schließlich hatte Carter all seine Hexagone verloren und stand selbst in der Gefahr der endgültigen Entpersonifizierung. Das bedeutete, Jovanna war jetzt frei. Was gleichzeitig eine gute und eine schlechte Nachricht war. Gut war: Ich musste sie nun nicht länger töten, und sie konnte sogar an meiner Seite kämpfen. Andererseits musste sie dringend ein Hexagon erobern, während sie über keine Uniform und keine Waffen verfügte, und das war ein Problem. Die meisten der neutralen Hexagone waren in diesem Stadium der Prüfung sicher längst erobert, und selbst wenn sie ein verfügbares Hexagon fand, musste sie doch vorher 100 Existenz-Ressourcen-Punkte farmen, um es für sich beanspruchen zu können.

Weiter bestätigten die Regeln etwas, das Carter mir verraten hatte: Wenn ich die Prüfung nicht bestand, verlor ich dadurch nicht nur das Interface, sondern auch alles, was ich mit dessen Hilfe erreicht hatte. Vermeiden konnte ich diesen Tiefschlag nur, indem ich die Prüfung gewann. Die Vasallen aus dem Clan des Gewinners verloren ihr Interface ebenfalls. Immerhin durften sie allerdings ihre Erinnerungen, die Fertigkeiten und die Eigenschaften behalten, die sie bereits erhalten hatten.

Ich musste lachen. Ein so schlechter Kerl war Carter doch nicht gewesen. Obwohl er wusste, dass er unsere Geistkristalle ernten konnte, wenn Jovanna und ich starben, hatte er uns dennoch — mich sogar wiederholt — in seinen Clan eingeladen. Ob das eine Fehlkalkulation seinerseits war, eine Strategie oder reine Menschlichkeit — Carters Ansehen bei mir stieg auf jeden Fall ein wenig an.

Ich betrachtete die Berechnung der Kosten aller Module auf jedem Level der Basis. Die Formel war für alle Module dieselbe. Ansonsten kostete Level 2 das Zehnfache von Level 1, Level 3 kostete das Fünffache von Level 2, Level 4 das Dreifache von Level 3, und Level 5 das Doppelte von Level 4. Level 6 schließlich, das höchste Level aller Module, kostete das Anderthalbfache von Level 5.

Auf der Grundlage des Beispiels des Moduls für die Kampfeinheiten zeigte mir ein schneller Überschlag, dass ich insgesamt fast eine halbe Million Existenz-Ressourcen-Punkte aufbringen musste, um das Modul von Level 2 auf Level 6 zu bringen. Mich traf aber nicht nur diese Information, sondern auch die Erkenntnis, dass es nicht nur unrealistisch, sondern auch ziemlich gefährlich wäre, absolut alles weiterzuentwickeln. Ich musste dringend eine Entwicklungsstrategie aufstellen und mich ausschließlich darauf konzentrieren.

Ich konnte alle Ressourcen in mich selbst stecken, Level um Level aufsteigen, und gleichzeitig sowohl meine Eigenschaften als auch den proportionalen Schaden verbessern, den meine Einheiten zufügen konnten.

Ich konnte meine Ressourcen zwischen mir und dem Uniform-Modul aufteilen und eine gutgepanzerte Über-Tötungsmaschine schaffen.

Ich konnte mein Charisma und das Modul für die Kampfeinheiten verbessern und die Macht meiner Armee aus Schoßtieren qualitativ ebenso wie quantitativ verbessern.

Ich konnte die Basen ausbauen, ihr Verteidigungspotenzial und die Geschwindigkeit des Farmens von Ressourcen durch die Arbeitseinheiten steigern.

Oder ich konnte von Hexagon zu Hexagon ziehen und eines nach dem anderen erobern wie Dschingis Khan, und die bisherigen Eigentümer mitsamt ihren Mobs zu meinen Vasallen machen.

Noch hatte ich keine Entscheidung getroffen, was ich langfristig unternehmen wollte. Zuerst einmal wollte ich sehen, was das neue Level der Basis mir eintragen würde. Was ich heute noch zu tun hatte, lag jedoch auf der Hand.

Zuerst einmal würde ich mich um meine Basis kümmern und anschließend den benachbarten neutralen Hexagonen einen Besuch abstatten. Wenn es dunkel wurde, würden Rex und ich versuchen, die nächtlichen Elite-Kreaturen zu bekämpfen. Falls wir damit Erfolg hatten, gehörte der Rest der Nacht dem Leveln, denn eines stand definitiv fest: Ich brauchte 4.000 Existenz-Ressourcen-Punkte, um auf Level 10 zu gelangen. Auf diesem Level erreichte der Schaden, den ich zufügen konnte, vierstellige Zahlen, und ich konnte mir die Klasse aussuchen, für die ich Kampftalente erhielt.

„W-w-wu-uu-usch!" Die erste Welle strömte aus dem weißen Stein. Das Upgrade war also abgeschlossen.

Begleitet wurde das von dem *Wissen*, dass die Grenzen meines Hexagons jetzt verstärkt worden waren. Wenn sie nun jemand überschritt, löste das nicht nur einen Alarm aus, der mich darüber informierte, sondern der Eindringling erhielt dadurch auch einen Schwäche-Debuff, der eine Stunde lang anhielt und ihm von all seinen Eigenschaften jeweils 5 % nahm.

Die zweite Welle stärkte und erweiterte das Gebiet der Basis. Der mickrige Zaun wurde durch einen ersetzt, der etwa 1,80 m hoch war und der in jeder der sechs Ecken des Hexagons durch Türme befestigt wurde. Die Türme feuerten Plasmageschosse ab. Jemanden wie Carter konnten sie zwar nicht töten, aber sie konnten Angreifer doch auf Trab halten und bildeten so eine erste Linie der Verteidigung.

Die dritte Welle verstärkte das Haus und machte es größer. Jetzt konnte nur noch ein Testsubjekt eindringen, das über mindestens mein eigenes Level verfügte. Außerdem durfte ich nun hoffen, notfalls auch Rex mit hier unterbringen zu können; wenigstens solange er sich auf die Seite legte.

Um mir einen Vorgeschmack auf das Kommende zu verschaffen, öffnete ich die Kontrollleiste der Kommandozentrale.

Basis 1

Level: 2

Anzahl der Module: 2

Geschwindigkeit der Erzeugung von Existenz-Ressourcen: 10 Punkte pro Stunde

Insgesamt von allen Basen erzeugte Existenz-Ressourcen: 18 Punkte pro Stunde

Das nächste Upgrade ist erst möglich, wenn du Level 10 erreicht hast.

Kosten für das Upgrade der Basis zu Level 3: 2.500 Existenz-Ressourcen-Punkte

Ich sah mir die drei neuen Module an, die hinzugefügt worden waren: Integration, Lagerung und nichtkämpfende Einheiten. Sie waren sehr teuer, aber es verstand sich von selbst, dass ich die Ressourcen investierte, sie alle drei zu erstellen.

Das Lagerungsmodul war als Erstes abgeschlossen. Eine riesige Phantomtruhe tauchte urplötzlich neben dem Kleiderschrank mit der Uniform auf. Eine Truhe? Merkwürdig. Das erinnerte mich an etwas...

Das Modul war eine Art überdimensioniertes Inventar, auf das lediglich der Eigentümer zugreifen konnte. Es bewahrte den Inhalt unbeschädigt auf, und zwar auch dann, wenn alle Hexagone verloren gingen. Das einzige

Problem war: Wenn man alle Hexagone verlor, hatte man dadurch auch keinen Zugriff mehr, denn man verfügte nicht mehr über das Modul selbst. Also musste man erst einmal ein neues Hexagon erobern, die Basis upgraden und das Modul neu erstellen.

Aber das war immer noch besser, als das Zeug dem Eroberer des Hexagons zu überlassen. Ich packte alle Sachen, die ich nicht sofort brauchte, in die Truhe — Jovannas Kleidung, ihren Stab, Carters Speer und seine Uniform. Dann schloss ich den Deckel, und die Truhe war wieder ein Phantom.

Das Integrationsmodul erlaubte mir die Verwaltung anderer Basen aus der Ferne und die Automatisierung von deren Entwicklung. Man konnte einen bestimmten Prozentsatz von Ressourcen bestimmen, der verwendet werden sollte, um dort Module zu erstellen. Auch die Prioritäten konnte man festlegen. Es war genauso wie in meinem Lieblingsspiel, *Civilization*.

Natürlich wäre es eine gute Idee, alle Module auf Level 2 zu upgraden, aber nicht jetzt. Momentan war es wichtiger, meinen Plan zu verfolgen und mit den Ressourcen zu haushalten.

Die Level-Erhöhung des Integrationsmoduls aktivierte eine wichtige Funktion: Die Installation von Portalen in allen Schutzbauten. Dies schuf ein Netzwerk von Verbindungen zwischen den Hexagonen, und genau darüber hatte ich seit dem Morgen nachgedacht. So konnte ich das Problem der bestehenden Entfernungen lösen. Allerdings würde mich das 2.000 Existenz-Ressourcen-Punkte kosten.

Verdammt, mir tat schon der Kopf weh von all dem Nachgrübeln über die beste strategische Lösung! Am liebsten hätte ich die Level von allem auf einen Schlag angehoben, aber das war nun einmal nicht möglich.

Das letzte Modul, das ich erstellen konnte, war das der nichtkämpfenden Einheiten. Ich schaute mir an, worum es dabei ging.

Dieses Modul konnte zwei Arten von Einheiten

bilden: Solche, die arbeiteten, und solche, die erkundeten. Die Arbeitseinheiten sahen ein wenig aus wie Roboter-Staubsauger. Sie waren für aggressive Mobs unsichtbar. So konnten sie sich ungestört auf der Suche nach Existenz-Ressourcen in einem Hexagon bewegen. Sobald sie Ressourcen gefunden hatten, konnten sie einen Anteil davon ernten, der der Stärke des Eigentümers entsprach. Meine Stärke lag bei 23, was bedeutete, dass eine durchschnittliche Arbeitseinheit 23 Punkte pro Stunde entdecken und einsammeln konnte.

Dieses technologische Wunder sollte mich nur 50 Ressourcen kosten. Ich kaufte es sofort. Gern hätte ich ja mehr als eine Einheit erworben, aber die Zahl war nun einmal auf eine Einheit pro Basis beschränkt.

Für die Aufklärungseinheit fehlten mir die Existenz-Ressourcen-Punkte. Die kleine Drohne verfügte über jede Menge nützlicher Funktionen: Sie war unauffällig, beweglich und schnell. Allerdings war ihre Leistung nicht gerade überragend. Im Wesentlichen markierte sie auf meiner Mini-Landkarte die entdeckten Hexagone und nannte ihre jeweiligen Eigentümer. Natürlich war das eine sehr wichtige Information, aber für diesen Späher hätte ich 1.000 Punkte opfern müssen. Wer zum Teufel machte denn bloß alles so furchtbar teuer? Für 1.000 Existenz-Ressourcen-Punkte übernahm ich die Arbeit gegebenenfalls lieber selbst, zusammen mit Rex.

Nachdem ich mit allem fertig war, das für den Augenblick anstand, begab ich mich auf eine weitere Jagd.

Unser Weg führte uns diesmal nach Osten. Ich wollte herausfinden, ob das benachbarte Hexagon in dieser Richtung neutral oder bereits besetzt war, und falls Letzteres, wer es erobert hatte. Carter? Jovanna? Oder mein dritter Nachbar auf der anderen Seite der beiden neutralen Hexagone östlich meiner Basis?

* * *

Es begann, dunkel zu werden. Das Farmen in den anliegenden Hexagonen war ebenso verlaufen wie das zu Hause. Zuerst hatten Rex und ich die Meuten, die uns begegnet waren, wie Nüsse geknackt, aber nach ein paar Stunden hatten die lokalen Mobs gemerkt, was da lief. Kaum kamen wir heran, rannten sie davon und versteckten sich vor uns.

Die Regeln besagten, dass sich in jedem Hexagon eine einmalige Instanz befand. Daher verbrachten wir eine weitere Stunde mit dem Absuchen aller Ecken und Winkel. Allerdings fanden wir die Instanz nicht.

Als die Dämmerung herabfiel, beschloss ich, in mein Haus zurückzukehren. Die Nacht stand bevor, und wenn ich mich überhaupt mit diesen Elite-Trupps der Dunkelheit auseinandersetzte, dann nur in der Nähe meines Schutzbunkers.

Rex brüllte, um allen seine bevorstehende Ankunft anzukündigen, und seine donnernden Schritte brachten meinen Schädel zum Vibrieren. Er war verdammt laut, das war einfach nicht zu leugnen. Um ehrlich zu sein, war ich es langsam satt, neben einem Raumfahrtzentrum herzulaufen, in dem ständig Raketen starteten. Mittlerweile wollte ich den Tyrannosaurus einfach nur noch sicher im Haus unterbringen und eine halbe Stunde Ruhe und Frieden genießen.

Wir näherten uns der Basis in einem Bogen und betraten dabei einen Abschnitt, in dem wir bisher noch nicht gewesen waren. Wer weiß, so hatte ich mir überlegt, vielleicht fand ich dort ja ganz zufällig den Eingang zu einer Instanz...

In der östlichen Ecke, ganz in der Nähe zu meinem dritten Nachbarn, stieg am feuerroten Horizont eine Staubsäule auf. Ich hatte keine Ahnung, was dort vor sich ging, aber ich musste es herausfinden. Ich schickte den

Tyrannosaurus in diese Richtung, sprang dann auf die Spitze seines Schwanzes und hielt mich mit beiden Händen an einem der Stacheln seines Kamms fest. Es gelang mir, ein paar Sekunden oben zu bleiben, doch dann löste sich mein Griff, meine Finger rutschten ab, und ich flog mit dem Kopf voran zu Boden. Fluchend rappelte ich mich auf und lief Rex nach, den Blick nach vorn gerichtet.

Dort fand gerade eine Auseinandersetzung statt, und es war ein sehr ungleicher Kampf. Inmitten einer Herde von Pfeifern stand einsam eine mir sehr vertraute, junge Frau. Die Pfeifer nahmen Anlauf und rammten sie mit ihren stacheligen Stirnen. Schwach versuchte Jovanna — es war in der Tat sie –, die Mobs mit einem behelfsmäßigen Knüppel abzuwehren, den sie aus einem Zweig geformt hatte.

Sie war allein. Es waren keine Einheiten in ihrer Nähe. Woraus folgte, dass sie bislang noch nicht über eine neue Basis verfügte.

„Rex, greif an!" Laut wiederholte ich den mentalen Befehl. Dabei wählte ich alle Pfeifer als Ziel aus.

Johanna sank zu Boden und verbarg den Kopf zwischen den Knien. Mit schnappenden Kiefern leerte Rex den Bereich um sie herum. Die Körper der Pfeifer verschwanden und hinterließen winzige Existenzkristalle. Die Mobs waren solche der Level 2 und 3 gewesen; viele Ressourcen waren hier also nicht zu holen.

„Jovanna, sammele die Beute ein", erklärte ich und hockte mich neben sie. „Du kannst sie bestimmt brauchen. Hallo, übrigens."

„Hallo", antwortete sie heiser und hob den Kopf. „Wirst du mich umbringen?"

„Nein. Hast du bereits ein Hexagon erobert?" Ich wollte sichergehen.

Sie schüttelte den Kopf.

„Wie viel Zeit bleibt dir noch?"

„Weniger als zehn Stunden."

„Steh auf! Wir werden rasch ein paar Ressourcen farmen, und dann kannst du dieses Hexagon erobern."

„Ausgeschlossen! Ich würde es nicht halten können. Entweder kommt Carter zurück, oder der Kerl von dort drüben nimmt es mir wieder ab." Sie deutete in Richtung Osten.

„Wer befindet sich denn dort? Kennst du ihn?"

„Am ersten Tag habe ich aus der Ferne jemanden in dem anderen Hexagon gesehen. Ich habe ihn nicht angegriffen. Anders als er hatte ich noch keine Einheiten."

„Ich verstehe. Sammele die Ressourcen ein — ich möchte etwas überprüfen."

Ohne aufzustehen, griff sie nach einem der Kristalle. Er löste sich auf und hinterließ auf ihren Fingern eine staubige Substanz. „Das waren Ressourcen — vier Punkte."

„Hervorragend. Jetzt nimm dir den Rest, und dann schließt du dich meinem Clan an."

Sie straffte die Schultern. „Das werde ich auf keinen Fall. Wenn ich Mitglied deines Clans werde, bekommst du all meine Ressourcen. Oder bietest du mir das nur an, damit du dich wichtig fühlen kannst?"

Ich fühlte mich wie vor den Kopf geschlagen. „Was meinst du denn damit?", fragte ich sie mit verengten Augen.

„Du kommandierst mich herum! Und überprüfst, ob ich deine Befehle auch ja ausgeführt habe."

„Was redest du denn für eine Scheiße? Du sollst deine Ressourcen behalten. Ich meine, was ist denn, wenn mir etwas passiert? Dann hast du immer noch genügend Punkte, um damit die Kommandozentrale zu aktivieren. Das ist alles, woran ich gedacht habe. Ich habe dich nicht herumkommandiert!"

Ihr Blick wurde sanfter. „Tut mir leid. Weißt du, ein Vasall muss alle Befehle des Clan-Anführers befolgen. Wirklich alle."

„Na ja, das ist doch nur logisch", bemerkte ich.

„Findest du?"

„Ja. Sonst würde bloß Verwirrung herrschen. Die Leute würden zögern, und das verursacht in einem Kampf nichts als Probleme."

Sie wandte sich ab.

„Jovanna, was ist denn los? Himmel, reiß dich zusammen! Es wird bald dunkel sein. Wir müssen eine Entscheidung treffen. Willst du dich meinem Clan anschließen?"

„Nein."

„Hm — du willst dich keinem Clan anschließen, und du brauchst keine Hilfe beim Erobern eines Hexagons... Dann komm einfach mit zurück zu meiner Basis. Ich gebe dir deine Ausrüstung zurück."

Jovanna zögerte. Ich hatte allerdings keine Ahnung, was in ihrem Kopf vor sich ging.

„Okay, also was ist mit diesen Befehlen? Warum bist du dagegen so allergisch? Was geschieht denn, wenn du einen Befehl nicht befolgst?"

„Wenn ein Vasall einen Befehl nicht befolgt, stirbt er."

„Hat Carter damit gedroht, dich umzubringen?"

„Es ist noch viel schlimmer! Carter hat eine Bestrafung aktiviert. Ich habe gesehen, wie ein Zähler rückwärts zählte, bis zur endgültigen Entpersonifizierung. Die Zeit wurde jedes Mal immer kürzer, wenn er den Zähler wieder angestoßen hat. Zuerst waren es zehn Sekunden, dann neun. Mit jeder Aktivierung hatte ich weniger Zeit, dem Befehl nachzukommen." Ihre Augen wurden feucht, und ihre Stimme war so leise, dass ich mich anstrengen musste, sie zu verstehen. „Als am Ende nur noch drei Sekunden übrig waren, habe ich jeden Befehl so schnell ich konnte umgesetzt, um zu überleben. Sogar, als er mir befahl..."

Ihre letzten Worte gingen in Rex' Brüllen unter. Er kam gerade zum richtigen Zeitpunkt.

KAPITEL 10

EIN NEUER VERBÜNDETER

Für mich!

Lone Champion, *Hearthstone*

AUFMERKSAM LIESS ICH den Blick über das Gebiet schweifen und schaute dann zu meinem T-Rex, der etwas anstarrte und aufgeregt brüllte. In etwa 100 Meter Entfernung befand sich am Horizonte ein Punkt, genau dort, wo gerade die Sonne unterging.

Als ich näher hinschaute, entdeckte ich: Der Punkt bewegte sich. Ich hatte keine Ahnung, was das war, und aus dieser Entfernung konnte das System es auch nicht identifizieren.

„Was ist das?", fragte Jovanna und starrte in die Ferne.

„Jemand fliegt in unsere Richtung. Allein. Halt, warte..."

Endlich erschien über der Silhouette eine Systemmitteilung:

Späherdrohne Level 1
Eigentümer: Tafari

„Scheiße!", brüllte ich. „Irgendein Typ namens Tafari verfügt über eine Späherdrohne! Das ist eine nichtkämpfende Einheit, erstellt von einem Modul einer Basis von Level 2!"

„Ist das gefährlich?"

„Nicht an sich, aber das ist nicht das einzige Problem. Die Drohne kostet 1.000 Punkte. Überleg doch nur, wie hoch dieser Tafari bereits gelevelt haben muss, um für so etwas Punkte erübrigen zu können!"

Nun flog die Erkundungseinheit direkt über uns. Aus der Nähe konnte ich sehen, dass die Drohne an eine flache, schwarze Scheibe erinnerte, ein wenig wie eine Schallplatte mit einer flimmernden Oberfläche. Die Geschwindigkeit der Drohne änderte sich ebenso wie die Flugrichtung. Sie bewegte sich von Punkt zu Punkt und verlangsamte dazwischen, als ob sie die Oberfläche absuchen würde.

„Kannst du die Drohne abschießen? Oh, verdammt — sorry. Ich habe ganz vergessen, dass du deinen Stab ja nicht mehr hast."

Angesichts der Richtung, aus der die Drohne kam, folgerte ich: Tafari befand sich irgendwo östlich von uns. Angesichts solcher Nachbarn war es keine gute Idee, an einem Ort zu verharren. Daher war ich nicht gerade begierig darauf, die Unterhaltung mit Jovanna fortzusetzen, die Rex mit seinem Brüllen unterbrochen hatte.

„Jovanna, es wird dunkel. Und gefährlich. Ich gehe zu meiner Basis zurück. Du hast mir geholfen, und jetzt bin ich bereit, dir zu helfen. Ich werde dir deine Ausrüstungsgegenstände zurückgeben. Komm mit, wenn du möchtest."

Ohne ihre Antwort abzuwarten, drehte ich mich um und rannte zurück zu meinem Hexagon. Müde wurde man in dieser Welt ja nicht, und nachdem ich die Gegend bereits untersucht hatte, kam mir Laufen sinnvoller vor als Gehen.

Rex passte sich an meine Geschwindigkeit an, verkürzte seine Schritte und trottete neben mir her. Ich sah nicht zurück.

Ein paar Sekunden später hörte ich Jovanna mir eilends folgen. Als sie mich eingeholt hatte, atmete sie kein bisschen schneller. Sie war nun einmal eine professionelle Sportlerin.

Vor der Basis hielt ich an. Ich lud sie nicht in das

Haus ein. „Warte hier", sagte ich.

Sie nickte. Das war kein Ort, an dem man es sich erlauben konnte, zu nett zu anderen zu sein. Ich ließ ihr Rex da, dem ich mental befohlen hatte, sie zu schützen.

Im Bunker kramte ich in der überdimensionierten Truhe und zog ihre Uniform, ihren Blitzstab und das Messer hervor, das sie mir gegeben hatte.

Ich brachte alles nach draußen und legte es neben ihr auf den Boden. „Möchtest du dich umziehen? Ich kann mich umdrehen."

„Danke. Du musst dich nicht umdrehen", erwiderte sie gleichgültig und zog ihr Tennis-Poloshirt, ihren zerrissenen Rock und ihre weißen Turnschuhe aus. „Sie haben mich entführt, als ich gerade den Tennisplatz für ein Spiel betreten hatte." Sie warf einen bedeutungsvollen Blick nach oben. „Wo hat man dich entführt?"

„Ich war gerade auf dem Rückweg vom Flughafen", erwiderte ich und wandte mich taktvoll ab. „Ich habe bei der Vorauswahl fast meine gesamte Kleidung verloren und bin hier ohne Schuhe gelandet. Und kannst du das glauben — schon während der ersten Stunde bin ich einem Boss in die Arme gelaufen!"

„Wirklich? Und wie ist das ausgegangen?"

„Ich bin gestorben."

„Was? Heißt das etwa, du warst bereits bei deinem letzten Leben angekommen, als Carter und ich dich gefunden haben?"

„So in etwa."

„Und du wolltest dich dennoch nicht seinem Clan anschließen?"

„Nein. Du hast ja alles selbst gehört und gesehen."

„Aber warum denn nicht?", fragte sie verwundert.

„Weil ich unbedingt gewinnen will."

Ein paar Augenblicke lang hörte ich hinter meinem Rücken nichts als ein leises Rascheln. Eine laute Stimme in mir schimpfte mich einen Idioten, dass ich aus reinem Taktgefühl einem potenziellen und inzwischen auch bewaffneten Feind den Rücken zukehrte. Dennoch rührte ich mich nicht, sondern blickte stur in die andere Richtung, fixierte meinen Blick auf eine kleine Gruppe von Pfeifern auf der anderen Seite des Zauns.

„Du kannst dich jetzt umdrehen."

Jovanna saß auf dem Boden und schnürte sich die Stiefel. Sie schob die Enden der Schnürsenkel in den Schaft, stand auf und sprang einige Male auf und ab. „Bist du sicher, dass du gewinnen wirst?"

„Nein, da bin ich mir gar nicht sicher. Aber ich werde jedenfalls nicht aufgeben."

„In Ordnung." Einen Augenblick lang schwieg sie mit gerunzelter Stirn. Dann ging sie auf mich zu und sah mir direkt in die Augen. „Phil, wenn dein Angebot noch steht — bitte lade mich in deinen Clan ein. Wenn nicht, gehe ich jetzt."

Und so wuchs mein Clan um ein Mitglied.

* * *

Als die ersten Strahlen seiner großen Sonne Pibellau trafen, waren Jovanna und ich gerade dabei, Beute zu sortieren. Während der Nacht hatten wir zwei Elite-Mobs und einen Boss erledigt, der sich auf das Gebiet der Basis gewagt hatte. Die Grenzen der Basis zu überschreiten, hatten wir nicht riskiert, und das hatten wir nachts auch für die Zukunft nicht vor. Schließlich ließ die proportionale Anpassung der Gefahren an die Level der Testsubjekte dies nur ständig gefährlicher werden.

Ich hätte Jovannas Punkte für Einheiten nehmen und sie in die Regeneration des Tyrannosaurus investieren können, um ihn noch größer und stärker zu machen, doch ich entschied mich dagegen. Wenn Carter nur ein wenig mehr Glück gehabt hätte, wäre nicht einmal Rex mir eine Hilfe gewesen. Ein einziger gewaltiger Mob für zwei Leute schien mir keine sehr gute Strategie zu sein. Ein Feind musste diesen einen Mob im Kampf nur irgendwie beschäftigen, behindern oder lähmen, musste nur irgendetwas anstellen, und schon standen wir ihm völlig ungeschützt gegenüber. Und was war, wenn wir es mit mehr als einem Angreifer zu tun hatten? Wir brauchten unbedingt einen mächtigen Tank.

Also blätterte ich wieder im Katalog der Spezialeinheiten und nutzte mein Fusionstalent, um unsere Schwadron durch einen starken, gehörnten Triceratops zu verstärken, den ich mithilfe von Jovannas Charisma-Punkten erstellte.

Triceraptops-Tank
Nahkämpfer Level 5
Phils Kampfeinheit
Gesundheitspunkte: 3.200 / 3.200
Angriff: 460-690
Durch Panzerung absorbierter Schaden: 50 %
Maximale Reisegeschwindigkeit: 40 km/h
Gewicht: 12,5 Tonnen
Talente: Angriff!, Hochschleudern!, Provokation

Unser Tank war nicht so groß wie Rex, aber dafür schwerer. Seine Farbe war ganz anders als die Paläontologen der Erde sie sich vorstellten. Nachdem er sich materialisiert hatte, beäugte der grellgrüne, mit blauen Tupfen übersäte Triceratops misstrauisch den Tyrannosaurier, seinen Todfeind.

Rexie war ebenfalls fasziniert. Lange Zeit standen die beiden Dinosaurier da, schätzten sich gegenseitig ein, rieben ihre Schnauzen aneinander, beschnüffelten sich und brüllten.

Während der Analyse ihrer Statistiken erinnerte ich mich daran, wie Carter mit seinen Level 3-Einheiten angegeben hatte. Dank meines Führungsrings hätten sowohl Tank als auch Rex Level 6 erreichen sollen, doch das war nicht geschehen. Das verblüffte mich.

Die Antwort auf diese Frage fand ich im erweiterten Regelbuch: Mobs hatten immer maximal das Level des Moduls, in dem sie erstellt worden waren. Das hieß, dass die wichtigste Aufgabe nach der Öffnung des Portalraster wäre, die Mobs neu zu erstellen — Carters Basis war zu weit entfernt.

Was übrigens Jovanna betraf, die anfangs so zurückhaltend aufgetreten war — sie schien über Nacht aufgetaut zu sein. Neue Eindrücke, eine rasch entstehende Lust auf kämpferische Auseinandersetzungen und eine brennende Neugier, welche Beute dabei zu erobern war, schienen ihre Erinnerungen an die vorübergehende Sklaverei in Carters Clan vertrieben zu haben, oder wenn auch vielleicht nicht vertrieben, dann aber doch verbannt in die fernen, dunklen Winkel ihrer Gedanken. Technisch betrachtet befand sie sich jetzt in genau derselben Situation, nur mit einem anderen Anführer. Da ich allerdings den disziplinierenden Timer mit der Drohung der Entpersonifizierung während der Nacht nicht ein einziges Mal aktiviert hatte, schien sie unsere Beziehung eher als Partnerschaft zu betrachten.

Den größten Aufwand hatte uns der Canavar gekostet, der Standortboss, der dafür verantwortlich war, dass ich die Grube hinabgestürzt war, in der ich das Portal zur Instanz gefunden hatte. Offensichtlich jagte dieses Monster die nächtlichen Elite-Truppen der *Duxios*, Cousins des käferähnlichen Dings, das zwei meiner ersten Raptoren zerquetscht hatte. Der Pfad, den der Canavar bei seiner Jagd einschlug, führte direkt durch die Basis, wo Rex und Tank friedlich zu dösen schienen.

Wir hörten das ängstliche Brüllen des Tyrannosaurus, als Jovanna sich gerade erneut umzog. Diesmal legte sie eine „Verbesserte Uniform für Testsubjekte" an, die das Modul speziell für sie erstellt hatte. Sie war schließlich jetzt meine Verbündete, und 30 % Schadensabsorbtion konnten ihr nur nutzen. Rex, der Wache hatte, warf sich auf den Canavar, den er als die größere Bedrohung empfand, und Tank griff den Duxio an. Ich stürmte aus dem Haus, gefolgt von Jovanna, die sich, bereits im Laufen oder vielmehr Hüpfen, die Hose hochzog.

Die Szene, die sich vor uns abspielte, schien aus einem Hollywood-Film zu stammen. Im Licht von Millionen von Sternen kroch der Duxio herum und riss die Mauer nieder, zog dabei seine aus einer Öffnung hervorquellenden Eingeweide mit sich herum. Aus den Wunden in seinem Chitinpanzer spritzte eine dunkle Flüssigkeit. Tank wich ein wenig zurück, um erneut anzugreifen, senkte den Kopf und stampfte mit dem Fuß auf. Staub wirbelte um ihn herum. Der Tyrannosaurus war zu Boden gezwungen worden und versuchte nun, den achtbeinigen Canavar mit den kräftigen Hinterbeinen von sich zu stoßen. Der Canavar hatte den Dinosaurier mit zweien seiner säulenartigen Beine in den Schwitzkasten genommen und ihm die Krallen seiner Zange an den Hals gelegt, um ihn zu enthaupten.

Begleitet wurde die ganze Action von einem furchterregenden Soundtrack aus Brüllen, Schreien, Kreischen und Donnern.

„Töte den Duxio!", rief ich Jovanna zu und eilte meinem Schoßtier zu Hilfe.

Ich hatte keine Ahnung, wann ich auf einmal solch akrobatische Fähigkeiten entwickelt hatte. Jedenfalls sprang ich im vollen Lauf über die ausgestreckten Zangen des Bosses und rollte mich zur Seite, als die Zangen an dem Ort zusammenschlugen, an dem ich mich gerade eben noch befunden hatte. Ich wich den Beinen des Canavars aus und schaffte es, unter seinem ungeschützten Bauch zu liegen zu kommen, in den ich wieder und wieder Carters heimtückischen Dolch hineinstieß, der das Fleisch wie Papier zerriss.

Der Canavar zuckte zurück und heulte vor Überraschung auf. Der frisch befreite Rex richtete sich geschickt auf und führte den Befehl „Zerschmettere sie!" aus. Es gelang ihm, den Boss zu erledigen. In etwa 100 Meter Entfernung raubten Jovanna und Tank dem Duxio gerade die verbleibenden Gesundheitspunkte. Hilfe brauchten sie dabei keine.

In den frühen Morgenstunden erhielten wir Besuch von einem weiteren Elite-Mob, dem *Odzi*. Das war eine bösartige, schlangenähnliche Kreatur von etwa 520 Metern Länge. Fast eine gesamte pibellauische Stunde verbrachten wir alle vier damit, sie zu bekämpfen, und versuchten dabei immer, uns von ihren zwei Mäulern fernzuhalten. Das Biest verfügte über 10.000 Lebenspunkte, und mein Dolch, Tanks Horn und Rex' Zähne konnten gegen seinen Schuppenpanzer wenig ausrichten. Außerdem verfügte der Odzi auch noch über eine schnelle Regeneration. Ich konnte ihn einfach nicht umbringen, bis mir endlich der Gedanke kam, einen der beiden Köpfe als Ziel für die Aktivierung von Rex' Talent „Zerschmettere sie!" festzulegen. Unter dem Druck gab der eine Schlangenschädel nach. Den zweiten vernichteten wir, sobald die Abklingzeit des Talents des Tyrannosaurus abgelaufen war.

Unsere nächtlichen Siege brachten uns einen Berg von Ressourcen ein. Einschließlich der von der Arbeitseinheit beschafften Ressourcen verfügten wir über genügend Punkte, um mich auf Level 7 und Jovanna auf Level 5 zu bringen. Die verfügbaren 4 Eigenschaftspunkte steckte ich alle in meine Ausdauer. Dadurch verbesserte ich sowohl meine eigene Überlebensfähigkeit als auch die von Rex und Tank.

Jovanna steckte ihre Punkte in Beweglichkeit. Der Grund dafür war der ebenso tödliche wie elegante Bogen, den der Standortboss hinterlassen hatte:

Canavars gnadenlose Kiefer
Fernkampfwaffe. Unbegrenzter Vorrat an Munition.
Er wird angetrieben durch Existenz-Ressourcen (5 %
deiner Punkte für jeden Schuss).
Schaden: 120-180
Wahrscheinlichkeit des Vergießens von Blut: +50 %
Wahrscheinlichkeit der Betäubung: +3 %

„Ist er nicht herrlich?", rief Jovanna aus.

Um ehrlich zu sein, brüllte sie etwas auf Serbisch, aber der integrierte Übersetzer hatte mir diese Bedeutung übermittelt.

„Ja, genau das, was wir brauchen", bestätigte ich zufrieden.

Jovanna war kein Neuling im Fernkampf. Das war genau ihr Talent. Für mich wäre der Bogen lediglich eine Behinderung gewesen. Das lag nicht etwa daran, dass ich nicht gewusst hätte, wie man ihn bediente. Bei dieser Prüfung lernte man die Benutzung einer Waffe in dem Augenblick, in dem man sie aufnahm. Aber dank meiner Übung im Boxen hatte ich mich nun einmal an den Nahkampf gewöhnt. Wie auch immer, die Wahrscheinlichkeit von 3 % für die Betäubung des Gegners — was bedeutete, er würde sich eine Weile nicht bewegen können — konnte eine wichtige Rolle spielen und in einem Kampf, der nicht gut verlief, genau den entscheidenden Augenblick herbeiführen, in dem wir den Spieß umdrehen konnten. Deshalb war ich damit mehr als zufrieden.

Den neuen Tag auf Pibellau begrüßten wir als vollausgerüstete Kampftruppe: Ich, Jovanna und die beiden kleinen Einheiten, Rex und Tank. Aber wo zum Teufel fanden wir jetzt einen Heiler?

✳ ✳ ✳

Die Reparatur der Mauer um die Basis herum kostete mich 10 % ihres Wertes — 22 Existenz-Ressourcen-Punkte. Eigentlich hatte ich die Ressourcen nicht verschwenden wollen, zumal die Mauer mit Sicherheit in der nächsten Nacht erneut zerstört würde, doch ich folgte Jos Rat. Jo, so nannte ich sie jetzt, um Zeit zu sparen.

Als wir damit fertig waren, brachen wir in Richtung Osten auf. Für heute standen zwei hochwichtige Aufgaben an. Die erste war das Sammeln von Ressourcen, damit ich das Integrationsmodul upgraden und all meine Hexagone in einem Portalnetzwerk zusammenfassen konnte. Die zweite war, den Osten bis zur Grenze zu Tafaris Gebiet zu erkunden. Seine Späherdrohne bereitete mir Sorgen. Oder vielmehr bereits die Tatsache, dass ein anderes Testsubjekt über eine solche verfügte. Im Süden und Westen schützte uns das Ende des Prüfungsfeldes, und Erkundungstrips im Norden waren vor einer Installation des Portalnetzwerks reine Zeitverschwendung, denn wir hätten von meinem Hexagon aus mindestens 17 km reisen müssen, um dorthin zu gelangen. Leider konnte ich Tank ebenfalls nicht als Transporttier nutzen.

Wir bewegten uns entlang der südlichen Kante und begaben uns im Zickzack in Richtung Norden, um ein neutrales Hexagon zu erobern. Bis zum Mittag hatten wir uns drei Hexagone gesichert und verfügten nun über insgesamt zwölf. Der Eroberung eines vierten Hexagons stand eine Begegnung mit einem Menschen im Weg.

Ich sah ihn zuerst und signalisierte Jo stehenzubleiben und sich auf den Boden zu legen. Ihre Wahrnehmung war geringer als meine, sie hatte den Feind noch nicht entdeckt.

„Was ist?", fragte sie.

„Vor uns befindet sich ein Testsubjekt. Sein Name ist Zack. Er hat Level 3 und trägt Zivilkleidung, keine Uniform. Einheiten führt er ebenfalls nicht mit sich."

„Hat er uns gesehen?"

Die Frage war nicht ganz so merkwürdig, wie es auf den ersten Blick erschien. Natürlich war es schwer, einen insgesamt 140 Meter langen Tyrannosaurus nicht zu bemerken. Aber solange dieser Typ nicht über eine gesteigerte Wahrnehmung verfügte, verbarg der Nebel des Krieges Rex vor seinen Blicken.

„Ich glaube nicht", antwortete ich. „Möglicherweise ist er nicht allein. Ich werde mal nachschauen gehen. Rex bleibt hier, in Bereitschaft, und du und Tank, ihr schleicht euch von hinten an und findet heraus, ob da noch andere sind."

„In Ordnung." Ich hörte in ihrer Stimme einen Hauch von Enttäuschung.

Wenn ich nicht aufpasste, verbrachten wir den gesamten Morgen mit der Diskussion einer Strategie, bis wir heiser waren. Sie sah sich bereits als Partner auf dem Weg zu einem gemeinsamen Ziel und bestand auf einer totalen Vernichtung unserer Konkurrenten. In ihren Augen war dies der einzige Weg zum Sieg.

„Töte sie alle! Keine Gefangenen! Tyrannosaurus! Triceratops!", brüllte sie in ihrem Bestreben, rasch voranzuschreiten und ein Hexagon nach dem anderen zu erobern.

In ihren Worten steckte eine gewisse Logik, diktiert von den Bedingungen der Prüfung. Je größer das Gebiet war, das wir eroberten, desto mehr Ressourcen konnten wir ernten, und je mehr Ressourcen wir ernteten, desto stärker wurden wir. Sie hatte recht. Nun ja — beinahe.

Was war, wenn jemand ebenso vorging? Carter zum Beispiel? Er musste nur zehn oder zwanzig Leute in seinen Clan aufnehmen — das bedeutete 200 Charisma-Punkte für den Clan, also für Kampfeinheiten. 200 von Carters Blutsaugern plus zehn oder mehr Vasallen, dagegen hatten wir keine Chance. Sie waren uns schlichtweg überlegen. Daher beschloss ich, mit diesem Zack erst einmal zu reden.

Ich näherte mich ihm, ständig darauf vorbereitet, Rex den mentalen Befehl zum Angriff zu erteilen. Er war extrem schnell und konnte in wenigen Sekunden bei mir sein.

„Hallo", begrüßte ich Zack und hob beide Hände, um meine friedlichen Absichten kundzutun.

Er war ein nicht sehr hochgewachsener Kerl mit lockigen Haaren, der in etwa in meinem Alter zu sein schien. Und er zitterte so sehr, dass seine Wangen bebten. Sein Körper war so übergewichtig, er schien mit Bienenstichen aufgeschwollen zu sein. Aber warum denn bloß? Wie konnte man denn nicht abnehmen, wenn das Interface einen dabei unterstützte?

Er lief um den weißen Stein für die Kommandozentrale herum, aktivierte sie jedoch aus irgendwelchen Gründen nicht. Vielleicht verfügte er nicht über genügend Ressourcen. Seine Kleidung bestand aus einem ziemlich mitgenommenen Anzug, dessen Krawatte er gelöst hatte. In der Hand hielt er einen Stock, von dem das Blut der lokalen Mobs tropfte.

„Hallo, Herr..." Er zögerte und blinzelte. „Phil."

„Hat man dich gerade umgebracht?"

„Wie kommst du denn auf den Gedanken?", beantwortete er die Frage mit einer Gegenfrage.

„Deine Kleidung stammt aus der anderen Welt."

Er verfügte über weniger als 1.000 Gesundheitspunkte und meine Intuition warnte mich nicht. Daraus schloss ich, dass er nicht gefährlich war.

„Die Prüfung dauert jetzt bereits ein paar Tage. Du hättest schon längst eine Basis erworben haben müssen, und das erste Modul, das eine Basis dir verschafft, ist das Uniform-Modul. Eine Uniform ist weit effektiver als deine zerrissene Kleidung, und ich bin sicher, du hättest diese Gelegenheit genutzt, wenn sie sich dir geboten hätte. Das bedeutet, man hat dich getötet, und du bist in der Kleidung respawnt, die du bei deinem Eintritt in diese Welt getragen hast. Und wenn ich mir deinen Knüppel so betrachte, hast du die letzten Stunden mit dem Farmen von Ressourcen für die Aktivierung der Kommandozentrale verbracht."

„Ja, du hast recht", seufzte Zack. Er ließ den Knüppel fallen, rieb die Handflächen gegeneinander und streckte die Rechte aus. „Ich bin Zack. Bist du vielleicht bereit für eine Unterhaltung, nachdem du mich nicht gleich umgebracht hast?"

„Das kommt darauf an. Bist du allein hier? Wie hast du dein Leben verloren?"

„Oh, das ist eine lange Geschichte! Sieh mal, ich war ein Praktikant in Jerusalem in..."

„Stopp! Zack, Zeit ist hier eine wertvolle Ressource; fast noch wertvoller als die Existenz-Ressourcen.

Verschwende also bitte weder deine eigene Zeit noch meine. Beantworte einfach rasch meine Fragen und komm zur Sache. Du hast 30 Sekunden, um mir alles zu erklären, und danach werde ich dieses Hexagon erobern."

Ich schob ihn beiseite, begab mich zum Aktivierungsstein und schaute bedeutungsvoll auf meine nicht vorhandene Armbanduhr, auf die ich nun mit meinem Zeigefinger tippte. „20 Sekunden."

„Ich bin hier gelandet, habe die Kommandozentrale aktiviert, eine Weile alles untersucht, Ressourcen gefarmt und alles in meine Entwicklung gesteckt." Auf einmal konnte er sehr schnell reden. „Ich habe mich nicht über die Grenzen hinausgewagt, weil ich zuerst Level 10 erreichen und mir eine Spezialisierung sichern wollte. Dann bin ich einem gewissen..." Er stockte. „... Mike begegnet. Ja, sein Name war Mike. Er hatte keine Waffen. Er war gerade respawnt. Er sagte, ein gewisser Tafari hätte ihn getötet — irgendein schrecklicher afrikanischer Riese, der auf einem Rhinozeros reitet. Dann war Tafari hinter mir her und hat mich umgebracht. Das ist alles."

„Kannst du mir mehr über diesen Tafari berichten?"

„Nein. Er hat ganz plötzlich angegriffen. Und jetzt..."

Er erwähnte nicht, was mit Mike geschehen war. Ich hatte den Eindruck, dass Zack ihn getötet hatte. Aber der Kerl konnte mir den Buckel runterrutschen. Er gefiel mir nicht.

„Die Zeit ist um", beschied ich ihn. „Vielleicht höre ich dir weiter zu — nachdem ich das Hexagon erobert habe. Du machst dich besser vom Acker."

„Nein, warte! Ich flehe dich an!" Er begab sich auf seine Knie, das Gesicht vor Angst verzerrt.

Ich signalisierte Jovanna und Rex, heranzukommen. Zacks entsetzte Schreie gingen in den dröhnenden Schritten meiner Mobs unter. Ich wartete, bis alle versammelt waren und Zack sich wieder beruhigt hatte. Ein paar Minuten war ich bereit, ihm zu geben. Vielleicht konnte er mir mehr über Tafari berichten.

Jo warf ihm einen verächtlichen Blick zu und zog sich in einer stummen Frage den Zeigefinger quer über die Kehle. Ich schüttelte leicht den Kopf. Nein, noch nicht.

Zack wischte sich die Tränen ab. Dabei verschmierte er sich das Gesicht mit Erde und Blut. Er wirkte wie ein molliges Kind, dem die Eltern das ersehnte Spielzeug nicht kaufen wollten. Aus irgendeinem Grund weckte sein aufgedunsenes, kindliches Gesicht mein Mitgefühl.

Endlich stellte er das Heulen ein und war still.

„Warum bist du eigentlich so fett?" Jovanna konnte sich nicht zurückhalten. „Hat das Interface dir nicht empfohlen, auf deine Ernährung zu achten? Und wie zum Teufel hast du die Vorauswahl überstehen können? Weißt du denn nicht, wie gefährlich Organfett für deine Gesundheit ist?"

„Lass ihn in Ruhe, Jo. Zack, worum bittest du mich? Oh, ich verstehe. Wie viel Zeit bleibt dir noch bis zur Entpersonifizierung?"

In seinen Augen glomm ein Hoffnungsfunke. „43 Minuten. Hey! Deine Statistiken und deine Einheiten verraten mir, dass du dich gut geschlagen hast. Hilf mir doch bitte, dieses Hexagon zu erobern, um der Entpersonifizierung zu entgehen!"

Jovanna griff nach ihrem Bogen und spannte die Schnur, den Pfeil direkt auf Zack gerichtet. Ich hob die Hand — sie sollte ihn aussprechen lassen. Vielleicht konnte er sich unserem Clan anschließen. Andererseits, welchen Nutzen würde er uns bringen? Ein Kämpfer war er offensichtlich nicht. Er wäre nichts als eine Belastung.

„Lass mich aussprechen!", sagte er aufgeregt. „Ich habe die Instanz gefunden! Die Instanz, verstehst du? Wisst ihr, was das ist?" Er wartete, bis wir genickt hatten, und fuhr dann fort: „Ich habe keine Waffen. Also wollte ich es nicht riskieren, selbst hineinzugehen. Um ehrlich zu sein, bin ich schon der Begegnung mit den lokalen Mobs nur gerade so mit dem Leben entkommen. Das Portal ist versteckt, ohne mich werdet ihr es nicht finden. Ich habe es auch nur zufällig entdeckt. Und wenn..."

„Wir werden es selbst finden, Phil", fiel Jovanna Zack ins Wort.

„Du hilfst uns mit der Instanz, und wir helfen dir mit dem Hexagon?", fasste ich zusammen. „Und die Instanz befindet sich in diesem Hexagon?"

Zack nickte eifrig. „Ich werde euch nicht im Weg sein, sondern mich einfach um meine eigenen Angelegenheiten kümmern und Mobs farmen. Und du versprichst, mir nichts zu tun... Für mindestens eine Woche."

„Drei Tage."

Er dachte kurz nach und nickte.

„In Ordnung. Führe uns zur Instanz."

Den gesamten Weg über nahm Jovanna den Blick nicht von mir. Ihr Blutdurst war verständlich und ergab als Strategie Sinn, aber meine vernünftige Denkweise war einfach praktischer. Wenn wir die Instanz passierten, verschaffte uns das mehr Ressourcen, als wenn wir Zack zu seinem nächsten Respawnpunkt zurückschickten und das Hexagon eroberten. Zumindest galt das kurzfristig. Außerdem würde uns der Boss der Instanz garantiert etwas Nützliches hinterlassen. Berücksichtigte man außerdem noch, dass die Zeit in der Instanz stillstand, konnten wir uns Zack anschließend immer noch vorknöpfen. In drei Tagen, um genau zu sein.

Momentan bereitete mir nur eines Sorgen — die Frage, ob wir in der Lage waren, unsere Einheiten in die Instanz mitzunehmen.

✳ ✳ ✳

Zack quasselte ununterbrochen und erzählte uns seine Lebensgeschichte. Ich hatte keine Ahnung, ob er sich schon sicher fühlte oder unser Vertrauen gewinnen wollte, damit wir ihn nicht umbrachten, nachdem er seinen Teil der Ansprache erfüllt hatte.

Als wir die Instanz erreicht hatten, eilte Zack davon, um sich weitere 6 Existenz-Ressourcen-Punkte zu beschaffen, damit er das Hexagon erobern konnte.

Jovanna legte mir die Hand gegen die Brust. „Phil, sag mir doch bitte, warum du das gemacht hast. Wir sind auf derselben Seite, also muss ich verstehen, was du tust. Sieh mal, ich bin absolut bereit, dir beim Sieg zu helfen. Schließlich kann ich dann alles behalten, was die Zusammenschaltung mir verschafft hat."

„Was genau soll ich dir denn erklären?"

„Warum hast du ihn nicht umgebracht? Oder warum hast du ihn nicht in den Clan aufgenommen? Dann hätte er dir die Instanz zeigen müssen."

Da Jovanna nun Level 5 erreicht hatte, konnte sie ebenfalls auf das erweiterte Regelbuch zugreifen. Daher hatte sie sich vergewissern können, dass Carter ihr nicht zu viel versprochen hatte: Wenn der Anführer ihres Clans gewann, konnte sie alles behalten, was sie mithilfe des Interface erreicht hatte. Das hatte Hoffnung in ihr geweckt, und ihre ständige Niedergeschlagenheit war durch eine unbändige Begeisterung abgelöst worden. Deshalb betrachtete sie den Clan als ein Team, dessen Kapitän ich war.

Ich ließ mich die Wand entlang nach unten gleiten und setzte mich auf den Boden, damit wir alles besprechen konnten. Nachdem die Zeit in der Instanz ja nicht lief, drängte nichts zur Eile.

„Zuerst einmal — warum habe ich ihn nicht umgebracht? Beim letzten Mal hatte ich gegen dich und Carter nur deshalb eine Chance, weil ich vorher eine Instanz leergeräumt hatte. Jetzt ist mein Level höher, also erwartet uns vielleicht sogar noch mehr Beute."

„Zu schade, dass die Dinosaurier nicht mitkommen konnten", seufzte Jovanna. „Bist du sicher, dass ihnen nichts zustoßen wird?"

Unsere Mobs waren einfach zu groß, sie passten nicht durch den Eingang.

„Sie gehen nirgendwohin. Hier in der Instanz vergeht keine Zeit. Und der Ausgang wird in der Nähe des Eingangs sein. Sie werden nicht einmal bemerken, dass wir weg waren. Auf jeden Fall kommen wir auch ohne sie zurecht."

„Ja, und ich glaube auch nicht, dass jemand es wagt, sie anzugreifen."

„Genau. Also, weiter — warum habe ich Zack nicht in den Clan aufgenommen? Sieh mal, was kostet die Erhaltung eines Vasallen? Auf Level 1 bereits einen Punkt pro Stunde. Zack hat Level 3 erreicht. Das sind also 39 Punkte pro Tag. Allein könnten wir ihn nicht zum Farmen schicken. Er besitzt weder eine Uniform noch Waffen. Also müssten wir ihm alles beschaffen. Das sind weitere Ausgaben. Könnten wir ihn auf unsere Jagdzüge mitnehmen? Wohl kaum. Ein einziger Sarasur Level 7 könnte ihn verschlucken, ohne es auch nur richtig zu bemerken. Das Einzige, was wir tun könnten, wäre also, seine Level zu verbessern und zu hoffen, dass er uns in Zukunft irgendwann einmal nützlich sein wird. Aber die Sache ist die — ich kann ihn einfach nicht leiden. Hast du gehört, wie er uns über seinen Weg zum Reichtum berichtet hat?"

„Du meinst, wie er die Zusammenschaltung dafür verwendet hat, sich die Tochter eines Millionärs zu angeln?"

„Genau. So jemanden will ich nicht in unserem Team haben. Kannst du das nachvollziehen?"

„Und was ist mit mir?", fragte Jovanna leise. „Warst du nur deshalb nett zu mir, weil ich dir bei unserer ersten Begegnung geholfen habe?"

Ich lächelte. „Hast du mal in den Spiegel geschaut?"

„Ja, klar. Wieso? Was stimmt denn nicht?" Verwirrt berührte sie ihr Gesicht.

„Das ist doch genau der Punkt — es stimmt alles."

Verlegen senkte sie den Blick.

„Jo, mach dir keine Sorgen. Er bekommt seine Chance. Wenn er es selbstständig schafft, sich zu verbessern, nehmen wir ihn in den Clan auf. Wenn nicht, erobern wir sein Hexagon. Okay — bist du bereit? Sollen wir mit der Instanz aufräumen?"

Zuversichtlich übernahm ich die Führung in Richtung der ersten Meute an Mobs. Jovanna folgte mir vorsichtig. Dies war ihre erste Instanz. Aber wenn das Regelbuch nicht gelogen hatte, waren alle Instanzen sich ziemlich ähnlich, also erwartete ich keine Überraschungen.

Nun, damit lag ich völlig falsch.

Bereits die ersten vier Quallen, darunter ein Offizier mit Level 9, hätten mir beinahe die endgültige Entpersonifizierung bereitet. Ich hatte Jovanna angewiesen, die Mobs aus der Entfernung abzuschießen, jedoch versäumt, ihr genau zu erklären, welche Sorte Mobs sie angreifen musste.

Das führte dazu, dass die Meute sich aufteilte, kaum dass sie Aggro auf sich gezogen hatte. Das geschah, als sie damit begann, ihre Blitze auf zwei andere Mobs abzuschießen, und nicht auf den Mob, mit dem ich kämpfte. Die Kreaturen, die sie angegriffen hatte, setzten sich sofort in Bewegung. Während sie sich Jovanna näherten, zogen sie das Feuer ihrer Würfelkanonen von mir ab und richteten es auf sie. Ich hatte keine Gelegenheit, meine Mobs zu erledigen, um Aggro auf mich selbst zu ziehen — rasch landete ihre Gesundheit im roten Bereich.

„Aktiviere das nächste Level!" Ich bemühte mich, mir über dem Knallen der Schüsse der Quallen Gehör zu verschaffen.

In ihrer Panik reagierte sie nicht auf meinen Rat, sondern fuhr herum und rannte in der Hoffnung auf mich zu, Schutz zu finden. Ich musste auf sie zu laufen, damit die Feuerlinie sie nicht erreichte. Der Offizier war erledigt, doch ich konnte die Qualle nicht töten, die auf mich losgestürzt war, sonst hätte ich Jovanna nicht mehr rechtzeitig retten können. Am Ende musste ich auf Level 8 upgraden, um meine Gesundheit wiederherzustellen. Anschließend konnte ich die verbleibenden Mobs in aller Ruhe umlegen.

Nach dem ersten Kampf musste ich Jovanna erst

einmal die Grundlagen der Funktionsweise von Instanzen in einem MMORPG beibringen.

„Kapiert? Sie sehen mich und versammeln sich um mich, aber du musst einem von ihnen mehr Schaden zufügen als ich, sonst wirst sofort du zum Ziel ihrer Angriffe. Du musst immer gegen dieselben Mobs kämpfen wie ich!"

„Tut mir leid", lächelte sie verlegen, als ihr klargeworden war, welchen Fehler sie gemacht hatte. „Jetzt habe ich es verstanden."

Sie kam zu mir und strich mir sanft mit dem Finger über die Wange. Dabei wandte sie den Blick nicht ab.

Ich gab sofort nach. Mein ursprünglicher Zorn war schon vor ihrem Lächeln verflogen. Das Mädchen hatte diese Art von Spielen schließlich vorher noch nie gespielt. In Anbetracht ihrer von Tennisunterricht beherrschten Kindheit und Jugend hatte sie überhaupt noch nie Computerspiele gespielt.

„In Ordnung. Ich vergebe nur schnell meine Eigenschaftspunkte, dann können wir weitermachen."

Ich investierte die beiden Punkte für das nächste Level in Stärke. Danach lag sie bei 25, und der Schaden, den ich zufügen konnte, hatte sich weiter erhöht.

Der Rest des „Aufräumens" verlief wie geschmiert. Ich diente als Tank, sammelte die Horden von Mobs um mich, und Jovanna schoss aus der Ferne auf sie. Dadurch verursachte sie Blutungs-DOTs und gelegentlich auch eine Betäubung. Die Level der Mobs lagen zwischen 7 und 9. Anscheinend richtete sich die proportionale Anpassung der Level nicht nach dem Schnitt zwischen meinem und Jos Level, sondern ausschließlich nach meinem Level 7, mit dem ich den Dungeon betreten hatte.

„Sag mal, woher hast du eigentlich deinen Stab?", fragte ich in der Pause, die wir vor dem Boss einlegten. „Da das ja deine erste Instanz ist und du vorher weder Elite-Mobs noch Bosse umgebracht hast."

„Den habe ich auf der Grundlage der Ergebnisse der Vorauswahl erhalten", erklärte Jovanna. „Ich habe dabei weniger Verletzungen erlitten als jeder andere."

„Hat Carter dir gesagt, woher sein Speer und der Dolch stammten?"

„Oh, bitte — als ob er sich das hätte verkneifen können!", lachte sie. „Er musste doch ständig mit allem angeben. Den Speer hat er in einer Instanz bekommen, deren Eingang er ziemlich bald nach der Eroberung seines ersten Hexagons gefunden hatte. Und der Dolch war die Belohnung, weil es ihm gelungen war, einen Boss zu töten, bevor er dir zum ersten Mal begegnet ist. Er hat mir lang und breit von all seinen Erfolgen berichtet, um mich zu überzeugen, dass ich mich ohne jeden Kampf seinem Clan anschließe. Weißt du übrigens, was seine Strategie war?"

„Nein, aber das würde ich zu gern wissen. Wollte er alle anderen Testsubjekte seinem Clan einverleiben?"

„Ob du es glaubst oder nicht — genau das hatte er vor", grinste sie. „Tafari zieht von Hexagon zu Hexagon und tötet alle, denen er begegnet, aber Carter wollte alle um ihn herum so schnell wie möglich gefangen nehmen und den Leuten dann Unabhängigkeit verleihen."

„Aber warum?"

„Nun, damit sich all seine Vasallen selbstständig darum bemühen, zu leveln, und sich auch selbst darum kümmern, die nötigen Ressourcen dafür zu besorgen. Er hat sogar seine Bereitschaft erklärt, bei allem halbe-halbe zu machen. Angeblich würden die Clan-Einstellungen ihm das erlauben. Seinen Worten zufolge konnten dabei alle nur gewinnen. Ich glaube, für Zack wäre das die ideale Situation."

„Und was wollte Carter machen, wenn sich jemand weigerte, Ressourcen zu ernten?"

„Du vergisst den Entpersonifizierungs-Zähler, den er auf jede beliebige Zeit einstellen konnte. Verdammt, warum musste ich dich bloß daran erinnern?" Sie fluchte auf Serbisch vor sich hin.

„Nun mach dir mal keinen Kopf — ich habe nicht vor, den bei dir einzusetzen."

„Na hoffentlich! Jedenfalls, er konnte den Zähler zum Beispiel daran ausrichten, ob es einem Clan-Mitglied gelungen ist, eine bestimmte Menge an Ressourcen zu farmen. Nehmen wir einmal an, er legt als Standard 600 Punkte pro Tag fest. Wie du das aufteilst, bleibt dir überlassen, aber wenn du es nicht schaffst, wirst du entpersonifiziert.“

Ich musste lachen. „Eine interessante Strategie. Ernsthaft — die ist auf jeden Fall überlegenswert. Und warum ist er zu mir gekommen? Hatte er Angst, ihr beide würdet es allein nicht schaffen?“

„Das war reiner Zufall, dass wir in dein Hexagon geraten sind. Carter hat gedacht, es wäre verfügbar. Als er dann bemerkte, dass du dich bereits dort eingenistet hattest, war er richtig glücklich darüber. Er war sich sicher, dass du diesmal zustimmen würdest und er nicht einmal die Ressourcen aufbringen müsste, um das Hexagon zu erobern.“

„Tja, da hat er sich verrechnet.“

„Allerdings. So, kümmern wir uns jetzt um den Boss?“

„Klar. Aber lass uns erst eine Strategie festlegen.“

Der Boss der Instanz war genau derselbe wie beim letzten Mal. Unterschiede bestanden lediglich im Level und im Namen — oder vielmehr, in einem Buchstaben des Namens:

Reniza'Nasi
Lokaler Boss
Level 10
Lebenspunkte: 4.150

Ich erinnerte mich daran, was ich beim ersten Kampf mit der Überschall-Superqualle erlebt hatte, betrachtete die Energiefaust, den Säuredolch der Vernebelung, Canavars gnadenlose Kiefer und Jovannas donnernden Blitzstab, und begab mich voller Zuversicht in die Schlacht.

Nach nur sechs Sekunden Kampf zeigte sich die Wirkung des Dolches: sofortiger Tod. Der Boss hinterließ einen großen Existenzkristall mit fast 1.500 Punkten (diesmal hatte sich die Wahrscheinlichkeit doppelter Beute realisiert) und einen Dolch.

Nein, das war nicht einfach nur ein Dolch — es war die Königin aller Dolche!

Niederträchtiger Dolch der Abschöpfung
Heimtückische Nahkampfwaffe. Jeder Angriff stellt aus dem zugefügten Schaden 25 % der Gesundheit des Eigentümers wieder her.
Er wird angetrieben durch Existenz-Ressourcen (5 % deiner Punkte für jeden zugefügten Schaden).
Schaden: 150-180

Als ich den Dolch aufnahm, veränderte der Griff seine Form und umhüllte meine Faust. Ein brennender Schmerz wie von Tausenden scharfer, nadeldünner Tentakel, die bis zu den Adern hinab in meine Haut eindrangen, schoss durch diese Stelle.

Ich keuchte vor Pein.

„Ist alles in Ordnung?", fragte Jovanna besorgt, als sie sah, wie sich mein Gesicht vor Qual verzerrte.

„Ja, ja — alles bestens." Sogar ich selbst erschrak darüber, wie verändert, wie heiser meine Stimme auf einmal klang.

„Na prima." Sie nickte befriedigt. „Und was haben wir jetzt vor?"

„Unvollendete Angelegenheiten sind ein Zeichen geistigen Verfalls. Ich glaube, wir können uns Zack greifen, bevor er das Hexagon aktivieren kann."

Aus irgendeinem Grund wich Jovanna entsetzt zurück. „Was meinst du damit?"

„Nun komm schon — erledigen wir diesen Versager!"

KAPITEL 11

ICH MÖCHTE DIESE GELEGENHEIT NUTZEN...

> Wie kommt es, dass es zu den schwierigsten Dingen auf der Welt gehört, einen Vogel davon zu überzeugen, dass er frei ist? Und davon, dass er das selbst erproben kann, wenn er nur ein wenig übt? Warum ist das bloß so schwer?
>
> Richard Bach, *Die Möwe Jonathan*

„MERKE DIR DIE Namen: Ola, Eddy, Jovanna, Manu, Carter, Leti, Zack, Ken. Kapiert?" Ilindi wartete auf mein Nicken und wiederholte dann: „Ola, Eddy, Jovanna, Manu, Carter, Leti, Zack, Ken."

Kaum hatten wir uns vor dem niedrigen Tisch auf dasselbe Sofa gesetzt, auf dem wir schon einmal gesessen hatten, wiederholte sie diese Namen wieder und wieder und befahl mir, sie mir einzuprägen. Die ganze Zeit, während ich meinen Kaffee trank, trichterte sie mir die Namen ein, und sie setzte es fort, nachdem die Tasse leer war. Es kam mir vor wie zehn Minuten entweder einer Gedächtnisübung oder aber einer Meditation. Ganz sicher war ich mir nicht, was es denn nun war.

„Ola, Eddy, Jovanna, Manu, Carter, Leti, Zack, Ken." Ich hatte überhaupt keine Probleme damit, die Namen zu behalten.

„Und jetzt wiederhole sie rückwärts. Und anschließend in jeder beliebigen Reihenfolge."

Ich gehorchte und sah sie an, bat sie schweigend um eine Erklärung.

„Du musst die Namen in dein Langzeitgedächtnis aufnehmen, Phil. Das ist wichtig. Es gibt da eine Hypothese — und meine persönliche Erfahrung bestätigt sie –, dass im Infospace eine Verbindung zwischen dir und deiner Nachbildung aufrechterhalten wird. Hattest du vielleicht im Laufe der letzten Tage merkwürdige Ideen oder Gedanken? Träume?"

„Ich glaube nicht", antwortete ich und forschte in meinen Erinnerungen seit der Entführung.

Gestern hatte ich Kostya und Julie zum Flughafen gebracht. Am Abend war es in einem Nachtclub zu einer Auseinandersetzung mit dem Sohn des ersten stellvertretenden Bürgermeisters gekommen. Heute Morgen hatten wir uns im Büro zu einer Notfallbesprechung versammelt, anschließend hatte ich mein Aussehen upgegradet und war zum Klassentreffen gegangen. Halt — da war doch etwas... „Weißt du was? Heute Nacht habe ich von Dinosauriern geträumt. Aber das kann wohl kaum etwas damit zu tun haben, oder?"

„Dinosaurier? Diese ausgestorbenen, versteinerten Reptilien? Hm..." Ilindi hätte, wie sie sich so nachdenklich die Nase rieb, kaum menschlicher aussehen können. „Deren intelligente Unterspezies hat bei der Diagnose schon vor 100 Millionen Jahren versagt. Es ist höchst unwahrscheinlich, dass dies etwas mit der Prüfung zu tun hat. Wie auch immer — du musst diese Namen immer wieder hersagen. Vielleicht versteht der andere Phil, wenn er auf eines dieser Testsubjekte trifft."

„Und was bitte soll er verstehen? Wie soll er denn einen Zusammenhang sehen, wenn ich überhaupt nicht weiß, was du meinst? Kannst du mir die Sache nicht endlich erklären? Du hast von einem Fiasko auf Pibellau gesprochen. Was ist Pibellau? Und was für Probleme gibt es dort?"

Ilindi lehnte sich zurück und legte die langen, wohlgeformten Beine auf den Tisch. „Hast du etwas dagegen, wenn ich es mir bequem mache? Danke. Wie du ja bereits weißt, haben Nick Valiadis und ich bei ein paar Testsubjekten eine andere Version des Interface installiert, darunter auch bei dir. Die Version der höherrangigen Rassen zielt auf Kämpfer und Egoisten ab und fördert ein Levelup unter den entsprechenden Gesichtspunkten. Unsere Version unterstützt die Entwicklung des Verantwortungsgefühls und des sozialen Status und belohnt sozial bedeutungsvolle Handlungen. In dieser Welle der Prüfung sind insgesamt neun Leute wie du dabei, mit einem hohen sozialen Status — neun von den 169 Testsubjekten. Und nur einer von ihnen, ein Kerl mit dem Namen John Carter, hat sich gut geschlagen und befindet sich bereits unter den zehn besten Teilnehmern. Alle anderen Testsubjekte mit hohem sozialem Status entwickeln sich nur langsam, und du bist unter allen der langsamste."

„Ich? Läuft denn alles so schlecht?" Das Blut stieg mir ins Gesicht und meine Kehle wurde trocken. Das Sprechen fühlte sich an, als ob meine Zunge aus Holz wäre.

„Extrem schlecht, Phil. Deine Nachbildung, Phil 2, hat bereits zwei Leben verloren und ist bei seinem letzten Leben angekommen. Wenn er nicht innerhalb eines Tages eine neue Basis erobert, wird er entpersonifiziert, und du verlierst alles, was du erreicht hast. Deshalb ist es ungeheuer wichtig, dass diese Leute mit unserer Version des Interface sich dort auf Pibellau zusammenschließen und gemeinsam vorgehen. Nur dann haben sie eine Chance."

Ich schwieg lange. Ich wusste nicht, was ich sagen sollte. Nichts hing von mir ab, und keiner der Fehler, den dieser andere Phil machte, war meine Schuld — und dennoch war letztlich ich verantwortlich.

Es entging Ilindi nicht, welche Verzweiflung sich auf einmal auf mich herabgesenkt hatte.

Sie flüsterte etwas. Eine heilende Welle schlug über

mir zusammen, zog die Erschöpfung aus meinem Körper und meinem Geist. Noch war nicht alles gelaufen — ich hatte noch immer eine Chance.

„Stacy..." Ich war jetzt ein wenig aufgeregter, nannte sie, ohne nachzudenken, bei ihrem irdischen Namen. „Du hättest mir diese acht Namen auch auf andere Weise kommunizieren können. Musstest du dafür wirklich in meine Wohnung kommen?"

„Als ich das letzte Mal eine Kugel der Verschwiegenheit in deiner Wohnung errichtet habe, hat das meine gesamten Geistreserven verbraucht. Du kannst mir gern glauben — einfach ist das nicht. Nicht einmal hier auf beengtem Gebiet, und anderswo ist es so gut wie ausgeschlossen. Jedes Mal, wenn ich das tue, schwächt die Abklingzeit mehrere Tage lang meine Fähigkeiten."

„Kugel der Verschwiegenheit? Wovon redest du?"

Aus dem Zusammenhang wurde zwar mehr oder weniger klar, was sie meinte, aber ich wollte eine Erklärung.

„Der Ort, an dem wir jetzt gerade sitzen, ist ein von einer Kugel geschützter Raum." Mit der Hand zog sie einen Kreis, um die Grenzen der Kugel anzudeuten. „Aus diesem Raum können keine Signale zum Infospace vordringen, und wir können uns unterhalten, ohne fürchten zu müssen, die Aufmerksamkeit der leitenden Aufsichtsperson auf uns zu ziehen. Wenn er herausfindet, dass Nick und ich uns in den Fortschritt der Prüfung einmischen, hat das Konsequenzen, die nicht wieder rückgängig zu machen sind. Es könnte sogar zu einer endgültigen Disqualifikation unserer Rassen führen."

„Diese leitende Aufsichtsperson — ist das jemand wie Khphor?"

„Er ist der oberste Richter der höherrangigen Rassen. Er bewertet nach der Abstimmung der Beobachter die Leistung der Testsubjekte und trifft die Letztentscheidung darüber, wer zum Gewinner erklärt wird oder wie die Teilnehmer zu bestrafen sind."

„Worin besteht denn diese Prüfung? Was müssen die

Leute dort machen?"

Ilindis geduldige Erklärungen ließen in mir das Bild eines versteckten Winkels der Galaxie entstehen, in dem ich verschwunden war, oder vielmehr meine Nachbildung.

Die höherrangigen Rassen hatten einen entfernten kleinen Planeten mit dem Namen Pibellau im Abschnitt des Sternbilds Sagittarius speziell für die Prüfungen umgestaltet. Es gab dort zwei Sonnen, eine große und eine kleine. Die kleine war eine künstliche Sonne, die die ausgestorbenen Zivilisationen von Pibellau an ihren Ort gebracht hatte. Natürliche Satelliten gab es keine. Das nächtliche Licht stammte ausschließlich von einer Vielzahl von Sternen. Tagsüber war der Himmel violett, in verschiedenen Schattierungen bis hin zu einem schmutzigen Braun. Die Flora erinnerte im Aussehen an die der Erde. Aber das war es auch schon mit den Ähnlichkeiten. Auf Pibellau waren die Pflanzen fleischfressende Raubwesen, künstlich für die Prüfungen geschaffen. Sie verbreiteten sich immens, nachdem es dort keine Pflanzenfresser gab. In der Nacht verschwanden die Spezies vom Tag irgendwo und riesige Monster trieben ihr Unwesen. Man entkam ihnen nur in einem Schutzraum.

Das gesamte Feld der Prüfung war in sechseckige Formen unterteilt, die Hexagone genannt wurden. Eine Seite eines Hexagons war weniger als drei Kilometer lang. Das „Zuhause" jedes Testsubjekts war umgeben von jeweils sechs neutralen Hexagonen, und ein Energiefeld, das für Tiere undurchdringlich war, bildete die Grenze eines Hexagons.

Jedes Testsubjekt verfügte über drei Leben. Wenn aggressive Fauna einen Teilnehmer tötete, fand sein Respawn in seinem Heimathexagon statt. Wenn ein Teilnehmer von einem anderen Testsubjekt umgebracht wurde, verlor er all seine Besitztümer und Ressourcen, ebenso wie all seine Hexagone. Alles fiel demjenigen zu, der ihn erledigt hatte. Anschließend fand der Respawn des Testsubjekts im nächstgelegenen Hexagon statt, das nicht notwendigerweise neutral war. Wenn bereits alle Hexagone von Teilnehmern in Besitz genommen worden waren, respawnte das Testsubjekt an der Grenze eines nach dem Zufallssystem ausgewählten Hexagons im Prüfungsfeld.

Die Tage auf Pibellau waren länger als die auf der Erde, jedoch in nur 13 Stunden unterteilt. Das war allerdings rein relativ und hatte seinen Ursprung in der Chronologie der Vaalphor. Das Merkwürdigste war allerdings, dass die Zeit auf Pibellau schneller lief. Ein Tag auf der Erde bedeutete weit mehr als einen Tag auf Pibellau.

„Das erinnert mich an ein Computerspiel", fasste ich Ilindis Beschreibung zusammen. „Man erobert und entwickelt Basen, hat ein paar Leben, und es gibt sogar Mobs. Vielleicht droppen die auch Beute, wenn man sie umbringt?" Die Absurdität dieses Gedankens brachte mich zum Lachen.

„Beute?", wiederholte Ilindi verwirrt und zuckte mit den Schultern. „Ich verstehe nicht, was du meinst. Die Prüfung läuft schon seit Millionen von Erdenjahren auf gleiche Weise ab. Es ist ein Krieg, und in einem Krieg ändert sich nichts, auch wenn die Beteiligten alle für sich selbst kämpfen, in einem anderen Sektor der Galaxie."

„Hast du auch an der Prüfung teilgenommen?"

„Was für eine blöde Frage, Phil! Natürlich! Ich habe teilgenommen und gewonnen. Anschließend bin ich mit meiner Nachbildung verschmolzen und konnte mich an alles ‚erinnern'. Wie auch immer — das war alles für den Augenblick. Tut mir leid, aber ich muss aufbrechen. Ich kann nur hoffen, dass mein Kommen zu etwas Sinnvollem führt."

Die letzten Worte sprach sie mehr zu sich selbst als zu mir.

„Wohin wirst du jetzt gehen?", erkundigte ich mich.

„Ich muss zum Flughafen. Zuerst geht es nach Südafrika, dann in die Vereinigten Staaten und anschließend weiter nach Kolumbien. Ich werde Carter, Eddy und Manu aufsuchen und mit ihnen dieselbe

Unterhaltung führen wie gerade mit dir. Nick ist bereits unterwegs, über Kasachstan nach Kamerun, um sich mit Ken und Ola zu treffen. Leider kann man diese Dinge nicht am Telefon abhandeln."

Ich brachte sie zur Tür. Sie drückte mir einen flüchtigen Kuss auf den Mund und trat hinaus.

Nachdem sie den Knopf des Aufzugs gedrückt hatte, drehte sie sich noch einmal zu mir um. „Wiederhole die Namen!"

Ich zitierte erneut die potenziellen Kampfgefährten von Phil 2, und Stacy alias Ilindi verschwand in den Tiefen des Aufzugs.

Als ich die Wohnungstür schloss, kam mir eine Idee. Ich setzte mich auf das Sofa und rief Martha herbei. Nachdem wir ein paar Nettigkeiten ausgetauscht hatten, verschwendete ich keine weitere Zeit, sondern kam gleich zur Sache.

„Meine genaue Nachbildung nimmt an der Prüfung teil, richtig?"

„Das stimmt."

„Wenn er als genaue Nachbildung von mir durch das Portal gegangen ist, muss er auch eine Kopie von dir besitzen, oder?"

„Das ist möglich", antwortete Martha ausdruckslos.

„Ist es nur möglich, oder ist es definitiv so? Kannst du eine Verbindung zu ihr herstellen?"

„Selbst wenn, und selbst wenn ich es versuche und keine Antwort erhalte, was soll das erreichen? Aber gut..." Ich spürte, wie eine unsichtbare Hand mein Gehirn berührte. „So, ich habe die Daten exportiert. Ich verstehe, was die Aufgabe ist."

„Ach? Dann sag es mir doch."

„Ola, Eddy, Jovanna, Manu, Carter, Leti, Zack, Ken. Deine Nachbildung muss erfahren, dass dies mögliche Verbündete sind. Ich habe ein verschlüsseltes Signal an den universellen Infospace gesendet. Aber selbst wenn Martha 2 in der Lage ist, es zu empfangen — wie bitte soll sie diese

Informationen denn an Phil 2 weiterleiten? Das Interface ist bei deiner Nachbildung noch immer installiert, aber ich bin mir sicher, der Zugriff darauf ist gesperrt. Sonst gäbe es ja einen Konflikt zwischen den beiden Interface-Versionen — das Interface für die Prüfung arbeitet nach ganz anderen Grundsätzen. Um genau zu sein, funktioniert die ganze Sache mit deiner Nachbildung nur durch eine Veränderung der lokalen Schichten der Realität."

„Ich will verdammt sein, wenn ich dir diese Frage beantworten kann, Martha. Aber wenn da auch nur eine Hoffnung von einem Milliardstel eines Prozentes besteht, das mir das helfen kann, das Interface zu behalten — und damit auch dich, Martha! –, ist es die Sache wert. Ähm... was machst du denn da?"

„Bleib ganz ruhig!"

* * *

Die neue Woche musste genau den Ärger bringen, den ich erwartete, einschließlich der ohne jeden Zweifel vom rachsüchtigen Sohn des ersten stellvertretenden Bürgermeisters hervorgerufenen Schwierigkeiten. Von meinem Versagen in der Prüfung und den dadurch drohenden Konsequenzen einmal ganz abgesehen.

Doch das erste Problem, das mir am Montagmorgen begegnete, war ein ganz einfaches und gewissermaßen sogar witziges. Ich hatte nichts anzuziehen! Meine gesamte Kleidung war mir zu klein geworden. Selbst die Jeans, die mir vorher zu weit gewesen waren, wollten meine massiven Waden- und Oberschenkelmuskeln nicht mehr aufnehmen.

Den gesamten Sonntag hatte ich mit Experimenten mit meiner Stärke verbracht. Meinem klugen, aber oft sehr unpraktischen Kopf war eine Idee gekommen, die ich Martha zu verdanken hatte.

Man könnte natürlich glauben, dass ein virtuelles Wesen, das lediglich in meinen Gedanken existiert, nicht physisch erfahren werden kann. Schließlich hatte ich Marthas Berührung schon vorher zu spüren bekommen und kaum bemerkt. Aber warum eigentlich hatte ich sie nicht stärker empfunden?

Darüber hatte ich nachgedacht, als sie mich angewiesen hatte, ruhig zu bleiben, mich zu entspannen und die Augen zu schließen. Denn auf einmal konnte ich es tatsächlich körperlich wahrnehmen, wie ihre Finger in meinem Kopf unterwegs waren, über jeden Zentimeter meiner Haut glitten und die Anspannung daraus entfernten. Es wurde mir nicht einmal bewusst, dass ich einschlief. Mitten in der Nacht war ich aufgewacht, hatte mich ausgezogen und war zu Bett gegangen.

Als ich am Morgen erwachte, beherrschte mich ein brennender Gedanke: Warum bitte ging ich eigentlich nur jeden zweiten Tag ins Fitnessstudio, nachdem der Interface-Verstärker ja dafür sorgte, dass ich mich weit schneller erholte als normale Menschen? Bodybuilder trainierten schließlich auch jeden Tag, und die mussten ganz ohne Interface auskommen.

Im Laufe des Tages machte ich drei Abstecher in den Fitness-Club. Dazwischen legte ich ein kurzes Schläfchen von anderthalb Stunden ein und nahm einen Snack zu mir. Insgesamt schüttete ich literweise Protein-Shakes in mich hinein. Mein erster Besuch fand früh am Morgen statt, als sonst noch keiner da war, und mein letzter spät am Abend, kurz bevor das Fitness-Studio seine Tore schloss.

Schon nach meiner zweiten Session konnte ich sehen, dass meine Idee funktionierte. Meine Stärke wuchs konstant, meine Muskeln erholten sich rasch und bauten neue Fasern auf.

Der Manager, der die Aufsicht führte und der Einzige war, der all meine Workouts an dem Tag hatte beobachten können, verbarg sein Erstaunen eine Weile lang gut. Doch als ich zum dritten Mal auftauchte, konnte er sich endlich nicht länger zurückhalten. Er kam zu mir. Ich keuchte und schwitzte gerade unter der Langhantel. Er wartete, bis ich mein Set an Übungen angeschlossen hatte, dann bemerkte er spöttisch: „Ich weiß ja nicht, ob dir das schon aufgefallen ist — aber du verschwendest nur deine Zeit."

„Ach ja? Tue ich das? Und warum?"

„Du bringst deine Muskeln um. Es ist überhaupt nicht gut, so viel Sport zu treiben. Du wirst dich noch verletzen. Du übertreibst es einfach."

Er hielt mir einen langen Vortrag über all die Dinge, die mir keineswegs neu waren. Ich unterbrach ihn nicht. Ich dachte mir, es wäre am besten, ihn ausreden zu lassen. Es waren nicht viele Besucher da, also war ihm wahrscheinlich langweilig. Außerdem war mir bereits aufgefallen, dass Sportratten sich gern über alles Mögliche austauschen. Natürlich wichen die Informationen, die sie unbedingt verbreiten mussten, oft voneinander ab oder widersprachen sich sogar, aber das spielte ja keine Rolle. Die Hauptsache war: Diese Leute waren einfach freundlich. Und gesprächig.

„Danke, ich hab's kapiert", sagte ich, als er kurz Atem holte und mir so die Gelegenheit verschaffte, etwas einzuwerfen. Ich wischte mir den Schweiß von der Stirn und begann mit dem nächsten Satz an Übungen.

Bevor ich die Langhantel wieder aus dem Stand nahm, sagte ich noch: „Du hast ja vollkommen recht. Aber wie kommt es dann, dass ich heute Morgen mit Gewichten Probleme hatte, die 20 Kilo leichter waren als diejenigen, die ich gerade stemme?"

Der Manager wedelte nur mit der Hand und marschierte davon. Wahrscheinlich dachte er, dass es keinen Sinn hatte, einem so verblendeten Narren Vernunft einreden zu wollen.

Um genau zu sein, stemmte ich sogar mehr als nur um 20 Kilo schwerere Gewichte. Nachdem ich die Trainingspläne der Lifter[9] studiert hatte, statt der der

---

[9] Lifter (Jargon) ist ein Powerlifter. Das Powerlifting ist ein auf Stärke basierender Sport, bei dem der Sportler versucht, das schwerstmögliche Gewicht zu heben. Die Unterschiede zum einfachen Gewichtheben bestehen unter anderem in den Positionen beim Stemmen der Gewichte.

Bodybuilder, hatte ich meine Trainingsmethoden komplett umgestellt und konzentrierte mich nun auf lediglich drei Grundübungen. Jetzt trainierte ich mit schwereren Gewichten, jedoch weniger Wiederholungen. Es überraschte mich selbst, was ich dabei bewältigte. Bei meiner dritten Session schaffte ich beim Bankdrücken 75 Kilo und beim Kreuzheben 155 Kilo. Eine Online-Recherche bestätigte mir, dass ich damit zwar noch nicht das Niveau eines Profis erreicht hatte, jedoch bereits als guter zweitklassiger Powerlifter einzustufen war.

Das System reagierte ganz merkwürdig. Es brauchte lange, um die neuen Daten zu verarbeiten, und dann spuckte es eine ganze Reihe Steigerungen meiner Stärke auf einmal aus. Nach jeder Session wurde es mehr.

Das bedeutete, dass ich meine Eigenschaft der Stärke bis zum Ende des Wochenendes auf 19 gebracht hatte. Das hatte mir 6.000 Erfahrungspunkte eingebracht, plus weitere 3.000 für den ganz unerwarteten dreifachen Anstieg in meiner Ausdauer. Das war also offensichtlich eine Nebenwirkung des Krafttrainings.

Auch wenn meine Fortschritte anschließend gewaltig nachließen — den enormen anfänglichen Zuwachs hatte ich der Tatsache zu verdanken, dass ich gerade ein Leistungsplateau überwunden hatte und das System meine Stärke neu bewertete — rückte dennoch dadurch der Level 20 im sozialen Status, den ich so verzweifelt erringen wollte, immer näher.

Der Montagmorgen zeigte mir nun, wie viel ich an Muskelmasse zugenommen hatte. Meine Brustmuskeln waren massiger geworden, genauso wie meine Rückenmuskeln. Das Einzige, was mir noch passte, war ein riesiges T-Shirt, das vorher wie ein Zelt an mir herabgehangen hatte und nun hauteng anlag, als ob ich ein männliches Model wäre. Natürlich hätte ich so im Büro auftauchen können, allerdings musste ich ja immer noch erklären, warum sich die Farbe meiner Augen und Haare verändert hatte — das war einfach zu viel der Erklärungen.

Also machte ich auf dem Weg zur Arbeit einen Abstecher in ein Einkaufszentrum.

Ich wählte das erste Hemd, das mir über den Weg lief, griff mir einen billigen Anzug und zog mich in der Kabine um. Nun konnte ich nur hoffen, dass den anderen nichts auffallen würde.

Kaum war ich im Büro eingetroffen, bestätigte es sich, dass die meisten Leute Veränderungen im Aussehen anderer oft überhaupt nicht bemerken, vor allem nicht bei Männern. Außer Veronica reagierte niemand auf die Veränderungen. Die allerdings nahm mich, als wir uns auf der Treppe begegneten, sofort beiseite und fragte: „Was ist los? Trägst du etwa eine schusssichere Weste?"

„Wie kommst du denn auf die Schnapsidee?"

Sie schob die Hand unter mein Jackett und tastete meine Brust und Schultern ab.

„Hey, was soll das? Was ist, wenn Alik sieht, wie du mich anfasst?"

„Ach, nun komm schon — du bist doch für mich so etwas wie ein großer Bruder!" Ihre Hand fand meinen Oberarm. Unwillkürlich spannte ich ihn an. „Wow! Nun schau sich einer diese Muskeln an! Treibst du etwa Kraftsport? Geil!"

„Benimm dich, Veronica!", mahnte ich und versuchte, mich ihr zu entziehen.

Sie sah mich aufmerksam an. „Trägst du etwa gefärbte Kontaktlinsen? Und deine Haare... Hm... Irgendetwas ist an dir anders. Ich bin mir nur nicht sicher, was es ist... Hast du etwa eine Verschönerungskur hinter dir?"

„Ja", musste ich lügen. „Das hatte ich doch nötig, oder?"

Sie trat einen Schritt zurück, betrachtete mich von Kopf bis Fuß und hielt den Daumen hoch. Das war gut genug für mich.

Ich ging den Flur entlang. Im Rücken spürte ich ihre Blicke. Zuerst machte ich einen Rundgang durch die verschiedenen Büros, um alle zu begrüßen. Es wirkte alles ganz normal, dennoch war ich körperlich angespannt.

Der Grund dafür offenbarte sich wenig später.

Das übliche Manager-Meeting am Montagmorgen verlief zunächst wie immer. Die Abteilungsmanager berichteten lebhaft über ihre Pläne für die Woche. Alik erklärte, das neue Büro stünde für uns bereit, und Herr Katz und Rose brachten uns über ihre Vorbereitungen für die befürchteten behördlichen Überprüfungen aufs Laufende. Erst danach, und nach gewissem Zögern, bat Kesha Dimidko darum, erneut etwas sagen zu dürfen.

„Phil, über uns werden in der Stadt ein paar böse Gerüchte verbreitet. Ich hätte sie gar nicht erwähnt, aber heute Morgen haben mich zwei Kunden darauf angesprochen."

„Du musst schon etwas genauer werden, Kesha."

„In Ordnung. Die Gerüchte fallen in zwei Kategorien. Einige betreffen die Firma, andere ausdrücklich dich. Über Letzteres will ich jetzt keine weiteren Einzelheiten preisgeben. Wenn du willst, kann ich es dir nachher unter vier Augen erklären."

„Was behauptet man über die Firma?"

„Dass wir unsere Partner fallenlassen, wichtige Mitarbeiter vertreiben und unsere vertraglichen Verpflichtungen nicht einhalten. Man sagt, wir seien erst seit Kurzem im Geschäft und unser Direktor und Miteigentümer sei..." Kesha unterbrach sich, als ihm bewusst wurde, er hatte bereits zu viel gesagt.

„Was meinst du damit?" Gleb klang verwirrt. „Unser Direktor ist doch Phil, oder?"

„Ich möchte wissen, was genau man behauptet", bemerkte Veronica. „Kesha, bitte führe deinen Satz zu Ende."

„Sie sagen, Phil sei ein psychopathischer Schwindler."

Das überraschte mich wirklich. „Und was genau soll das bedeuten?"

Herr Katz runzelte die Stirn und schüttelte den Kopf.

Kesha hatte die Situation offensichtlich bereits mit ihm durchgesprochen.

Ich musste alle daran erinnern, wer hier der Boss war. „Kesha, sag es uns einfach. Wir sind doch hier unter Freunden."

„Aber Herr Katz hat mir geraten..."

„Genau, das habe ich!", unterbrach Herr Katz ihn zornig. „Das Privatleben des Direktors hat mit Firmenangelegenheiten nichts zu tun."

„Mark, beruhige dich!", mischte sich Rose ein. „Denke an dein Herz..."

„Das habe ich nicht vergessen", winkte er ab. „Aber ich empfehle dringend, dass wir verleumderische Gerüchte über Herrn Panfilov nicht vor allen kommunizieren."

„Nun kommt schon, das reicht!" Ich stand auf. „Jungs, ihr wisst, dass wir zuerst Freunde und erst in zweiter Linie Kollegen und Partner sind. Wie auch immer, ich bin mir sicher, es wird alles noch viel schlimmer, wenn ich keine Chance habe, dem Unsinn entgegenzutreten, den die Leute hinter meinem Rücken verbreiten. Kesha?"

„Es ist besser, wenn ich es euch berichte", meldete sich Herr Katz erneut zu Wort. Er nahm einen Schluck Tee und räusperte sich. „Die Gerüchte finden immer weiter Verbreitung. Offiziell kann man uns kaum etwas vorwerfen. Wir sind eine junge Firma, bislang ohne Probleme und Fehlschläge, und keiner der Anteilseigner hatte jemals Ärger mit dem Finanzamt oder sonstigen Behörden. Daher richten sich die Vorwürfe gegen die Persönlichkeiten der Eigentümer. Die Leute reden über uns alle, nicht nur über Phil."

„Vielleicht könnten Sie uns etwas mehr verraten, Herr Katz?", bat Veronica ihn.

„Ich muss mich im Voraus für das entschuldigen, was ich gleich sagen werde." Er zuckte mit den Schultern. „Nun, Veronica, von dir behauptet man, du seist ein Flittchen und hättest auf, ähm, gewisse Methoden zurückgegriffen, um dir einen Job und die Partnerschaft in der *Großen Jobvermittlungsagentur* zu sichern."

„Was?" Mit geballten Fäusten sprang Veronica wütend auf. „Wer behauptet das?"

Mark ignorierte sie. „Gleb wird als Säufer bezeichnet, der seine Eigentumswohnung verspielt hat", fuhr er fort. Er verhielt sich jetzt wie ein Arzt, der die Operation an einem Abszess begonnen hatte. Der erste Schnitt war erfolgt, der Patient schrie und jammerte, aber nun musste er die Sache durchziehen, und das je schneller, desto besser. „Die Gerüchte über Alik erwähnen vorwiegend seine kriminelle Vergangenheit. Haben Sie einmal eine Jugendstrafe abgesessen, Alik? Heutzutage ist das keine große Sache mehr. Es gibt erfolgreiche Politiker, die im Gefängnis waren und denen man das nicht nachträgt. Aber... nun, die Leute reden halt noch darüber, wissen Sie?"

„Die Hälfte der Bevölkerung hat irgendwann einmal im Knast gesessen", verteidigte sich Alik. „Und bei mir war es nur wegen eines Krawalls."

„Kommen wir zu den anderen. Kesha ist geschieden, und man zerreißt sich die Mäuler, er hätte seine Frau mit einem kleinen Kind sitzenlassen. Und würde sein Einkommen jetzt falsch angeben, um nur den Mindestunterhalt zahlen zu müssen. Wir wissen alle, das stimmt nicht, aber irgendjemand kombiniert hier sehr geschickt die Wahrheit mit ein paar Lügen, bis ein schlechtes Bild entsteht, und die meisten Leute glauben solche Halbwahrheiten nur zu gern. Kesha hat tatsächlich eine elfjährige Tochter aus seiner Ehe, aber ihr fehlt es an nichts. Kesha gibt mindestens die Hälfte seines Einkommens an seine Ex-Frau ab, dafür kann ich mich persönlich verbürgen."

Meine Lügenerkennung, die ich gewohnheitsmäßig vor jeder Besprechung aktivierte, bestätigte seine Worte. Doch nicht einmal das konnte meine Freunde wieder aufmuntern, die Stimmung befand sich bei allen im roten Bereich.

„Und was sagt man über Sie und Rose?", erkundigte

sich Gleb grimmig.

„Oh, über uns verbreitete man nichts als die Wahrheit — wir *sind* schließlich Juden. Na und?" Mit einem schweren Seufzer wandte Herr Katz sich an mich. „Die Gerüchte über Herrn Panfilov sind die schlimmsten von allen." Er hielt inne und wartete darauf, dass ich ihn stoppte.

Ich nickte. „Nur zu."

„Ich halte alles für eine Lüge und entschuldige mich dafür, es zu erwähnen..." Er breitete die Arme aus. „Herr Panfilov, stimmt es, dass Sie viele Jahre lang arbeitslos waren und vom Geld Ihrer Frau gelebt haben, die sich kurz vor der Gründung Ihrer Firma von Ihnen hat scheiden lassen? Und dass sie bei der Scheidung schwanger war? Ich bin sicher, es stimmt nicht. Außerdem behauptet man, Sie hätten gelegentlich psychotische Anfälle, würden Geister sehen und sich mit dem Universum unterhalten. Angeblich hätten Sie sich, bevor Sie Ihre Agentur aufgemacht haben, mit außersinnlicher Wahrnehmung beschäftigt und Menschen geheilt. Weiter seien Sie nichts als ein Scharlatan und ein Betrüger. Sie würden sich das Vertrauen der Leute erschleichen und sich dann als Schriftsteller oder Psychologe präsentieren, um sie auszubeuten."

„Was ist denn das für ein Blödsinn?", rief Veronica aus. „Die Wahrheit ist das genaue Gegenteil — Phil hilft den Leuten!"

„Ist da noch etwas?", fragte ich. Er schien etwas zurückzuhalten.

„Der Rest ist mehr oder weniger Kleinkram. Man hätte Sie aus einem Fitnessstudio geworfen, und Sie würden oft am Spieltisch sitzen. Insgesamt würde ich sagen, jemand tut alles, um Ihren Ruf vollständig zu vernichten."

„Und es liegt doch auf der Hand, wer das ist!", bemerkte Cyril. „Die Dorozhkins stecken hinter diesen Verleumdungen! Ich habe von Anfang an gesagt, dass..."

„Phil, der Empfang hat gerade angerufen", unterbrach ein sehr aufgeregter Alik diese Explosion der Empörung. „Da ist eine ganze Gruppe von Leuten. Es geht um eine Steuerprüfung."

„Also hat es jetzt begonnen", seufzte Rose.

Die ersten Leute waren die von der Steuerbehörde. Eine schmale, dünne Frau führte die Prozession an. Hinter ihrer Brille blitzten scharfe Augen.

„Ist das die *Große Jobvermittlungsagentur*?", fragte sie nach einem Blick auf die Dokumente, die sie in der Hand hielt. „Wer ist der Direktor des Unternehmens? Wer von Ihnen ist Philip Panfilov?"

Ich trat vor. „Das bin ich. Was kann ich für Sie tun?"

„Dies ist eine Steuerprüfung. Hier ist die Anordnung..."

✳ ✳ ✳

Die Steuerprüfer tauchten nicht etwa aus dem Nichts auf — sie gaben an, bei einem unserer Auftraggeber eine Steuerprüfung durchzuführen, die selbstverständlich auf dessen Geschäftspartner erweitert worden war. Rose hatte allerdings ihrer absoluten Zuversicht Ausdruck verliehen, dass wir von diesem Audit nichts zu befürchten hatten.

Meiner Unterhaltung mit den Prüfern zufolge erwarteten sie nicht zwingend, wirklich etwas zu finden, und an mir zeigten sie keinerlei Interesse. Sie stellten eine Reihe von formellen Fragen und verzogen sich dann in Roses Büro, um die Dokumente zu überprüfen.

„Machen Sie sich keine Sorgen, Herr Panfilov", versuchte Herr Katz, mich zu beruhigen. „Es ist alles in bester Ordnung. Ich meine, wir leben ja heute nicht mehr in den 90er Jahren, als die Regierung versucht hat, kleinen Unternehmen das Wasser abzugraben."

Über die Steuerprüfung machte ich mir keine großen Sorgen. Viel mehr beschäftigte mich, wer die Quelle der bösartigen Gerüchte sein konnte. Wer auch immer es war, er schien eine verdammte Menge äußerst schmerzhafter privater Einzelheiten über mich zu wissen. Wenn der erste stellvertretende Bürgermeister das alles innerhalb so kurzer Zeit auf die Beine hatte stellen können, wurde es höchste Zeit, dass ich mich einmal mit seinem Sohn unterhielt.

Zuerst allerdings musste ich meinen Leuten die Sache erklären.

Nachdem ich ein paar aufmunternde Worte von mir gegeben und ihr Selbstvertrauen wieder aufgerichtet hatte, begab ich mich zu den Handelsvertretern. Sie benutzten weiter Keshas frühere Druckerei, da wir beschlossen hatten, den Umzug wegen der Steuerprüfung zunächst aufzuschieben. Kesha hatte es geschafft, die gesamte Ausstattung zu verkaufen. Dadurch war dort jetzt viel Platz. Außer für ihn und die Jungs von *Ultrapak* war dies auch die Zentrale für neun Trainees, also herrschte hier immer emsige Geschäftigkeit.

Kaum hatte ich den Raum betreten, brach urplötzlich absolutes Schweigen aus. Ich würde jetzt nicht behaupten, dass die Atmosphäre direkt feindselig war, aber es herrschte auf jeden Fall ein gewisser Argwohn. Die Leute wussten nicht, was sie an diesem Tag von ihrem Direktor zu erwarten hatten. Vielleicht würde er alle feuern, oder vielleicht würde er sogar ankündigen, dass die Dinge schlecht liefen und die Firma dichtmachen müsse.

Einer legte rasch den Telefonhörer auf, ein anderer tat sehr beschäftigt mit seinen Unterlagen. Sogar Cyril wich meinem Blick aus und betrachtete sehr angestrengt etwas anderes. Kesha hob den Kopf und sah mich erwartungsvoll an. Marina, die neben ihm saß, wirkte besorgt. Lediglich Greg reagierte so, wie er immer reagierte, wenn er mir begegnete, mit einem Lächeln und einem Winken.

Ich ging zu Kesha. „Kann ich mich kurz mit dir und deinen Jungs unterhalten?"

Er nickte. „Hey — ihr müsste alle sofort unterbrechen, was ihr gerade macht. Unser Lehensherr will etwas sagen."

Der Scherz zeigte seine Wirkung — alle lachten, und die Stimmung hatte sich spürbar ein wenig aufgeheitert.

„Danke, Kesha. Also — wer von euch hat Fragen zu dem, was heute vor sich geht? Bitte die Hand heben."

Niemand meldete sich. Doch der bärtige Denis, ein ausgesprochen fröhlicher Mensch, meldete sich aus einer Ecke des Raums zu Wort. „Es ist doch alles klar. Was gibt es da nicht zu verstehen? Wir haben alle von der Auseinandersetzung gehört, und das ist jetzt die Rache des Sohns des stellvertretenden Bürgermeisters."

„Keiner von euch bedauert also, hier zu arbeiten?"

„Nein", sagte einer nach dem anderen. „Es ist alles in Ordnung."

„Hervorragend. Ihr habt es also ganz ohne meine Hilfe durchschaut, was da vor sich geht. Dennoch möchte ich etwas zu den Gerüchten über mich sagen." Ich entschloss mich, allen reinen Wein einzuschenken.

Denis hob die Augenbrauen. „Es ist alles Mist, was behauptet wird?"

„Beinahe. Wahr ist nur, dass ich verheiratet war und vor Kurzem geschieden wurde."

„Warum haben Sie Ihre Frau verlassen, obwohl sie schwanger war?", fragte vorwurfsvoll die 25 Jahre alte Irina, eine alleinerziehende Mutter. Sie war mehr als interessiert an dieser Tatsache, und wenn Blicke töten könnten…

Ich sah ihr direkt in die Augen und versuchte, so warm und aufrichtig wie möglich zu klingen. „Irina, mit der Schwangerschaft meiner Ex-Frau hatte ich nichts zu tun. Darauf gebe ich Ihnen mein Wort."

Sie nickte, offensichtlich besänftigt. Marina warf ihr einen bösen Blick zu. Anscheinend war sie nicht bereit, zu verstehen, dass ich für die neuen Mitarbeiter einfach nur der Chef war, und bislang konnten sie noch nicht sicher sagen, mit was für einer Art Chef sie es in mir zu tun hatten.

„Ich werde mich um all das selbst kümmern. Sie bitte ich nur darum, ruhig zu bleiben und weiterzuarbeiten, ganz gleich, welche Gerüchte Sie von unseren Kunden hören. Wenn Sie mehr über mich erfahren und wissen möchten, was für eine Art Mensch und wer ich wirklich bin, können

Sie mit Ihren Kollegen sprechen. Cyril, Greg, Marina und ich haben bei *Ultrapak* zusammengearbeitet. Sie können Ihnen bestätigen — wenn ich jemandem mein Wort gebe, dann bedeutet das etwas. Und was unser Unternehmen als Ganzes betrifft, so wachsen wir schnell, und das kann für Sie enorme Möglichkeiten mit sich bringen."

Ich betrachtete meine Kollegen, die alle schwiegen, dann aktivierte ich das Dashboard für das Clan-Management und tippte auf eine der Fähigkeiten des Anführers:

Stimmung anheben (24 Stunden)
Die Fähigkeit des Anführers eines Clans, seine Clan-Mitglieder zu inspirieren.
+50 % Laune für jedes Clan-Mitglied
+25 % Zufriedenheit für jedes Clan-Mitglied
+5 % Vertrauen in den Anführer

Die Abklingzeit für diese Fähigkeit lag bei einer Woche. Das war sehr lange. Andererseits — wenn ich die Fähigkeit jetzt nicht einsetzte, wann sollte ich es dann tun? Die Fähigkeit war mit Level 3 des Clans aktiviert worden, der mit jedem neuen Kunden und Mitarbeiter weiter wuchs.

„Wir dürfen die Köpfe nicht hängen lassen, Team! Es gibt Kunden, die mit uns zusammenarbeiten wollen, und Sie müssen nur eines tun — die profitabelsten Bestellungen heraussuchen." Ich verkündete das mit so viel Zuversicht und Charisma, dass ich geradezu beobachten ich, wie meine Reserven an Geist vor meinen Augen zusammenschmolzen.

Doch die Jubelrufe der Vertriebler waren so laut, dass es die Wände zum Wackeln brachte.

„Danke für Ihre Aufmerksamkeit. Wenn keine Fragen mehr sind, begeben wir uns nun am besten gleich wieder an die Arbeit!"

Als ich mich umdrehen wollte, um zu gehen, bemerkte ich, wie Kesha mir zuzwinkerte. Und hinter mir fragte Denis: „Herr Panfilov — eine letzte Frage: Wie hoch ist das Gewicht, das Sie stemmen können?"

✳ ✳ ✳

Auf der Landkarte suchte ich nach Alexander Dorozhkins Marker. Er befand sich gerade in einem chinesischen Restaurant. Von einem unserer Fahrer ließ ich mich dorthin bringen. Allerdings schickte ich ihn wieder zurück, nachdem er mich abgeliefert hatte. Unsere Handelsvertreter mussten zu Besprechungen mit Kunden kutschiert werden, und ich wollte nicht einen unserer Wagen mit Beschlag belegen.

Ich stieg die von Bronzefiguren zweier Drachen umrahmten Stufen hinauf. Vor der schweren Tür angekommen streckte ich gerade die Hand nach dem Griff aus, als die Tür sich öffnete.

Ein älterer Wachmann hielt sie mir auf. Erst nachdem ich bereits an ihm vorbeigegangen war, dachte ich daran, ihm ein Trinkgeld zu geben, doch zu diesem Zeitpunkt wäre es peinlich gewesen, wieder zurückzugehen. Noch hatte ich mich an diese Sache mit den Trinkgeldern nicht gewöhnt. In der Vergangenheit hatte ich nicht oft Gelegenheit gehabt, welche verteilen zu müssen.

Eine hübsche junge Frau mit asiatischem Aussehen stand im Eingang. „Willkommen in der *Peking-Ente*. Haben Sie einen Tisch reserviert?"

„Nein, tut mir leid."

„In dem Fall..." Ein Schatten fiel über ihr Gesicht, doch er verschwand nach einem Blick auf ihren Computerbildschirm rasch wieder. „Ich kann Ihnen einen Tisch im anderen Raum anbieten. Kommen Sie bitte."

Die erste Überraschung erlebte ich, als ich sah, dass Dorozhkin mit seinem Vater, Edward Dorozhkin höchstselbst, an einem Tisch saß. Sie schwangen ihre Essstäbchen und unterhielten sich dabei lebhaft. Sicherheitsleute, Begleiter oder so etwas Ähnliches entdeckte ich keine. Der erste stellvertretende Bürgermeister trat allein in der Öffentlichkeit auf und nahm ganz demokratisch mit seinem Sohn zusammen das Mittagsmahl ein.

Der jüngere Dorozhkin entdeckte mich zuerst. Seine Blicke durchbohrten mich, doch er erkannte mich nicht. Die Werte für sein Interesse bestätigten mir: Er hatte keine Ahnung, wer ich war. Sonst würde er auch wohl kaum so ruhig sitzenbleiben.

Ich bestellte das scharfe gemischte Gemüse mit Rindfleisch und beobachtete die beiden. Ich saß in der Mitte eines Raumes voller Menschen. Das verschaffte mir die Gelegenheit, höflich mit Dorozhkin zu sprechen. Hier würde er doch ganz bestimmt keine Szene machen.

Ich hatte meinen Hauptgang schon fast beendet, als sich mir endlich eine Chance bot. Dorozhkin Senior stand auf und verließ das Lokal. Der Sohn blieb zurück und bezahlte die Rechnung. Ich legte meine Stäbchen beiseite, wischte mir den Mund mit der Serviette ab, aktivierte die Lügenerkennung und ging auf den jungen Mann zu.

„Hallo Alexander.“

Er legte ein paar 5.000-Rubel-Scheine auf den Teller mit der Rechnung, schob die Geldbörse wieder in die Tasche seines Jacketts und sah auf.

„Hallo... ähm... Kennen wir uns?“

„Darf ich mich kurz setzen? Wir müssen uns unterhalten.“

Er nickte zögernd.

Ich setzte mich auf den Stuhl, den sein Vater gerade verlassen hatte. „Alexander, erinnerst du dich an mich?“

„Nein, verdammt! Wer zum Teufel bist du?“

Er log nicht — er konnte sich wirklich nicht an mich erinnern. Einen kurzen Augenblick lang studierte ich die neuen Daten, die das System mir lieferte, und überlegte dabei, was ich jetzt tun sollte. Sollte ich mich entschuldigen und wieder gehen?

Nein, ich musste der Sache auf den Grund gehen.

„Mein Name ist Philip. Wir hatten letzten Freitag in

der Bar *Anomalie* eine kleine Auseinandersetzung. Zuerst hast du dich mit meinen Kollegen gestritten, dann mit mir."

„In der *Anomalie*? Ähm... ich war im *Imperium*. Ich habe dort jemanden getroffen... Dann sind wir noch in ein anderes Lokal gegangen..." Er runzelte die Stirn. Der Lügenerkennung zufolge war ihm der Besuch in der Bar tatsächlich nicht auf Anhieb im Gedächtnis. „Oh — jetzt fällt es mir wieder ein! Verdammt, Mann, bist du derjenige, der mich verprügelt hat?" Er brach in Lachen aus. „Himmel, ernsthaft — als ich am nächsten Morgen aufgewacht bin, tat mir alles weh, und ich hatte einen blauen Fleck unter den Rippen... Sergei hat mich ja gewarnt, ich solle nicht so viel trinken."

„Ehrlich, wenn ich..."

„Nun komm schon!", fiel er mir ins Wort. „Wir haben miteinander gekämpft, ja? Dann können wir uns jetzt auch wie Freunde unterhalten."

„Wenn ich dich nicht gestoppt hätte, wäre alles noch viel schlimmer geworden. Dieser Sergei, der Rausschmeißer... Er hätte einen meiner Freunde beinahe zum Krüppel geschlagen."

„Das glaube ich dir unbesehen — Sergei ist ein echtes Untier. Aber sag mal — wolltest du etwas von mir?"

Mein Instinkt riet mir, was ich sagen sollte. „Hör mal, als wir uns im Club getrennt haben, hast du mir damit gedroht, meiner Firma echten Ärger zu bereiten."

„Ja, und?"

„Hast du in dieser Richtung schon etwas unternommen?"

„Schau mal, Junge — selbst, wenn ich dir Ärger machen wollte, ich könnte es gar nicht. Ich kenne den Namen deiner Firma doch gar nicht! Nun beruhig dich mal wieder!"

Die Lügenerkennung löste ein warmes Gefühl in mir aus — er belog mich nicht.

„Was für eine Art Firma hast du denn überhaupt?" Er lachte wieder.

Etwas in mir verkrampfte sich. Er musste es bemerkt haben. „Nun, ich muss los. Ich gebe dir mein Wort, dass ich dir nichts nachtrage. Es wird keine Probleme für deine Firma geben, da mach dir mal keinen Kopf."

Er stand auf und ging davon, ließ mich mit meinen Gedanken und Fragen zurück. Nur ein sehr kleiner Kreis an Leuten verfügte über die Informationen, die nun durch Verleumdungen angereichert die Runde machten. Und alle diese Menschen waren meine Freunde, Partner und Kollegen.

Wer zum Teufel hatte mich verpfiffen?

KAPITEL 12

FÜRCHTE DICH NICHT VOR FEINDEN

„Warum zerstört es andere Spielzeuge?"
„Das müssen die Hersteller so programmiert haben, um die Konkurrenz auszuschalten."
„Du meinst so wie Microsoft?"

Die Simpsons

EIN FREUND VON mir pflegte oft zu sagen, dass in seinem Buch alle Leute Mistkerle und Schurken waren, bis sich das Gegenteil erwiesen hatte. Das war beim Management meines Clans im Spiel mehr oder weniger auch meine Philosophie gewesen. Neuankömmlinge waren per Definition nutzlose Anfänger. Von etwas anderem konnten sie mich nur überzeugen, wenn sie engagiert an unseren Raids teilnahmen. Der Prozess der Optimierung hatte meine Fertigkeiten in *World of Warcraft* zwar gelöscht, aber an solche Dinge erinnerte ich mich noch.

Nachdem ich das Interface erhalten hatte, war diese zuverlässige und sichere Lebenseinstellung — schließlich konnte einen niemand verraten, wenn man niemandem vertraute — langsam, aber sicher ins Wanken geraten, um sich in ihr genaues Gegenteil zu verkehren. Ich hatte mit den Leuten, denen ich begegnete, so kommuniziert, als ob ich von ihrem guten Herzen überzeugt wäre. Bisher hatte dieser

Ansatz sich für mich auch bezahlt gemacht.

Jetzt allerdings musste ich mir alles noch einmal gründlich durch den Kopf gehen lassen. Oder konnte es sein, dass diese üblen Gerüchte gar nicht von meinen Leuten stammten?

Vicky! Von all denjenigen, die mich recht gut kannten, war sie die offensichtlichste Kandidatin für den Urheber der Gerüchte. Und was war mit einem Motiv? Nun, sie hatte eines — als wir uns das letzte Mal gesehen hatten, waren ihre Gefühle mir gegenüber eindeutig extrem negativ gewesen. Um ehrlich zu sein, würde es mich sogar immens erleichtern, wenn sie dahintersteckte. Ich wollte einfach nicht glauben, dass sich in meiner Firma eine petzende Ratte befand.

Ich rief sie an. Das Telefon klingelte lange, aber ich wartete.

„Hallo." Ihre Stimme war ausdruckslos.

„Hi. Wir müssen uns dringend unterhalten. Kannst du mir fünf Minuten deiner Zeit schenken?"

Sie seufzte. Doch statt mich einfach abzufertigen, fragte sie zu meinem Erstaunen: „Wann?"

„So bald wie möglich."

„Wie wäre es in einer halben Stunde in dem Café neben unserem Büro? Erinnerst du dich daran?"

„Ja, ich mache mich gleich dorthin auf."

Ich bezahlte meine Rechnung, rief mir ein Taxi und brach zum Treffen mit Vicky auf. Das Taxi nahm den Weg vorbei an einem Lokal, an das ich mich sehr gut erinnerte. Hierher hatte Herr Ivanov uns alle eingeladen, um den Deal mit Valiadis zu feiern. Davor war ich zum ersten Mal entführt worden, und hier hatte die Beziehung zwischen Vicky und mir ihren Anfang genommen.

Ich spürte einen Stich des Bedauerns. Alles zwischen uns war so spontan gewesen, und so... gut...

Im Café herrschte ziemlicher Lärm, und mir fiel das Atmen schwer. Die vielen elektronischen Zigaretten sorgten für eine Dampfwolke, so dick, man hätte sie mit dem Messer schneiden können. Der unangenehm süßliche Geruch überwältigte meine Sinne.

Ich suchte in der Menge nach der vertrauten Gestalt, bis ich sie gefunden hatte. Vicky saß bereits an der Bar und starrte in einen Cappuccino.

Eigentlich hatte ich ihr nur eine einzige Frage stellen wollen, doch die Dinge liefen schon bald aus dem Ruder. „Hey, du!"

„Was willst du?" Vicky verschwendete keine Zeit.

„Ich möchte wissen, ob du etwas mit den bösen Gerüchten zu tun hast, die über mich und meine Firma im Umlauf sind. Antworte mir einfach mit ja oder nein."

„Nein. Ich habe damit nichts zu tun." Ihre Stimme blieb unbewegt.

Eine warme Welle lief über meine Haut. Vicky sagte die Wahrheit. Das reichte mir eigentlich schon, doch sie sprach weiter.

„Ich habe auch gehört, was die Leute behaupten. Aber ich habe damit nicht angefangen. Mit Ausnahme der einen Unterhaltung, bei der du dabei warst, habe ich niemandem gegenüber auch nur ein Wort über dich und deine Firma verloren."

Diesmal war die Empfindung kalt. Sie war nicht sehr stark, nur wie der Hauch, den man erlebt, wenn man einen Kühlschrank öffnet, doch es bedeutete: Vicky war nicht vollkommen aufrichtig.

„Willst du damit etwa behaupten, du hättest deinem neuen Freund kein Wort über mich verraten?"

„Das geht dich zwar nichts an, aber ich werde dir die Frage trotzdem beantworten. Du hast dich wie ein Idiot benommen. Nach deinem Besuch hat er mir ein paar Fragen gestellt, und ich habe darauf erwidert, allerdings ohne Details zu nennen. Ich habe nur bestätigt, dass wir eine Weile lang zusammen waren, und ich habe ihm erklärt, es wäre nichts Ernsthaftes gewesen, sondern nur ein kleiner Flirt. Das war es."

Diesmal sprach sie wieder die Wahrheit. „Wenn das

alles war — ich muss zurück. Du kannst für meinen Kaffee bezahlen.“

Sie hatte von ihrem Cappuccino nicht einen Schluck getrunken. Abrupt stand sie auf und verließ das Lokal. Ich blieb mit sehr beunruhigenden Gedanken zurück.

Noch vom Café aus rief ich Kesha an. „Du hast dich heute Morgen recht vage ausgedrückt, was ein paar Dinge betrifft. Von wem hast du eigentlich diese Gerüchte über mich und die Firma gehört? Wer hat dir zuerst davon berichtet?“

„Inzwischen reden so gut wie alle darüber.“ Dimidko überlegte.

Wenn die Leute „alle“ sagen, meinen sie damit oft nur ein paar wenige Menschen, und zwar normalerweise solche aus dem inneren Kreis. Ich erinnerte mich noch genau daran, wie Yanna einmal versucht hatte, mich davon zu überzeugen, dass „alle“ irgendeine Mode-Diät machten. „Alle“ stellte sich am Ende als zwei ihrer Freundinnen heraus. Also konnte Kesha damit, dass „alle“ über die Gerüchte sprachen, ebenso gut nur zwei oder drei Kunden meinen.

„Ein wenig genauer möchte ich es schon wissen“, drängte ich.

„Phil, ich habe heute mehr als 20 Telefonate geführt! Lass mich mal in meinen Aufzeichnungen nachsehen. Ja, da ist es. Arkady Sorkin, von der *Kravetz Finance Group*, hat mir zuerst davon berichtet. Die Firma hat einen beeindruckenden Namen, ist in Wirklichkeit jedoch ziemlich klein.“

„Sorkin? Gib mir seine Kontaktdaten.“

Fünf Minuten später war ich unterwegs zum Büro von *Kravetz*. Sorkin hatte sich bereiterklärt, mich zu empfangen.

* * *

Im Büro von Arkady Sorkin, das mich an ein Aquarium erinnerte, herrschte absoluter Minimalismus. Er begrüßte mich persönlich und verließ dafür sogar sein Stehpult. Er war ein fülliger Mann von 46 Jahren mit einem aufgedunsenen Gesicht.

„Arkady Sorkin", stellte er sich vor und streckte die Hand aus. „Tut mir leid, dass ich Sie nicht auffordern kann, sich zu setzen — hier gibt es keinen Sitzplatz. Mein Ernährungsberater hat mir empfohlen, so viel Zeit wie möglich auf den Füßen zu verbringen, und ich habe seine Empfehlung wohl etwas zu wörtlich genommen." Er grinste verlegen. „Was kann ich für Sie tun, Philip?"

„Herr Sorkin, ich wünschte, ich wäre gekommen, um Ihnen ein fantastisches Angebot zu unterbreiten, das uns beiden nichts als Vorteile bringt, aber es geht mir um etwas anderes."

„Ich verstehe."

„Als Sie heute Morgen mit unserem kaufmännischen Leiter gesprochen haben, erwähnten Sie ein paar... nun, sagen wir, Gerüchte über unsere Firma. Sie werden sicher verstehen, dass ich das nicht einfach ignorieren kann. Ich muss herausfinden, woher diese verleumderischen Anspielungen stammen."

„Bitte entschuldigen Sie meine Neugier — aber ist an diesen Gerüchten etwas Wahres dran?"

„Nicht auf jede Frage gibt es eine eindeutige Antwort, Herr Sorkin. Sagen Sie — haben Sie inzwischen damit aufgehört, schon morgens Brandy zu trinken?"

Er lachte und hob scherzhaft einen mahnenden Zeigefinger. Dann wurde er ernst. „Ich verstehe, was Sie meinen. Wo Rauch ist, da ist auch Feuer — aber der Rauch kann auch von einer kleinen Zigarette stammen."

„Genau. Eine Menge Lügen nähren sich vom Kadaver der Wahrheit."

„Gut formuliert." Sorkin schob seine Brille wieder nach oben, die ihm heruntergerutscht war. Er kam näher und sagte vertraulich: „Gestern Abend war ich auf einer Wohltätigkeitsveranstaltung zugunsten eines jungen Künstlers hier aus der Stadt. Dabei sprach mich ein junger Mann an, den ich nicht kannte. Er hat sich als Konstantin Panchenko vorgestellt. Er ist der kaufmännische Leiter eines Unternehmens, das mit Verpackungsmaterialien zu tun hat. Im Rahmen unserer Unterhaltung hat er auch Sie erwähnt, und das hat mich natürlich interessiert, weil ich geplant hatte, heute den Vertrag mit Ihnen zu unterschreiben."

„Ich glaube, ich weiß genau, von wem Sie reden."

„Um die Wahrheit zu sagen, habe ich alles für wahr gehalten, was er mir berichtete. Er war sehr überzeugend, und ich vertraute ihm. Ich muss erwähnen, dass er sehr umgänglich war. Solche Leute gibt es heutzutage nicht mehr allzu viele. Ich würde es für unfair ihm gegenüber halten, Ihnen die Einzelheiten unseres Gesprächs wiederzugeben."

„Was ich erfahren habe, reicht mir bereits. Ich bin Ihnen sehr dankbar dafür, dass Sie die Sache aufgeklärt haben."

Ich wollte wieder gehen, doch er hielt mich auf und berührte meinen Kragen, als ob er ihn zurechtzupfen wollte. „Wenn Sie mir die Frage erlauben — ist da etwa eine Art Fehde zwischen Ihnen und ihm im Gange? Ich verstehe es einfach nicht. Warum sollte er solche Dinge erfinden? Ihre beiden Unternehmen sind doch in ganz unterschiedlichen Branchen aktiv."

„Es hat mit einer Frau zu tun", antwortete ich ausweichend. Dann gab ich ihm die Hand und ging.

Als ich mich noch einmal umdrehte, sah ich, dass er mir nachschaute und dabei die Lippen schürzte. Als sich unsere Blicke trafen, nickte er. „Ich werde über den Vertrag mit Ihnen noch einmal nachdenken."

* * *

Wenn die Quelle der Gerüchte also Panchenko[10] war — der neue kaufmännische Leiter von *Ultrapak*, der an Pavel Gorelovs Stelle getreten war –, und nicht Vicky ihm seine Informationen verschafft hatte, gab es nur eine Möglichkeit, wie er all das erfahren haben konnte, was als Grundlage der Gerüchte diente. Vicky kannte meine Partner nicht sehr gut. Es war also unwahrscheinlich, dass sie ihm viel über sie hatte verraten können. Eigentlich kannte sie nur Alik. Veronica war sie nur einmal begegnet, den anderen überhaupt nicht, und ich hatte mit ihr auch nicht über sie gesprochen.

Das bedeutete, dass es also doch eine Ratte in meiner Firma geben musste. Irgendwoher musste Panchenko seine Informationen ja schließlich haben. Einer der Trainees konnte nicht die undichte Stelle sein, die arbeiteten ja erst weniger als eine Woche für uns. Wer also war es?

Cyril, Marina und Greg hatten bei *Ultrapak* gekündigt, weil sie mit ihrem neuen Boss nicht klarkamen. Herr Katz und Rose waren es sehr wahrscheinlich ebenfalls nicht, die gepetzt hatten. Sie hatten nicht den geringsten Grund, aus der Schule zu plaudern. Das Gleiche galt für Veronica oder Kesha. Diese vier Menschen gaben alles für die neue Firma.

Blieben also nur Alik und Gleb übrig. Sie waren Partner, die keine Kapitaleinlage erbracht hatte, ihre Anteile waren die geringsten, und sie standen mir beide sehr nahe.

Gleb war der Einzige, der wusste, dass ich Glücksspiele gespielt hatte, und Alik war der Einzige, der wusste, dass Yanna schwanger war. Schließlich hatte er mit ihr gesprochen, als sie über die Agentur nach einem neuen Job gesucht hatte, und ihm war bekannt, dass sie meine Ex-Frau war.

---

[10] Konstantin Panchenko ist einer der Hauptcharaktere von Dan Sugralinovs *The Bricks 2.0*.

239

Meine Gedanken drehten sich im Kreis, und ich war noch nicht weitergekommen, als ich im *Gewerbezentrum Chekhov* eintraf. Ich lief die Stufen hoch, stürmte in unsere neuen Räumlichkeiten und zog mich in mein privates Büro zurück. Die Wände strömten noch den Geruch der Farbe aus, und die Möbel den von Tischlerleim.

Ich öffnete alle Fenster, um gründlich zu lüften, und rief zuerst Alik zu mir.

Der Ex-Gangster wirkte in seinen schwarzen Stoffhosen mit dem weißen, kurzärmeligen Hemd und natürlich auf Hochglanz polierten, schwarzen Schuhen mit modischen Socken inzwischen eher wie ein ganz normaler Büroangestellter. In seinen Haaren zeigten sich die Überreste eines Scheitels, doch sie waren noch immer ungebärdig und standen teilweise nach allen Seiten ab.

Das Einzige, was noch an seine alte Persönlichkeit erinnerte, war seine Körpersprache. Sein Gang war der eines selbstbewussten Straßengauners: Das Kinn in die Höhe gereckt, die Schultern gestrafft, die Arme herabhängend schlurfte er lässig auf der Innenseite seiner Füße. Dazu passte allerdings die lederne Aktenmappe nicht ganz, die er unter dem Arm trug.

„Ist etwas passiert?", fragte er.

„Ja. Ich habe mich mit Dorozhkin Junior getroffen."

„Was du nicht sagst!" Alik schlug sich mit der Faust auf die Handfläche. „War er es?"

„Nein. Frag mich nicht, warum ich mir so sicher sein kann — aber er oder sein Vater haben mit diesen Gerüchten definitiv nichts zu tun. Die Quelle ist Konstantin Panchenko, dieses Arschloch von *Ultrapak*. Das ist die Firma, für die ich gearbeitet habe."

„Ist das die Firma, aus der auch Cyril, Marina und Greg kommen?"

„Genau die, ja." Endlich wurde mir bewusst, was ich da eigentlich gerade tat, und rasch aktivierte ich die Lügenerkennung. „Alik, sei ehrlich. Hast du diesem Kerl zufällig irgendwelche persönlichen Informationen über die

Partner weitergegeben?"

„*Was?*" Aliks Empörung war so echt, dass auf einmal wieder der Gangster durch seine Angestellten-Maske schimmerte. „Meinst du das etwa ernst? Glaubst du vielleicht, ich bin eine Ratte? Hör mit der Scheiße auf!"

„Stopp!" Ich musste ihn geradezu anbrüllen. „Antworte mir einfach ehrlich — hast du Panchenko Informationen über die Firma und die Anteilseigner geliefert?"

„Nein!", brüllte Alik zurück und unterstrich seinen Zorn mit einem Fluch. „Ich habe ihm überhaupt nichts gesagt. Wie kommst du nur auf die Idee, ich…?"

Er schrie weiter, und ich stand mitten in einem heißen Wüstenwind, der mich beinahe versengte. Er sagte auf jeden Fall die Wahrheit.

Ich war maßlos erleichtert. Sein Verrat hätte einen schweren Schlag für mich bedeutet. Es war eine Sache, wenn man von jemandem hintergangen wurde, den man nicht wirklich gut kannte. Und eine ganz andere, wenn jemand der Verräter war, der einem nahestand und in dessen Schicksal man ganz ohne Eigennutz viel investiert hatte.

Ich wartete, bis er sich ausgetobt hatte, dann sagte ich ganz ruhig: „Ich musste dich das fragen. Denk doch einmal nach. Irgendjemand hier hat auf jeden Fall Informationen an Panchenko weitergegeben."

„Jetzt warte mal." Mit gerunzelter Stirn, den Blick zu Boden gerichtet, dachte Alik nach. „Sieh mal — kann es vielleicht Vicky gewesen sein? Sie arbeitet in derselben Firma und weiß nahezu alles über uns. Außerdem hast du doch gesagt, sie kennt die Manager in den Personalabteilungen der Firmen in dieser Stadt gut. Sie könnte also ihre eigenen Kanäle genutzt haben, um an Kesha zu kommen, und dann hat sie alles Panchenko erzählt."

„Alik, sie war es definitiv nicht."

„Bist du dir da sicher?"

„Ich bin mir jedenfalls nicht *nicht* sicher."

Alik zog die Nase kraus als Zeichen, dass er

verstanden hatte, was ich meinte, und grinste. „Kann ich jetzt gehen? Ich muss Rose ein paar Dokumente bringen."

„Nein, bitte bleib hier. Ich möchte mit allen reden."

Meine Unterhaltungen mit Gleb, Kesha, Mark, Rose und Veronica erbrachten dasselbe Resultat und dieselben Reaktionen. Keiner von ihnen war der Urheber der Schwierigkeiten, in denen unsere Firma steckte.

Gleb erklärte, er hätte keine Ahnung, wer dieser Panchenko wäre, und würde noch nicht einmal mit seiner Frau über die Firma sprechen. Kesha zeigte mir den Vogel und erklärte entschieden, von nichts zu wissen. Das Ehepaar Katz zeigte Verständnis für meine Fragen. Rose war nur angespannt, da in ihrem Büro die Leute von der Steuerprüfung saßen, die sie nicht zu lange allein lassen wollte.

Die rothaarige Veronica war am wütendsten, ihr Zorn übertraf noch den von Alik. Sie war so erbost, dass sie mir erklärte, ich sollte mich ins Knie ficken, und anschließend die Tür hinter sich zuknallte.

Alik kratzte sich am Kopf. „Verdammt — da wäre beinahe der Putz wieder von den Wänden gefallen... Veronica spart uns nicht gerade Arbeit!"

„Geh ihr nach. Sag ihr, dass ich allen dieselbe Frage gestellt habe. Ich unterhalte mich in der Zwischenzeit mal mit den Leuten von *Ultrapak*."

Am liebsten hätte ich alle drei gleichzeitig einbestellt, doch Cyril war unterwegs zu einem Termin. Greg und Marina öffneten die Tür, steckten die Köpfe ins Zimmer, verharrten allerdings auf der Schwelle.

„Du wolltest uns sehen, Phil?"

„Ja, kommt rein. Setzt euch."

Sie blickten sich nach Stühlen um, blieben aber ebenfalls stehen, als sie sahen, dass ich mich nicht setzte. Ich verbrachte ein paar Augenblicke damit, ihre Gesichter zu studieren, auf der Suche nach Anzeichen von Unbehagen oder Besorgnis, entdeckte jedoch keine. Zumindest nicht anfangs. Dann unterbrach Greg das Schweigen.

„Was ist los, Phil? Kannst du uns nicht einfach sagen, was du von uns willst? Ich habe einen Kunden in der Warteschleife am Telefon. Wahrscheinlich hat er mittlerweile aufgelegt."

„Wann hast du dich das letzte Mal mit deinem ehemaligen Chef unterhalten?"

„Du meinst meinen Chef bei *Ultrapak*?"

„Ja, Panchenko."

„Ähm, als ich ihm meine Kündigung überreicht habe", antwortete Greg. „Seitdem habe ich ihn nicht mehr gesehen."

„Was ist mit dir, Marina?"

„Bei mir ist es ebenso. Kannst du mir mal sagen, was los ist?"

„Hat irgendeiner von euch beiden irgendjemandem gegenüber etwas über die Firma gesagt, das mit den Gerüchten zu tun hat, die gerade herumgehen?"

„Ich definitiv nicht", erklärte Greg entschieden.

„Ich ebenfalls nicht." Marina verzog den Mund und legte die Stirn in Falten. „Glaubst du etwa, wir hätten etwas damit zu tun?"

„Nein, ich weiß jetzt sicher, dass ihr es nicht wart. Aber es war jemand von uns. Und da ist sonst niemand."

„Könnte es vielleicht Cyril gewesen sein?", fragte Marina und tauschte einen Blick mit Greg.

„Stimmt etwas mit ihm nicht?"

„Weißt du, Phil..." Greg senkte den Blick. „In der letzten Zeit benimmt er sich ziemlich merkwürdig."

„Inwiefern?"

„Nun, er hat zum Beispiel wieder mit dem Rauchen angefangen!", rief Marina. „Er redet mit niemandem. Wenn jemand ins Büro kommt, knurrt er nur etwas, und bei Feierabend brummt er ein kurzes ‚Tschüss' und verschwindet."

„Phil, ich erkenne ihn gar nicht wieder", ergänzte Greg. „Irgendetwas ist auf jeden Fall mit ihm los."

Ich musste zugeben, wenn ich in den letzten Tagen

die Profile der Clan-Mitglieder überprüft hatte, war mir Cyrils ständig sinkende Laune sehr wohl aufgefallen. Ich hatte es jedoch für nichts Ernsthaftes gehalten.

„Okay, ich werde mal mit ihm reden. Verratet ihm bitte nichts, falls ihr ihn vor mir zu Gesicht bekommt, in Ordnung?"

„Natürlich, mach dir keine Sorgen", erklärten beide und kehrten zu ihrer Arbeit zurück.

Ich suchte Cyrils Profil auf der Registerkarte für den Clan und studierte es aufmerksam:

Zufriedenheit: 62 %
Angst: 63 %
Laune: 18 %

Seine Zufriedenheit war wegen des Clan-Buffs so relativ hoch. Ohne den würde sich ein noch traurigeres Bild ergeben. Oh, Cyril, wie kann das bloß sein? Was ist los mit dir?

✳ ✳ ✳

Ich fing Cyril auf dem Weg zu seinem Büro ab. Sein Marker bewegte sich so langsam auf der Karte, er musste zu Fuß unterwegs sein.

Ich entdeckte ihn einen Häuserblock von dem Park entfernt, den ich als Ort für unser Gespräch ausgesucht hatte. Er zuckte zusammen, als er mich mitten in seinem Weg stehen sah, und wirkte so, als würde er sich in seiner Haut überhaupt nicht wohlfühlen. In seiner Hand brannte eine schon fast zu Ende gerauchte Zigarette.

„Hallo, Cyril."

„Wir haben uns doch heute schon gesehen", brummte er und sah sich nach einem Ort um, wo er seine Zigarette ausdrücken konnte. „Was machst du denn hier?"

„Ich gehe spazieren, um einen klaren Kopf zu

bekommen und über alles nachzudenken, was gerade vor sich geht — und da treffe ich dich. Leistest du mir Gesellschaft?"

„Ähm, Phil, ich muss zurück ins Büro. Ich habe einiges zu erledigen." Cyril zog tief an seiner Zigarette, schaute mich trotzig an. Nach einem kurzen Blinzeln nahm er einen weiteren Zug, bis hinab auf den Filter, den er zu Boden warf und austrat.

„Es wird nicht lange dauern. Lass uns einfach eine kleine Runde im Park drehen, dann kannst du zu deiner Arbeit zurückkehren. Wenn du willst, kannst du sogar rauchen."

„Hm... Ja, ich glaube, ich werde noch eine rauchen."

Ich wartete, bis er eine weitere Zigarette aus der Schachtel geholt und angezündet hatte. Seine Laune war noch ein paar Prozent gefallen, und der Abfall in seinem Geist war offensichtlich. Er schien irgendwie zu schrumpfen und in sich zusammenzusinken. Ich verstand nur zu gut, was er wollte: Sich vor der ganzen Welt verstecken, verschwinden, im Bett verkriechen, am liebsten mit einem guten Buch, einer Tasse Tee und ein wenig Schokolade, alles in der Hoffnung, die nächsten 200 Jahre lang würde ihn niemand mehr stören.

Aber Geld verdiente sich nun einmal nicht von selbst. Der Luxus, einfach zu faulenzen, musste teuer bezahlt werden — schließlich mussten irgendwoher die Mittel bekommen, um die Rechnungen zu bezahlen. Und so litt Cyril neben mir schweigend vor sich hin. Die Ursachen seines Leidens waren meine Anwesenheit und die Notwendigkeit, sich unter andere Menschen zu begeben und irgendwie den Arbeitstag zu überstehen.

Ein paar Minuten lang schlenderten wir den Weg entlang, ohne etwas zu sagen. Cyril war in seine eigenen Probleme versunken, über die ich mehr herauszufinden beabsichtigte, und ich füllte meinen Geist wieder auf. Die Lügenerkennung verbrauchte eine Menge Energie. Zum Glück verfügte mein Geist über eine schnelle Regeneration.

„Cyril, hast du Panchenko Informationen über uns geliefert?", fragte ich ihn endlich ganz geradeheraus, um das Unvermeidliche nicht länger hinauszuzögern und gleich alles in die richtigen Bahnen zu lenken.

Cyril schwieg so lange, es war, als hätte er mich entweder nicht gehört oder wäre in seinen Gedanken verloren und ganz weit weg. Sein Atmen war angestrengt und heiser. Ich musste die Frage wiederholen. Erneut antwortete er nicht.

Als er dann endlich doch sprach, war es wie eine Beichte, ein endloser Strom, den ich nicht unterbrechen wollte.

„Phil, ich bin krank — das weißt du ja. Das hat alles kompliziert. Möglicherweise bleiben mir nur noch fünf Jahre. Mehr Zeit geben die Ärzte mir nicht. Im Allgemeinen ist die Prognose bei meiner Krankheit sehr schlecht. Das Geld für eine richtige Behandlung habe ich nicht, und Medikamente sind teuer, verstehst du? Und jetzt das! Sieh mal..." Er hielt inne, um seine Gedanken zu ordnen. „Er ist zu mir gekommen. Irgendwie hat er herausgefunden, wo ich lebe, und hat mich in meiner Wohnung besucht. Er hat mir gesagt, er wisse alles. Phil, es war nur dieses eine Mal! Direkt bevor ich ins Krankenhaus musste. Ich brauchte das Geld unbedingt, und er hat sich geweigert, mir einen Vorschuss zu geben, geschweige denn ein Darlehen. Also habe ich..." Cyril verstummte erneut und murmelte etwas Unverständliches als Rechtfertigung.

Ich verstand jetzt, was geschehen war. In einem solchen Zustand konnte ich meinen ehemaligen Freund allerdings nicht einfach stehen lassen.

„Cyril!"

Er zuckte zusammen, als ich seinen Namen nannte.

„Was hast du bloß gemacht, Cyril?"

Er hustete lange schwer, befreite seine Lungen. Dann atmete er laut, spuckte aus und zog wieder an seiner Zigarette.

„Hör auf zu rauchen! Hast du denn völlig den

Verstand verloren? Willst du dich etwa selbst umbringen?"

„Das macht jetzt auch keinen Unterschied mehr. Jedenfalls, als Panchenko zu mir kam, hatte ich gerade eine Menge Verpackungsmaterial an einige Händler in Khabarovsk verkauft. Angesichts des hohen Volumens habe ich ihnen 30 % Rabatt eingeräumt. 10 % davon haben sie mir als Provision ausgezahlt. Panchenko hat das irgendwie herausgefunden und sie unter Druck gesetzt, also haben sie mich verpfiffen. Er hat mir ein schriftliches Geständnis des Managers unter die Nase gehalten und mit einer Strafanzeige gedroht. Am Ende hat er mir alles Geld wieder abgenommen, das von der Provision noch übrig war. Dann hat er Fragen über deine Firma gestellt. Wer wir sind, woran wir arbeiten, wem das Unternehmen gehört, wer die Gründer sind... Besonders interessiert war er am Kundenstamm und den Vorverkäufen."

„Und du hast ihm alles gesagt, was du wusstest?"

„Ja. Ich bin der Schuldige. Du kannst mit mir machen, was du willst — es ist mir egal. Auf mich warten entweder Gefängnis oder Tod. Das ist die Richtung, in der ich mich bewege. Phil, ich hatte keine Ahnung, dass er die Informationen auf diese Weise verwenden würde. Ich wollte deiner Firma ganz gewiss nicht schaden. Und er war so höflich... Er hat mich nicht bedrängt. Wir haben sogar zusammen einen gehoben und uns nett unterhalten... Irgendwie sind die Informationen wie von selbst aus mir herausgeflossen."

„Du bist ein verdammter Dummkopf, Cyril!"

„Das kümmert mich alles nicht mehr." Er zuckte mit den Schultern. „Wenn das möglich ist, sag bitte den anderen nichts davon. Ich kann ihnen schon jetzt nicht mehr in die Augen sehen."

„Du musst ihnen auch gar nicht mehr in die Augen schauen — du bist gefeuert."

„Heißt das, ich muss jetzt nicht mehr ins Büro zurück? Ich bin frei?"

„Du bist frei..." Rasch gab ich in meinem Interface ein

paar Suchanfragen ein. „Du bist frei, aber nicht vollständig. Zuerst einmal — hör mit dem Rauchen auf, Mann! Dann gehst du zu Rose, sie soll dir auf meine Verantwortung ein wenig Geld geben. Ich werde ihr den Betrag noch nennen. Dann kaufst du dir ein Flugticket nach Moskau. Dort suchst du einen gewissen Dr. Andrei Zaitsev auf. Er ist der leitende Lungenspezialist am *Burdenko Krankenhaus*.[11] Er wird dich behandeln. Die Behandlung kostet Geld — mach Fotos oder Scans von allen Rechnungen und schick alles per E-Mail an Rose. Die Firma wird dafür aufkommen."

Cyril warf mir einen langen, ungläubigen Blick zu. Er versuchte, in meinem Gesicht zu lesen, doch alles, was er dort sah, waren Mitleid und Verachtung.

* * *

Das System reagierte überhaupt nicht auf mein Abschiedsgeschenk an Cyril, obwohl ich ihm nichts weniger als sein Leben wiedergegeben hatte. Speziell in diesem Militärkrankenhaus und mit diesem Arzt standen Cyrils Chancen auf eine vollständige Erholung bei nahezu 100 %. Im Vergleich lagen sie in unserem Stadtkrankenhaus bei nur 40 %. So wütend ich auch auf ihn war, ich konnte Cyril nicht einfach ohne Job und ohne Hoffnung auf eine Genesung zurücklassen.

Ich brachte ihn ins Büro, rief Rose an und gab ihr die Anweisungen, seine Person betreffend. Dann schaute ich auf der Karte nach, wo sich Panchenko gerade aufhielt, und rief mir ein Taxi. Ich musste die Angelegenheit mit ihm bereinigen.

Nachdem ich nun wusste, dass die Gerüchte von ihm ausgegangen waren und das Zusammentreffen mit der Auseinandersetzung im Nachtclub reiner Zufall gewesen war, gab es nur noch eine Sache zu erledigen.

---

[11] *Burdenko Krankenhaus*: Das führende russische Militärkrankenhaus.

Alle Missverständnisse verlangen nach Klarstellung. In Panchenkos Fall musste ich herausfinden, welche Motive hinter seinem Verhalten steckten.

Ich war mir zu 99 % sicher, dass es mit Vicky zu tun hatte, und verfluchte mich selbst, bei meinem Abschied in seinem Büro so angeberisch mit der Tatsache unserer Beziehung herausgeplatzt zu sein. Dieser Seitenhieb hatte zwar meinem männlichen Ego kurzfristig eine gewisse Befriedigung eingebracht, aber tatsächlich hatte ich mich wie ein Trottel benommen und darüber hinaus meiner Firma auch noch jede Menge Probleme eingetragen.

Wenn das tatsächlich der Grund war, durfte ich mich selbst als meinen eigenen schlimmsten Feind betrachten, und genaugenommen hatte das sogar sein Gutes. Auf einmal war mir alles kristallklar — die ganze Angelegenheit war auf Panchenkos Eifersucht oder seinen verwundeten Stolz zurückzuführen. Er hatte sich über mich aufgeregt, seine Verbindungen spielen lassen, eine Weile nach Munition gesucht, und dann reagiert. Es war schmerzhaft und unangenehm, doch damit konnte ich leben. Ich konnte sogar zurückschlagen — und dann erwartete ihn eine böse Überraschung.

Aber was, wenn etwas anderes dahintersteckte? Das war die Frage, die zu meiner Reise quer durch die Stadt in das Restaurant führte, in dem Panchenko sich gerade befand.

Im Taxi fiel mir auf, dass das Symbol für meine virtuelle Assistentin blinkte. Ich konnte mich nicht erinnern, das vorher jemals erlebt zu haben, also reagierte ich sofort und aktivierte Martha.

„Was ist los?", fragte ich sie. Lediglich mental, um den Fahrer nicht zu verwirren.

„Meine Nachbildung auf Pibellau hat unsere Nachricht empfangen. Sie verfügt jetzt über die Informationen, die ich weitergeben sollte. Aber ich habe noch immer keine Ahnung, wie diese Daten Phil 2 erreichen sollen. Martha 2 ist im Gehirn deiner Nachbildung zusammen mit dem gesamten Interface permanent gesperrt. Sie versucht jetzt, sich den Zugang zu seinen Energieressourcen zu erzwingen. Dadurch kann sie sich zwar immer noch nicht aktivieren, aber vielleicht wenigstens die Informationen in sein Bewusstsein überführen. Bisher hatte sie damit jedoch noch keinen Erfolg."

„Wie stehen die Chancen?"

„Wahrscheinlich wird sie es schaffen. Sie hat mein eingehendes Signal sofort aufgefangen. Sie hatte die ganze Zeit schon an einem Zugang zum Infospace gearbeitet, und wie du sehen kannst, hat sie es geschafft."

Martha verschwand, unter Hinterlassung des Symbols eines Assistenten.

Eine Mitteilung erschien:

Warnung! Deine Geistreserven sind gefährlich niedrig! Die verbleibenden Informationen werden in einem neuen Fenster dargestellt, um die unterbrochene Unterhaltung mit deinem Assistenten fortzusetzen.

Virtueller Assistent wird deaktiviert...

Ich überflog die kurze Nachricht, die Martha selbst nicht mehr hatte übermitteln können. Ich hatte keine Ahnung, ob es mir tatsächlich gelingen konnte, die Prüfung zu bestehen, doch meine Laune verbesserte sich. Phil 2 war noch immer am Leben und hatte bereits zwölf Hexagone erobert. Was auch immer das zu bedeuten hatte.

✳ ✳ ✳

Panchenko saß mitten in einer Gruppe beeindruckender Leute im Anzug, denen er voller Begeisterung etwas erklärte. Von meiner günstigen Position in der Mitte des Lokals aus betrachtete ich ihn eingehend, als ob ich ihn heute zum ersten Mal sehen würde.

Ich erkannte ihn kaum wieder. Seit unserer

Begegnung waren gerade einmal drei Wochen vergangen, doch er war sichtbar schlanker geworden. Sein Doppelkinn war verschwunden, seine Wangenknochen erkennbar und sein Bierbauch war nahezu dahingeschmolzen. Es war nicht zu leugnen — er sah weit besser aus als vorher.

Über seinem Kopf schwebte eine Mitteilung:

Konstantin Panchenko
Alter: 27
Derzeitiger Status: kaufmännischer Leiter
Level des sozialen Status: 11
Klasse: Manipulierer. Level: 6
Unverheiratet.
Vorstrafen: ja.
Ansehen: Abneigung 15/30
Interesse: 83 %
Angst: 11 %
Laune: 97 %

Panchenko hatte eindeutig keinerlei Zeit verschwendet. Ich erinnerte mich noch genau daran, dass sein sozialer Status vor drei Wochen bei Level 8 gelegen hatte. Wie hatte er so rasch so massiv aufsteigen können? War der Partisanenkrieg gegen mich und mein Unternehmen gesellschaftlich so wertvoll, dass ihm das gleich mehrere Level eingebracht hatte? Wie schafften das Leute ohne Interface überhaupt, höhere Level zu erringen? Oder hatte er in der Zwischenzeit eine hochwichtige sozial bedeutungsvolle Handlung begangen?

„Kann ich Ihnen helfen?"

Ich drehte mich um und sah eine Kellnerin.

„Sind Sie hier mit jemandem verabredet?"

„Ähm..."

„Nein, was für ein Zufall — Herr Panfilov!" Panchenko legte mir die Hand auf die Schulter. Zur Kellnerin sagte er: „Danke — ich kümmere mich schon darum."

„Ich hätte nie damit gerechnet, Sie hier zu treffen",

log ich schamlos. „Aber eigentlich wollte ich sowieso nachher noch in Ihrem Büro vorbeigehen, um etwas mit Ihnen zu besprechen."

„Wirklich? Ich habe gerade Zeit und kann Ihnen vor meinem nächsten Meeting fünf oder zehn Minuten schenken. Sollen wir uns setzen?"

Er nahm sich einen Stuhl, und ich nahm auf dem ihm gegenüber Platz.

„Ein Meeting nach dem anderen, ein Kunde nach dem anderen... Wir kommen mit dem Liefern gar nicht mehr nach. Der Umsatz ist so massiv angestiegen, es ist kaum zu glauben! Und wie geht es *Ihnen*?" Sein Lächeln wirkte wie aufgeklebt. Es erreichte seine Augen nicht, die mich fixierten, meine Reaktion und meine Körpersprache scharf beobachteten.

„Oh, es läuft alles bestens bei uns", antwortete ich ihm mit demselben Lächeln und versuchte, alle vorhandene Zuversicht in meine Worte zu legen.

„Ach ja?" Kaum merklich runzelte Panchenko die Stirn. „Ich habe allerdings gehört, dass Sie die Steuerprüfung im Haus haben und Ihnen die Kunden weglaufen."

„Wir werden neue Kunden finden, und beim Audit wird man nichts finden. Kennen Sie den Witz von dem Moskito, der versucht hat, einen Bären zu stechen?"

„Tut mir leid — ich verstehe nicht..."

„Sie verstehen sehr genau, Sie kleiner Mistkerl! Sie verbreiten böse Gerüchte über uns, Sie Abschaum! Cyril hat mir alles erzählt. Es hat keinen Sinn, es zu leugnen."

Mit jedem meiner Worte wurde sein Lächeln breiter. „Sie sind wütend... Ha, ha, ha! Ich vermute, das bedeutet wohl, ich habe das Richtige getan!" Dann wurde er schlagartig ernst. „Und eines dürfen Sie mir glauben — ich bin noch lange nicht fertig mit Ihnen. Ich verfüge über die Gabe der Überzeugungskraft, und ich werde Sie und Ihre Firma weiter durch die Scheiße ziehen."

„Die Scheiße waschen Sie sich besser vorher ab — Sie

stinken zum Himmel!"

„Gut, gut. Nun, ich habe keine Zeit, weiter mit Ihnen Nettigkeiten auszutauschen", sagte er, ohne mich anzusehen.

Seine Blicke wanderten, als ob er sich alles um mich herum genau betrachten wollte — links, rechts, oben...

Halt — oben? Rasch öffnete ich Panchenkos detailliertes Profil, holte mir die Liste seiner Fertigkeiten und schüttelte verwundert den Kopf. Ganz unten im Fenster wurde etwas sehr Interessantes erwähnt.

„Ich kann sehen, diese Unterhaltung ist Ihnen sehr wichtig", bemerkte er. „Wahrscheinlich würden Sie gern erfahren, warum ich das alles mache. Ich werde es Ihnen verraten..."

„Wegen Vicky? Sie hatte außer mir noch weitere Liebhaber, dessen können Sie sich sicher sein."

„Und es wird auch noch andere nach mir geben", winkte er ab. „Ich habe mich längst wieder von ihr getrennt. Nein, der Grund ist ein ganz anderer. Sehen Sie, ich verfüge über ein Talent — ich kann genau sehen, was die Leute tatsächlich über mich denken. Als Sie in meinem Büro aufgetaucht sind, waren Sie innerlich voller Verachtung. Leugnen Sie es nicht — mich können Sie nicht hinters Licht führen. Sie spüren doch gerade jetzt dieselbe Verachtung. Hochgewachsen, stark, gesund, Leiter einer Firma... Glauben Sie, ich wüsste nicht, wie überheblich Sie das alles macht? Wie selbstgefällig? Sie blicken auf andere Menschen herab, als ob sie Scheiße an ihren Schuhsohlen wären."

„Haben Sie irgendeinen Komplex, dass Sie sich dauernd auf Scheiße konzentrieren?" Mir war jetzt alles klar, und ich musste die Unterhaltung in eine andere Richtung lenken.

„Oh ja, ich konzentriere mich auf Scheiße — denn nichts anderes sind Sie! Und ich werde nicht eher ruhen, als bis ich Sie total fertiggemacht habe!"

„Okay, das reicht. Ich hab's kapiert."

„Wenn Sie sich nur selbst hätten sehen können, als

Sie so stolz verkündet haben, dass Vicky Ihre Ex ist! ‚Ich kann mich nicht über meine Ex-Freundinnen beschweren.'" Er verzog das Gesicht, als er meinen Spruch von damals zitierte. „Sie arroganter Schwachkopf! Sie haben über Vicky gesprochen wie über gebrauchte Kleidung. Natürlich habe ich mich gleich anschließend von ihr getrennt! Mit beschädigter Ware gebe ich mich nicht ab."

Seine Worte ließen mich zusammenzucken. „Ist Vicky für Sie denn nichts als ein Gegenstand? Sie sprechen hier über ein menschliches Wesen!"

„Wie auch immer!"

Abrupt stand Panchenko auf, warf ein paar Geldscheine auf den Tisch und marschierte davon.

Ich verstand seine Motivation jetzt, mehr oder weniger wenigstens. Und mir war sogar eine Idee gekommen, wie ich ihm entgegentreten konnte.

Er besaß also eine *Gabe*. Ausgerechnet! Was für ein Träumer!

Das System machte keine Fehler. Konstantin Panchenko war, wie ich, ein Benutzer der Plattform der *Erweiterten Realität!, Home Edition, Version 7.2.*

KAPITEL 13

DIE GRENZEN, DIE MAN ALS KIND LERNT

Als Gandhi seine Philosophie der Gewaltlosigkeit verbreitete, hatte er bestimmt keine Ahnung, wie viel Spaß es macht, etwas umzubringen, da wette ich mit dir!

Raj Koothrappali, *The Big Bang Theory*

„NEIN! BITTE! NEIN! Nicht..."

Versager! Das Ding, das sich da zu meinen Füßen wand, konnte man wohl kaum einen Menschen nennen. Es war eine Schnecke, ein Wurm, ein Floh, aber ganz gewiss kein Mensch.

Zack hätte nicht armseliger aussehen können. Er blutete, und sein Gesicht war tränenverschmiert. Ich hatte ihn mehrfach hart getreten, und seine ohnehin mitgenommene Kleidung war nun vollends auseinandergefallen. Inzwischen trug er nur noch seine Unterwäsche. Seine Gesundheit befand sich im roten Bereich.

Jovanna verzog missbilligend das Gesicht, hielt jedoch die Klappe. Na, um sie zum Schweigen zu bringen, hätte ich bei dieser Schlampe schließlich auch nur einmal den Countdown-Zähler für die Entpersonifizierung aktivieren müssen.

Wir hatten Zack von seinem Aktivierungsstein

weggeholt. Er hatte gerade seine Hand in die Vertiefung legen wollen, als Jovanna ihm auf meinen Befehl hin einen Pfeil in die Schulter gejagt hatte. Der einzige Grund, aus dem er noch am Leben war, bestand in meinem Bedürfnis nach weiteren Informationen von ihm.

„Phil, ich bitte dich! Ich habe nur noch sechs Minuten Zeit... Bitte!"

„*Bitte?*" Dieser Schleimscheißer glaubte wohl, dieses Zauberwort könnte ihn retten und mich glücklich machen. „Du hast uns noch nicht alles gesagt. Also rede, sonst jage ich dir diese Klinge ins Auge. Und wie kommst du bloß auf die Schnapsidee, ich könnte dir dieses Hexagon überlassen? Das gehört rechtmäßig mir! Es gehört dem Stärkeren. Und du wirst keine sechs Minuten warten müssen — ich werde dich höchstpersönlich vorher umbringen."

„Du hast es mir versprochen! Du hast mir dein Wort gegeben! Wir haben uns geeinigt, dass..."

Ein mächtiger Tritt in seinen Solarplexus nahm ihm den Atem. „Was mein Wort zu bedeuten hat, das bestimme ich! Berichte mir mehr über Tafari." Ich legte die Klinge des Dolches gegen seine Kehle.

Zack schluckte schwer und wagte es nicht, sich zu rühren. Nach einem letzten verzweifelten Blick auf den Zähler für die Entpersonifizierung sagte er leise und müde: „Ich habe dir doch schon gesagt, ich weiß sonst nichts. Ich habe nicht selbst mit ihm geredet. Er hat mich sofort umgebracht, wie du gesehen hast. Dieser Typ, Mike... Mike hat erzählt, dass Tafari schon nahezu das gesamte Zentrum des Prüfungsfeldes vom Norden bis zum Süden erobert hat. Er besitzt ein Rhinozeros. Seine Kampfeinheit ist ein Rhinozeros, auf dem er auch reiten kann. Er galoppiert damit durch die Gegend und erobert ein Hexagon nach dem anderen."

„Er hat nur ein Rhinozeros?"

„Anscheinend ja."

Die Lusche war total erschöpft. Mehr nützliche Informationen konnte ich aus ihm nicht herausbekommen.

Ich nahm den Dolch fester, legte eine Hand auf Zack, der sich zu einer Kugel zusammenrollte, und... schrie vor Schmerz auf.

Dieses Miststück!

Erhaltener Schaden: 178 (Schuss aus Jovannas Bogen)
Du wurdest betäubt! Dauer der Wirkung: 3 Sekunden

Jovannas Pfeil war in mein Handgelenk eingedrungen. Zu meinem Pech hatte das Artefakt nicht nur meine Betäubung verursacht, sondern mich auch jeder Bewegungsmöglichkeit beraubt. Ich verlor völlig die Kontrolle über meine Muskeln und brach auf dem Boden zusammen. Dabei stieß ich mir die Stirn am Aktivierungsstein, was mir nahezu 5 % meiner Gesundheit raubte.

Zornig erteilte ich mental den Befehl zur Aktivierung des Neun-Sekunden-Zählers für die Entpersonifizierung der treulosen Vasallin. Das würde dieser Verräterin zeigen, dass sie mir gefälligst zu gehorchen hatte!

Meine Nerven und Muskeln waren so angeschlagen, dass sich meine Finger lockerten.

Der niederträchtige Dolch der Abschöpfung gab ein Kreischen in nahezu Ultraschallhöhe von sich. Der untere Teil löste sich von meiner Hand und zog sich vollständig in den Griff zurück. Der lebensstehlende Dolch fiel mir aus der Hand.

Ich zog den Pfeil heraus. Muskeln und Blutgefäße zerrissen, kleine Knochen brachen.

Ich biss die Zähne so fest zusammen, dass sie beinahe zurück in mein Zahnfleisch gepresst wurden, doch ich gab keinen Laut von mir. Das Einzige, das aus meinem Inneren drang, war ein wilder Wutschrei.

Kurz darauf fanden Wut und Schmerz ihr Ende. Und kaum war die Wirkung dieser verfluchten Waffe abgelaufen, begann die Wunde auch bereits zu heilen.

Gleichzeitig kam Jovanna angelaufen und kickte meinen Dolch weit weg, und der zitternde Zack aktivierte die Kommandozentrale und eroberte das Hexagon. Die Welle der dritten Generation, die von der Basis ausging, warf uns hinaus aus dem Schutzraum, der sich zu formen begann.

Begleitet vom beleidigten Brüllen von Rex und Tank flog ich durch die Luft. Endlich fiel mir Jovannas Zähler wieder ein. Ich schaffte es, die Entpersonifizierung eine Sekunde vor dessen Ablaufen zu stoppen. Erschöpft stürzte ich nach einem Salto rückwärts zu Boden. Das System überschüttete mich mit Schadensmeldungen. Die letzte davon poppte hoch, nachdem ich mit meinem Nacken gegen den Zaun von Zacks neuer Basis geknallt war.

Ein paar Meter von mir entfernt lag Jovanna so bewegungslos da wie eine Stoffpuppe.

Mein Körper regenerierte sich rasch. Bereits ein paar Sekunden später konnte ich aufspringen und zu ihr gehen. Sie lag noch immer dort, den Bogen fest umklammert. Wie durch ein Wunder war er beim Aufprall nicht zerbrochen. Ihr Helm, den sie nach dem Abschluss der Instanz abgenommen hatte, rollte noch immer über die glatte Oberfläche der Basis.

Ich streckte meine unverletzte Hand aus, um ihr aufzuhelfen. Sie ignorierte sie. Mühsam rappelte sie sich allein auf. Ihre Augen blitzten unter ihren dichten Augenbrauen. Sie legte mir den Bogen zu Füßen, beugte den Kopf und verharrte auf einem Knie, in Erwartung meiner Entscheidung über ihr Schicksal. Ihre wie im Fieber geröteten Wangen und der an einer Schläfenader sichtbare Pulsschlag von 150 Schlägen pro Minute zeigten ihre Angst und ihre Furcht vor den Folgen ihrer Handlungen. Das verriet mir meine gesteigerte Wahrnehmung.

„Jovanna?", fragte ich verwirrt.

„Dein Dolch..." Ihre Stimme war heiser, aber unerbittlich. „Er ist... ungewöhnlich."

„Ja, das ist mir auch aufgefallen."

Jetzt, da die verräterische Waffe sich nicht mehr in — oder vielmehr an — meiner Hand befand, wurde mir bewusst, dass ich mich eine Weile lang ziemlich merkwürdig benommen hatte, um genau zu sein, seitdem wir die Instanz verlassen hatten. Und was noch schlimmer war: Ich hatte entgegen meiner eigenen Grundsätze und Lebensphilosophie gehandelt. Wenn man sein Wort gab, hielt man es auch; man tat schwächeren Menschen nichts an, und man war verantwortlich für diejenigen, die einem vertrauten.

„Tut mir leid, dass ich den Pfeil auf dich abgeschossen habe", sagte Jovanna. Sie hob den Kopf und sah mir in die Augen. „Du bist von irgendetwas mitgerissen worden, und ich bin bewusst ein Risiko eingegangen."

„Bitte steh doch auf!" Erneut bot ich ihr meine Hand.

Diesmal griff sie danach und sprang auf die Füße. Impulsiv nutzte ich ihren Schwung, um sie an mich zu ziehen und sie zu küssen.

Sie entzog sich mir nicht, doch es war nur ein kurzer Kuss.

„Danke, Jo... Danke, dass du mir geholfen hast, menschlich zu bleiben."

Wieder blitzten ihre Augen. Sie nickte, nahm ihren Bogen auf und jagte ihrem Helm nach. Über das, was passiert war, verlor sie kein Wort. Sie überließ es mir, über alles noch einmal nachzudenken und einzusehen, wie ich meinen einzigen Verbündeten Zack beinahe entpersonifiziert hätte, obwohl er unsere Absprache in gutem Glauben erfüllt hatte.

Ich begab mich zum niederträchtigen Dolch der Abschöpfung, der sich gegen die helle Oberfläche der Basis dunkel abhob, und betrachtete ihn. Was sollte ich damit jetzt bloß anstellen? Ich nahm die Bandana von meinem Hals, wickelte ihn ein und steckte ihn in meinen Stiefel. Dann wartete ich, doch nichts geschah.

Als Nächstes musste ich die Sache mit Zack bereinigen. Sehen oder hören konnte ich ihn momentan nicht. Er hatte sich in seinem Bunker versteckt. Doch er war in Ordnung.

Jedes Testsubjekt konnte sich zu einem beliebigen

Schutzraum Zugang verschaffen, man musste nur die Hand irgendwo an seine Wand legen. Genau das tat ich nun. Jovanna blieb als stummer Schatten hinter mir. Die Dinosaurier, denen ich den Befehl zum Schutz des Gebiets erteilt hatte, standen in der Ferne Wache.

Die entstehende Öffnung zeigte mir Zack, der anscheinend sehr beschäftigt gewesen war. Er war bereits angezogen — er musste als Erstes das Uniform-Modul installiert haben Als er uns erblickte, erstarrte er kurz, doch dann griff er nach dem Knüppel und dem Messer, die Teil der Uniform waren, und richtete sich auf. Ein Helm verbarg sein Gesicht.

Ich trat ein und näherte mich ihm. „Leg die Waffen beiseite. Ich will mich nur mit dir unterhalten, und dann werden wir verschwinden und uns an die ursprüngliche Absprache halten."

„Ich glaube dir nicht", drang seine Stimme unter dem Helm hervor.

„Zack, ich möchte mich entschuldigen — mich entschuldigen, und dir alles erklären. Ich hatte vorhin ein Artefakt in der Hand, einen Dolch, den ich in einer Instanz bekommen habe. Auf irgendeine Weise verändert diese Waffe die Denkweise des Trägers. Sobald ich ihn aufgenommen hatte, konnte ich nur noch an meine eigene Überlegenheit denken. Ich habe keine Ahnung, wie genau es dazu kommen konnte, aber meine Haltung hat sich zu dem genauen Gegenteil dessen verkehrt, was ich wirklich bin. Ich habe nur noch eines gekannt — Macht gewinnen. Dabei war es mir gleichgültig, wie ich sie erringen würde. Meine moralischen Grundsätze waren wie fortgewischt. Meine Gedanken waren völlig verzerrt. Ich habe die Vereinbarung mit dir nur noch als unprofitabel und dumm angesehen. Allein Jovannas Eingreifen hat dein Leben gerettet, und meine Ehre und Integrität."

„Ist dir eigentlich klar, wie das klingt?" Zack nahm seinen Helm ab. „Wie eine ganz absurde Erfindung. Hast du etwa vor, mich in deinen Clan zu locken? Du kannst mich mal! Es ist mir völlig egal, ob du mich umbringst. Mein Zähler ist wieder bei null gelandet. Ich habe viele Tage Zeit, ein anderes Hexagon zu erobern. Ich habe mein Ziel erreicht, und zwar trotz deines" — mit den Fingern formte er in der Luft Anführungszeichen — „getrübten Urteilsvermögens und deinem Verstoß gegen unsere Absprache. Mein zweites Leben werde ich so leicht nicht aufgeben!"

„Und du kannst es behalten." Ich verstand ihn zwar, konnte jedoch gegen das Aufflammen meiner verbliebenen Wut wenig unternehmen. Meine Wahrnehmung von Zack als einem winselnden Verlierer war schmerzhaft frisch. Einem Verlierer, der jetzt mein großzügiges Angebot ausschlug. „Du hast drei Tage. Danach mache ich dir ein Angebot, meinem Clan beizutreten — oder ich erobere dein Hexagon."

„Das werden wir ja noch sehen!", brüllte Zack mir nach.

Ich verpasste Jovanna ein paar freundschaftliche Klapse auf die Schulter und verließ Zacks Schutzraum.

„Wohin gehen wir?", fragte sie. Wir verließen die Umzäunung an der Stelle, wo Rex sie eingerissen hatte.

„Zurück zu unserer Basis, Jo. Wir müssen uns etwas wegen unserer Fortbewegung einfallen lassen. Dieses Rhinozeros-Reittier von Tafari bereitet mir schwere Sorgen."

✷ ✷ ✷

„Pass auf!", brüllte Jovanna. „Rechts sind noch zwei!"

Ich schickte Tank in ihre Richtung und erledigte dann, was uns zuerst angegriffen hatte. Der Nebula — so nannte sich diese Kreatur — hatte sich selbst bei den Rippen gepackt und den eigenen Brustkorb aufgerissen. Dies aktivierte eine letzte Waffe.

Gelber Schleim spritzte heraus und bedeckte mich umgehend von Kopf bis Fuß. Er zerfraß meine Uniform und brannte sich bis auf die Knochen in mich ein. Als ich sah, wie mir das Fleisch in Klumpen vom Körper fiel, blieb mir mein Schrei in der Kehle stecken.

Meine Gesundheit raste in Richtung null, und der Schmerz, als ob ich in einem Schraubstock stecken würde, war so intensiv, dass mir lediglich der Gedanke an meinen letzten Tod die Kraft verlieh, mit zwei mentalen Klicks mein Profil aufzurufen und das nächste Level zu aktivieren. Das war das Einzige, was meine Gesundheit auf einen Schlag wieder auf 100 % bringen konnte.

Rex war gestürzt, nachdem er ein Bein verloren hatte, und atmete heftig neben mir. Er hatte eine schreckliche Anomalie erwischt, einen Abschnitt des Erdbodens, der sofort alles pulverisierte, was in dieses Gebiet geriet, ein wenig wie ein Schredder. Es war etwas Ähnliches wie das Zeug, das mir bereits bei der Vorauswahl begegnet war. Das, was vorher Rex' Bein gewesen war, bedeckte nun als Fleisch- und Knochen-Suppe den Bereich der Anomalie.

Um Jovanna stand es ebenfalls nicht sehr gut. Zu Beginn des Kampfes hatte sich eine dieser Kreaturen, fünf Level höher als sie, von einem Baum auf ihren Kopf gestürzt. Nur Tanks Eingreifen hatte ihr Leben gerettet. Er hatte sie regelrecht vom Rand des Todes zurückgezogen. Ihre Gesundheit befand sich im roten Bereich, und ich hatte sie nicht rechtzeitig erreichen können.

Nun blökte der Triceratops traurig. Die säurehaltigen Innereien des Nebula, den er mit seinem Horn aufgespießt hatte, fraßen an seinem Maul. Man konnte bereits den Kiefer sehen. Es war ein schrecklicher Anblick. Wie gut, dass ich das nicht in der Realität sah, sondern nur als Miniaturbild auf der Kontrollleiste des Interface.

Jovannas Pfeil landete in der Kehle des letzten Nebula. Er gab ein keuchendes Seufzen von sich und fiel neben Tank zu Boden.

„Sammle die Beute ein, Jo. Ich kümmere mich um die Dinos."

Sie nickte und begab sich auf die Suche nach den hinterlassenen Ressourcen. Den Protokollen zufolge hatten wir einiges zu erwarten — mehr als 20 Punkte von jedem einzelnen Nebula.

Ich zog die Ersatzuniform an, die ich zur Sicherheit mitgebracht hatte. Anschließend wartete ich einen Moment lang und klickte dann auf das Symbol für die Regeneration auf der Registerkarte für die Kampfeinheiten.

Der Tyrannosaurus brüllte und sprang auf seine Füße. Es war die Bestätigung: Die Heilung hatte funktioniert. Das galt auch für den Triceratops, dessen nachgewachsene Schnauze ein lautes Schnauben von sich gab.

Testsubjekt! Die Gesundheitsreserven der folgenden Kampfeinheiten wurden vollständig wiederhergestellt: Rex, Tank

Es war ein teures Resultat, aber ohne die Dinosaurier hatten wir keine Chance, und es wäre reine Zeitverschwendung gewesen, darauf zu warten, bis sie sich selbst regeneriert hatten; sie waren einfach zu schwer verwundet gewesen.

Da schwanden sie nun dahin, meine 500 schwer verdienten Existenz-Ressourcen. Diese Möglichkeit der Heilung war eine grundlegende Fähigkeit, die lediglich bei allen Einheiten gleichzeitig funktionierte. Ich vermutete, die Kosten von derzeit 500 Punkten würden noch ansteigen, wenn ich weiter levelte und mehr Kampfeinheiten erstellte. Leider funktionierte diese geniale Wiederherstellung nur außerhalb eines Kampfes. Sobald einem aus der Gruppe ein Schaden zugefügt wurde, aktivierte das den Kampfmodus, der das Regenerationssymbol zum Verschwinden brachte und erst eine Weile nach dem tatsächlichen Ende der Auseinandersetzung wieder endete.

Auf die Nebulas waren wir gestoßen, als wir tief in den Wald vorgedrungen waren. Nachdem wir Zack verlassen hatten, waren wir zunächst zur Basis zurückgekehrt, hatten neue Uniformen angezogen und die alten für einen minimalen Preis veräußert, den das System auf der

Grundlage ihrer verbleibenden Haltbarkeit berechnete.

Den hinterlistigen Dolch hatte ich in die überdimensionierte Truhe gesteckt. Ihn endgültig wegzuwerfen, hatte ich nicht übers Herz gebracht. Außerdem war mir inzwischen eine Idee gekommen, wie ich ihn gut einsetzen konnte. Wenn wir auf einen so mächtigen Gegner trafen wie Tafari, kam der Diebstahl von 25 % Leben schließlich gerade recht.

Traurig zählten wir die Ressourcen, die uns verblieben waren. Am dringendsten war, das Portalraster zwischen unseren Hexagonen zu errichten. Doch die eigentlich dafür gedachten Ressourcen hatten wir bereits verbraucht. Dieses Portal hätte uns ermöglicht, uns sofort zu Carters ehemaliger Hauptbasis portieren zu lassen und die Mobs dort erneut zu erstellen. Carters Mobs hatten Level 3 gehabt. Was bedeutete, dank meines Führungsrings der Verstärkung konnten unsere Dinos dort Level 6 erreichen.

Dort könnten wir auch endlich über ein paar Reittiere nachdenken.

Wir waren in Richtung Nordosten aufgebrochen, vorbei an Zacks Hexagon. Erfolgreich hatten wir das erste neutrale Hexagon erobert, auf das wir trafen. Das zweite hatte sich tief im Wald befunden, und je mehr wir uns ihm genähert hatten, desto dichter wurde das Unterholz. Wir hatten im wahrsten Sinn des Wortes Löcher hineinbohren müssen. Zum Glück hatten Rex und Tank das wie üblich für uns übernommen. Sie gingen vor, brachen durch das Gestrüpp, und hinterließen große Öffnungen für uns. Dann war Rex, der die Führung übernommen hatte, auf einmal in eine Anomalie gestolpert, und wir waren von allen Seiten angegriffen worden.

Die Nebulas, für uns völlig neue Mobs, waren halbintelligente, aggressive Wesen, die im Pulk angriffen. Sie verfügten über ein humanoides Aussehen und waren etwas über einen halben Meter groß, mit mächtigen Klauen an den Händen. Aus ihren Augen quoll durchgehend dieser gelbe, säurehaltige Schleim, wodurch sie so wirkten, als ob sie aufleuchten würden. Der untere Teil des Schädels, der an Affen erinnerte, wies einen vorstehenden Kiefer und mehr scharfe Reißzähne auf, als man zählen konnte. Die langen, verdrehten Ohren nahmen Töne wahr, die das menschliche Ohr nicht hören konnte.

All das lernte ich aus dem virtuellen Bestiarium von Pibellau, das in meinem Interface installiert worden war. Dieser Leitfaden funktionierte nach ähnlichen Grundsätzen wie der Nebel des Krieges: Man erfuhr nur dann mehr über eine Kreatur, wenn man einmal einen Vertreter der Spezies getötet hatte.

Über die Nebulas machte ich mir weniger Sorgen als über die Anomalie, der Rex' Bein zum Opfer gefallen war. Ich befahl allen, stehen zu bleiben, und näherte mich ihr ganz vorsichtig.

Die unzähligen Liter Blut, die Rex vergossen hatte, und die Fetzen seines Beins waren bereits wieder verschwunden. Mein Problem war, wie wir Anomalien entdecken konnten, bevor einer von uns hineinrannte. Wenn solche und ähnliche Fallen überall auf Pibellau verteilt waren, wunderte es mich nicht mehr, dass die Zivilisationen ausgestorben waren, die diesen Planeten bevölkert hatten.

„Was ist denn da, Phil?", rief Jovanna.

„Ich spüre eine Vibration. Es ist so ähnlich, wie wenn dein Handy unter dem Kopfkissen liegt, stummgeschaltet, und dann jemand anruft. Nur dass sich statt des Kissens unter deinem Kopf der Boden unter deinen Füßen befindet. Und die Luft riecht nach Ozon."

Ich nahm einen kleinen Stein auf und warf ihn auf die Anomalie. Nichts passierte. Langsam streckte ich die Hand aus, Millimeter um Millimeter. An meinen Fingerspitzen spürte ich zunehmenden Druck, als ob ich eine Schicht aus dünnem Gummi durchdringen wollte. Endlich zerriss sie, und der Schwung riss meine Hand nach vorn.

Etwas griff nach meinen Fingern und verarbeitete sie zu Hackfleisch. Ich verlor das Gleichgewicht und wäre beinahe in die Anomalie gestürzt. „Fick deine Mutter!"

„Was soll mit meiner Mutter sein?", fragte Jovanna, die zu weit weg war, um meine Worte wirklich verstehen zu können.

„Warte einen Augenblick." Ich schüttelte die verwundete Hand und wartete auf ihre Regenerierung. „Also, ich habe keine Ahnung, ob die Nebulas diese Anomalien formen, oder ob sie einfach über das ganze Prüfungsfeld verteilt sind", erklärte ich, nachdem Jovanna näher gekommen war. „Das ist unsere neueste Sorge. Im Leitfaden und im Eintrag über die Nebulas steht nichts darüber. Wir können nur eines tun — absolut vorsichtig sein. Die Anomalie reagiert ausschließlich auf organische Materie, und sie fühlt sich an wie ein unsichtbares Kraftfeld. Je näher du ihr kommst, desto stärker wird der Druck. Man hat keine Zeit, schnell genug darauf zu reagieren. Deshalb müssen wir hier im Wald verdammt aufpassen. Wir müssen ein paar Mobs erstellen, die die Vorhut bilden. Wir sollten uns einmal den Katalog anschauen, vielleicht finden wir etwas Geeignetes. Dafür müssen wir natürlich entweder Rex oder Tank Punkte wegnehmen, was ihre Statistiken verschlechtert, oder wir müssen noch jemanden in den Clan aufnehmen."

„Und vergiss nicht — wir wollten schließlich auch ein paar Reittiere erstellen", erinnerte Jovanna mich.

„Ich weiß. Wenn Velociraptoren nur ein wenig größer wären, könnten wir auf ihnen reiten. Wir können in der Basis weiter darüber nachdenken. Momentan müssen wir erst einmal Ressourcen farmen und dieses Hexagon erobern. Schon bevor wir auf die Nebulas gestoßen sind, standen die Chancen nicht gut, dass wir es auf die benötigten 2.000 Punkte bringen. Und jetzt, nach dem Abzug für die Regeneration der Einheiten, sieht es noch schlechter aus. Anschließend müssen wir rechtzeitig vor der Dunkelheit wieder in unserer Hauptbasis sein. Nachts können wir von den Eliten Ressourcen farmen und das Integrationsmodul upgraden. Das verschafft uns das Portalraster, und wir können in Carters Basis die Level unserer Dinos verbessern. Was hältst du von diesem Plan?"

„Was immer du sagst... Chef", lachte Jovanna.

Ich glaube, es war das erste Mal, dass ich sie hatte lachen hören. Selbst als sie ihren fantastischen Bogen erbeutet hatte, war sie zwar glücklich und begeistert gewesen, doch so ansteckend gelacht hatte sie nicht.

Als ich sie ansah, musste ich ebenfalls lachen. Nicht aus irgendeinem besonderen Grund, sondern einfach, um die Spannung zu vertreiben, die sich aufgebaut hatte.

Nachher legten wir eine Weile lang einfach nebeneinander hin, um uns auszuruhen, mit Jovannas Kopf auf meiner Schulter. Ich war überzeugt — das war das Beste, das ich in den letzten Tagen überhaupt erlebt hatte.

* * *

Level 2 des Integrationsmoduls verschaffte uns Zugang zu einem Netzwerk von Portalen, die all unsere Hexagone miteinander verbanden. Das Modul hatte tatsächlich unsere sämtlichen Basen integriert. Dadurch konnten wir sogar das Kampfeinheits-Modul in meiner Hauptbasis kostenlos (!) upgraden. Mit Level 3 hatte es nun denselben Stand erreicht wie Carters Modul. Was wiederum bedeutete: Wir mussten uns nicht einmal zu Carters Basis teleportieren, sondern konnten die Mobs auch gleich an Ort und Stelle verbessern.

Entgegen meiner Befürchtung mussten wir die Dinosaurier nicht zuerst liquidieren. Es änderte sich durch die Neuherstellung gar nichts, außer dass ich anschließend in ihren Statistiken sehen konnte: Ihr Status hatte sich von Level 5 auf Level 6 verbessert. Was natürlich auch ihre Lebenspunkte und Schadensabsorption anhob, um 20 %. Außerdem hatte ich zwei weitere Punkte in meine Ausdauer investiert, was die Gesundheit der Dinosaurier ebenfalls verbesserte.

Beweglichkeit brauchte ich keine, und mehr Stärke

war einstweilen auch nicht nötig — Rex und ich konnten ohnehin bereits tödlichen Schaden zufügen, mehr als genug für unser Level. Die Vorteile einer gesteigerten Intelligenz waren in dieser Situation nicht überragend. Es hätte zwar der Wahrscheinlichkeit einer Verdoppelung der Beute wenige Prozent hinzugefügt, doch das wäre nicht dramatisch gewesen. Glück war mir zu abstrakt, um die Punkte darauf zu verschwenden, also blieben nur Charisma und Wahrnehmung. Mithilfe von Charisma hätte ich mehr Kampfeinheiten erzeugen können, einschließlich von Reittieren, während eine Stärkung der Wahrnehmung einen erhöhten kritischen Schaden bedeutete, außerdem einen größeren Sichtbarkeitsradius und verbesserte Chancen, ein Artefakt zu finden.

Doch all das verlor an Bedeutung, wenn ich mich daran erinnerte, wie oft ich mich im Laufe der letzten paar Tage an meine letzten paar Reste Leben hatte klammern müssen. Da kam es auf jedes Prozent an.

Artefakte erbeuteten wir in der Nacht keine, auch wenn es uns gelang, drei Duxios zu töten, was uns diesmal leichter gefallen war als anfangs. Außerdem erledigten wir einige der kleineren Kreaturen. In den frühen Morgenstunden tauchte eine weitere zweiköpfige Odzi-Schlange auf. Auch ihrer konnten wir uns ohne große Probleme entledigen. Die Strategie, Rex einen ihrer Köpfe nach dem anderen zerschmettern zu lassen, hatte sich ein weiteres Mal bewährt.

Insgesamt konnten wir fast 3.000 Existenz-Ressourcen-Punkte sammeln. Das war genug gewesen für das Upgrade des Integrationsmodul und eine neue Version unserer Mobs, für mehr reichte es jedoch nicht. Wir konnten nicht einmal Jovannas Level anheben. Und ein Modul für Kampfeinheiten mit Level 4 kostete 7.500 Punkten. Daher beschlossen wir, es hatte keinen Sinn, unsere Mobs weiter zu verbessern.

Wir konnten uns viel mehr Beute sichern, wenn wir uns auf ausgeglichenere Weise weiterentwickelten. Level 3 der Basis konnte uns neue Module verschaffen und unsere Verteidigungsfähigkeiten stärken. Level 3 des Uniform-Moduls konnte das verstärkte Uniform-Set erstellen, und das verbesserte Lagerungsmodul würde uns einen tragbaren extradimensionalen Rucksack liefern. Außerdem musste ich auch mein eigenes Level verbessern und dafür sorgen, dass Jovanna dasselbe tat. Und all das musste geschehen, während wir weiter endlos neue Ressourcen farmten und neue Hexagone eroberten.

Die Situation wurde durch die Tatsache verkompliziert, dass ich bereits 4 Level höher lag als Jovanna. Nur ein Wunder in Gestalt von Tank hatte sie vor dem sicheren Tod in den Klauen des Nebulas bewahrt — ich wollte mit ihr kein weiteres Risiko mehr eingehen.

Bei Morgengrauen verließen Jo und ich unseren Bunker. Ich unterbreitete ihr die Nachricht, dass wir getrennt auf Jagd gehen mussten. Sie protestierte.

Ich musste meine Stimme erheben. „Du bleibst hier, Jo! Darüber wird nicht diskutiert. Du kannst in dem Hexagon neben dem von Zack ein paar Ressourcen farmen. Wenn du allein unterwegs bist, entsprechen die Mobs deinem Level. Tank wird dich begleiten."

„Das ist gefährlich, Phil! Wir müssen zusammenbleiben. Warum sollten wir unsere Stärke aufspalten? Nimm mich mit. Du kannst mich hier nicht allein lassen!"

„Das kann ich, und das werde ich auch. Dein Ausgabenlimit für die Existenz-Ressourcen habe ich auf 100 % eingestellt. Du kannst alles, was du farmst, in dich selbst investieren. Je schneller du mich eingeholt hast, desto eher können wir wieder gemeinsamen auf die Jagd gehen. Ich werde mich weiter in Richtung Nordosten begeben, ich muss herausfinden, wer sich dort niedergelassen hat. Und wir müssen überlegen, wie wir uns weiter ausdehnen, ob in Richtung Norden oder Osten. Ohne Späher und Reittiere wäre es ziemlich dumm, unser Gebiet zu erweitern. Wir könnten nicht rechtzeitig zur Basis zurückkehren und würden womöglich das Hexagon verlieren."

Spontan berührte Jovanna mein Gesicht. „In Ordnung. Pass auf dich auf, Phil. Vergiss nicht — du bist bei deinem letzten Leben angekommen. Und du hast mir versprochen, dass wir gewinnen werden!"

Sie strich mit der Handfläche meine Wange entlang. Dann rief sie Tank herbei, legte ihm die Hand auf den Kopf und verschwand auf einmal. Ja, so funktionierte das mit dem Portalraster — man musste nur mental auf sein Ziel klicken, und schon gelangte man dorthin.

Mithilfe des Interface aktivierte ich das Portal zu unserer äußersten Basis im Nordosten und wählte mein und Rex' Symbol aus. Und schon landeten wir am ausgewählten Punkt, in dem Hexagon mit den ganzen Nebulas und der Anomalie.

Kaum hatte ich den Bereich der Basis verlassen und mich angeschickt, Rex durch Unterholz, Zweige und umgestürzte Baumstümpfe zu folgen, kam ein Alarm.

Eine eisige Welle durchlief mich. Mein Sichtfeld färbte sich scharlachrot, und ich roch etwas Fauliges.

Auf der Minikarte leuchtete der Punkt auf, an dem jemand die Grenze überschritten hatte.

Testsubjekt! Ein Eindringling ist in dein Gebiet eingedrungen! Basis 14 steht in der Gefahr, erobert zu werden!

Ich entschied mich, in der Basis zu bleiben und dem möglichen Feind auf meinem eigenen Grund und Boden entgegenzutreten. Auch wenn diese Basis nur eine von Level 1 war, deren Zaun nicht einmal einen Pfeifer aufhalten konnte, veränderte es doch alles, dass ich im entscheidenden Moment notfalls per Teleportation verschwinden konnte.

Lange Zeit erschien niemand. Ängstlich machte ich am gesamten Umkreis entlang die Runde und hielt mich dabei vorwiegend hinter den Baumstämmen auf, die die

Basis umgaben. Ich hatte Angst, von hinten angegriffen zu werden. Überall sah ich den Feind, und je mehr Zeit seit dem Eindringen vergangen war, desto paranoider wurde ich.

Endlich beschloss ich, die Sache einfach zu vergessen und zur Hauptbasis zurückzukehren, doch dann bereitete das Auftauchen des Eindringlings der Unsicherheit ein Ende.

Kaum hatte ich ihn erblickt, wusste ich sofort: Hier hatte ich es tatsächlich mit einem Feind zu tun. Wobei ich zuerst nicht ihn sah, sondern seine Armee aus Untoten, gebildet aus den Leichen der getöteten lokalen Mobs, von beweglichen Sarasur-Küchenschaben bis hin zu hinkenden Nebulas und Pfeifern. Bei allen schälte sich das Fleisch von den Knochen. Es waren so viele Mobs, aus der Entfernung wirkte es so, als bewegte sich ein farbiger Teppich in Wellen auf mich zu.

In der Mitte dieses Schwarms schritt eine hochgewachsene Gestalt in einer merkwürdigen Uniform. Seine Kleidung war umgeben von einem Dunstschleier aus schwarzem Ruß, der um ihn herumwirbelte. Aus seinen Schulterstücken, gebildet aus Knochen, stiegen fast einen halben Meter hohe Stacheln auf, und in der Hand hielt er einen über zweieinhalb Meter langen Stab, dessen Griff wie ein Fischschwanz geformt war.

Aus dieser Richtung hatte ich Tafari auf seinem Rhinozeros erwartet und konnte meine Überraschung kaum verbergen. Und als ich las, wen ich da vor mir hatte, fiel mir beinahe die Kinnlade herunter:

Nagash, Mensch
Level 14
Klasse: Totenbeschwörer

Nagash? Wer zum Teufel war das? Wie hatte er so schnell Level 14 erreichen können? Und was zum Teufel machte ein Totenbeschwörer auf Pibellau?

KAPITEL 14

ER, DEM ALLES SCHNUPPE IST

Nun, ja — und ich bin traurig. Aber gleichzeitig bin ich richtig glücklich, dass mich etwas so traurig machen kann. Es ist... es sorgt dafür, dass ich mich lebendig fühle, weißt du? Es sorgt dafür, dass ich mich menschlich fühle. Und ich kann mich nur dann so traurig fühlen, wenn ich vorher etwas wirklich Gutes empfunden habe. Ich muss einfach das Schlimme wie das Gute hinnehmen. Man könnte sagen, das, was ich gerade fühle, ist eine wunderschöne Traurigkeit.

Butters, *South Park*

SCHWERE WOLKEN VON einem dunklen Orange bedeckten nun den Himmel über Pibellau. Es roch nach Regen, doch die Luft wies einen Hauch von etwas Bitterem auf. Das ließ die Aussicht auf Regen als nicht sehr angenehm erscheinen. Auf jeden Fall hatte der Meister der Untoten inzwischen in Wichtigkeit den imaginären Meister des Wolkenbruchs ersetzt.

Die Horde der Untoten hielt etwa 100 Meter von der Basis entfernt an und formierte sich. Neben Nagash selbst sah ich noch ein paar andere Menschen auf niedrigem Level in farbenfroher Kleidung. Sie schienen seine Vasallen zu sein. Ansonsten ließe es sich nicht erklären, dass keiner von ihnen über Level 5 hinausgekommen war. Ohne sich die

Mühe zu machen, dabei auch nur mit einem Anschein von Heimlichkeit vorzugehen, begaben sich zwei nach links und rechts, gingen um die Basis herum. Ein anderer kam direkt auf mich zu.

Es ärgerte mich, dass ich keinerlei Möglichkeit hatte, Jovanna herbeizurufen, um mir zu helfen. Es gab ein Interface, es gab mehrere Leben — aber keinen Clan Chat oder ein anderes Kommunikationssystem. Überhaupt keines, als hätten die Programmierer alles versucht, um eine effektive Kooperation oder Teamarbeit zu verhindern.

Ich konnte Rex neben mir atmen hören. Seine Anwesenheit ließ mich etwas mehr Zuversicht fühlen. Ich war bereit, sofort die Teleportation zu aktivieren, damit wir hier, falls das nötig werden sollte, ganz schnell verschwinden konnten. Momentan war die wichtigste Aufgabe die, herauszufinden, wer das war und ob sich ein Kampf lohnte. Was Nagash wollte, lag auf der Hand: Mein Hexagon erobern, und zwar, indem er mich entweder tötete oder seinem Clan einverleibte.

Und es war an mir, zu entscheiden, ob ich jetzt oder lieber später gegen ihn kämpfte, sobald ich mich darauf vorbereitet hatte. Ich hatte den bösen Verdacht, dass es besser war, die Sache gleich hier und jetzt hinter mich zu bringen, wenn ich seinen rasantes Leveln bedachte.

Die Person, die sich mir näherte, war ein dunkelhäutiger Typ mit Rastalocken, in die blaue Bänder geflochten worden waren. Er war klein und von durchschnittlichem Körperbau, trug Flip-Flops, Shorts und ein affiges, buntes Hemd. War der Anführer des Clans etwa zu geizig, seinen Vasallen wenigstens die Grunduniform zu kaufen? Blödmann!

Der Kerl hielt einen handgefertigten Knüppel. Sein Name war Ola, und er hatte Level 3.

Er stellte sich vor mich und hob eine Hand mit der Handfläche in meine Richtung als Zeichen seiner friedlichen Absicht. Anscheinend war er der Unterhändler.

„Ich grüße dich, Phil."

„Ola", nickte ich.

„Ich spreche im Namen meines Herrn und Gebieters mit dir, des großen Nagash, Herrscher über die Toten auf Pibellau, jetzt und auf der Erde in Zukunft."

„Ach, wirklich? Ist er denn so sicher, dass seine Fähigkeiten auch auf der Erde funktionieren werden?"

„Oh, mein Herr und Gebieter ist sich da ganz sicher. Deshalb lädt er dich großzügig ein, seiner Armee der Lebenden und Toten beizutreten, damit unsere vereinte Stärke uns zum Sieg in der Prüfung verhilft. Später, wieder zurück auf der Erde, wird der große Nagash dann all seine Verbündeten zu sich rufen und ihnen und ihren Familien eine reiche Zukunft bereiten. In unserer Welt ist der Herr und Gebieter Nagash unter einem anderen Namen bekannt und berühmt nicht nur für seinen Reichtum, sondern auch für seine Menschenfreundlichkeit."

„Und wie bitte lautet der richtige Name des Herrn und Gebieters Nagash?"

„Momentan ist der Herr und Gebieter Nagash nicht bereit, seinen Namen kundzutun."

„Und warum nicht?"

Ola antwortete nicht, doch in seinen Augen funkelte Übermut.

„Sag mal, Ola — wie wäre es denn, wenn wir beide uns einmal unterhalten, ohne deinen Herrn und Gebieter zu beteiligen?"

„Okay." Er zuckte mit den Schultern und bot mir die Hand. „Ola Afelobu, Kamerun."

„Philip Panfilov, Russland", erwiderte ich und ahmte seinen Tonfall nach. „Glaubst du wirklich, dein Nagash ist ein Milliardär?"

„Einige Leute glauben es, andere nicht. Mir persönlich ist das schnuppe. Ich glaube ihm nicht, aber ich hatte keine andere Wahl. Ich war eingekesselt von seinen Leuten, und er hat mir ein Ultimatum gestellt. Und jetzt bist du von uns eingekesselt, während ich versuche, dich mit meinem Charme zu beeindrucken." Er grinste breit.

Es war ein angenehmes, offenes Lächeln. Ich mochte diesen Ola, und auch wenn sein Alter irgendwo zwischen 20 und 40 lag — es war unmöglich, es genau zu schätzen –, wirkte er doch so fröhlich und unbeschwert, dass ich ihn gern für jung gehalten hätte. Vor allem, weil sich in seinem glänzenden Gesicht nicht eine einzige Falte fand.

„Ola, also ich glaube, er würde seinen richtigen Namen verwenden, wenn er die Wahrheit sagen würde."

„Vielleicht will er nur der Schande entgehen, wenn er in der Prüfung versagt?", bemerkte Ola. „Wer weiß das schon. Für mich ist das alles nichts als ein Spiel. Und es macht Spaß! Findest du nicht auch? Schau dich doch nur um — es ist, als befänden wir uns mitten in einem Märchen. Monster, Leichen, Magie, Extraleben... Ich bin mit jedem Ausgang der Sache zufrieden, denn ich genieße all das, und ich freue mich, dass ich mitspielen darf. Und du?"

Auf diese Weise hatte ich die Prüfung bislang noch nicht betrachtet. Vielleicht hatte er recht, und ich nahm alles viel zu ernst? Hier würde nicht einmal der letzte Tod zu einem echten Tod führen, sondern nur zum Ende der Prüfung.

Ola drehte sich um, hob die Hand in Richtung seiner Leute, spreizte die Finger, wartete auf etwas und nickte dann. Wieder an mich gewandt, sagte er: „Mein Herr und Gebieter hat es eilig. Ich brauche deine Entscheidung. Möchtest du an seiner Seite kämpfen, oder willst du lieber dein Leben verlieren?"

„Bevor ich eine Entscheidung treffe, möchte ich dich etwas fragen. Kannst du mir sagen, was dort vor sich geht?" Ich deutete in Richtung Osten. „Ich habe gehört, dass in diesem Bereich jemand namens Tafari alles auseinandernimmt."

„Ja, der Nigerianer. Er und mein Herr und Gebieter haben einen Pakt geschlossen. Sie greifen sich gegenseitig nicht an und haben das Feld in Sektoren unterteilt. Der gesamte westliche Teil gehört dem großen Nagash, und die Mitte gehört Tafari."

„Nur die Mitte?"

„Hinter seinem Gebiet, im Osten, beginnt Jumas Herrschaftsbereich. Ich selbst habe ihn nie gesehen, aber er hat ein paar unserer Jungs getötet, und mein Herr und Gebieter hat sie anschließend unter seinen Schutz genommen."

„Wie viele Hexagone hat dein Herr und Gebieter denn bereits erobert?", fragte ich, erwartete jedoch nicht ernsthaft eine Antwort.

„Vor wenigen Stunden haben wir Hexagon Nummer 36 erobert", erwiderte Ola ruhig. „Es ist kein Geheimnis. Mein Herr und Gebieter glaubt, dass es zukünftige Clan-Mitglieder unterstützt, die richtige Entscheidung zu treffen, wenn sie um seine Überlegenheit wissen."

„Und wie viele Vasallen hat er?"

„Mit mir zusammen fünf. Die anderen sind Lambda, Rubix, Ayo und Morana. Aber das ist jetzt die letzte Frage, die ich dir beantworte, Phil. Wie entscheidest du dich? Ich kann sehen, dass unsere Leute sich auch hinter der Basis ausgebreitet haben. Du hast keine Chance, und der Dinosaurier wird dir auch nicht helfen. Mein Herr und Gebieter ist einfach zu stark."

„Lass mich ein paar Minuten darüber nachdenken."

„Es ist keine Zeit, über irgendetwas nachzudenken. Ich werde jetzt zum großen Nagash zurückkehren und ihm von unserer Unterhaltung berichten, und dann wird er dich einladen, seinem Clan beizutreten. Wenn du dich weigerst, gibt er das Signal zum Angriff."

Ola drehte sich um, pfiff etwas und ging zurück zu seinen Leuten. Dabei schlurften seine Flip-Flops über die Erde. Schnell ging er wirklich nicht. Verlängerte er absichtlich die Zeit, die er brauchte, Nagash zu erreichen, um mir mehr Zeit zum Überlegen zu verschaffen?

Meine Gedanken brachten mich zum Lächeln. Was für ein netter Kerl!

Es war offensichtlich, dass Nagashs Vasallen auf ihren niedrigen Level mir nicht gewachsen waren. Und was die Untoten betraf — die waren zwar sehr zahlreich, hatten jedoch alle nur Level 2. Ich hatte den Eindruck, dass der Totenbeschwörer — dessen „Totenbeschwörung" allem Anschein nach einfach nur eine einzigartige Fähigkeit war, wie meine Fusion — sich nicht einmal die Mühe gemacht hatte, seine Basis upzugraden. Anscheinend baute er ausschließlich auf die psychologische Wirkung seiner großen Armee, denn die Untoten mit ihren mageren 200 oder 300 Lebenspunkten mussten schon bei einem einzigen Schlag zusammenbrechen.

Aber was bitte konnte ich denn tun, wenn sie sich alle gleichzeitig auf mich stürzten und ihre Zähne und Klauen in mich schlugen? Verdammt! Wieso hatte ich bloß meinen neuen lebensstehlenden Dolch nicht mitgebracht? Der wäre jetzt wirklich nützlich.

„Dieser Oberherr besitzt die Fähigkeit, Tote aufzuerwecken", sagte eine vertraute Stimme hinter mir.

Carter!

Ich fasste mich rasch und rollte mich zur Seite, während ich gleichzeitig Carter ins Ziel nahm und dem Tyrannosaurus befahl, ihn anzugreifen. Zum Glück war Carter allein, ohne seine blutsaugenden Einheiten. Anscheinend hatte er erneut seine Basis verloren.

„Nein, warte!", schrie Carter und zappelte in Rex' Zähnen. „Nein! Halte ihn auf, Phil!"

„Aus, Rex! Spuck ihn aus!", befahl ich und konnte den Dinosaurier stoppen, Sekundenbruchteile, bevor seine Kiefer Carter zermalmten.

Mein Schoßtier ließ seine enorme elastische Zunge vorschnellen und gab Carter frei. Er fiel zu Boden und wischte sich fluchend die Echsenspucke vom Gesicht.

Seitdem ich ihn das letzte Mal gesehen hatte, waren drastische Veränderungen mit ihm vorgegangen. Er trug die Kleidung, die er bei seiner Entführung getragen haben musste: Zerfetzte Leinenhosen, ausgeleierte Turnschuhe und ein zerrissenes, weißes Hemd mit aufgekrempelten Ärmeln. In der Hand hielt er einen kurzen, soliden Stock, der anscheinend ein hartes, grausames Leben hinter sich hatte — man konnte sehen, dass bereits die Zähne einer Unmenge pibellauischer Monster daran genagt und sogar versucht hatten, ihn sich als Mahlzeit einzuverleiben.

Inzwischen war Ola bei „seinem Herrn und Gebieter" angekommen. In meinem Sichtfeld erschien die Einladung, mich Nagashs Clan anzuschließen. Der Zähler lief — ich hatte 30 Sekunden Zeit, eine Entscheidung zu treffen und zu reagieren.

Ich schickte Rex los, den Raum hinter mir zu sichern. Es war nicht viel Zeit vor dem Kampf, und wir mussten uns den Rücken freihalten.

Carter betrachtete die Untoten mit großem Unbehagen und wandte sich dann an mich. Die Zeit lief ab, und er zögerte.

„Du beeilst dich besser und sagst mir, was du willst." Drohend schüttelte ich meine Energiefaust in seine Richtung. „Ich werde nicht behaupten, ich wäre froh, dich zu sehen."

Carter senkte den Kopf. „Was geschehen ist, das ist geschehen, Phil. Ich war ehrlich mit dir und habe dann in einem fairen Kampf verloren. Wenn man einmal von deinem Monster absieht." Er warf Rex, der bereits damit beschäftigt war, an ein paar Leuten auf der anderen Seite der Basis zu kauen, einen bösen Blick zu. „Er ist einfach zu gut, um wahr zu sein. Nicht ganz richtig. Gewissermaßen ein kleiner Cheat, wenn du weißt, was ich meine."

„Was willst du, Carter?"

„Ich will mich deinem Clan anschließen." Er deutete auf die Horde der Untoten. „Ihm bin ich bereits in die Arme gelaufen. Er hat mich umgebracht, weil ich dumm genug war, ihn zu unterschätzen und zu glauben, er sei leicht zu besiegen. In der Nähe gibt es keine freien Hexagone mehr, dieser Verrückte Tafari ist zu weit weg, und Nagash wird mich nicht aufnehmen. Sein Angebot war eine einmalige Angelegenheit, und ich habe bereits abgelehnt. Außerdem..." Er schwieg, legte die Stirn in Falten.

„Außerdem was?"

„Ich weiß nicht, wo es herkommt, aber seit heute Morgen habe ich das Gefühl, wir beide müssten unbedingt zusammenhalten."

„Ich glaube, davon bist du schon seit dem ersten Mal besessen, als wir uns begegnet sind. Okay, wir werden das irgendwie regeln. Wie viel Zeit bleibt dir noch bis zur Entpersonifizierung?"

„Weniger als eine Stunde." Carter wischte sich etwas von der Stirn, entweder Schweiß oder Rex' Spucke. „Ich bin fast einen ganzen Tag herumgelaufen, habe nahezu 80 Kilometer hinter mich gebracht, und alles umsonst! Wie gut, dass wenigstens die Elite-Mobs mich nicht gesehen haben. Ich konnte ohne Probleme nachts herumlaufen. Aber alle Hexagone sind bereits erobert, und in diesen Lumpen ohne Waffen kann ich niemanden besiegen."

„Und wofür sollte ich dich unter den Umständen jetzt gebrauchen können?"

„Nimm mich in deinen Clan auf, gib mir eine Waffe, und dann wirst du schon sehen. Du glaubst doch wohl nicht etwa, ich hätte meinen Level 10 mit Gitarrespielen erreicht, oder?"

Ich betrachtete ihn näher und entdeckte, dass er nicht länger nur „Carter, Mensch" war, sondern ein Kämpfer mit Level 10. Wie Nagash hatte er bereits eine Klassenspezialisierung erworben.

„Über welche Fähigkeiten verfügst du?"

„Das wirst du erleben, sobald der Kampf beginnt. Phil, es wird Zeit! Sieh mal, sie kommen schon näher!"

Ich lehnte die Einladung des Totenbeschwörers ab und lud Carter in meinen Clan ein. Er nahm sofort an. Er wirkte sehr erleichtert, dass die Drohung der Entpersonifizierung abgewendet worden war, und der Clan verdiente ein wenig mehr als 1.000 Existenz-Ressourcen-Punkte. Obwohl er praktisch nackt war und noch dazu unbewaffnet, war es ihm gelungen, eine ganze Menge Punkte zu farmen.

„Nimm das!" Ich warf ihm das Ersatzmesser von der verbesserten Uniform zu. „Wir haben keine Zeit, extra etwas für dich zu erstellen. Das ist eine neue Basis, und noch gibt es hier kein einziges Modul."

„Wie sieht dein Plan aus?" Carter fing das Messer auf und drehte sich in Richtung der heranstürmenden Horde. In seinen Augen funkelte der Blutdurst.

„Du kümmerst dich um die Vasallen von Nagash mit geringem Level. Wenn es zu schwer wird, begibst du dich in den Schutzbunker. Die Einheiten können ohne ihre Meister dort nicht eindringen. Ich nehme Rex und versuche, zu Nagash selbst vorzudringen. Was hast du mir doch gleich neulich erklärt? ,Wenn du stirbst, stirbt auch deine Eidechse' — oder so ähnlich. Ich glaube, die Untoten fallen, wenn ihr Meister fällt."

„Also gut — beginnen wir den Tanz!", brüllte Carter.

Auf einmal war er nichts als eine verschwommene Bewegung in der Luft. Er landete 20 Meter vom Zaun entfernt und brach in die Menge der Untoten ein wie eine riesige Bowlingkugel. Alle Zombies, die das Pech gehabt hatten, ihm im Weg zu stehen, fielen um wie Kegel.

Das war wohl Carters spezielle Kampffähigkeit in Aktion. Nahezu zehn Untote wurden in der Luft entpersonifiziert, bevor sie auch nur den Erdboden berührt hatten.

Mittlerweile räumte Carter ein paar weitere Mobs aus dem Weg und stürzte sich auf Rubix, den Vasallen mit dem einfachen Knüppel. Mit ein paar Hieben schickte er ihn zum Respawnpunkt, dann zog er sich in Richtung Bunker zurück. Die Untoten, die sich um ihn gedrängt hatten, sprangen nun alle auf einmal auf ihn los, rissen Stücke aus seinem Fleisch. Seine Gesundheit war allerdings noch immer im grünen Bereich.

Ich sah all das, während ich bereits auf Rex zu rannte.

„Zerschmettere sie! Zerquetsche sie!" Aus irgendeinem Grund spürte ich das Bedürfnis, den Befehl nicht nur mental zu geben, sondern laut brüllend zu wiederholen.

Die untoten Nebulas, die um den Tyrannosaurus herumschwebten, fielen in allen Richtungen zu Boden. Ich erledigte die verwundeten Kreaturen. Sie besaßen nicht viele Lebenspunkte. Entweder verringerte die Wirkung der Totenbeschwörung die Eigenschaften einer lebenden Kreatur nach deren Tod, oder diese gesamte Eigenschaft war nur eine solche von einem geringen Level. Oder vielleicht hatten die Mobs von Anfang an auch nur ein niedriges Level besessen. Am wahrscheinlichsten war die Erklärung mit der Wirkung der Totenbeschwörung.

Der letzte Vasall, der an seinen Respawnpunkt zurückgeschickt wurde, war eine Asiatin namens Lambda, die Rex einfach in der Mitte durchbiss. Als er den einen Teil ihres Körpers verschluckte, stieg Rex' Gesundheit um 10 %.

Ich wollte verdammt sein! War das etwa eine neue Fähigkeit, die der Dinosaurier zusammen mit Level 6 erworben hatte?

Ich hatte keine Gelegenheit, lange darüber nachzudenken. Sobald wir eine Seite von Vasallen und Untoten befreit hatten, begaben wir uns hinter der Basis entlang auf die andere Seite.

Dort sah ich sofort, dass Carter hart bedrängt wurde. Eine Gruppe von Untoten, angeführt vom Vasallen Ayo, näherte sich Carter von hinten und schnitt ihm dadurch den Weg zurück in den Schutzbunker ab. Einige der Zombies nagten bereits an Carters Beinen. Er stürzte und wurde sofort unter der heranstürzenden Horde begraben.

„Wütendes Brüllen!"

Ein ohrenbetäubendes Gebrüll hallte über das gesamte Schlachtfeld. Unsere Feinde erstarrten und gingen zu Boden.

„Zerschmettere sie!"", rief ich Rex zu und wählte Ayos Gruppe als Ziel.

Dann lief ich zu Carter und verteilte ein paar kräftige Hiebe, um die Menge zu zerstreuen. Die getöteten Zombies wurden entpersonifiziert und verschwanden.

Ich zog mein neues Clan-Mitglied unter dem Haufen seiner Angreifer hervor. Er sah schrecklich aus. Teile seines Gesichts waren abgerissen worden, was die weißen Knochen seines Schädels freilegte. Ein Auge hing aus der Höhle, und seine Eingeweide quollen aus dem Bauch hervor. Er sah aus wie eine Leiche auf Urlaub. Dem System war die Ästhetik jedoch gleichgültig — seine Gesundheit lag noch immer bei knapp 15 %, und das war für Pibellau ganz anständig. Damit konnte man sogar noch tanzen gehen.

Wir zogen uns ein wenig zurück, bevor die Betäubungswirkung von Rex' Brüllen nachließ. Nachdem er erfolgreich Ayos Gruppe einschließlich Ayo selbst vernichtet hatte, wandte sich Rex mir zu.

„Steh Wache!", rief ich ihm zu und zog Carter, der seine Beine kaum mehr bewegen konnte, in den Schutzbunker.

„Und — was hältst du von meiner Superfähigkeit?", feixte Carter mit seinem üblichen Grinsen. „Ich bin wie Superman!"

„Bleib hier, bis du wiederhergestellt bist, Superman!"

Ich verließ den Bunker. Zurück auf dem Schlachtfeld sah ich, dass sich ein paar Untote an meinen Dinosaurier gehängt hatten wie Kugeln an einen Weihnachtsbaum. Ich eilte zu seiner Rettung. Rex' Kopf bewegte sich ruckartig, und schon wurde Olas Körper von seinen Zähnen auseinandergerissen. Seine Beine flogen in eine Richtung, der Rest seines Körpers stob in der anderen davon.

Am Rand des Geschehens entdeckte ich zwei menschliche Figuren. Da war Morana, die im Schneidersitz zu Füßen ihres Meisters saß und in aller Ruhe beobachtete, was sich vor ihren Augen abspielte, und da war Nagash selbst. Der Totenbeschwörer brüllte irgendetwas, das ich nicht verstand, wiederholte es wieder und wieder und fuchtelte mit den Armen. Verhängte er etwa gerade einen Bannspruch? Was für ein Durcheinander!

Die Untoten hatten sich alle um Rex versammelt. Ich

sprang an ihm vorbei, in der Absicht, dem Totenbeschwörer zuerst einmal ein paar Hiebe mit meiner Energiefaust zu verpassen und dann meinen Dolch in ihm zu versenken. Morana war mir nicht gewachsen, aber ich musste Nagashs Zauberspruch unbedingt aufhalten, bevor er mich erreichte. Wobei ich, um ehrlich zu sein, nicht genau wusste, ob Nagash sich tatsächlich an einem Zauberspruch versuchte oder einfach nur wildes Zeug herausschrie.

Ich war nur noch ein paar Schritte von ihm entfernt, als meine Beine plötzlich nachgaben. Ich stolperte, stürzte. Mühsam rappelte ich mich wieder auf und starrte auf den *Meister*. Er hatte seinen Stab in den Boden gerammt, ihn mit beiden Händen umfasst, und starrte mich eindringlich an.

Ich nickte und ging auf den Dinosaurier zu. Die verdammte Eidechse hatte nicht mehr viele Lebenspunkte übrig, nur ein paar Tausend, und ich plante, sie ihr wegzunehmen.

Die Untoten des Meisters wichen auseinander und machten den Weg für mich frei. Begleitet von ihrem Knurren, ging ich zum Dinosaurier und stieß ihm den Dolch ins Bein. Die Kreatur seufzte schwer und trat zurück. Ich stieß immer weiter zu, fügte dann die Energiefaust hinzu und wechselte mich mit beiden Waffen ab.

Du hast Rex Schaden zugefügt: 369
Von der Panzerung absorbierter Schaden: 50 %
Tatsächlicher Schaden: 185

Du hast Rex Schaden zugefügt: 246
Von der Panzerung absorbierter Schaden: 50 %
Tatsächlicher Schaden: 123

Du hast Rex Schaden zugefügt: 328
Von der Panzerung absorbierter Schaden: 50 %
Tatsächlicher Schaden: 164

Weiter konnte der Dinosaurier mir nicht mehr

ausweichen — hinter ihm befand sich die Kuppel des Schutzbunkers. Also stand er einfach da, wartete und wimmerte wie ein Hund. Warum reagierte er nicht? Die Macht des Meisters kannte wirklich keine Grenzen, wenn selbst so riesige Monster wie dieser Rex ihn fürchteten.

In der Totenstille, die dem nächsten Hieb folgte — der die Lebenspunkte der Echse auf unter 1.000 sinken ließ –, schluchzte er und sackte mit einem Stöhnen zu Boden. Staub wirbelte auf. Aus seinen vielen Wunden strömte scharlachrotes Blut.

Stumm sahen die Untoten uns zu, die sich um uns herum versammelt hatten.

Erhaltener Schaden: 89 (Messerstich von Morana)

Erhaltener Schaden: 89 (Messerstich von Morana)

Erhaltener Schaden: 89 (Messerstich von Morana)

Überrascht drehte ich mich um und sah die Freundin des Meisters. Wieder und wieder trieb sie ihr Messer in meinen Rücken, mit der Regelmäßigkeit einer Nähmaschine. Nachdem ich mich umgedreht hatte, stach sie mir in Brust und Bauch.

Ich fand das höchst ärgerlich. Die Eidechse war noch immer am Leben — und ich musste ihr den Garaus machen. Ich kehrte zu dieser Aufgabe zurück und versuchte, Moranas Stiche zu ignorieren.

Ich griff das Messer, die Klinge nach unten gerichtet, und stieß es dem Dinosaurier in den Hals. Ein kritischer Treffer. Der Meister würde zufrieden sein. Der Blutungs-Debuff würde dem Leben des Dinosauriers innerhalb von Minuten ein Ende bereiten.

„Was zum Teufel ist denn hier los?", schrie Carter, der Feind des Meisters.

Ohne innezuhalten, packte er die Freundin des Meisters beim Hals und prügelte auf sie ein.

Als Morana starb und verschwand, überkam mich berechtigter Zorn.

„Töte Carter!", befahl der Meister.

Aber mit Vergnügen!

Ich stürzte mich auf Carter, dessen Augen sich überrascht weiteten, und stieß ihm den Dolch mitten ins Herz. Ein kritischer Treffer. Ich drehte den Dolch in der Wunde.

In wilden Zuckungen brach der Feind des Meisters zusammen. Blutige Blasen drangen aus seinem Mund.

„Phil... Irgendetwas stimmt mit dir nicht...", flüsterte der Feind des Meisters mit seinem letzten Atemzug.

Seine Augen verschleierten sich. Wenige Sekunden später löste der Körper des Feindes sich in Luft auf und hinterließ einen Geistkristall. Ich wollte ihn für den Meister aufheben, doch er hatte mir den Befehl dazu nicht gegeben.

Carter, ein Mitglied deines Clans mit Level 10, ist seinen letzten Tod gestorben.

Das Testsubjekt Carter wurde entpersonifiziert.

Ich wandte den Blick zu dem Blut, das dem Dinosaurier entströmte. Das Monster war noch immer am Leben. Ich musste die Aufgabe erledigen, die der Meister mir gestellt hatte — ich musste es töten.

Ich schlug noch ein paar weitere Male zu, und die Eidechse starb. Doch als ihre Leiche verschwand, blieb nichts zurück.

Glück überwältigte mich. Ich hatte alle Befehle des Meisters erfüllt. Welche Aufgabe würde er mir als Nächstes stellen?

Die nächste Anordnung war eine ganz einfache. Ich schaute an mir herab und stach mich selbst in die Brust. Leider war der Schaden weit geringer, als es dem Meister und mir gefallen hätte.

Meister? Verdammt noch mal, welcher Meister?

Verwirrt starrte ich auf den blutigen Degen in meiner

Hand, dann sah ich mich um. Rex und Carter konnte ich nirgendwo sehen. Nagashs Untote wanderten um die Basis herum. Der Totenbeschwörer selbst stand da und presste seine Hände gegen die Kehle, in der ein Pfeil steckte.

Das war der Augenblick, in dem ich erkannte: Jemand musste seinen Bann gebrochen haben.

Dann sah ich, wie der Körper des Totenbeschwörers von Tank aufgespießt wurde. In etwa 50 Meter Entfernung, neben einem intakten Teil des Zauns der Basis, stand Jovanna und ließ einen Pfeil nach dem anderen fliegen.

Verdammt, verdammt, verdammt! Als sich mein Geist langsam wieder lichtete, erinnerte ich mich Stück für Stück daran, wie ich Rex und Carter getötet hatte.

Im Gedanken daran, dass es nicht wiedergutzumachen war, was ich angerichtet hatte, heulte ich auf wie ein verwundeter Hund. Blind vor maßloser Wut rannte ich auf den heimtückischen „Meister" zu. In wenigen Sekunden war ich bei ihm angekommen. Tank hatte ihn bereits abgeworfen und war dabei, ihn zu zertrampeln.

Ich kam mir ein bisschen selbst wie Tank vor, warf mich auf den verrückten Totenbeschwörer, verwandelte sein ängstliches, nasses, altes Gesicht zu Brei und stieß dem Mistkerl anschließend den Dolch ins Auge.

Als das erledigt war, stand ich auf. Ich konnte meine Tränen nicht zurückhalten. Der rote System-Ballon zeigte eine Benachrichtigung, die mich nicht besonders glücklich machte:

Gratuliere!
Testsubjekt Nagash, Level 14, ist jetzt tot!
Anzahl der von Nagash eroberten Hexagone: 36
Mach deinen Feinden mehr Feuer unterm Hintern, Testsubjekt!

Ein Alarm schrillte. Jemand war in Basis 21 eingedrungen. Nagashs Vasallen waren, aus der Sklaverei befreit, in der Hauptbasis des Totenbeschwörers respawnt.

Es drohte keine Eile — um die Basis zu erobern, mussten sie sich eine ganze Stunde pibellauischer Zeit unabhängig dort halten können, und dann würden sie sich entweder gegenseitig massakrieren, bis nur noch einer von ihnen übrig war, oder sie würden sich in alle Winde verstreuen. Oder ich konnte mich dorthin portieren, nachdem ich alle Trophäen eingesammelt hatte, und sie töten. Wie der letzte Kampf bewiesen hatte, waren sie in unserem Clan von keinerlei Nutzen.

Jovannas Schatten fiel über mich. Der Triceratops schaute ihr schnaubend über die Schulter.

„Ich bin anscheinend gerade noch rechtzeitig hier eingetroffen", sagte sie. „Ich war weit weg von der Basis, als ich den Alarm gehört habe, also bin ich so schnell gelaufen wie ich konnte, damit ich mich hierher teleportieren konnte. Irgendwie wusste ich, dass du mich brauchst. Übrigens, die verbleibenden Untoten wurden bereits entpersonifiziert, nachdem ihr Eigentümer nicht mehr existiert. Kannst du mir mal sagen, was hier passiert ist?"

„Das erzähle ich dir später. Jetzt sag mir erst einmal — was genau hat Carter eigentlich mit dir angestellt, als du Mitglied seines Clans warst?"

„Der Mistkerl hat sich über mich lustig gemacht!"

„Indem er zum Beispiel was gemacht hat?"

„Nun, ich musste mit ihm mitsingen, obwohl meine Stimme schrecklich ist. Ich musste auf einem Fuß herumhüpfen, wie ein Hund bellen, ihm Geschichten erzählen... Eine ganze Menge solcher Dinge. Für ihn war das ein Spaß. Und er hat mich die ganze Zeit ausgelacht!"

„Was? Du musstest singen? Und bellen?"

„Ja! Und er hat mich veräppelt, wann immer er konnte!"

„Was für ein Albtraum! Es muss schrecklich gewesen sein... Er ist ein echter Witzbold!" Ich lachte unkontrolliert, doch in meiner Brust wuchs die Leere. „Jo, meinst du das ernst? Ich dachte, er hätte dich zu Sex gezwungen oder so etwas..."

„Wie bitte?" Jovanna hatte meine Hand genommen, um mir aufzuhelfen, doch jetzt ließ sie abrupt los, und ich fiel zurück auf den Boden. „Was soll denn der Unfug? Wenn er es gewagt hätte, mir solche Dinge zu befehlen, hätte ich ihn mit eigenen Händen umgebracht... Verdammt, Phil — Pfeifer! Mist, sie wollen uns angreifen!"

„Verflucht! Jo, du musst dich um sie kümmern. Ich kann momentan gerade nicht..." Ich konnte mit meinem hysterischen Lachen einfach nicht aufhören. „Du musstest singen! Und springen! Und bellen! Ha, ha, ha, ha! Oh, dieser Carter!"

Als ich mich endlich beruhigt hatte, stand ich auf und half Jovanna und Tank, die letzten Pfeifer zu erledigen. Anschließend schickte ich die beiden über das Schlachtfeld, um die Beute von Nagashs Vasallen einzusammeln, während ich das an mich nahm, was der Totenbeschwörer hinterlassen hatte.

Nagash hatte über weniger als 1.000 Existenz-Ressourcen-Punkte verfügt. Offensichtlich hatte er alles verbraucht, um im Level aufzusteigen.

Unter seinen Ausrüstungsgegenständen war der „faulende Stab", der allen respawnten Untoten ein Level höher verschaffte, und der Leitfaden, der das Talent erklärte, das seine Klasse ihm verschafft hatte. Einfach ausgedrückt, bedeutete die Fähigkeit der Totenbeschwörung, dass Nagash über das Talent verfügte, die von ihm getöteten Mobs mit 75 % ihrer Eigenschaften als Zombies wiederkehren zu lassen. Das diente als Ersatz für Kampfeinheiten. Statt einer lebendigen Einheit konnte er zwei untote Einheiten bilden. Angesichts der hohen Summe der Charisma-Punkte seiner Vasallen hatte er eine ganze Armee davon aufstellen können. Zum Glück sorgte der Systemmechanismus der Prüfung für einen gewissen Ausgleich zugunsten seiner Gegner: Jeder Untote mit hohem Level, der Nagashs Armee angehörte, wurde auf den derzeitigen Level von Nagashs Talent zurückgeworfen. Sonst wären wir gewiss mit den Zombies nicht fertig geworden.

In meinem Sichtfeld erschien ein dunkelblauer System-Ballon, der mich von der Untersuchung der restlichen Beute ablenkte, die die Leiche des Totenbeschwörers hinterlassen hatte. Dunkelblau — das war eine ganz neue Farbe.

Ich öffnete den Ballon und sah eine merkwürdige Nachricht. Schon nach den ersten Zeilen wurde mir klar, sie stammte von Martha.

KAPITEL 15

NUR EINIGKEIT KANN EUCH RETTEN...

Ein Mann möchte besser sein als andere — aber schlechter als sein eigener Sohn.

Serbisches Sprichwort

OLA, EDDY, JOVANNA, Manu, Carter, Leti, Zack, Ken. Diese acht Leute standen auf Marthas Liste. Vier davon war ich im Rahmen der Prüfung bereits begegnet. Das hatte Carter also gemeint, als er gesagt hatte, er hätte den ganzen Tag das Gefühl nicht abschütteln können, dass wir in dasselbe Team gehörten. Jetzt stellte sich heraus, dass ich nur eine Nachbildung meiner selbst war und der wahre Phil Panfilov auf der Erde ganz normal seinen Geschäften nachging.

Dieses Konzept wollte mir einfach nicht in den Kopf — es war verdammt schwer, das zu akzeptieren. Ich war also nicht wirklich ich? Ich war nur eine virtuelle Verkörperung, ein Avatar des realen Phil? Oder war ich nur, und das war auch nicht viel besser, eine Kopie seines Körpers und seines Geistes, die entstanden war, als ich das Portal durchschritten hatte? Jedenfalls, mit anderen Worten, ich war nichts als eine Nachbildung, nicht mehr als ein Echo, eine Reflektion, sozusagen der Abdruck einer realen Person.

Ich schüttelte den Kopf und riss mich zusammen. Es kam doch überhaupt nicht darauf an, ob ich nichts als eine Kopie war, eine virtuelle digitale Verkörperung. Mein

Schicksal, und damit meinte ich das Schicksal des realen Phil, lag in meinen Händen — nicht in seinen. Ob wir beide überhaupt eine Zukunft hatten, hing allein von mir ab. Außerdem sollte man sich auf Pibellau ohnehin nicht zu lange in Selbstmitleid ergehen — Zeit war hier kostbar.

Besorgt legte Jovanna mir die Hand auf die Schulter. „Phil, ich weiß nicht, ob du es gehört hast, aber in einer unserer Basen gab es einen Alarm. Sollen wir uns dorthin teleportieren? Was ist, wenn jemand das Hexagon erobert?"

„Auf jeden Fall, Jo. Nehmen wir uns ein paar Minuten Zeit, die Beute zu sortieren, dann portieren wir zu Basis 1. Dort können wir Rex neu erstellen und neue Uniformen anziehen. Anschließend zeigen wir den Eindringlingen, was 'ne Harke ist. Wir haben ein wenig Zeit, schließlich müssen sie sich eine ganze Stunde lang dort aufhalten."

„Was hat uns denn der Zombie-Meister hinterlassen?" Jovanna deutete auf die Gegenstände zu meinen Füßen. „Darf ich mir das mal anschauen?"

„Klar — tu dir keinen Zwang an."

Sie schob Tank beiseite, der die Ausrüstung mit gestrecktem Hals beschnüffelte. Zuerst untersuchte sie den Stab des Totenbeschwörers, den wir nicht gebrauchen konnten. Sie zuckte mit den Achseln, nahm die gestachelten Schulterstücke auf, die Nagash getragen hatte, drehte und wendete sie. In einem Kampf waren sie leider reichlich nutzlos, aber immerhin versprachen sie:

+65   Wahrscheinlichkeit   eines   zusätzlichen Geistkristalls

„Na gut", seufzte sie. „Nichts Besonderes. Natürlich musst du sie unbedingt tragen, aber ich hatte wirklich mehr erwartet."

„Allerdings werde ich sie tragen. Ich verfüge bereits über neun Geistkristalle. Noch vier weitere, und ich kann sie gegen ein zusätzliches Leben eintauschen. Ich halte es für absolut unglaublich, dass unser Totenbeschwörer so viele

Sklaven gefangen nehmen konnte. Er hat überhaupt nichts besessen, das ihn besonders stark gemacht hätte. Wo ich herkomme, würde man sagen, er hat uns mit all den Toten einfach nur einen blauen Dunst vorgemacht. Angst lässt den Wolf größer erscheinen, als er eigentlich ist, und die Angst vor Leichen und Zombies ist anscheinend ohnehin sehr stark. Oder vielleicht hat er auch seine Fähigkeit eingesetzt, die Gedanken anderer zu beeinflussen."

Jovanna nickte zustimmend. „Ich verstehe nicht ganz, was du über die Angst gesagt hast. Was den Rest betrifft, bin ich allerdings völlig deiner Meinung. Aber sollten wir uns jetzt nicht so schnell wie möglich zu Basis 1 begeben?"

„Einen Moment noch. Ich muss dir etwas sagen."

Ohne die Quelle meiner Informationen preiszugeben, berichtete ich Jovanna, was ich von Martha erfahren hatte. Unter den 169 Testsubjekten waren wir etwas ganz Besonderes, wir — die Teilnehmer wie ich und sie und Carter. Ich erklärte ihr, dass Valiadis und Ilindi uns dringend geraten hatten, zusammenzuhalten. Sie wollten unbedingt, dass einer von uns die Prüfung bestand, damit sie als die Aufsichtführenden nicht umsonst so viel riskiert hatten. Weiter teilte ich ihr mit, dass Carter nicht länger unter uns weilte. Meine Brust zog sich beim Gedanken daran zusammen.

Allerdings mussten wir sofort Zack unter unsere Fittiche nehmen und nach den anderen auf der Liste Ausschau halten. Ola konnte nicht weit gekommen sein. Der Weg nach Osten war uns verschlossen, also mussten wir uns nach Norden ausdehnen. Vielleicht fanden wir dort einige „unserer" Leute, der Testsubjekte mit einem hohen sozialen Status. Selbst wenn nicht, gelang es uns dann vielleicht, mit Tafari gleichzuziehen. Wir mussten uns auf einen Krieg mit ihm vorbereiten, und über je mehr Ressourcen und Clan-Mitglieder wir verfügten, desto besser standen unsere Chancen auf den Sieg. Und zwar zunächst im Kampf gegen ihn zu siegen. Für uns lag die Sache ein wenig einfacher als für ihn, denn er befand sich zwischen uns und Juma. Anschließend mussten wir dann für einen Sieg in der gesamten Prüfung alles geben.

„Schon merkwürdig, dass Zack ‚einer von uns' ist", bemerkte Jovanna und formte in der Luft Anführungszeichen.

„Vielleicht kannten wir ihn auch einfach nicht gut genug. Oder würdest du den Leuten sofort persönliche Dinge von dir erzählen?"

Sie schüttelte den Kopf.

„Da siehst du es", erklärte ich. „Ich starte jetzt das Teleportieren zur ersten Basis."

Zurück in der Basis erstellte ich zuallererst meinen Tyrannosaurier neu und verwendete meine Fähigkeit der Fusion, um all meine 20 Charisma-Punkte in ihn hinein zu pumpen. Der neue Rex war teurer als es der alte gewesen war. Schließlich stammte er nun aus einem Modul Level 3, nicht 2, und kostete daher 300 Existenz-Ressourcen-Punkte.

Während er neu generiert wurde, versuchte ich, herauszufinden, ob es wohl die Sache wert war, 1.000 Punkte in eine Verbesserung des Uniform-Moduls zu stecken. Die neue Kleidung sah nicht nur richtig gut aus, sondern sie verlieh uns auch Zuversicht. Das war kein Witz — die Schadensabsorption lag bei 45 %. Das war fast derselbe Wert, mit dem Tank sich brüsten konnte.

Verstärkte Uniform für ein Testsubjekt
Schutz: +45
Haltbarkeit: 100 %

Die neue Uniform verfügte über dieselben Bestandteile wie die alte, doch das Material war anders und geradezu unglaublich. Jovanna griff sich die neuen Stücke ohne Zögern und zog sich ohne Scheu sofort um. Das verschaffte mir die Gelegenheit, ihren Körper in aller Ruhe zu betrachten. Darauf reagierte ich so heftig in, ähm... da unten, dass meine Theorie, diese Welt wäre eine rein digitale, sich in Luft auflöste. Solche Dinge passieren in einer virtuellen Welt nun einmal nicht.

Jo schnürte sich die Stiefel und schaute hoch. Verlegen zog ich mich selbst um.

Der Stoff war elastisch. Seine Farbe richtete sich nach der Umgebung. Ich entschied mich für ein kleines Experiment mit der Dauerhaftigkeit und bat Jovanna, einmal mit ihrem Dolch zuzustoßen. Sie zögerte ein wenig, tat es am Ende allerdings doch.

Erhaltener Schaden: 25 (Messerstich von Jovanna)

Das Material federte und ließ ihre Hand zurückschnellen. Ich spürte den Stich kaum. Es war eher ein leichter Knuff, obwohl Jovanna mit aller Kraft zugestoßen hatte. Hervorragend!

„Und jetzt machst du dasselbe bei mir", verlangte sie.

„Bist du dir sicher?"

„Nun mach schon!" Sie spreizte die Beine, stemmte die Hände zu Fäusten geballt in die Seiten und biss die Zähne zusammen. „Nun, was ist? Mach schon! Au!"

Ihr Gesicht verlor die Farbe und sie hustete und spuckte. Ich hatte wohl härter zugestoßen als sie. An der Stelle des Stichs war der Stoff zerrissen, und das Messer war ihr bis zum Griff in den Bauch eingedrungen.

„Wie hoch ist deine Stärke?"

„Level 25."

Sie zog die Nase kraus. „Das ergibt Sinn."

Die Wunde heilte vor meinen Augen.

„Zieh eine neue Uniform an, und dann besuchen wir Nagash. Denn der neue Rex ist bei uns in 4... 3... 2... 1!"

Um uns herum ertönte ein Brüllen.

Kaum hatten wir Basis 21 erreicht, sah ich Ola einsam neben dem Bunker sitzen.

Als er uns erblickte, strahlte er. „Phil, das wird aber auch Zeit! Du hast anscheinend eine ganze Weile gebraucht, um… ähm… die Beute zu sortieren."

„Warum überrascht es mich nicht, dich hier zu sehen? Wie geht's dir, Ola? Wo sind die anderen?"

„Sie haben sich verteilt." Ola zuckte mit den Schultern. „Morana ist als Letzte hier aufgetaucht. Wir haben darüber diskutiert, ob wir uns aufmachen sollten, unserem Herrn und Gebieter zu helfen, oder lieber hier in der Basis auf ihn warten. Dann ist er gestorben und wir wurden alle befreit. Morana wollte sich auf die Suche nach ihm begeben und nach seinem Respawn wieder zu ihm stoßen. Die anderen planen, sich Tafari anzuschließen, sind also in Richtung Osten gegangen."

„Und was ist mit dir?"

„Ich habe mich entschlossen, deinem Clan beizutreten. Mit Monstern wie deinem Tyrannosaurier können wir es mit jeder Armee an Untoten aufnehmen. Nimmst du mich in deinen Clan auf?"

„Und was ist mit deinem Herrn und Gebieter?" Diesen boshaften Seitenhieb konnte ich mir nun doch nicht verkneifen. „Machst du dir keine Sorgen über das Schicksal des Herrschers über die Toten hier und jetzt und in Zukunft auf der Erde?"

„Er soll zur Hölle fahren! Wie sagte mein Großvater immer so schön? Wer in Baumwolle steckt, sollte sich von Feuer fernhalten." Ola stand auf und kam auf uns zu. Er deutete auf Tank. „Oh, den hier hatte ich vorhin gar nicht gesehen. Er sieht aus wie ein Rhinozeros."

„Es ist ein Triceratops, und er heißt Tank. Der Dino, der dir über die Schulter schaut, ist ein Tyrannosaurus Rex. Und das ist Jovanna. Sie ist eine Bogenschützin. Mach dich mit ihr bekannt und nimm die Einladung in den Clan an. Wir müssen uns über eine Menge Dinge unterhalten, aber da ist noch jemand anderes, mit dem ich reden will. Wir werden warten, bis wir ihn gefunden haben, damit ich nicht alles zweimal sagen muss."

Kaum hatte Ola sich unserem Clan angeschlossen, markierte ich die Symbole von allen im Interface und teleportierte uns zur Hauptbasis.

„Wow!", freute sich Ola, als ich ihm eine Uniform gab und den räuberischen Speer von Carter aus der extradimensionalen Truhe zog. „Ist das alles für mich... Meister?"

„Du kannst dir Tanks Horn in den Arsch schieben, Ola! Was soll dieser Unfug mit dem ‚Meister'? Nenn mich Phil. Und ja, das ist alles für dich. Zieh dich um. Beeil dich!"

„Stille Wasser sind tief", bemerkte Jovanna, ohne einen von uns anzusehen.

✳ ✳ ✳

„Wie mein Großvater zu sagen pflegte — verachte nie die Brücke, die dich sicher über den Fluss bringt", gab Ola eine weitere afrikanische Weisheit preis. „Mit Nagash war ich unfreiwillig zusammen, aber das jetzt, das ist etwas ganz anderes. Du kannst auf mich zählen, Phil. Die Art und Weise, wie du die anderen Clan-Mitglieder behandelst... wie du mich behandelst..."

„Darüber unterhalten wir uns später. Wir sind schon fast da."

Ola hatte die gesamte Reise damit verbracht, den Speer herumzuwirbeln und Würfe zu üben. Er betrachtete sich bereits als Meister der Kampfkünste. Irgendwie erinnerte er mich an Morgan aus *Die wandelnden Toten*. Nur dass Morgan kahlköpfig war und Ola seine Rastalocken besaß. Außerdem war er sehr viel kleiner.

Wir hatten die Basis verlassen, die der von Zack am nächsten lag und unterwegs kleine Horden an Mobs massakriert. Die normalen Kreaturen von Level 9 und 10 bereiteten uns keinerlei Schwierigkeiten mehr. Tank spielte die Vorhut, Rex fügte Schaden zu, und wir... Nun, wir töteten, was noch übrig war, und sammelten die Beute ein, lauter Existenz-Ressourcen.

Genauso, wie Jovanna die Kunst des

Bogenschießens zusammen mit dem Bogen geschenkt bekommen hatte, meisterte Ola rasch die verschiedenen Methoden des Speerkampfs.

Wir trafen auf keine Nebulas mit ihren überraschenden Anomalien und schrecklichen Säurefontänen aus ihrer Brust. Hier gab es keine davon. Dafür sahen wir jede Menge Kirpis, die schrecklichsten der Mutanten. Einige Male stießen wir auch auf Pfeifer, und beim Vorbeigehen an einer Felsspalte strömten Sarasuren hervor, doch Rex zerquetschte gleich acht von ihnen mit Leichtigkeit. Die letzte noch übrige Küchenschabe ereilte ihr Ende in Form von Olas Speer und Jovannas Pfeil, die sie gleichzeitig trafen.

Wir überschritten die Grenze zu Zacks Hexagon. Sofort lief mir eine Gänsehaut über den gesamten Körper. Meine Haut zog sich zusammen wie von Hunderten kleiner Elektroschocks getroffen.

Warnung! Du bist dabei, ein Hexagon zu betreten, das von einem anderen Testsubjekt erobert wurde.
Eigentümer: Zack
Level: 5
Level der Basis: 1

Zack war in weniger als einem Tag zwei Level aufgestiegen? Klasse — umso besser für den Clan!

Ohne anzuhalten, begaben wir uns sofort zum Zentrum und nahmen unterwegs ein wenig Beute mit. Die Mobs hier waren alle Level 5, wie der Eigentümer. Pah — Kleinigkeit!

Wir fanden Zack in der Basis. Er war wohl wegen des Alarms zurückgekommen. Als er uns erblickte, geriet er in Panik, wich zurück in Richtung Schutzbunker und erstarrte. Als ich näher herankam und über den Zaun blicken konnte, sah ich die acht grässlichen mutierten Spinnen, knapp anderthalb Meter groß, die ihn begleiteten.

„Hi, Zack!" Als Zeichen unserer friedlichen Absicht

hob ich die Hände mit den Handflächen in seiner Richtung. „Wir müssen uns unterhalten."

„Hallo... Kollegen. Unterhalten? So wie beim letzten Mal? Nein danke!"

„Zack, ich hatte dir doch schon erklärt, warum ich so merkwürdig reagiert habe. Ich habe den blöden Dolch heute nicht dabei. Aber da du dich weigerst, mit uns zu reden, hat dich die Nachricht von der Erde wohl noch nicht erreicht, richtig?"

„Nachricht? Von der Erde?", fragte Zack verwirrt. „Was meinst du damit? Was für eine Nachricht?"

„Genau darüber will ich doch unter anderem mit dir reden. Vielleicht kannst du uns in dein... Haus einladen? Damit uns nichts ablenken kann?"

Ängstlich sah Zack sich um, dachte kurz nach und winkte uns dann heran.

„Kommt rein", sagte er.

Auf dem Weg in seinen Bunker fiel mir der ungewöhnliche Stab auf, den er mit sich führte. Er war kurz, nur etwas mehr als 30 Zentimeter lang, und schien entweder aus Metall oder aus Plastik zu sein. Wobei dieses spezielle Material mit seinem grünlichen Schimmer den Wissenschaftlern auf der Erde höchstwahrscheinlich total unbekannt war. Das Ding war zu kurz und zu dünn, um eine Waffe zu sein. Vielleicht war es etwas Ähnliches wie Jovannas Blitzstab? Durch bloßes Betrachten konnte ich nicht mehr über den Gegenstand herausfinden, dazu musste ich ihn selbst in Händen halten.

„Zack?", rief ich seinem Rücken zu. „Das ist ein interessanter... ähm... Taktstock, den du da hast."

„Es scheint eher ein Zauberstab zu sein", lächelte Jovanna. „Wie der von Harry Potter."

„Das hier? Das ist weder ein Taktstock noch ein Zauberstab." Zack blieb stehen und demonstrierte das faszinierende Teil. „Es ist ein kleiner Heilstab. Er heilt Kampfeinheiten um etwa 10 % pro Sekunde. Heute Nacht konnte ich einen Duxio erledigen. Es hat uns viel Zeit gekostet, ihn zu töten, aber wir haben es geschafft. Und das ist die Beute, die er hinterlassen hat."

„Wow! Kannst du damit auch Leute heilen?" Ola starrte den Stab an, seine Augen so groß wie Untertassen.

„Das habe ich noch nicht ausprobiert", antwortete Zack. „An mir wirkt er jedenfalls nicht."

„Probieren wir es doch einfach an jemand anderem aus", schlug ich vor. „Ola, komm her und stich mich in den Arm mit... Au! Doch nicht so fest!" Ich zuckte zusammen und wich zurück. „Und nicht mit deinem Speer — weißt du denn nicht, wie gefährlich das Ding ist? Nimm dein Messer, es ist ein ganz einfaches. Stich einfach ein paar Male zu... Autsch!"

Erhaltener Schaden: 47 (Messerstich von Ola)

Erhaltener Schaden: 51 (Messerstich von Ola)

„Und jetzt rasch, heile mich!", rief ich Zack zu. „Schnell! Bevor die Wunde von selbst heilt!"

Zack deutete mit dem Stab auf mich. An der Spitze flackerte ein grüner Strahl auf, der jedoch sofort wieder verschwand.

„Siehst du? Aber wenn ich die Spitze auf meine Einheiten richte, bleibt das grüne Licht eine Weile."

„Aha..." Ich kratzte mich am Kopf. „Und was ist, wenn jemand im Weg steht?"

„Das ändert nichts", erklärte Zack. „Der Strahl sucht sich einfach seinen Weg um das Hindernis herum."

„Dann ist es wohl nicht der Strahl selbst, der das Problem darstellt", überlegte ich.

„Warum denn nicht? Strahlen können durchaus eine Biegung aufweisen. Phil, ich führe ja gern eine wissenschaftliche Diskussion mit dir, aber ich will keine Zeit verschwenden. Lass uns hineingehen, und dann sagst du mir, warum du hier bist. Es wird bald Abend, und ich möchte heute noch Level 6 erreichen." Zack marschierte in den Bunker und ließ die Tür offen.

Ich trat ein und schaute mich um. Da waren zwei Module in der Grundversion für Kampfeinheiten und Uniform. Und ihr Eigentümer, der in weniger als 24 Stunden zwei Level höher gestiegen war.

„Nicht schlecht, Zack", sprach ich unabsichtlich den Gedanken aus, der mich beherrschte.

„Was?"

„Wenn es kein Geheimnis ist — kannst du mir vielleicht einmal verraten, wie du Ressourcen farmst?"

„Das ist kein Geheimnis. Am schwierigsten war es, genügend Punkte für das Modul mit den Kampfeinheiten zu sammeln. Es kostet 50 Punkte, also bringt man die ersten Mobs mit bloßen Händen um und ignoriert den Schmerz, der dadurch ausgelöst wird. Du weißt ja, wie das ist — hier ist eine Schlange nicht einfach eine Schlange. Entweder ist sie gepanzert oder hat Stacheln oder versprüht Säureschleim. Ich habe den Eindruck, die Lebensformen auf Pibellau bauen nicht auf Kohlenstoff auf. Allerdings verstehe ich nicht, wieso wir dann hier trotzdem leben und atmen können."

„Oh, das ist ganz einfach zu erklären." Dann berichtete ich Zack und Ola, den ich vorher ja im Dunkeln gelassen hatte, in wenigen Worten alles, was ich wusste.

Die beiden reagierten völlig unterschiedlich.

„Das erklärt meinen Traum!", rief Ola aus. „Letzte Nacht konnte ich nicht schlafen. Ich lag einfach nur mit geschlossenen Augen da. Und dann habe ich geträumt, ich würde durch unser Dorf gehen, und jeder, den ich getroffen habe, rief mir Namen zu. An alle Namen kann ich mich nicht erinnern, aber ich habe definitiv ‚Phil' gehört, und ‚Ken'. Wer zum Teufel ist Ken?"

„Anscheinend ist er ein weiteres Testsubjekt aus unserer Welle", erwiderte Jovanna. „Ich hatte keinen solchen Traum, aber ich glaube Phil."

„Oh, das hätte ich beinahe vergessen!" Ich schlug mir vor die Stirn. „Am Morgen vor dem Kampf mit Nagash hat Carter mich angesprochen. Du kennst ihn nicht, Zack, aber er und ich haben hier auf Pibellau eine ganz merkwürdige

Beziehung. Er hat mich getötet, und ich habe ihn getötet. Heute allerdings entschied er sich ganz von selbst, meinem Clan beizutreten. Aus irgendeinem Grund, so hat er gesagt, habe er den Eindruck, wir gehörten unbedingt in dasselbe Team. Kapiert ihr? Er muss ebenfalls irgendwie Informationen von der Erde erhalten haben."

„Und wo ist dieser Carter jetzt?", wollte Zack wissen.

„Er ist zum letzten Mal gestorben und wurde endgültig entpersonifiziert."

„Ist das also das Schicksal, das du auch für mich vorgesehen hast?", empörte sich Zack. „Kommt ja gar nicht infrage! Wenn dieser ganze Blödsinn nur der Versuch ist, mich in deinen Clan zu locken, kannst du mich stattdessen lieber gleich umbringen. Ich schließe mich dir nicht an. Du brauchst es gar nicht erst zu versuchen, mich dazu zu überreden."

„Ist es nur unser Clan, dem du dich nicht anschließen willst, oder willst du ganz grundsätzlich überhaupt keinem Clan beitreten?"

„Ich mache bei überhaupt keinem Clan mit. Ich kann mir in etwa vorstellen, was das für eine Sklaverei bedeutet. Ich stehe konstant unter Stress und warte dauernd darauf, dass der Zähler für die Entpersonifizierung neu aktiviert wird... Danke, aber nein danke! Ich habe zu viel Respekt vor mir selbst, um winselnd jemandem zu Füßen zu liegen und die Befehle eines anderen zu befolgen."

„Das ist doch Unfug!", rief Jovanna.

„Du kannst glauben, was du willst", brummte Zack. „Wenn er zu dir nett ist, Jovanna, solltest du dich vielleicht einmal fragen, warum das so ist. Womöglich liegt es daran, dass du eine schöne Frau bist. Ich schließe mich eurem Clan jedenfalls nicht an. Und damit ist die Angelegenheit für mich erledigt."

Zack meinte es ernst. Und wenn unser Interface in seiner durch Valiadis und Ilindi veränderten Version noch so ähnlich war, er würde seine Meinung nicht ändern. Die Prüfung war ihm letztlich ebenso gleichgültig wie die anschließend bevorstehende Diagnose der menschlichen Rasse, da war ich mir aus irgendeinem Grund ganz sicher. Aber ich musste dennoch versuchen, ihn zu überzeugen, und sei es auch nur Ilindis wegen.

„Zack, bitte überleg dir das noch einmal. Du kannst mit den anderen allein nicht fertig werden. Du wirst nie das Level erreichen, auf dem sich Juma oder Tafari oder die anderen bereits befinden. Es gibt keine freien Hexagone mehr. Was bedeutet, du musst dich mit einem einzigen zufriedengeben. Wenn dieser Typ mit seinem Rhinozeros morgen hier auftaucht, werden deine Spinnen dich auch nicht retten. Übrigens, sind das überhaupt Spinnen? Ihrem Schwanz mit dem Stachel nach sind sie eher eine Kreuzung aus einer Spinne und einem Skorpion. Aber wie auch immer — das spielt keine Rolle. Wichtig ist, dass du dich allein nicht halten kannst. Du musst dich unbedingt einem Clan anschließen!" Ich betonte jedes Wort. „Ob der Nigerianer dir einen Beitritt anbietet, ist alles andere als sicher. Und was ist dann? Dir steht die sichere endgültige Entpersonifizierung bevor, und du verlierst alles, das du mithilfe des Interface erreicht hast."

Zack grinste. „Das ist mir doch egal! Was wollen sie denn tun — mir meine Frau und meine Kinder wegnehmen? Gar nichts werden sie mir nehmen! Ich bin bereits Millionär und Leiter einer großen Firma, und meine Frau betet mich an. Sie ist schwanger. Und das sollen sie mir wegnehmen? Als ob das überhaupt möglich wäre!"

„Aber genau so steht es doch in den Regeln", mischte sich Jovanna ein. „Hier: *Die Verlierer der Prüfung werden ihrer Privilegien und Erfolge und ihres Entwicklungsfortschritts in ihrer eigenen Welt beraubt. Sie werden zu dem Augenblick zurückversetzt, in dem sie das Interface erhalten haben. Ihre Erinnerung an die anschließenden Ereignisse wird gelöscht und das Interface wird deinstalliert.*"

„Das ist doch Unfug!" Zack blieb unbeeindruckt. „Sie werden das Interface deinstallieren, ja. Das glaube ich gern.

Aber alles andere bleibt beim Alten. Wie sollen sie mich denn in die Vergangenheit zurückbringen? Was für eine verrückte Idee ist das? Könnt ihr euch vorstellen, was für eine ungeheure Energieverschwendung das wäre, selbst wenn wir einmal annehmen, sie würden über die entsprechende Technologie verfügen? Dadurch würden sie doch einen gesamten zeitlichen Zweig der Realität zerstören! Und wie sieht es damit aus, dass sich anschließend alles entwickelt, ohne dass ich über ein Interface verfüge, und so, als hätte ich niemals eines gehabt? Ha! Insgesamt gibt es 169 Testsubjekte, richtig? Also was — sie zerstören 168 Zeitlinien?"

„Warum denn nicht?", entgegnete Jovanna. „Wir befinden uns alle im selben Zweig und haben das Interface nahezu zur gleichen Zeit erhalten. Also werden sie einfach unseren Realitätszweig verschwinden lassen."

„Zuerst einmal haben wir nicht alle das Interface zur gleichen Zeit erhalten", wandte Zack ein. „Ich habe mich mit Valiadis vor der Prüfung getroffen und mit ihm gesprochen. Er hat mir erklärt, dass er jedes besondere Interface höchstpersönlich installiert hat. Das setzte voraus, dass er sich in der Nähe der betreffenden Person befand, des zukünftigen Benutzers. Er konnte das System bei den einzelnen Leuten also nur nacheinander installieren. Außerdem, wie wollen sie denn den Zweig auslöschen, in dem der Sieger schließlich weiterleben soll? Um es also einmal zusammenzufassen: Ich bin mir ganz sicher, dass man die Verlierer nicht in die Vergangenheit zurückschickt. Das wäre unehrlich, und ich glaube es einfach nicht. Deshalb werde ich mich euch nicht anschließen. Das kommt überhaupt nicht infrage! Außerdem werde ich die Prüfung auf jeden Fall bestehen, ob ich nun allein kämpfe oder in einem Clan. Warum also sollte ich meine Freiheit aufgeben?"

Einen Augenblick schwiegen wir und dachten über das nach, was Zack gesagt hatte. Es lag eine gewisse Logik in seiner Behauptung, man würde uns nichts wegnehmen, auch wenn wir die Prüfung nicht bestanden. Aber rationale

Überlegung, zumindest meine rationale Überlegung, bedauerte dennoch das Loch, das Zacks Weigerung in unserer Verteidigung belassen würde. Ich konnte nur hoffen, dass Tafari in den verbleibenden zwei Tagen, die ich Zack meinem Versprechen zufolge in Ruhe lassen musste, nicht ganz plötzlich hier auftauchte.

Von allem anderen einmal abgesehen, war es natürlich eine verdammte Schande, keinen Heiler in der Gruppe zu haben, selbst wenn es nur einer für Tiere war.

✳ ✳ ✳

„Phil, können wir vielleicht eine Pause einlegen?" Ola legte die Hände zusammen und flehte um eine Rast.

Jovanna sammelte wie üblich die Beute ein, und ich fluchte wie ein Rohrspatz und wartete darauf, dass meine Seite wieder heilte, wo momentan noch die Rippen vorstachen.

„Klar, mach ruhig. Jo, bitte beeil dich. Dann begeben wir uns alle in den Schutzbunker und ruhen uns aus. Außerdem müssen wir etwas besprechen."

Angesichts der unerträglichen Schmerzen war ich stark — und feige — in Versuchung, 860 Existenz-Ressourcen-Punkte (unter Einrechnung des Bonus-Rabatts von 14 % für ein höheres Level) zu verschwenden, um Level 10 zu erreichen, beschloss jedoch, es mannhaft zu ertragen. Es war die Sache einfach nicht wert, mit den Existenz-Ressourcen wieder bei null anzufangen.

Die Elite-Mobs, die unsere Basen eine nach der anderen angriffen, waren heute besonders aggressiv gewesen. Dank unserer Pull-Taktik hatten wir dennoch mehr Punkte als jemals zuvor farmen können. Wir fühlten uns mutig und wagten uns über den Zaun der Basis hinaus. Wann immer wir auf einen Mob trafen, schoss Jovanna einen Pfeil darauf ab, und schon kam das wütende Monster angerast und folgte uns zurück auf das Gebiet der Basis.

Eines dieser Pull-Manöver war allerdings kein durchschlagender Erfolg gewesen. Wir hatten einen von diesen Käfern in die Basis gelockt und gerade mit dem Kampf begonnen, als ein zweiter eintraf, der allein unterwegs gewesen war. Das war noch nicht so schlimm — wir verfügten schließlich über drei starke Einheiten: Rex und Tank in vorderster Front sowie Croc und ich dahinter.

Croc war unser dritter Dinosaurier, erschaffen mithilfe von Olas Charisma-Punkten. Die 13 Punkte, über die unser Kameruner mit seiner großen Ausstrahlung verfügte, waren in das größte Krokodil der gesamten Galaxie verwandelt worden. Zuerst schwankte ich zwischen einem Allosaurier und einem Gigantosaurier — dem gefährlichsten Raubdinosaurier der gesamten Erde. Am Ende hatte ich mich allerdings für einen Sarcosuchus entschieden. Dieser 15 Meter lange Vorgänger der modernen Krokodile erwies sich als hervorragende Lösung unseres Problems mit der Geschwindigkeit. Tafaris Rhinozeros? Pah! Wir verfügten jetzt über ein Krokodil als Reittier!

Sarcosuchus Croc
Nahkämpfer Level 6
Phils Kampfeinheit
Gesundheitspunkte: 4.700/4.700
Angriff: 1.200-1.500
Durch Panzerung absorbierter Schaden: 60 %
Maximale Reisegeschwindigkeit: 35 km/h
Gewicht: 10 Tonnen
Talente: Angriff, Zerquetschen, Beschleunigung

Wir hatten Croc bereits einmal versuchsweise geritten. An den rauen Schuppen, die seinen Rücken bedeckten, konnte man sich gut festhalten. Es war prima gelaufen. Crocs Beschleunigungstalent sorgte dafür, dass er einmal pro Minute für jeweils 5 Sekunden seine anderthalbfache Geschwindigkeit erreichen konnte, und das war wirklich nicht zu verachten. Ich muss zugeben, dass ich von uns dreien über am wenigsten Beweglichkeit verfügte und einmal von Croc herunterrutschte. Was Jovanna zum Kichern und Ola zu einem brüllenden Lachanfall gebracht hatte. Eine Art Sattel wäre wirklich eine gute Idee!

Insgesamt verlief alles gut und das Farmen nach Plan, doch dann war ein Kreken Version 2.0 aufgetaucht. Der respawnte Standortboss, der jetzt bereits Level 12 erreicht hatte und über Unmengen an Lebenspunkten verfügte, hatte die Umgebung in der Nähe seines Lagers in der Schlucht untersucht und sich dabei in unser Hexagon verirrt. Die Begegnung zwischen ihm und uns fand statt, als wir gerade über einen Mega-Kirpi hergefallen waren. Dieser Elite-Octopus-Igel-Hybrid von der Größe eines Lastwagens schaffte es irgendwie, uns alle gleichzeitig in den Kampf zu verwickeln. Mithilfe seiner Tentakel hielt er die Dinosaurier zurück. Jovanna, Ola und ich hatten mächtig zu tun, bis es Rex und Croc endlich gelungen war, ihm alle Gliedmaßen auszureißen.

Der Mega-Kirpi verfügte noch über 20 % Gesundheit, als der Kreken angeflogen kam. Ohne in Ruhe darüber nachzudenken, wer hier die Guten und wer die Bösen waren, bespuckte er den Igel-Octopus mit seiner Plasmasäure, wich einem direkten Angriff von Tank aus, den Jovanna losgeschickt hatte, entkam gerade so Crocs zusammenschnappenden Kiefern, flitzte an Rex vorbei und suchte sich den schwachen Ola mit seinem Level 3 als nächstes Opfer aus.

Das hätte das sichere Ende für Ola und sein Respawn nach der großen afrikanischen Leere bedeutet, die seinem Tod folgen würde, doch ich schaffte es gerade noch rechtzeitig, einen Befehl zu brüllen. Bevor er völlig dahingeschmolzen war, kaufte sich Ola hastig das nächste Level. Das beseitigte den Verbrennungs-DOT und heilte ihn.

Die nächsten Minuten des Kampfs bestanden aus einem Wirbelwind gegenseitiger Angriffe. Wir versuchten, der Spucke des Kreken zu entgehen, und er tat dasselbe mit Horn, Klauen und Kiefern unserer Dinosaurier. Jovannas

Pfeile fügten ihm einen minimalen Schaden zu. Ola konnte bei der Auseinandersetzung überhaupt nichts ausrichten. Deshalb hatte ich ihn in den Bunker geschickt. Die übergroße Pferdebremse wäre sonst sicher in Versuchung geraten, ihn erneut aufs Korn zu nehmen.

Als ich gerade zwischen zwei Runden Spucke auf den Boss zu rannte, traf mich auf einmal etwas, das mich jäh stehenbleiben ließ, als wäre ich gegen eine Mauer gelaufen. Der Kreken hatte gerade seine neue Nahkampffähigkeit demonstriert und mir einen Stachel in die Kehle gejagt. Hier war ich bis auf die Bandana von der Uniform ungeschützt.

Ich verlor sofort die Gewalt über all meine Sinne und spürte einen brennenden, zerfressenden Schmerz, der sich von meiner Kehle aus in meine Brust, meinen Kopf und meinen gesamten Körper ausbreitete.

Meine Haut färbte sich schwarz und warf Blasen. Das Atmen fiel mir schwer, wurde schließlich unmöglich. Der Vergiftungs-DOT fraß meine Gesundheitspunkte mit einer solchen Geschwindigkeit, dass ich nur unter Aufbietung aller verbliebenen Kräfte die Füße bewegen konnte, um im Bunker Schutz zu suchen, bevor ich meine letzten 30 % Gesundheit verlor.

Ich brauchte etwa 10 Sekunden, bis ich vollständig wiederhergestellt war. Anschließend wartete ich noch, bis das Gift seine Wirkung endgültig verloren hatte, und stürzte mich wieder aufs Schlachtfeld.

Wir steckten in einer Sackgasse, und nur das Zusammentreffen mehrerer Faktoren rettete uns. Croc wartete auf den besten Augenblick für einen Angriff, Rex hob und senkte den Kopf wie ein Wackelhund, in Erwartung des passenden Moments, das bewegliche Biest zu ergreifen, und Tank beschleunigte und lief auf den Kreken zu.

In genau diesem Moment schoss Jovanna ihren Pfeil ab. Peng!

Der Kreken erlag der Betäubungswirkung von Jovannas Bogen, und zwei der Dinosaurier nutzten es sofort aus. Tank verpasste dem gefallenen Körper des Bosses einen

Kopfstoß, und Rex nahm die Riesen-Pferdebremse ins Maul. Kaum hatte ich gebrüllt: „Zerschmettere sie!", öffnete und schloss er die Kiefer einige Male.

Meine Clan-Mitglieder applaudierten. Croc beobachtete alles so gleichgültig, als wäre ihm die ganze Sache völlig schnuppe.

Der Kreken hinterließ als Preis für die Sieger 1.000 Existenz-Ressourcen-Punkte (der Bonus der höheren Wahrscheinlichkeit einer Verdopplung dank meiner Intelligenz zeigte seine Wirkung) und einen kleinen Ring:

Gewöhnlicher Clan-Ring der Führung
+10 % für jeglichen von Clan-Mitgliedern zugefügten Schaden.
Diese Wirkung wird nur ausgelöst, wenn der Clan-Anführer sie aktiviert.

„Das ist ein richtig geiler Ring!", rief Jovanna aus und drehte ihn zwischen den Fingern.

„Den hast du uns verdient, Jo. Ohne deinen Betäubungsschuss hätten wir den Kreken so schnell bestimmt nicht erledigen können, und wer weiß — vielleicht auch gar nicht."

Jovanna errötete. Dann stellte Ola ihre Fassung wieder her, oder vielmehr, er trieb sie mit einem weiteren Spruch in völlige Benommenheit: „Wenn du die Milch frisch halten willst, musst du sie in der Kuh lassen!"

„Ähm, was meinst du damit?", fragte ich verwirrt.

„Ich verwette meinen Bogen, das ist ein weiterer Spruch seines Großvaters!" Jovanna lachte.

„Klar, Mann! Du hast halbwegs recht. Mein Großvater pflegte das oft zu sagen, aber letztlich ist es eine Volksweisheit aus meinem Land. Ich meine damit, es liegt doch auf der Hand, wer den Ring tragen muss, damit er seine Wirkung entfalten kann."

Nachdem wir den Kreken besiegt hatten, lief wieder alles wie am Schnürchen. Bis zum Morgen hatten wir uns nahezu 7.000 Existenz-Ressourcen-Punkte gesichert, wenn wir die Punkte von Nagash und Carter mitrechneten. Am Ende waren wir seelisch alle vollkommen erschöpft. Mit Ausnahme der Dinosaurier — deren einziger Lebenszweck war schließlich der Kampf.

Unsere Erschöpfung wurde nicht zuletzt durch Schmerzen verursacht, die wir ertragen mussten, denn es hatte keinen Kampf gegeben, in dem wir nicht irgendeine Verletzung davongetragen hatten. Selbst Jovanna, unsere Fernkämpferin, hatte es erwischt, als sie hinterrücks von einer Schar von Elite-Sarasuren angegriffen worden war, die mitten während eines Kampfes mit einer zweiköpfigen Schlange in unsere Basis eingedrungen waren. Wir wurden zwar mit ihnen fertig — das heißt, wir befahlen Rex, die Schlange einen Augenblick lang zu vergessen und stattdessen die Küchenschaben zu zertrampeln –, aber die Säureverbrennungen und Fleischwunden setzten Jovanna dennoch sehr zu.

In gewisser Weise war es ein Paradoxon. Die Menschheit hatte allein dank des Schmerzes so lange überlebt. Der Schmerz war immer unser bester Verbündeter, wenn es darum ging, die Welt zu verstehen und unsere Art zu erhalten. Er lehrte uns, Risiken zu kalkulieren und vorsichtig zu sein, etwa, wenn es um den Umgang mit scharfen Gegenständen ging.

Hier auf Pibellau allerdings waren Schmerz, Blut, Wunden und hervorquellende Eingeweide nichts als reine Dekoration, spezielle Effekte wie im Film. Selbst tödliche Wunden heilten nicht nur schnell, sondern blitzschnell.

Sogar als Carter seinen halben Schädel an die Untoten verloren hatte, war seine Wiederherstellung im Bunker doch innerhalb von Minuten abgeschlossen gewesen. Und hätte er die völlige Genesung abgewartet, statt sich gleich wieder ins Getümmel zu stürzen, wäre er noch immer am Leben. Die Sekunden vor Jovannas Auftauchen waren entscheidend gewesen.

Nachdem ich nun nach Herzenslust gekämpft hatte

und bereits zweimal gestorben war, wurde mir, dem alten Hasen in Sachen Rollenspielen, der alle LitRPG-Bücher atemlos verschlungen hatte, auf einmal eines klar: Niemand, der bei klarem Verstand war, würde freiwillig vollständig in ein Spiel eintauchen. Ebenso wie niemand sich freiwillig zum „Floating" in einen Tank begeben würde, wenn dort auch nur ein Hauch von Schmerz zu erwarten wäre.

Deshalb gab ich Olas Drängen nach und wir zogen uns zum Ausruhen in den Bunker zurück. Außerdem mussten wir ja Clan-Rat halten, wie von mir vorgeschlagen. Das war vielleicht nicht der beste Zeitpunkt dafür, aber wir hatten beschlossen, direkt nach Aufgang der beiden Sonnen Pibellaus in Richtung Norden aufzubrechen, um unser Gebiet und unseren Clan zu erweitern. Vorausgesetzt, wir fanden weitere Testsubjekte mit hohem sozialem Status. Nun, in gewisser Weise war die Zeit vor dem Aufbruch doch der perfekte Augenblick für eine Besprechung — schließlich mussten wir unsere sauer verdienten Ressourcen in etwas investieren und sie nicht horten, und es wurde langsam Zeit, eine Strategie dafür zu entwickeln.

Wir hatten es uns in der Mitte des Schutzbunkers im Kreis bequem gemacht. Jovanna und Ola sahen mich erwartungsvoll an, sie vermuteten wohl etwas und warteten darauf, dass ich ihnen erklärte, was ich mir überlegt hatte.

„Jungs, wir sind bereits zu dritt. Der Kampf gegen Nagash gestern" — ich konnte mir ein Grinsen in Olas Richtung nicht verkneifen — „hat gezeigt, dass der Clan-Anführer aufgeschmissen ist, wenn er sich nur auf sich selbst verlässt. Diesen Fehler werde ich nicht wiederholen. Deshalb stelle ich jetzt eine erste Regel auf: Alle Clan-Mitglieder leveln gleichzeitig, und zwar in der Reihenfolge, in der sie sich dem Clan angeschlossen haben. Und gleich noch eine zweite Regel: Wir werden für einen Ausgleich in der Entwicklung des Clans sorgen. Es wird kein Ungleichgewicht geben, und keine einseitige Entwicklung. Wir werden uns selbst, die Einheiten und die Basen verbessern, mit unserer Hauptbasis als Priorität. Nachdem wir bereits so viele

Hexagone besitzen, wäre es eine Verschwendung unserer Ressourcen, sie alle auf ein höheres Level zu bringen. Eine solche Ausgabe könnte sich zwar langfristig auszahlen, aber wir haben keine langfristigen Aussichten, müssen uns also auf die nahe Zukunft konzentrieren. Hat jemand etwas gegen das einzuwenden, was ich gerade gesagt habe? Jo?"

„Nein, alles ist klar, und ich bin mit allem einverstanden", erwiderte sie und klang dabei wie eine Musterschülerin.

„Was ist mit dir, Ola? Was sagst du, Herr Afelobu?"

„Woher soll ich das wissen, Phil?" Er breitete die Arme aus. „Ich wurde gleich an meinem ersten Tag auf Pibellau in einen Clan gezogen. Ich hatte gerade mal Gelegenheit, meine eigene Basis zu erstellen. Ich hatte nicht genügend Ressourcen für etwas anderes, nicht einmal für das Uniform-Modul. Also bin ich zur Jagd ausgezogen und konnte ein paar Level aufsteigen. Dann war ich plötzlich umgeben von Nagashs Einheiten. Untote hatte er zu dem Zeitpunkt noch keine, und er war lediglich Level 4, aber gegen 15 seiner schrecklichen Einheiten war ich machtlos."

„Also hast du seine Bedingungen angenommen — das ergibt Sinn. Dann werde ich dir jetzt erklären, was ich meine."

Der Clan-Rat verwandelte sich in einen kurzen Vortrag über Basen, Module, Kosten für Upgrades und die Möglichkeit, alles in Zahlen zu übersetzen.

„Wir haben auf jeden Fall immer mehrere Möglichkeiten zur Auswahl und müssen uns entscheiden", kam ich zum Schluss. „Wir verfügen momentan über rund 7.000 Punkte. Ganz genau kann ich das nicht sagen — unsere Arbeitseinheit trägt einen Punkt pro Stunde bei, und die Hauptbasis, in der wir uns gerade befinden, erzeugt sogar 10 Punkte pro Stunde. Wie investieren wir jetzt diese Punkte? Für 7.500 Punkte können wir das Modul für die Kampfeinheiten auf Level 4 bringen. Das macht Tank, Rex und Croc zu Level 7-Kampfmaschinen — aber wir sind dann noch immer verwundbar. Wir könnten alles in unsere eigene

Verbesserung stecken, oder wir könnten 1.000 Punkte für eine kleine Späherdrohne abzweigen..."

„Wir brauchen unbedingt eine Späherdrohne", erklärte Jovanna. „Das steht außer Frage!"

„Ja, wir können die 1.000 Punkte abzweigen", stimmte Ola zu. „Es ist immer besser zu wissen, wohin man sich begibt."

„Okay, belassen wir es dabei. Ich erkläre nur alle Möglichkeiten, damit ihr versteht, was wir machen können. Wenn ihr jemals Strategiespiele gespielt habt, wisst ihr, dass man nicht alles gleichzeitig ausbauen kann. Dazu hat man nie genügend Ressourcen, und es ist immer besser, einer bestimmten Strategie zu folgen. Unsere Strategie ist die: Für jede Wahlmöglichkeit, die sich uns stellt, werden wir die möglichen Vorteile der Ausgaben bewerten, um festzustellen, welche Entscheidung uns für weniger Geld... ähm, ich meine Ressourcen, mehr Vorteile verschafft. Und das..."

„Okay, Phil, ich bin dafür", unterbrach Jovanna mich. „Aber was genau hast du jetzt vor? Wie sollen wir die 7.000 Punkte investieren?"

„Mein Vorschlag ist folgender: Wir müssen immer über einen gewissen Vorrat an Ressourcen verfügen, damit wir während eines Kampfes rasch zum nächsten Level aufsteigen können. Das ist die einzige Methode, Wunden sofort zu heilen und den Tod zu vermeiden. Jo, du brauchst 600 Punkte für Level 6. Ola, du brauchst 500. Das sind insgesamt 1.100 Punkte. Ich brauche fast noch einmal so viele. Also lege ich 2.200 oder 2.300 als Notvorrat beiseite, den wir nicht anrühren."

„Brauchst du nicht genau 1.000 Punkte für Level 10?", fragte Ola.

„Sogar weniger, um genau zu sein. Die Vorauswahl hat mir einen Bonus verschafft. Darüber sprechen wir später noch. Für 2.500 Ressourcen-Punkte können wir die Basis auf Level 3 upgraden. Das verschafft uns ein paar interessante Module, wie etwa das Forschungsmodul und so weiter, und vor allem, Heureka! — ein Artefakt-Modul. Die

Einzelheiten kenne ich nicht, aber ich bin sicher, wir werden es nicht bereuen, wenn wir diese Module erstellen."

„Kannst du uns ein Beispiel nennen? Was bringt uns ein solches Modul?"

„Das Artefakt-Modul erstellt Artefakte. Das Forschungsmodul verbessert die Statistiken der Einheiten, die Produktivität der Arbeitseinheiten, Panzerung und anderes... Das ist jedenfalls das Konzept."

„Aber?"

„Allerdings, da ist ein ‚Aber'. Für dieses Upgrade der Basis brauchen wir..."

„Wir haben es schon kapiert — du musst unbedingt Level 10 erreichen", nickte Jovanna. „Also, worauf wartest du? Hol dir das nächste Level!"

„Ola?"

„Es würde mich sehr überraschen, wenn du wirklich auf meine Meinung warten würdest, Phil." Ola schüttelte den Kopf. „Wie mein Großvater zu sagen pflegte..."

„Ja, ist schon in Ordnung. In dem Fall kaufe ich mir jetzt also Level 10. Wenn ich die Punkte dafür und für das Upgrade der Basis sowie unseren Notvorrat berücksichtige, bleiben uns danach noch um die 1.000 Punkte, und dann müssen wir uns entscheiden: Stecken wir das in höhere Level für euch beide, erstellen wir eine Späherdrohne, oder schaffen wir ein Forschungsmodul? Darüber könnt ihr ja schon mal nachdenken, während ich mich upgrade."

Ich rief meine Statistiken auf:

Phil, Mensch
Level: 9
Klasse: unbestimmt. Erforderliches Level: 10
Gesundheitspunkte: 2.600/2.600
Schaden ohne Waffe: 23-37
Wahrscheinlichkeit eines kritischen Treffers: 46,5 %
Bonus: Rabatt von 14 % auf die Kosten der Charakterentwicklung
Erfolge: Altruist, Erster Riesentöter, Erster

Draufgänger, Erster Sterbender

> *Haupteigenschaften*
> *Stärke: 25*
> *Beweglichkeit: 11*
> *Intelligenz: 20*
> *Ausdauer: 26*
> *Wahrnehmung: 21*
> *Charisma: 20*
> *Glück: 15*
>
> *Charakterstatistiken*
> *Leben: 1*
> *Eroberte Hexagone: 50*
> *Rang: 3/169*
> *Existenz-Ressourcen: 6.983/9.000*

Ich hatte meine Statistiken schon lange nicht mehr betrachtet. Der dritte Platz in der Gesamtrangliste aller Testsubjekte bedeutete, dass lediglich Juma und Tafari vor mir lagen. Mein Fortschritt im Laufe der letzten vier Tage seit meinem zweiten Tod war also alles andere als läppisch.

Ich verbrachte ein paar Augenblicke damit, die Ereignisse der letzten paar Tage im Kopf noch einmal durchzugehen, dann aktivierte ich das Upgrade auf Level 10.

> *Gratuliere, Testsubjekt! Du hast Level 10 erreicht!*
> *Du erhältst +2 Eigenschaftspunkte, die du in eine Eigenschaft deiner Wahl investieren kannst.*
> *Du kannst deine Kommandozentrale jetzt auf Level 3 upgraden.*
> *Du kannst jetzt eine Klassenspezialisierung erhalten.*
> *Mach deinen Feinden mehr Feuer unterm Hintern, Testsubjekt!*

Die Systemmitteilung war keine statische. Darunter erschien eine weitere Zeile. Und noch eine... Und noch eine...

Analyse der Handlungen des Testsubjekts...
Anzahl der gefundenen kompatiblen Klassen: 2
Abstimmung der Beobachter...
Deine Klasse wurde festgelegt, Testsubjekt!
Mach deinen Feinden mehr Feuer unterm Hintern, Liquidator!

KAPITEL 16

GANZ EINFACH EIN SUPERHELD WERDEN

> Barry Allen: Was sind noch einmal
> deine Superkräfte?
> Bruce Wayne: Ich bin reich.
>
> *Justice League*

WIE DAS RUSSISCHE Sprichwort so schön besagt: Wenn du den Krieg gewinnen willst, musst du dreimal so hart arbeiten. Meine Erkenntnis lag genau drei Level über der von Konstantin Panchenko. Nachdem er mich also mit seinen Essstäbchen und seiner fliegenden Spucke bedroht hatte, wusste ich bereits, er war kein ernsthafter Rivale.

Ich hatte Panchenkos erweitertes Profil noch immer geöffnet:

Konstantin Panchenko
Alter: 27
Derzeitiger Status: kaufmännischer Leiter
Level des sozialen Status: 11
Klasse: Manipulator. Level: 6
Unverheiratet.
Vorstrafen: ja

Die letzte Zeile verschaffte mir eine geringfügig nützlichere Information, ebenso wie das neue Detail — oder vielmehr die neuen Details — in seiner Biografie, die ich vorher gar nicht bemerkt hatte, nämlich eine Liste all seiner

Straftaten.

Und was für eine Liste das war! In seinen 27 Jahren hatte Panchenko mehr als 1.000 Straftaten begangen. Da gab es eine Menge kleiner Vergehen wie das Herunterladen von Raubkopien von Filmen über *Torrents*, aber auch eine Reihe von durchaus schwerwiegenderen Dingen: Als er jünger war, hatte er Zeitungen und Zeitschriften aus dem Briefkasten des Nachbarn gestohlen, und jemandem, der offensichtlich sein Freund war, hatte er Geld aus der Brieftasche geklaut. Einige der Opfer hatten nie herausgefunden, was tatsächlich geschehen war. Der Freund hatte einfach bis zum nächsten Zahltag von Luft und Liebe leben müssen, während der junge Konstantin sich mit dem neuesten *Playboy* vergnügte.

Nachdem ich diese und alle ähnlichen Vergehen herausgefiltert hatte, blieben nur die Schmiergelder übrig. Wenigstens waren es hauptsächlich Schmiergelder.

Angefangen hatte es vor vier Jahren:

14. März 2014
§ 204 des russischen Strafgesetzbuchs: Bestechung
Empfang von 5.000 Rubeln vom Bürger V. N.
Stepantsov, Mitarbeiter bei Tesla Print, für die Zusammenarbeit beim Abschluss einer Vereinbarung mit Rasmus Media für den Druck von Medienmaterialien.

21. Juli 2014
§ 204 des russischen Strafgesetzbuchs: Bestechung
Empfang von 12.000 Rubeln vom Bürger K. F.
Ponomarenko, Mitarbeiter bei Northern Food and Beverage, für die Zusammenarbeit beim Abschluss einer Vereinbarung mit Rasmus Media für die Organisation einer Bürofeier für...

Ganz offensichtlich war der junge Praktikant bei *Rasmus* — Konstantin Panchenko — zunächst mit kleinen Summen zufrieden gewesen. Es war auch unwahrscheinlich, dass man ihm in dieser Position größere Beträge für die

Beschaffung von Waren oder Dienstleistungen bei Auftragnehmern anvertraut hätte. Ein paar Jahre später wurde er zur Filiale in Samara versetzt, wo er sofort zum PR-Direktor ernannt wurde. Und schon bewies er, was wirklich in ihm steckte. Die Schmiergelder nahmen an Häufigkeit zu — er gewann offensichtlich an Selbstvertrauen.

Die jüngsten kriminellen Handlungen stammten aus seiner Zeit bei *Ultrapak*. Wann und warum er auf den Rang eines kleinen provinziellen kaufmännischen Leiters herabgesunken war, das war eine ganz andere Angelegenheit.

Ich war mir nicht sicher, ob Herr Ivanov sich der Aktivitäten Panchenkos bewusst war. Wenn nicht, würde er jedoch definitiv davon erfahren.

Aber zuerst rief ich Valiadis an.

Er ging sofort ans Telefon, als ob er nur auf meinen Anruf gewartet hätte. „Philip? Ist es eilig?"

„Ich habe nur ein paar Fragen."

„Heraus damit."

„Nummer 1: Ich habe jemanden getroffen, der ebenfalls über das Interface verfügt, Konstantin Panchenko. Sagen Sie mir — wann wird er sich der Prüfung unterziehen müssen?"

„Ich kenne ihn. Darf ich fragen, warum du so interessiert an ihm bist?"

„Er verursacht Probleme für mich persönlich und die Leute, die mir nahestehen."

„Hm... Kein Wunder. Seine Version des Interface unterscheidet sich von deiner", schnaubte Valiadis. „Verursacht er große Probleme?"

„Noch nicht. Momentan hat er uns nur die Steuerbehörde auf den Hals gehetzt und verbreitet ein paar unangenehme Gerüchte über mich und meine Partner. Aber er hat damit geprotzt, dass er noch nicht einmal richtig losgelegt habe."

„Tatsächlich? Nun, dann werde ich es dir sagen — seine Entführung ist für in weniger als zwei Monaten geplant. Er wird der nächsten Welle angehören. Kannst du die Dinge selbst in Ordnung bringen?"

„Damit werde ich schon fertig, ja. Danke. Ich habe außerdem gute Nachrichten — meine virtuelle Assistentin konnte ihre Nachbildung in der Prüfung kontaktieren. Jetzt versucht diese, mit den Informationen zum Benutzer vorzudringen."

„Wirklich?" Valiadis klang überglücklich. „Das ist großartig! Danke, dass du mir das mitgeteilt hast. Ich hoffe, es war nicht alles umsonst."

„Wir werden das schon überstehen, Herr Valiadis."

„Da bin ich mir sicher. Ich bin gerade dabei, einiges abzuschließen. Sollte es jemals einen Grund für ein weiteres Treffen zwischen uns geben, werde ich dir alles erklären. Ach, übrigens, wie heißt eigentlich deine Firma?"

„Die *Große Jobvermittlungsagentur*."

„Das werde ich mir merken. Viel Glück, Phil — hier und in der Prüfung!"

Er hatte bereits aufgelegt, bevor ich ihn hatte fragen können, wie ich Ilindi erreichte. Ich wollte ihr unbedingt von der erfolgreichen Verbindung mit Martha 2 berichten, aber offensichtlich war das jetzt nicht der richtige Zeitpunkt dafür.

Zurück im Büro befasste ich mich ein paar Stunden lang mit den jobsuchenden Kunden, die eingetroffen waren, während ich unterwegs gewesen war; sowohl mit denen, die in einer Schlange warteten, als auch mit den anderen, deren Daten das Personal bereits aufgenommen hatte. Anschließend zog ich mich mit einem Laptop in mein neues Büro zurück, mit der strengen Anweisung, mich nicht zu stören, und tauchte in die erstaunliche Welt des kriminellen Lebens von Konstantin Panchenko ein.

Für jedes Unternehmen, in dem er gearbeitet hatte, legte ich eine spezielle Datei an, und listete alle Vorfälle auf, an denen er beteiligt gewesen war.

Schon von Kindheit an versucht die Gesellschaft, uns beizubringen, dass man andere nicht verpetzen soll. Doch ich ignorierte dieses Gebot wegen seiner schieren Absurdität. Denn in genau dieser Umgebung des Verschleierns blühten und gediehen Diebe, Kriminelle, Gammler und Haustyrannen. Ehefrauen schwiegen über die Prügeleien ihrer Männer, Kinder verschwiegen das Mobbing im Internet, Mädchen verschwiegen sexuelle Übergriffe, Regierungsbeamte verschwiegen korrupte Machenschaften, und die Leute, die über alles Bescheid wussten, nutzten genau das aus, um alles zu vertuschen.

Ich hatte keine Ahnung, wer die Schuld daran trug. War es die Angst der Menschen, sich selbst zum Narren zu machen? Oder die Angst vor einem System, gegen das ein Mensch allein machtlos war?

Ich hatte jedenfalls nichts, wovor ich hätte Angst haben müssen. Selbst Eigentümer einer Firma fand ich es abscheulich, wie Panchenko seine Chefs betrog. Es war geradezu eine Beleidigung, mir vorzustellen, so jemand wie er könnte für mich arbeiten.

Und schon waren sechs E-Mails an Firmen und Organisationen unterwegs, in denen Panchenko „gearbeitet" hatte. Überall war er etwa ein Jahr geblieben, und bei *Ultrapak* war er jetzt seit etwa drei Monaten. Die Kontaktdaten der Eigentümer und Führungskräfte zu finden war einfach gewesen. Weiter veröffentlichte ich meine Briefe auch in den sozialen Medien.

„Philip, kann ich dich kurz stören?" Rose hatte die Tür einen Spalt geöffnet und stand nun auf der Schwelle.

„Ja, natürlich. Wie steht es mit den Steuerprüfern?"

„Alles ist in Ordnung. Im Grunde ist es nur eine Formalität. Ich bin hier, um über Cyril zu reden. Ich habe ihm das Geld gegeben, aber er hat seine Kündigung eingereicht. Verstehe ich das richtig — ist dies das Ergebnis deiner... ähm... internen Untersuchung?"

„Nun... Nein, ich fürchte, du hast das falsch verstanden. Cyril hat ein Lungenemphysem. Im letzten Stadium. Er fliegt nach Moskau, um sich dort behandeln zu lassen. Die Firma unterstützt ihn dabei finanziell. Hast du etwas dagegen einzuwenden?"

„Oh, nun komm schon, Philip!" Rose hob beide Hände. „Natürlich nicht! Trotzdem... Besprich solche Dinge in Zukunft bitte vorher mit deiner Buchhalterin." Sie lächelte verschmitzt. „Zumindest das, einverstanden? Von den Partnern rede ich jetzt gar nicht, obwohl ich es für eine gute Idee halten würde, wenn du sie ebenfalls einweihst. Wir sind nicht ausreichend gewachsen, um uns zu viele solcher Ausgaben leisten zu können. Wir zahlen immerhin bereits für Aliks Studium, und jetzt noch für Cyrils Behandlung..." Ihre sanfte, freundliche Ermahnung war durchaus nicht unbegründet.

„Sie haben recht, Frau Reznikova. Ich habe impulsiv gehandelt. Ich verspreche, in Zukunft werde ich solche Entscheidungen nicht allein treffen."

„Prima. Mehr wollte ich gar nicht sagen."

„Oh, eine Sache noch — legen Sie sein Kündigungsschreiben bitte erst einmal beiseite und bearbeiten Sie es noch nicht."

Sie nickte, schloss die Tür und ließ mich wieder allein.

Der erste Schritt war getan, um Panchenko das Wasser abzugraben. Wenn die Nachricht nicht bei ihm ankam und er nicht von selbst schlau wurde, musste ich womöglich zu entschlosseneren Maßnahmen greifen. Vor allem, soweit es meinen ehemaligen Freund Cyril betraf.

✳ ✳ ✳

Wann immer ich versuchte, Englisch zu sprechen, kam ich mir vor wie ein Hund: Ich verstand zwar alles, aber sobald ich versuchte, selbst etwas zu sagen, geriet ich völlig durcheinander. Es war kein großes Problem, das Wort „Zaun" ins Englische zu übersetzen. Wenn ich mich allerdings bemühte, jemandem etwas über einen Zaun zu erzählen, musste ich lange in meiner Erinnerung graben, mich räuspern, mehrfach „ähm" sagen und mit den Armen fuchteln, und dennoch fiel mir der richtige Satz nicht ein.

Daher war ich überglücklich, als ich erfuhr, dass mein zukünftiger Englischlehrer an einem Sprachzentrum der Stadt ein englischer Muttersprachler und noch dazu ein Amerikaner war, der sich freiwillig bereiterklärt hatte, mir Unterricht zu geben.

Ich musste unbedingt Englisch lernen, und zwar nicht nur wegen der geplanten Besprechung mit dem Botschafter. In der letzten Zeit hatte mich die Aussicht, das Interface zu verlieren, weniger und weniger bedrückt, und die Verzweiflung über die Sinnlosigkeit meiner Anstrengungen hatte nachgelassen. Prompt meldete sich meine Angewohnheit zu Wort, die Tage nicht mit Faulenzen zu vergammeln.

Sobald mir klargeworden war, dass es ziemlich unsinnig war, Zeit mit einem Trip nach Moskau zu verschwenden, bevor der Ausgang der Prüfung feststand, schickte ich der Frau von der amerikanischen Botschaft eine E-Mail und teilte ihr mit, aufgrund bestimmter Umstände müsste ich das Treffen leider verschieben.

Den Rest des Montags verbrachte ich sehr viel produktiver. Er hatte einfach zu intensiv begonnen, mit den entmutigenden Nachrichten über die Gerüchte, der Steuerprüfung, Cyrils Verrat und dem Auftauchen eines weiteren Interface-Benutzers in meinem Leben.

Ich verbrachte zwei Stunden im Fitnessstudio und begab mich dann zu meinem Englischunterricht. Ich konzentrierte mich so stark auf die Adverbialsätze, die ich in Eigenarbeit studierte, dass mir das Vibrieren meines Handys in der Hosentasche erst nach einer Weile auffiel.

„Herr Panfilov, hier ist Angela Howard. Ich habe Ihre Nachricht bekommen, dass Sie die Besprechung verschieben möchten. Darf ich fragen, wann Sie beabsichtigen, nach Moskau zu kommen? In Ihrer E-Mail haben Sie keinen Zeitpunkt erwähnt."

„Ich denke, in etwa einer Woche werde ich reisen

können."

Ich hörte ein scharrendes Geräusch und ein gedämpftes Flüstern, bevor sie weitersprach.

„Herr Panfilov, wir möchten vorschlagen, die Besprechung in Washington D.C. abzuhalten. Inzwischen sind noch weitere Personen daran interessiert, Sie kennenzulernen. Wäre es Ihnen möglich...?"

„Ja, ich wollte die Vereinigten Staaten schon immer einmal besuchen", unterbrach ich sie. „Aber können Sie mir sagen, wer diese anderen Personen sind?" Ich musste mich etwas vage ausdrücken, damit die Neugier des Taxifahrers nicht noch mehr geweckt wurde, der mir unverhohlen zuhörte.

„Es tut mir leid, Herr Panfilov, aber ich bin nicht dazu befugt, Ihnen das mitzuteilen. Sie werden es aber bald selbst herausfinden. Ich sende Ihnen die Details für den Flug per E-Mail."

„Ich danke Ihnen, Angela."

„Bis bald, Herr Panfilov."

„Bis bald."

Den Rest der Fahrt zum Sprachzentrum verbrachte ich mit einer Internetsuche. Facebook zeigte mir Hunderte von Mädchen, jungen und älteren Frauen mit dem Namen Angela Howard. Ich griff sogar auf den universellen Infospace zurück, was mich einen winzigen Bruchteil meines noch immer in der Regeneration befindlichen Geistes kostete. Der Infospace fand ein paar Angela Howards in Russland, doch keine davon lebte in Moskau.

Außerdem wurde in der Personalliste der US-amerikanischen Botschaft in der russischen Föderation keine einzige Person dieses Namens aufgeführt.

✳ ✳ ✳

Es hatte die ganze Nacht geregnet. Das Pladdern der Regentropfen gegen die Fensterscheiben hatte auf mich eine beruhigende Wirkung. Ich schlief nahezu sofort ein und erwachte erst bei Morgengrauen.

Der Regen hatte aufgehört. Jetzt hörte ich nur noch das Rascheln des Besens des Straßenkehrers und den Gesang der Vögel draußen. Prima!

Dennoch beunruhigte mich irgendetwas, nur konnte ich es zunächst nicht genau identifizieren.

Ich zermarterte mir das Hirn und ging in Gedanken die gesamten neuesten Entwicklungen durch. Oh ja — das war es! Die Verschiebung der Besprechung mit den Amis, die jetzt auf ihrem eigenen Territorium stattfinden sollte.

Ich hatte viel zu bereitwillig zugestimmt. Dabei war die Sache mit einem beachtlichen Risiko verbunden. Was waren denn wohl die möglichen Konsequenzen einer solchen Zusammenarbeit?

Je mehr ich darüber nachdachte, desto klarer wurde mir: Ich hatte da wahrscheinlich einen schweren Fehler begangen. Wenn etwas schiefging — wenn die Amis sich beispielsweise dazu entschlossen, mich zu entführen und in irgendeinem geheimen Regierungslabor einzusperren –, war ich völlig machtlos. Ich verfügte nicht über irgendwelche superheldischen Fähigkeiten, die der Erwähnung wert gewesen wären. Was die Lügenerkennung betraf, so brachte mir die gar nichts, wenn ich mich erst einmal hinter Schloss und Riegel befand.

Aber was hielt mich eigentlich davon ab, jetzt genau diese Superfähigkeiten zu erwerben? Ich grübelte eine Weile darüber nach und beschloss, dass es durchaus machbar war.

Ich stand kurz davor, Level 20 im sozialen Status zu erreichen. Das verschaffte mir Level 2 für meinen Heldenmut, was wiederum drei neue Heldenfähigkeiten verfügbar machte.

Sobald ich Level 20 erst einmal erreicht hatte, konnte ich zum einen die zweite der Heldenfähigkeiten der ersten Ebene erwerben. Bis zu dem Zeitpunkt würde ich alle notwendigen Voraussetzungen erfüllen.

Ich sprach dabei von der Heldenfähigkeit Heimlichkeit und Unsichtbarkeit. Eigentlich erklärte diese Fähigkeit sich sozusagen selbst. Nur, wie würde die Unsichtbarkeit denn bitte im realen Leben funktionieren? Das musste ich einfach durch Versuch und Irrtum herausfinden. Eine interessante Frage war etwa, ob mich das auch für Überwachungskameras unsichtbar machen würde.

Nachdem ich alle Vor- und Nachteile abgewogen hatte, beschloss ich, stattdessen lieber eine der drei Fähigkeiten der zweiten Ebene ins Auge zu fassen.

Die erste Heldenfähigkeit, der Sprint, war gleichzeitig diejenige, die bei einer physischen Auseinandersetzung die nützlichste war. Während der kniffligen Situation mit Tarzan und seinen Handlangern im Park hatte ich diese Heldenfähigkeit ja bereits kurzzeitig nutzen können. Durch eine Änderung des Stoffwechsels und der Wahrnehmung des Benutzers verschaffte das System diesem dabei 5 Sekunden lang eine Beschleunigung von 100 %. Und wenn man meinen verstärkten Geist mit berücksichtigte, war die Wirkung noch höher — für die Dauer von 15 Sekunden konnte ich dadurch bis zu sechsmal schneller werden.

Die zweite Superfähigkeit war die Regeneration, die eine Wiederherstellung beschleunigte und Selbstvertrauen, Selbstkontrolle, Zufriedenheit, Lebenskraft, Laune und Willenskraft verbesserte. Ich wagte nicht, daran zu denken, welchen enormen Einfluss eine schnelle Erholung auf meine physischen Statistiken und Fertigkeiten haben könnte.

Die dritte Heldenfähigkeit war zugegebenermaßen in einer städtischen Umgebung nicht ganz so nützlich. Ich meine damit die Fähigkeit des Zähmens, also das Talent, eine nicht empfindungsfähige Kreatur in den Griff zu bekommen und zum Schoßtier zu machen.

Jedenfalls war alles in allem mein vordringlichstes Ziel, es zum Level 20 des sozialen Status zu bringen, weiter auch all meine Haupteigenschaften auf Level 20 zu verbessern und bei der Meditation Level 5 zu erreichen. Dann hatte ich alle Voraussetzungen für Sprint und

Regeneration erfüllt.

Das Training am Abend zuvor hatte meine Beweglichkeit und meine Ausdauer jeweils ein Level angehoben. Aber obwohl ich im Laufe der Nacht weitere zwei Systemlevel für die Wahrnehmung erklommen hatte, stand mir doch noch eine Menge Arbeit bevor:

Philip „Phil" Panfilov
Alter: 32
Derzeitiger Status: Unternehmer
Level des sozialen Status: 19
Erkenntnissuchender. Level: 13
Klassen: Boxer, Empath. Level: 11
Geschieden.
Kinder: keine

Erfolge:
Altruist +1 für alle Haupteigenschaften auf jedem erworbenen Level).
Der Schnellste Lerner (10 % Fertigkeitsentwicklungsrate)

Haupteigenschaften
Stärke: 19
Beweglichkeit: 12
Intelligenz: 20
Ausdauer: 16
Wahrnehmung: 157
Charisma: 18
Glück: 14 (+19 Punkte kombinierter Artefakt-Bonus aus dem Glücksring des Veles, dem schützenden roten Armband und der Elfenbeinfigur des Netsuke Jurōjin)

Ich hatte noch immer vier weitere Systempunkte, die ich investieren konnte, doch die hatte ich mir an sich für Notfälle aufsparen und sie in die am wenigsten entwickelten Eigenschaften stecken wollen. Meine letzten beiden Level hatten mir außerdem zwei Fertigkeitspunkte eingebracht. Die hatte ich zwar bis zum Abschluss der Optimierung beiseitegelegt, aber eigentlich konnte ich sie ebenso gut gleich nutzen, um meine Fertigkeit der Meditation auf Level 5 anzuheben und so die Anforderungen für die Regeneration zu erfüllen.

Es war früh am Morgen. Es standen jede Menge Aufgaben auf meiner Tagesordnung. Bei der Arbeit musste ich unzählige Kleinigkeiten erledigen, bevor ich mir ein paar Tage freinehmen konnte, um mich ganz auf die Verbesserung meiner Statistiken zu konzentrieren. Außerdem hatte ich diverse sportliche Übungen zu absolvieren, unter anderem einen Kurs im Trampolinspringen. Zu dem hatte ich mich in der Hoffnung angemeldet, meine noch immer hinterherhinkende Beweglichkeit endlich zu steigern. Außerdem war da mein Englischunterricht.

Und ich hatte noch eine andere Idee. Mir stand lediglich eine Heldenfähigkeit für jeweils 10 Punkte beim Aufstieg im Level des sozialen Status zur Verfügung. Aber was war denn, wenn ich den Index der Umgebungssicherheit senkte? Als ich Alik gegen die Brüder Vazgen verteidigt hatte, war der Index gefallen, was enorme Vorteile mit sich gebracht hatte. Vielleicht konnte ich dieses Ergebnis ja auch künstlich herbeiführen.

Ich lachte befriedigt — ein nächtlicher Streifgang durch die berüchtigsten kriminellen Viertel der Stadt sollte mich dabei auf jeden Fall unterstützen.

„Schauen wir doch mal, ob ich nicht noch ein paar mehr Probleme an Land ziehen kann", grinste ich.

Meine neuen superheldischen Fähigkeiten waren nahezu in greifbarer Nähe. Das weckte meinen Appetit.

✳ ✳ ✳

„Ich bin von einem heilenden, weißen Licht umgeben. Es heilt

mich. *Indem ich es einatme, fühle ich mich mit der göttlichen Energie verbunden. Ich verdiene es, durch dieses Licht geheilt zu werden. Ich kann spüren, wie mein Körper gereinigt wird...*" Ha! Was für ein Blödsinn!

Hysterisch lachend brach ich zusammen. All meine Lektionen in Meditation waren bislang schiefgelaufen, sobald ich erkannt hatte, was für einen Unsinn ich dabei von mir gab.

Ich hatte gerade geraume Zeit damit verbracht, Meditationstechniken zu recherchieren. Am Ende aktivierte ich die Fertigkeit und begann damit, die Hinweise aus den Internetartikeln in die Tat umzusetzen. Ich saß im Schneidersitz auf dem Boden und versuchte, mich zu konzentrieren, die Gedanken auf meine innere und die äußere Welt zu richten, auf der Suche nach einem klaren Geist ohne Gedanken, Überlegungen oder Vorstellungen.

Doch mein Körper verweigerte jegliche Entspannung. In meinem Kopf drängten sich die Gedanken, verlangten nach aktiven Handlungen. Was sonst konnte ich schließlich auch erwarten, da um mich herum und in mir so viel geschah?

Bisher hatten sich meine Anstrengungen als schnellste und produktivste Verbesserung überhaupt erwiesen. Das morgendliche Joggen hatte ich zu einem zweistündigen Halbmarathon ausgedehnt. Dadurch hatte ich endlich einmal wieder die schon fast vergessenen Folgen körperlicher Anstrengung erlebt: schmerzende Kiefer, atemloses Keuchen und das Ersticken an den eigenen Lungen. Es war eine Herausforderung, aber es brachte die gewünschte Wirkung und meine Ausdauer gleich 2 Level nach oben. Ich musste meine eigenen Grenzen überwinden. Nur so konnte ich das System zwingen, diese Eigenschaft so neu zu berechnen, wie das zwei Tage zuvor bei der Stärke funktioniert hatte.

Nachdem ich im Büro alle Trivialitäten abgehandelt hatte, begab ich mich in den Trampolin-Club. Bereits eine Viertelstunde später verschaffte mir das eine neue Fähigkeit:

Du hast eine neue Fertigkeit aktiviert: Trampolinspringen

Derzeitiges Level: 1

Erhaltene Erfahrungspunkte: 200 (für das Erlernen der Fertigkeit)

Nach Abschluss des Trainings hatte das System mich mit 3 Punkten mehr Beweglichkeit belohnt. Nicht umsonst wurde das Trampolinspringen als die Sportart betrachtet, die besonders gut für die Entwicklung einer besseren Koordination sorgte. Die Integration einiger akrobatischer Sprünge brachte mich auf Level 3.

Anschließend nahm ich im Restaurant neben dem Club drei Portionen Steak und Gemüse zu mir. Eine weitere Stunde verbrachte ich mit Schreiben an meinem Buch. Währenddessen konnte mein Körper sich erholen. Zwar gewann ich dadurch kein neues Level im kreativen Schreiben, hatte mich jedoch Level 9 massiv angenähert.

Den gesamten Tag über verfolgte ich Panchenkos Bewegungen. Er hatte sein Büro bei *Ultrapak* am Morgen verlassen und war bisher nicht zurückgekehrt. Ich spielte mit dem Gedanken, Vicky anzurufen, um herauszufinden, was zum Teufel dort gerade vor sich ging, entschied mich jedoch am Ende dagegen. Den größten Teil des Tages hatte Panchenko irgendwo in den Vorstädten verbracht, und ich hatte das merkwürdige Gefühl, dass es nicht seine Arbeit war, die ihn dorthin geführt hatte. Bestimmt hatte Herr Ivanov bereits auf die interessanten Informationen über die Aktivitäten seines kaufmännischen Leiters reagiert und die notwendigen Maßnahmen ergriffen.

Kaum fühlte ich mich stark genug, nach neuen Höhen zu streben, suchte ich das Fitnessstudio von Ibrahim auf. Ibrahim war der Trainer, der mich auf das Boxturnier vorbereitet hatte. Dort schlug ich eine ganze Stunde lang auf den Boxsack ein und ließ dem sofort vier Sparring-Sessions folgen. Auf eine Pause dazwischen hatte ich bewusst verzichtet.

Das System schien meine Anstrengungen anzuerkennen:

Deine Ausdauer hat sich verbessert!
+1 Ausdauer
Derzeitige Ausdauer: 19
Für die erfolgreiche Verbesserung einer Haupteigenschaft erhältst du 1.000 Erfahrungspunkte!
Fehlende Erfahrungspunkte bis zum nächsten Level: 11.340/20.000

Nachdem es mir gelungen war, die Meditation zu aktivieren, versuchte ich sofort, sie zu verbessern, aber ich hatte ums Verrecken keinen Erfolg damit. Eine kurze Besprechung mit Martha trug mir ein paar Tipps ein, wie ich meinen Geist leeren und mich ganz auf die reine innere Sammlung konzentrieren konnte. Allerdings hatte ich sie anschließend wieder fortschicken müssen, sonst hätten ihre angenehmen Formen und ihre Rehaugen mich gleich wieder abgelenkt.

„Ich bin von einem heilenden, weißen Licht umgeben. Es heilt mich. Indem ich es einatme, fühle ich mich mit der göttlichen Energie verbunden. Ich verdiene es, durch dieses Licht geheilt zu werden. Ich kann spüren, wie mein Körper gereinigt wird..."

* * *

Am Abend marschierte ich eine Straße entlang, die für ihre Bars, Cafés und Restaurants bekannt war, inmitten unzähliger anderer Menschen.

Ich hatte sämtliche Aufgaben auf meiner Liste erledigt, mit einer einzigen Ausnahme. Ich hatte meine Statistiken vorangebracht, die Meditation auf Level 3 angehoben, und in Englisch Level 4 erreicht. Was ganz grob mit fortgeschrittenen Fähigkeiten gleichzusetzen war. Nun fehlten mir nur noch weniger als 7.000 Erfahrungspunkte bis zu Level 20.

Die unerledigte Aufgabe von der Liste bestand darin, mich auf die Suche nach Schwierigkeiten zu begeben, um den Index der Umgebungssicherheit zu senken. Tja, und da war ich nun.

Ich machte die Runde in allen möglichen schäbigen Bars, bereit, jede Auseinandersetzung anzunehmen, die ein anderer begann.

Die meisten Leute, denen ich begegnete, waren allerdings ebenso freundlich wie friedlich. Entweder hatten sie das Stadium ausreichender Aggression noch nicht erreicht, oder meine athletische Gestalt ließ sie zögern, sich mit mir anzulegen.

Am Ende gelang es mir, bei einem Kampf dazwischenzutreten und einen lüsternen Trunkenbold abzuwehren, der einer jungen Frau zu nahe getreten war. In beiden Fällen hatte sich keine physische Auseinandersetzung entwickelt.

Ich hatte die Hoffnung schon beinahe aufgegeben, als ich im geschäftigen, lebhaften Vorhof eines irischen Pubs eintraf, vollgepackt mit Fußballfans in den Farben ihres Teams. Begierig trat ich näher, nur, um enttäuscht zu seufzen. Auch wenn die Kerle alle lauthals brüllten, waren sie doch bester Laune, denn ihre Mannschaft hatte gerade gewonnen.

Ich beschloss, mich dennoch dazuzugesellen. Wo sonst konnte man wohl so sicher nach Problemen Ausschau halten wie in einer Bar mit unzähligen Sportbegeisterten?

Der Pub war so voll, ich konnte mir meinen Weg hinein nicht einmal mit meinen Ellbogen bahnen. Die Lautstärke des allgemeinen Gebrülls überschritt alle für das menschliche Gehör sicheren Grenzwerte. Der Kommentator im Fernseher ging bei all dem total unter. Die Leute kamen und gingen für eine Zigarette wieder nach draußen. Endlich konnte ich mich hineinzwängen und nach einem freien Platz an der Bar Ausschau halten.

Den ich kurz darauf entdeckte.

Ich entschuldigte mich bei ein paar weiblichen Fans, die sich an der Bar drängten, quetschte mich dazwischen und hievte mich auf den freien Barhocker. Der Barkeeper sah mich erwartungsvoll an.

„Nur ein stilles Wasser, bitte", bestellte ich und schaute mich dann forschend im Raum um.

Ich musste nicht lange warten. Zwei Hocker weiter entdeckte ich einen bierbäuchigen Typen in einem ärmellosen T-Shirt, der bereits sturzbetrunken war. Eine Systemmitteilung informierte mich sehr hilfreich darüber, dass ich es hier mit Alexey „das Wildschwein" Gaschenkov zu tun hatte. Auch wenn ich inzwischen längst selbst kein Schwächling mehr war, hatte er mir doch in Größe und Breite einiges voraus.

Sein schwerer, böser Blick streifte durch die Bar. Man merkte ihm an, er kochte innerlich vor Wut. Aggression, Adrenalin und Testosteron strömten ihm aus jeder Pore. Der Kerl war auf der Suche nach Ärger. In welcher Form, war ihm herzlich egal — solange er dabei nur Dampf ablassen konnte.

Er musste meinen Blick gespürt haben, denn plötzlich schwang er herum. „Was ist?"

„Gar nichts." Ich wandte den Blick ab. Der Typ war eindeutig nicht bester Laune, und ich legte es wirklich nicht darauf an, mich mit ihm zu prügeln. Es wäre unfair gewesen, seinen schlechten Tag für meine eigenen Zwecke auszunutzen. „Es ist alles in Ordnung."

„Als ob!", knurrte er. „Endlich einmal haben diese Schweine gewonnen — und ich habe auf den Gegner gesetzt!"

Ich zuckte unverbindlich mit den Schultern. „Tja, so was passiert."

„Was hast du gesagt?" Er rückte näher und atmete mir seinen Alkoholdunst ins Gesicht. „Hast du etwa ein Problem damit?"

Er schien einer dieser Menschen zu sein, die immer

irgendjemandem die Schuld an ihrem Pech geben müssen. Wollte er sich einfach nur bei mir Luft machen? Na gut. Ich beschloss, die Situation einen Schritt weiter voranzutreiben und zu sehen, wohin mich das führte.

„Ich habe damit überhaupt kein Problem." Ich ahmte seinen Tonfall nach und grinste. „Warum?"

Meine Provokation hatte Erfolg. Der Kerl beugte sich vor und schrie mir ins Gesicht, laut genug, über all dem Lärm der Leute und des Fernsehers Gehör zu finden: „Weil mir deine Visage nicht gefällt — deswegen!" Er knallte den Bierhumpen auf die Theke. „Lass uns nach draußen gehen."

Er schien zu viel Geschwätz vor einem Kampf nicht zu schätzen. Ich beeilte mich, die Situation und meinen möglichen Gegner einzuschätzen. Obwohl „Wildschwein" für seine 35 Jahre zugegeben sehr schlecht in Form war, wies er dennoch einen typischen endomorphen Körperbau auf, gedrungen, mit schweren Knochen und langen Armen. Er war offensichtlich stark, aber ebenso offensichtlich ungeschickt.

Die nächsten Systemmitteilungen bestätigte meine Vermutungen. Der Typ war wahrlich kein Athlet. Seine Beweglichkeit lag noch unter meiner, und es gab nur einen Sport, in dem er gut war: das Heben von Bierhumpen.

Seine Stärke allerdings lag bei 33. Nicht dass mir das nach dem Kampf gegen den Vorschlaghammer, einen Superschwergewichtler, im Club echte Sorgen bereitet hätte.

„Lass es einfach", sagte ich, um ihm die Chance zu geben, es sich noch einmal zu überlegen. „Warum willst du dir unbedingt den Abend verderben?"

Er musste seine eigenen Schlüsse gezogen haben und vermutete wohl, ich würde feige kneifen. Mit einem befriedigten Grinsen zerwühlte er mir die Haare und drückte mich in einer kräftigen Umarmung an seinen verschwitzten Körper. „Genau darüber rede ich doch! Wie wäre es mit einem Drink?"

Der Barkeeper erschien vor uns. „Ihr Wasser. Das

sind dann 100 Rubel.[12]"

„Nimm das wieder weg", befahl mein Nachbar. „Bring uns Wodka, und schreib es ihm auf die Rechnung."

Er übertrieb es wirklich ein bisschen. Ich nahm mein Wasser an mich, schob seine Pranke von meinem Arm und wandte mich an den Barkeeper.

„Danke, aber wir brauchen keinen Wodka." Ich griff nach meiner Brieftasche.

Im nächsten Moment flog ich auch schon vom Barhocker. Ein schwerer Hieb von Wildschwein hatte mich erwischt.

Ich schaffte es, das Glas Wasser aufrecht zu halten und mich zusammenzurollen. Dann sah ich den Schmerbauch des Kerls vor Lachen wackeln.

In diesem Augenblick gab der Buff des berechtigten Zorns mir Auftrieb.

Ich unterdrückte den nahezu unwiderstehlichen Wunsch, mich auf den Blödmann zu stürzen, stand auf, stellte das Glas auf der Theke ab, klopfte mir den Staub von den Klamotten und sah dem Kerl direkt in die Augen.

Sein Name war rot unterlegt. Logischem Denken zufolge war das die Methode des Systems, mich darauf aufmerksam zu machen, dass ich einem aggressiven Mob gegenüberstand. Was bedeutete: Ein Angriff konnte mir für meinen sozialen Status keine Nachteile eintragen. Womöglich brachte ihm das sogar eine Lektion bei, die ihm dabei half, sein Verhalten in ähnlichen Situationen in Zukunft ein wenig anzupassen.

Allerdings sollte das besser außerhalb des Pubs geschehen.

„Nun, wir können immer nach draußen gehen, wenn du willst", erklärte ich seinem grinsenden Gesicht. „Anscheinend führt ja kein Weg daran vorbei."

„Warte!" Er leerte sein Glas, rülpste laut, wischte sich den Mund mit dem Ärmel ab und sprang vom Barhocker. „Kommt, Jungs — gehen wir frische Luft schnappen!"

---

[12] Etwa 1,40 Euro zum Zeitpunkt der Übersetzung.

Jungs? Was zum Teufel...

Mit einem selbstgefälligen Watscheln begab er sich pfeifend zum Ausgang. Zwei seiner Freunde erhoben sich ebenfalls und gingen ihm nach.

Die Situation hatte eine ganz unvorhergesehene Wendung genommen. Ich hatte nicht erwartet, dass er seine Handlanger mitbringen würde. Wieso waren die mir bloß vorher nicht aufgefallen? Wahrscheinlich waren sie auf dem Klo gewesen.

Als „Wildschwein" an einer Kellnerin vorbeiging, die gerade ein paar Biergläser auf einem Tisch abstellte und sich dafür vorbeugte, hob er ihren Minirock an und kniff sie herzhaft in ihre von einem String-Tanga bedeckte Rückseite. Fröhlich lachend ging er dann weiter, als wäre nichts passiert. Die junge Frau schrie auf und ließ das Tablett fallen. Anschließend schaute sie sich empört nach dem Übeltäter um.

„Bist du völlig verrückt geworden?", rief sie.

„Oh, fick dich doch!", knurrte Wildschwein, ohne sich umzuschauen.

Das Gesicht der Kellnerin lief vor Entrüstung rot an. Sie beeilte sich, die Glasscherben einzusammeln, und entschuldigte sich mehrfach bei den Gästen. Dabei war es nicht zu übersehen, wie sie mühsam die Tränen zurückhielt. Ihre Laune war tief in den roten Bereich gefallen.

Ich folgte Wildschwein und studierte derweil die Profile seiner Freunde. Ihre Haupteigenschaften waren mehr oder weniger dieselben wie seine — eine Menge Stärke, wenig Intelligenz und etliche Alkohol-Debuffs. Ich hoffte noch immer, die beiden würden uns bloß zuschauen, aber die Chancen dafür standen nicht gut.

Allerdings verfügte ich ja jetzt über gute Heil- und Regenerationsfähigkeiten. Umbringen wollten die drei mich bestimmt nicht. Das hoffte ich jedenfalls und begab mich nach draußen, bewusst etliche Schritte hinter den Kerlen.

Sie strebten in Richtung eines Torgewölbes in der Nähe des Pubs und schauten sich mehrfach um. Sie wollten wohl sicherstellen, dass ich ihnen noch immer folgte. Dabei unterhielten sie sich miteinander und lachten laut. Einer der Handlanger von Wildschein, der seinen Kopf völlig kahlgeschoren hatte, zappelte vor Ungeduld.

Wir schritten unter dem Bogen hindurch und fanden uns in dem kleinen Hof eines heruntergekommenen Gebäudes wieder. Das Licht im Fenster einiger schlafloser Bewohner war die einzige Beleuchtung.

Wildschwein wartete, bis ich herangekommen war. Dann trat er auf mich zu und reckte seinen Hals mit jedem Wort weiter.

„Also, was willst du? Du wolltest dich mit mir unterhalten, richtig? Na und? Was jetzt? Ich kann dich nicht hören, Arschloch!"

Was meinte er damit, er konnte mich nicht hören? Ich hatte doch noch kein Wort gesagt! Ich hatte die Situation zwar unter Kontrolle. Dennoch wäre es mir lieber gewesen, jemand anderes hätte meinen Platz eingenommen.

Dieser Gedanke allein ließ meine Wut ansteigen. Ich versuchte, sie zu unterdrücken, so wie Ibrahim, mein alter Boxtrainer, es mir beigebracht hatte, doch eine Art Adrenalinrausch riss mich bereits mit. Kombiniert mit dem Buff des berechtigten Zorns hatte es die Wirkung von drei Dosen *Red Bull*. Mein Herz hämmerte in meinem Brustkorb, drohte ihn zu sprengen, das Adrenalin, das Angsthormon, strömte durch meine Adern und verbesserte die Funktionen der Skelettmuskulatur, und gleichzeitig pumpte das Noradrenalin, das Zorneshormon, in Windeseile Blut, bereitete mich auf den Kampf vor und hob meine Schmerzschwelle an.

Jetzt freute ich mich richtig auf diesen Zweikampf Spieler gegen Spieler!

„Komm schon, Wildschwein, blas ihm die Lichter aus!", verlangten die beiden Zuschauer. Der Kahlkopf versuchte sogar, Wildschwein zu zeigen, wie er das anzustellen hatte.

„Jaaaa!" Wildschwein warf den Kopf zurück und

wollte mir einen Nasenstüber mit seiner eisernen Stirn verpassen. „Nimm das!" Er hielt das wohl für eine überraschende Bewegung.

Er traf jedoch nicht, denn seine Absicht war so offensichtlich gewesen, dass ich längst darauf vorbereitet war. Ich wich nach rechts aus und verpasste ihm gleichzeitig einen Aufwärtshaken aufs Kinn.

Blut spritzte aus seinem Mund. Meine erhöhte Wahrnehmung ließ mich sogar genau sehen, wie ein Tropfen davon auf der Glatze von Skinhead landete.

Na, wie war das für eine Szene aus *Mortal Kombat*?

Du hast Alexey Gaschenkov einen kritischen Schaden zugefügt: 263 (Fausthieb)

Der Kopf von Wildschwein schnappte zurück, er ging zu Boden. Seine Fans schwiegen erschrocken und schätzten die Situation neu ein. Anscheinend konnte ihre von Alkohol benebelten Nervenzellen die Geschehnisse nicht so schnell verarbeiten.

Mist! Ich musste doch selbst ebenfalls einen Schaden einstecken, sonst wäre das alles umsonst gewesen. Schließlich sollte das Interface meine Umgebungssicherheit neu bewerten!

Das Nachdenken darüber ließ mich die Initiative verlieren. Kurz darauf geschahen gleich mehrere Dinge. Zuerst verlor ich den Buff des berechtigten Zorns, was beim Abklingen zu einer Schwächung führte. Als Nächstes hörte ich das wutentbrannte Heulen von Wildschweins Kumpeln, die gleichzeitig auf mich losgingen. Einer von ihnen hielt einen Stock in der Hand, den er wohl irgendwo im Hof gefunden hatte. Und schließlich hörte ich jemanden hinter mir schreien.

„Da sind sie! Hier!"

Ich verbrachte eine gewisse Zeit damit, meinen Körper bewusst für Hiebe zu entblößen, den Blick dabei konstant auf den Schadenszähler gerichtet. Als ich mich zurückziehen wollte, stolperte ich über ein ausgestrecktes Bein. Ein Schlagring mit Stacheln streifte meine Wange.

Bei allen Göttern! Nun, da ich schon beim Thema war — dass ich diesem potenziell vernichtenden Schlag gerade noch einmal so entkommen war, verdankte ich wahrscheinlich dem Netsuke Jurōjin, dem japanischen Gott des Glücks.

Mit der linken Hand wehrte ich einen Stockhieb in Richtung meines Kopfes ab. Gleichzeitig versuchte ich, der herannahenden Faust des Skinheads auszuweichen. Wenigstens glaubte ich das. Allerdings erwies sich mein Körper als langsamer als meine Reflexe, und ich bekam den Schlag dennoch ab.

Ein heißer Schmerz raste durch meinen Unterarm. Mein Ohr fühlte sich an, als würde es brennen. Dem folgten ein Tritt von hinten in die Kniekehle und ein weiterer Fausthieb, diesmal in den Solarplexus. Auf beides war ich alles andere als vorbereitet.

Mein Sichtfeld färbte sich rot, und das Interface überflutete es mit Warnungen und Schadensmeldungen:

Erhaltener Schaden: 64 (Hieb mit einem hölzernen Stock)
Derzeitige Vitalität: 91,64501 %

Erhaltener Schaden: 109 (Fausthieb)
Derzeitige Vitalität: 90,43389 %

Erhaltener Schaden: 82 (Tritt)
Derzeitige Vitalität: 89,52277 %

Überschüttet mit Hieben verpasste ich den Augenblick der Ankunft des Sicherheitsdienstes des Pubs. Die Kerle brannten offensichtlich darauf, es demjenigen heimzuzahlen, der sich an der Kellnerin vergriffen hatte. Immerhin schienen sie kapiert zu haben, dass ich keiner der Bösen war (angesichts des Verlaufs der Auseinandersetzung lag das allerdings auch auf der Hand), und machten sich daran, den Freunden von Wildschwein eine Lektion zu erteilen, die sie absolut professionell verprügelten und zu Boden brachten.

Einer der Sicherheitsleute half mir auf die Füße. Ich rieb mir meine diversen schmerzenden Teile. Wildschwein und seine Kumpel wanden sich stöhnend auf dem Boden, inzwischen schon fast wieder nüchtern.

„Gehörst du zu diesen Arschlöchern?", fragte der stämmigere der Rausschmeißer mich.

„Nein, er gehört nicht dazu", verteidigte die Kellnerin mich. „Ich habe gesehen, wie der Vollidiot ihn an der Bar angemacht hat."

„Was sollen wir jetzt mit ihnen anfangen?", fragte der Jüngere.

„Was könnten wir denn schon tun? Sie sollen einfach Katia Schadensersatz zahlen, und dann können sie gehen."

Die Laune der jungen Frau stieg. Schließlich war ihr Angreifer bestraft worden, und ein bisschen Geld konnte sie immer gut gebrauchen.

Ob sie wohl wusste, dass der ältere der beiden Rausschmeißer in sie verliebt war? Das war auch ganz ohne Interface sichtbar.

Ich bedankte mich. Ohne die beiden wäre ich wohl nicht so glimpflich davongekommen. Ich hatte mich selbst maßlos über- und meine Gegner ebenso maßlos unterschätzt.

„Bedank dich lieber bei Katia", brummte der Ältere.

„Danke, Katia."

Die junge Frau nickte und vergaß mich sofort wieder. Ich erstellte eine Bestandsaufnahme der erlittenen Schäden und trollte mich nach Hause.

Ich taumelte und hielt mir den verletzten Arm. Zum Glück war nichts gebrochen. Alles andere würde bald wieder heilen. Somit wäre also alles in Butter gewesen. Nur stellte sich heraus: Es war alles umsonst gewesen.

Der Index meiner Umgebungssicherheit hatte sich

nicht gerührt. Ich hatte das Programm nicht beschummeln können.

KAPITEL 17

NICHTS IST KOSTENLOS

Ich zolle dir meinen Respekt, Stark. Wenn ich mit allem fertig bin, wird die Hälfte der Menschheit noch immer am Leben sein. Ich hoffe, die Leute erinnern sich an dich.

Thanos zu Iron Man, *Avengers: Infinity War*

„MACH DEINEN FEINDEN mehr Feuer unterm Hintern, Liquidator!", wiederholte ich mechanisch die letzten Worte der Systemmeldung.

Jo horchte auf. „Liquidator? Bist du das jetzt? Und was bedeutet das?"

Ich öffnete den roten Ballon und verbrachte eine gewisse Zeit damit, die Beschreibung der Klasse zu studieren, der die Beobachter mich zugewiesen hatten.

Wie nicht anders zu erwarten, hatte sich niemand die Mühe einer detaillierten Erklärung gemacht. Anscheinend wurde der Beschreibungstext im Gehirn des Testsubjekts erstellte und baute auf seiner Mentalität und Weltsicht auf.

Das Ergebnis der Abstimmung der Beobachter:
- 50,8 % haben für die Klasse des Liquidators gestimmt
- 49.2 % haben für die Klasse des Beherrschers von Monstern gestimmt.
Das Testsubjekt wurde der Klasse des Liquidators zugewiesen.

Name des Testsubjekts: Phil, Mensch, Level 10
Die Entscheidung ist endgültig und kann nicht wieder rückgängig gemacht werden.

Liquidator:
Level der Klasse: 1

Das Prüfungssubjekt erhält für jeweils 5 gewonnene Level automatisch ein neues Klassen-Level.

Liquidatoren sind Nahkämpfer.
Sie fügen Schaden hauptsächlich mit Dolchen zu, was bei ihren Zielen eine Blutungswirkung auslöst. Obwohl ihre unterschiedlichen Fertigkeiten es ihnen ermöglichen, sich an jede Kampfsituation anzupassen, liegt ihre Stärke dennoch im Zufügen explosiven Schadens bei einem einzelnen Opfer. Sie betäuben und lähmen ihren Feind.

Talente im ersten Level:
Heimtückischer Schatten. Dies ermöglicht es einem Liquidator, zu verschwinden und hinter dem Rücken des Gegners sofort wieder aufzutauchen. Aktive Reichweite: 50 Meter
Betäuben. Dies ermöglicht einem Liquidator, sein Ziel für die Dauer von 5 Sekunden zu betäuben.

Ich konnte der Versuchung einfach nicht widerstehen, beide Talente gleich praktisch auszuprobieren, und warf dem nichtsahnenden Ola, der liebevoll sein neues Spielzeug in Form von Carters Speer betrachtete, einen raschen Blick zu.

Innerlich musste ich lachen. „Ola?"

Er hob den Kopf, und ich aktivierte den heimtückischen Schatten.

Ich hätte vorher die Augen schließen sollen, denn mir ging auf einen Schlag nahezu meine gesamte Koordinationsfähigkeit verloren, als ich plötzlich statt des

Schutzbunkers und meiner sich friedlich unterhaltenden Freunde den Rücken des Kameruners vor Augen hatte.

Ich aktivierte das Betäuben.

Der Speer fiel zu Boden, Olas Kopf sackte auf seine Brust. Er blieb auf den Füßen, taumelte allerdings ein wenig. Statt der tanzenden Sterne, wie in einem Zeichentrickfilm, erschien über seinem Kopf ein Zähler, der die verbleibenden Sekunden anzeigte.

Kaum war Ola wieder bei sich, spuckte er ein paar afrikanische Unflätigkeiten aus und rief alle bösen Geister und Jesus selbst an, seinen Zorn zu bezeugen.

Jovanna lachte und goss damit noch Öl ins Feuer. Doch am Ende konnte der immer fröhliche Ola nicht anders und stimmte mit ein.

„Was war denn das, Phil?", grinste er.

„Tut mir leid, Mann — ich konnte einfach nicht anders, ich musste sehen, wie die Talente meiner neuen Klasse in der Realität funktionieren. Ich bin ein Liquidator, ein Nahkämpfer. Einstweilen hat man mir zwei Talente gegeben. Das erste teleportiert mich sozusagen hinter den Rücken meines Ziels, und das zweite ergänzt diese Fähigkeit perfekt. Es ist eine fünf Sekunden anhaltende Betäubung. Übrigens, wie hat sich das eigentlich angefühlt?"

„Wie sich das angefühlt hat? Überhaupt nichts habe ich gefühlt! Es war, als ob meine Arme und Beine eingeschlafen wären. Als ob mein gesamter Körper eingeschlafen wäre. Nichts, nicht das Geringste habe ich gespürt! Ich konnte nicht einmal ein Augenlid bewegen. Oh... Wartet mal einen Augenblick. Es hat sich doch keiner von euch beiden zwischenzeitlich an einem armen, nichtsahnenden Afrikaner vergriffen, oder?"

Er verdrehte und verrenkte sich, um einen Blick auf seinen Rücken und die darunter liegenden Körperteile zu erhaschen. Nachdem er sichergestellt hatte, dass alles in Ordnung war, deutete er mit dem Zeigefinger auf mich.

„T'es un sorcier!"[13]

---

[13] T'es un sorcier (Französisch) — Du bist ein Zauberer!

„Ja, ein *Charobniak*", stimmte Jovanna mit dem serbischen Begriff dafür zu.

Die Leichtigkeit, mit der wir uns trotz der unterschiedlichen Sprachen alle verstanden, war wirklich unglaublich. Wir schienen durch ein sofortiges Erkennen der Worte miteinander zu kommunizieren, die die anderen verwendeten, ganz ohne die Notwendigkeit einer Übersetzung in unsere eigene Sprache. So ging mir auch jetzt sofort das Bild eines bösen Zauberers durch den Kopf, kaum, dass Ola von einem „Sorcier" und Jovanna von einem „Charobniak" gesprochen hatte. Wenn man sich einmal überlegte, wie oft sich sogar Menschen missverstanden, die die gleiche Sprache sprachen, war diese Technologie wirklich beeindruckend.

Nachdem ich meine Klassenbeschreibung durchgelesen hatte, öffnete ich die nächste Systemmitteilung. Dieser spezielle Ballon war schwarz mit weißen Punkten, wie ein farbenverkehrter Fußball. Als ich ihn aktivierte, explodierte er nicht wie die anderen, sondern entfaltete sich einfach zu einem durchsichtigen Quadrat in der Ecke meines Sichtfeldes:

Prototyp des Ortes, an dem die Prüfung stattfindet: Pibellau, Sektor des Sternbilds Sagittarius.

Teilnehmer an der Prüfung: Planet Erde, Fraktion der „Menschheit", der Rasse Homo sapiens (dies ist eine Eigenbezeichnung der Rasse).

Zeitpunkt der Prüfung: Das Jahr 2018 nach der lokalen Zeitrechnung, vierte Welle.

Zahl der Beobachter: 28.410.290.821

Die letzte Zahl flackerte und veränderte sich ständig. Woraus folgte: Diese Daten wurden in Echtzeit übertragen.

Trotzdem... Mehr als 28 Milliarden Beobachter? Das klang definitiv nicht nach nur einer kleinen Zahl von Preisrichtern oder Aufsichtspersonen. Waren das womöglich... Zuschauer?

Ich war zwar kein Experte in der Psychologie der Außerirdischen, aber eine solch hohe Zahl an Zuschauern konnte für den kunstlosen Geist eines Mannes aus dem 21. Jahrhunderts (nach lokaler Zeitrechnung) nur eines bedeuten.

Dies musste eine Art Reality-TV sein. Vielleicht verfügten die außerirdischen Schöpfer nicht über Fernseher, sondern etwas anderes, aber der Grundgedanke blieb derselbe.

Anschließend wurde etwas aufgeführt, das eine Rangliste der Prüfungsteilnehmer sein musste. Auch das wurde offensichtlich in Echtzeit angegeben. Gerade als ich sie betrachtete, färbte sich nämlich eine Zeile plötzlich rot und verschwand.

Anzahl der Testsubjekte: 72/169
Derzeitige Rangfolge:
1. Juma, Mensch. Level 18. Klasse: Jäger. Eroberte Hexagone: 146
2. Tafari, Mensch. Level 17. Klasse: Henker. Eroberte Hexagone: 131
3. Phil, Mensch. Level 10. Klasse: Liquidator. Eroberte Hexagone: 50
4. Nagash, Mensch. Level 15. Klasse: Totenbeschwörer. Eroberte Hexagone: 6
...
46. Zack, Mensch. Level 7. Klasse: n. z. Eroberte Hexagone: 1
...
68. Shlomo, Mensch. Level 5. Klasse: n. z. Eroberte Hexagone: 0
69. Björn, Mensch. Level 4. Klasse: n. z. Eroberte Hexagone: 1
70. Ola, Mensch. Level 4. Klasse: n. z. Eroberte Hexagone: 0
71. Morana, Mensch. Level 4. Klasse: n. z. Eroberte Hexagone: 0

72. Rubix, Mensch. Level 3. Klasse: n. z. Eroberte Hexagone: 0

Ganz unten auf der Liste fand ich ein paar vertraute Namen, darunter auch Ola, der einer der letzten war, zusammen mit einigen anderen der überlebenden Handlanger von Nagash. Die Tatsache, dass der Totenbeschwörer es nahezu umgehend wieder ganz nach oben geschafft hatte, obwohl er bei der vernichtenden Niederlage bis auf seine Talente alles verloren hatte, war wirklich erstaunlich. Seine Entschlossenheit verlangte Respekt.

Der farbenfrohen Spalte der Namen der Überlebenden folgte eine Liste der Toten, die Teilnehmer 73 bis 169. Ihre Namen waren ausgegraut. Darunter war auch Carter.

Ich teilte meinen Mitstreitern all das mit. Dann gingen wir die Liste gemeinsam durch und versuchten dabei, unsere derzeitige Situation einzuschätzen. Leider (oder vielmehr, was uns betraf, zum Glück) gab die Rangliste keine Clanverbindungen oder auch nur die Anzahl an Vasallen an, über die die Clan-Anführer verfügten. Wenigstens verschafften uns diese Informationen jedoch einen Ausgangspunkt.

Wir mutmaßten, dass jeder Spieler, der über kein einziges Hexagon verfügte, bereits einem Clan beigetreten war. Wenn das stimmte, hatten sich lediglich elf Prüfungsteilnehmer ihre Unabhängigkeit bewahrt. Alle anderen hatten entweder ihr Hexagon verloren und standen in der Gefahr der Entpersonifizierung, oder waren Vasallen eines anderen.

Was bedeutete: 61 Testsubjekte waren bereits mit dem einen oder anderen Clan verbunden. Unser Clan bestand aus drei Mitgliedern, Juma und Tafari mussten also bereits über 20 oder 30 Clan-Mitglieder verfügen.

Ich las die Liste noch mehrere Male und markierte alle „landlosen" Teilnehmer. Sie verfügten durchgehend über geringe Level.

„Diese drei investieren definitiv ihre Ressourcen ausschließlich in sich selbst", bemerkte Jovanna. Sie meinte damit Juma, Tafari und Nagash.

„Wir müssen unbedingt meinen Herrn und Gebieter... Mist, ich meine Nagash loswerden", sagte Ola grimmig. „Wenn wir ihn jetzt nicht angreifen, wird es nur mit jedem Tag schwieriger, ihn zu besiegen."

Jo nickte. „Ja, unbedingt. Denk doch mal nach, Phil. Wenn der mittlere Bereich der Karte von Tafari eingenommen wird und der Osten durch Juma besetzt ist, was glaubst du wohl — wo kann Nagash sich aufhalten?"

„Im Norden natürlich. Ich stimme euch beiden zu. Wir müssen diesen Gehirnmanipulierer jetzt ausschalten, bevor er weitere Vasallen gewinnen kann. Okay, dann ist das also abgemacht. Schließen wir die Arbeit auf der Basis ab und machen uns auf den Weg."

Wir standen auf. Ich legte die Hand auf den Stein der Kommandozentrale und aktivierte das Upgrade, was mich 2.500 Existenz-Ressourcen-Punkte kostete.

Der Stein strahlte seine drei unsichtbaren Wellen aus, verstärkte das Hexagon, die Basis und den Schutzbunker.

„Das bedeutet, dass die Grenzen des Hexagons nun alle Eindringlinge 60 Sekunden lang aufhalten können", erklärte ich. „Angreifer können unser Gebiet also nicht sofort betreten. Außerdem raubt der Schwächungs-Debuff ihnen jetzt 10 % und nicht nur 5 % ihrer Statistiken. Der Zaun ist drei Meter hoch und das Material wurde verstärkt. Jetzt kann Rex ihn nicht mehr so leicht zerstören. Außerdem wurden auch unsere schwachen Plasmatürme verbessert, die bisher höchstens Pfeifer abgeschreckt hätten, und ihre Zahl entlang des Zauns hat sich verdoppelt."

Ola bekreuzigte sich. „Gott sei Dank!"

„Was unseren Schutzraum betrifft, könnt ihr die Veränderungen ja selbst beobachten. Er ist mittlerweile groß genug, all unsere Dinos unterzubringen."

Meine Freunde drehten gleichzeitig die Köpfe. Über uns schwebte ein durchsichtiges Gewölbe. Es wirkte wie etwas aus einem Einkaufszentrum. Darunter hatten sich Möbel gebildet: Betten, Sofas und Sessel. Das war nun unser Lebensraum. Es gab auch eine Art Badezimmer mit Dusche, neben der Truhe, die als extradimensionaler Aufbewahrungsort unserer Ausrüstung diente.

Direkt neben uns tauchte ein runder Tisch auf. Ich würde ja sagen, er war aus Eichenholz, aber ich war mir da wirklich nicht sicher. Die hier vor Ort verwendeten Materialien konnte man durch Betrachten und Anfassen allein nicht einordnen. Wenn man zum Beispiel einmal den Zaun nahm, so sah er aus, als ob er aus Kunststoff bestünde, doch wenn man dagegen klopfte, hörte man ein unverkennbar metallisches Geräusch. Und unsere extradimensionale Truhe schien aus mehreren miteinander verbundenen Kraftfeldern zu bestehen.

„Mann, das ist geil!", rief Jovanna aus. „Stell dir nur vor, was für eine Festung das hier wäre, wenn du weiter upgradest!"

„Ich werde mich mal draußen umschauen", verkündete Ola und machte sich auf den Weg.

„Ich ebenfalls", erklärte Jo. „Wir sehen uns vor dem Bunker, Phil!"

Ich nickte, blieb jedoch noch, um sicherzugehen, dass ich nichts vergessen hatte.

Basis 1
Level: 3
Module: 5
Geschwindigkeit der Erzeugung von Existenz-Ressourcen: 50 Punkte pro Stunde
Insgesamt von allen Basen erzeugte Existenz-Ressourcen: 154 Punkte pro Stunde
Ein Upgrade ist erst möglich, wenn du Level 15 erreicht hast.
Kosten des Upgrades der Basis auf Level 4: 12.500

Existenz-Ressourcen-Punkte.

Jetzt standen mir zwei neue Module zur Verfügung, eines für Forschung und eines für Artefakte. Nach einiger Überlegung kaufte ich Ersteres und bezahlte mit den 500 Punkten, die ich dafür beiseitegelegt hatte. Während das Modul erstellt wurde, befasste ich mich mit dem anderen.

Mir fielen beinahe die Augen aus dem Kopf. *Wie bitte???* 50.000 Existenz-Ressourcen-Punkte? Waren die etwa bescheuert? Wer dachte sich bloß solche Preise aus?

Das Modul erstellt alle 13 Stunden ein zufällig gewähltes Artefakt. Ein Upgrade ist nicht möglich.

Und das war es auch schon — kurz und bündig. Mehr wurde nicht erklärt. Das Modul war offensichtlich dazu gedacht, langfristig eine kampfbereite Armee zu schaffen. Es eliminierte die Notwendigkeit, sich in Instanzen zu begeben und deren Bosse oder nächtliche Elite-Mobs in der Hoffnung umzulegen, dass sie etwas Nützliches hinterließen. Mit diesem Modul bekam man garantiert jeden Tag ein neues Artefakt. Ganz kostenlos. Bedachte man, welche mächtigen Verstärkungs- und Tötungsmechanismen das Prüfungsfeld erzeugen konnte, war es leicht, sich vorzustellen, welche unglaublichen Dinge dieses Modul erzeugen konnte.

Zu schade, dass wir uns seine Installation derzeit wirklich nicht leisten konnten. Der Preis dafür könnte mich auf Level 35 heben. So weit würde kein Artefakt mich voranbringen.

Das Forschungsmodul war vollständig virtuell, ohne jegliche greifbare Verkörperung. Nach dem Abschluss der Erstellung erschien ein neues aktives Symbol für die Kommandozentrale. Als ich es öffnete, sah ich eine Liste aller möglichen Verbesserungen:

+1 % zugefügter Schaden
Kosten: 100 Existenz-Ressourcen-Punkte

Wirkt sich auf jeden Schaden aus, den die Clan-Mitglieder des Eigentümers der Basis zufügen, ebenso wie auf die Kampfeinheiten und die Verteidigungstürme.

+1 % Panzerung
Kosten: 100 Existenz-Ressourcen-Punkte
Wirkt sich auf jegliche gepanzerte Ausrüstung aus, einschließlich derjenigen der Kampfeinheiten.

+10 % für die Eigenschaften der Kampfeinheiten
Kosten: 3.000 Existenz-Ressourcen-Punkte

+100 % Produktivität der Arbeitseinheiten
Kosten: 10.000 Existenz-Ressourcen-Punkte

Die vollständige Liste erwähnte alle möglichen Upgrades für alles, das man sich nur vorstellen konnte, von der Haltbarkeit des Zauns bis hin zum Sichtfeld der Späher.

Ich dachte kurz nach und investierte schließlich 500 Punkte in eine Verbesserung des zugefügten Schadens um 5 %.

Und da ich schon einmal dabei war... Ich hatte doch total die beiden Eigenschaftspunkte vergessen, die das neue Level mir eingebracht hatte! Meine neuen Talente verlangten natürlich nach mächtigem, explosivem Schaden:

Stärke: +2

Hervorragend!

Das erhöhte nicht nur den Schaden, den wir zufügen konnten, sondern verdoppelte auch die durch unsere Arbeitseinheit beschafften Ressourcen. Das war eine mächtige Erntemaschine, die da das Prüfungsfeld durchpflügte!

Insgesamt von allen Basen erzeugte Existenz-Ressourcen: 156 Punkte pro Stunde

Moment mal — das konnte nicht sein. Woher stammte denn die Zahl 156? Die Basis Level 3 verschaffte mir 50 Punkte pro Stunde. Die Arbeitseinheit brachte weitere 27 ein, und die restlichen Basen erreichten mit einem Punkt pro Stunde insgesamt 49 Punkte. Irgendetwas stimmte hier nicht.

Ich öffnete die Kontrollleiste des Moduls für die nichtkämpfenden Einheiten und betrachtete die dort angegebene Zahl:

Eine Arbeitseinheit: 57 Existenz-Ressourcen-Punkte pro Stunde.

Seit wann denn das? Ich kapierte es nicht.

Erst nachdem ich die Profile der Clanmitglieder geöffnet hatte, wurde mir klar, was los war: Auch deren Stärkestatistiken zählten. Das erklärte die fehlenden 30 Punkte.

Und dank dieser Tatsache würden wir ab sofort unsere gesamte Strategie radikal umstellen.

✳ ✳ ✳

Wenn man sich das Gebiet, auf dem die Prüfung stattfand, einmal als rechteckiges Feld vorstellte, dann lag das rechte Drittel unter Jumas Kontrolle. Das Zentrum war von Tafari besetzt. Im letzten Drittel lagen die Dinge nicht so eindeutig. Mein Clan nahm nahezu die Hälfte des unteren Bereichs ein. Und den Bereich oberhalb unseres eigenen hatten wir noch nicht erforscht.

Wir wussten nur, Nagash musste irgendwo in der Nähe sein, ebenso wie eine Reihe noch immer unabhängiger Teilnehmer. Was bedeutete: Womöglich mussten wir uns sehr gründlich mit jedem einzelnen Hexagon befassen und es durchsuchen, um sicherzustellen, dass wir nichts übersahen, einschließlich einer Eroberung neutraler

Hexagone ebenso wie der bereits besetzten. Dabei mussten wir gleichzeitig die Augen nach noch unentdeckten Instanzen offenhalten, und nach den anderen möglichen Verbündeten von Ilindis Liste.

„Das ist alles so kompliziert", bemerkte Ola nachdenklich, als wir eine Pause einlegten.

Wir hatten gerade eine Horde ganz besonders aufdringlicher Nebulas erledigt und warteten darauf, dass der gelbe Säureschleim auf unserer Kleidung trocknete und verschwand. Durch die Methode von Versuch und Irrtum wussten wir bereits, dass das irgendwann nach dem Verschwinden der Nebulas von selbst passierte.

„Du meinst, wir brauchen weitere 750 Punkte pro Basis, um eine Art Erntemaschine zu schaffen?", fragte Ola erneut.

„Genau. 500 kostet das Upgrade, 200 das Modul und 50 die Arbeitseinheit. Das Modul hat sich in weniger als einem halben Tag bereits bezahlt gemacht. Ich habe einmal gründlich nachgedacht — wenn wir all unsere Basen upgraden, können die allein uns mehr als 3.000 Existenz-Ressourcen-Punkte pro Stunde beschaffen!"

„Und wenn wir das tun", überlegte er, „erzielen wir schon am Ende des ersten Tages einen Gewinn aus unserer Investition." Wie er uns erklärt hatte, besaß Ola das Talent, im Kopf rasch mit großen Zahlen umgehen zu können. Er hatte insofern offensichtlich eine echte Begabung, die er nach der Installation des Interface verwendet hatte, um rasch hochzuleveln.

„Eine gute Idee", nickte er. „Hoffen wir nur, dass uns in der Zwischenzeit niemand angreift."

„Gut, das ist also beschlossen. Ich will, dass ihr beide immer über einen Notvorrat an Ressourcen verfügt, damit ihr euch durch den Aufstieg zum nächsten Level selbst heilen könnt. Den Rest investieren wir in das Upgrade unserer Basen, das Erstellen der Module und das Erschaffen der Arbeitseinheiten. Gehen wir! Croc, komm zu mir!"

Stampfend und keuchend kam Croc angerannt,

gefolgt von Tank und Rex, die Patrouille gelaufen waren, während wir uns ausgeruht hatten. Wir kletterten auf Crocs Rücken und setzten unsere Reise zum nördlichsten Hexagon direkt am Rand der Karte fort. Sobald wir das untersucht hatten, wollten wir umdrehen und unsere neue Domäne umrunden.

Wir hatten fünf neutrale Hexagone erobert, eines nach dem anderen. Ganz ohne Herausforderungen war das allerdings nicht gelaufen. Die Mobs, die uns angegriffen hatten, entsprachen nun meinem Level, also hatten meine beiden Freunde es wirklich nicht leicht. Sowohl Jo als auch Ola hatten beide ihre Notressourcen bereits verbraucht, um ein Level aufzusteigen und so dem sicheren Tod zu entgehen. Daher mussten wir ihnen zunächst einen neuen Notvorrat zuweisen, bevor wir mit dem Upgrade der Basen beginnen konnten.

Ola hatte es sogar ein zweites Mal beinahe erwischt. Er war von vier halb-intelligenten Nebulas auf einmal angegriffen worden. Sie waren zuerst vor meinen Dinos in den Busch geflohen, nur, um dann zurückzukommen und sich den Afrikaner als Ziel auszusuchen. Das erforderte eine weitere Injektion von Punkten für sein nächstes Level. Nun hatte er mit Jovanna gleichgezogen, beide besaßen jetzt Level 6.

An der Grenze zum nächsten Hexagon hielt ich an. Es schien neutral zu sein.

„Jetzt könnt ihr das ohne mich erledigen", erklärte ich. Ihrer empörten Reaktion bereitete ich sofort ein Ende. „Keine Widerrede! Darüber wird nicht verhandelt. Wir sind schon seit Stunden dabei, aus voller Kraft zu farmen. Ich sage euch jetzt, was wir tun werden. Ihr nehmt alle drei Dinos und erobert das Hexagon vor uns. Dann können euch die Mobs keinen Ärger machen, weil sie eurem eigenen Level entsprechen. Solange ich nicht dabei bin, müsst ihr euch nur auf Mobs von Level 6 oder höchstens 7 gefasst machen. Sobald ihr das Hexagon eingenommen habt, startet ihr den Upgrade-Prozess für alle Basen, die an unsere Hauptbasis stoßen. Anschließend könnt ihr das Integrationsmodul auf automatisch einstellen. Ich gebe euch die Berechtigung dazu. Dann wird das Modul selbstständig alle notwendigen Verfahren einleiten, sobald die erforderlichen Ressourcen vorhanden sind. Und wenn das erledigt ist, möchte ich, dass ihr eure Ausrüstung upgradet und weitere Mobs von eurem eigenen Level farmt."

„Und wohin gehst du?" Misstrauisch verengte Jo die Augen.

„Ich werde den Norden ein wenig erkunden. Ich würde gern herausfinden, wo sich unser Freund der Totenbeschwörer herumtreibt, damit wir ihn bei Morgengrauen angreifen können. Bis dahin solltet ihr noch ein paar Level weitergekommen sein. Und bestimmt können wir auch weitere Elite-Mobs farmen. Außerdem sind da ja noch die Punkte, die die Basen uns verschaffen. Unter den Umständen hat er gegen uns keine Chance. Wir werden ihn ein für alle Male erledigen. Er wird für Carters Tod bezahlen!"

Ola warf den Kopf zurück, breitete die Arme aus und brüllte etwas, das ich nicht verstand, das jedoch eindeutig sehr angriffslustig klang. Seine Beziehung zu Nagash war ziemlich kompliziert gewesen, einmal untertrieben ausgedrückt.

Jovanna gab mir einen Kuss auf die Wange und bat mich, nur ja vorsichtig zu sein, dann verschwand sie hinter der Nebelwand, die die Grenze zum nächsten Hexagon umgab. Ola, Rex, Tank und Croc folgten ihr.

Ich blieb allein zurück.

✳ ✳ ✳

Es war nun beinahe schon Abend. Die drei Tage Unabhängigkeit, die ich Zack gewährt hatte, liefen morgen ab. Möglicherweise nahm ich ihn tatsächlich in den Clan auf. Ein paar mehr Punkte Stärke und Charisma konnten wir immer gut gebrauchen.

Bei dem Hexagon, das ich gerade betrat, handelte es sich um eine neue Art. Es war weder neutral, noch von jemandem erobert worden.

Kaum hatte ich die Grenze überschritten, erhielt ich eine neue Mitteilung:

Warnung! Du bist dabei, ein Hexagon zu betreten, das einem speziellen Zweck dient.
Sein Gebiet kann nicht erobert werden.
Spezielle Effekte:
Maximale Aufenthaltsdauer: 60 Minuten
Ein Überschreiten dieser 60 Minuten löst einen dauerhaften Debuff aus, durch den der Eindringling pro Minute 1 Level verliert.

Weitere Erklärungen fehlten, also umrundete ich das Hexagon zunächst einmal vorsichtig.

Alles schien ganz normal zu sein, abgesehen von der absoluten Stille. Ich konnte Mobs weder hören noch sehen. Die Landschaft hier war offensichtlich künstlich geschaffen worden. Die Oberfläche war mit demselben Material bedeckt wie die in den Basen und der Ort war gepflastert mit netten, dekorativen Installationen. Einige davon waren geometrische Formen, andere erinnerten eher an Statuen auf einem Sockel.

Ich begab mich sogleich zu einer davon.

Eine krabbenähnliche Gestalt, halb so groß wie ein Mensch, stand auf einem mit schön geschwungener Beschriftung versehenen Postament. Obwohl mir die einzelnen Bestandteile nichts sagten, verstand ich die Bedeutung doch sofort:

Zum Besiegen geboren
Ein Makrur.
Level: 37
Der Prüfungschampion.
Rasse: die Makruren, Welle 6

Der Name wurde mir als visuelles Bild übermittelt. Wie merkwürdig — verfügte die Rasse der Makruren womöglich nicht über eine hörbare Sprache? In dem Fall allerdings: Woher wusste ich dann, wie man *Makrur* aussprach? Und war das auch eine Eigenbezeichnung dieser Rasse, oder hatten die höherrangigen Rassen ihnen diesen Namen verliehen?

Ich betrachtete einige andere Statuen auf der Suche nach entweder Valiadis oder Ilindi, um zu erfahren, ob meine Annahmen korrekt waren. Ich fand keinen von ihnen. Um genau zu sein, befand sich in der Nähe keine einzige menschenähnliche Form.

Ich hätte mich gern weiter umgeschaut, doch die Entfernung zwischen den einzelnen Statuen war beachtlich, und schließlich war ich hier nicht als Tourist unterwegs. Außerdem erinnerte mein Zähler für die Dauer des Aufenthalts hier mich ständig daran, keine Zeit zu verschwenden.

Deshalb begab ich mich direkt zu einer kleinen, undurchsichtigen Kuppel in der Mitte des Hexagons. Ich berührte eine Seite, spürte meine Finger hindurchdringen, und trat ein.

Innen befand sich gar nichts — außer einer Systemmitteilung, die vor meinen Augen schwebte:

Am sechsten Tag der Prüfung wird dieses einem speziellen Zweck dienende Hexagon zu einer Handelszone erklärt!

Möchtest du die zum Verkauf stehenden Artefakte sehen?

Möchtest du deine eigenen Artefakte verkaufen?

Aber natürlich! Ich klickte mental auf *Annehmen*.

Und schon entfaltete sich vor mir der gesamte üppige Lagerbestand von drei ganzen Gegenständen:

Der Fels der Wiedergeburt

Ein Artefakt zum einmaligen Gebrauch.

Es gestattet dir, einen entpersonifizierten Prüfungsteilnehmer zurück zur Prüfung zu bringen.

Kosten: 500.000 Existenz-Ressourcen-Punkte.

Der Fels der Zeit

Ein Artefakt zum einmaligen Gebrauch.

Es gestattet dir, zum Beginn des aktuellen Prüfungstags zurückzukehren.

Kosten: 750.000 Existenz-Ressourcen-Punkte.

Der Fels der Entpersonifizierung

Ein Artefakt zum einmaligen Gebrauch.

Es gestattet dir, deinen Feind zu eliminieren und seine weiteren Leben zu vernichten, falls er noch über solche verfügt. Der Einsatz erfordert keinen Kontakt mit dem Ziel.

Kosten: 1.000.000 Existenz-Ressourcen-Punkte.

Nachdem ich mir alle Artefakte angesehen hatte, kostete es mich eine gewisse Zeit, meine heruntergefallene Kinnlade wieder vom Boden aufzuheben und meine Schadenfreude in den Griff zu bekommen.

Mir war sehr wohl klar, was die Organisatoren der Prüfung beabsichtigten. Sie wollten ihre Show einfach durch ein gewisses Element der Unvorhersehbarkeit bereichern und auch den Clans mit den schlechtesten Statistiken eine Chance verschaffen. Und was das tödliche Artefakt betraf, so war das von großem Nutzen, falls die Prüfung sich zu sehr in die Länge zog.

Ebenfalls war mir klar, dass sich derzeit noch keiner der Teilnehmer diese Preise — oder auch nur ein Zehntel davon — leisten konnte. Aber wer weiß, vielleicht in der Zukunft... In einer Woche oder so...

Ich schloss den virtuellen Shop und beschloss, selbst etwas zu verkaufen.

Vor mir erschien ein Slot. Ich legte die trügerischen Schulterstücke der ewigen Ruhe hinein, die von Nagash stammten. Der Preis wurde sofort mit 4.000 Existenz-Ressourcen-Punkten angegeben. Der gewöhnliche Clan-Ring der Führung wurde auf 5.000 Punkte geschätzt, und ähnlich lagen auch die Werte meiner Energiefaust und des Säuredolches der Vernebelung, die ich Carter weggenommen hatte.

Ich zögerte und überlegte, was davon ich verkaufen sollte, konnte mich am Ende jedoch von keinem Gegenstand trennen. Den größenwahnsinnigen Dolch der Abschöpfung mit seiner lebensstehlenden Wirkung hätte ich nur zu gern verkauft, doch der befand sich in der Basis.

Außerdem hatten wir noch Jovannas Blitzstab, den sie nicht mehr brauchte, aber wie bitte sollte ich sie denn bloß jetzt kontaktieren und um Erlaubnis fragen? Hier gab es ja nicht einmal einen Clan-Chat, um mit den anderen in Verbindung zu treten.

Nach einigem Grübeln verließ ich endlich den Shop wieder und setzte meinen Weg in Richtung Norden fort.

✱ ✱ ✱

Beim Verlassen des Hexagons mit dem speziellen Zweck bemerkte ich fünf Fremde, jeweils mit Level 10, die zuversichtlich in Richtung von Nagashs Basis strebten. Dank meiner hohen Wahrnehmung konnte ich ihnen unbeobachtet folgen — der Nebel des Krieges verhinderte, dass sie mich sahen. Nein, ich hatte keine Selbstmordabsichten und wollte sie nicht angreifen — aber ich musste herausfinden, wer sie waren und wie ihr Treffen mit dem Totenbeschwörer verlaufen würde.

Ich bewegte mich parallel zu ihnen. Sie begaben sich für die Annäherung an Nagashs Basis in Kampfformation.

Dann rief ihr Anführer: „Mein Name ist Striker! Hör gut zu, Nagash! Unser Anführer Tafari bietet dir und deinen Vasallen die Aufnahme in seinen Clan an. Dir bleibt eine Minute Zeit, auf dieses Angebot zu reagieren. Wenn du dich weigerst, werden wir euch alle umbringen!"

Anstelle von Nagash trat ein dunkelhäutiger Mann mit kurzgeschorenen Haaren, einem Schnurrbart und einem Bierbauch zum Zaun. „Und wo bitte ist Tafari selbst?", fragte er.

„Unser Anführer ist zu beschäftigt, um seine kostbare Zeit mit dir zu verschwenden. Wer spricht im Namen von Nagash?"

„Ich bin Manu, die Stimme meines Herrn und Gebieters. Mein Herr und Gebieter wird sich niemals einem anderen Clan anschließen! Das ist seine Antwort! Und jetzt verpisst euch, bevor wir euch eliminieren!"

Striker schüttelte den Kopf. „Oh, nein."

Manu? Das war doch einer der Namen auf Ilindis Liste!

Während ich noch überlegte, wie ich Manu aus dem Kampf ziehen konnte, begab sich Tafaris Gruppe bereits in eine gutgeübte Offensive. Sie führten zwar keine Kampfeinheiten mit sich, doch angesichts ihrer Talente brauchten sie auch keine.

Striker — der derselben Kriegerklasse angehörte, wie Carter sie erreicht hatte — rannte auf Manu zu, durchbrach den schwachen Zaun der Basis und rammte den Mann in vollem Lauf. Was ihn hinter andere Clan-Mitglieder Nagashs zurückwarf.

Nagash selbst ignorierte die Auseinandersetzung, stand einfach da und wob seinen Zauberspruch. Neben ihm standen zwei seiner Leibwächter — Morana und Rubix –, denen ich bereits begegnet war. Manu hatte sich wieder aufgerappelt und schützte Nagash nun von hinten. Seine Gesundheit war allerdings bereits halbiert worden.

Tafaris Kämpfer bahnten sich einen Weg durch die Untoten, deren Zahl sie bereits beträchtlich dezimiert hatten.

Endlich hatte der Totenbeschwörer seinen Bann fertiggestellt.

Aus meiner Zuschauerposition beobachtete ich seine Wirkung. Plötzlich stellte Striker die Bekämpfung der

Untoten ein, die wiederum auch ihn nicht länger angriffen. Stattdessen stürzte er sich auf einen axtschwingenden Mitkämpfer und vergrub sein zweihändiges Schwert im Rücken des Mannes.

Der Hieb erwies sich als tödlich. Der Krieger mit der Axt erstarrte und sein Körper verschwand kurz darauf.

Strikers nächstes Ziel war der Krieger mit der Armbrust. Dieser schoss die Untoten aus sicherer Entfernung ab. Striker sprang auf ihn zu und schlug ihm den Kopf ab. Selbst ich konnte die maßlose Überraschung im abgetrennten Gesicht des Kerls sehen.

Damit war Nagashs Erfolg jedoch bereits auf seinem Höhepunkt angekommen. Tafaris Kämpfer waren schließlich auch nicht von gestern. Ihr zweiter Fernkämpfer musste kapiert haben, was vor sich ging, und schoss etwas ab, das entweder Plasma oder Energie war. Das unterbrach Nagashs Konzentration und bereitete der Magie ein Ende. Was es Striker ermöglichte, zu seiner ursprünglichen Aufgabe zurückzukehren.

Er brüllte seinem verbleibenden Team etwas zu. Alle drei stürzten sich gleichzeitig auf den Totenbeschwörer. Morana und Rubix versuchten, ihren Herrn und Gebieter mit ihren eigenen Körpern zu schützen, wurden jedoch prompt niedergemäht. Was angesichts ihrer geringen Level und unzureichenden Ausrüstung kein Wunder war — Nagash verschwendete eben niemals Ressourcen auf seine Vasallen. Für beide bedeutete das die endgültige Entpersonifizierung. Ihre Namen verschwanden von der Liste der aktiven Teilnehmer.

Nagash selbst eilte zum Schutzbunker und befahl Manu, ihm zu folgen. Die restlichen Untoten hängten sich an Striker und seine beiden Handlanger, um ihnen den Weg zu versperren.

Dann konnte ich Nagashs neues Talent einmal live beobachten. Er war, gefolgt von Manu, durch den Bunker gegangen und auf dessen Rückseite wieder aufgetaucht. Ich konnte ihn zwar sehen, Striker und seine Männer jedoch nicht.

Nagash hob beide Arme hoch in die Luft, rief etwas, und ließ sie wieder fallen.

Von den Stellen, an denen vorhin die ersten beiden von Tafaris Kriegern gerade gestorben waren, stieg ein schwarzer Dunst auf, und schon standen dort zwei Zombies. Der Typ mit der Armbrust war weiterhin kopflos.

Mit einer weiteren Handbewegung ließ Nagash auch seine beiden erschlagenen Vasallen als Untote wiederauferstehen, Morana und Rubix. Und schon griffen die vier Zombies Striker von hinten an.

Er musste im letzten Moment etwas bemerkt haben, denn er schwang herum. Doch es war zu spät. Die Untoten hängten sich an ihn, bissen und rissen sein Fleisch von den Knochen und holten seine Augen aus den Höhlen. Manu kam ihnen zu Hilfe und schwang seinen Knüppel.

Nagash trat vor und setzte das Verhängen seiner Bannsprüche fort, die Gedanken und Willen kontrollierten, und seine untoten Sklaven begaben sich daran, Striker und seinen beiden letzten Kämpfern den Garaus zu machen.

Ich hielt die Eindringlinge bereits für erledigt, doch plötzlich gab Striker ein kehliges Knurren von sich und stürzte sich mit einem mächtigen Sprung auf den Totenbeschwörer. Nagash hatte wohl unbedingt seinen Zauberspruch fertigstellen wollen, denn er blieb einfach stehen, statt wegzurennen, und murmelte mit weit geöffneten Augen weiter seinen Hokuspokus.

Mit einem Aufwärtshieb stieß Striker ihm sein Schwert in die Brust. Die Spitze trat hinten am Kopf wieder aus. Anschließend zog er es wieder heraus und schwang es erneut.

Nagashs Kopf rollte auf den Boden.

Eine unsichtbare Welle verlief vom Bunker bis zu den Grenzen des Hexagons und kennzeichnete den Eigentumsübergang. Jetzt gehörte das alles Tafari.

Mit seiner Gesundheit tief im roten Bereich taumelte Striker auf die Untoten zu und erledigte sie mit wenigen

Schwüngen seines Schwertes. Dann begab er sich zum einzigen Überlebenden, Manu.

Manu bot einen kümmerlichen Anblick. In seinem Kopf steckte ein Bolzen der Armbrust. Er verfügte über keinerlei Ausrüstung, die eines Kriegers würdig gewesen wäre, nur über völlig nutzlose Zivilkleidung. Und mit seinem Level 6 war er selbst einem halb toten Striker nicht gewachsen.

Striker stieß sein Schwert in den Boden und stützte sich darauf. Von seinem Gesicht, über das die Zombies hergefallen waren, hing ein großer Hautfetzen herab.

„Du kannst dich uns anschließen", krächzte er.

Manu wollte etwas sagen, doch Striker ließ ihn nicht zu Wort kommen. „Mein Anführer ist fair und gerecht. Er gibt jedem Vasallen genügend Ressourcen, um Level 10 zu erreichen und einer Klasse zugewiesen zu werden. Bobby ist heute zum letzten Mal gestorben, und ich brauche einen Ersatz für mein Team. Möchtest du dich Tafaris Clan anschließen? Überleg dir die Antwort gut. Noch einmal biete ich dir das nicht an."

Das war mein Stichwort. Ich kam heran und schickte gleichzeitig Manu eine Einladung in meinen Clan, dann rief ich laut, um seine Aufmerksamkeit zu wecken: „Tut mir leid, dass ich mich einmische! Aber, Manu, bevor du dich entscheidest, will ich dich von unseren gemeinsamen Freunden Jovanna und Ola grüßen."

Seine Augen weiteten sich. „Phil? Ich kenne dich! Wie zum Teufel..."

Immerhin nahm er die Einladung sofort an.

„Wer verdammt noch mal bist du denn?", knurrte Striker und wich einen Schritt zurück. „Du weißt auf jeden Fall, wie man genau zum richtigen Zeitpunkt stört!" Panisch schaute er sich um.

Ich aktivierte meine beiden Talente, griff mir seinen erschlaffenden Körper und begab mich aus dem Umkreis der Basis heraus, damit er sich nicht plötzlich teleportieren konnte.

Manu stolperte mir nach und zog dabei Strikers Schwert hinter sich her. „Du musst ihn erledigen, Phil! Du hast doch gesehen, wie gut er ist. Er wird sich sonst als echtes Problem erweisen."

Ich legte Striker die Spitze meines Dolches gegen die Kehle. Seine Regeneration hatte bereits begonnen, doch Messerstiche konnte er noch nicht wieder überleben.

„Wirst du mich umbringen?", fragte er ungerührt.

„Du kannst dir gar nicht vorstellen, wie ungern ich das tun würde", erwiderte ich. „Du bist einfach zu gut, Mann. Du bist fantastisch!"

„Du kannst mich mal!" Er wandte den Kopf ab und spuckte Blut auf den Boden. Auf seinem zerstörten Gesicht zeigte sich das starre Grinsen eines Totenkopfs. „Das ist mein letztes Leben."

„Hier, ja — aber nicht auf der Erde."

Ganz langsam drang mein Dolch in sein Fleisch ein und beraubte ihn des letzten Prozents seines Lebens. Sein Name verschwand von der Liste — dies war tatsächlich sein letztes Leben gewesen.

Das war jedoch nicht der rechte Zeitpunkt, sich in Bedauern zu ergehen. Ich nahm seinen Geistkristall. „Manu, rasch — hol dir die Beute!"

Wir nahmen alle Beute mit und machten uns eilends davon. Zu unserem Glück hatte bislang noch niemand aus Tafaris Clan auf den Notfall reagiert.

Kaum hatten wir die Grenze des Hexagons überschritten, hörten wir hinter uns das leise Knallen von aufspringenden Teleports. Ich schaute mich um. Ein weiteres aus fünf Leuten bestehendes Kampfteam von Tafari war gerade eingetroffen. Sie durchschauten die Situation sofort und liefen uns nach.

Die schwere Beute hemmte uns. Die Entfernung zwischen uns und den Verfolgern wurde immer geringer. Es lagen nur noch etwa 50 Meter zwischen uns, als wir endlich das besondere Hexagon hinter uns gelassen hatten und auf unserem eigenen Gebiet eintrafen.

„Lass das Schwert zurück!", rief ich Manu zu.

„Auf keinen Fall!", keuchte er. Er beschleunigte, überholte mich, jedoch nur, um gleich darauf wieder zurückzufallen. Seine Geschwindigkeit und Ausdauer waren einfach zu gering.

Nun hatten Tafaris Leute uns beinahe erreicht. Nur noch ein paar Schritte mussten wir überwinden, um die Sicherheit der Basis zu erreichen und die Teleportation zu beginnen, da traf mich plötzlich ein Pfeil in die Schulter. Schreiend vor Schmerz stürzte ich zu Boden. Dabei brach der Pfeilschaft. Manu brüllte etwas, doch in meiner Pein verstand ich es kaum.

„Madre mia! Dinosaurier! Sieh doch nur, Phil — die sind echt!"

Meine drei Schoßtiere stapften an uns vorbei, und hinter dem Zaun konnte ich Jovannas und Olas Silhouetten erkennen.

„Es ist alles in Ordnung, Manu. Es sind meine Dinos. Wir sind zu Hause!"

KAPITEL 18

DIE GÖTTER SIND BLIND

Keine gute Tat bleibt ungestraft, Fremder!

Synette Jeline, *The Elder Scrolls III: Morrowind*

NORMALERWEISE SCHALTETE SICH das bewegungsgesteuerte Licht im Treppenhaus meines Wohnblocks automatisch ein, doch diesmal funktionierte es nicht. Kaum hatten die Türen des Aufzugs sich geschlossen, herrschte auf einmal völlige Dunkelheit auf der Treppe.

Ich nutzte mein Handy als Taschenlampe, um meine Wohnungstür aufzuschließen. Gerade als ich sie öffnete, hörte ich eilige Schritte die Treppen hinunterstapfen.

Und schon spürte ich das kalte Metall eines Pistolenlaufs im Genick.

„Keine Bewegung", flüsterte eine mir vage vertraute Stimme.

Ich wurde in die Wohnung gestoßen und stolperte über die Schwelle. Ich rappelte mich auf. Hinter mir knallte die Tür ins Schloss, und im Flur ging das Licht an.

Ich drehte mich um — und erblickte Panchenko.

Verdammter Mist! Warum zum Teufel war der Alarm nicht losgegangen? Ich hatte in meinem Interface doch eine spezielle Warnung vor Panchenko eingerichtet!

Er grinste. „Mich hast du nicht erwartet, was?", fragte er, nasal und gedehnt. „Ein Interface-Benutzer mit Level 19... Hast du wirklich gedacht, das könntest du vor mir verbergen?"

Noch während er sprach, berechnete ich im Kopf

Richtung und Reihenfolge meines Angriffs auf ihn.

Er musste meine Absicht geahnt haben, auf die Füße zu springen und ihn zu verprügeln, denn er richtete die Waffe auf mich und hielt mich dadurch von jeder Bewegung ab. Ich hörte das Knacken, als er den Hahn spannte.

„Keine hastige Bewegung! Leg dich mit dem Gesicht nach unten auf den Boden. Ist sonst noch jemand zu Hause?"

„Nein."

Wie um mich sofort Lügen zu strafen, kam Boris aus dem Schlafzimmer gelaufen. Sie miaute verzweifelt und stieß mir ihre Nase ins Gesicht.

„Aha! Du sagtest doch, es sei niemand zu Hause... Miez. Miez! Komm her, Muschi!"

Boris war einfach zu vertrauensselig. Sie lief auf den Fremden zu, auch wenn ihre Ohren alarmiert zuckten.

Kurz darauf jaulte sie, als ein mächtiger Tritt sie gegen die Wand fliegen ließ.

Mit einem dumpfen Schlag fiel sie bewegungslos zu Boden.

„Boris!"

Panchenko grinste.

Entgegen seiner Anweisung bewegte ich mich eilends auf sie zu.

Boris rührte sich nicht. Aus ihrer Nase trat ein Tropfen Blut.

Meine Kehle war wie zugeschnürt, meine Augen brannten.

Gerade als Wut und berechtigter Zorn in mir aufstiegen, explodierte mein Hinterkopf vor Schmerz, und mir gingen die Lichter aus.

$$* * *$$

„Fühlst du dich jetzt besser?"

Ich war im Wohnzimmer an einen Sessel gefesselt,

und Panchenko sah sich stirnrunzelnd im Raum um.

Ich hob den Kopf. Das Zimmer sah aus, als hätte eine Bombe eingeschlagen. Die Polsterung war herausgerissen worden, alle Schubladen waren zertrümmert und der Inhalt lag auf dem Boden verstreut.

Aber nicht das war es, was mir ernste Sorgen bereitete. Mein zweites „Leben", das Martha mir in Bildern gezeigt hatte, war genug gewesen, mich zu lehren, in solchen Situationen die Fassung zu bewahren, ruhig alles abzuschätzen und einen Fluchtplan zu entwickeln. Das war jetzt wirklich nicht der richtige Zeitpunkt, bei materiellen Verlusten zu verweilen. Damit konnte ich mich nachher immer noch befassen, sobald ich erst einmal entkommen war.

Falls ich entkommen konnte.

Denn da war ein neuer Debuff am Rand meines Sichtfelds aufgetaucht:

Verzögerter Fluch
Dein Gegner hat einen tödlichen Fluch über dich verhängt.
Wirkung: verzögerter Eintritt des Todes
Bis zum Tod des Benutzers verbleibende Zeit: 168:19:06

Die letzte Zahl veränderte sich stetig. Sie zeigte die Sekunden an, die heruntertickten.

Mein entsetztes Gesicht brachte Panchenko zum Lachen. „Du hast es also gesehen — dir bleibt noch eine Woche zu leben."

„Wie hast du das bloß hingekriegt?", fragte ich.

Meine Stimme war schwach und heiser, doch er hörte mich. Er sah mich an, dachte nach, zog eine Zigarette hervor und zündete sie an.

„Wir befinden uns hier nicht in einem Film", sagte er und atmete tief den Rauch ein. „Ich bin kein böser Übermeister. Man hat mir eine Chance gegeben, und die werde ich jetzt ganz gewiss nicht damit verschwenden, dass ich dir meine Motive, Ziele und Methoden erkläre."

„Ach, nun komm schon — spuck es aus! Streichle dein Ego. Ich bin doch schon so gut wie tot, das weißt du. Das Interface irrt sich niemals. Ich habe noch sieben Tage, und dann bin ich hinüber. Also, wie hast du das geschafft?"

Er kicherte. „Das Interface?" Nachdenklich biss er sich auf die Lippen. „Jemand möchte dich tot sehen und hat nach Leuten gesucht, die dich umbringen."

„Jemand?"

Er hob den Kopf, als ob er irgendjemandem lauschen würde, dann nickte er. „Allerdings. Der Boss ist gar nicht zufrieden mit dir. Du hast seine Erwartungen nicht erfüllt. Deshalb hat er mir befohlen, dich zu beseitigen. Um mir die Aufgabe zu erleichtern, hat er mir die *Eroul*-Fähigkeit verliehen. Sobald du erst einmal tot bist, besitze ich sie dauerhaft. Das macht mich zum perfekten Auftragskiller. Niemand wird es wagen, mich auf meinem Weg zum großen Erfolg aufzuhalten!"

Das würde alles verdammt lächerlich klingen, wenn ich nicht genau gewusst hätte, er meinte es ernst. Tödlich ernst. „Jetzt warte mal — von welchem Boss redest du denn?"

Er legte den Zeigefinger gegen die Schläfe. „Ich rede von *DEM* Boss. Dem höheren Wesen. Er ist zu mir gekommen, weil ich genau wie du ein Auserwählter bin. Er hat mir die Fähigkeit gegeben, die wahre Natur anderer Menschen zu erkennen, und mir gezeigt, wie ich sie überzeugen und manipulieren kann." Er lachte. „Das war eine gute Taktik, mich zu verpetzen. Jetzt sind ein paar richtig große und wichtige Leute hinter mir her. Du warst es doch, der sie informiert hat, oder? Nun, sie werden es alle mächtig bereuen, jeder einzelne von ihnen. Sobald du erst einmal in einer Woche das Zeitliche gesegnet hast, kann ich über diese Fähigkeit nach Belieben verfügen. Und ab dann wird jeder, der es wagt, sich mir in den Weg zu stellen, früher oder später von mir verflucht."

Wie in Reaktion auf seine Worte stellte das Programm mir auf einmal eine Quest, und zwar ohne die Möglichkeit, sie abzulehnen:

Gebiete dem Bösen Einhalt.
Verwende die vorübergehende Fähigkeit der Deinstallation des Interface, um Konstantin Panchenko zu neutralisieren und ihn davon abzuhalten, sozial nachteilige Handlungen zu begehen.
Berühre das Ziel, um die Fähigkeit zu aktivieren.
Die Fähigkeit kann sich lediglich auf das in dieser Quest festgelegte Ziel auswirken.
Belohnungen:
+3 für das Level deines sozialen Status
+3 für alle Haupteigenschaften
+3 verfügbare Punkte für die Haupteigenschaften
+30 Punkte für dein globales Ansehen bei jedem Mitglied der menschlichen Rasse.

In der unteren rechten Ecke meines Sichtfelds tauchte eine runde, rote Schaltfläche für die neue Fähigkeit auf. Ich musste nur eines tun — Panchenko berühren. Das Problem war allerdings, dass er mir die Hände auf dem Rücken gefesselt hatte.

Und Panchenko blieb auf der Hut und hielt eine sichere Entfernung ein. Wahrscheinlich hatte er sich über meine Statistiken und Kampffähigkeiten gut informiert.

„Hast du eigentlich eine Ahnung, was dich jetzt erwartet?", fragte ich ihn.

„Was meinst du damit?" Misstrauisch betrachtete er mich. Er hielt das wohl für eine Fangfrage.

„Hat dein Boss oder wer auch immer dieser Kerl war dir von der Prüfung berichtet?"

„Welche Prüfung? Wovon redest du? Deine Tricks funktionieren bei mir nicht! Du sagst mir jetzt besser endlich, wo du dein Geld versteckt hast." Er lachte nervös. „Du brauchst es sowieso nicht mehr. Nicht an dem Ort, an den du dich in Kürze begeben wirst."

Meiner Lügenerkennung zufolge sprach er die Wahrheit. Er wusste nichts von den Vaalphor oder ihren Entführungen und glaubte ernsthaft an irgendeine Art von Boss, wahrscheinlich das Interface selbst.

Erst jetzt fiel mir auf, dass er alles Geld und alle Wertsachen aus der Wohnung an sich genommen hatte. Die Sachen lagen in einem Haufen auf dem Boden. Da waren der Rest des Geldes, das ich nach dem denkwürdigen Pokerturnier hatte sparen können, plus meine Gewinne aus dem Boxturnier und das Preisgeld, das mir der Sieg gegen den Vorschlaghammer im Superfinale eingebracht hatte. Oder wenigstens das, was nach dem Bezahlen von Julies Behandlung und den Investitionen in meine Firma davon noch übrig war.

Ich sah auch das weiße Figürchen des Netsuke Jurōjin und den Glücksring des Veles, den er mir vom Finger gerissen hatte. Ob er wohl die Statistiken dieser Gegenstände sehen konnte und wusste, welchen Bonus ihm die verschafften?

„Das ist alles, was ich habe", erklärte ich. „Ich bin kein Millionär."

„Wie schade... Nun, wenn das alles ist, was du anzubieten hast, brauche ich dich ja nicht mehr. Ich hätte dich nur zu gern selbst erdrosselt, aber ich will mir die Hände an dir nicht schmutzig machen. Du wirst ja ohnehin bald sterben. Weit schneller, als du denkst."

Er summte ein kleines Liedchen, ziemlich schräg, und packte alles in eine Plastiktüte, die er zudrehte und sich in die Tasche stopfte. Dann kam er zu mir. Seine Augen funkelten schadenfroh. Er spuckte mir ins Gesicht und schlug mir den Pistolenlauf gegen die Schläfe.

Die Welt wurde schwarz, und ich brach mitsamt dem Sessel auf dem Boden zusammen.

„Wie schrecklich!", rief Veronica aus.

„Heilige Scheiße!" Alik gab einen ungläubigen Pfiff von sich. „Phil, hast du die Mistkerle gesehen? Wer war das?"

Meine Freunde wanderten in der Wohnung umher und betrachteten den Schaden. Veronica konnte nicht anders, sie holte sich gleich einen Besen und eine Kehrschaufel und begann, Ordnung zu schaffen.

„Bitte lass es einfach liegen", erklärte ich. „Aber könntest du uns vielleicht einen Kaffee kochen? Mein Schädel brummt ganz schrecklich. Ich erzähle euch gleich alles."

Am frühen Morgen war ich wieder zu mir gekommen und hatte ganze drei Stunden damit verbracht, mich aus den Fesseln zu befreien. Indem ich meine Muskeln anspannte. mit denen ich mich gegen das Gewebeband stemmte, konnte ich es endlich ausreichend lockern, um eine Hand herauszuziehen, und der Rest war dann kein Problem mehr.

Zuerst hatte ich Panchenko auf der Karte gesucht. Und enttäuscht geflucht. Der Geschwindigkeit nach, mit der sein Marker sich bewegte, befand er sich hoch über Polen in einem Flugzeug. Das war das Ende meines ursprünglichen Plans, ihn bei der Polizei anzuzeigen, um ihn zu stoppen.

Ich rief dennoch sowohl die Polizei als auch einen Krankenwagen, allerdings mehr, um den Einbruch und die Körperverletzung zu dokumentieren, als ihm Probleme zu bereiten. Ich ging nicht davon aus, dass er jemals wieder nach Russland zurückkehren würde. Nicht angesichts all der „großen und wichtigen" Leute, die nach meinem Verpetzen nicht gut auf ihn zu sprechen waren.

Die Polizisten gähnten und betrachteten die Wohnung gelangweilt, stellten mir die notwendigen Fragen und nahmen meine Anzeige auf. Ein paar Nachbarn, die als Zeugen zur Verfügung standen — viel hatten sie allerdings nicht gesehen –, schüttelten die Köpfe und bemitleideten mich. Erst als ich eine Liste der geraubten Dinge aufstellen sollte, entdeckte ich, dass Panchenko neben meinem Ausweis auch alle Dokumente mitgenommen hatte, die in der Wohnung gewesen waren.

Ich wiederholte dem schläfrigen Bullen gegenüber mehrfach, dass ich den Angreifer erkannt hatte, nannte seinen Namen und achtete darauf, dass er alles aufschrieb. Die Sanitäter wollten mich unbedingt in die Notaufnahme bringen, doch ich weigerte mich.

Nachdem ich endlich alle wieder losgeworden war, rief ich Alik an und bat ihn, vorbeizukommen. Zu diesem Zeitpunkt war Panchenko bereits in Frankfurt und wartete offensichtlich auf seinen Anschlussflug.

Bevor meine Freunde eintrafen, konnte ich mich kurz mit Martha unterhalten. Kaum war sie aufgetaucht, erstarrte sie für gute 40 Sekunden, konnte mir jedoch anschließend nichts Ermutigendes mitteilen.

„Ich habe Natur und Mechanismus des Fluch-Debuffs ergründen können. Sobald der Zähler abgelaufen ist, bleibt dein Herz einfach stehen. Deine Gehirnaktivität endet, und alle wichtigen Organe stellen ihre Funktion ein. In der Zwischenzeit werden die Drüsen deines Körpers Unmengen giftiger Stoffe produzieren. Abbrechen lässt sich dieser Prozess nicht. Er ist so programmiert, dass er auf Zellebene stattfindet. Und der Fluch ist verschlüsselt, kann also nur von dem entfernt werden, der ihn verhängt hat. Nach eingehender Betrachtung all deiner Möglichkeiten habe ich nicht eine entdeckt, die ihn wieder rückgängig machen könnte. Es tut mir wirklich leid."

Jetzt war Ilindi meine letzte Hoffnung. Sie hatte während meiner Entführungen schon einmal Flüche und Debuffs entfernt. Direkt konnte ich sie nicht kontaktieren, aber Valiadis wusste bestimmt, wo ich sie finden würde.

Alik hatte Veronica mitgebracht. Das war sogar noch besser, als wenn er allein gekommen wäre. Ganz offensichtlich konnte ich die Leitung der Firma zumindest vorübergehend nicht weiterführen. Also musste ich jemanden finden, der das für mich übernahm, und Veronica schien mir die beste Wahl zu sein. Solange Herr Katz, Rose und Kesha sie unterstützten, würde sie das schon hinbekommen, da war ich mir sicher.

Alik brachte ein paar Stühle aus der Küche, die wir in der Mitte des Raums aufstellten. Veronica brachte auf einem Tablett drei Tassen Kaffee und bahnte sich vorsichtig einen Weg durch die Unordnung.

Ich holte mir eine davon und nahm gleich einen großen Schluck. Das brauchte ich jetzt.

Veronica bot mir eine Pille an. „Nimm das. Es wird deinem Kopf helfen."

Ich nahm die Schmerztablette und berichtete ihnen, was passiert war.

„Gestern Abend kam ich von meinem Englischkurs nach Hause. Jemand hat vor der Tür auf mich gewartet und mir eine über den Schädel gezogen. Ich habe nicht gesehen, wer es war. Als ich später wieder zu mir kam, befand sich die Wohnung bereits in diesem Zustand."

„Hast du die Polizei angerufen?"

„Ja, sofort. Ich habe Anzeige erstattet, aber du weißt ja, wie das mit den Bullen läuft. Sie brauchen ewig und kommen am Ende doch zu keinem Ergebnis. Deshalb, so fürchte ich, brauche ich eure Hilfe."

„Aber natürlich!", sagten beide wie aus einem Mund.

„Jetzt hört mal gut zu. Ich habe eine Vermutung, wer es gewesen sein könnte." Ich musste mich etwas vage ausdrücken, da ich ihnen nicht die ganze Geschichte erzählen konnte. „Möglicherweise muss ich mich ein paar Tage lang verstecken. Und deshalb möchte ich, dass du, Veronica, dich eine Weile um die Firma kümmerst. Du weißt ja, was zu tun ist, und in welche Richtung wir unterwegs sind. Falls es Probleme geben sollte, rufst du mich einfach an, und wir regeln das gemeinsam."

Veronica errötete, fasste sich jedoch rasch wieder. „Mach dir keine Sorgen", sagte sie zuversichtlich. „Ich schaffe das schon."

„Gut. Sagt den anderen einfach, ich hätte die Grippe und würde ein paar Tage freinehmen. Wenn sie mich sehen wollen, erklärt ihr, dass es ansteckend ist. Bitte keine Hausbesuche! Und weiter — Alik, auch dich muss ich um etwas bitten."

„Ja, was ist es? Ich mache alles, was du willst."

„Es wäre eine Schande, wenn mein Vermieter die Wohnung in diesem Zustand erblicken würde. Glaubst du, du könntest alles wieder einigermaßen in Ordnung bringen? Ich gebe dir das Geld dafür, ich muss nur auf die Bank. Oh, verdammt! Mir wurden auch alle Dokumente geklaut! Und aus gutem Grund natürlich!"

Der „gute Grund" war der: Panchenko hatte natürlich sicherstellen wollen, dass ich ihn nicht verfolgen konnte. Er hatte wirklich an alles gedacht. Aber davon mussten Alik und Veronica ja nun nichts erfahren.

„Ich habe ein bisschen Geld", bot Veronica an. „Ich kann es dir leihen und das übernehmen. Alik bestellt sonst womöglich lauter Billigmöbel zum selbst zusammenbauen."

Alik zuckte mit den Schultern. „Nun ja, ich bin kein Experte, das weiß ich sehr gut."

„Ich danke euch beiden. Veronica, ich werde dir das Geld zurückzahlen, so schnell ich kann. Tja, das war es dann für den Augenblick. Oh, nein — eine letzte Sache noch. Könnt ihr mich in ein Hotel bringen? Und einer von euch muss für mich ein Zimmer mieten. Wer von euch hat seinen Pass dabei[14]?"

Alik klopfte seine Taschen ab und schüttelte den Kopf.

Veronica griff in ihre Handtasche und zog ihren Pass heraus. „Ich habe meinen dabei. Ich kann ein Zimmer buchen. Lass uns gehen!" Sie stand auf.

„Nein, wartet." Es gab noch etwas zu erledigen.

Ich ging hinüber zu Boris, die steif und kalt auf dem

---

[14] In Russland ist der Pass das wichtigste Dokument für den Nachweis der Identität. Er muss vorgelegt werden, wenn man ein Hotelzimmer bucht oder Ähnliches.

Boden lag.

Ich nahm sie und presste den kleinen Körper fest gegen meine Brust.

Ihre Augen waren von einem Schleier überzogen, ihr Fell war stumpf und zerwühlt.

Mir brach das Herz. Am liebsten hätte ich laut gebrüllt, um all den Schmerz und Ärger hinauszulassen, die in mir wüteten.

Stattdessen keuchte ich nur mit tränenerstickter Stimme: „Wir müssen sie begraben."

✳ ✳ ✳

„Guten Morgen, Phil", begrüßte Valiadis mich energiegeladen.

„Ich fürchte, Herr Valiadis, es ist alles andere als ein guter Morgen."

Ich rief ihn vom Hotelzimmer der untersten Preisklasse an, das Veronica für mich gebucht hatte. Ich hatte die Nummer gewählt, kaum, dass sie die Tür hinter sich geschlossen hatte.

„Was ist los?"

„Panchenko hat einen tödlichen Fluch mit verzögerter Wirkung über mich verhängt, den ich selbst nicht entfernen kann."

„Wie lange bleibt dir noch?"

„Weniger als eine Woche. Ich muss unbedingt Ilindi sehen."

Er schwieg lange, dann seufzte er und fluchte. „Was für ein elender Mist! Ja, ich werde sie informieren. Du bist im *Hotel Meridian*?"

„Ja. Zimmer 904."

„Bleib dort und begib dich nicht nach draußen."

„Ich danke Ihnen, Herr Valiadis."

„Noch gibt es nichts, wofür du mir danken müsstest. Lass dich nicht unterkriegen!"

Eine Weile lang marschierte ich ruhelos im Zimmer auf und ab, vertilgte alle Snacks, die ich in der Minibar fand, und dann schlief ich beim monotonen Dröhnen des Fernsehers ein.

Als ich erwachte, wurde es draußen bereits dunkel. Jemand strich mir über den Kopf. Sanft streichelte Ilindis warme Hand über meine Wange.

Sie saß neben mir auf dem Bett, in ihrer wahren Gestalt, als Rhoa.

„Ilindi! Du bist gekommen!" Ich richtete mich auf und umarmte sie.

Sie erwiderte meine Umarmung, drückte mich an sich. Es fiel kein einziges Wort. Ihr warmer Atem kitzelte mich im Nacken.

Dann bemerkte ich, dass ihre Augen feucht waren. Die Rhoa waren also auch nur menschlich...

Ich konzentrierte mich auf mein Interface. Das Debuff-Symbol war noch immer aktiv und tickte langsam die letzten Stunden des ersten Tages herunter.

„Es tut mir leid", flüsterte sie. „Es ist meine Schuld."

Ich löste mich von ihr und sah ihr in die Augen. Sie wich meinem Blick nicht aus. „Valiadis hatte vorgeschlagen, auch bei Panchenko unsere Version des Interface zu installieren. Ich habe mich geweigert. Sein Herz ist einfach zu schwarz — so etwas kann man nicht reinwaschen. Leute wie ihn kannst du nicht ändern. Sie betrachten die Welt immer als ihren eigenen Tummelplatz und glauben, alles andere existiere nur, um sie zufriedenzustellen."

„War ich nicht auch ein wenig wie er?"

„Du? Aber natürlich nicht!" Sie klang beleidigt. „Es stimmt schon, du warst faul. Extrem faul. Deine Selbstsucht war eine Folge deiner kindischen Gedanken, weil du im Innersten deines Herzens noch immer ein Kind warst. Ein gutes Kind allerdings. Dieser Kerl ist das genaue Gegenteil."

„Warum erzählst du mir das alles? Bedeutet das, du kannst mir nicht helfen?"

Sie schüttelte den Kopf. Ihre schillernden Augen

färbten sich schwarz. „Ich kann nichts tun. Er selbst ist der Einzige, der etwas dagegen unternehmen kann."

„Können du und Valiadis mir nicht helfen, ihn zu ergreifen und davon zu überzeugen, den Fluch aufzuheben?"

„Dazu haben wir kein Recht. Die höherrangigen Rassen erlauben eine solche Einmischung nicht. Es tut mir so leid, Phil!"

Ich erhob mich vom Bett und lief im Zimmer Kreise. „Es muss einfach etwas geben, das wir machen können!" Ich öffnete die Karte und überprüfte Panchenkos Aufenthaltsort. „Ach, vergiss es — er ist bereits in den USA eingetroffen. Angesichts unserer russischen Bürokratie werde ich nie rechtzeitig einen neuen Pass bekommen. Von einem amerikanischen Visum einmal ganz zu schweigen."

„Es gibt noch eine andere Möglichkeit."

Ich blieb stehen und starrte sie an. „Welche? Nun sag schon!"

„Der zweite Phil muss die Prüfung gewinnen. Ich werde dafür sorgen, dass all deine Erinnerungen auf ihn übertragen werden."

Sie stand ebenfalls auf und kam zu mir, legte ihre Hand gegen meine Stirn und schloss die Augen.

Meine Beine fühlten sich plötzlich an wie aus Gummi, mein Verstand schien sich vollkommen zu leeren. Ich brach zusammen. Ilindi fing mich auf, bevor ich auf dem Boden landete.

Sanft legte sie mich aufs Bett, klopfte das Kissen unter meinem Kopf zurecht und küsste mich.

Das Letzte, was ich hörte war: „Schlaf jetzt..."

* * *

Ob es an Ilindis Magie lag oder ich einfach die Erholung gebraucht hatte — am nächsten Morgen wachte ich nach mehr als zwölf Stunden Schlaf auf.

Ich war allein im Hotelzimmer. Der flüchtige, aber

unverkennbare rhoanische Duft — die Mischung aus Gewürzen, Ozon und Kiefernnadeln — war der einzige Beweis dafür, dass ich Ilindis Besuch nicht geträumt hatte.

Leider war auch die Sache mit dem Debuff kein Traum gewesen. Der Zähler lief weiter, zählte die Stunden, Minuten und Sekunden bis zu meinem Tod herunter. 136:14:12... 136:14:11... 136:14:10...

Die Erkenntnis, wie sinnlos das alles war, stürzte mich sofort in die dunklen Tiefen einer schweren Melancholie. Auf meinem Interface waren alle Zahlen tiefrot:

Angst: 99 %
Laune: 3 %
Selbstvertrauen: 2 %

Die äußerst schwachen, aber noch immer positiven Werte für Laune und Selbstvertrauen hatte ich allein Ilindi zu verdanken. Ich konnte meinen letzten Tod vermeiden — solange mein Doppelgänger sich bei der Prüfung als erfolgreich erwies.

Aber konnte Phil 2 es tatsächlich schaffen? War er der Herausforderung gewachsen?

Die nächste Stunde verbrachte ich im Bett und kämpfte dabei mit der Versuchung, ihm durch Martha eine Nachricht zu übermitteln.

Am Ende gewann meine Vernunft die Oberhand. Eine solche Nachricht konnte ihn — mich — ohne Weiteres in den Abgrund treiben. Und ändern konnte es ohnehin nichts. Wenn er bei der Prüfung versagte, verloren wir — verlor *ich* — ohnehin alles und würde mich an nichts erinnern können. Und wenn er siegte, würde Ilindi einfach meine Erinnerungen zu ihm hochladen, und wir konnten weiterleben. *Ich* konnte weiterleben.

Nun fühlte ich mich ein wenig besser. Der mikroskopisch kleine Aufschwung der Erleichterung, den ich spürte, reichte aus, um sofort Veronica zurückzurufen.

Mein Handy hatte mir etliche versäumte Anrufe aus

dem Büro gemeldet, darunter 18 (!) von Veronica. Das war ihr persönlicher Rekord! Sie hatte bereits gestern Abend mehrfach angerufen und die Versuche heute Morgen um sieben wiederaufgenommen.

„Phil, verdammt noch mal! Wie geht es dir? Ist alles in Ordnung? Wie stehen die Dinge?"

„Ich bin gerade erst aufgewacht. Was ist passiert?"

„Was passiert ist? Man hat dich ausgeraubt und beinahe umgebracht!" Sie lachte hysterisch. „Das ist passiert! Ich war krank vor Sorge, weißt du!"

„Mach dir keinen Kopf — ich bin in Ordnung", log ich, überrascht von der Leichtigkeit, mit der ich das zustande brachte. „Wie steht es im Büro?"

„Alles prima." Sie hielt inne, überlegte etwas und wechselte dann das Thema. „Deine Wohnung ist wieder einigermaßen in Ordnung. Die beschädigten Möbel werden repariert. Das ist billiger, als neue zu kaufen. Wenn du willst, kannst du jetzt nach Hause gehen."

„Danke." Ich hatte keine Absicht, in meine Wohnung zurückzukehren, aber es hatte keinen Sinn, ihr von dem Fluch zu berichten.

Ich spürte, dass Veronica mir etwas verschwieg. Wahrscheinlich wollte sie mich nicht mit trivialen Dingen belasten. Ich unterdrückte meinen feigen Wunsch, dabei mitzuspielen, und wies mich energisch zurecht. Auch wenn ich kein Interesse mehr an etwas hatte, das sehr bald schon ohnehin keine Rolle mehr für mich spielen würde, schuldete ich es doch meinen Freunden, dafür zu sorgen, dass alles okay war, auch und gerade, falls ich nicht überlebte.

„Nun sag schon, was du mir sagen willst", brummte ich. „Ich höre doch deiner Stimme an, etwas stimmt nicht."

„Es ist nur... Die Gerüchte, Phil. Sie hören nicht auf. Im Gegenteil, es werden immer mehr Einzelheiten bekannt."

„Und die Kunden weigern sich, mit uns zusammenzuarbeiten?"

„Allerdings. Sie behandeln uns wie den letzten Dreck. Sie sagen Besprechungen ab und widerrufen ihre Verträge.

Wir haben momentan nur eine einzige Einnahmequelle — die Kunden, denen wir bereits einen Job verschafft haben. Ohne dich wird die Quelle bald versiegen. Ich habe keine Ahnung, wie du das immer machst."

„Wie ich was mache? Arbeit für sie zu finden?"

„Natürlich. Ich habe über meine Kanäle versucht, Leute zu vermitteln, aber niemand will sie haben. Soll ich vielleicht wieder zur Organisation von Events zurückkehren? Dadurch können wir uns vielleicht ein wenig länger über Wasser halten."

Sie klang ängstlich. Im Hintergrund hörte ich Stimmen und Flüstern. Sie war offensichtlich nicht allein.

„Nun mal langsam", mahnte ich. „Bleib auf dem Teppich! Sag Kesha, er soll mir die Namen aller Kunden per E-Mail schicken, die Probleme machen, und alle, die einen Vertrag abschließen wollten. Ich werde mich selbst darum kümmern."

Nachdem ich aufgelegt hatte, musste ich mich erst einmal beruhigen. Anschließend überprüfte ich Panchenkos Aufenthaltsort. Anscheinend war er in Las Vegas. Sein Marker befand sich im *Hotel Bellagio* und bewegte sich nicht. Er schien sich dort eingenistet zu haben.

Mir blieben noch fünf Tage. Während dieser Zeit könnte ich fünfmal die ganze Welt umrunden, wenn mir der Sinn danach stand, und ich musste nur die alte Welt Europas verlassen und den Atlantik überqueren.

Ich wog alle Möglichkeiten ab. Es gab einfach zu viele „Wenns" und „Abers". Im Internet fand ich mehrere Firmen, die behaupteten, sie könnten meine gestohlenen Dokumente innerhalb von Stunden wiederherstellen. Das Problem war nur, die befanden sich alle in Moskau, und wie sollte ich ohne Papiere dorthin gelangen? Sollte ich etwa per Anhalter fahren?

Ich zermarterte mir das Gehirn. Ohne Pass und Visum konnte ich keinen Flug in die USA buchen.

Andererseits... Ein unsichtbarer Mann brauchte keine Papiere.

Ich konnte einfach Heimlichkeit und Verschwinden aktivieren!

Zwar hielt das jeweils nur 45 Sekunden an, aber das war mehr als ausreichend, um allen Kontrollen zu entgehen. Die Abklingzeit für diese Fähigkeit belief sich auf 60 Minuten. Meine hohen Werte beim Geist verringerten diese Zeit allerdings auf 20 Minuten. Was bedeutete, ich hatte mehr als genug Zeit, mich am Check-in und an der Passkontrolle vorbei zu schmuggeln und später unbemerkt an Bord des Flugzeugs zu gehen. Für die europäischen Anschlussflüge galt dasselbe. Blieb also nur der amerikanische Zoll. Und sobald ich erst einmal in Las Vegas war, hatte ich vier Tage Zeit, Panchenko zu finden und ihn dazu zu bringen, den Fluch aufzuheben. Vorausgesetzt, er machte sich nicht klammheimlich vom Acker.

Dann fiel mir etwas ganz anderes ein. Ich hatte doch bereits eine Einladung in die USA, oder etwa nicht? Wie hatte ich das nur vergessen können? Die Antwort auf diese Frage war allerdings eine ganz einfache — die Sache mit dem Fluch hatte mich massiv mitgenommen. Außerdem war gestern Abend auch noch nicht abzusehen gewesen, wohin es Panchenko verschlagen würde. Zu dem Zeitpunkt war er noch unterwegs gewesen.

Sollte ich mir also irgendwie einen neuen Pass bei einer dieser Firmen besorgen, mich zur amerikanischen Botschaft in Moskau begeben, mit dieser Angela Howard sprechen und ihr vorschlagen, die Besprechung statt in Washington in Las Vegas stattfinden zu lassen? Ich konnte das zur Bedingung dafür machen, dass ich mich überhaupt dazu bereiterklärte.

Aufgeregt lief ich im Zimmer umher, nachdem ich die Nummer von Frau Howard gewählt hatte. Kaum hatte ich sie begrüßt, platzte ich auch schon damit heraus, dass ich für das gewünschte Meeting bereit war, aber nur in Las Vegas.

Sie schaltete mich in die Warteschleife und konferierte mit ihren Vorgesetzten. „Das geht in Ordnung, Herr Panfilov", sagte sie schließlich.

Bildete ich mir das nur ein, oder schwang da in ihrer Stimme ein gewisser Triumph mit? Wahrscheinlich verriet mir das meine gesteigerte Wahrnehmung.

„Wir erwarten Sie übermorgen in der Botschaft", erklärte sie. „Abends fliegen Sie nach Las Vegas, und dort empfängt Sie ein Wagen am Flughafen."

„Da ist noch eine Sache, Frau Howard. Ich habe Probleme mit meinen Reisedokumenten. Ich wurde gerade ausgeraubt, und die Diebe haben auch meinen Pass und andere Unterlagen gestohlen."

„Oh, das tut mir leid", erwiderte sie. „Sollen wir das Treffen ein wenig verschieben? Sie brauchen ja sicher ein wenig Zeit, um sich einen neuen Pass zu besorgen."

„Angela, lassen Sie mich ganz offen mit Ihnen sein. Ich fürchte, wenn ich nicht in der Lage bin, Ihre Kollegen innerhalb der nächsten wenigen Tage zu sehen, können Sie die ganze Angelegenheit vergessen. Anschließend werde ich für Sie... nicht mehr von Nutzen sein können."

Sie schwieg eine Weile und sagte dann trocken: „Ich muss das mit den beteiligten Personen besprechen." Anschließend legte sie auf.

Die nächste Stunde kam mir wie eine Ewigkeit vor. Mit geballten Fäusten beobachtete ich Panchenko, wie er Cocktails trank und es sich an einem festlich erleuchteten Swimmingpool gemütlich machte.

Endlich rief Angela zurück. Oder vielmehr, ich sah ihre Nummer auf dem Handy.

„Machen Sie sich bereit", sagte eine unbekannte Männerstimme mit einem ausländischen Akzent. „Sie fliegen übermorgen von Ihrem Stadtflughafen aus. Nähere Anweisungen werden wir Ihnen noch übermitteln."

Schon war die Leitung wieder tot.

* * *

Wieder und wieder las ich Angelas letzte E-Mail. Die

Beharrlichkeit der Amerikaner ließ in mir alle Warnglocken schrillen. Die Leichtigkeit, mit der sie Las Vegas als Treffpunkt zugestimmt hatten, die Bereitschaft, für Flug und Unterkunft zu bezahlen, und selbst das Versprechen, mir ein wenig „Taschengeld" zu geben und eine Stadtführung für mich zu organisieren — das war alles höchst merkwürdig. Soweit ich das verstanden hatte, würde man mich mit einem Diplomatenpass in einer Maschine ausfliegen, die irgendeiner versteckten Operation diente. Bedeutete das, die wussten irgendetwas über mich? Oder waren sie einfach nur begierig darauf, diesen Terroristen zu erwischen, dessen Aufenthaltsort ich gemeldet hatte?

Man muss sich das nur einmal vorstellen — es war noch gar nicht so lange her, da hatte ich vor Major Igorevsky Angst gehabt! Und jetzt hatte ich es mit einer der mächtigsten Organisationen der Welt zu tun. Sobald die einen erst einmal im Visier hatten, konnte das einfach nicht gut ausgehen, und wenn sie einem noch so viel versprachen. Aber wie die Sache auch stand, ich musste unbedingt zu Panchenko, ihn dazu bringen, den Fluch aufzuheben, und ihm sein Interface wegnehmen.

Nun war mein Ziel, in der kurzen Zeit, die mir noch blieb, so viel wie möglich zu erledigen. Schließlich bestand die Gefahr, dass ich niemals zurückkehrte.

Im Kopf ging ich alle anstehenden Aufgaben durch und priorisierte sie, dann begab ich mich ohne zu zögern an die Arbeit.

Ich duschte, frühstückte und verbrachte einige Zeit im Fitnessstudio des Hotels.

Du hast +1 Stärke erhalten!
Derzeitige Stärke: 20
Für die erfolgreiche Verbesserung einer Haupteigenschaft erhältst du 1.000 Erfahrungspunkte!
Derzeitiges Level des sozialen Status: 19
Fehlende Erfahrungspunkte bis zum nächsten Level: 13.670/20.000

Gratuliere! Du hast eine der Anforderungen für die folgenden Heldenfähigkeiten freigeschaltet: Regeneration, Sprint, Zähmen

Stärke (Level 20+)

Ich schloss die Nachricht, ohne sie auch nur richtig zu lesen. Das hatte alles Zeit bis später. Ich verließ die Station mit den Gewichten und begab mich an die Kardiogeräte.

Gerade als ich mich auf dem Laufband den 20 km näherte, meldete mein Handy den Eingang einer SMS. Sie war von Kesha, der mich über den Stand bei den Kunden informierte.

Auch damit würde ich mich später befassen.

Ich stellte den Winkel des Laufbands auf die maximale Neigung ein und gab für die letzten paar Kilometer alles.

Ja!

Du hast +1 Ausdauer erhalten!

Derzeitige Ausdauer: 20

Für die erfolgreiche Verbesserung einer Haupteigenschaft erhältst du 1.000 Erfahrungspunkte!

Derzeitiges Level des sozialen Status: 19

Fehlende Erfahrungspunkte bis zum nächsten Level: 14.670/20.000

Gratuliere! Du hast eine der Anforderungen für die folgenden Heldenfähigkeiten freigeschaltet: Regeneration, Sprint, Zähmen

Ausdauer (Level 20+)

Ich hatte die Mitteilung kaum überflogen, als aus mir völlig unbekannten Gründen eine weitere erschien:

Du hast +3 Glück erhalten!

Derzeitiges Glück: 19

Für die erfolgreiche Verbesserung einer Haupteigenschaft erhältst du 3.000 Erfahrungspunkte!
Derzeitiges Level des sozialen Status: 19
Fehlende Erfahrungspunkte bis zum nächsten Level: 17.670/20.000

Drei Punkte mehr für Glück? Heureka! Aber was war das denn jetzt? Was konnte das bloß ausgelöst haben? Hatte ich vielleicht etwas wirklich Bedeutungsvolles getan? Etwas, das meinem Leben eine neue Richtung geben konnte?

Einen Augenblick... Wieso denn eigentlich 19? Sollte das nicht erst Level 17 sein? Woher kamen die beiden Extrapunkte?

Ich überprüfte mein Profil. Merkwürdigerweise zeigte mein Glück keinerlei Verstärkung durch irgendwelche Gegenstände mehr. Das verstand ich, was den Glücksring des Veles und das Netsuke Jurōjin anging. Die beiden Dinge hatte schließlich Panchenko eingesteckt. Aber das schützende rote Armband, das Stacy alias Ilindi mir gegeben hatte, war mir geblieben. Panchenko hatte es ignoriert.

Ich betrachtete mein Handgelenk. Der feine, rote Faden war verschwunden. Alles, was ich sehen konnte, war eine schwache, rosa Linie, die das Handgelenk wie eine alte Narbe umgab. Es war, als hätte das schützende, rote Armband sich in meine Haut eingegraben und wäre mit mir verschmolzen, ein Teil von mir geworden.

* * *

Im Laufe der nächsten Nacht erhöhte ich meine Wahrnehmung um 3 Punkte. Dann verließ ich bei Sonnenaufgang das Hotel, in dem ich zuerst alle Hoffnung verloren hatte, bis sie teilweise wiederhergestellt worden war.

Kira kam vorbei, um mich zu chauffieren. „Ich werde nicht einmal fragen, was du hier machst und wieso du kein Geld hast", bemerkte sie, während sie mich ins Auto scheuchte.

Wir begaben uns fürs Frühstück in ein Café. Ich berichtete ihr, dass ich ausgeraubt worden war und am nächsten Tag in die USA fliegen musste. Als Grund nannte ich, dass ich einen Essay-Wettbewerb gewonnen hatte, aber ich sah sehr wohl, dass sie mir nicht glaubte. Dennoch stellte sie keine weiteren Fragen.

Sie fuhr mich zuerst zum Amt, wo ich die Ausstellung eines neuen Passes beantragte, dann zur Bank, wo ich einen Antrag auf Ausgabe neuer Bankkarten unterschrieb. Anschließend begaben wir uns zu einem Notar, den sie kannte. Er setzte eine Vollmacht auf, die es Kira ermöglichte, während meiner Abwesenheit alles für mich zu erledigen.

Anschließend drückte sie mir ungefragt ein dickes Bündel Banknoten in die Hand. „Niemand sollte je ganz ohne Geld unterwegs sein", bemerkte sie grimmig. „Du kannst mir alles zurückgeben, wenn du wiederkommst."

Falls ich wiederkomme, dachte ich, sprach es jedoch nicht aus.

Wir vereinbarten, den Abend gemeinsam bei unseren Eltern zu verbringen. Ich wollte einfach das genießen, was möglicherweise mein letztes Zusammensein mit meiner Familie war.

Nachdem das alles erledigt war, ging ich nach Hause. Kira brachte mich zur Haustür und schärfte mir ein, dass sie mich abends abholen würde.

Dank Aliks und Veronicas harter Arbeit war die Wohnung wieder in Ordnung, alles blitzte und blinkte. Zwar mussten einige der Möbel noch repariert werden, doch darüber machte ich mir keine allzu großen Sorgen. Schließlich würde ich vor dem Flug hier nur eine Nacht verbringen. Um ehrlich zu sein, hatte die Bedrohung durch den Zähler des Fluchs alles andere in den Hintergrund gedrängt. Gewaltsam bemühte ich mich darum, die daraus folgende Apathie zu überwinden.

Den letzten Tag musste ich unbedingt im Büro verbringen und hart an all dem arbeiten, was meine Kollegen nicht für mich übernehmen konnten, wie etwa die Suche nach Jobs für die bestehenden Kunden und das Bemühen um neue. Außerdem musste ich auch versuchen, mit all denen zu verhandeln, die ihre Verträge mit uns gekündigt oder storniert hatten.

In der Küche blieb ich stehen und betrachtete lange Boris' Näpfe. Die Reinigungsfirma, die Alik organisieren konnte, hatte sie ebenso wie alles andere auf Hochglanz poliert. Nach ein wenig Nachdenken beschloss ich, sie ebenso zu behalten wie einen halb zerfetzten Teddybären, als Erinnerung an meinen schnurrenden Mitbewohner. Boris war länger bei mir geblieben als alle anderen, länger als Yannas Chihuahua Boy, länger als Yanna selbst und später Vicky. Boris hatte mit Richie Freundschaft geschlossen, sie hatte meinen Niedergang und Absturz beobachtet, ebenso wie meine anschließende Rückkehr zu einem erfüllenden Leben. Und dann hatte ein gemeiner, rachsüchtiger kleiner Mistkerl ihr das angetan!

Ich öffnete die Karte, um erneut seinen Standort zu überprüfen. Er war noch immer im *Hotel Bellagio*. Für den Fall, dass er die Gegend verließ, hatte ich einen Alarm aktiviert.

Anschließend verbrachte ich einige Zeit im Internet mit der Bewunderung des erleuchteten Swimmingpools des Hotels *Caesars Palace,* wo die Amis mich unterbringen wollten. Ich versprach mir selbst, wenigstens einmal eine Runde zu schwimmen, ganz gleich, ob ich Panchenko nun stellen konnte oder nicht. Ich erinnerte mich an das Hotel aus *Rain Man*. Das war einmal mein Lieblingsfilm gewesen. Warum hatten die Amis mir bloß ausgerechnet dort ein Zimmer gebucht? In einem Fünf-Sterne-Hotel war ich vorher noch nie gewesen.

Ich war einer der Ersten, die im Büro eintrafen. Veronica allerdings war schon da. Sie saß an meinem Schreibtisch und schrieb irgendetwas. Dabei streckte sie vor Konzentration die Zungenspitze heraus.

„Hallo, Rotschopf", begrüßte ich sie.

„Nenn mich nicht so! Das kann ich nicht leiden!"

„Ich habe dir ein wenig Geld gebracht." Ich legte die Banknoten auf den Schreibtisch. „Danke, du hast mir wirklich sehr geholfen."

„Keine Ursache. Du setzt dich besser und gehst diese vier Akten hier durch. Darin findest du alle Fragebögen der letzten paar Tage. Es sind mindestens hundert. Glaubst du, das schaffst du heute?"

„Ich habe das bis zur Mittagszeit erledigt."

Nachdem ich sämtliche Fragebögen durchgegangen war und geeignete Jobs für die Kunden gefunden hatte, bat ich Kesha, mich in Bezug auf all die Kunden aufs Laufende zu bringen, die storniert oder gekündigt hatten. Ich hatte keine Ahnung, ob ich es schaffen konnte, mit ihnen allen zu sprechen, aber allein die Unterhaltung mit Kesha konnte bereits seine Laune anheben und ihm zeigen, dass sein Chef nicht das Handtuch warf.

Wenn er bloß wüsste!

Während er mir berichtete, fiel mir etwas auf, ohne dass ich es genau hätte identifizieren können. Das Interface stotterte gewissermaßen, und verbrannte dabei in Windeseile meine Geistressourcen. Ich musste unbedingt allein sein, bevor womöglich etwas Schlimmes geschah.

Ich hob die Hand, um Kesha Einhalt zu gebieten. „Hast du etwas dagegen, wenn ich kurz vor die Tür gehe?"

Unser kaufmännischer Leiter nickte und wandte sich unseren Kollegen zu, um andere Dinge mit ihnen zu besprechen. Sie waren so eifrig damit beschäftigt, neue Ideen zu entwickeln, dass niemand es bemerkte, als ich das Büro verließ.

Ich setzte mich auf eine Bank auf dem gegenüberliegenden Bürgersteig. Was auch immer mein Interface vorhatte, mir entgegenzuschleudern, es war besser, wenn ich mich dabei in sicherer sitzender Position befand.

Ich musste nicht lange warten; schon bald wurde ich mit Mitteilungen geradezu überschüttet. Wellen der Ekstase liefen durch meinen Körper, wuchsen sich aus zu intensivster Seligkeit, als ich ein neues Level erreichte.

Mehrere Minuten später, die sich wie eine Ewigkeit angefühlt hatten, konnte ich endlich alle Meldungen vollständig lesen:

Gratuliere! Du hast eine sozial bedeutungsvolle Handlung vorgenommen! Du hast einen neuen Zeitzweig erschaffen und die Integrität der Familie Bekhterev wiederhergestellt, bestehend aus Konstantin „Kostya" und Julie. Dadurch hast du einen Abfall ihrer Level verhindert und neue günstige Bedingungen für eine Verbesserung ihres sozialen Status hergestellt.

Du hast eine sozial bedeutungsvolle Handlung vorgenommen und jemandem, der das Geld nötiger brauchte, eine Summe Geld geschenkt, die dein eigenes Jahreseinkommen übersteigt. Als wiederholte Handlung wird dies durch eine mehrfache Erhöhung der dafür zugesprochenen Erfahrungspunkte belohnt.

Du erhältst 39.000 Erfahrungspunkte für die Erfüllung einer sozial bedeutungsvollen Handlung!

Gratuliere! Du hast zwei neue Level erreicht!
Derzeitiges Level deines sozialen Status: 21
Verfügbare Eigenschaftspunkte: 4
Verfügbare Fertigkeitspunkte: 2

Gratuliere! Du hast ein neues Level in einer Systemfertigkeit erreicht!
Name der Fertigkeit: Heldenmut
Derzeitiges Level: 2
Du kannst jetzt die Heldenfähigkeiten der Ebene 2 aktivieren: Regeneration, Sprint und Zähmen, vorausgesetzt, du erfüllst ihre Anforderungen.
Erhaltene Erfahrungspunkte: 1.000
Fehlende Erfahrungspunkte bis zum nächsten Level des sozialen Status: 12.960/22.000

Es fiel mir wahrlich nicht leicht, gleich zwei neue Level zu empfangen statt nur eins. Als die Begeisterung endlich abklang, war ich schweißgebadet. Ich spürte meine Beine nicht mehr. Doch dieser Anfall künstlicher Glückseligkeit war nichts im Vergleich zur guten Nachricht über Julie, die kleine Schwester meines Boxpartners Kostya Bekhterev. Sie machte nach ihrer Operation gute Fortschritte!

In diesem Augenblick war es mir völlig gleichgültig, ob ich das Interface verlor oder nicht. Es spielte keine Rolle mehr, ob ich alles vergaß und mich wieder in den fetten, faulen, bierbäuchigen Phil verwandelte, der stolz darauf war, bei *World of Warcraft* einen hohen Schurkenrang erreicht zu haben. In den Phil, der keine Ahnung hatte, dass das reale Leben weit mehr Spaß machte als die virtuelle Realität. Denn jetzt hatte ich bereits meine Spuren in der Zukunft hinterlassen.

Völlig überwältigt kehrte ich ins Büro zurück.

Gerade als ich mich dem Gewerbezentrum näherte, klingelte mein Handy. Ich schaute auf die Nummer und musste grinsen. Es war Kostya.

„Hallo, wie geht's dir?", begrüßte ich ihn. „Was macht Julie?"

„Es ist alles großartig!", brüllte er in den Hörer. „Die Operation ist wirklich gut verlaufen! Und sie macht rasende Fortschritte! Nächste Woche kommen wir nach Hause!"

„Ich freue mich so für dich, Mann!"

„Danke — ich mich auch!" Dann erzählte er mir haarklein alle Einzelheiten, bevor er am Schluss fragte: „Und wie geht es dir?"

„Alles in Ordnung", antwortete ich und versuchte, meine Stimme im Griff zu behalten. „Sobald du zurück bist, kannst du gleich im Büro anfangen. Die warten schon alle auf dich."

„Sofort kann ich nicht beginnen. Ich fürchte, ich werde mich eine Weile um Julie kümmern müssen. Sie kann nämlich noch nicht zurück in den Kindergarten, sondern muss noch ein wenig im Bett bleiben."

„Ich werde mit meinen Eltern reden. Die springen bestimmt gern ein."

Er protestierte lange und versicherte, er könnte mit allem selbst fertig werden. Ich hörte gar nicht erst zu, sondern sagte, als er fertig war, nur ganz ruhig: „Die Entscheidung ist gefallen. Darüber wird nicht weiter diskutiert. Übrigens, ich werde vielleicht eine Weile unterwegs sein."

„Wirklich? Wohin gehst du denn?"

„Ich muss eine Reise antreten. Es kann eine gewisse Zeit dauern. Wenn du eintriffst, holen dich entweder mein Vater oder die Jungs aus dem Büro vom Flughafen ab. Die Hauptsache ist, ich werde nicht da sein. Und ich möchte, dass du die Arbeit aufnimmst, sobald du gut angekommen bist und alles mit Julie geklärt ist. Geld verdient..."

„Ich weiß — Geld verdient sich nun mal nicht von selbst", unterbrach er mich mit meinem eigenen Lieblingsspruch. „Okay, ich hab's kapiert. Ich muss auflegen — das Roaming kostet ein Vermögen!"

„Grüß Julie von mir!"

Im Gewerbezentrum lief Vazgen mir über den Weg. Obwohl er es eilig hatte, blieb er stehen, um sich ein wenig mit mir zu unterhalten. Ich verabschiedete mich besonders warmherzig von ihm. Schließlich sah ich ihn womöglich zum letzten Mal.

Dann begab ich mich zurück in mein Büro, in dem sich jetzt Veronica häuslich niedergelassen hatte. Es war ein Besucher eingetroffen: Eine Frau von etwa 30 Jahren, gut aussehend und gepflegt. Meinem Interface zufolge war sie bereits 40, aber das sah man ihr wirklich nicht an. Sie trug einen Bleistiftrock, der kurz oberhalb des Knies endete, eine helle Bluse und hochhackige Schuhe und sie war perfekt geschminkt. Sie war der Inbegriff einer erfolgreichen Geschäftsfrau.

„Philip Panfilov?" Sie stand auf und bot mir die Hand. „Ich bin Sarah Bergman. Herr Valiadis schickt mich."

„Freut mich, Sie kennenzulernen", erwiderte ich. „Wie kann ich Ihnen helfen?"

„Herr Valiadis hat darum gebeten, dass alle Mitarbeiter bei unserer Besprechung anwesend sind. Wäre das möglich?"

„Selbstverständlich."

Veronica, die sich während meiner Abwesenheit um die Besucherin gekümmert hatte, nickte und ging hinaus, um die anderen zu holen.

Schon bald drängten sich alle im Raum: Kesha, Veronica, Greg, Gleb, Herr Katz, Rose und Alik, der im Laufen etwas vertilgte. Als ich ihn fragend ansah, murmelte er etwas von „Mittagszeit".

Verlegen entriss Veronica ihm die Brotdose und stellte sie beiseite, allerdings nicht ohne einen sehr bösen Blick.

Frau Bergman beobachtete die kleine Szene. Ihre Mundwinkel zuckten amüsiert.

Ich räusperte mich, um die Aufmerksamkeit aller zu wecken. „Ich möchte euch allen Sarah vorstellen. Sie vertritt die Interessen von Herrn Nicolas Valiadis, den wir alle kennen. Sarah?"

Mit einem breiten Lächeln stellte sich die Frau in die Mitte. „Ich danke Ihnen, Herr Panfilov. Ich freue mich sehr, Sie alle kennenzulernen. Die *Große Jobvermittlungsagentur* verfügt über einen hervorragenden Ruf. Deshalb sind Herr Valiadis und ich die Liste der Dienstleistungen durchgegangen, die Sie anbieten, und sind zu dem Schluss gekommen, dass wir an einer langfristigen Beziehung zu Ihnen interessiert sind. Das betrifft sowohl die *J-Mart*-Kette, als auch all ihre Filialen und die damit verbundenen Unternehmen."

Die Augen der Anwesenden wurden mit jedem ihrer Worte größer.

Das war in der Tat eine ganz außergewöhnliche Geste von Valiadis. Er wusste, ich stand kurz davor, mein Interface zu verlieren — und anschließend würde dies eine ganz normale Firma sein, betrieben von ganz normalen Leuten.

Doch der Umfang dieser Geste sorgte dafür, dass ich nun nicht mehr den gesamten Nachmittag mit Gesprächen verbringen musste, um die kleineren Firmen von unserem Wert zu überzeugen, die abgesprungen waren. Selbst im schlechtesten aller möglichen Ausgänge sahen meine Partner und meine Firma einer großen, hellen Zukunft entgegen.

KAPITEL 19

DAS PASSIERT JEDEM

Wir kämpfen wie eine einzige Person.

Ursa, *Dota 2*

WENN ICH DIE bisher atemberaubendste Szene der gesamten Prüfung hätte wählen müssen, es wäre genau diese. Tafaris fünf Kämpfer waren in vollem Lauf erstarrt, die Köpfe zurückgeworfen und die Waffen in die Höhe gestreckt. Mein Triceratops und das Krokodil von der Größe eines Güterwagens stürzten gemeinsam auf sie zu. Die schöne Jovanna spannte den Bogen, mit fliegenden Haaren und blitzenden Augen. Ola brüllte aus vollem Hals und rannte, den Speer auf den Feind gerichtet, der ihm am nächsten war. Dann war da Manus erstauntes Gesicht, als er endlich erkannte, was hier vor sich ging, und sich in Kampfhaltung begab, bereit, bis zum letzten Prozent seines Lebens zu kämpfen.

Und schließlich der T-Rex, der alles überragte, den Kopf hob und die Feinde mit seinem wütenden Brüllen betäubte. Ganz am Rand standen ein paar Pfeifer auf den Hinterbeinen, völlig überrascht, ihre Kämme vor Angst als Zeichen der Unterwerfung gesenkt.

Croc kaute auf einem der Soldaten herum, Tank spießte einen weiteren mit seinem Horn auf, und Rex trampelte auf den anderen herum. Jovanna und Ola richteten kontinuierlich gezielten Schaden auf ihre ausgewählten Ziele an.

Ich bemerkte, wie einer von Tafaris Männern — ein stämmiger Blonder mit einem Plasmastab — versuchte, sich kriechend aus der Reichweite von Rex' Brüllen zu entfernen. Rasch aktivierte ich den heimtückischen Schatten, der mich hinter ihn katapultierte, und betäubte ihn. Eine kurze Kombination an Hieben reichte anschließend aus, um ihn zu erledigen.

Mit offenem Mund beobachtete Manu unsere gutgeübte Zusammenarbeit, die wir bereits bei gut hundert Horden von Nebulas hatten perfektionieren können. Dann hob er das Schwert, rief etwas über die Gnade Gottes und stürzte sich auf die Gegner. Er schaffte es sogar, die Schwertspitze genau dort in den Grund zu bohren, wo gerade eben noch einer von Tafaris Vasallen gestanden hatte, eine süße, aber ziemlich bösartige Harpyie, die inzwischen bereits an Rex' Hals hochkletterte und versuchte, ihm etwas in den Hals zu stoßen, das wie ein Tomahawk aussah. Jovannas Pfeil traf die Kreatur am Ohr und warf sie herab.

Der gesamte Kampf war in Minuten, wenn nicht sogar Sekunden vorüber.

Ola und Jovanna kamen zu mir und umarmten mich. Jovanna presste sich an mich und wollte mich gar nicht wieder loslassen, bis ich es nicht länger aushielt. Ich konnte mich einfach nicht mehr beherrschen und gab ihr einen Kuss auf den Hals, der von dem Blut irgendeines der Feinde beschmiert war.

„Danke, dass ihr gekommen seid", sagte ich dann. „Theoretisch hätten wir uns natürlich teleportieren können. Nur hätten wir dann die Basis verloren und den Feinden überlassen."

„Wir sind aufgebrochen, sobald wir den Alarm gehört haben", erklärte Ola. „Willst du uns nicht den Neuen vorstellen?" Er und Jovanna sahen Manu an.

„Später! Zuerst einmal müssen wir uns die Beute ansehen und uns zurück zur Hauptbasis begeben. Sobald wir erst einmal im Bunker sind, berichte ich euch alles." Plötzlich fiel mir etwas ein. Ich hob die Hand. „Wartet!"

„Warum? Was ist denn?"

„Wir müssen uns zuerst um die Geistkristalle

kümmern. Sie sind nicht übertragbar, also müssen wir überlegen, wer sie an sich nimmt. Wie viele habt ihr? Ich habe alle 13 für ein neues Leben beisammen. Auf Nagashs Basis waren acht Kristalle, aber ich konnte nur vier aufheben. Den Rest hat Manu sich geholt."

Jovanna und Ola sahen sich an und zuckten mit den Achseln. „Wir haben überhaupt keine."

„Dann nehmt ihr besser diese fünf hier."

„Das ist doch Blödsinn!", protestierte Jovanna.

Ola stimmte ihr zu. „Phil, wenn du deinen letzten Tod stirbst, sind wir alle hinüber. Du musst sie nehmen!"

„Manu?", wandte ich mich an das neue Clan-Mitglied.

Er grinste. „Was ist das denn hier? Eine Demokratie? In dem Fall bin ich mit den anderen einer Meinung."

Ich betrachtete mein Interface. Da war der Status der Kristalle: 13/13.

Dann fiel mir Carter ein. Wenn es auch nur eine geringe Chance gab, ihm ein neues Leben zu verschaffen, musste ich sie ergreifen.

Ich klickte mich durch die Liste der Clan-Mitglieder. Carters Symbol war inaktiv. Ich schickte einen mentalen Befehl los.

Es tut uns leid. Der Prüfungsteilnehmer Carter ist seinen letzten Tod gestorben.

Um ihm eine letzte Chance zu geben, musst du das Respawn-Modul verwenden.

Oh, nein, Mann — nicht jetzt. Das Respawn-Modul würde den Clan fast 200.000 Existenz-Ressourcen-Punkte kosten. Außerdem stand es erst zur Verfügung, wenn die entsprechende Basis Level 5 erreicht hatte. Ich war mir nicht einmal sicher, ob die Prüfung lange genug dauern würde, um an diesen Punkt zu gelangen.

Ich kehrte zur Reihe der Abbildungen der Geistkristalle zurück und konzentrierte mich darauf. Sie verschwand.

Gratuliere, Liquidator! Du hast die heilige Zahl an Feinden getötet: 13
Du hast ihre Geistkristalle eingesammelt und sie in ein zusätzliches Leben verwandelt.
Derzeitige Leben: 2
Mach deinen Feinden mehr Feuer unterm Hintern, Liquidator!

„Hat es funktioniert?", erkundigt sich Jovanna neugierig.

Ich nickte und seufzte erleichtert. Zwei Leben waren besser als eines. Jetzt hatte ich einen gewissen Spielraum für Fehler.

Ich wischte mir den Schweiß von der Stirn, lächelte und schaute auf die Stelle zu meinen Füßen, wo gerade eben noch ein weiterer Geistkristall gelegen hatte.

Er war nicht mehr da!

Ich überprüfte das gesamte Schlachtfeld — da war nichts. Es lagen ein paar Ausrüstungsgegenstände herum, aber keine Kristalle. Auch das Interface erwähnte keine.

„Hört mal, Jungs, könnt ihr die Geistkristalle sehen?"

Ich war mir ziemlich sicher, das war der Fall, aber ich fragte dennoch.

„Klar", antwortete Manu. „Da liegt einer direkt bei deinem Fuß, und dort drüben sind vier weitere verteilt."

„Warum?", wollte Ola wissen.

„Anscheinend kann ich keine weiteren Geistkristalle aufheben. Es scheint eine Fähigkeit zu sein, die nur einmal funktioniert. Ich kann die Kristalle nicht einmal sehen. Also müssen wir unseren Plan ändern."

„Was schlägst du vor?", erkundigte sich Ola. „Sollen wir sie miteinander teilen?"

„Sie zu teilen wäre fair, aber nicht sehr vernünftig. Es besteht eine hohe Wahrscheinlichkeit, dass ihr keine weiteren mehr aufheben könnt. Deshalb glaube ich, es wäre sicherer, wenn nur einer von euch alle Kristalle an sich nimmt."

„Du hast recht", stimmte Jovanna zu. „Und nachdem der Neue ja bereits vier davon hat…"

„Sechs", korrigierte Manu sie. „Zwei habe ich mir selbst beschafft, als ich angefangen habe, bevor Nagash mich versklavt hat."

Olas Augen weiteten sich, als er den Namen des Totenbeschwörers hörte.

Ich ignorierte seine stumme Frage. „Prima. Wenn du dir jetzt diese fünf holst, fehlen dir nur noch zwei. Also los, heb sie auf! Jo und Ola, ihr nehmt die Ausrüstung an euch. Wir müssen zum Schutzbunker zurück. Es ist schon fast dunkel."

Ich entfernte die trügerischen Schulterstücke der ewigen Ruhe, die ich Nagash abgenommen hatte, und bot sie Manu an. „Zieh die hier an. Sie verschaffen dir eine um mehr als 65 % höhere Chance, einen weiteren Geistkristall aufheben zu können. Man weiß ja nie — vielleicht funktioniert es tatsächlich."

Das tat es wirklich. Statt der vorhandenen 5 konnte Manu ganze 7 Geistkristalle einsammeln. Mit einem Triumphschrei hüpfte er auf einem Bein herum, während er mit dem anderen auf den Boden stampfte. Gleichzeitig streckte er den Hintern in die Höhe und schüttelte seinen Bauch.

„Das ist der Mapalé, unser Nationaltanz", erklärte er und ergänzte, nachdem er unsere verwirrten Gesichter sah: „Ich komme aus Kolumbien."

Er entfernte die Schulterstücke wieder und gab sie mir zurück. Jetzt brauchte er sie nicht mehr. Was die anderen betraf, so hatte Jovanna noch zwei Leben übrig, während Ola bereits bei seinem letzten angekommen war. Wir einigten uns darauf, dass er als Nächster an der Reihe war, wenn es um das Aufheben von Geistkristallen ging.

Feierlich überreichte ich ihm die Schulterstücke. „Ich hoffe, es dauert nicht lange, bis du 13 Kristalle beisammenhast."

Er grinste und warf einen raschen Blick über unsere siegreiche Truppe. „Mit euch zusammen wird das ein Kinderspiel."

„Okay, dann darf ich euch jetzt also Manu vorstellen..."

Auf dem Rückweg zum Bunker erzählte ich, was geschehen war, beschrieb die Umstände meiner Begegnung mit Manu und alles, was ich sonst noch gesehen hatte.

Meine beiden Freunde waren besonders an den Artefakten interessiert, die in dem Hexagon mit dem speziellen Zweck zum Verkauf gestanden hatten. Deren Preise verpassten ihrer Begeisterung allerdings rasch einen gewaltigen Dämpfer.

„Ich frage mich, was wir wohl morgen dort vorfinden, wenn dieser Ort jeden Tag einem anderen Zweck dient?", überlegte Jovanna. „Sollen wir das morgen früh einmal überprüfen?"

„Was für einen Sinn hätte das denn?", wandte Manu ein. „Wenn sich der Zweck wirklich alle 13 Stunden — 24 Stunden unserer Zeit — ändert, ist der Shop morgen bestimmt nicht mehr da. Wir können uns das natürlich anschauen, aber bisher war das nur ein ganz normales Hexagon wie alle anderen auch. Ich hatte es zuerst erobert, bevor Nagash es mir weggenommen hat."

Ich runzelte die Stirn. „Und jetzt gehört es Tafari. Wir werden darum kämpfen müssen."

„Einen Augenblick." Ola hob die Hand. „Was ist denn dann mit dem Hexagon passiert? Wo ist jetzt dieses ganz normale Hexagon, wenn sich an dem Ort heute eines mit einem speziellen Zweck befindet?"

Manu kratzte sich am Kopf. Die anderen sahen mich an, schließlich war ich der einzige Zeuge der Existenz des Hexagons mit dem speziellen Zweck.

Ich hielt inne und überlegte, wie ich es geschafft hatte, dieses Hexagon zu betreten. „Oh, ich habe etwas zu erwähnen vergessen", erklärte ich. „Wenn man die Grenze überschreitet, fühlt sich das so an, als ob man eine geleeartige Schicht durchdringen muss. Was ist denn, wenn dieses spezielle Hexagon sich einfach lädt, so wie ein neuer Standort in einem Computerspiel?"

„Ja, und?", fragten die anderen ungeduldig — denn das erklärte ja schließlich immer noch nicht, was zwischenzeitlich mit dem „normalen" Hexagon geschah, wenn das andere aktiviert worden war.

„Die beiden Hexagone bestehen gleichzeitig, nur wird der Zugang zum normalen Hexagon einen Tag lang gesperrt, sodass man automatisch zu dem mit dem speziellen Zweck teleportiert wird. Und diese geleeartige Barriere ist in Wirklichkeit ein Portal."

„Einen Augenblick", meldete sich Ola mit leuchtenden Augen zu Wort. „Könnte die Barriere in dem Fall auch als Portal zu allen anderen Hexagonen dienen? Denn wenn es..."

„Das reicht jetzt", unterbrach ich ihn. „Es ist eine hübsche Theorie, aber sie bringt uns gar nichts, fürchte ich. Wir sollten lieber die Beute überprüfen."

Sie stellte sich als nicht sonderlich aufregend heraus. Es war durchweg Standardausrüstung von Level 2 nebst einiger Messer und Knüppel. Allerdings hatte Tafaris Gruppe auch zwei Artefakte hinterlassen: den Plasmastab und das Tomahawk mit einem Bonus für kritische Treffer und der Wahrscheinlichkeit eines Blutungs-Debuffs.

Manu bekam den Stab, der ihm ermöglichte, aus der Entfernung Schaden zuzufügen. Für den Nahkampf hatte er sich ja bereits Strikers Schwert unter den Nagel gerissen. Das Tomahawk bekam Ola.

Außerdem hatten Manu und ich uns ein paar der Dinge sichern können, die von Nagashs Gruppe stammten: das Schwert, die sich selbst ladende Armbrust und einen weiteren Stab. Besonders nützlich war nichts davon, also brachten wir es in der Truhe unter, sobald wir in der Hauptbasis waren. Das stellte unseren Zugriff darauf auch dann sicher, wenn einer von uns starb und alles verlor. Alle

Artefakte verfügten über ähnliche Statistiken, was den Schaden betraf, und unterschieden sich nur in Angriffsmacht und -geschwindigkeit.

Im Schutzbunker ruhten wir uns anschließend ein wenig aus, und Jovanna und Ola berichteten von ihren Abenteuern. Wir hatten es geschafft, zumindest ein Dutzend Basen upzugraden. Das war ein hervorragendes Ergebnis, wenn man bedachte, dass jede Basis Level 2 und jede Arbeitseinheit, die wir erstellten, uns mehr Punkte verschafften.

Ola mit seinem tollen mathematischen Geschick hatte bereits berechnet, dass all unsere Basen bis zum nächsten Abend das gewünschte Ergebnis erbringen würden, wenn sie über Nacht nicht in der Leistung nachließen. Ich dämpfte seine Begeisterung durch den Hinweis, dass wir Tafaris Beispiel insofern folgen sollten, als jedes Clan-Mitglied so schnell wie möglich Level 10 erreichen musste, um einer Klasse zugewiesen zu werden. Aus Erfahrung wusste ich bereits, die mit der Klasse verliehenen Talente spielten bei der Begegnung mit anderen Spielern eine entscheidende Rolle.

Endlich beschlossen wir, das Zählen der ungelegten Eier auf den Morgen zu verschieben und dann auch über unser weiteres Vorgehen zu beschließen.

* * *

Unser neues Clan-Mitglied Manuel Fuentes mit seinen 40 Lebensjahren stellte sich als echter Drogenbaron heraus. Ursprünglich stammte er aus der kolumbianischen Stadt Medellin, die für den illegalen Drogenhandel berüchtigt war. Wenn man Manus Worten Glauben schenken durfte, war er in jüngeren Jahren sogar einmal Pablo Escobar begegnet.

Über das Interface verfügte er nunmehr seit drei Monaten. Anfangs hatte das Programm ihn mit Strafen für sein sozial nachteiliges Verhalten überhäuft, bis er so schwach wurde, dass er nicht einmal mehr einen Löffel heben konnte. Aus irgendwelchen Gründen hatte das Interface mit seinen Strafen Manus Stärke angegriffen. Wahrscheinlich, weil für einen Mann wie ihn physische Schwäche die schlimmste Schande war.

Manu hatte das alles für eine Strafe Gottes gehalten. Er hatte den Drogenhandel verlassen und seine gesamte Zeit verbracht, während der er nicht schlief, mit Gebeten, um seine Sünden auszugleichen. Nachdem seine aufrichtige Reue und selbst großzügige Spenden an Arme keine Besserung gebracht hatten, hatte er damit begonnen, aktiv Kokainlieferungen zu sabotieren. Er arbeitete mit der Drogenpolizei zusammen und wurde zu einem allgemeinen Wohltäter, der jedem half, der ihm über den Weg lief.

Anscheinend hatte Gott daraufhin begonnen, ihn mit seiner Gnade beschenkt. So interpretierte es Manu wenigstens, als er ein neues Level erreichte. Die Strafen wurden aufgehoben und seine Eigenschaften verbesserten sich. Zum Zeitpunkt seiner Entführung hatte er die Wonnen guter Taten längst entdeckt und war zur Seite des Lichts übergewechselt.

Seine alten Gangsterfähigkeiten hatte er allerdings nicht verloren — was er während unserer nächtlichen Farming-Streifzüge bewies.

Kaum war die Dunkelheit hereingebrochen, stürmten neue, uns bislang noch unbekannte Elite-Mobs die Basis. Sie nannten sich Limbins und waren eigentlich nicht mehr als formlose Fleischklumpen, doppelt so groß wie ein Mensch, ohne Glieder oder Kopf. Ich nannte sie die „teigigen Jungs".

Sie griffen uns in Wellen an, jede in etlicher Entfernung von der vorangehenden. Selbst in der schwächsten Welle attackierten uns gleich vier von ihnen. Der Kampf gegen sie erwies sich als echte Herausforderung, denn sie besaßen keinerlei Schwachstellen. Jeder Messerstich schloss sich nach dem Herausziehen der Klinge sofort wieder, wie bei Teig. Pfeile verschluckten die Klumpen einfach ohne jeden Schaden. Und als ich meine Dinos auf sie losschickte, breitete sie sich flach auf dem Boden aus und bildeten sich an einer anderen Stelle neu.

Es stimmte schon, ihre Gesundheit nahm ab, allerdings nur extrem langsam. Und als einer der Limbins sich um das Bein von Rex legte, jaulte der schmerzerfüllt, krachte zu Boden — und ihm fehlte eben jenes Bein. Der teigige Junge selbst war angeschwollen und hatte sich vom Blut des verschluckten Beins rot gefärbt.

In diesem Augenblick hatte Manu erstmals Gelegenheit zu beweisen, dass er in der Lage war, rasch Lösungen zu finden. Er legte das Schwert beiseite, griff zum Stab und übergoss die eklige Kreatur mit Plasma. Das sie prompt verschluckte. Allerdings war es unmöglich, Plasma in sich zu behalten. Das Zeug brannte sich einen Kanal durch das Fleisch und raubte dem Mob Gesundheitspunkte.

„Hab ich dich, du Mistkerl!", brüllte Manu und feuerte eine weitere Plasmasalve ab.

Jovanna verstand mich ohne Worte. Sie lief zurück zum Bunker und kehrte mit zwei weiteren Stäben zurück — ihrem eigenen, der Blitze schoss, und dem anderen, der elektrische Ladungen aussandte. Ich befahl den Dinos, zurückzubleiben und wies das Team an, die teigigen Jungs auf sich zu lenken.

Rex lag noch immer an der Stelle, an der er gestürzt war. Zu schade, dass ich Zack den Heilstab nicht abgenommen hatte! Als Rex sich erholt hatte und ihm ein neues Bein gewachsen war, hatten wir bereits drei weitere Angriffswellen zurückgeschlagen.

Die teigigen Jungs hinterließen großzügige Mengen an Ressourcen. Die Integrationsmodule nahmen weiter automatisch Upgrades der Basen vor, sobald genügend Punkte dafür vorhanden waren, und erstellten neue Module und Arbeitseinheiten. Bis zum Morgen hatten wir nicht nur in Bezug auf die Basen unsere Vorgaben erfüllt, sondern wir hatten alle auch Level 9 erreicht. Bis auf mich natürlich.

Ich hatte es nun auf Level 11 geschafft, weil ich

gezwungen gewesen war, mich umgehend selbst zu heilen, als ich einen Arm in einem der teigigen Jungs verloren hatte. Ohne Manu hätte ich sogar mein Leben verlieren können, doch er hatte mich blitzschnell aus der fleischfressenden Masse wieder herausgezogen und hatte dabei sogar riskiert, selbst verschluckt zu werden.

Im Einklang mit unserer neuen Strategie investierten wir alle nach dem Levelaufstieg verfügbaren Eigenschaftspunkte in unsere Stärke. Was dazu führte, dass jede Arbeitseinheit nun elf mehr Existenz-Ressourcen-Punkte pro Stunde einbrachte. Von den erhöhten Schadenswerten einmal ganz zu schweigen. Eine Ausnahme galt nur für Jovanna, die für den Schaden, den ihr Bogen anrichtete, auf eine hohe Beweglichkeit angewiesen war.

Als die ersten Sonnenstrahlen den Planeten trafen, machten wir uns auf zum Hexagon mit dem speziellen Zweck, um von dort aus Manus Gebiet zurückzuerobern. Wenn meine Annahmen stimmten und Tafari tatsächlich durch eine Auseinandersetzung mit Juma abgelenkt war, würde er wieder nur eine Kampftruppe aussenden, und mit der würden wir schon fertig werden.

* * *

Genau das geschah auch. Genaugenommen war alles sogar noch einfacher als gedacht.

Das Hexagon mit dem speziellen Zweck war nicht da. Stattdessen befand sich hier Nagashs frühere Basis, die Striker für Tafari erobert hatte. Als wir die Grenze überschritten, trug uns das ein paar Debuffs ein und löste einen Alarm aus.

Wir schafften es in den Bunker. Dabei rechneten wir jede Sekunde mit dem leisen Knallen von Teleports. Es kam jedoch niemand, sodass wir die Basis ganz ohne Kampf an uns reißen konnten.

Anschließend zogen wir weiter von Hexagon zu

Hexagon und farmten unterwegs die Mobs, denen wir begegneten, bis wir alle vier ehemaligen Basen von Nagash erobert hatten. Das machte uns sogar ein wenig vorwitzig, und wir nahmen gleich noch zwei Hexagone von Tafari an uns.

Jetzt war unser Clan der stolze Eigentümer von 62 Hexagonen. Die Rangliste aktualisierte sich in Echtzeit. Weitere 13 Teilnehmer waren innerhalb der letzten 13 pibellauischen Stunden ihren letzten Tod gestorben:

Anzahl der Testsubjekte: 59/169
Derzeitige Rangfolge:
1. Juma, Mensch. Level 23. Klasse: Jäger. Eroberte Hexagone: 142
2. Tafari, Mensch. Level 21. Klasse: Henker. Eroberte Hexagone: 135
3. Phil, Mensch. Level 11. Klasse: Liquidator. Eroberte Hexagone: 62

Doch obwohl die Größe des von uns besetzten Territoriums uns jetzt näher an die beiden herangebracht hatte, die die Tabelle anführten, war der Unterschied im erreichten Level doch noch größer geworden. Anscheinend steckten Juma und Tafari alles, was sie an Ressourcen ergattern konnten, in den eigenen Aufstieg, ohne sich um die Wirtschaftlichkeit der Basen oder die Fortschritte ihrer Vasallen zu kümmern.

„Weißt du, Phil, ich habe nachgedacht", erklärte Ola während unserer fünfminütigen Pause und zeichnete mit der Speerspitze etwas auf die Erde. „Jo, Manu — alle mal herschauen. Wenn wir das Modul für die Arbeitseinheiten auf Level 2 upgraden, was uns 2.000 Punkte kosten würde... Bedeutet das, dass sich dann automatisch auch alle Arbeitseinheiten unserer Basen auf Level 2 upgraden?"

Ich wusste sofort, worauf er hinauswollte. „Ola, du bist ein Genie! Genauso hat es ja mit den Kampfeinheiten funktioniert — sobald wir das Integrationsmodul geupgradet haben, konnten wir alle Kampfeinheiten sofort auf das maximal mögliche Level bringen. Wenn das mit den Arbeitseinheiten ebenso klappt — das wäre fantastisch! Eine Arbeitseinheit Level 2 kann fünfmal so viele Ressourcen farmen!"

Jovanna horchte auf. „Das müssen wir unbedingt ausprobieren. Sollen wir zur Hauptbasis zurückkehren?"

„Ich werde allein zurückgehen", hielt ich sie auf. „Ihr bleibt hier und farmt weiter. Außerdem schaue ich vielleicht noch bei unserem Freund Zack vorbei. Seine Frist läuft demnächst ab."

„Kann ich mit dir kommen?", bat Jo. „Die Jungs kommen schon allein klar."

„Nein, tut mir leid, Jo — du musst bei ihnen bleiben. Wir treffen uns in drei Stunden — Erdenzeit, meine ich jetzt — wieder, entweder in der Basis von diesem Hexagon, oder in der Basis von dem Hexagon am weitesten im Norden, das einer von uns gerade erobert hat. Bis zum Abend sollten wir erheblich weiter in Richtung Norden vorgedrungen sein."

Ich verließ meine Freunde und eilte zur Basis, um mich zurück zu unserem Haupt-Hexagon zu teleportieren.

Dort startete ich sofort das Upgrade der Module für die nichtkämpfenden Einheiten und für unseren Ausrüstungsbestand. Einen extradimensionalen Rucksack für ein paar weitere Ausrüstungsgegenstände, Ersatzwaffen und -uniformen konnten wir alle gut gebrauchen. Dann waren wir wenigstens nicht völlig hilflos, falls uns der Tod ereilen sollte.

Sobald beide Upgrades abgeschlossen waren, bekam ich auch schon meinen Rucksack. Er war klein und kompakt. Vor allem aber war er im wahrsten Sinn des Wortes bodenlos. Er nahm alles auf und synchronisierte sich automatisch mit dem extradimensionalen Inventar des Clans.

Was die Arbeitseinheiten betraf, lief die Sache allerdings nicht wie geplant. Die Module aller anderen Basen waren noch nicht für ein Upgrade freigeschaltet. Olas Idee eines Cheats, der uns in wahre Ressourcen-Oligarchen hätte verwandeln können, schlug also kläglich fehl.

Zu schade! Es war ein so schöner Plan gewesen! Hätte er funktioniert, wäre uns allen noch vor Morgengrauen Level 30 sicher gewesen.

Nachdem das — mehr oder weniger — erledigt war, portierte ich zur Basis, die der von Zack am nächsten war, und begab mich auf den Weg zu ihm.

Warnung! Du bist dabei, ein Hexagon zu betreten, das von einem anderen Testsubjekt erobert wurde.
Eigentümer: Zack. Level: 9
Level der Basis: 2
Spezielle Wirkungen: -5 % für alle Eigenschaften.

Der rapide Abstieg in Stärke, Beweglichkeit und Ausdauer brachte mich zum Taumeln. 5 %, das klang vielleicht nicht nach viel — ich hatte an Stärke nur 1 Punkt verloren –, aber ich spürte es sehr deutlich.

Auf dem Weg zur Basis stieß ich auf mehrere Horden aggressiver Mobs der Level 9 und 10 — hauptsächlich Kirpis und Krekniks –, doch die bereiteten mir keine Schwierigkeiten. Pfeifer gab es so viele, dass ich ein paar einfach beiseitetreten musste. Ich verfügte längst über weit mehr Existenz-Ressourcen, als ich mir wünschen konnte, denn mein Bonus der höheren Wahrscheinlichkeit für mehr Beute hatte sich einige Male realisiert, was mir insgesamt 100 Punkte eingebracht hatte. In Anbetracht dieser Umstände war ich bester Laune, als ich Zacks Basis erreichte.

Niemand begrüßte mich — mit Ausnahme einiger Türmchen auf dem Zaun. Ich huschte rasch an ihnen vorbei, bis ich den toten Winkel erreicht hatte, und hielt vor dem Bunker an.

Die Abwesenheit des Eigentümers der Basis beunruhigte mich. Er musste doch die Warnung über mein Eindringen erhalten haben! Sollte ich die Basis jetzt erobern, oder auf Zack warten und ihm anbieten, freiwillig unserem Clan beizutreten?

Ich beschloss, ihm zehn Minuten zu geben und dann den Prozess der Eroberung des Hexagons eines anderen Spielers einzuleiten. Dafür musste ich mindestens eine pibellauische Stunde allein in der Kommandozentrale verbringen.

Zack tauchte auf, als die 10 Minuten — Erdenzeit — schon beinahe um waren. Er war umgeben von seinem Gefolge, bestehend aus einem Dutzend Spinnen. Der Mann, dessen Name auf Ilindis Liste stand, kam grimmig auf mich zu und gab mir misstrauisch die Hand.

„Ich brauche einen weiteren Tag", sagte er ohne jegliches Vorgeplänkel.

„Zack, entweder du schließt dich meinem Clan an, oder ich bringe dich um und erobere dieses Hexagon. Hier ist die Einladung."

Er lehnte sofort ab und machte dann eine versöhnliche Geste. „Jetzt hör doch mal — bist du wirklich sicher, dass du mich auf meinem eigenen Gebiet schlagen kannst? Du bist allein, während ich all meine Kampfeinheiten bei mir habe. Und du darfst es mir gern glauben — ihre Bisse sind weitaus schlimmer, als du denkst."

„Ich fürchte, du wirst sterben, bevor eines deiner Schoßtiere die Chance hat, seine Kiefer an mir zu wetzen. Ich glaube nicht, dass du dich in einer Position befindest, die gut genug ist, mich bedrohen zu können."

„Mit dem Bedrohen hast du doch angefangen!"

„Ich habe dir immerhin eine Wahl gelassen. Das ist mehr, als du umgekehrt von dir selbst behaupten kannst."

„Phil, lass mich dir mal was erklären. Du warst doch so scharf auf meinen Heilstab, oder? Ich bin bereit, ihn dir zu geben, wenn du mir dafür einen weiteren Tag Zeit lässt. Es ist nur ein einziger Tag, Phil! Was macht das denn schon für einen Unterschied für dich aus? Ich habe eine Theorie, was dieses Spiel hier betrifft, die ich überprüfen möchte. Und das kann ich nicht, wenn ich Mitglied eines Clans bin. Phil, *bitte!*" Seine Stimme zitterte. Er ging vor mir auf die Knie.

„Und was soll mich davon abhalten, dich jetzt zu töten und mir dann alles unter den Nagel zu reißen, einschließlich deines Heilstabs?"

„Der Stab ist im Inventar-Modul. Du weißt, was ich damit meine, oder? Natürlich weißt du es. Ohne mich bekommst du ihn nicht."

Ich erinnerte mich an Rex' herzzerreißendes Jaulen, als sein Bein zerfressen worden war. Wieder einmal wog ich meine Chancen ab, und berücksichtigte dabei auch meinen Bluff, es wäre so verdammt einfach, Zack umzubringen. Wenn sich ein Dutzend Spinnen auf mich stürzten, kam ich womöglich nicht mit dem Leben davon. Dann verlor ich alles — mein Leben, meine Ausrüstung und alle Artefakte. Und wenn ich jetzt ging, um Verstärkung zu holen, würde ich vor Zack mein Gesicht verlieren. Außerdem würde uns das maßlos verlangsamen.

„Also gut — du bekommst noch einen Tag", nickte ich. „Und jetzt geh und hol mir den Stab!"

✳ ✳ ✳

Ich traf vor meinem Team im nördlichsten Hexagon ein und wanderte vor lauter Langeweile ein wenig herum. Dabei erledigte ich, was mir an Mobs über den Weg lief. Endlich, bei meiner dritten Runde, sah ich die Dinos hinter einem niedrigen Hügel auftauchen, begleitet von meinen Clan-Mitgliedern, die auf Croc ritten.

Zu meinem Erstaunen waren es jedoch vier Leute, nicht bloß drei. Hatten sie noch jemanden aufgenommen? Nein, die Anzahl der Mitglieder meines Clans war gleichgeblieben. Und wer war jetzt die vierte Person? Die Namenskennung war auf diese Entfernung hinweg noch nicht aktiviert.

Endlich erhielt ich die Infos über die Identifizierung.

Der Name von Nummer 4 war Eddie.

Das war wieder jemand von Ilindis Liste! Ich konnte es nicht glauben! Wie war es bloß dazu gekommen, dass nahezu alle auf dieser Liste in diesem Teil des Prüfungsfelds gelandet waren? Das war ein Rätsel, das allein Ilindi auflösen konnte.

Als sich mein Team näherte, überlegte ich, ob es wohl möglich war, eine Nachricht zurück zur Erde zu senden. Wenn man uns von dort aus erreichen konnte, musste die Kommunikation doch auch auf umgekehrtem Weg funktionieren, oder?

Ich suchte in den Protokollen des Interface nach Marthas Nachricht mit der Liste, doch ich fand sie nicht mehr.

Meine Dinos brachen durch den Zaun und stürmten die Basis. Sofort herrschte emsige Geschäftigkeit.

„Wir haben jemanden mitgebracht!", rief Ola und sprang von Crocs Rücken herunter. „Du musst ihn begrüßen!"

Die anderen folgten langsamer, hielten sich dabei an den Schuppen fest. Da waren Manu, der Neue und Jova...

Oh nein! Diese junge Frau war nicht Jovanna! Ola hatte anscheinend mit den guten Nachrichten begonnen und sich die schlechten aufgespart.

„Wo ist Jo?", fragte ich.

Die Männer traten von einem Fuß auf den anderen und wichen meinem Blick aus. Stattdessen antwortete die Neue.

„Sie wurde getötet. Nachdem wir auf dein Team gestoßen sind, wollten wir durch einen Wald zurück zur Basis. Dort sind wir direkt in einen Hinterhalt von Nebulas geraten..."

„Aber Mobs können sie doch nicht umbringen!", unterbrach ich sie ungläubig. „Es waren schließlich ganz normale und keine Elite-Mobs!"

„Es tut uns leid, Phil", sagte Ola. „Sie haben uns abgelenkt. Deshalb haben wir nicht bemerkt, wie sich eine

Gruppe von Tafaris Leuten von hinten angeschlichen hat. Sie haben uns angegriffen. Als wir es endlich bemerkt und uns gewehrt haben, war Jovanna bereits tot und sie hatten sich wieder davongemacht. Die Nebulas haben verhindert, dass wir ihren Angriff bemerkt haben — und sie haben auch verhindert, dass wir ihnen folgen konnten, denn sie haben uns noch eine ganze Weile festgehalten."

„Tafari hat also umgeschaltet auf Guerillataktik", bemerkte ich nachdenklich. „Dann kommt die Verstärkung durch zwei neue Leute keinen Augenblick zu früh." Ich riss mich zusammen und gab dem neuen Kerl mit lockigen Haaren die Hand. „Ich bin Phil. Aus Russland."

„Ich bin Eddie", antwortete er. „Aus Orlando, Florida. Ich weiß, wer du bist. Mein Prototyp von der Erde hat mir eine mentale Nachricht geschickt."

„Und ich bin Leti", sagte die junge Frau. „Ich bin aus Italien. Momentan bin ich in Eddies Clan, aber wir sind beide bereit, uns deinem anzuschließen."

„Wir haben drei Hexagone", berichtete der Amerikaner. „Plus gemeinsam 26 Charisma-Punkte und 25 Punkte Stärke. Außerdem verfügen wir über eine Basis Level 2, in der alle Module aktiviert sind."

„Hervorragend!" Ich nickte grimmig. Ich wurde einfach nicht fertig mit diesem völlig sinnlosen Verlust meiner Freundin... Hoppla, ich meinte natürlich meines Clan-Mitglieds... Oder betrachtete ich Jovanna jetzt etwa als meine Freundin? „Wir sprechen über alles im Bunker. In der Zwischenzeit — Eddie, hier ist die Einladung zum Clan. Leti wird wahrscheinlich automatisch mit wechseln, sobald du angenommen hast."

Eddie schien etwa 25 Jahre alt zu sein. Auch seine tiefe Sonnenbräune konnte seine irischen Sommersprossen nicht verdecken. Leti war eine ausgesprochen sportliche Brünette in den Dreißigern, wirkte jedoch jünger. Eddies knapper, prägnanter Bericht hatte eine Reihe wichtiger Informationen für den Clan enthüllt. In den kommenden Stunden mussten wir über eine weitere Verstärkung unserer

Dino-Gruppe entscheiden. Waren wir besser dran mit drei Horden von Velociraptoren und Dilophosauriern, oder mit einem weiteren, vierten Megamonster? Wir mussten ja neben Eddies und Letis auch noch immer Manus Charisma-Punkte investieren. Oder sollten wir es bei drei Dinos belassen, die wir nur einfach noch stärker neu erstellten?

Hinter uns erklang das unverkennbare leise Knallen eines Teleports, gefolgt von einem lauten Ausbruch serbischer Schimpfworte, gespickt mit französischen *gros mots*,[15] die sie von Ola gelernt haben musste.

Ola lief auf sie zu, ihren Bogen in der Hand. Mechanisch schlang Jovanna sich den Bogen um, baute sich vor der Gruppe auf und verlangte: „Phil, ich will meinen eigenen Dinosaurier! Einen, der mir niemals von der Seite weicht!"

„Das werden wir auf jeden Fall überlegen", erwiderte ich. „Kannst du noch einen kleinen Augenblick warten?"

Mein Team horchte auf. Sie ahnten wohl alle, dass ich davorstand, etwas Wichtiges zu verkünden.

„Jetzt hört mal alle zu — wir alle haben sozial bedeutungsvolle Handlungen vollzogen. Deshalb sind wir jetzt zusammen. Zack spielt noch immer mit seiner Unabhängigkeit. Was Ken betrifft, den haben wir noch nicht gefunden. Aber wir anderen — Ola, Eddie, Jovanna, Manu, Leti und ich –, wir sind das Beste, was die Menschheit für diese Prüfung zu bieten hat. Wir sind nicht Phils Clan — wir sind Ilindis Clan. Valiadis hat alle Hoffnung auf uns gesetzt. Die gesamte Erde hat ihre Hoffnung auf uns gesetzt. Wenn wir verlieren, verliert damit auch die gesamte Menschheit."

„Phil?" Jovanna tippte mir auf die Schulter. „Du wolltest etwas sagen, oder nicht?"

Erst in dem Augenblick fiel mir auf, dass ich meine leidenschaftliche Rede nur in Gedanken gehalten hatte. Sollte ich sie laut wiederholen? Nein, aus irgendeinem Grund kam mir das wichtigtuerisch und unnatürlich vor, regelrecht künstlich.

---

[15] Gros mots: Schimpfwörter (französisch).

Deshalb erklärte ich stattdessen etwas ganz anderes.

„Oh ja. Jetzt sind fast alle von uns im Clan. Begeben wir uns wieder an die Arbeit!"

KAPITEL 20

DIE NARBEN AUF DEM KÖRPER DES SCHICKSALS

Wenn jemand fragt, wo ich bin — ich habe das Land verlassen.

Mike Wheeler, *Stranger Things*

„FÜR MICH EINEN Wodka", verlangte eine Stimme zu meiner Rechten. Der Kerl im Sitz neben mir, der die meiste Zeit geschlafen hatte, war endlich aufgewacht. „Oder nein, besser gleich zwei!" Er hielt für die Flugbegleiterin zwei Finger hoch. „Und einen Tomatensaft! Nein, zwei!"

Die Aufregung in der Kabine des Flugs von Moskau nach Las Vegas war spürbar. Wir hatten uns alle Filme angeschaut, die obligatorischen zwei Mahlzeiten zu uns genommen, nachher ein wenig geschlafen, und jetzt näherte sich der zwölfstündige Flug langsam dem Ende. Die gut ausgeruhten Passagiere unterhielten sich fröhlich über unser Ziel.

Die Stewardess überreichte meinem Mitreisenden seine Getränke und wandte sich dann mit einem freundlichen Lächeln an mich. „Was kann ich Ihnen bringen?"

„Nur ein Wasser, bitte."

Ich trank den Plastikbecher in einem Zug halb aus und stellte ihn auf dem kleinen Tisch ab.

„In weniger als zwei Stunden sind wir da", bemerkte mein Mitreisender und schaute auf den Bildschirm, der den

Reisefortschritt zeigte. „Las Vegas! Die Stadt der Träume! Die Stadt des Vergnügens!" Er streckte die Hand aus. „Ich bin Alex."

„Phil." Wir schüttelten einander die Hände.

„Auf uns beide, Phil — und der Rest kann uns den Buckel runterrutschen!" Er leerte seinen insgesamt aus über 100 ml bestehenden Drink, keuchte einmal, wischte sich den Mund mit dem Ärmel ab und schüttete dann den Tomatensaft hinterher. Sein Adamsapfel zuckte beim Trinken.

Sein russischer Akzent war wirklich gut, doch sein Versuch, als gebürtiger Russe durchzugehen, geradezu lächerlich:

Alex Tomasik[16]
Alter: 54
Ein Geheimagent.

Ich hätte meinen Kopf verwettet, dass er ein Agent der CIA war.

Es war während des gesamten Fluges das erste Mal, dass er den Mund aufgemacht hatte. Ich hatte mit meinem Sitzplatz großes Glück gehabt — meine amerikanischen Freunde hatten sich in die Unkosten für ein Business-Class-Ticket gestürzt.

Rechts von mir saß Tomasik und links, auf der anderen Seite des Gangs, saß eine sehr deprimiert wirkende junge Frau. Sie war eine Blondine mit hohen Wangenknochen und Brille, ihr Gesicht hatte sie halb unter der Kapuze ihres Sweatshirts versteckt. Ihr Name war Laura. Sie hatte den gesamten Flug damit verbracht, starr den iPad in ihrem Schoß zu betrachten, mit Kopfhörern im Ohr. Auf all meine Versuche, eine Unterhaltung mit ihr anzufangen, hatte sie nur einsilbig reagiert und sehr deutlich gemacht, dass ich ihrer Meinung nach damit in ihre Privatsphäre eindrang.

---

[16] Tomasik ist ein slowakischer, kein russischer Name.

Tatsächlich war es genau umgekehrt — sie drang in mein Privatleben ein. Abgesehen von ein paar Profi-Fertigkeiten wie Umgang mit Schuss- und Klingenwaffen verfügte sie auch über ein paar sehr ungewöhnliche Fähigkeiten wie operative Sicherheit, Bewachung, Selbstkontrolle und Beobachtung. Das sprach für sich selbst und verriet den wahren Zweck ihrer Anwesenheit auf diesem Flug.

„Sind Sie zum ersten Mal in den USA?", erkundigte sich Alex. Er mochte vielleicht verschlafen und durcheinander gewirkt haben, doch in Wahrheit war er das Gegenteil, innerlich hochkonzentriert. Seinen aufmerksamen Augen entging nichts, was mich betraf. Er las meine Körpersprache und schätzte meine Reaktionen ab. „Sollen wir unsere Begegnung begießen?"

„Danke, aber ich trinke nicht. Und Sie haben recht — dies ist mein erster Besuch in den Staaten."

Meine Beschattung hatte am Domodedovo-Flughaven in Moskau begonnen, zu dem mich ein regulärer Inlandsflug von unserem Stadtflughafen aus gebracht hatte. Ich war zur vereinbarten Zeit am Flughafen unserer Stadt eingetroffen, wo mich ein sehr unauffällig aussehender Mann mit einem Gesicht erwartet hatte, das schon viel erlebt hatte. Wie aus dem Nichts hatte er plötzlich neben mir gestanden, mir einen Umschlag überreicht und war sofort wieder dorthin gegangen, wo er hergekommen war.

Im Umschlag fand ich mein Flugticket und einen neuen Pass für internationale Reisen,[17] der genauso aussah wie der Pass, den Panchenko mir gestohlen hatte, nur war dieser hier brandneu, und verfügte bereits über ein amerikanisches Visum.

---

[17] Die meisten Russen besitzen zwei Pässe: Einen für den heimischen Gebrauch, denn in Russland dient der Pass als Nachweis der Identität, und einen internationalen Reisepass für Reisen ins Ausland. Dieser besitzt ein anderes Aussehen. Ersterer ist für alle Russen ab einem Alter von über 14 Jahren Pflicht. Der internationale Reisepass hingegen ist optional und wird an diejenigen ausgegeben, die ins Ausland reisen möchten.

Aus purer Langeweile verbrachte ich die Zeit vor meinem Flug damit, „Ich sehe was, das du nicht siehst" zu spielen und die anderen Reisenden zu identifizieren. Dabei waren mir auch Laura und Alex mit ihrer sehr besonderen Zusammenstellung aus Fertigkeiten und Status aufgefallen. Deshalb hatte es mich nicht sonderlich überrascht, dass diese beiden mich in der Maschine sozusagen umrahmt hatten.

Es war der letzte Beweis dafür, dass diejenigen, die mich nach Amerika bringen wollten, wer auch immer diese Leute waren, an mir *wirklich* interessiert waren. Die einzige nun noch verbleibende Frage war, ob sie mich als potenziellen Tippgeber für den Terroristenfang brauchten, oder ob sie mich übersinnlicher Fähigkeiten verdächtigten. Keine dieser beiden Möglichkeiten versprach viel Gutes, aber wenn Letzteres zutraf, konnte ich das wenigstens für meine eigenen Zwecke ausnutzen.

„Sind Sie geschäftlich oder privat unterwegs?", fragte Alex.

Ich warf Laura einen Seitenblick zu. Sie schien in irgendeinen Zeichentrickfilm auf dem iPad vertieft zu sein, sah dann jedoch zu Alex. Die beiden zeigten geradezu unanständig viel Interesse an meiner bescheidenen Wenigkeit, weit mehr, als man es Mitreisenden sonst widmete.

Theoretisch könnte ich natürlich auch vermuten, dass meine hohen Charisma-Werte der Grund für Lauras Interesse waren, allerdings bezweifelte ich das doch sehr stark. Ihr Pulsschlag lag im Rahmen dessen, was bei ihrem Alter zu erwarten war. Das übrigens in Wahrheit bei 34 lag, was mich maßlos überraschte. Ohne Interface hätte ich sie für eine 20jährige Studentin gehalten.

„Beides", antwortete ich. „Ich habe einen Essay-Wettbewerb über die Rolle der englischen Sprache in der heutigen Gesellschaft gewonnen. Deshalb hat man mich zu einer Preisverleihungszeremonie eingeladen. Die Veranstalter bezahlen alle Ausgaben."

„Ist ja nicht wahr!", staunte Alex, und es klang beinahe aufrichtig. „Respekt, Mann!"

Okay, das war jetzt genug des Theaterspiels. Die Prüfung würde schließlich nicht ewig dauern. Womöglich verlor ich das Interface, bevor Panchenkos Fluch abgelaufen war.

„Ich möchte Sie beide etwas fragen", begann ich. „Sind Sie von der CIA oder der NSA?"

Auch wenn meine Frage sie ganz unvorbereitet getroffen hatte, zeigte doch keiner von ihnen irgendeine Rührung. Ohne die Auswertung ihres inneren Zustands durch das Programm hätte ich nicht geahnt, welche Reaktion ich ausgelöst hatte.

Die beiden tauschten einen Blick. Die junge Frau nickte Alex nahezu unmerklich zu.

„Tut mir leid, Philip", sagte er, plötzlich ganz ernst. „Wir wollen nur sicherstellen, dass Sie wirklich sicher auf dem Gebiet der USA eintreffen."

„Welche Gefahr sollte schon einem Anfängerautoren drohen, der ein Essay über die Bedeutung der englischen Sprache in der heutigen Gesellschaft geschrieben hat?"

Alex beugte sich zu mir hinüber und flüsterte: „Wissen Sie, Sie sind nicht der Einzige. In der letzten Zeit ist eine ganze Reihe solcher ,Anfängerautoren' aufgetaucht. Leider hat keiner von denen uns die Chance gegeben, mit ihm zusammenzuarbeiten."

„Zusammenarbeiten bei was?"

„Na, beim Schreiben neuer Essays natürlich!"

✳ ✳ ✳

Begleitet von Alex und einer stummen Laura, die total in das Kauen ihres Kaugummis versunken zu sein schien, wurde ich an der Schlange der anderen Einreisenden vorbei gelotst. Jemand stempelte meinen Pass, wünschte mir einen angenehmen Aufenthalt, nickte meinen Begleitern zu und öffnete das kleine Tor. Ich trat hindurch — und befand mich nun auf US-amerikanischem Boden.

„Alex, ich muss unbedingt etwas erledigen, es ist sehr wichtig", sagte ich drängend. Ich hatte Panchenkos Standort auf der Karte überprüft — er war noch immer in Vegas. „Ich muss das vor allem anderen erledigen, das Sie für mich geplant haben. Es ist von immenser Bedeutung."

„Wohin müssen wir gehen?", fragte Alex. Laura murmelte etwas in ein verstecktes Mikrofon.

„Das sage ich Ihnen, wenn wir im Auto sitzen." Ich hielt die Landkarte geöffnet und beobachtete, wie Panchenko das Hotel verließ. Ich musste warten, bis er irgendwo anhielt. „Möglicherweise zum *Hotel Bellagio*, aber vielleicht auch nicht. Momentan kann ich das noch nicht sagen."

„Also gut." Alex nickte, nachdem er alles mit seinen Vorgesetzten abgeklärt hatte.

Als wir den *McCarren International Airport* verließen, kam es mir vor, als würde ich eine Sauna betreten. Die Sonne brannte, und die herbe, fremde Luft riss mir endlich das Pokerface herunter, das ich bislang hatte bewahren können.

Während wir auf den Wagen warteten, unterhielten wir uns. Ich bemühte mich um ein sauberes Englisch, doch meine Versuche, seine Muttersprache zu vergewaltigen, ließen Alex zusammenzucken, und er wechselte sofort wieder zu Russisch.

Wir sprachen über neutrale Themen und erwähnten das „Essay" nicht ein einziges Mal. Er berichtete mir, wie sehr er Moskau liebte, und dass die russischen Frauen so schön wären. Mit einem bissigen Lachen gab er anschließend eine ziemlich schlüpfrige Geschichte über die Eskapaden eines russischen Oligarchen zum Besten, komplett mit Fernseh-Berühmtheiten und der gesamten Belegschaft einer Moskauer Agentur für Models.

Laura reagierte mit einem Strom englischer Schimpfwörter, die ich vorher noch nie gehört hatte. Nach einem bösen Blick zu Alex und Seitenblicken zu mir schwieg sie wieder.

Endlich hielt vor uns ein kleiner, schwarzer Minibus. Wir drei stiegen ein. Der Fahrer wartete, bis wir saßen, dann brauste er los.

„Wohin müssen wir?", fragte Alex erneut. „Sie hatten das *Bellagio* erwähnt?"

Ich überprüfte die Karte. „Ich muss zur *T-Mobile Arena*. Da findet ein Ringerturnier statt." Ich konnte kaum sprechen. Meine Kehle war trocken vor Angst. Mir stand die entscheidende Begegnung mit meinem Widersacher bevor.

„Ich fürchte, die Karten dafür sind längst ausverkauft", bemerkte Alex trocken.

„Glauben Sie, Sie könnten mir da aushelfen?"

Laura rollte die Augen.

Alex lachte. „Warum zum Teufel wollen Sie sich das denn anschauen?"

„Davon habe ich schon als Kind geträumt", erwiderte ich und versuchte, so aufrichtig wie möglich zu klingen. Falls Alex mich nicht in die Arena bringen konnte, musste ich eben davor auf Panchenko warten.

„Das ist kein Problem", versprach Alex. „Ich besorge Ihnen einen Platz."

Er führte mit leiser Stimme ein paar Telefonate und nickte mir anschließend zuversichtlich zu.

Den Rest der Fahrt verbrachten die beiden Agenten in taktvollem Schweigen. Sie beobachteten mich, wie ich aufgeregt aus dem Fenster schaute.

Ich hatte Russland in meinem ganzen Leben noch nie verlassen. Noch nicht einmal in der Türkei war ich gewesen, wo viele Russen Urlaub machten — und jetzt war ich in den Vereinigten Staaten! Gierig nahm ich die Straßen mit ihren wunderschönen Gebäuden in mich auf, die Schilder der Läden, die Autos und sogar die Passanten, und versuchte, alle Unterschiede zu erkennen.

Und die Palmen! Sie waren in meinen Augen das erstaunlichste Merkmal der gesamten Stadt und demonstrierten sehr lebhaft die Unterschiede im

Breitengrad.

Von Panchenko verflucht, drei Tage vor meinem möglichen Tod, bekam ich das erste Mal in meinem Leben Palmen zu sehen.

✲ ✲ ✲

Jemand erwartete uns beim Eingang. Als wir vorgefahren waren, öffnete er mit einem freundlichen Lächeln die Tür.

„Herr Tomasik?", fragte er und ließ den Blick von mir zu Alex wandern.

„Der bin ich. Können Sie meinen Freund Phil zu seinem Platz bringen?"

„Selbstverständlich. Folgen Sie mir bitte."

„Wir bleiben in der Nähe", erklärte Laura.

War das ein Versprechen — oder eine Drohung?

Neugierig betrachtete ich den riesigen, farbigen Bildschirm auf einer der Außenwände, mit einem violetten Hintergrundlicht. Irgendwo in diesem Stadion saß Panchenko und freute sich seines Lebens im Luxus.

Wir betraten das Gebäude, in dem es vor Leuten wimmelte. Es war wie ein gigantischer, siedender Kessel aus Menschen.

Man musste sich das wie ein Fußballfeld vorstellen, nur, dass sich dort, wo eigentlich ein Tor hätte stehen müssen, ein Boxring befand. Der gesamte restliche Raum war mit Sitzplätzen gefüllt, die gut 20.000 Menschen aufnehmen konnten. Es würde nicht einfach werden, Panchenko hier zu finden. Mein Interface war mir in dieser Situation keine große Hilfe, denn durch das Dach der Arena konnte es ihn mir nicht genau anzeigen. Ich konnte mich nur an meinem eigenen Marker orientieren.

Mein Begleiter brachte mich zu einem der für VIPs bestimmten Sitze ganz weit unten, nahe dem Ring, und ging anschließend wieder. Der Wettkampf hatte bereits begonnen, aber dafür war ich ja nicht gekommen.

Ich versuchte, herauszufinden, wo Panchenko saß. Irgendwie musste ich auf die andere Seite des Rings gelangen, um die Tribünen über mir abzusuchen. Aber zuerst wollte ich versuchen, sein Gesicht in der Menge zu erkennen, um zu erfahren, ob meine gesteigerte Wahrnehmung mir das ermöglichte.

Ich überprüfte Reihe um Reihe der Besucher. Dann kam mir eine Eingebung für einen anderen Ansatz. Ich befahl dem Programm, das als „Konstantin Panchenko" identifizierte Objekt zu markieren. Schließlich befand er sich bereits in meiner Datenbank.

Es funktionierte.

Plötzlich leuchtete eine der Silhouetten des VIP-Bereichs mir gegenüber auf und war von einer grünen Umrandung umgeben. Da war er! Er saß in einer fast leeren Reihe, umgeben von zwei sexy Girls. Rotgesichtig fuchtelte er mit der Faust und brüllte etwas. Zuerst dachte ich, es wäre an mich gerichtet — aber nein, er kommentierte nur wütend den Kampf. Wahrscheinlich hatte er Geld auf einen der beiden Ringer gesetzt.

Ich stand auf, bemühte mich, niemanden auf mich aufmerksam zu machen, und begab mich über die Stufen nach oben, weg von Panchenko. Ich hatte beschlossen, das gesamte Stadion zu umrunden, damit ich nicht aus Versehen in sein Sichtfeld geriet.

Da ich mich auf ihn konzentrierte, streifte ich ständig andere Zuschauer. Schritt für Schritt näherte ich mich ihm nun von hinten. Dabei stieß ich mit jemandem zusammen, traf seine Stirn mit meiner Schulter.

Mechanisch entschuldigte ich mich. Vor mir stand ein kleiner, aber stämmiger Kerl und rieb sich den Kopf. Auch er war offensichtlich abgelenkt gewesen, allerdings durch den Kampf.

Er entschuldigte sich ebenfalls.

Ich wollte an ihm vorbei gehen, doch er starrte mich an, als ob er mich kennen würde.

„Phil?", fragte er schließlich erstaunt.

„Ähm, ja..." Verzweifelt grübelte ich darüber nach, wieso zum Teufel dieser Typ, der offensichtlich hier lebte, meinen Namen wusste. „Kennen wir uns?"

„Ich bin Mike", schrie er mir ins Ohr, um sich über dem Gebrüll der Menge verständlich zu machen. „Mike Hagen!"[18]

Dieser Name sagte mir etwas. „Ja, und?"

Offensichtlich verlegen, kratzte der Kerl sich am Kopf.

Mike „Björn" Hagen
Alter: 29
Derzeitiger Status: Profi-Sportler
Level des sozialen Status: 6
Klasse: Kämpfer. Level: 18
Unverheiratet.
Vorstrafen: ja.
Ansehen: Freundlichkeit 15/60
Interesse: 81 %
Angst: 0 %
Laune: 75 %

Auch wenn sein Interesse an mir verdächtig hoch war, verschaffte mir die Freundlichkeit, was mein Ansehen bei ihm betraf, doch eine gewisse Zuversicht. Konnte es sein, dass... Aber nein. Wir waren uns doch gerade eben das erste Mal begegnet, oder etwa nicht?

Ich legte meine Hand auf seine Schulter und bewegte mich weiter in Panchenkos Richtung, benutzte Mike dabei als Schild. Wir mussten ausgesehen haben wie zwei alte Freunde, die sich unterhielten — eine perfekte alltägliche

---

[18] Mike Hagen ist die Hauptfigur von *Level Up: The Knockout*, einer Folgereihe der *Level Up*-Serie. Ebenso wie Phil Panfilov gehörte Mike zu den Auserwählten, denen ein Interface der *Erweiterten Realität* eingepflanzt wurde. Der Unterschied war nur: Mikes Lieblingssport war der MMA-Kampf. Warum? Wahrscheinlich, weil Mike so viel Angst vor Schmerz zu haben pflegte, dass er niemals in seinem Leben einen Kampf riskiert hatte ...

Situation.

„Ich weiß, es ist dumm", bemerkte er und verdrehte den Nacken, wie Boxer das oft tun. Ich konnte sehen, er war ziemlich nervös. „Aber ich habe dich in einem Traum gesehen. Mist! Entschuldige, aber ich habe dich wirklich gesehen. Und in dem Traum warst du nicht gerade sehr freundlich."

Obwohl er ziemlichen Unfug redete, verstand ich doch das Wesentliche. War er womöglich ebenfalls ein Interface-Benutzer und Prüfungsteilnehmer?

„Sag mir — hältst du dich für etwas Besonderes?", fragte ich. „Kannst du Worte und Zahlen sehen?"

Wenn er nicht über ein Interface verfügte, hatte er keine Ahnung, wovon ich sprach.

„Du auch? Das ist ja nicht möglich!", rief er aus. „Deshalb also habe ich dich im Traum gesehen! Aber..."

„Aber was?"

„Das war ein so merkwürdiger Ort", murmelte er so leise, dass ich ihn kaum verstehen konnte. Nur dank meines durch die gesteigerte Wahrnehmung verbesserten Gehörs konnte ich die Worte aufnehmen. „Da war eine Art orangefarbener Wald. Der Himmel war violett. Die Bäume waren total merkwürdig. Aber das ist schon eine ganze Weile her, ein paar Monate, glaube ich. Als ich noch im Gefängnis saß."

Endlich kapierte ich, worauf er hinauswollte. Ilindi zufolge hatten manche Interface-Benutzer Träume, die ihnen zeigte, was mit ihren Nachbildungen geschah, die sich der Prüfung unterzogen. Waren Mike und ich uns vielleicht dort irgendwo begegnet?

Aber Moment mal... vor ein paar Monaten? Entweder hatte er damals in die Zukunft sehen können, oder dies war wieder eines dieser merkwürdigen Spiele mit der Zeit, die die Außerirdischen zu lieben schienen.

„Und was hast du dort gemacht?", fragte ich. Meine Stimme klang angespannter als nötig.

„Ich weiß nicht genau." Er grinste ausgesprochen

kindlich. „Du hast mir gesagt, dass du Phil heißt. Ich habe mich als Björn vorgestellt. Aber aus irgendeinem Grund hast du mich ständig ‚Wurm‘ genannt...“ Verlegen zuckte er mit den Schultern. „Du hast einen merkwürdigen Akzent“, stellte er fest.

„Ich bin Russe. Weißt du über die Prüfung Bescheid?“

Verständnislos sah er mich an. Statt meine Frage zu beantworten, erstarrte er, beugte sich dann vor, bis sein Gesicht beinahe meines berührte, und flüsterte verschwörerisch: „Dein Level ist zu niedrig, Phil. Du musst mehr kämpfen.“

„Wie bitte?“

„Ich habe nur gesagt, du musst mehr kämpfen, Mann.“

„Und gegen wen soll ich kämpfen?“

„Du musst einfach kämpfen.“

„Warum denn?“

„Um ein höheres Level zu erreichen! Himmel, du bist 32 Jahre alt, und deinen Statistiken zufolge warst du in weniger als 20 Kämpfe verwickelt. Das ist gar nichts! Auf die Weise brauchst du ewig, um aufzusteigen!“

Er sprach weiter, erwähnte verschiedene Trainingsroutinen und die richtige Methode, spezielle Kampffertigkeiten wie Tritte und Fausthiebe zu verbessern.

Sein eigenes Interface orientierte sich wahrscheinlich an einem Kampfspiel wie *Street Fighter* oder *Tekken*. Aus irgendeinem Grund war ich mir sicher, das war nicht Ilindis Idee gewesen.

„Ich sage dir was, Mann“, übernahm ich seine Sprechweise, „selbst mit meinem niedrigen Level kann ich dich besiegen. Statt dauernd zu kämpfen, solltest du dich lieber auf gute Taten und nützliche Handlungen konzentrieren.“

Er brach in Lachen aus. „Du willst mich besiegen können? Niemals! Ich will dich ja nicht enttäuschen, aber ab der nächsten Saison bin ich ein Profi-Kämpfer bei der

Ultimate Fighting Championship."

„Und ich bin der Boxchampion meiner Stadt",
parierte ich. Der Austausch machte mir Spaß. Vor allem,
weil Panchenko zu diesem Zeitpunkt nur noch etwa zehn
Meter von mir entfernt war.

„Boxen? Du willst mich wohl verarschen! Du bist
höchstens Schach-Champion im Club für behinderte
Senioren. Du bist ja schon ziemlich fit, aber deine
Kampfstatistiken sind geradezu lächerlich. Du hättest ein
paar der Leute sehen sollen, mit denen ich gekämpft habe!"

Panchenko war intensiv in die Zungenküsse vertieft,
die er mit einer vollbusigen Blondine austauschte, deren
hautenges T-Shirt nichts der Fantasie überließ.

Mike plapperte munter weiter und berichtete von
einem Russen, mit dem er seine Gefängniszelle geteilt hatte.

„Jetzt hör mal, Mann", sagte ich grob.

Erschrocken hielt er prompt den Mund.

„Wir haben definitiv eine Menge zu besprechen",
erklärte ich. „Womöglich begeben wir uns sogar einmal
gemeinsam in den Ring, warum nicht? Momentan bin ich
ziemlich beschäftigt, aber vielleicht beim nächsten Mal..."

„Klar. Ich muss mich ebenfalls auf die Socken
machen. Ich muss mich auf meinen Kampf vorbereiten." Mit
einem stolzen Lächeln deutete er auf den Ring.

„Mach sie fertig!" Ich konnte ein Lächeln nicht
unterdrücken. So merkwürdig es auch war, ich schien ihn
zu mögen. Aus irgendeinem Grund erinnerte er mich an Alik.
Ich umarmte ihn zum Abschied.

„Ich habe ein Zimmer in einem Motel. Es heißt..."

„Ich werde dich schon finden." Ich klopfte ihm auf
den Rücken. „Jetzt, da wir uns einmal begegnet sind, kann
ich dich nicht mehr verlieren."

Wenigstens nicht, solange ich mein Interface
behalten konnte. Und solange er seines nicht ebenfalls
verlor.

Diesen Gedanken sprach ich allerdings nicht aus.
Falls das geschah, würde sich ohnehin keiner von uns mehr

an den anderen erinnern können.

Ich schaute ihm nach, wie er davonstapfte und beim Gehen seine Muskeln dehnte. Seine physischen Statistiken waren recht anständig, seine Kampffertigkeiten allerdings phänomenal. Die Liste war sehr viel detaillierter als meine, die nur vage Dinge aufführte wie „Boxen" und „Joggen". Bei Mike begann das bereits mit gleich vier verschiedenen Arten von Fausthieben. In allen hatte er Level 10 oder darüber erreicht. Ich würde nur zu gern über etliche Dinge mit ihm reden — vorausgesetzt, es gelang mir, den Fluch zu entfernen und nach der Prüfung mein Interface zu behalten.

Ich war schon beinahe an mein Ziel herangekommen, als eine riesige, massige Gestalt vor mir aufstand. Ein Kleiderschrank mit Glatze im Anzug stand mir mit verschränkten Armen im Weg und verhinderte, dass ich zu Panchenko vordringen konnte.

„Ich muss da durch", beantwortete ich seine stumme Frage.

„Das ist nicht möglich. Die gesamte Reihe ist gebucht."

„Und wer hat sie gebucht? Er etwa?" Mit einer Kopfbewegung deutete ich auf Panchenko, der mich inzwischen bemerkt hatte.

Der Gorilla ignorierte mich, Panchenko allerdings nicht. Er zeigte mir verächtlich den Stinkefinger und rief dann den Rest seiner Leibwächter herbei. Sechs waren es insgesamt, einer kräftiger als der andere. Dann machte er sich mit einem Teil seiner Leibwache und den beiden Girls eilends von dannen.

Ich musste ihn nur berühren, das war alles. Dadurch konnte ich zwar den Fluch nicht aufheben, aber wenigstens verlor er dann sein Interface. Und wer weiß — womöglich beendete das ja auch den Fluch. Warum eigentlich nicht?

Ich kletterte auf den mir nächstgelegenen Sitzplatz und versuchte, mit einem Sprung am Leibwächter vorbeizukommen. Doch meine mangelnde Beweglichkeit behinderte mich. Mit Leichtigkeit konnte er mir die Beine unter mir wegreißen.

Ich brach zusammen. Überall um mich herum zeigten die Zuschauer lautstark ihre Verärgerung über die Störung der Show. Panchenkos Sicherheitsleute umstellten mich und zwangen mich in die Gegenrichtung zu der, in der Panchenko gerade entkam. Dabei überschütteten sie mich mit Schlägen und Schimpfwörtern.

Die Sicherheitsleute der Arena beobachteten alles alarmiert und riefen in ihre Funkgeräte. Doch sie griffen nicht ein, als Panchenkos Leibwache mich ins Herrenklo zerrte, wo einer mich mit einem heftigen Hieb gegen den Kopf bewusstlos schlug.

✲ ✲ ✲

Als ich wieder zu mir kam, spritzte mir gerade jemand Wasser ins Gesicht.

„Phil? Was ist los, was ist passiert?", fragte Alex aufgeregt.

Bevor ich ihm antwortete, öffnete ich die Karte. Da war nichts. So oft ich es auch versuchte — der Karte zufolge existierte Panchenko nicht mehr. Ein solches Objekt gab es auf dem gesamten Planeten Erde nicht.

Was bedeutete: Ich hatte noch weniger als 72 Stunden zu leben.

KAPITEL 21

IN DER HÖLLE SPRICHT MAN NICHT ÜBER DIE EWIGE SELIGKEIT

> Alle Menschen sind sterblich, behauptet er. Aber einige sind sterblicher als andere.
>
> Robert Sheckley, *Mindswap*

„BOSS, WIE WÄRE es mit ein paar nächtlichen Elite-Mobs?", fragte Eddie. „Mit unseren Dinos muss das doch ein Kinderspiel sein!"

Ola grinste. „Oh ja, unsere Baby-Eidechsen legen jeden und alles um, das es wagt, in unser Gebiet einzudringen! Du kannst dir gar nicht vorstellen, welche Unmengen an Ressourcen die uns einbringen!"

Jovanna schüttelte den Kopf. „Die Dinos sind doch gar nichts! Phil hat schon lange vor der Erschaffung von Rex Nacht-Mobs gefarmt."

„Mit Rex meinst du den da, der gerade versucht, sich seinen Weg durch den Zaun zu kauen?", wollte Leti wissen.

„Oh nein — das ist Croc", erklärte „Experte" Manu mit wichtiger Miene. „Der Name ‚Rex' spricht doch für sich selbst — es ist der Tyrannosaurus Rex."

Mein Team erklärte den Neulingen die komplizierten Details unserer Kampfeinheiten. Ich überlegte mir währenddessen eine Strategie für neue Entwicklungen.

Wie konnte man unbegrenzte Bedürfnisse mit

begrenzten Ressourcen zufriedenstellen? Als Möchtegern-Volkswirtschaftler müsste ich die Antwort auf diese Frage an sich kennen. Vor allem, wenn man bedachte, dass es mein Wahlfachbereich an der Uni gewesen war, in der wenigen Zeit zwischen Partys und zwanghaftem Spielen. Dennoch hatte ich keine Ahnung, wie wir den unerwarteten Ressourcenregen am besten einsetzten. Ich hatte zwar eine ganze Reihe von Ideen, aber...

Unsere neuen Teammitglieder hatten dem Clan Existenz-Ressourcen-Punkte eingebracht, aber auch Stärkepunkte. Das erhöhte die Menge der Ressourcen, die unsere Erntemaschinen farmen konnten, auf 40 Punkte pro Stunde. Von allen Basen gemeinsam bedeutete das 4.000 Punkte stündlich.

Tafari hätte jeden einzelnen dieser Punkte einfach in sich selbst investiert. Ich musste allerdings die Überraschungen berücksichtigen, die uns im Rahmen der Prüfung bevorstanden. Man dachte nur einmal an Nagash mit seiner Gedankenkontrolle... Meiner Meinung nach mussten wir alle gleichberechtigt neue Level erwerben. Blieb also zu entscheiden, ob wir diesen Prozess mit einer Verbesserung der Hauptbasis abwechseln sollten oder nicht.

Ich stellte meinem Team all diese Fragen und schlug dann vor, uns in die Kommandozentrale zu begeben, um die erforderlichen Berechnungen anzustellen. Keiner war dagegen, also teleportierten wir uns zur Hauptbasis, um dort ein paar Upgrades durchzuführen und unser weiteres Vorgehen zu beschließen. Erstens mussten wir die Basis auf Level 4 upgraden und die vorhandenen Module auf das nächste Level heben. Zweitens mussten wir die Level aller Clan-Mitglieder auf 10 bringen, um ihnen eine Spezialisierung zu verschaffen, und drittens...

Nun, dieses „Drittens" war die interessanteste Aufgabe. Wir verfügten nun über weitere 36 Charisma-Punkte. Die meisten davon hatten wir Letitia zu verdanken. Oder vielmehr, ihrem atemberaubenden Aussehen. Sie war eine wahrhaft feurige Lady, und das meine ich jetzt auch ganz wörtlich. Im Kampf setzte sie ihre Plasmaschneider mit furchterregender Präzision ein. Noch waren wir allerdings zu keinem Schluss gekommen, welche unserer Kampfeinheiten von ihren Charisma-Punkten am meisten profitieren würde.

„Wow!", rief Leti begeistert aus. „Teleportation!"

Eddie drehte den Kopf in alle Richtungen und schaute sich um. „Boss, das ist ja absolut unglaublich! Gerade eben waren wir noch dort, und jetzt sind wir hier! Und deine Basis... Klasse, Mann! Ist das Level 3?"

„Das ist nicht seine Basis, Sohn, sondern unsere", korrigierte Manu ihn lächelnd. „Wir haben unsere Zeit im Norden verschwendet, aber diese Jungs haben ihre stattdessen nutzbringend eingesetzt!"

Meine Dinos stapften in Richtung Zaun davon. Nachdem ich sie nachdenklich betrachtet hatte, lud ich alle in den Schutzbunker ein.

„Geht rein, Leute. Wir müssen entscheiden, wie wir unsere Reptilienarmee am besten upgraden."

Ich stellte mich neben den weißen Stein der Kommandozentrale, öffnete den Katalog der Kampfeinheiten und machte ihn für alle sichtbar.

„Jetzt schaut mal", erklärte ich, „mein Verstärkungsring verschafft uns +3 Level für die Kampfeinheiten. Das heißt also Level 6, was ohnehin die Grenze ist. Eine Verbesserung dieses Moduls bringt uns gar nichts, weil es sich auf die Einheiten nicht auswirken würde."

„Phil, du hast es mir versprochen!", erinnerte Jovanna mich mit einem listigen Blick an den eigenen Dinosaurier, den sie sich gewünscht hatte. In ihrem Blick lag etwas, das über eine prähistorische Eidechse weit hinausging. Vor allem angesichts der Tatsache, dass sie weit näher an mich herangerückt war, als die Situation es eigentlich erforderte.

„Ich weiß", erwiderte ich. „Deshalb mein Vorschlag: Wir sind sechs Leute. Ich bin dafür, dass jeder sich selbst ein verstärktes Reittier schafft. Tafari hat ein Rhinozeros,

Zack reitet auf einer Spinne. Wir haben Croc. Der kann uns zwar alle tragen, aber das hilft uns gar nichts, wenn wir uns in kleinere Gruppen auftrennen müssen. Dieses Reittier kann gleichzeitig die persönliche Schutzwache jedes einzelnen Clan-Mitglieds in einem Kampf werden. Daher solltet ihr euch eines mit guten Kampffertigkeiten aussuchen."

„Also eine Kreatur, die schnell, mächtig und stark genug ist, einen Reiter zu tragen?", überlegte Ola. „Ein Löwe natürlich!"

„Ein Bär ist stärker als ein Löwe", bemerkte Jovanna mit einem herablassenden Grinsen. „Und weit einfacher zu reiten."

„Ein Grizzly-Bär?", schlug Eddie vor.

„Vielleicht", antwortete ich. „Ich bezweifle allerdings, dass wir uns die Einzelheiten so genau aussuchen können. Ein Bär ist auf jeden Fall eine gute Idee, das gefällt mir." Ich lächelte, denn ich musste an den Hummungus denken.

Die Bilder in meinem Kopf unterstützten mich bei der Suche im Katalog. Schon bald stieß ich auf genau das, was ich suchte: einen Schwarzbären.

Doch meine Freude war nur von kurzer Dauer:

Warnung! Die ausgewählte Kampfeinheit entspricht nicht dem von dir gewählten Einheitenzweig!
Ausgewählter Zweig: Dinosaurier
Liquidator, möchtest du die Liste der verfügbaren Dinosaurierarten öffnen?

Ich seufzte, doch zu enttäuscht war ich ehrlich gesagt nicht. „Also gut — dann müssen es eben Dinosaurier werden."

Nach einer halben Stunde hitziger Diskussion wurden wir endlich alle stolze Eigentümer jeweils eines Utahraptoren mit +2 Charisma. Meine Clan-Mitglieder strömten aus dem Bunker, um ihre neuen Reittiere zu betrachten. Sie erstarrten vor Schreck.

„So etwas reite ich auf keinen Fall!" Leti schüttelte den Kopf. „Kommt überhaupt nicht infrage!"

Eddie lachte. „Nun komm schon, Leti — sieh mal, der ist doch so süß!" Er versuchte, in den Sattel zu klettern.

Der Utahraptor Level 6 — eine fünf Meter hohe, etwa fünfhundert Kilo schwere Version eines Velociraprors, nur gefiedert — zischte, und betäubte Eddie mit einem lauten Brüllen. Er wich zurück. Dabei stolperte er und landete auf seinem Hintern.

„Du warst zu voreilig", wies ich ihn zurecht. „Ich muss zuerst jeden der Raptoren einem bestimmten Eigentümer zuweisen." Ich durchsuchte die Kontrolloberfläche für den Clan und schob die Symbole der Dinos zu den jeweiligen Reitern. „So, jetzt könnt ihr sie steuern. Versucht es einfach einmal."

Nach einigem Fluchen und etlichen Stürzen saß endlich Ola als Erster im Sattel, dicht gefolgt von Manu. Gemeinsam spielten sie um den Bunker herum Fangen. Die anderen brauchten auch nicht viel länger, nicht einmal Leti, die bereits auf den Geschmack gekommen zu sein schien.

Weitere 30 Punkte für Kampfeinheiten gab ich für einen Spinosaurier aus, dessen Ankunft die Verwandlung unserer Basis in Jurassic Park abschloss. Der Unterschied war nur, dass unsere Eidechsen nicht so begierig darauf waren, einander zu bekämpfen oder die leckeren, knusprigen Menschen zu jagen.

Rex, Tank und Croc beäugten unsere Verstärkungen. Dabei weckte der Spinosaurier weit mehr ihre Aufmerksamkeit als die Utahraptoren. Ich fand den übrigens auch weit interessanter:

Spinosaurier
Name: Spino
Nahkämpfer Level 6
Phils Kampfeinheit.
Gesundheitspunkte: 15.000/ 15.000
Angriff: 4.200-6.300

Durch Panzerung absorbierter Schaden: 60 %
Maximale Reisegeschwindigkeit: 32 km/h
Gewicht: 15 Tonnen
Talente: Fleischwolf, Reißwolf, Zerschmetterer, Zerquetscher

Ich behielt den Wert der ersparten Ressourcen im Auge. Meinen Berechnungen zufolge mussten wir nur noch ein paar Minuten warten, bis wir die erforderliche Zahl erreicht hatten.

„Clan-Mitglieder, bereitet euch vor — da sind Geschenke im Anmarsch!"

Meiner Schätzung nach mussten gleich genügend Ressourcen angerollt kommen, dass wir alle Level 10 erreichen konnten. Anschließend hatten wir vor dem Abend noch eine Menge Dinge zu regeln. Wir mussten Klassen zuweisen und uns in den neuen Fähigkeiten üben, und außerdem mussten wir die beste Taktik gegen Mob-Horden, Elite-Mobs und andere Clans festlegen.

Fröhlich, mit lautem Geplapper, näherten wir uns dem Schutzbunker.

Dann erstarrte auf einmal die gesamte Welt, und eine gigantische globale Mitteilung breitete sich über mein gesamtes Sichtfeld aus:

Das erste Stadium der Prüfung ist abgeschlossen! Bereite dich auf die entscheidenden Kämpfe vor!

Von diesem Augenblick an bis zum Ende der Prüfung wird der Oberflächenbereich jedes einzelnen Hexagons alle 13 Stunden um 13 % schrumpfen.

Von diesem Augenblick an bis zum Ende der Prüfung erhalten alle neutralen Hexagone alle 13 Stunden ein Upgrade von 1 Level. Alle Elite-Einheiten erhalten bis zum Ende der Prüfung alle 13 Stunden ein Upgrade von 2 Level, alle Standortbosse ein solches von 3 Level.

Von diesem Augenblick an bis zum Ende der Prüfung wird die Menge der verfügbaren Existenz-Ressourcen-Punkte alle 13 Stunden um 13 % schrumpfen.

* * *

Wir verbrachten die gesamte Nacht damit, eine Angriffswelle nach der anderen zurückzuschlagen, von teigigen Jungs, Duxios und zweiköpfigen Odzi-Schlangen mit einer Länge von 20 Meter Länge. Jede Welle war gefährlicher und stärker als die letzte. Ohne das Verteidigungsmodul, das wir installiert hatten, wäre es schlecht um uns bestellt gewesen.

Am vergangenen Abend hatten mit Ausnahme von Ola alle dafür gestimmt, die Basis upzugraden. Der Afrikaner hingegen hatte versucht, uns davon zu überzeugen, keine Ressourcen mehr in die Basis zu investieren, da sie uns sonst später an anderer Stelle fehlen würden, was zu einem massiven Unterschied zwischen dem Level unseres Clans und dem der anderen führen musste. Bis zu einem gewissen Punkt war ich ganz seiner Meinung, aber unser Level-Defizit war ja genau der Grund, warum wir die neuen Module brauchten, um unsere Verteidigung stärken und das Angriffspotenzial aller Eindringlinge verringern zu können.

Um die Basis auf Level 4 upgraden zu können, musste ich selbst Level 15 erreicht haben. Glücklicherweise floss der Strom unserer Ressourcen weiter. Ich konnte also gleich 4 neue Level kaufen, sobald wir den Beschluss gefasst hatten.

Level 15 brachte mir ein Upgrade für meine Klasse und neue Talente von Level 2:

Liquidator.
Klassen-Level: 2
Talente Level 2:
Unauffälligkeit. Dies ermöglicht dem Liquidator, mit den Schatten zu verschmelzen, sich an seine Feinde heranzuschleichen und in feindliche Hexagone einzudringen.
Ausweichen. Erhöht für die Dauer von 10 Sekunden

die Wahrscheinlichkeit, dass der Liquidator feindlichen Schlägen ausweichen kann.

Um genau zu sein, stellte sich die Unauffälligkeit als nahezu perfekte Unsichtbarkeit heraus. Sie wurde in dem Augenblick deaktiviert, in dem ich auf den Kampfmodus umschaltete. Das Ausweichen machte mich, solange es aktiviert war, nahezu unverwundbar. Ola konnte mich mit seinem Speer jedenfalls nicht treffen, so sehr er es auch versuchte — und das, obwohl ich bewegungslos an einem Ort stehen blieb. Es war, als hätte sich die Beschaffenheit des Raumes selbst verändert, was verhinderte, dass seine räuberische Speerspitze mich auch nur berühren konnte.

Alle verfügbaren Eigenschaftspunkte hatte ich in Stärke investiert. Kombiniert mit den beiden neuen Talenten machte mich das zur perfekten Killermaschine. Ich verfügte über die Möglichkeit, einen wahrhaft beeindruckenden explosiven Schaden zuzufügen, meine Unauffälligkeit, das Betäuben und den heimtückischen Schatten, der mich hinter den Rücken eines Feindes versetzte. Im Einzelkampf konnte ich mich jetzt allen stellen — Tafari oder sogar Juma. Angesichts meines Erfolgsbonus verfügte ich, für die gleiche Anzahl Level, bereits über 15 Eigenschaftspunkte mehr als sie.

Anschließend hatten wir das Upgrade der Basis vorgenommen und zwei weitere Module erstellt: Eines für die Regeneration und ein zweites für die Verteidigung. Nun verfügten wir über die Höchstzahl der auf diesem Level möglichen Module.

Das Einzige, was wir nicht hatten, war das Modul für die Artefakte. Wir hatten uns dagegen entschieden, weil wir es als reine Ressourcenverschwendung empfanden.

Basis 1
Level 4
Anzahl der Module: 8
Geschwindigkeit der Erzeugung von Existenz-

Ressourcen: 250 Punkte pro Stunde

Insgesamt von allen Basen erzeugte Existenz-Ressourcen: 8.180 Punkte pro Stunde

Ein Upgrade ist erst möglich, wenn du Level 20 erreicht hast.

Kosten des Upgrades der Basis auf Level 5: 62.500 Existenz-Ressourcen-Punkte.

Der Zaun hatte sich jetzt in einen echten Burgwall verwandelt, komplett mit Burggraben und einer Reihe von Laserkanonen oben auf der mit Stacheldraht versehenen Mauer. Die Plasmatürme waren verstärkt und durch Mechanismen ergänzt worden, die Speere warfen. Der verhängte Schwächungs-Debuff, der alle Eindringlinge traf, war nun auf eine Verringerung all ihrer Eigenschaften um 15 % angestiegen. Unsere Hauptbasis hatte sich für alle, die beabsichtigten, sie anzugreifen, in eine veritable Festung verwandelt.

Das Regenerationsmodul konnte unsere Gesundheit umgehend wiederherstellen, wenn wir nur den Schutzbunker betraten. Das mochte nach nicht viel klingen — aber es erleichterte das nächtliche Farmen enorm. Bedachte man, dass das Verteidigungsmodul auch die Wände des Bunkers verstärkt hatte und uns erlaubte, überall in der Basis Geschütztürme und überall im Hexagon Wachtürme aufzustellen, lag es sofort auf der Hand, wie sehr sich unsere Investition in die Entwicklung der Basis gelohnt hatte. Das musste selbst Ola zugeben, nachdem er es einmal, schon halb tot, nur noch gerade zurück in die Basis schaffte. Ihm war noch ein einziger Gesundheitspunkt verblieben — doch schon wurde seine Gesundheit vollständig wiederaufgefüllt.

Bis zum Morgengrauen hatten wir unsere Kampftaktik weiter perfektioniert, und jeder von uns hatte seine Klassenspezialisierung erhalten.

Und dann trafen wir endlich auf den Standortboss.

Unser Team war gerade eifrig damit beschäftigt,

teigigen Jungs den Garaus zu machen. Deshalb hatten wir der knapp zweieinhalb Meter hohen, humanoiden Gestalt zunächst keine große Beachtung geschenkt. Tja, wir hätten uns lieber vorher die Statistiken dieses Mobs anschauen sollen, dann hätten wir ihn garantiert ernst genommen und uns nicht damit beschieden, lediglich Rex auf ihn anzusetzen:

Blutnarbe
Standortboss
Level: 15
Gesundheitspunkte: 120.000

Als Rex' Zähne sich um ihn schlossen, löste sich Blutnarbe plötzlich in Luft auf, nur um an Rex' Schulter wiederaufzutauchen und mit einem vibrierenden Schwert auf ihn einzuschlagen. Das Blut spritzte reichlich, und nach wenigen Hieben erzitterte die Erde, als der Dinosaurier zu Boden krachte.

Der Heilstab, den Zack mir überlassen hatte, half kein bisschen — der Prozess des Tötens lief unendlich viel schneller ab als ich heilen konnte.

Bemerkt hatte ich das Unglück nur, weil ich mich am Kampf gegen die teigigen Jungs gar nicht beteiligen musste — die Stäbe meiner Freunde und Letis Plasmaschneider reichten voll und ganz aus. Sofort aktivierte ich den heimtückischen Schatten, der mich hinter den Standortboss versetzte, und betäubte ihn. Gleichzeitig erteilte ich allen verbleibenden Dinos den Befehl zum Angriff.

Spino reagierte als Erster. Er griff sich Blutnarbe — der im Vergleich zu ihm winzig war — mit den Zähnen und kaute auf ihm herum. Die Utahraptoren sprangen in die Luft und schnappten nach den Gliedmaßen, die aus Spinos Maul herabhingen. Tank rannte in voller Geschwindigkeit an allem vorbei, und Croc stand erwartungsvoll mit offenem Maul daneben und hoffte darauf, dass Spino ihm den Standortboss in den Rachen fallen ließ.

Doch dazu kam es nicht.

Plötzlich explodierte Spinos Kopf. Crocs Kiefer schnappten zu und fingen den zerquetschten Unterkiefer des Spinosauriers auf. Rasch pumpte ich Gesundheitspunkte in Spino, in der Hoffnung, ihn heilen zu können, bevor starb — doch es war zu spät. Der Standortboss ignorierte einstweilen die anderen Angreifer, bis er Spino vollkommen vernichtet und zu Rex in den Dinohimmel geschickt hatte.

Zu diesem Zeitpunkt hatte mein Team — das gerade den letzten der teigigen Jungs erledigte — endlich bemerkt, dass etwas nicht stimmte. Noch hatten sie allerdings den Befehl zum Angriff auf ein anderes Ziel nicht erhalten. Das war der Zeitpunkt, ihn zu erteilen.

„Clan! Macht euch alle bereit! Konzentriert euch auf den Boss!"

Blutnarbe erwählte mich als sein nächstes Opfer. Kaum verschwand er, um neben mir wiederaufzutauchen, aktivierte ich instinktiv das Ausweichen. Dann wartete ich einfach, während er die Hiebe nur so auf mich hinabregnen ließ. Zum Glück traf mich keiner davon. Kaum war das Talent abgelaufen, betäubte ich.

„Bringt den Mistkerl um!", brüllte Manu und versuchte, Blutnarbe mit seinem Schwert zu köpfen. Doch die Klinge blieb in dessen Hals stecken, ohne etwas auszurichten.

Der Rest des Teams schloss sich gleichzeitig an. Ola, unser Schamane — das war die Klasse, die er mit Level 10 erworben hatte — verhängte eifrig Flüche. Manu, unser Krieger, holte sich sein Schwert zurück und hieb auf die Kreatur ein, unser Bogenschütze Eddie und unsere Jägerin Jovanna schossen aus der Entfernung, nur mit unterschiedlichen Waffen. Eddie verfügte über eine quadratische Pistole, die Feuer spuckte und mich ein wenig an die Waffen der Quallen in den geheimen Instanzen erinnerte.

Insgesamt hatte sich unsere Taktik, die Klassen abzuwarten, als recht ausgeglichen erwiesen und zu einem kombinierten Schaden von Tausenden von Punkten pro Sekunde geführt.

Innerhalb der ersten vier Sekunden der insgesamt fünf Sekunden anhaltenden Betäubung schafften wir es, Blutnarbe nahezu drei Viertel seiner Gesundheit zu berauben, doch dann verhinderte Tank, dass wir ihn vollständig erledigen konnten. Er war des sinnlosen Herumlaufens so satt, dass er heranstürmte und den Boss mit einem triumphierenden Brüllen auf seinem Horn aufspießte. Anschließend trug ihn sein Schwung weiter in Richtung Zaun. Er schwenkte den Kopf beim Laufen. Nun waren Eddies und Jovannas Fernkampfwaffen die einzigen, die dem Boss noch Schaden zufügten. Nicht einmal Olas Bannsprüche erreichten ihn mehr über die Entfernung hinweg. Hastig jagte Ola Tank nach, in der Hoffnung, seinem Ziel nahe genug zu kommen.

Der Boss hatte weniger als 5 % Gesundheit übrig, als es ihm gelang, seinen Körper ausreichend zu verdrehen, um Tank sein Schwert zwischen die Augen zu stoßen. Er drehte es in der Wunde, zog es heraus und stieß erneut zu.

Tank sackten die Beine weg, und sein toter Körper stürzte zu Boden.

Croc und die Utahraptoren wollten auf den Boss zuspringen, doch der war längst wieder woanders. Blutnarbe hatte sich ein weiteres Mal neben mich mikroportiert. Wir griffen einander gleichzeitig an.

Erhaltener Schaden: 1.740 (Vibration von Blutnarbes Schwert)

Dein Körper wurde durch schädigende Vibrationen in Mitleidenschaft gezogen!

-50 Punkte Gesundheit pro Sekunde.

Dauer: 20 Sekunden

Gesundheitspunkte: 460/ 2.600

Du hast Blutnarbe einen kritischen Schaden zugefügt! (1.150 Punkte)

Mein Sichtfeld färbte sich scharlachrot. Ich hätte nicht sagen können, ob das Blut war oder die Warnung des Systems über meine kritisch geringen Gesundheitswerte. Croc rettete mich — er griff den Boss an, der zu sehr mit mir beschäftigt war, um rechtzeitig zu reagieren.

Der Druck von mehreren Tonnen, den Crocs Kiefer ausübten, presste die verbleibenden Gesundheitspunkte aus dem Standortboss. Das sah ich allerdings bereits nicht mehr. Mit drei Sprüngen hatte ich die Sicherheit des Schutzbunkers erreicht, um mich zu regenerieren.

Vollständig wiederhergestellt kehrte ich zum Schlachtfeld zurück. Mein Team tauschte sich aufgeregt über die gemachten Erfahrungen aus. Der Beginn dieses zweiten Stadiums der Prüfung hatte uns sehr deutlich vor Augen geführt, was uns bevorstand. Die Feinde wurden stärker, die Ressourcen weniger, und die Gebiete verkleinerten sich.

Wenn das so weiterging, sahen wir uns in weniger als 13 pibellauischen Stunden Tafari und Juma gegenüber.

✱ ✱ ✱

„Wir machen also weiter mit dem Farmen", fasste ich das Ergebnis der morgendlichen Besprechung zusammen. „Dabei bewegen wir uns in Richtung Norden und versuchen, das gesamte Gebiet zwischen dem Rand des Prüfungsgebiets und Tafaris Bereich zu erobern."

„Und was ist mit diesem Kerl, Zack?", fragte Leti. „Warum ist er nicht im Clan?"

„Das lehnt er ab. Er möchte versuchen, unabhängig zu überleben."

Sie rümpfte die Nase. „Das ist doch dämlich! Allein kann er es nie schaffen."

„Ich glaube, er möchte nur Zeit gewinnen", mischte sich Eddie ein. „Ich frage mich, ob er es wohl darauf anlegt, sich einen Erfolg zu sichern?"

441

„Welchen Erfolg denn? ‚Ohne Clan überleben und es in die Top Ten schaffen‘?", spottete Jovanna sarkastisch. „Nein, seine Weigerung muss einen anderen Grund haben. Ich verwette meinen Kopf, er hat einen ganz einfachen Plan — er will sich dem garantierten Sieger anschließen. Also beobachtet er in Echtzeit die Fortschritte der anderen und verfolgt nach, wo sie in der Rangliste stehen. Mich würde es nicht überraschen, wenn er in diesem Augenblick bereits auf den Weg zu Juma ist."

„Um zu Juma zu gelangen, muss er Dutzende von Tafaris Hexagonen durchqueren", wandte ich ein. „Dem ist er nicht gewachsen."

„Bist du dir da sicher? Wir wissen doch nicht, welcher Klasse er angehört oder welche anderen Überraschungen auf der Liste seiner Fähigkeiten stehen!"

Falls das überhaupt noch möglich war, ließ Zorn Jovanna noch hübscher aussehen. Er verschaffte ihr rosige Wangen und blitzende Augen.

„Ich habe ihm einen Tag versprochen, 13 pibellauische Stunden", erklärte ich. „Die Frist ist noch nicht abgelaufen. Ich schlage vor, wir warten bis zum Mittag, und dann statten wir ihm alle gemeinsam einen Besuch ab. Brechen wir auf. Hat jeder einen Rucksack?"

Ich nickte zufrieden, nachdem alle bejaht hatten. Wir bereicherten unsere Truhe, mit der die Rucksäcke sich synchronisierten, mit ein paar Dutzend Uniformen für Testsubjekte der Superb-Klasse. Sie absorbierten 60 % des eingehenden Schadens. Außerdem legten wir alle Artefakte darin ab, die wir momentan nicht brauchten, einschließlich des mächtigen Energieschildes, den Blutnarbe hinterlassen hatte. Eigentlich hätten wir es Manu geben sollen, doch es vertrug sich nicht mit seinem zweihändigen Schwert. Außerdem konnte Manu es ja notfalls im Handumdrehen aus seinem Rucksack ziehen.

Anschließend setzten wir das Forschungsmodul ein, um den Rest unserer verfügbaren Existenz-Ressourcen-Punkte in den Schaden zu stecken, den wir zufügen konnten.

„Gehen wir!"

Unsere Dinos stapften ungeduldig um den Bunker herum, einschließlich unserer neu erstellten Opfer des Kampfs gegen den Standortboss. Ich hoffte nur, sie waren wirklich dieselben guten alten Rex, Tank und Spino.

Wir teleportierten zur äußersten nördlichen Basis. Anschließend kostete es uns nur wenige Minuten auf dem Rücken der Utahraptoren, die Grenze des Hexagons zu erreichen und in den geleeartigen Nebel einzutauchen. Ich machte den Vorreiter, gefolgt von Jovanna und allen anderen.

Es fühlte sich eine Ewigkeit an, bis wir den Gelee-Nebel hinter uns gelassen hatten. Endlich kam die erwartete Mitteilung:

Warnung! Du bist dabei, ein Hexagon zu betreten, das einem speziellen Zweck dient.
Spezielle Effekte:
Maximale Aufenthaltsdauer: 60 Minuten
Ein Überschreiten dieser 60 Minuten löst einen dauerhaften Debuff aus, durch den der Eindringling pro Minute 1 Level verliert.

Wow! Ob das wohl ein weiteres Hexagon war, um Handel zu treiben?

Ich schaute mich um, konnte jedoch außer Jovanna niemanden aus meinem Team erblicken.

Fragend hob sie die Augenbrauen. „Ist das ein virtueller Shop?"

„Genau. Ich weiß nur nicht, was man uns heute anbieten wird."

Wir standen umgeben von den vertrauten Alleen mit ihren Statuen der Sieger. Von Mobs war weit und breit nichts zu sehen.

„Wo sind denn die anderen?", wunderte ich mich laut.

Jovanna antwortete nicht. Ihre Augen weiteten sich, ebenso wie kurz darauf meine.

Nein, heute war in diesem Hexagon gar nichts zu gewinnen.

Am achten Tag der Prüfung wird dieses einem speziellen Zweck dienende Hexagon zu einer Strafzone erklärt!

Besondere Bedingung: Es dürfen nicht mehr als jeweils insgesamt zwei Prüfungssubjekte gemeinsam das Kampf-Hexagon betreten, und nur einer von ihnen darf es wieder verlassen.

Kurz darauf erschien ein Zähler, der rückwärts zählte:

59:59... 59:58... 59:57...

Während ich noch verzweifelt versuchte, zu entscheiden, was wir jetzt um Himmels willen anstellen sollten, hatte Johanna bereits Rucksack und Helm abgelegt, ihren Bogen, die Schulterstücke, die Beinschienen und Ellbogenschützer sowie ihre Jacke.

Lächelnd sagte sie: „Haben wir nicht Glück? Wir haben eine ganze Stunde für uns allein!"

„Jovanna, kapierst du denn nicht? Du musst mich umbringen!"

„Natürlich kapiere ich. Deshalb will ich ja die Zeit mit dir einfach genießen. Schließlich musst am Ende du *mich* umbringen." Sie zog den Pullover über den Kopf und schnürte ihre Stiefel auf.

„Benimm dich nicht so dämlich!", rügte ich sie. „Du weißt genau, dass du dich nicht weigern kannst, die Befehle des Clan-Anführers zu erfüllen. Wir haben keine Zeit zu verlieren. Aber bitte sorg dafür, dass die Sache für mich schnell überstanden ist. Und vergiss nicht, meine Ausrüstung einzusammeln."

Jovanna zog auch die Hose aus. Jetzt trug sie nur noch ihre Unterwäsche. Sie legte den Finger gegen ihre Lippen, um mir Schweigen zu gebieten, dann küsste sie mich.

So süß ihre Lippen auch schmeckten — ich löste mich von ihr, ganz gegen meinen eigenen Willen. „Jo, bitte!"

„Ich heiße Jovanna Savich, Phil. Wenn du die Prüfung überstehst, musst du mich in Belgrad finden. Oder bei dem Turnier in Dubai. Merk dir meine Handynummer..."

Sie nannte die Nummer und verlangte, dass ich sie wiederholte.

Mein Herz zwang mich, weiter zu argumentieren und sie von der Sinnlosigkeit ihrer Idee zu überzeugen, auch wenn mein Verstand die schreckliche Wahrheit längst erkannt und akzeptiert hatte.

Allerdings... Ich musste zuerst schnell noch etwas überprüfen...

Mit einem statischen Knistern warf der Gelee-Nebel mich zurück.

Liquidator, das ist deine erste Warnung!

Du kannst das Strafhexagon nicht verlassen, bevor du die Jägerin Jovanna getötet hast!

Jeder nachfolgende Versuch, das Hexagon zu verlassen, beraubt dich 1 Level!

Mach deiner Feindin Jovanna mehr Feuer unterm Hintern, Liquidator!

Jovanna warf den Kopf zurück und sah mich fragend an.

Ich schüttelte den Kopf. „Ich kann das Hexagon nicht verlassen. Am Ende muss ich mich noch selbst umbringen."

„Aber was ist, wenn dein Tod alle Basen zerstört, die wir erobert und ausgebaut haben? Und die Dinos verschwinden? Was soll dann aus den anderen werden? Wenn du stirbst, verliert unser Clan alles. Wir verlieren alle, ich, Ola, Manu, sogar Eddie und Leti... Uns wird alles genommen, das wir auf der Erde mithilfe unseres Interface erreicht haben! Von Nicks und Ilindis Plan will ich jetzt gar nicht erst reden…"

„Blödsinn! Noch haben wir gar nichts verloren! Und wenn es zum Schlimmsten kommt, könnt ihr euch immer noch Tafaris Clan anschließen."

„Hast du nicht gehört, was er mit den Frauen anstellt? Verdammt, Phil, wach endlich auf! Die Prüfung ist fast vorüber! Außerdem werden Juma und Tafari uns ohnehin nicht in ihren Clan aufnehmen, weil sie glauben, sie werden so oder so gewinnen. Und du würdest endgültig sterben…"

„Das ist mir egal! Selbst, wenn ich nur temporär sterbe, würden wir trotzdem die Dinos und Basen verlieren. Jetzt ist das zweite Leben sowieso nutzlos für mich, verstehst du?"

„Oh, du wirst schon einen Weg finden", erklärte sie, kniete sich vor mich und löste meinen Hosengürtel.

Ich trat zurück. Ich war nicht bereit, nachzugeben, nicht einmal unter diesen Umständen.

„Und nur für den Fall, dass ich dich vergessen sollte…", ergänzte sie. „Ich habe mich gleich bei unserer ersten Begegnung in dich verknallt. Du hast also meine Erlaubnis, mich auch im realen Leben kennenzulernen. Mach dir keine Sorgen — ich werde dich nicht zappeln lassen. Auf mich wartet dort niemand."

„Jovanna!"

„Jetzt halt endlich die Klappe!"

„Verdammt, Jo…" Ich warf den Kopf zurück und konnte ein Stöhnen nicht unterdrücken.

✳ ✳ ✳

Am Ende versuchte ich es tatsächlich. Ich gab meiner Freundin Jovanna den Befehl, mich umzubringen. Doch sie tat nichts anderes, als sich an mich zu pressen, während der

Zähler seinen Countdown zur Entpersonifizierung beendete. Ihre Weigerung, meinen Befehl zu befolgen, ließ sie den endgültigen Tod sterben. Sie löste sich unter meinen Händen in glitzernden Staub auf und verschwand.

Ich glaube nicht, dass ich mich jemals vorher so miserabel gefühlt hatte. Nicht als Yanna mich verlassen hatte, nicht einmal bei der Trennung von Vicky. Auch wenn ich Jovanna nicht einmal eine ganze Woche gekannt hatte, ließ ihr Verlust dennoch eine Leere von der Größe des Grand Canyon in mir entstehen. Ob es Liebe war, oder Vernarrtheit, oder einfach nur die Kameraderie von Kampfgenossen — was spielte das für eine Rolle? Wichtig war nur, in wie vielen Kämpfen wir Schulter an Schulter gestanden, einander gegenseitig unser Leben anvertraut hatten. Und wenn sie bei unserer ersten Begegnung nicht so großzügig gewesen wäre, hätte ich ganz leicht zum ersten Teilnehmer werden können, der vollständig ausschied.

Auch wenn Jovanna mir im Laufe unserer gemeinsamen Tage ihre wahren Gefühle nicht gezeigt hatte, so waren doch ihre sämtlichen Empfindungen in diesen wenigen vergangenen, zärtlichen, bittersüßen Augenblicken zusammengeflossen, in den Worten der Liebe, die sie während unserer kurzen letzten Stunde mit mir geteilt hatte.

Wenige Sekunden, bevor der Zähler bei null angekommen war, verließ ich das Hexagon mit dem speziellen Zweck an derselben Stelle, an der ich es betreten hatte.

Mein Team wartete bereits auf mich. Sie waren alle da. Sie lächelten, doch mein Gesicht war wie erstarrt. Ich wollte nur noch eines — Tafari und Juma auseinandernehmen, damit dieser verdammte Zirkus endlich ein Ende hatte.

„Phil!", rief Ola erleichtert. „Wir hatten schon Angst, du würdest dich für Jovanna opfern!"

„Ich habe keinen Augenblick daran gezweifelt, dass sie die richtige Entscheidung treffen würde", verkündete Manu.

„Du scheinst zu vergessen, dass dies ihr letztes Leben war!", knurrte ich bitter.

Das Lächeln meiner Freunde verschwand schlagartig, und sie wichen meinem Blick aus. Ich musste als Erster wieder etwas sagen.

„Wie ist es bei euch gelaufen?"

„Ich habe Manu getötet", erklärte Ola.

„Und ich Eddie", berichtete Leti. „Er hatte noch ein weiteres Leben, während ich schon bei meinem letzten angekommen bin."

„Eddie?", fragte ich besorgt.

„Ist schon in Ordnung, Boss. Wir haben keine Zeit verschwendet und die Sache ganz schnell hinter uns gebracht." Eddie zwinkerte mir zu und schenkte der errötenden Leti ein Nicken. „Ich bin ganz in der Nähe respawnt und sofort zurückgeeilt."

„Ich ebenfalls", grinste Manu. „Aber Ola ist wirklich nicht mein Typ. Zuerst hat er mich mit dem Speer aufgespießt, und anschließend hat er noch eine Reihe von Flüchen über mich verhängt. Es war wirklich nicht gerade der beste Tod, wenn ich das einmal so sagen darf."

„Und was ist das Ergebnis?", wollte ich wissen. „Jetzt hat jeder von euch noch ein Leben übrig, richtig?"

Eddie zuckte mit den Schultern. „Anscheinend. Aber Leti, Ola und ich können noch Geistkristalle farmen. Und inzwischen hat Ola mehr davon als wir anderen."

„Ach ja, bevor ich das vergesse..." Ich kramte in meinem Rucksack und zog Nagashs Schulterstücke hervor. „Ola, leg die an."

Ola schnallte sich die Schulterstücke an. Die anderen seufzten, sie trauerten um Jovanna.

Manu schlug mir mitfühlend gegen die Schulter. „Das Mädel war total scharf auf dich!"

„Das hatte ich schon mitbekommen. Ich werde sie im realen Leben finden!"

„Das ist die richtige Einstellung!", rief der ehemalige Drogenbaron aus. „Wie meine Großmutter immer zu sagen pflegte — und sie war eine sehr weise Frau, das kann ich dir versichern –, in der Liebe ist Abwesenheit wie Wind über einer Flamme. Die schwache Flamme wird gelöscht, die starke angefacht. Vergiss deine Trauer, Amigo!"

„Tja, weißt du, *Amigo*", erwiderte ich, „ich bin mir nicht einmal sicher, ob sie sich an mich erinnern wird. Außerdem besteht eine ziemlich hohe Wahrscheinlichkeit, dass auch ich sie vergessen werde. Meine Trauer, wie du meine Empfindungen so redegewandt genannt hast, ist also in Wirklichkeit die Trauer um etwas, das womöglich niemals stattfinden wird."

Leti wischte sich eine verräterische Träne weg, kam zu mir und umarmte mich. Sie drückte mich an sich und gab mir dann einen zarten Kuss auf die Wange nahe meinem Ohr.

„Das ist ja alles sehr rührend, aber was machen wir denn jetzt?" Zornig schüttelte Ola seinen Speer. „Sollen wir diesen verdammten Henker angreifen, der verflucht sein soll von allen Geistern Nigerias?"

„Was schlägst du denn vor, einen Guerillakrieg?", erwiderte Manu. „Einer offenen Konfrontation sind wir noch nicht gewachsen."

„Warum denn nicht?", widersprach ich. „Ich glaube, das sind wir sehr wohl." Ich öffnete die Rangliste und überprüfte die Level der überlebenden Prüfungsteilnehmer. „Nach der Tabelle verfügt Tafari lediglich über eine Gruppe von fünf Kämpfern auf Level von bis zu 15. Das ist wahrscheinlich seine persönliche Leibwache. Alle anderen Kämpfer, sowohl seine als auch Jumas, haben alle nur Level 10. Bis zum Ende des Tages werdet ihr alle Level 15 erreicht haben. Und vergesst nicht unsere Dinosau..."

Ein Alarm unterbrach mich mitten im Satz.

Testsubjekt! Ein Feind ist in dein Gebiet eingedrungen! Basis 26 steht in der Gefahr, erobert zu werden!

Die Ränder meines Sichtfelds flimmerten

scharlachrot. Ein kalter Schauer lief mir über den Rücken. Und ich roch den durchdringenden Gestank eines Waldbrandes, als der Alarm nacheinander all meine Sinne beeinflusste.

„Scheiße!", rief Eddie.

Die anderen waren ganz seiner Meinung.

„Zurück zur Basis, rasch!", befahl ich und sprang auf den Rücken meines Raptors. „Alle aufsitzen!"

Nur wenige Herzschläge später schrillte der nächste Alarm, gefolgt von gleich einer ganzen Reihe an Warnmeldungen:

Testsubjekt! Ein Feind ist in dein Gebiet eingedrungen! Basis 19 steht in der Gefahr, erobert zu werden!

Testsubjekt! Ein Feind ist in dein Gebiet eingedrungen! Basis 22 steht in der Gefahr, erobert zu werden!

Testsubjekt! Ein Feind ist in dein Gebiet eingedrungen! Basis 25 steht in der Gefahr, erobert zu werden!

Wir erreichten die Basis. Und ich hatte keinerlei Ahnung, was zum Teufel wir jetzt tun sollten. 13 unserer Hexagone wurden gleichzeitig angegriffen. Und wenn wir uns noch so sehr bemühten — wir konnten nicht überall gleichzeitig sein.

KAPITEL 22

UM DER ZUKUNFT WILLEN

Kongressabgeordneter Sam Albert:
Wir wussten, dass wir unsere Feinde
überwachen mussten. Inzwischen ist
uns klargeworden, dass wir auch die
Leute überwachen müssen, die
unsere Feinde überwachen...
Carla Dean:
Und wer bitte soll dann die
Überwacher der Überwacher
überwachen?

Der Staatsfeind Nr. 1

NACH PANCHENKOS VERSCHWINDEN führten die Agenten
mich in ein schäbiges koreanisches Restaurant. Der Schock,
auf einmal alle Hoffnung schwinden zu sehen, den Fluch
jemals wieder aufzuheben, hatte mich so schwer getroffen,
dass ich nicht einmal hörte, was Alex sagte. Er wiederholte
immer wieder, welch große Rolle die Zeit spielte und dass die
Leute, die auf uns warteten, langsam die Geduld verlieren
würden.

Ich blieb stumm, stieg einfach in den Wagen und
starrte gleichgültig aus dem Fenster.

Während der Fahrt wuchs meine Entschlossenheit.
In der Zeit, die mir noch blieb, musste ich so viel wie möglich
erledigen, und die bevorstehende Besprechung würde zum
Eckstein meiner Pläne werden. Außerdem, vielleicht konnten
diese Leute mir ja sogar helfen, Panchenko zu finden. Warum
eigentlich nicht?

Nachdem meine Hoffnung ein wenig wiederhergestellt worden war, rutschte ich schon bald ungeduldig auf dem Sitz hin und her. Dabei überprüfte ich immer wieder, ob Panchenko wieder auf der Karte aufgetaucht war.

Weiter überprüfte ich Haqqanis Aufenthaltsort. Meinem Interface zufolge hatte man ihn bislang noch nicht verhaftet. Der Terrorist hielt sich noch immer in Saudi-Arabien auf, allerdings in einem anderen Teil des Landes. Jedenfalls schien er absolut am Leben zu sein und sich einstweilen auch bester Gesundheit zu erfreuen, wie sein Puls verriet.

Er musste zu meinem ersten Ziel werden. Sobald die Amerikaner ihn erst einmal gefasst hatten — wenigstens solange dabei alles gut lief –, konnte ich ihnen mehr Dienste dieser Art anbieten, und das war der Startschuss für meinen globalen Plan.

Alex blieb im Wagen, während Laura mich ins Restaurant und zu einem Tisch im ersten Stock führte. Dort warteten bereits zwei Männer auf uns. Der eine war Norman Doherty, ein schlanker junger Mann in einem Hemd mit aufgerollten Ärmeln, und der andere Hector Sanchez, ein fülliger Hispanoamerikaner von etwa 40 Jahren mit einer randlosen Brille.

Überraschenderweise nannten beide mir ihren wahren Namen. Die Level ihres sozialen Status waren beeindruckend — beide lagen über 10. Merkwürdigerweise wies Doherty den höheren Status auf, obwohl er so viel jünger war.

„Wenn Sie meinen Mangel an Taktgefühl entschuldigen wollen, Phil", meinte Doherty mit einem schuldbewussten Lächeln. „Ich möchte Ihnen gern ein paar Fragen stellen."

Laura hatte das Übersetzen übernommen. Das verschaffte mir ein wenig Zeit zum Nachdenken, bevor ich antworten musste. „Ein wenig" war dabei der entscheidende Begriff, denn sie übernahm diese Aufgabe sehr professionell, effektiv und schnell, und übersetzte während der natürlich entstehenden Gesprächspausen.

„Aber gern." Ich nahm einen Bissen von dem marinierten Rindfleisch, das Doherty auf einer kleinen Kochplatte direkt am Tisch zubereitete, denn plötzlich hatte ich rasenden Hunger. „Fragen Sie."

Er drehte ein Stück Schweinefleisch um und zerschnitt es dann mit einer Schere. Erst als er damit fertig war, stellte er die erste Frage.

„Wie können Sie Haqqanis Standort von einer kleinen russischen Stadt aus so exakt angeben? Wir haben die Koordinaten überprüft, und sie waren bis auf einen halben Meter korrekt. Sie verfügen nicht über Verbindungen zu den Geheimdiensten des Landes oder zu Kontakten, die Ihnen diese Informationen hätten geben können. Sie haben vor heute Russland niemals verlassen. Haben Sie irgendeine plausible Erklärung für Ihr Wissen?"

„Keine plausible, nein." Versöhnlich hob ich die Hand. Dabei wäre mir beinahe ein Stück Fleisch aus den Essstäbchen gefallen. „Sie werden mir das wahrscheinlich nicht glauben, aber ich habe ab und zu Visionen."

Sanchez beugte sich vor. „Wann haben diese Visionen begonnen?"

„Das ist noch nicht sehr lange her. Im Mai, glaube ich."

Ich hatte mich entschlossen, so weit wie möglich aufrichtig zu sein. Schließlich wusste ich ja auch nicht, was sie bereits über mich herausgefunden hatten. Womöglich hatten sie mit Major Igorevsky gesprochen und der hatte mich erwähnt, man wusste ja nie.

„Ich habe mir die Nachrichten in einem lokalen Fernsehsender angeschaut. Ein junges Mädchen wurde vermisste. Tut mir leid..."

Rasch schob ich mir ein weiteres Stück Fleisch in den Mund und kaute emsig. Dabei studierte ich die Statistiken der beiden. Ihr Interesse an mir ließ sich kaum noch steigern.

„Und? Was ist passiert?", drängte Doherty. „Haben Sie etwas gespürt?"

„Ich habe ein mentales Bild des Mädchens vor mir gesehen und wusste sofort, wo sie war. Ich meine damit nicht nur ihren Standort auf der Karte, sondern die genaue Adresse des Hauses, in dem sie festgehalten wurde. Es war so, als wäre ich selbst dort gewesen."

„Und was haben Sie dann gemacht?"

„Ich habe die Nummer angerufen, die man in den Nachrichten genannt hat. Ich gebe zu, das war ziemlich verrückt. Ich war mir überhaupt nicht sicher, ob ich tatsächlich wusste, wo sie war, oder mir nur irgendetwas einbildete. Ich konnte es einfach nicht sagen."

„Ich verstehe", bemerkte Doherty. „Und, hat man das Mädchen gefunden?"

„Das hat mich am meisten überrascht — ja, man hat sie dort gefunden."

„Unglaublich!" Doherty tauschte einen Blick mit Sanchez, der nickte.

„Ist so etwas noch einmal passiert?", stellte er gleich die zweite Frage.

„Ich habe im Internet gesurft, und dabei bin ich auf diese Seite gestoßen, *Rewards for Justice*. Ich habe mich dort ein wenig umgeschaut. Kaum hatte ich den Namen Haqqani gesehen, passierte es wieder. Ich habe ganz klar das Dorf in Saudi-Arabien vor mir gesehen, und das Haus, wo er wohnte. Noch wichtiger allerdings ist, als ich Google Maps geöffnet habe, wusste ich sofort, welches Dorf und welches Haus es waren. So habe ich die Adresse und die Koordinaten bekommen, die ich dann über das Formular auf der Seite gemeldet habe."

„Was hat Sie dazu veranlasst?", mischte sich Sanchez ein.

„Ich dachte mir einfach, wenn ich Ihnen die Informationen schicke — nicht Ihnen persönlich, sondern den Leuten, die diese Website betreiben –, wäre das der einzige Weg, herauszufinden, ob ich recht hatte. In diesem

Augenblick war ich überzeugt, wenn auch nur eine winzige Chance bestand, dass ich tatsächlich über ein solches Talent verfügte, war es die Sache wert. Terroristen sollten nicht einfach ungeschoren davonkommen. Haben Sie ihn verhaftet?"

„Er ist uns erwischt, dieser Mistkerl!" Doherty verlor die Kontrolle über sich — oder tat wenigstens so — und schlug mit der Faust auf den Tisch.

„Wenn das so ist — was tue ich dann hier?"

„Vielleicht könnten Sie es noch einmal versuchen?", schlug er hoffnungsvoll vor. „Natürlich nur, wenn Sie möchten..."

Im gedämpften Licht hatte Sanchez' Gesicht einen geradezu dämonischen Ausdruck angenommen. Er hob die Hand, um seinem Partner Schweigen zu gebieten, dann hielt er zwei Finger gegen das Ohr und lauschte dem, was aus seinem Ohrhörer kam.

Ich nutzte die Pause, um mein „Sandwich" zu verschlingen, ein Stück saftiges Fleisch mit mariniertem Knoblauch, in ein knuspriges Salatblatt gewickelt.

„Ich bin autorisiert, Sie im Namen der Regierung der Vereinigten Staaten zu bitten, mit uns zusammenzuarbeiten", erklärte Sanchez schließlich.

„Und warum glauben Sie, ich könnte Ihnen helfen?"

„Weil Sie nicht der Erste sind, der uns solche Tipps übermittelt hat. Eine ganze Reihe von US-Bürgern hatte im Laufe des letzten Jahres ähnliche Visionen, die immer wieder auftreten. Diese Visionen nehmen ganz unterschiedliche Formen an, aber das Prinzip ist immer dasselbe: All diese Leute erleben auf einmal eine ganze Reihe von Fähigkeiten, die sich rational nicht erklären lassen. Einige von ihnen konnten mit unglaublicher Genauigkeit die chemische Zusammensetzung von Substanzen nennen, einschließlich Legierungen und Flüssigkeiten. Andere waren in der Lage, Namen, Alter und die Namen der Kinder zu nennen, wenn sie eine Person nur anschauten. Und da war zum Beispiel ein Lehrer in Naturwissenschaften aus Houston, ein extrem kleiner Mann, der niemals mehr hatte tragen können als seine Brieftasche. Er hat mit Powerlifting begonnen und wurde innerhalb von drei Monaten zum Meister in seinem Bundesstaat. Aber wissen Sie, was das Witzigste daran war?"

Es gelang mir nur mühsam, meine Fassung zu bewahren. Man hätte doch ohne Weiteres glauben können, dass es verdammt schwierig war, eine Verbindung zwischen all diesen Fakten zu sehen, doch sie hatten es geschafft.

Ich starrte Dohertys erstauntes Gesicht an. Er schien diese Geschichten ebenfalls zum ersten Mal zu hören. Er war also derjenige, der einzig und allein daran interessiert war, Terroristen zu verhaften, während Sanchez weiterreichende Ziele hatte.

Ich wartete, bis Laura ihre Übersetzung beendet hatte. „Nein, was denn?"

„All diese Leute schienen ihre Fähigkeiten ganz plötzlich wieder zu verlieren, von einem Tag auf den anderen, sobald wir begonnen hatten, mit ihnen zusammenzuarbeiten. Es geschah in Wellen. Wir haben mit vier solcher ‚Spezialfälle' zusammengearbeitet, wie wir sie genannt haben, und alle vier Personen haben ihre besonderen Fähigkeiten am gleichen Tag um dieselbe Uhrzeit verloren."

Aha — anscheinend hatte also niemand von ihnen die Prüfung bestanden.

„Im selben Monat traten neue Spezialfälle auf", fuhr Sanchez fort. „Eine logische Verbindung zwischen den einzelnen Personen konnten wir nicht finden. Sie kamen aus verschiedenen Bundesstaaten, besaßen einen unterschiedlichen Hintergrund, und es gab keine Gemeinsamkeiten in Alter, Rasse, Geschlecht oder Religion. Es war einfach eine willkürliche Auswahl von Leuten. Einer von ihnen war ein Stadtstreicher, der es auf ganz unerklärliche Weise zum Millionär gebracht hat. Leider haben wir zu spät von ihm erfahren. Als wir ihn kontaktiert haben, war er bereits wieder obdachlos."

„Ich habe keine Ahnung, was das mit mir zu tun

haben soll", sagte ich und konnte regelrecht spüren, wie meine Fertigkeit der Täuschung sich verbesserte. „Ich verfüge über keinerlei spezielle Fähigkeiten. Unter all den Schwindlern muss es doch einfach auch ein paar echte Hellseher geben."

„Oh nein — wir sprechen hier nicht von Hellseherei", widersprach Sanchez. „Wir sprechen hier von Menschen mit einem Interface der Erweiterten Realität aus der Zukunft. Von Menschen wie Ihnen, Herr Panfilov."

Die Essstäbchen, mit denen ich mir gerade ein wenig *Kimchi*[19] hatte greifen wollte, erstarrten mitten in der Luft. „Ich verstehe nicht, was Sie meinen."

„Beruhigen Sie sich wieder, Mann." Versöhnlich hob Sanchez die Hand. „Es ist Ihnen wahrscheinlich selbst gar nicht aufgefallen — aber Sie zeigen die Neigung, sich auf Dinge über den Köpfen der Leute zu konzentrieren. Das ist zuerst Alex aufgefallen, schon am Moskauer Flughafen. Es hat nur unsere Vermutungen bestätigt. Greifen Sie auf diese Weise auf Informationen zu?"

„Warten Sie eine Sekunde." Ich ignorierte die Frage und stand auf. Niemand hielt mich physisch zurück.

Allerdings sagte Sanchez: „Bitte setzen Sie sich doch wieder. Hatte ich bereits erwähnt, dass Sie nicht der Erste dieser Art Menschen sind, mit denen wir in Kontakt kommen? Wir machen nicht zweimal denselben Fehler."

„Was bitte soll das heißen?"

„Unsere Analysten haben sich bereits eingehend mit Ihnen befasst. Ich will ehrlich zu Ihnen sein. Wir werden Sie zu nichts zwingen. Aus irgendwelchen Gründen versagen die Spezialfälle unter Druck. Und was Ihr psychologisches Profil betrifft, so reagieren Sie allergisch auf Zwang und sind weit eher bereit, etwas zu tun, wenn Sie davon überzeugt sind, dass es sich dabei um eine gute Tat handelt. Oder einen großen Job. Das ist doch der Name Ihrer Firma, oder? *Große Jobvermittlungsagentur?*"

Er wartete, bis ich genickt hatte, und fuhr dann

---

[19] Kimchi: ein koreanisches Gericht mit fermentiertem Gemüse.

selbstzufrieden damit fort, mir Rückversicherung zu geben. „Phil, Sie sind frei. Sie können jederzeit gehen, wann immer Sie wollen. Die Jungs von den Geheimdiensten, die wir um das Gebäude herum postiert haben, werden Sie ohne Probleme passieren lassen. Wenn Sie wirklich wollen, können Sie sogar das Land wieder verlassen. Aber erst... erst möchte ich, dass Sie sich meinen Vorschlag einer Zusammenarbeit wenigstens anhören."

Meine Lügenerkennung überströmte mich mit Wärme. Er log nicht. Ich entspannte mich ein wenig. Es machte alles sehr viel einfacher, wenn er seine Karten offen auf den Tisch legte. Mochten die beiden ruhig glauben, sie hätten mich eingewickelt — ich wusste genau, dem war nicht so. Wenn es zum Äußersten kam, konnte ich immer noch meine Heldenfähigkeit Unsichtbarkeit und Verschwinden aktivieren.

„Ich habe keine Absicht, Ihre Theorien zu bestätigen", erwiderte ich. „Sagen Sie mir einfach, wie Sie sich eine Zusammenarbeit vorstellen."

„Wir haben nicht viel Zeit, Herr Panfilov. Wenn Ihr Interface im Mai installiert wurde, bleibt uns sogar so gut wie gar keine Zeit. Vier Monate sind die Grenze — danach haben alle Spezialfälle ihre Fähigkeiten verloren."

„Wissen Sie, warum das so ist?"

„Nein", gab Sanchez ehrlich zu. „Keiner der Spezialfälle kann anschließend sagen, was mit ihm passiert ist. Die Leute können sich weder an spezielle Fähigkeiten noch an das Interface der Erweiterten Realität erinnern. Haben Sie in dieser Hinsicht irgendwelche Theorien?"

„Möglicherweise, aber darüber sprechen wir später. Was wollen Sie von mir, von Haqqani einmal abgesehen?"

„Ihre Fähigkeit, Personen zu lokalisieren, ist für uns von größtem Interesse. Welche Gegenleistung erwarten Sie dafür, wenn Sie uns helfen? Die amerikanische Staatsbürgerschaft? Geld? Etwas anderes?"

„Letzteres", antwortete ich. „Ich brauche von Ihnen etwas anderes. So wie die Dinge momentan stehen, kann ich meine Fähigkeiten im Aufspüren von Menschen jeden Augenblick verlieren. Außerdem..." Ich hielt inne und überlegte, wie ich die Sache mit dem Fluch erklären sollte. Am Ende entschloss ich mich, ihnen einfach die Fakten zu unterbreiten, ohne exakte Daten zu nennen; damit sie nichts Dummes anstellen konnten. „Ich habe nicht mehr lange zu leben."

Stirnrunzelnd lauschte Sanchez der Übersetzung. „Wie lange bleibt Ihnen noch?"

„Weniger als Sie denken. Aber... Das gilt nur, wenn Sie mir nicht helfen, eine ganz bestimmte Person aufzuspüren. Selbst falls es Ihnen gelingen sollte, diese Person zu finden, garantiert das nicht zwingend meine... ähm... vollständige Erholung. Aus diesem Grund möchte ich, von allem anderen einmal ganz abgesehen, einen speziellen Fonds gründen, an den Sie alle Belohnungen für jeden Terroristen überweisen, den Sie mit meiner Hilfe fassen können."

„Immer schön alles der Reihe nach! Was genau ist denn die Natur Ihres... Problems? Denn wenn es sich um gesundheitliche Schwierigkeiten handelt — unsere Ärzte sind die besten..."

„Ich glaube nicht, dass die mir helfen können. Die normale Medizin kann in meinem Fall nichts ausrichten. Es gibt nur einen Menschen, der mir helfen kann — und die Ironie des Schicksals will, dass ich ausgerechnet diesen Menschen nicht auffinden kann. Es sollte Sie nicht überraschen, dass es sich bei ihm ebenfalls um einen Spezialfall handelt. Und auf irgendeine Weise hat er die Fähigkeit erhalten, sich vor mir zu verstecken."

„Was wissen Sie über ihn?"

„Sehr wenig. Sein Name ist Konstantin Panchenko. Er ist vor drei Tagen in den USA eingetroffen, wahrscheinlich unter falschem Namen. Sie werden online kein Bild von ihm finden, aber vielleicht in den Personalakten der Firmen, für die er gearbeitet hat." Ich schrieb die Namen der Unternehmen auf eine Papierserviette, die ich zu Sanchez schob. „Heute Morgen hat er sich noch im *Bellagio* aufgehalten, aber möglicherweise hat er inzwischen bereits aus dem Hotel ausgecheckt. Sie können die Aufnahmen der Überwachungskameras überprüfen." Ich gab ihm eine Beschreibung von Panchenko.

Sanchez gab die Informationen über sein Mikrofon weiter und nickte. „Wir werden ihn finden. Und was die Belohnungen betrifft... Was glauben Sie wohl, wie viele Leute können Sie in der Zeit finden, die Ihnen noch bleibt?"

„Ich kann jeden finden, den Sie suchen. Kriminelle, Drogenbarone, Serienkiller — und natürlich Terroristen."

„Wie viele? Fünf? Zehn? Hundert?"

„Definitiv mehr als 100", erwiderte ich nach einer kurzen Schätzung meiner Geistreserven und ihrer Wiederherstellungszeiten.

„Ich will Sie ja nicht beleidigen..." Sanchez stand auf. „Aber wir sprechen hier über eine Menge Geld. Eine solche Entscheidung kann nur der Präsident treffen. Und aus diesem Grund... Könnten Sie uns vielleicht eine kleine Demonstration Ihrer Fähigkeiten geben?"

„Ja, bitte! Finden Sie Haqqani für uns!", platzte Doherty heraus und erhob sich ebenfalls. „Wo hält sich dieser Abschaum auf?"

Laura beeilte sich, seine Worte zu übersetzen, doch das war überflüssig — ich hatte sie gut verstanden. Nach einem tiefen Seufzer beschloss ich, den Sprung ins kalte Wasser zu wagen.

Selbst wenn man mich einsperrte und wie eine Laborratte sezierte, selbst wenn ich niemals wieder das Sonnenlicht zu sehen bekam, konnte ich doch wenigstens zufrieden und in dem Bewusstsein sterben, die Welt von ein paar hundert Mördern, Vergewaltigern und Mistkerlen befreit zu haben, die Frauen, Kinder und alte Leute in die Luft jagten.

Außerdem hatte das alles auch seine gute Seite. Darüber hatte ich seit dem letzten Abend nachgedacht, und das, was zuerst nur eine vage Ahnung gewesen war, hatte sich mittlerweile zu einer fertigen Idee geformt.

Diese Agenten wussten alles über die Interface-Benutzer, einschließlich der Ereignisse, die geschahen, solange das Interface aktiviert war. Das konnte nur eines bedeuten: Sowohl Khphor als auch die anderen hatten schlichtweg gelogen. Es stimmte offensichtlich zwar, wenn man die Prüfung nicht bestand, verlor man das Interface wieder und konnte sich nicht einmal mehr daran erinnern, es jemals gehabt zu haben. Aber alles, was man während dieser Zeit erreicht hatte, blieb unberührt. Die Zeit wurde nicht bis zu dem Punkt zurückgedreht, an dem man das Interface erhalten hatte. Woraus folgte: Mein physisches Leben konnte weitergehen, selbst wenn Phil 2 bei der Prüfung auf Pibellau versagte.

Nun stand auch ich auf und sagte stockend, in Englisch, während ich Sanchez stur in die Augen blickte: „Für Haqqani will ich keine Belohnung. Betrachten Sie es einfach als Geste des guten Willens. Jabar Aziz Haqqani raucht gerade eine Zigarette auf dem Balkon seines Hotelzimmers im *Mövenpick-Hotel* in Jedda, Saudi-Arabien.“

Schon fiel ihre trügerische Ungerührtheit in sich zusammen und wurde ersetzt durch hastige Aktivität. Doherty rannte hinaus, ohne sich auch nur zu verabschieden. Sanchez wedelte aufgeregt mit den Händen und sprach in das Mikrofon, das an seinem Hemdkragen befestigt war.

Plötzlich wimmelte es im Raum nur so von Männern in Schwarz.

Ich setzte mich wieder und tat mich an dem inzwischen leicht verbrannten Fleisch gütlich. Schließlich wusste ich nicht, wann ich das nächste Mal etwas zu essen bekommen würde.

Dann erhielt ich 35.000 Erfahrungspunkte für eine sozial bedeutungsvolle Handlung. Was mich auf Level 23 brachte.

Mein gesamter Körper zuckte vor Ekstase. Es gelang mir nicht, diesen Zustand vor den anderen zu verbergen —

ich brach am Tisch zusammen und schlug mir dabei heftig den Hinterkopf an.

Bevor alles schwarz wurde, hörte ich Sanchez noch brüllen: „Holt einen Arzt!"

* * *

Alex und Laura, meine unermüdlichen Begleiter, brachten mich in eine große, sonnige Hotelhalle, in der emsige Geschäftigkeit herrschte. Kellner rannten mit Drinks für die Gäste an der Bar der Lobby vorbei. Eine lange Reihe von Leuten stand vor dem Empfang Schlange.

Laura nahm sich meinen Pass und ging. Noch bevor Alex und ich uns auf eines der Sofas hatten setzen können, war sie auch bereits mit einem Zimmerschlüssel wieder zurück.

„Ihr Zimmer ist im achten Stock", erklärte sie und gab mir die Schlüsselkarte.

„Gehen wir", sagte Alex. „Ich schlage vor, Sie begeben sich auf Ihr Zimmer, duschen und gehen dann schlafen. Ihnen steht morgen ein arbeitsreicher Tag bevor. Wir sehen uns zum Frühstück, pünktlich um sieben."

Ich warf einen sehnsüchtigen Blick auf den Swimmingpool hinter dem bleiverglasten Fenster und all die fröhlichen Leute, die sich darin tummelten.

„Dafür werden Sie noch genügend Zeit haben", versicherte Alex mir. „Aber erst die Arbeit, dann das Vergnügen."

Die beiden brachten mich zu meinem Zimmer. Ich verschloss die Tür und begann eine reichlich amateurhafte Suche nach Überwachungsgeräten. Wie nicht anders zu erwarten, fand ich nichts. Was natürlich nicht bedeutete, dass ich unbeaufsichtigt blieb.

Ich nahm den Rucksack ab und trat unter die Dusche, um mir den Reisestaub abzuwaschen. Anschließend rasierte ich mich und putzte mir die Zähne. Es ging mir viel besser, nicht einmal mein Hinterkopf schmerzte mehr.

Ich zog frische Kleidung an, dann musste ich an die *Große Jobvermittlungsagentur* denken und beschloss, Veronica anzurufen.

„Wie war dein Flug?" Ihre hohe Stimme verursachte einen Nachhall. „Erzähl mir alles!"

„Da gibt es nicht viel zu erzählen. Ich bin gerade im Hotel eingetroffen. Wie läuft die Personalvermittlung?"

Veronica berichtete, dass sie bereits intensiv mit Valiadis' Firmen zusammenarbeiteten. Da sie für die anfallende Arbeit nicht über eine ausreichende Zahl an Mitarbeitern verfügten, hatten sie damit begonnen, neue einzustellen. Dabei nutzten sie die Liste, die ich ihnen hinterlassen hatte. Bevor ich zum Flughafen aufgebrochen war, hatte ich noch eine Bestandsaufnahme der Arbeitsbelastung vorgenommen, die mit *J-Mart* und den Tochterfirmen verbunden war. Gemeinsam mit Kesha und Veronica hatte ich eine Schätzung aufgestellt, wie viele neue Angestellte wir brauchen würden, und mithilfe der Filter des Interface eine Auswahl getroffen.

Mein Hauptziel war gewesen, der Firma die Weiterarbeit auch ohne meine speziellen unkonventionellen Fähigkeiten zu ermöglichen. Es lag auf der Hand — die Synergie-Werte des Teams waren dabei der entscheidende Faktor. Daher hatte ich bei all dem ein gutes Gefühl, was die Zukunft der *Großen Jobvermittlungsagentur* betraf, ganz gleich, ob ich in Kürze tot war oder noch am Leben, aber des Interface beraubt.

Nachdem ich aufgelegt hatte, fiel mir ein kleines Symbol auf, in dem ein Ausrufezeichen blinkte. Ich konzentrierte mich darauf.

Sofort materialisierte sich Martha neben mir.

„Was ist los, Marth?"

„Ich habe eine Nachricht vom anderen Phil. Er bittet dich, so schnell wie möglich die Aufsichtsperson zu kontaktieren. Er braucht einen Rat. Ich zitiere:

Ilindi, soll ich es riskieren, oder stehen mir noch andere Optionen zur Verfügung?

„Und was bitte soll das heißen?"

„Mehr weiß ich auch nicht. Ohne Kontext können wir daraus keine Schlüsse ziehen."

„Okay. Ich mache mich sofort daran."

Um Geistreserven zu sparen, deaktivierte ich Martha gleich wieder und rief Valiadis an. Mein Handy erreichte ihn irgendwo in Europa.

„Es ist hier erst fünf Uhr morgens, Phil!", rügte er mich. „Ich hoffe, die Angelegenheit ist wichtig."

„Tut mir leid, Herr Valiadis. Ich muss unbedingt Ilindi finden. Der andere Phil auf Pibellau braucht ihren Rat."

„Sie ist hier. Leg nicht auf."

Mein Gehirn explodierte vor Eifersucht. Für die ich mich gleich darauf selbst streng tadelte.

Ich hörte, wie Valiadis aus dem Bett kletterte und irgendwohin schlurfte. Ein Schlüssel drehte sich im Schloss, erneutes Schlurfen über etwas Weiches — Teppich? Dann ein Klopfen an einer Tür. Puh!

Ich hörte unterdrücktes Sprechen. Das Telefon knackte.

„Phil, was ist?", sagte Ilindis Stimme.

Ich kommunizierte die Nachricht von Phil 2. Sie bedeckte den Hörer offensichtlich mit der Hand und konferierte mit Valiadis. Verstehen konnte ich davon allerdings nichts. Endlich schwiegen beide.

Wieder war Ilindis Stimme am Telefon, leise und müde. Sie klang beinahe unsicher. „Ich will ehrlich zu dir sein. Anscheinend versagen alle wie du, die sich um sozial bedeutungsvolle Handlungen bemühen, in der Prüfung. Die bösen Jungs haben bereits den größten Teil des Prüfungsfelds erobert. Meine Antwort lautet also: Ja, er soll es riskieren."

„Ich werde es ihm sagen. Steht es so schlecht?"

„Die nächste Welle der Prüfungsteilnehmer wird die letzte sein", wich sie meiner Frage aus. Sie klang gleichgültig, doch ich wusste, sie kochte innerlich. „Valiadis ist der Einzige von uns, der die Prüfung bestanden hat, und mehr werden es höchstwahrscheinlich auch nicht werden. Das Schicksal ist ganz offensichtlich gegen eine Allianz zwischen den Menschen und den Rhoa. Die Wahrscheinlichkeit, dass unsere beiden Rassen in der Diagnose versagen, liegt inzwischen bei nahezu 100 %."

„Ich weiß nicht, was ich sagen soll."

„Du musst gar nichts sagen, Phil. Ich freue mich, dir begegnet zu sein. Auch wenn alles umsonst war. Ich habe dich nicht gut genug vorbereitet, das ist alles. Lebwohl."

Das Piepen des Telefons klang wie der letzte Countdown. Sobald ich bei der Prüfung auf Pibellau erst einmal versagt hatte, war für mich alles vorbei. Selbst wenn es mir gelang, Panchenko aufzuspüren und ihn zu zwingen, den Fluch aufzuheben. Also musste ich diese letzten Stunden — oder vielleicht Tage –, die mir noch blieben, so verbringen, als ob sie...

Als ob sie was wären? Meine letzten?

Ganz genau!

$$* * *$$

Der blasse, rosige Tagesanbruch erlebte mich im Pool des Hotels schwimmend. Als ich das Zimmer verließ, traf ich davor auf Alex, und Laura schloss sich uns wenig später an.

Auf dem Weg zurück nach oben in mein Zimmer zeigte Alex mir einen Like-Daumen und sagte: „Wir haben ihn!"

„Klasse!", sagte ich, nicht überrascht. Die vielen Erfahrungspunkte, die ich erhalten hatte, waren ein sicheres Anzeichen gewesen, dass man Haqqani diesmal hatte erwischen können. Ich hatte bereits einige der verfügbaren Eigenschaftspunkte investiert und sowohl Charisma als auch Glück auf Level 20 gebracht. Außerdem hatte ich im Laufe der letzten Nacht meine Beweglichkeit gleich zweimal verbessern können. Das hatte allerdings bedeutet, dass ich einmal aufgewacht war, alle Snacks und Erdnüsse im Zimmer vertilgen musste, um den Prozess dann neu einleiten zu können.

Als wir später Sanchez trafen, bestätigte er, dass der Präsident die Sache abgesegnet hatte. Unser Arbeitsplan sah wie folgt aus: Ich musste ihnen die Koordinaten des Ziels liefern, sie überprüften es und verhafteten die entsprechende Person — oder eliminierten sie. Anschließend wurde das Geld auf mein Konto überwiesen. Die Höhe der Summe hing jeweils davon ab, welcher Kategorie auf der Liste das Ziel angehörte.

Angesichts des globalen Umfangs meiner Wohltätigkeitspläne, die der gesamten Menschheit eine bessere Zukunft sichern sollten, würde Kira eine Menge Geld brauchen. Und ich meine wirklich eine Menge. Deshalb begab ich mich nach dem Gespräch mit Sanchez gleich ins Büro eines Finanzberaters. In meinem Rucksack steckten jetzt vier Bündel von je 10.000 Dollar. Das war das „Taschengeld", das Sanchez mir zusammen mit der ersten Akte übergeben hatte.

„Das ist für Sie", hatte er gesagt und mir eine Plastiktüte mit dem Geld in die Hand gedrückt. „An einem Ort wie Vegas werden Sie es brauchen."

Ich zierte mich nicht. Schließlich waren die Dienste von Finanzberatern nicht gerade billig.

Der Mann, der vor mir saß, wies keinerlei Ähnlichkeit mit unserem Herrn Katz auf. Er schien niemals zu blinzeln, hatte die mächtigen Schultern eines ehemaligen Football-Spielers und eine enge Stirn über buschigen Augenbrauen. Damit war er das genaue Gegenteil des sprichwörtlichen Buchhalters. Er hieß Gary Grant und war, meinem Interface zufolge, die für meine Zwecke am besten geeignete Person.

Wenn ich mich in seinem Büro umsah, war er nicht allzu erfolgreich. Sein Anzug war ordentlich und gebügelt, aber man sah deutlich, er war mindestens zehn Jahre alt. Zu viele Klienten schien er ebenfalls nicht zu haben. Das erklärte wahrscheinlich, warum er so rasch bereit gewesen war, an diesem Sonntagmorgen ins Büro zu kommen.

„Ich verstehe." Er nickte energiegeladen und blinzelte nun doch zum ersten Mal. „Sie müssen einen Kapitalbeteiligungsfonds gründen, mit einem einzigen Gründer. Das Problem ist nur, in den USA lässt sich das innerhalb der zur Verfügung stehenden Zeit nicht erledigen. Wir könnten natürlich einen Offshore-Fonds irgendwo auf den Britischen Jungferninseln eröffnen, oder in Panama. Außerdem gibt es noch Bermuda und Mauritius. Aber..."

„Entschuldigen Sie..." Ich hob die Hand, um ihm Einhalt zu gebieten, doch er tat so, als würde er es nicht sehen.

„Ich kann Ihnen bis heute Abend eine Liste der verfügbaren Optionen und Bedingungen aufstellen. Aber eines muss Ihnen klar sein — angesichts des momentanen Klimas kann es sein, dass Sie den Genehmigungsprozess nicht überstehen. Ihre Auswahlmöglichkeiten werden in jedem Fall sehr begrenzt sein. Es würde mich nicht überraschen, wenn man Ihren Antrag bereits im ersten Überprüfungsstadium ablehnt. Alle Dokumente müssen einwandfrei sein — Sie brauchen Anschreiben, Empfehlungen von einflussreichen Bürgern oder Unternehmen mit einem Geschäftssitz im Land Ihrer Wahl. Der Vertrag..."

„Gründungsmitglied des Fonds wird meine Schwester sein", unterbrach ich ihn. „Ich werde den Kontakt zwischen Ihnen beiden herstellen und Ihnen alles Weitere überlassen. Momentan muss ich nur eines wissen — die Nummer des Bankkontos, auf das die Gelder überwiesen werden müssen. Und was die Genehmigung betrifft — wie wäre es, wenn ich Sie zum Manager des Unternehmens ernenne? Ich habe meine Gründe, Ihnen zu vertrauen. Ich würde Ihnen auch die Auswahl des geeigneten Standorts überlassen."

Er schwieg eine Weile, sah mich an und nickte dann. „Also gut. Über welche Beträge sprechen wir?"

Ich gab ihm eine überschlägige Schätzung.

Er pfiff leise durch die Zähne. „Die Gebühr eines Managers liegt normalerweise bei 1 % des jährlichen Nettovermögens des Fonds."

„Das klingt gut. Machen Sie einfach die Unterlagen fertig."

Ich hatte keinen Grund, meinem Interface zu misstrauen. Und den Informationen nach war Gary ein sehr zuverlässiger und vertrauenswürdiger Mensch. Die Werte der Synergie einer Zusammenarbeit zwischen ihm und Kira waren phänomenal.

Ich kramte in meinem Rucksack und zog drei der Geldbündel hervor. „Reicht das aus, um die Sache ans Laufen zu bringen?"

„Das ist mehr als genug. Den Rest könnte ich..."

„Behalten Sie ihn", fiel ich ihm ins Wort. „Danke, Gary." Ich gab ihm die Hand. „Wenn ich Sie wäre, würde ich mir einen neuen Anzug kaufen. Ihr Leben hat gerade eine Wende genommen."

Er sah mich eindringlich an und nahm meine Hand. Während er sprach, ließ er sie nicht wieder los. „Der Präsident der Bank in Panama ist ganz zufällig ein ehemaliger Mitstudent von mir. Ich werde mich einmal mit ihm über einen Klienten mit sehr speziellen Bedürfnissen unterhalten. Sind Sie sicher, dass Ihre Schätzung korrekt ist? Sie sprechen von Milliarden, nicht von Millionen?"

„Allerdings — ich spreche von zehnstelligen Summen, Gary, und das ist mein voller Ernst."

„Verstanden. Ich werde sehen, was ich tun kann."

Ich hatte vor, heute alle Ziele auf Sanchez' Liste der Kategorie A aufzuspüren. Das waren die Namen der Leute, die für die Vereinigten Staaten die größte Bedrohung darstellten, und es bedeutete 25 Millionen Dollar pro Name. Dann gab es noch Listen der Kategorien B, C und D mit den Terroristen niederen Rangs und Kriminellen ebenso wie von

Interpol gesuchten Betrügern. Hier waren die Preise weitaus geringer.

Auf jeden Fall würde ich keine Zeit verschwenden. Mithilfe des universellen Infospace wollte ich zuerst alle Daten der Namen von der A-Liste erfassen und anschließend mein Bestes geben, um so viele Namen wie nur möglich von den anderen Listen abzuarbeiten. Ich hatte vor, alle Informationen in einer Tabelle zu ordnen, die ich in eine Cloud hochlud. Sanchez bekam den Zugang dazu, sobald der richtige Zeitpunkt gekommen war.

Beim Empfang des Finanzberatungsbüros wartete Alex Tomasik auf mich. Er war mir durchgehend gefolgt. Als er mich sah, stand er auf und deutete mit einer Kopfbewegung auf den Aufzug. Gemeinsam verließen wir das Gebäude.

Alex befand sich in einem beklagenswerten Zustand. Seine Augen waren rotgerändert, und er konnte nicht aufhören zu gähnen.

„Schlafen Sie eigentlich nie, Mann?", fragte ich.

„Ich habe für zehn Sekunden geschlafen, als ich auf Sie gewartet habe", antwortete er ungerührt.

„Hat der CIA so wenige Mitarbeiter?"

„Mit unserem Personal ist alles in Ordnung. Aber das ist eine geheime Operation."

„Sie meinen, ich bin eine Verschlusssache?"

Mit einem schiefen Grinsen betrat er den Aufzug, der voller Leute steckte. Ich beschloss, ihn ein wenig zu ärgern, und blieb davor stehen. Sofort bahnte er sich seinen Weg durch all die anderen wieder nach draußen. Erst dann stieg ich ebenfalls ein. Die Türen schlossen sich.

Auf dem Weg nach unten wechselten wir kein Wort. Alex nahm den Blick nicht von mir, forderte mich zu einem Wettbewerb im Anstarren heraus. Ich studierte jedoch lieber die Wand über seinem Kopf.

Kaum hatten wir den Aufzug verlassen, schimpfte er und erklärte mir, wie gefährlich ein solches Verhalten meinerseits war.

„Wie sagt ihr Russen doch so schön? Gerüchte regieren die Welt. Wir sind nicht die einzigen Leute, die nach solchen Spezialfällen wie Ihnen Ausschau halten. Sie wissen, was ich damit sagen will?"

„Natürlich. Es wird nicht wieder vorkommen."

„Dann ab ins Auto!"

Derselbe Minibus wie gestern brachte uns zurück ins Hotel. Wir fuhren schweigend. Alex schlief, Laura kaute Kaugummi und war in ihren iPad vertieft, der Fahrer fuhr, und ich... Ich wartete darauf, von Kira zu hören.

Im Hotel lief uns gleich Sanchez über den Weg. Er nickte uns kaum merklich zu, stand auf und ging zu einem anderen Aufzug, als ob er nichts mit uns zu tun hätte. Erst in meinem Zimmer schloss er sich uns wieder an.

„Haben Sie die Daten des Bankkontos, auf das das Geld überwiesen werden soll?", fragte er mich.

„Noch nicht. Mein Fonds-Manager Gary Grant wird Sie im Laufe der nächsten Tage anrufen und Ihnen die Kontonummer durchgeben."

„Und was sollen wir bis dahin mit den Zahlungen machen?"

Ich unterdrückte ein Lächeln. „Sind Sie sicher, Sie bekommen, wofür Sie bezahlen? Hat meine kleine Demonstration Sie zufriedengestellt?"

„Manche Leute tendieren dazu, zu glauben, es sei alles nur ein Trick, oder ein Zufall, oder sogar ein vorher abgesprochenes Komplott. Deshalb werden Ihre nächsten Ziele nichts miteinander zu tun haben."

„Also gut. In dem Fall..." Ich dachte nach.

Anscheinend blieb mir nichts anderes übrig. Ich wollte auf jeden Fall nicht länger warten.

„Sie können das Geld auf das Konto meiner Schwester überweisen", erklärte ich. „Ich gebe Ihnen gleich die Daten."

„Einverstanden. Übrigens, was Ihren ‚alten Freund' betrifft — wir sind noch auf der Suche nach ihm. Noch gestern hat er sich in der Tat im *Bellagio* aufgehalten, aber

er ist abends nicht in sein Zimmer zurückgekehrt. Keine Sorge, wir werden ihn schon finden. Ich muss Sie noch einmal ermahnen, Ihr Zimmer nicht ohne Begleitung zu verlassen. Alex und Laura müssen Sie überallhin begleiten."
Er verschwendete keine weiteren Worte. „Was sind unsere nächsten Ziele?"

„Ich habe auf Sie gewartet, bevor ich weitermache."

„Warum? Ich dachte, Sie hätten inzwischen längst daran gearbeitet! Unsere Leute warten..."

„Genau — Ihre Leute warten. Allerdings gibt es nun einmal überall auf dem Globus Leute, und sie haben alle die schlechte Angewohnheit, konstant ihren Standort zu verändern. Vor drei Stunden hat Ihr Fazlullah sich an einem ganz bestimmten Standort in den Bergen herumgetrieben, doch jetzt befindet er sich in einem ganz anderen Tal. Hier, schreiben Sie sich die Koordinaten auf!"

„Nun machen Sie schon, diktieren Sie sie mir, Mann!"

Es waren insgesamt drei neue Ziele. Einer war der Anführer einer pakistanischen Terrorgruppe, die für einen der blutigsten terroristischen Anschläge der jüngsten Geschichte verantwortlich war. Das Massaker an einer Schule in Peschawar hatte 148 Menschenleben gekostet, und die meisten davon waren Kinder gewesen.

Statt die Koordinaten aufzuschreiben, wiederholte Sanchez sie. Ich konnte es direkt vor mir sehen, wie mit jeder Zahl, die ich aussprach, eine gigantische Geheimdienstmaschine angestoßen wurde, die Vergeltung an den Monstern übte, die das Recht verloren hatten, Menschen genannt zu werden. Für Leute, die kleine Kinder in die Luft jagen, war auf dieser Erde einfach kein Platz.

Nachdem er alle Koordinaten weitergegeben hatte, öffnete Sanchez die Minibar und holte ein paar Dosen Bier. Ich ließ mich auf einen Sessel fallen; gerade noch rechtzeitig, bevor mich eine weitere Welle der Euphorie erreichte, die mir ein neues Level verschaffte. Ich wurde noch immer für jeden Verbrecher, den ich aufspürte, großzügig belohnt, auch wenn die Anzahl der verliehenen Erfahrungspunkte auf ein

Drittel herabgesunken war.

Die Pause nutzte ich, um beide Eigenschaftspunkte in meine Intelligenz zu stecken, mit dem Schwerpunkt auf den Fertigkeiten in der englischen Sprache. Es war eine der kreativen Fähigkeiten, die für die ausgewählte Fertigkeit +5 Level anbot.

Mein Kopf explodierte vor Schmerz. Mein Sichtfeld verdunkelte sich. Die Welt blinzelte zweimal.

Zu meinem Erstaunen stellte ich fest, dass ich auf einmal wirklich alles verstehen konnte, was im Fernsehen gesagt wurde. Meine Englischkenntnisse schienen nun sogar besser zu sein als die von Tomasik. Um genau zu sein, schien ich Englisch nun sogar besser zu beherrschen als meine eigene Muttersprache Russisch.

Wenigstens war es das, was mein Interface mir erklärte:

Fertigkeiten in der englischen Sprache: 15
Fertigkeiten in der russischen Sprache: 7

Tomasik hatte das Zimmer kurz verlassen und kehrte nun mit Laura im Schlepptau zurück.

„Ist das nicht ein wenig zu früh?", fragte sie mit einer Kopfbewegung in Richtung der Bierdosen.

„Wir werden bald erfahren, was aus den neuesten Informationen geworden ist", erwiderte Sanchez. „Wir warten Dohertys Bericht ab, bevor wir irgendetwas weiter unternehmen. In der Zwischenzeit gönnen wir uns einfach einen Drink."

Er öffnete eine Dose und bot sie mir an. Ich schüttelte den Kopf, stand auf und holte mir eine Cola. Da Alkohol nicht infrage kam, konnte ich die aktuelle Entwicklung ja wenigstens mit einem Softdrink begießen. Die Welt wurde heute von drei Mistkerlen befreit — das wusste ich bereits, denn mein Interface hatte es mir durch die neuen Erfahrungspunkte gemeldet, kaum dass Sanchez die Koordinaten weitergegeben hatte.

Wir mussten eine ganze Stunde warten.

„Ja! Ja! Ja — alle drei!", brüllte Sanchez und warf triumphierend die Hände in die Höhe. Was ihm so gar nicht ähnlich sah.

Alex und Laura schlossen sich an. Wir stießen miteinander an.

Als die Begeisterung sich ein wenig gelegt hatte, kam Sanchez zu mir und sagte ganz sachlich: „Alle Ziele wurden erfolgreich eliminiert. Wir haben gerade 75 Millionen Dollar auf das Konto Ihrer Schwester überwiesen."

Er schlug mir auf die Schulter, während ich innerlich damit beschäftigt war, mir auszudenken, wie um Himmels willen ich das Kira erklären sollte. Das hatte sie ganz gewiss nicht erwartet, als sie mir die Erlaubnis gegeben hatte. „Ich will, dass jemand für mich ein bisschen Geld auf dein Konto überweist — du hast doch nichts dagegen, oder?", hatte meine Frage gelautet.

Tja, und dabei hatte ich das Geld noch gar nicht mitgezählt, das bald in ihrem Fonds-Konto landen würde…

KAPITEL 23

WENN ETWAS ZU GUT SCHEINT, UM WAHR ZU SEIN

Ist schon komisch, wie rasch ein paar Sprüche wie „Heilige Scheiße! Das wird jemanden das Leben kosten!" jedem Feuer unter dem Arsch machen!

Negan, *Die wandelnden Toten*

DAS SCHLIMMSTE, DAS die Leute in all den Horrorfilmen und Krimis tun können ist, sich aufzuteilen. Ich meine, da ist ein Serienkiller mit einer Kettensäge unterwegs — aber nein, statt immer schön zusammen zu bleiben, müssen die jungen Helden getrennt losziehen.

Aus genau diesem Grund entschloss ich mich, meine Gruppe nicht aufzusplitten. Immerhin kostete es ja eine ganze Stunde, um ein fremdes Hexagon zu erobern, und ich bezweifelte doch sehr, dass Tafari über genügend Leute verfügte, gleich so oft eine aus fünf Leuten bestehende Kampftruppe loszuschicken, um eine Stunde abzuwarten.

„Ihr kennt den Plan? Also los. Seid ihr bereit?"

Alle nickten. Leti leckte sich nervös die Lippen.

Rein instinktiv schlug ich ihr auf die Schulter. „Es wird alles gutgehen. Beginnen wir!"

Wir portierten zu Basis 26. Das Knallen der Teleporte erinnerte an das Feuer von Schusswaffen, als die Ankunft unserer viele Tonnen schweren Dinosaurier die Luft in mächtigen Böen verdrängte. Es war, als würde man riesige Felsen ins Meer werfen.

Dieses Hexagon war das erste auf unserer Liste. Niemand kam, um sich uns entgegenzustellen. Endlos lange Sekunden blieben wir einfach wie erstarrt Rücken an Rücken stehen und hielten Ausschau nach dem Feind, doch da war keiner. Die Basis war leer.

„Ola, schau im Bunker nach!"

Er nickte.

In weniger als einer Minute war er zurück, schüttelte den Kopf. „Niemand da."

„Also hat er es entweder bisher noch nicht bis hierher geschafft, oder... Alle antreten!"

In Kampfformation überprüften wir jedes einzelne Hexagon, das angeblich angegriffen worden war, doch überall trafen wir auf dieselbe Stille. Obwohl keine neuen Alarmmeldungen mehr eintrafen, wurde die Logik, die hinter ihnen steckte, langsam offensichtlich: Alle Scheinangriffe waren entlang der Trennungslinie gemeldet worden, die unser Gebiet von dem Tafaris trennte.

Testsubjekt!

Ein Feind ist in dein Gebiet eingedrungen! Basis 14 steht in der Gefahr, erobert zu werden!

„Phil!", brüllte Ola.

„Ist ja schon gut — beruhig dich mal wieder! Was Tafaris Leute gerade machen, ist, um die Basen herumzugehen. Sie greifen die Hexagone nicht an, sondern gehen einfach weiter."

Es folgten weitere Mitteilungen, die meine Worte bestätigten. Die feindlichen Kämpfer hatten die Grenzen der Hexagone, die an ihr eigenes Gebiet stießen, überschritten, ohne sie zu erobern, und drangen nun immer tiefer in unser Gebiet ein.

Das war der Augenblick, in dem ich es tief bereute, keine Ressourcen für Späher verwendet zu haben.

Es kostete mich allerdings nur ein paar Sekunden, Tafaris mögliche nächsten Bewegungen im Kopf durchzugehen. „Begeben wir uns zur Hauptbasis und graben uns dort ein. Es gibt nur einen Weg, wie sie diese Basis aus Norden und Osten erreichen können, und zwar über Hexagon 7. Dort ist die Schlucht schmal genug, dass man sie überqueren kann. Auf diese Weise verlieren wir vielleicht ein paar Hexagone, aber wir haben genügend Zeit, alle Ressourcen zu nutzen, die wir gefarmt haben. Wir können hochleveln, mehr Geschütztürme installieren und sowohl die Panzerung als auch den Schaden verstärken, den wir zufügen können."

„Klingt gut, Boss", bemerkte Eddie.

Ola nickte. „Da stimme ich zu. Wir sind nur fünf, plus ein Dutzend Dinosaurier. Tafari verfügt über mindestens 20 Kämpfer und jede Menge Kampfeinheiten. Sie könnten uns durch ihre schiere Überzahl erdrücken."

„Aber unsere Hauptbasis hat Level 4!", fügte Manu hinzu. „Das wird die Statistiken der Mistkerle mächtig verringern."

„Von der Regeneration einmal ganz zu schweigen. Es wird Zeit, dass dieses teure Modul sich endlich lohnt!"

Zurück in Basis 1 brach gleich emsige Geschäftigkeit aus.

Manu als derjenige unter uns, der über die meiste praktische Erfahrung im Kampf verfügte, übernahm die Positionierung weiterer Plasmatürme und Speerwerfer.

Leti war von allen die schnellste. Sie sprang auf einen Utahraptor und ritt zur nördlichen Ecke des Hexagons, um ein paar Wachtürme aufzustellen, die in Echtzeit Bilder an die Kommandozentrale sandten. Es war unwahrscheinlich, dass Tafari uns aus einer anderen Richtung angreifen würde. Im Süden und Westen lagen unsere Hexagone am Rand des Prüfungsfeldes, und aus dem Osten konnte nur einer kommen: Zack. Dessen Frist übrigens abgelaufen war, doch das nur ganz nebenbei.

Momentan war mir das gleichgültig. Er war im

Augenblick wirklich nicht mein größtes Problem. Ich könnte natürlich Leti zu ihm schicken... Oder nein, lieber nicht. Zack konnte sich als gefährlich erweisen, und es würde uns schwächen, auf sie zu verzichten. Genau das hatte ich ja vermeiden wollen, eine Aufteilung unserer Truppe.

Eddie, Ola und ich vertieften uns in Berechnungen. Mit schmerzverzerrten Gesichtern fügten wir uns mit den Dolchen selbst kleine Wunden zu und verwendeten das Blut, um komplexe Gleichungen auf den Boden des Bunkers zu zeichnen. Wir mussten das beste Gleichgewicht zwischen Verteidigung und Feuerkraft herausfinden, und zwar schnell.

Außerdem mussten wir jedes Mitglied des Clans auf Level 15 bringen, das verstand sich von selbst. Dadurch konnten alle neue Talente erhalten, und damit wiederum Eigenschaftspunkte, die sie in Ausdauer investieren konnten, statt in Stärke. Wenn wir das überstehen wollten, mussten wir unsere Überlebensfähigkeit aufs Äußerste ausbauen. In der Hitze eines Kampfes konnten selbst Bruchteile eines Prozentes den Unterschied ausmachen zwischen einem Erreichen des Bunkers mit seiner umgehenden Heilung — und der Entpersonifizierung.

Die Stärkung der Türme und Speerwerfer war gar nicht einmal so teuer, und konnte eine entscheidende Rolle dabei spielen, Tafaris Kampfeinheiten zu dezimieren.

Anschließend investierte ich alle Punkte, die noch übrig waren, in das Forschungsmodul, verbesserte unsere Ausrüstung und steigerte den Schaden, den wir verursachen konnten — das Team selbst ebenso wie die Dinos.

Die Wand des Bunkers teilte sich kurz und Manu trat ein.

„Diese verdammten Dinosaurier!", knurrte er. „Ihretwegen musste ich die meisten Türme am Zaun entlang platzieren. Ein paar hatte ich in der Basis verteilt, doch das war vergebene Liebesmühe. Sie haben sie sofort wieder eingerissen, als ich an anderer Stelle beschäftigt war. Ich weiß zwar nicht genau, wer von den Viechern es war, aber ich habe so meine Vermutungen — wahrscheinlich Croc. Er kann seinen Schwanz einfach nicht kontrollieren."

Ola lächelte. „Es könnte auch Spino gewesen sein. Er ist neu, und nicht unbedingt der Klügste."

„Oder Rex", überlegte Eddie. „Er kann einen Turm zum Einsturz bringen, wenn er sich nur umdreht."

„Was spielt denn das für eine Rolle?", unterbrach ich sie alle lauter und verärgerter, als ich eigentlich hätte sprechen sollen. „Selbst, wenn es Tank war — na und? Was habt ihr denn vor? Den Übeltäter zu bestrafen? Als ob uns das etwas bringen würde!"

Die anderen sahen sich verwundert an, dann brachen sie in Lachen aus, und die Spannung ließ nach.

„Tut mir leid, Phil", sagte Manu.

„Ist schon in Ordnung, Jungs, aber konzentriert euch jetzt mal. Kauft euch neue Level und studiert die Talente, die ihr bekommt. Versucht, euch Situationen auszudenken, in denen ihr sie am besten nutzen könnt. Leti wird bald zurück sein. Dann werden wir auch sie auf Level 15 heben und sind dann so gut wie..."

Meine letzten Worte gingen im erneuten Schrillen eines Alarms unter:

Testsubjekt! Ein Feind ist in dein Gebiet eingedrungen! Basis 6 steht in der Gefahr, erobert zu werden!

Manu zappelte nervös. Meine heruntergefallene Kinnlade und Olas vor Furcht geweitete Augen bereiteten ihm offensichtlich Unbehagen. „Was ist denn los?"

„Das ist das Hexagon neben diesem", erklärte ich. „Das zwischen uns und Zack. Ich vermute, er wurde angegriffen und flieht nun zu uns. Ich werde ihm entgegengehen. Ihr bleibt hier und wartet auf Leti. Sagt ihr, sie soll auf Level 15 upgraden und sich in ihren neuen Talenten üben!"

Ich rannte aus dem Bunker, rief meinen Utahraptor herbei, sprang auf seinen Rücken und eilte in Richtung

Osten.

Je nachdem, wie schnell Zacks Spinnen sich bewegten, brauchte er höchstens zehn Minuten bis zur Grenze. Solange er sich in der richtigen Richtung bewegte und nicht eines unserer anderen Hexagone anstrebte.

Es dauert länger, als ich geschätzt hatte. Ich überlegte gerade schon, wieder zur Basis zurückzukehren, als ich im Nebel des Krieges endlich eine menschliche Gestalt sehen konnte.

Ich blinzelte. Auf einmal traten überall um diese eine Gestalt herum mehr und mehr Menschen aus dem Nebel.

Nein, das war nicht Zack.

Angestrengt betrachtete ich die — nach den Standards dieser Prüfung — enorme Armee, um ein Mehrfaches größer als sogar Nagashs Horde. Es waren Fußsoldaten in voller Ausrüstung, stachelige Schoßtiere mit vielen Beinen und in der Nachhut mehrere Reiter.

Ich musste so schnell wie möglich zur Basis zurück, doch ich zwang mich, stehen zu bleiben, bis das System mir die Namen meldete. Sie trugen alle Helme, also konnte ich die Gesichter derjenigen nicht sehen, die da mit gezückten Schwertern auf uns zukamen.

Kaum hatte das System endlich reagiert, drehte ich den Raptor um und raste zur Basis zurück. Laute Flüche bereiteten mir den Weg. Ich hatte nur zwei Namen gesehen, doch das hatte ausgereicht, um mir zu zeigen: Man hatte mich wirklich und wahrhaftig gründlich an der Nase herumgeführt!

Juma, Mensch
Level: 26

Zack, Mensch
Level 15

Jovanna hatte mit ihrer Vermutung recht gehabt — Zack hatte nur abgewartet, um sich am Ende dem Clan des höchstwahrscheinlichen Siegers anschließen zu können, der Nummer 1 in der Rangliste. Letztlich war es nicht einmal so erstaunlich, dass er es durch Tafaris Gebiet bis zu Juma geschafft hatte. Vielleicht hatte er sich teleportiert. Oder er verfügte wie Carter und ich über Unsichtbarkeit. Aber wenn die Dinge so lagen, wer bitte griff uns dann von Norden aus an?

War es womöglich Tafari?

* * *

Jumas Armee traf etwa eine Stunde später ein, nachdem seine Leute ganz gemütlich alle drei Hexagone an der Grenze zu unserer Hauptbasis erobert hatten.

Etwa 30 Meter vom Zaun entfernt blieben sie stehen. Aus der Menge löste sich ein Reiter mit einer behelfsmäßigen weißen Fahne, gebildet aus einem T-Shirt, das man an einen Stock gebunden hatte.

Moment mal — wo hatte ich den Namen dieses Reiters wohl schon einmal gehört?

Ken, Mensch
Level 10

Das letzte „sozial bedeutungsvolle" Subjekt auf Ilindis Liste näherte sich uns. Ich betrachtete seinen „Hengst".

Der Kerl ritt ein Fabelwesen wie aus uralten Mythen, nur realistischer. Das Tier hatte eine glatte Haut, ohne Federn oder Fell, einen mächtigen schuppigen Schwanz, an dessen Ende sich knochige Stacheln befanden, und einen pferdeähnlichen Kopf, bedeckt mit Chitinplatten.

„Igitt!" Leti schauderte

„Das ist für unseren Rex doch ein Kinderspiel", erklärte Manu zuversichtlich. Unser Alpha-Dino schien sein Liebling zu sein.

Der Reiter stieg von seinem Reittier und nahm den Helm ab. Er schien etwa 20 Jahre alt zu sein. Sein Gesicht war asiatisch, und wurde beherrscht von einem strahlenden Lächeln.

„Heilige Scheiße!", begeisterte der Kerl sich auf Russisch. „Sind das echte Dinosaurier? Ist ja nicht möglich! Die sind echt geil!"

„Hallo Ken", begrüßte ich Jumas Unterhändler.

„Ich kann es nicht glauben!", rief er aus, nachdem er uns alle betrachtet hatte. „Hallo, Jungs! Phil, Ola, Manu, Eddie! Und sieh mal, Leti ist auch da! Von euch habe ich jede Nacht geträumt! Habt ihr auch Carter und Jovanna gefunden?"

Meine Freunde nickten und musterten ihn dabei argwöhnisch.

„Das haben wir", bejahte ich. „Der Einzige, den wir nicht gefunden haben, warst du."

„Zu schade! Ihr hättet mich auch gar nicht finden können. Ich wurde zum östlichsten Hexagon geschickt. Dort habe ich gleich Juma getroffen und bin ihm praktisch die ganze Zeit gefolgt."

„Das ist tatsächlich zu schade", erwiderte ich für uns alle. „Aber du kannst dich uns ja immer noch anschließen, oder etwa nicht?"

„Tut mir leid, Mann, ich habe bereits Juma die Treue geschworen. Und außerdem... Der Kerl ist so reich, das könnt ihr euch gar nicht vorstellen! Wisst ihr, was ich meine? Er ist Mitglied einer regierenden königlichen Dynastie! Ich habe einen Handel mit ihm abgeschlossen. Das haben wir alle. Wir folgen ihm bis zur Hölle und wieder zurück. Wir sind gewissermaßen die Söldner eines stinkreichen Clan-Anführers. Sobald wir erst einmal zurück im realen Leben sind, wird er uns dafür mit Geld und mehr belohnen."

„Aha. Und du bist gekommen, um uns anzubieten, ebenfalls eurem Clan beizutreten?"

„Natürlich. Solche Kämpfer wie euch will Juma auf keinen Fall verlieren. Aber wenn ihr sein Angebot ablehnt, ist er selbstverständlich auch dazu bereit, euch zu pulverisieren. Ihr habt eine Viertelstunde Zeit, euch zu entscheiden."

„Warte mal — hat Juma denn keine Angst vor Tafari?", mischte sich Manu ein. „Glaubst du nicht, der versucht, Jumas eigene Gebiete anzugreifen, während ihr hier herumlungert, du und deine Bande?"

„Dazu kann ich gern etwas sagen. Ihr habt nicht die geringste Chance, denn wir haben mit Tafari einen vorübergehenden Waffenstillstand geschlossen, der bis zum nächsten Sonnenaufgang dauert. Gerade jetzt, da wir uns unterhalten, bewegt sich Tafari bereits von Norden auf eure Basis zu."

„Was? Ihr habt mit diesem Psychopathen ein Abkommen geschlossen?", wunderte sich Ola. „Wie habt ihr das denn geschafft? Ich wusste gar nicht, dass er überhaupt in der Lage ist, anderen auch nur zuzuhören!"

„Nun, er mag ein Psychopath sein, aber er ist garantiert nicht dumm genug, eure Dinos allein anzugreifen. Auf diese Weise teilen die beiden sich das Risiko, also ist Tafari zufrieden. Übrigens, was haltet ihr von denen?" Ken deutete in Richtung von Jumas Kampfeinheiten. „Sie sind weit besser als unsere alten. Wir haben uns überall umgeschaut. Unsere Küchenschaben sind die größten, die wir finden konnten. Ich habe keine Ahnung, wo Juma sie aufgetrieben hat, aber die sind echt fantastisch! Sie spucken eine Art Säure, die sich direkt durch eure Augen frisst. Ihr wisst, wovon ich rede? Also behaltet besser eure Helme auf."

„Danke für den Tipp. Was unsere Dinos betrifft — wie wir zu denen gekommen sind, ist ja kein Geheimnis. Sie sind die Folge eines einzigartigen Talents, das ich zusammen mit einem Erfolg bekommen habe."

„Ich verstehe. Also gut. Zu schade, dass wir uns unter diesen Umständen treffen mussten." Er seufzte, schenkte uns einen sehr mitleidigen Blick und setzte den Helm wieder auf. „Was soll ich Juma jetzt sagen? Wie lautet eure Antwort?"

Testsubjekt!

Ein Feind ist in dein Gebiet eingedrungen! Basis 1 steht in der Gefahr, erobert zu werden!

„Da ist Tafari, der Mistkerl!", rief Ola. Er schien dem Nigerianer gegenüber eine spezielle Abneigung zu hegen, die man beinahe Hass nennen konnte.

„Was ist los? Ein Eindringling?", fragte Ken. „Ja, das ist Tafari. Tut mir leid, Phil, du kannst einfach nicht gewinnen. Aber wenn du dich ergibst und unserem Clan beitrittst, können wir in der Prüfung mit Sicherheit siegen."

„Wir werden darüber nachdenken."

„Prima. Ich verschwinde dann mal wieder. Melde dich einfach, Phil. Sobald ihr euch entschieden habt, dann schicken wir dir eine Einladung, unserem Clan beizutreten. Alle anderen werden automatisch ebenfalls Mitglied. Ich habe schon mehrfach erlebt, wie das funktioniert." Er sprang auf sein Fabelwesen.

„Ken, warte!", rief ich. „Ich dachte, ich hätte Zack bei euch gesehen. Wieso ist er auf eurer Seite?"

„Zack? Ha, ha! Ohne den hätte Juma Tafari nie geglaubt. Zack war es, der bestätigt hat, dass ihr über Dinosaurier verfügt. Und durch seinen Beitritt zu unserem Clan hat er uns ein Portal mitten in dein Gebiet hinein geöffnet."

„Aber wie hat er es zu euch geschafft? Dazu musste er doch fast 50 Kilometer durch Tafaris Territorium wandern!"

„Er verfügt über die Fähigkeit, ein Portal zu erstellen, das ihn in jedes Hexagon seiner Wahl bringt. Die Abklingzeit dafür ist gigantisch, aber wenigstens funktioniert es. Er ist heute Morgen zu uns gekommen und hat darum gebeten, in unseren Clan aufgenommen zu werden. Etwa zur gleichen Zeit ist auch der Bote von Tafari aufgetaucht. Also haben wir alles besprochen und uns anschließend sofort auf den Weg gemacht. Hier geht alles sehr schnell, das weißt du ja."

Als er zurück zu seiner Armee ritt, sah ich eine Herde

Pfeifer aus der Bahn des Heeres fliehen. Der Clan von Tafari war fast ebenso groß wie der von Juma. Und der hünenhafte Schwarze, der seine Truppen anführte, war nahezu so hochgewachsen wie Shaquille O'Neal. Er ritt auf einem Rhinozeros, riesig und schwarz, jedoch noch immer ziemlich realistisch. Gegen Tank hätte die Kreatur keine Chance gehabt. Das war so, als würde ein Hummer-Truck sich mit einem echten Panzer anlegen.

Das war jedoch nur ein geringer Trost. Mit einer der beiden Armeen hätten wir vielleicht tatsächlich noch fertigwerden können — aber nicht mit beiden gleichzeitig.

Ich hatte zwar eine Reihe von Ideen, was wir tun konnten, oder genauer gesagt zwei, doch die waren beide zu riskant.

Ich formulierte in Gedanken eine Anfrage und sprach sie mental aus:

Martha, ich brauche einen Rat von Ilindi, wegen des Risikos, das ich eingehen möchte. Bitte sende ihr meine Anfrage:

>>>>Ilindi, soll ich es riskieren, oder stehen mir noch andere Optionen zur Verfügung?<<<<

Ich wiederholte alles mehrere Male klar und deutlich, ohne die Lippen zu bewegen.

Was ich mir da ausgedacht hatte, war völlig verrückt. Andererseits, es könnte funktionieren…

„Leti, erstatte Bericht", forderte ich die Italienerin auf, die von ihrer Mission zurück war, die Stärke des Feindes einzuschätzen.

„Es sind etwa 300 Schaben und 9 Fabelwesen", sagte sie. „Plus 26 Menschen, alle mit Level 10 oder darüber. Das ist Jumas Armee. Was Tafari betrifft, konnte ich meine Zählung nicht abschließen. Er mag über weniger verfügen, aber nicht viel weniger."

„Was sollen wir jetzt tun, Boss?", fragte Eddie. „Sein

Angebot scheint die beste Option zu sein."

„Ich glaube", bemerkte Manu nachdenklich, „genau das ist Jumas listiger Plan. Sobald wir uns seinem Clan anschließen, werden unsere Hexagone automatisch seine. Dann ist er Tafari weit überlegen, kann den Waffenstillstand brechen, und der entscheidende Kampf zwischen den beiden findet gleich hier statt."

„Wir müssen Jumas Angebot unbedingt annehmen", drängte Leti. „Unsere Dinosaurier werden uns keine große Hilfe sein. Blutnarbe hat schließlich auch nicht lange gebraucht, um Rex und Tank zu töten, erinnert ihr euch? Er war ein Elite-Mob, ein Nachträuber. Unsere Eidechsen sind zwar beachtlich, aber man kann sie schlagen. Keiner von ihnen kann einer vollen Plasmasalve widerstehen."

„Und wir wissen nicht einmal, über welche anderen Talente Juma und Tafari noch verfügen", stimmte Eddie hitzig zu. „Was ist, wenn sie eine Massenlähmung hervorrufen können? Dann können sie uns einfach einfrieren und danach in aller Ruhe erledigen."

„Genau", nickte Ola. Anscheinend stand er auf der Seite derjenige, die sich lieber ergeben wollten. „Wenn sogar ich inzwischen einen Massenfluch aussprechen kann, haben die doch bestimmt längst etwas Ähnliches. Phil! Sieh doch, sie winken mit der weißen Fahne! Wir müssen annehmen!"

Wie als Bestätigung seiner Worte ging nun die Einladung Jumas bei mir ein, seinem Clan beizutreten.

Unmittelbar danach schwebte eine blaue Kugel, eine Systemmitteilung, in mein Sichtfeld und übermittelte mir Ilindis kurze Nachricht:

Ja, riskiere es!

Nun, sie musste die Umstände besser kennen als ich. Also musste ich es wagen.

Um Zeit zu gewinnen, lehnte ich Jumas Anfrage noch nicht ab. Die anderen mussten die Dinge ebenso sehen wie ich.

„Hört mal, Jungs — habt ihr jemals von Kutuzov gehört?"

„Wer ist das denn? Ein russischer Präsident?"

„War er nicht ein Freund von Lenin?"

„Ich weiß es — er war in den 70er Jahren ein sowjetischer Fußballspieler!"

Sie überschütteten mich mit Vorschlägen, einer skurriler als der andere.

„Kutuzov war einer der größten russischen Generäle", erklärte ich schließlich. „Er befehligte während der Napoleonischen Kriege die russische Armee. Er hat Moskau Napoleon überlassen, weil er wusste, langfristig würde ihm genau das helfen, den Krieg zu gewinnen."

Leti rollte die Augen. „Na und? Was hat das denn mit uns und unserer Situation zu tun?"

„Wisst ihr, was mit Verbündeten geschieht, die einen Waffenstillstand geschlossen haben, sobald der gemeinsame Feind besiegt ist? Oder wenn der gemeinsame Feind sich außerhalb ihrer Reichweite befindet?"

Manu strahlte. „Sie brechen den Waffenstillstand und gehen aufeinander los. In Kolumbien kommt so etwas ständig vor."

„Genau. Wir vergessen die ganze Zeit, dass dies hier eine Art Spiel ist, eine Simulation. Unsere Einsätze mögen zwar hoch sein, aber das Spiel wird nun einmal von Regeln beherrscht. Die beiden Armeen haben mehrere Stunden gebraucht, bis sie hier eingetroffen sind. Es sind weniger als vier Stunden, bis die Nacht hereinbricht. Sobald es dunkel wird, sind die Nachtmonster unterwegs. Und morgen früh läuft der Waffenstillstand ab. Habe ich recht oder nicht?"

„Verdammt, Boss!", rief Eddie begeistert aus. „Wir können einfach von hier verschwinden, richtig? Wir können uns an einen anderen Ort teleportieren!"

„Natürlich. Juma und Tafari werden keine Zeit haben, all unsere Hexagone nach uns abzusuchen. Wer weiß, womöglich kämpfen sie sogar gegeneinander."

„Aber unsere Module... All die Upgrades... Das bleibt

alles hier." Leti war unentschlossen.

„Wir können eine andere Basis upgraden und neue Module erstellen. Wir können sogar unsere Dinosaurier zur Bewachung der Basis zurücklassen, um die Zahl der Feinde ein wenig zu dezimieren."

Ich warf einen Blick auf die beiden Armeen, die auf uns zukamen. Sie schienen es nicht eilig zu haben, aber ich wusste genau: Wenn wir uns jetzt nicht sofort dünne machten, konnten wir in zehn Sekunden schon mitten im Kampf stecken.

„See you later, alligator", rief Ola, und schon knallten die Teleporte.

„Ich würde ja zu gern ihre Gesichter sehen!" Mit einem glücklichen Lachen schlug Manu eine Faust gegen die andere Handfläche. Er wirkte wie ein zum Tode verurteilter Gefangener, den man gerade begnadigt hatte.

✳ ✳ ✳

Als beide Sonnen untergegangen waren, hatten wir lediglich sechs Hexagone verloren. Zuerst waren Tafari und Juma mit Rex, Tank, Croc, Spino und einem der Utahraptoren beschäftigt gewesen — die alle am Ende den Heldentod gestorben waren. Dann hatten die beiden Anführer erst einmal eine Pause einlegen und planen müssen, wie sie die Beute am besten verteilten. Die Nacht war bereits hereingebrochen. Ich vermutete, sie wollten es nicht riskieren, ihre Armeen aufzuteilen, um in weitere Hexagone einzudringen. Deshalb beanspruchten sie lediglich diejenigen, die sie vor Sonnenuntergang erobert hatten.

Wir saßen die Sache mittlerweile in einem unserer äußersten Hexagone aus, direkt an der Grenze des Prüfungsfelds. Dort verbesserten wir umgehend die Basis und das Modul für die Kampfeinheiten auf Level 3. Der Respawn von Rex und Genossen hatte bereits stattgefunden, sie waren wieder unter uns.

Wir bereiteten uns auf die Kämpfe mit den nächtlichen Elite-Räubern vor. Sie sollten dafür sorgen, dass wir am Morgen bereits wieder die höchstmöglichen Level erreichen und einen Guerillakrieg beginnen konnten, mächtig unterstützt von dem neuen Talent, das Level 20 mir eingebracht hatte: Schleier des Schattens. Das erlaubte, dass wir als Gruppe heimlich in feindliche Hexagone eindringen konnten, ohne einen Alarm auszulösen. Natürlich mussten sowohl Tafari als auch Juma irgendwann doch auf ein solches Eindringen reagieren. Ich bezweifelte jedoch sehr, dass sie dafür ihre gesamte Armee in Bereitschaft versetzen würden. Sehr wahrscheinlich würden sie lediglich aus fünf Personen bestehende Kampfgruppen aussenden, mit denen wir leicht fertig werden konnten. Zumal wir bis zum Morgen wahrscheinlich alle Level 20 erreicht haben würden, wenn nicht sogar mehr.

In diesem Hexagon unterschied sich die Auswahl an nächtlicher Elite nicht von der in allen anderen Hexagonen. Sie griffen uns in Wellen an, die häufiger und mächtiger waren als bisher. Bei Mitternacht hätten wir uns beinahe dazu entschieden, die gefarmten Punkte in die Basis zu stecken, mit der Möglichkeit der umgehenden Regeneration bei Betreten des Bunkers. Doch am Ende gewann logisches Denken die Oberhand und wir beschlossen, uns die dafür nötigen 20.000 Punkte lieber für den Notfall aufzusparen.

„Habt ihr gesehen, wie riesig dieses Viech war?", knurrte Ola, während er darauf wartete, dass sein im Kampf verlorener Arm wiederhergestellt wurde.

„Du solltest ein weiteres Level upgraden", wies ich ihn an. „Es kann jeden Augenblick eine neue Welle eintreffen."

„Zu spät, Boss", brüllte Eddie und lief auf unsere Flanke zu. „Sie ist schon da!"

„Ola, bleib im Hintergrund!", befahl ich und erhob mich. „Hör auf, mit deinem Speer den Helden zu spielen! Bist du ein Schamane, oder einfach nur ein hübscher Junge? Deine Aufgabe ist das Verhängen von DOTs und Flüchen und das Heilen der Dinos! Hast du deinen Stab dabei?"

„Was glaubst du wohl, wo er sonst ist, Phil? Aber einhändig ist das gar nicht so einfach…"

Seine letzten Worte gingen im Knallen eines Teleports hinter uns unter. Ich schwang herum.

Ein riesiges, grün schimmerndes Portal öffnete sich, und heraus stürmten Horden an Küchenschaben.

Juma!

„Alle zurück in den Bunker!", schrie ich aus vollem Hals. Dennoch hörte mich außer Ola niemand.

Sofort begab sich der Afrikaner daran, das Portal zu verfluchen. Ich versuchte, meine Clan-Mitglieder auszuwählen und zu markieren, in der Hoffnung, uns alle in eine andere Basis zu teleportieren, doch die Entfernung zwischen uns war zu groß.

Ich ergriff Ola bei seinem gesunden Arm und schleppte ihn in Richtung der anderen.

Plötzlich erdröhnte eine Stimme hinter meinem Rücken: „Einfrieren!"

Eine Welle eisiger Kälte ergoss sich über uns. Ich stand stockstill, konnte mich nicht mehr bewegen.

Ola fiel neben mir zu Boden, ebenfalls bis auf die Knochen zu Eis erstarrt.

Am Rand meines Sichtfelds erschien ein Zähler, der die Sekunden herunterzählte, die der Debuff der Unbeweglichkeit anhielt.

5… 4… 3…

Eine Hellebarde fiel auf Ola herab und spaltete seinen Körper.

Seine Augen verschleierten sich. Sein Körper entmaterialisierte sich, und er verließ die Prüfung endgültig, unter Hinterlassung einiger weniger Besitztümer und eines Geistkristalls, den ich nicht einmal sehen konnte.

Ich bereitete mich auf das Ablaufen des Debuffs vor. Ich wollte sofort unsichtbar werden, Rex befehlen, die Feinde mit seinem Brüllen zu betäuben, und dann mit denen aus meinem Clan das Weite suchen, die noch am Leben waren.

2...

Ein Krieger sprang von hinten auf Eddie zu und köpfte ihn mit einem weitausholenden Schwung.

1...

Peng! Noch bevor ich mich unsichtbar machen konnte, traf mich ein mächtiger Hieb gegen den Hinterkopf. Ich stürzte zu Boden, als mich ein weiterer Debuff der Bewegungslosigkeit erreichte.

Ich sah einen neuen Zähler. Weitere fünf Sekunden lang war ich total hilflos.

„Greg, sorg dafür, dass er betäubt bleibt!", befahl eine kehlige Stimme.

„Jawohl, Sir!"

Ich hatte zwar die Kontrolle über meinen Körper und das Interface verloren. Dennoch konnte ich sehen, wie Rex und Spino unter dem kombinierten Gewicht der Schaben zusammenbrachen, die sich durch ihr Fleisch nagten. Übersät mit Pfeilen und Plasmaladungen schwang Croc herum und versuchte, eines der beweglichen Fabelwesen zu fassen zu bekommen, die Jumas Krieger trugen. Meine Utahraptoren starben einer nach dem anderen, brüllend in Todesqualen.

Hinter dem Zaun schwang Manu sein Schwert. Er konnte sogar gegen die angreifenden Horden an Boden gewinnen, bis ein feindlicher Schwertkämpfer hervortrat. Er war nicht stärker als Manu, doch er verfügte über einen gefüllten Gesundheitsbalken, während Manu bereits bei weniger als 50 % angekommen war.

Neben den beiden erblickte ich Juma. Es war das erste Mal, dass ich ihn so nahe sehen konnte. Er hatte die Arme verschränkt und beobachtete in aller Seelenruhe den

Kampf.

Endlich lief meine Betäubung ab. Ich wartete gar nicht erst auf den nächsten Debuff von Greg, sondern aktivierte sofort den heimtückischen Schatten und mikroportierte mich hinter Jumas Rücken. Seine Krieger waren alle damit beschäftigt, sich gegen Manu und die Wellen an teigigen Jungs zu wehren, die heranströmten.

Ich musste ihn unbedingt umbringen. Es war meine einzige Chance, die Dinge wieder in Ordnung zu bringen. Ich betäubte ihn und griff ihn mit einer explosiven Kombination an, die seinen Rücken in Hackfleisch verwandelte. Ich hatte ihn bereits 75 % seiner Gesundheit beraubt, als meine Betäubung ablief und Juma plötzlich von einem undurchdringlichen Kokon umgeben war.

„15 Sekunden absoluter Unverwundbarkeit, Phil", lachte er. „Es hat seine Vorteile, wenn man die Nummer 1 ist."

Er duckte sich und schwang sein dünnes, langes Schwert, traf meine Beine.

Trotz meiner Uniform mit maximalem Schutz hatte er es geschafft, mir einen kritischen Treffer zuzufügen. Ich stürzte zu Boden, spürte meine Beine nicht mehr, sondern nur einen vertrauten, unerträglichen Schmerz unterhalb der Knie, der mich in den Wahnsinn trieb. Ich hätte meine Qual nur zu gern herausgebrüllt, aber nicht jetzt, nicht vor den Augen meines Feindes. Deshalb kroch ich nur davon, versuchte, die wenigen Meter bis zur Basis zur überwinden, wo ich mich aus allem hinaus teleportieren konnte...

Manus Symbol wurde grau. Eine neue Systemmitteilung informierte mich darüber, dass ich ein weiteres Clan-Mitglied verloren hatte.

Ich aktivierte das nächste Level, sprang auf meine wiederhergestellten Füße — nur um gleich darauf wieder betäubt zu werden.

Du bist jetzt tot, Testsubjekt.
Verbleibende Leben: 1.

Bis zum Respawn verbleibende Zeit: 3... 2... 1...

Ich erstand an derselben Stelle wieder auf, denn es waren keine neutralen Hexagone mehr übrig.

Warnung! Du hast nur noch ein Leben übrig!
Wenn du dieses ebenfalls verlierst, verlierst du damit alles, was du erreicht hast, und kehrst zu dem Tag zurück, an dem du als Kandidat ausgewählt wurdest. Die Erinnerung an dein Leben mit dem Interface wird ausgelöscht und das Interface wird deinstalliert.

Warnung! Du hast all deine Hexagone verloren!
Bis zur Entpersonifizierung verbleibende Zeit: 1 Tag (pibellauische Zeit).

Warnung! Dein Clan wurde aufgelöst!
Deine Vasallen (Leti) sind jetzt frei!

Ich unterdrückte einen Schrei. Der Schmerz in meinen bereits wieder geheilten Unterbeinen war massiv. Zum Glück schien niemand meine Ankunft bemerkt zu haben, denn ich hatte gleich beim Respawn die Unsichtbarkeit aktiviert.

Ich schlich mich zurück an die Stelle, an der ich gestorben war. Es war unglaublich, aber meine Ausrüstung lag noch dort herum. Jumas Kämpfer waren mit einer neuen Welle teigiger Jungs zu beschäftigt, um die Beute gleich an sich zu nehmen. Das war nicht ungewöhnlich, wir hatten so etwas vorher selbst oft gemacht. Nach dem Kampf war noch immer Zeit, alles an sich zu nehmen.

Ich nahm mir meine Sachen zurück, hob auch auf, was meine Clan-Mitglieder hinterlassen hatten, und stopfte alles in den Rucksack, der mir trotz des Respawns erhalten geblieben war. Nicht dass dies meine Laune verbessert hätte, der Verlust meiner Freunde schmerzte. Außerdem waren nun alle Chancen dahin, die Prüfung noch gewinnen zu können.

Mir blieb nur noch eine Möglichkeit — ich musste Juma angreifen, solange er das am wenigsten erwartete. Wenn ich ihn umbrachte, gehörten mir all seine Hexagone.

Und dann würden wir ja sehen...

Inzwischen war Jumas Clan mit einer neuen Welle teigiger Jungs fertiggeworden, ein paar Duxios und einer Odzi-Schlange. Seine Truppe versammelte sich beim Bunker. Juma hielt eine Triumphrede, und seine Jungs jubelten ihm zu.

Was ich verstehen konnte. Sie hatten so gut wie gewonnen. Die kombinierte Macht von zwei Dritteln des Prüfungsfeldes konnte Tafari unmöglich überleben.

Neben Juma stand Leti, mit einem strahlenden Lächeln. Die Menge lachte, als der Clan- Anführer ihr einen Klaps auf den Hintern verpasste und sie etwas fragte. Leti nickte. Juma brüllte eine Reihe von Befehlen, dann zog er die junge Frau an sich und in den Bunker.

Neben mir hörte ich das Rascheln von Schritten.

„Du musst hier verschwinden", sagte eine Stimme auf Russisch. „Ich bin nicht der Einzige, der dich sehen kann. Es gibt da noch einen Typen, der dich womöglich entdecken könnte. Du hast bislang nur Glück gehabt — er ist zu weit weg."

Ich drehte mich um. Es war Ken.

„Bei der Prüfung herrscht ein guter Ausgleich", erklärte er. „Für jede besondere Fähigkeit gibt es eine Gegenfähigkeit."

„Warum hast du keinen Alarm ausgelöst?"

„Wahrscheinlich, weil ich keine Petze sein will. Du wirst zwar alles vergessen, aber ich nicht. Wir werden gewinnen, und Juma wird mir das versprochene Geld zahlen. Und ich will nicht den Rest meines Lebens mit dem Gedanken verbringen müssen, jemanden verraten zu haben, der über dieselben Werte verfügt wie ich. Wie hoch ist dein sozialer Status?"

„Kurz vor meiner Entführung war ich auf Level 17."

„Respekt! Ich habe es nur bis zu Level 9 geschafft."

„Ken", flüsterte ich, „weißt du, wie lange die Abklingzeit für Jumas Unverwundbarkeit ist?"

Ich war noch immer besessen von der Idee, Juma anzugreifen. Je nach Kens Antwort musste ich entscheiden, ob es die Sache wert war, hier weiter herumzuhängen, bis er wiederauftauchte.

„Was ist denn los, Ken?", rief jemand. „Kommt eine neue Welle?"

Ich fuhr herum. Es war der Schwertkämpfer, der Manu besiegt hatte.

„Nein, Patrick", antwortete Ken. „Ich betrachte nur die ganze Zeit die Sterne, aber ich kann nicht eine einzige Konstellation wiedererkennen. Hier, sieh mal — eins, zwei, drei..."

Ken zählte bis 15, den Arm um Patricks Schultern gelegt, und zeigte dabei in den Himmel. „Da sind 15 Sterne, ganz dicht nebeneinander! Was glaubst du wohl, wie groß die Entfernung zwischen ihnen ist? Sind es Lichtstunden oder Lichtminuten? Ich habe das merkwürdige Gefühl, es sind Minuten, Patrick..."

„Wovon redest du bloß, Junge? Du kannst eine Entfernung nicht in Minuten messen — oder Stunden!"

„Nein? Wirklich nicht? Na, egal. Ist mir doch gleich! Komm schon, lass uns gehen. Du hast heute Nacht keinen Wachdienst, oder? Und mit wem wirst du deine Zeit verbringen? Mit Christina, oder mit Scheherazade?"

Ken zog den Schwertkämpfer mit sich fort und unterhielt ihn dabei mit seiner Vision von Christinas „Tugenden".

15n Minuten. Was bedeutete: In dieser Nacht konnte ich Juma nicht töten. Mir blieb nur noch wenig Zeit bis zu meiner endgültigen Entpersonifizierung. Ich musste jetzt so schnell wie möglich ein paar Existenz-Ressourcen farmen.

Sonst würde ich die nächste Stunde nicht überleben.

KAPITEL 24

DAS VERBORGENE WIRD ENTHÜLLT

All die jungen Leute da draußen in
der Welt sollten ihre eigenen Ziele
haben, und ihre Fähigkeiten
vollständig nutzen, um zur
Gesellschaft beizutragen.

Teru Mikami, *Death Note*

ES WAR NICHT der Interface-Alarm, der mich erwachen ließ,
sondern ein vages unbehagliches Gefühl. Noch bevor ich
vollständig bei Bewusstsein war, roch ich den
unverkennbaren Geruch eines Krankenhauses.

Neben mir hörte ich Rascheln und Gähnen. Hatten
Alex und Laura mich etwa uneingeladen besucht, während
ich geschlafen hatte?

Ich öffnete die Augen und sah über mir eine
weißgestrichene Decke, von der die Farbe abblätterte. Das
sah ganz definitiv nicht nach einem 5-Sterne-Hotel in Las
Vegas aus.

Außerdem hätte ich alles für eine Zigarette getan.

„Was zum Teufel...", setzte ich an und erstickte dann
beinahe in einem Hustenanfall.

„Oh, sieh mal, Benutzer ist wieder bei sich!" In
seinem Bett neben meinem grinste Ensign und bohrte dabei
in der Nase.

Benutzer? Meinte er damit etwa mich? Und woher

bitte kannte ich den Kerl?

„Oh, nicht schon wieder!", seufzte Ensign und warf mir einen besorgten Blick zu. „Hast du wieder geträumt, Benutzer?"

„Wovon soll ich denn geträumt haben? Und wo bin ich?" Das Bett knarrte protestierend, als ich aufsprang. „Was zur Hölle geht hier vor sich?"

„Oh", bemerkte er nasal und gedehnt. „Du hast also tatsächlich wieder geträumt. Du legst dich besser wieder ins Bett. Dr. Gauss wird gar nicht begeistert sein. Er dachte, du würdest so gute Fortschritte machen — und jetzt das! Wovon hast du denn diesmal geträumt?"

„Hatte Benutzer etwa einen weiteren Anfall?", fragte Krasko. Auch ihn schien ich von irgendwoher zu kennen. „Hör mal, Benutzer, wie laufen denn jetzt die Dinge mit, wie heißt sie doch gleich? Ensign, kannst du dich an ihren Namen erinnern?"

„Welche der Frauen meinst du?" Der alte Mann mit dem Namen Ensign horchte auf. „Er hat einen ganzen Harem! Da ist Yanna, und Vicky, und Veronica, und Stacy... Sind das alle?"

Er murmelte irgendetwas von meiner Firma, erwähnte Alik und Herrn Katz, und ich versuchte, herauszufinden, warum man mich „Benutzer" nannte. Benutzer... Benutzer von was? Was war hier los?

Ich betrachtete ihre fremden und mir doch auf unheimliche Weise vertrauten Gesichter, die in mein Sichtfeld zu schweben und wieder daraus zu verschwinden schienen. Ich trug schließlich meine Brille nicht.

Mechanisch griff ich nach der Brille auf dem Nachttisch und setzte sie auf. Die Gesichter wurden klarer. So war das schon viel besser.

Jetzt konnte ich mir das alles einmal genauer ansehen. Also, wen hatten wir denn da? Da waren Ensign, Krasko und Nick. Ich war sozusagen zu Hause. In den Monaten, die ich hier verbracht hatte, war mir dieser Ort sehr vertraut geworden.

Die Sache mit dem Interface musste ein gigantomanischer Albtraum gewesen sein und ich komplett den Verstand verloren haben. Wie konnte ich Realität und Traum nur so sehr durcheinanderbringen? Nein, zum Glück gab es keinen Fluch, und es gab keine Prüfung, sondern nur ein gutes, altes lokales Krankenhaus.

„Himmel, schon wieder!", seufzte ich und griff nach meinen Zigaretten. Die Packung war leer. „Hat man uns bereits die Zigaretten für heute gebracht?"

Der alte Mann zuckte schuldbewusst mit den Schultern. „Die sind gekommen, während du geschlafen hast. Aber ich kann dir eine abgeben."

„Danke."

Ensign reichte mir eine Zigarette. Er war ein witziger Typ, ein jugendlich wirkender, grauhaariger, alter Mann mit einem Kavallerie-Schnurrbart. Wie schaffte er es nur, sich um uns alle zu kümmern?

„Entschuldige", wandte ich mich an ihn. „Aber warum bitte nennt man mich ‚Benutzer'?"

„Genau das behauptest du doch zu sein", lachte Krasko. „Du erklärst uns ständig, du hättest ein außerirdisches Interface im Kopf. Du bist ein Benutzer, wie du sagst."

„Oh ja, ja, natürlich..." Ich ließ den Kopf in die Hände fallen und bemühte mich darum, den komplexen Strom an Gedanken zu ordnen. Wie sicher war ich mir, diese Leute tatsächlich zu kennen?

„Hast du denn jetzt das Boxturnier gewonnen?", wollte Ensign wissen. „Du hast deine Geschichte gestern nicht zu Ende erzählt."

„Ein Turnier?" Angestrengt suchte ich in meiner Erinnerung, aber die Boxkämpfe schienen vage und ganz weit weg zu sein. „Ja, genauso hat es doch geendet."

„Außerdem hast du uns nicht berichtet, was mit deiner Firma passiert ist", fügte Krasko hinzu und kratzte sich am Hinterkopf. „Hast du es geschafft?"

„Oh ja, natürlich, natürlich. Ich habe das Turnier

gewonnen, dann habe ich sie alle als Partner mit in die Firma aufgenommen. Alik habe ich als Wartungsmanager angestellt, Veronica als PR-Chefin, Kesha Dimidko als kaufmännischen Leiter…"

„Das wissen wir doch alles!", brummte Krasko ungeduldig. „Aber warum musstest du unbedingt Gleb ebenfalls zum Partner machen? Das kapiere ich einfach nicht. Und du hättest diesen Rotschopf — Veronica, richtig? — auf keinen Fall Alik überlassen dürfen. Warum hast du sie nicht selbst gevögelt? Na, egal. Und jetzt sag, was weiter geschehen ist. Lass bloß nichts aus! Nun mach schon!"

„Lass uns eine rauchen gehen, dann werde ich euch alles erzählen."

Für ein paar Zigaretten von Krasko berichtete ich ihnen alles über die neuesten Entwicklungen in meinem Traum — oder war es mein paralleles Leben?

Sie hörten aufmerksam zu, mit Ausnahme von Stinky Nick, der zu einer Musik tanzte, die nur er hören konnte. Ich konnte mir nur zu gut vorstellen, welche Informationen ich über ihn erhalten hätte, würde ich tatsächlich über ein Interface der Erweiterten Realität verfügen:

Nicholas „Stinky" Vostrikov
Alter: 46

Ich versuchte, mir vorzustellen, wie diese Worte über seinem Kopf schwebten, doch es funktionierte nicht.

Diese Träume… Wenn man sich einmal vorstellte, dass es eine Zeit gegeben hatte, in der ich tatsächlich fest davon überzeugt gewesen war, mit einem außerirdischen Interface ausgestattet worden zu sein! Ich war Professor Gauss ausgesprochen dankbar. Er hatte das alles wieder in Ordnung gebracht. Und jetzt hatte ich ihn so bitter enttäuscht!

„Es endete in den USA. Und anscheinend werde ich mein Interface so oder so verlieren. Oder der Fluch bringt mich um. Wie auch immer — dann bin ich hier wieder aufgewacht. Habe ich lange geschlafen?"

„Die Zeit für den Mittagsschlaf ist gerade vorbei", erwiderte Krasko. „Kommst du mit zum Tee?"

„Klar." Ich stand auf, taumelte und wäre beinahe gefallen.

Alles drehte sich um mich. Ich bekam keine Luft mehr und brach über Ensign zusammen. Alles wurde schwarz.

Dann wachte ich erneut auf, den bitteren Geschmack der Zigaretten noch im Mund.

Ich erhob den Kopf vom klebrig-feuchten Kissen. Dann wurde mir zu meiner Erleichterung bewusst, dass ich mich genau dort befand, wo ich hingehörte.

Das war das Hotel *Caesars Palace* in Las Vegas.

Meine Sicht war vollkommen klar, ich brauchte keine Brille.

Der Traum, der noch vor wenigen Augenblicken so real gewesen war, trat immer mehr zurück, löste sich auf. Die Gesichter meiner Kollegen auf der Station verschwanden aus meinem Gedächtnis. Das Interface überschüttete mein mentales Sichtfeld mit Alarmmeldungen über meinen erhöhten Pulsschlag.

Guten Morgen, Phil!

Heute ist Montag, der 27. August 2018. Die Außentemperatur beträgt 27° C (81° F).

Du wolltest um 6:30 Uhr geweckt werden. Es ist jetzt 6:24 Uhr morgens. Das ist auf der Grundlage deines Schlafzyklus die beste Zeit zum Aufwachen.

Der Status deiner Gesundheit: Gut.

Warnung! Du hattest in dieser Nacht einen Albtraum, ausgelöst durch extrem nervösen Druck. Wir empfehlen, dass du dir heute einen gemütlichen Tag machst, die Quelle der Stressbelastung entfernst und den Umfang deiner Verstandesarbeit einschränkst, damit dein Nervensystem sich erholen kann.

Auf der Grundlage deiner Aktivitätslevel empfehlen

wir dir, den Tag mit einem Frühstück zu beginnen, das insgesamt nicht mehr als 600 Kalorien hat, die aus Proteinen und komplexen Kohlehydraten stammen.

Und das sind deine Aufgaben für heute:...

Ich warf das Laken zurück, stand auf und machte ein paar Dehnungsübungen. Ich musste meinen Kreislauf in Schwung bringen und meinen Körper auf einen harten Tag vorbereiten, einen von den weniger als zwei Tagen, die mir noch verblieben. Man hatte Panchenko noch immer nicht gefunden, und meine Hoffnung, den Fluch noch aufheben zu können, schwand mehr und mehr.

Ich versuchte, die Dinge positiv zu sehen, und hielt Ausschau nach etwas, das an meiner Situation gut war. Zum Beispiel hatte ich jetzt endlich einmal lange schlafen können, auch wenn ich für das nächste Level meiner Beweglichkeit einmal hatte aufwachen müssen.

Meine letzte Optimierung war ebenfalls abgeschlossen. Ich hatte vollkommen vergessen, wie man Fotos aufnahm, aber dafür waren meine Lernfertigkeiten weiter in die Höhe geschossen. Jetzt konnte ich 23 mal schneller lernen als die meisten anderen, normalen Menschen.

Sobald ich meine Übungen beendet hatte, wollte ich mich zum Frühstück mit Alex und Laura begeben. Man wusste ja nie — vielleicht hatten sie endlich etwas über Panchenko herausgefunden. Auf meiner Karte war noch immer nichts von ihm zu sehen.

Gerade als ich das Zimmer verlassen wollte, klingelte mein Handy. Ich starrte auf das Display, fühlte mich vorübergehend ein paar Monate zurückversetzt, zu einer Zeit, in der mein Leben sehr viel einfacher gewesen war.

„Hi, Sveta", sagte ich, und konnte mein Erstaunen nicht verbergen.

„Hi, Phil", kam die fröhliche Stimme der 14jährigen Sveta Messerschmitt aus dem Hörer, Eigentümerin des deutschen Schäferhundes Richie. „Ich weiß, es ist schon spät, aber ich habe richtig gute Neuigkeiten für Sie!"

„Heraus damit!"

„Richie ist Vater geworden! Man hat uns einen der Welpen versprochen. Was bedeutet, dass Sie bald Ihren Hund abholen können!"

„Yippi!", brüllte ich aufgeregt und meine Füße legten ein Tänzchen hin. „Klasse!"

Sie lachte und freute sich für mich mit.

Ihr Anruf ließ mich an meine ersten Tage mit dem Interface zurückdenken. Ich erinnerte mich daran, wie ich Richie gefunden und ihn den falschen Zigeunern weggenommen hatte. Mein letztes Geld hatte ich für den Tierarzt und für Hundefutter ausgegeben. Diese Tage hatten so voller Wärme gesteckt, voller Einfachheit und Klarheit. Ich konnte es gar nicht erwarten, den Hund in meine Arme zu schließen, in dem naiven Glauben, dass ich damit endlich meine Ruhe zurückgewinnen konnte.

„Ich danke dir, Sveta."

„Keine Ursache! Ich rufe Sie an, sobald man uns den Welpen gebracht hat. Hätten Sie lieber einen Jungen oder ein Mädchen?"

„Lieber einen Rüden; und ich hoffe, er schlägt nach seinem Vater."

„Gut. Wie werden Sie ihn nennen?"

„Das weiß ich noch nicht." Gedankenverloren nannte ich die ersten Namen, der mir in den Sinn kamen. „Ich könnte ihn Carter nennen. Oder Ola."

✳ ✳ ✳

Ich hörte ein taktvolles Klopfen an der Tür, gefolgt von einem Husten und einer weichen weiblichen Stimme.

„Phil? Sind Sie wach?"

Rasch zog ich den Bademantel über und öffnete die Tür.

„Guten Morgen", begrüßte Laura mich, die zur

Abwechslung einmal wirklich ausgeschlafen wirkte. In den Händen hielt sie zwei Pappbecher mit Kaffee.

„Hallo. Wo ist Alex?"

„Er und Sanchez sind gestern Abend nach Langley zurückgeflogen. Anscheinend gibt es Probleme. Sie sollten morgen zurück sein."

„Gibt es Neuigkeiten, was Panchenko betrifft?"

„Nein, nichts." Traurig schüttelte sie den Kopf. „Ich bin diejenige, die heute auf Sie aufpassen wird. Kann ich hereinkommen?"

„Natürlich." Ich trat beiseite und schloss hinter ihr die Tür.

Laura nahm die Fernbedienung und schaltete den Fernseher ein. Die Nachrichten liefen gerade, mit Bildern, die eindeutig aus dem Nahen Osten stammten.

„Haben Sie schon die Nachrichten gehört?", fragte sie. „Dort herrscht das absolute Durcheinander. Die verdächtigen sich alle gegenseitig, der Spitzel für die Amis zu sein."

„Solange ihr Jungs euch nicht zu lange Zeit lasst, kümmert mich das nicht. Ansonsten bin ich jetzt schon so gut wie tot."

Laura verzog das Gesicht. *„Jungs?* Na gut."

Ich stieg unter die Dusche und schloss die Augen vor dem kalten Wasser, das aus den Düsen schoss. Dabei überdachte ich meine Situation erneut. Als ich einer Zusammenarbeit mit den Amerikanern zugestimmt hatte, hatte ich mir das wie eine ziemlich einfache und geradlinige Angelegenheit vorgestellt, ein wenig wie die Kooperation mit Major Igorevsky. Ich gab ihnen die Koordinaten, sie fanden die Ziele und verrieten keinem, woher sie die Informationen hatten.

Jetzt wurde mir langsam klar, dass an diesem Szenario eine ganze Menge Leute beteiligt waren; weit mehr, als ein einsamer russischer Ermittlungsbeamter am Arsch der Welt zu seiner Verfügung hatte. Ich zählte diejenigen, von denen ich wusste: Hector Sanchez, Alex Tomasik, Laura

Flores, Norman Doherty, plus die geheimnisvolle Angela Howard, die angebliche Mitarbeiterin an der amerikanischen Botschaft in Moskau, der ich bislang noch nicht begegnet war. Das waren bereits fünf Leute. An dem Plan musste außerdem eine ganze Reihe von Agenten beteiligt sein, ob sie nun verdeckt oder offen agierten. Was bedeutete: Ich war auf dem Radarschirm viel zu vieler Menschen aufgetaucht.

Nicht, dass mich das kümmerte. In den wenigen Stunden, die bis zur Aktivierung des Fluchs noch verblieben, konnte sich nicht mehr viel ändern. Mein Fonds war in der Entstehung, und auf das temporäre Bankkonto flossen die Gelder.

Als ich ins Zimmer zurückkehrte, kaute Laura auf einem Brötchen. Sie wirkte hoch konzentriert und scrollte auf ihrem iPad durch die Liste neuer Ziele.

„Ich habe das Frühstück aufs Zimmer bestellt", erklärte sie. „Wahrscheinlich ist es besser, wenn Sie sich momentan draußen nicht sehen lassen."

„Sind Sie mein einziger Schutzengel, oder lungern hier noch andere Agenten herum? Ich bezweifle nicht, dass Sie voller Überraschungen stecken und wahrscheinlich mit gleich mehreren Angreifern notfalls auch ganz allein fertig werden, aber..."

„Sie haben recht", unterbrach sie mich. „Übrigens, Sie haben uns gestern nicht mitgeteilt, wie lange Sie planen, in Vegas zu bleiben. Wir sollten uns wirklich nicht zu lange an einem Ort aufhalten." Ihre Stimme war kühl und emotionslos, und sie löste den Blick nicht von ihrem iPad.

„Warum nicht? Wie wäre es mit New York? Ich wollte schon immer die Fifth Avenue und das *Avengers Mansion* sehen." Ich konnte einen gewissen Sarkasmus nicht unterdrücken. „Laura, *bitte!* Ich muss diesen Mann unbedingt finden!"

Sie zuckte mit den Schultern. Ich ließ mich in den Sessel neben ihr fallen und nahm mein Frühstück in Angriff: Bratwurst, Schinken und Eier, Toast und Kartoffelpuffer. Es war alles extrem lecker und vor allem kaloriengeladen. Ich brauchte alle Energie, die ich meinem System zuführen konnte, das sich in seinem derzeitigen aktiven Status nur so durch meine Geistreserven und die Kalorien fraß, die in meinem Essen steckten. Ich musste heute eine Menge Suchanfragen losschicken, weit mehr als in der Nacht, als ich die russischen Rettungstruppen unterstützt hatte.

Der Grund dafür war die Warnglocke, die dank meiner Intuition zu läuten begonnen hatte.

Ich hatte das merkwürdige Gefühl, dass eine Art Countdown zu laufen begonnen hatte. Die Prüfung konnte innerhalb der nächsten 24 Stunden zu Ende sein, oder sogar früher. Und dann verlor ich höchstwahrscheinlich mein Interface.

Geduldig wartete Laura, bis ich fertig gefrühstückt hatte. „Sind Sie bereit?", fragte sie endlich und reichte mir den iPad.

„Einen Moment noch — ich will nur meinen Kaffee austrinken."

Der Kaffee war inzwischen längst kalt, aber mein Stoffwechsel brauchte ihn trotzdem. Außerdem liebte ich Kaffee, der so gut zubereitet worden war wie dieser.

Ich nahm den iPad und ging alle Informationen durch. Ihre Analysten hatten ihre Sache gut gemacht, was ihre Untersuchung meines Profils betraf. Sie wussten genau, welche Knöpfe sie drücken mussten, um mich in Bewegung zu setzen. In jedem ihrer Fallberichte wurde besonders die Anzahl der Opfer betont, zu denen Informationen geliefert wurden, komplett mit familiären Verbindungen: Kinder, die ihre Mutter verloren hatten, Eltern, deren Kinder getötet worden waren... Solche Informationen waren für die eigentliche Suche völlig unerheblich. Im Grunde verschwendeten sie sogar nur meine Zeit. Aber für mich waren sie von ganz immenser Bedeutung.

Ein paar Herzschläge lang schien mich das Gewicht aller Trauer der Welt in meinem Sessel festzunageln. Erdrückt von einer Datenflut konnte ich kaum noch atmen. Mühsam fasste ich mich. Dann blieb mein glasiger Blick an einem weiteren Fall hängen.

„Die Ziele sind in der Reihenfolge ihrer Wichtigkeit aufgelistet", sagte Laura leise. „Von ganz besonderem Wert sind die ersten drei Namen."

„Wie viele Namen stehen insgesamt auf dieser Liste?", fragte ich und deutete auf den iPad.

„172. Sie gehören alle den Kategorien A und B an. Alle anderen Namen der geringeren Kategorien wurden in einer gesonderten Datei zusammengefasst."

„Und ich werde sie alle finden. Sind Sie bereit? Ich kann Ihnen pro Stunde 30 Koordinaten nennen. Schneller geht es nicht."

Laura schluckte und sprang auf. „Ich muss mit meinen Vorgesetzten sprechen. Ich bin so schnell wie möglich zurück. Verlassen Sie auf keinen Fall das Zimmer!"

Ich nickte und dachte dabei darüber nach, wie ich das Hotel am besten unauffällig verlassen konnte. Laura war überzeugt gewesen, ich hätte mich nur mit dieser Liste beschäftigt. Tatsächlich hatte ich schon beinahe die ersten zehn Ziele geortet. Nur beinahe, denn zwei von ihnen waren bereits tot und ruhten in Frieden, der eine auf dem Grunde der Hudson Bay, der andere in Tschetschenien.

Auf einmal bereitete das Interface mir eine unerwartete, aber sehr angenehme Überraschung: Ein neues Level meiner allerersten Systemfertigkeit!

Gratuliere! Du hast bei einer Systemfertigkeit ein neues Level erreicht!
Name der Fertigkeit: Erkenntnis
Derzeitiges Level: 4
Erhaltene Erfahrungspunkte: 1.000
Dies verschafft dir folgende Fähigkeiten:
Du kannst die Essenz toter materieller Objekte sehen.
Die Anzahl der KIDD-Punkte, die erforderlich sind, um sowohl lebende als auch tote Objekte auf der Karte zu finden, wird auf 1 Punkt verringert.
Du kannst Ursache und Ausmaß des physischen

Schadens bei allen lebenden Objekten bestimmen und Krankheiten diagnostizieren.

Das Verborgene wird enthüllt.

Du kannst die Motive und Ursachen hinter den Handlungen lebender Organismen erkennen.

Weiter erleichtert dir dies das Bestimmen der Struktur und internen Funktionen jeder beliebigen sozialen Gruppe ebenso wie ihrer Verbindungen zu allen anderen.

Das war noch keineswegs das Ende der Liste; es wurde eine ganze Reihe ähnlicher Dinge beschrieben, die meine Erkenntniskapazität gewaltig erweiterten. Aber das war nicht das Wichtigste.

Das Wichtigste war: Ich konnte nun Panchenko erneut auf der Karte sehen. Und er war nicht mehr als einen Steinwurf von mir entfernt.

$$* * *$$

Als ich ihn am Pokertisch sah, wusste ich sofort, warum die CIA ihn nicht hatte finden können: Er sah inzwischen ganz anders aus, war größer und stärker, seine Haare waren blond und seine Gesichtszüge besser definiert, geradezu edel. Man konnte ihn beinahe gut aussehend nennen, wenn da nicht dieses widerliche Grinsen gewesen wäre. Das sah mir ganz nach einem Versuch aus, künstlich das Charisma zu stärken.

Außerdem hatte er einen mysteriösen Schleier Level 3 aktiviert. Der verhinderte, dass Leute sich an sein Gesicht erinnern konnten — und dass sein Abbild auf Fotos und in Videos deutlich zu erkennen war. Wahrscheinlich war es diese Fähigkeit gewesen, die ihm geholfen hatte, mich an dem Abend zu überraschen, als mein Alarm trotz seines Eindringens stumm geblieben war.

Doch jetzt, mit meinem neuen Erkenntnislevel, konnte selbst diese Fähigkeit ihn nicht mehr vor mir verbergen.

Er schien sich der Vorteile seines Buffs so sicher zu sein, dass er in seiner Arroganz nicht einmal die Stadt verlassen hatte. Anscheinend hatte er vor, hier zu warten, bis sein Fluch mich ereilte, und sich in der Zwischenzeit ein wenig zu amüsieren.

Zu behaupten, mein Auftauchen hätte ihn überrascht, wäre eine verdammte Untertreibung gewesen. Ihm fielen vor Schock beinahe die Augen aus dem Schädel. Doch er erholte sich rasch, überprüfte meine persönlichen Daten und leckte sich mit einem selbstzufriedenen Grinsen die Lippen, nachdem er feststellen konnte, dass der Zähler für den Fluch noch immer lief.

Wir befanden uns in einem privaten Pokerraum mit nur einem Tisch, um den herum mehrere respektable Herren und eine ältere Dame in einem Nerzmantel saßen, die angestrengt versuchte, jünger auszusehen, als sie tatsächlich war.

Die Einsätze waren hoch. Schon der reine Eintritt hatte mich Chips im Wert von einer Million Dollar gekostet.

Um diese Million zusammenzukratzen, hatte ich eine Weile lang im Vorraum mit den 10.000 Dollar spielen müssen, die mir von Sanchez' Taschengeld verblieben waren. Dank einer Erkenntnis von Level 4 war das ein Kinderspiel gewesen. Ich wusste immer bereits, welche Zahl am Ende ausgerufen wurde, sobald die Kugel nur die Hand des Croupiers verlassen hatte. Meine Erkenntnis analysierte alles in Windeseile — die Geschwindigkeit des Roulette-Rades, die Unregelmäßigkeiten seiner Oberfläche, den Verlauf der Kugel und viele andere Dinge, einschließlich Luftfeuchtigkeit und Pulsschlag des Croupiers. Am Ende wurde die Zahl, in der die Kugel landen würde, schlicht grün umrahmt.

Natürlich waren die Risiken enorm, aber zu meiner großen Überraschung hatte das System mich diesmal nicht bestraft. Es schien den Grund für mein Spielen erkannt zu haben und zu wissen, warum ich unbedingt gewinnen musste.

Vor Panchenko lag ein Stapel von Chips, so hoch wie der Mount Everest. Er liebte das Risiko. Seine Pokerfertigkeit von über Level 10 sorgte dafür, dass er sich des Gewinnens so sicher war, er riskierte jedes Mal alles. Und mit „alles" meine ich alles, das er in Vegas nach seiner Ankunft mit dem von mir gestohlenen bisschen Geld bereits gewonnen hatte. Mein Interface bestätigte mir: Das Geld, das vor ihm lag, war wirklich alles, was er besaß.

Seine angeheuerten Leibwächter warteten vor der Tür auf ihn. In diesen Raum hatte man sie nicht hineingelassen. Hier war großer Spaß ausschließlich für sehr große, wichtige Leute angesagt.

Ich setzte mich an den Tisch. „Hallo! Ich bin Phil", stellte ich mich vor.

Die anderen Spieler nannten ebenfalls ihre Namen. Desinteressiert überflog ich ihre Statistiken. Ihnen wollte ich nichts wegnehmen. Heute spielte ich allein gegen Panchenko.

Der wirkte völlig ungerührt und zeigte keinerlei Absicht, den Saal zu verlassen. Er rieb sich sogar triumphierend die Hände. Wahrscheinlich hatte er entdeckt, dass meine Pokerfertigkeiten ein Level aufwiesen, das bei knapp der Hälfte seines eigenen lag.

„Wir haben einen Neuling!", rief er aus. „Ich schlage vor, wir erhöhen die Einsätze. Wie wäre es mit 100.000?"

Niemand hatte dagegen etwas einzuwenden.

Ich hatte es nicht eilig, ihn seines Interface zu berauben. Selbst als er mir zu Beginn wie alle anderen auch die Hand schüttelte, tat ich es nicht, denn ich fürchtete, dass er anschließend nicht mehr in der Lage war, den Fluch aufzuheben.

Der Croupier gab die Karten aus. Ich passte. Heutzutage musste ich nicht einmal mehr schummeln, indem ich die Informationen über die Karten betrachtete, weil ich längst wusste, wie das Spiel ausgehen würde. Panchenko und ich lagen etwa auf gleicher Ebene und gewannen abwechselnd. Auch von den anderen Spielern konnte sich der eine oder andere einmal einen Jackpot sichern. Nachdem wir allerdings beide nicht allzu viel riskierten, wenn wir kein wirklich gutes Blatt auf der Hand hatten, waren die Summen zunächst nicht berauschend.

Nach ein paar Stunden saßen wir beide allein am Tisch. Ich hatte gerade eine Glückssträhne — Panchenko gab mehrfach auf. Er verlor Blinds, die inzwischen auf 200.000 Dollar angewachsen waren. Inzwischen war er sichtlich nervös — wir verfügten in etwa über dasselbe Kapital.

„Hör mal, Mann", wandte ich mich an Panchenko, als der Dealer die nächsten Karten ausgab, „was weißt du über die Prüfung?"

„Was muss ich denn darüber wissen?"

„Sie werden dich bald vorladen. Dann musst du mit anderen Benutzern des Interface kämpfen. Was genau ihr alle tun müsst, davon habe ich allerdings keine Ahnung. Jedenfalls, die anderen haben alle ebenfalls einen Boss, wie du es nennst."

„Okay — ich glaube dir. Ich kann sehen, dass du die Wahrheit sagst. Und es ist wahrscheinlich sinnlos, dich zu fragen, wer mich wohin vorladen wird."

„Die Sache ist die, es gibt dort jede Menge anderer Teilnehmer. Aber nur einer von ihnen wird gewinnen. Alle anderen verlieren am Ende ihr Interface."

In seinem Gesicht bewegte sich kein Muskel. Er betrachtete sein Blatt und schob die Karten zurück. „Ich passe."

„Wenn du den Fluch aufhebst, werde ich meinem gesamten Gewinn an dich verlieren." Ich aktivierte alle Fähigkeiten, die ich besaß, um so überzeugend wie möglich zu klingen. „Vor mir liegen fast sechs Millionen. Sie gehören dir. Ich verliere ohnehin alles nach der Prüfung."

„Deine Millionen kümmern mich einen Dreck, du Trottel!", erwiderte er grinsend. „Mithilfe meiner Fähigkeiten kann ich in einer Nacht Hunderte von Millionen gewinnen, ganz einfach. Und du wirst sterben. Du musst dein dummes, kleines Gehirn gar nicht erst anstrengen, um mich umzustimmen. Um deine bescheuerte Prüfung zu bestehen, muss man nur lange genug überleben. Und das werde ich."

Er log nicht, und er wollte auch nicht mit mir handeln — er nahm alles, was ich sagte, völlig gleichgütig auf. Mir wurde klar, dass er den Fluch auf keinen Fall aufheben würde, und meine Lügenerkennung bestätigte es mir.

Nun, dann musste ich eben einfach das Unvermeidliche tun.

Der Dealer gab uns ein weiteres Blatt. Alle Chancen standen für Panchenko. Eine Sache allerdings blieb ihm verborgen: Unser Croupier, der seit Stunden gearbeitet hatte und so erschöpft war, dass er sich kaum noch auf den Beinen halten konnte, würde beim Öffnen des Flops einen Fehler machen, und dadurch das gesamte Szenario des Spiels vollkommen verändern.

„Okay, dann schließen wir das alles hier und jetzt ab", schlug ich vor und schob meine gesamten Chips in die Mitte des Tischs. „Mitnehmen kann ich mein Geld ohnehin nicht. Ich setze alles."

„Eine gute Idee", beeilte er sich zuzustimmen, bevor ich meine Meinung ändern konnte.

„Tut mir leid", sagte ich und reichte ihm die Hand, bereitete mich dabei darauf vor, mental den roten Knopf zu drücken, der sein Interface deinstallierte.

Automatisch nahm er, wie vorhin auch, meine Hand und schüttelte sie.

Dann wurde er bleich.

In diesem Augenblick hatte der Dealer unsere Chips eingesammelt und öffnete den Flop, der ganz anders aussah, als Panchenko es erwartet hatte.

Doch das war nicht der Grund, aus dem er blass geworden war, das konnte er noch gar nicht sehen.

Die Realität blinzelte mehrfach, die Zeit verlangsamte sich. Ich wurde beinahe ohnmächtig, schaffte es nur gerade so, ohne äußere Anzeichen, die mich verraten hätten, einen neuen Ekstase-Anfall zu überstehen. Ich schwankte lediglich ein wenig auf meinem Stuhl und stieß dabei gegen einen Mitspieler, der sitzengeblieben war, um uns zuzuschauen, ohne weiter mitzuspielen.

„Entschuldigung", stieß ich mühsam hervor.

Alarmmeldung über eine globale Quest: Gebiete dem Bösen Einhalt. Quest abgeschlossen!

Du hast erfolgreich das Interface von Konstantin Panchenko deinstalliert und ihn dadurch neutralisiert.

+50 % Zufriedenheit

+3 für das Level deines sozialen Status

+3 für alle Haupteigenschaften

+3 verfügbare Punkte für die Haupteigenschaften

+30 Punkte für dein globales Ansehen bei jedem Mitglied der menschlichen Rasse.

Ich hatte Level 27 erreicht!

Außerdem hatte das System mir auch noch eine Warnung übermittelt, dass all meine Eigenschaften sich zwar verbessert hatten, Stärke, Beweglichkeit und Wahrnehmung jedoch nur schrittweise ansteigen würde.

Ich betrachtete mein Profil und seufzte enttäuscht. Der Fluch war noch immer vorhanden. Ich hatte so gehofft, er würde in dem Augenblick verschwinden, in dem Panchenko sein Interface verlor, womit seine Quest, die mich betraf, ja schließlich hinfällig wurde.

„Du!", keuchte eine heisere Stimme in Russisch. „Wie hast du das gemacht?"

Ich schaute auf. Panchenkos irre Augen schienen direkt durch mich hindurchzusehen. „Wie soll ich was gemacht haben?"

„Du hast mir meinen Boss weggenommen!", flüsterte er, von Zorn übermannt, und wischte sich die Tränen vom Gesicht. „Gerade als ich es schon beinahe geschafft hatte! Ich stand kurz davor, ein *Eroul* zu werden! Wie hast du das bloß geschafft? Du bist doch ein Nichts! Der Boss kann dich unmöglich mir vorgezogen haben!"

„Dein Boss existiert nicht, du Idiot! Das war nichts als eine neuronale Software! In etwa 100 Jahren wird jeder über so etwas verfügen. Dann ist das so normal wie heutzutage Handys."

Er stand auf und ging auf mich los. Ich erhob mich ebenfalls. Er deutete mit dem Finger auf mich, stieß mir dann damit vor die Brust. Er war hysterisch, und das lag wahrscheinlich nicht am Alkohol, auch wenn er tatsächlich einiges getrunken hatte.

„Das ist doch Blödsinn! Was weißt du denn schon vom Großen Allmächtigen? Er ist längst unterwegs! Seine Zeit wird bald kommen, und ich sollte sein..."

„Oh, Mann, finde dich einfach damit ab! Du hast deine Entscheidung getroffen. Und wenn du nicht gleich die Finger von mir nimmst, wirst du es bereuen."

Zu diesem Zeitpunkt starrten uns bereits alle an, und die Sicherheitsleute wirkten ein wenig beunruhigt. Wir mussten so schnell wie möglich verschwinden.

„Ach ja?", höhnte Panchenko. „Was willst du denn mit mir machen? Ich mag ja meinen Boss verloren haben, aber ich besitze noch immer mein Geld und meinen Einfluss!"

„Oh, das glaube ich eher nicht", erwiderte ich fröhlich und blickte zurück zum Tisch.

Panchenko schwang herum — und realisierte, dass ich gerade gewonnen hatte.

Das Erfüllen meiner Quest hatte mein Ansehen bei allen Menschen auf dem Planeten Erde zur Freundlichkeit angehoben. Eine Ausnahme galt nur für diejenigen, deren Ansehen bei mir ein schlechtes war. Und jetzt erlebte ich aus erster Hand, was es zu bedeuten hatte, als ich die Reaktionen der Umstehenden beobachtete. Alle schienen sich über meinen Sieg zu freuen; sogar der Dealer konnte sich ein Lächeln nicht verkneifen.

Mit einem lauten Heulen schlug Panchenko um sich,

bis der Sicherheitsdienst ihn aus dem Raum führte.

Er besaß nichts mehr, kein Geld, und auch kein Interface.

KAPITEL 25

VERGISS NICHT, ZU DEN STERNEN AUFZUSCHAUEN, BEVOR DU STIRBST

> Ich habe festgestellt, dass sogar Leute, die behaupten, es sei alles vorherbestimmt und man könne nichts tun, um sein Schicksal zu ändern, sich umschauen, bevor sie die Straße überqueren.
>
> Stephen Hawking

ES REGNETE AUF Pibellau. Vom Himmel strömte eine säurehaltige Flüssigkeit herab. Meine Uniform hielt einstweilen noch stand, doch jeder Tropfen, der darauf fiel, erzeugte eine zischende Dampfwolke, die meinen Aufenthaltsort verriet. Zum Glück war niemand in meiner Nähe, mit Ausnahme von Monstern, die den Regeln der Mechanik folgten, nicht der Logik.

Immer wieder versank ich knietief im Schlamm, blieb stecken, doch ich kämpfte mich weiter voran. Mir war nur noch eine ganz geringe Hoffnung verblieben, und ich fühlte mich innerlich leer. Die Kluft, die sich nach Jovannas Entpersonifizierung in meinem Herzen aufgetan hatte, war mittlerweile so weit wie der Marianengraben. Hätte ich noch immer mein Interface aus dem realen Leben, es hätte wahrscheinlich äußerste Apathie und Gleichgültig angezeigt.

Mir blieben noch zehn Minuten bis zu meiner eigenen

Entpersonifizierung. Ich verfügte über keinerlei Ressourcen und Punkte. Wie um mich zu ärgern, war mir unterwegs kein einzelner einfacher Mob über den Weg gelaufen — mit Einbruch der Nacht hatten sie sich alle in Elite-Truppen verwandelt. Wenn ich nicht innerhalb der nächsten paar Minuten 21 Existenz-Ressourcen-Punkte farmen konnte — so viel verbrauchte ein Körper mit Level 21 pro pibellauischer Stunde –, war ich so gut wie tot.

Meine Unauffälligkeit schützte mich. Daher hatte ich alle Mobs in meiner Umgebung vermeiden können, nachdem ich das verlassen hatte, was einmal das Haupthexagon meines Clans gewesen war. Doch mit jeder Minute, die verging, wurde es offensichtlicher, wie sinnlos eine Fortsetzung meiner Anstrengungen war. Selbst wenn ich mir die nötigen Existenz-Ressourcen-Punkte irgendwie verschaffte und weitermachen konnte, war ich doch nicht in der Lage, allein auch nur ein einziges Hexagon zu erobern. Sobald ich den Alarm ausgelöst hatte, musste ich mich entweder Jumas oder Tafaris Kavallerie stellen, die in Windeseile mit mir fertigwerden würden.

In einem Augenblick der Schwäche sehnte ich mich sogar nach einem raschen Ende. Ich wünschte mir, ich könnte einfach nach Hause gehen und mich für eine dumme, aber fesselnde Serie vor die Glotze hocken. Oh, wenn ich es mir doch bloß auf meinem Sofa gemütlich machen könnte, mit einer warmen Decke und einem heißen, starken, gut gesüßten Tee...

Etwa 30 Meter von mir entfernt brach etwas Enormes durch das Unterholz. Wahrscheinlich war es ein Duxio, ein gigantischer Käfer mit dem Schwanz eines Skorpions. Diese Kreaturen waren die häufigsten Besucher unserer Basis gewesen. Ich sah bereits seine schwarz glänzende, harte Flanke und den langen, stählernen Schwanz. Tatsächlich:

Duxio
Elite
Level 24

Lebenspunkte: 36.000

Die Sache war die — entweder tötete ich den Duxio, riss mir seine Ressourcen unter den Nagel und dachte darüber nach, was ich weiter unternehmen wollte, oder ich versagte auf schändlichste Weise in der Prüfung.

In den Händen hielt ich den Dolch von Carter und die Energiefaust, die ich an meinem ersten Tag hier durch Besiegen des Kreken gewonnen hatte.

Säuredolch der Vernebelung
Heimtückische Nahkampfwaffe. Sein biochemischer Kern stellt ein aktives Gel her, dessen Konzentration im Blut des Opfers dieses in den Wahnsinn treiben kann.
Er wird angetrieben durch Existenz-Ressourcen (-3 % deiner Punkte für jeden zugefügten Schaden).
Schaden: 180-360
+1 % Wahrscheinlichkeit, das Opfer mit dem nächsten Stich zu töten.

Zornige Energiefaust
Die beste Waffe im Nahkampf.
Angetrieben durch Existenz-Ressourcen (-1 % deiner Punkte für jeden zugefügten Schaden).
Schaden: 240-480
+50 % bei kritischem Schaden.

Ich blickte auf die Silhouette des Duxio, der in der Dunkelheit verschwand, und dann auf den Dolch in meiner Hand. Rasch zog ich den Rucksack von meinen Schultern und leerte ihn auf dem Boden aus, indem ich ihm mental den Befehl dazu übermittelte.

Alle Waffen, die mein Clan hatte anhäufen können, platschten in den klebrigen, roten Schlamm. Nervös kramte ich durch die Gegenstände und warf alles, das mir jetzt nicht helfen konnte, zurück in den Rucksack, einschließlich der Energiefaust.

Die Zeit drängte. Ich suchte in meinen über 100 Kilo Objekten, bis ich endlich das Richtige gefunden hatte: den lebensstehlenden Dolch. Der ermöglichte mir die Selbstheilung während des Kampfes, denn ohne Existenz-Ressourcen-Punkte konnte ich mich nicht durch einen Sprung aufs nächste Level retten. Zum Glück war der Dolch noch mit Punkten aufgeladen, sonst wäre er reichlich nutzlos gewesen.

Kaum hatte ich ihn aufgenommen, schlang sich sein Griff um mein Handgelenk und den Unterarm. Ich spürte einen scharfen Schmerz, als sich die zahllosen Tentakel in mein Fleisch bissen und sich an meine Nervenenden und Blutgefäße anschlossen.

Eine heilende Welle des Zorns schlug über mir zusammen, machte mich wütend auf meine Feinde, die höherrangigen Rassen, die Beobachter und Khphor, vor allem aber auf mich selbst. Mein spitzer Freund hatte mich endlich wieder zu Verstand gebracht!

Niederträchtiger Dolch der Abschöpfung
Heimtückische Nahkampfwaffe. Jeder Angriff stellt aus dem zugefügten Schaden 25 % der Gesundheit des Eigentümers wieder her.
Er wird angetrieben durch Existenz-Ressourcen (5 % deiner Punkte für jeden zugefügten Schaden).
Schaden: 180-360

Was bedeutete, dass jeder Stich damit, dank meiner hohen Stärke, über 1.000 Punkte Schaden zufügen konnte, und nahezu 3.000 Punkte kritischen Schaden.

Ich schloss den Rucksack, warf ihn mir wieder auf den Rücken und beeilte mich, den Käfer einzufangen, der inzwischen bereits fast aus meiner Sichtweite verschwunden war.

Meine Lippen verzogen sich in Erwartung des bevorstehenden Kampfs zu einem Lächeln. Hier war ich, ein Phil, der sich weigerte, aufzugeben; derjenige, der mithilfe seiner beiden besten Freunde, der beiden zuverlässigen Reißzähne, all seine Feinde vernichten würde!

Rechts hielt ich Reißzahn Nummer 1, den Dolch der Abschöpfung, der mir die Energie verschaffte, jede Schlacht zu überstehen.

Und mit der linken Hand umklammerte ich Reißzahn Nummer 2, den Dolch der Vernebelung. Sobald ich ihn in einem Feind versenkte, injizierte er einen bioaktiven Schleim, der meine Chancen um 1 % erhöhte, das Opfer mit meinem nächsten Stich zu töten. Woraus folgte: Wenn ich nur lange genug durchhielt, konnte ich gemäß der Relativitätstheorie jeden Feind aus Fleisch und Blut mit etwas über 50 Stichen töten — also in weniger als einer Minute.

Der Käfer schien die Bewegung hinter sich wahrgenommen zu haben. Er blieb abrupt stehen und schlug seinen komplizierten Schwanz vor mir in den Boden. Ich sprang darüber, ritzte mich dabei beinahe an den langen Stacheln, dann rollte ich auf dem Boden entlang, bis ich dem Biest beide Dolche in seine Panzerung stoßen konnte. Ich zog mich daran hoch wie an Bergsteigerhaken und erklomm seinen nahezu flachen Rücken.

Du hast dem Duxio einen Schaden zugefügt: 1.330
Von der Panzerung absorbierter Schaden: 50 %
Tatsächlicher Schaden: 665

Überprüfung der Wahrscheinlichkeit eines sofortigen Tötens (0 %)...
Überprüfung fehlgeschlagen.
+1 % Wahrscheinlichkeit, das Opfer mit dem nächsten Stich zu töten.

Du hast dem Duxio einen Schaden zugefügt: 1.087
Von der Panzerung absorbierter Schaden: 50 %
Tatsächlicher Schaden: 543
Gesundheitspunkte: 136

Mit einem knirschenden Geräusch gab der Chitinpanzer unter meinem Hagel aus Hieben nach und brach zusammen. Ich schwang meine Dolche wie die Schwungnadel einer Nähmaschine, und jeder Stich produzierte ganze Fontänen an Lymphflüssigkeit.

Die Wunde wurde langsam immer größer, und der Gesundheitsbalken des Käfers nahm ab. Ich sah fast nichts, denn mein Helm war mit Blut und Gewebefetzen des Insekts bedeckt. Ich konnte es mir nicht erlauben, innezuhalten und alles abzuwischen, denn sonst hätte ich den Schwung verloren, den ich brauchte, um ein paar weitere entscheidende Stiche zu landen.

Als ich ausatmete, traf der Schwanz mich im Rücken, spießte mich auf, was mein Leben sofort halbierte.

Ich konnte nicht atmen — der Stachel hatte einen meiner Lungenflügel zerfetzt. Ein Blutungs-DOT und mehrere Knochenbrüche am Rückgrat ließen mein Leben rasch verebben. Ich wurde vom Rücken des Duxio gefegt und krachte auf den Boden.

Das war mir alles so egal wie nur irgendwas. Noch im Sturz schaffte ich es, den dicken Stachel, aus dem Gift drang, und der aus meiner Brust herausragte, mehrere Male mit dem Dolch zu durchstoßen.

Der letzte dieser Hiebe gab dem Monster den Rest. Ich wartete gar nicht erst darauf, dass sein Körper verschwand. Mit einer schnellen Bewegung löste ich mich von seinem stacheligen Schwanz.

Der Duxio hinterließ einen riesigen Kristall, der sich in 680 Existenz-Ressourcen-Punkte auflöste. Ich steckte sie ein, breitete die Arme aus und ließ mich auf den Rücken fallen. Mit einem triumphalen Grinsen feierte ich meinen Sieg über die fürchterliche Kreatur und studierte die Protokolle des Kampfs.

Du hast dem Duxio einen Schaden zugefügt: 1.191
Von der Panzerung absorbierter Schaden: 50 %
Tatsächlicher Schaden: 595

Überprüfung der Wahrscheinlichkeit eines sofortigen Tötens (24 %)...
Überprüfung abgeschlossen!
Der Duxio ist tot.

Jetzt verfügte ich über Ressourcen, die mir eine ganze Weile reichen würden. Oder wenigstens so lange, bis ich entpersonifiziert wurde, weil ich kein Hexagon hatte erobern können.

Ich aktivierte die Unauffälligkeit und plante meine nächsten Schritte. In der Rangliste wurden inzwischen nur noch 43 Teilnehmer aufgeführt, und lediglich drei von ihnen besaßen eigene Hexagone. Dabei handelte es sich um Juma und zwei andere, die ihm mit großem Abstand folgten: Tafari und irgendeinen Kerl von Level 6 mit dem Namen Björn.

Wenn man alle Hexagone zusammenzählte, die diesen drei Testsubjekten gehörten, ergab dies nicht die Gesamtzahl der Hexagone im Prüfungsfeld. Irgendwo gab es also momentan noch ein weiteres Hexagon, das anscheinend niemandem gehörte. Wahrscheinlich war der Eigentümer inzwischen getötet worden, und zwar nicht von anderen Teilnehmern, sondern von wilden Mobs.

Und ich wusste genau, wo dieses Hexagon lag.

* * *

Die Morgendämmerung war längst hereingebrochen. Die nächtlichen Monster waren verschwunden, ersetzt durch Horden an Tages-Mobs. Wenn man es genau nahm, waren die allerdings ebenso blutgierig, nur eben kleiner und geringfügig schwächer.

Warnung! Du bist dabei, ein Hexagon zu betreten, das von einem anderen Testsubjekt erobert wurde.
Eigentümer: Juma. Level 29
Level der Basis: 1

Das war nur eine der unzähligen Alarmmeldungen, die ich durch das Betreten feindlicher Hexagone auslöste. Die meisten davon gehörten Juma, mit Ausnahme ein paar weniger, die Tafari sich gesichert hatte. Irgendwie erinnerte mich mein Vorgehen an die Geschichte von dem kleinen Jungen, der einmal zu oft „Wolf" geschrien hatte... Diesmal versuchte ich gar nicht erst, um die Basen herumzugehen, sondern strebte direkt auf die Mitte des Hexagons zu. Das damit verbundene Risiko hatte ich vorausberechnet und akzeptiert.

Die Basis war leer. Ich sprang über den Zaun und betrat den Bunker. Er war verlassen, und es befand sich außer der Kommandozentrale nicht darin. In den zwei Tagen, seitdem wir diese Basis verlassen hatten, war damit nichts geschehen. Es überraschte mich nicht, dass Juma sich nicht die Mühe gemacht hatte, in ein Upgrade zu investieren.

Um ein feindliches Hexagon zu erobern, musst du persönlich an der Kommandozentrale des eroberten Gebiets erscheinen und dort für die Dauer von 1 Stunde pibellauischer Zeit (13 Stunden = 1 Tag) verbleiben, bevor du sie aktivieren kannst.

Ich verbrachte die erforderliche eine Stunde damit, auf das Knallen von Teleporten zu warten, doch niemand tauchte auf. Vielleicht war die Auseinandersetzung zwischen Juma und Tafari in die letzte, entscheidende Phase getreten. Es konnte natürlich auch sein, dass die ganzen falschen Alarme alle nachlässig gemacht hatten. Ha! Was für eine Bande an Versagern!

Auf die eine oder andere Weise — bald würde die Basis mir gehören!

Ich ging zum weißen Stein und legt meine Hand in die Vertiefung, die Hand, die frei von meinem ersten Freund war, Reißzahn Nummer 1.

Möchtest du die Kommandozentrale erobern?

Kosten: 300 Existenz-Ressourcen-Punkte.

Aber ja doch!

Ich leitete den Ergreifungsprozess ein, aktivierte Unauffälligkeit und bereitete mich darauf vor, mein rechtmäßiges Eigentum mit Zähnen und Klauen zu verteidigen.

Du hast ein Hexagon erobert!
Deine Kommandozentrale wurde aktiviert. Name der Kommandozentrale: Basis 1
Eigentümer: Phil, Mensch. Level 21

Der Zähler für die Entpersonifizierung war verschwunden. Ich schaffte es sogar, ein Modul für Kampfeinheiten Level 1 und einen Utahraptor zu erstellen, bis erneut ein Alarm schrillte — nur diesmal für mich. Diese Vollidioten waren endlich auch auf den Trichter gekommen und hatten gemerkt, dass einer ihnen die Basis weggenommen hatte.

Testsubjekt! Ein Feind ist in dein Gebiet eingedrungen! Basis 1 steht in der Gefahr, erobert zu werden!

Wie es abzusehen gewesen war, tauchte eine Gruppe aus fünf Kämpfern im Hexagon auf. Es waren Jumas Leute, die vom benachbarten Hexagon aus gekommen waren.

Zu spät! Ich hatte bereits alles erledigt, was ich vorgehabt hatte.

Trotzdem setzte ich dem noch die Krone auf, indem ich die Erstellung eines neuen Tyrannosauriers einleitete. Anschließend verzog ich mich ins stachlige Unterholz neben der Basis, wo meine Unauffälligkeit mich vor den Blicken der Krieger schützte.

Falls Rex es schaffte, rechtzeitig zu erscheinen, wurde das eine nette Überraschung für die Angreifer. Und ich würde anschließend auch nicht lange auf mich warten lassen.

Allerdings ließ man mir nicht die Chance, Rex zu erleben, denn die Truppe stürmte sofort die Basis. Ihr Anführer besaß Level 20, die anderen Level 15. Anscheinend konnte man jetzt in Jumas Clan mit Ressourcen nur so um sich werfen.

Ich unterdrückte meinen Wunsch, mich mit ihnen auseinanderzusetzen. Es wäre nur eine unlogische Abweichung von meinem Plan gewesen. Aus diesem Grund konnte ich auch nicht mehr beobachten, was weiter geschah, denn ich hatte auf dem Rücken meines Utahraptors längst die Flucht ergriffen. Meine Gruppen-Unauffälligkeit funktionierte prächtig, wir entkamen beide unentdeckt.

Auf jeden Fall hatte ich schon mehr erreicht als erhofft. Ich hatte mir ein Reittier und ein wenig Zeit gesichert. Nachdem Rex' Symbol auf dem Interface gar nicht erst erschien, war seine Erstellung wohl in dem Augenblick abgebrochen worden, als diese Versager die Basis erobert hatten.

* * *

Den Rest des Tages verbrachte ich damit, mich durch ein Hexagon nach dem anderen zu kämpfen, auf dem Weg in Richtung Nordwesten, wo sich meinen Berechnungen zufolge die letzte noch nicht eroberte Basis befand. Im Osten und in der Mitte der Karte hatten sich Juma und Tafari längst breitgemacht, während wir unser Gebiet im Westen ausgedehnt hatten. Der einzig verbleibende dunkle Punkt auf der Karte war ein kleiner Fleck in der oberen linken Ecke des Prüfungsfeldes, eingerahmt von einer Kette von Klippen.

Die Tatsache, dass die Oberfläche der Hexagone sich mit jedem Tag verringerte, erwies sich jetzt als vorteilhaft für mich, die Strecke, die ich für das Durchqueren eines Hexagons bewältigen musste, war nun etwa anderthalb

Kilometer kürzer.

In der Nacht wiederholte ich meinen Trick mit den falschen Alarmen und eroberte ein weiteres von Jumas Hexagonen, nur, um erneut zu fliehen, als seine Leute auftauchten. Diesmal waren es zwei Gruppen von je fünf Kriegern. Das Schlimme an der Sache war, dass Ken einer dieser beiden Gruppen angehörte. Daher entdeckte man mich sehr bald, aber die zehn waren zu Fuß, sodass ich sie rasch hinter mir lassen konnte.

Dieses Abenteuer war auf jeden Fall das Risiko wert gewesen, denn der Zähler für die endgültige Entpersonifizierung hatte mit dem Verlust der anderen Basis ja wieder zu laufen begonnen.

Zwei Hexagone weiter deaktivierte ich die Unauffälligkeit, um ein paar Ressourcen zu farmen. Ich tötete ein paar Elite-Mobs: eine zweiköpfige Odzi-Schlange, gefolgt von einem Kraider. Das waren diese Dinger, die aussahen wie ein Küchenhocker mit einem menschlichen Körper und Krebsscheren als Händen. Dann erledigte ich noch ein paar Duxios. Eine der Wirkungen der Endphase der Prüfung war, dass diese sich als stärker erwiesen als diejenigen, die in der Nacht zuvor die Basis angegriffen hatten. Ohne meine Freunde Reißzahn Nummer 1 und Reißzahn Nummer 2 hätten ihre Angriffe mir wahrscheinlich ein Ende bereitet. Doch dank der Theorie der Relativität kostete mich jetzt ein „sofortiges Töten" mit Reißzahn Nummer 2 nur etwa 20 Stiche.

Längst verfügte ich über genügend Ressourcen für ein höheres Level, doch ich wollte sie mir für den Fall aufsparen, dass ich mich in einem Kampf umgehend regenerieren musste.

Bis zur Morgendämmerung hatte ich mein Ziel schon beinahe erreicht, und befand mich auf einem zerklüfteten Felsenplateau, überwachsen mit gelegentlichen Flecken von rotbraunen Sträuchern und krummen, violetten Grashalmen.

Die Hochebene bot einen atemberaubenden Blick auf

das durch eine Vielzahl bunter Hexagone unterteilte Prüfungsfeld. Von hier aus konnte man das Flimmern der Kanten deutlich erkennen. Wie heiße Luft über Asphalt waberte es darüber, was den Blick auf das verbarg, was sich dahinter verbarg.

Noch ein wenig weiter nördlich entdeckte ich einen felsigen Vorsprung. Ich brauchte nicht lange, um dorthin zu gelangen. Doch als ich mit dem Hochklettern begonnen hatte, musste ich feststellen: Um auf die andere Seite zu gelangen, musste ich eine breite Schlucht überwinden. Die leider überall gleich breit war. Ich wanderte auf der Suche nach einer engeren Stelle den gesamten Rand der Schlucht entlang, bis ich auf einen undurchdringlichen Nebel stieß, der die westliche Grenze des Prüfungsfelds markierte.

Ich schaute mich aufmerksam um und bemerkte, dass auf der anderen Seite der Schlucht ein Felsen leicht hervorragte. Wenn ich aus vollem Lauf einen Sprung hinlegte, konnte ich es vielleicht gerade so schaffen.

Ich steckte meine beiden Reißzähne wieder in den Rucksack, damit sie mir nicht im Weg waren. Dabei hatte ich ziemlich damit zu kämpfen, Reißzahn Nummer 1 zu entfernen, der sich um meinen Unterarm gewunden hatte. Das verdammte Ding wollte mir einfach nicht gehorchen. Mühsam musste ich ihm erklären, dass es sich dabei lediglich um eine vorübergehende Maßnahme handelte. Mental natürlich.

Endlich ließ sich der Dolch durch meine Argumente überzeugen und löste sich von meiner Hand.

Da nach hinten nicht viel Platz war, musste ich diagonal über das Plateau Anlauf nehmen. Ich legte alle Kraft in meinen Sprung und flog mit dem Kopf voran über die Schlucht. Ich krachte gegen den Felsvorsprung und ergriff ihn mit beiden Händen. Erst als ich daran hochgeklettert war, wagte ich es, nach unten zu schauen. Doch ich konnte den Boden der Schlucht nicht sehen. Selbst wenn ich einen Sturz hinunter überleben könnte, lange hätte ich mich dort unten nicht halten können, wegen all der Vampir-Blutegel, der Sarasur-Küchenschaben und der stahlgepanzerten Tausendfüßler mit ihren stacheligen Körpern, die mehr als bereit gewesen wären, mich in wenigen Minuten auseinanderzunehmen.

Ich schwang mich ganz nach oben und kroch aus der Schlucht. Der flimmernde Schleier, der die Grenze zum nächsten Hexagon markierte, war nur noch wenige Meter von mir entfernt.

Ich trat hindurch. Nachdem keinerlei Alarm zu hören war, schien dieses Hexagon tatsächlich noch unbesetzt zu sein. Es war dasjenige, nach dem ich gesucht hatte.

Der felsige Vorsprung wurde abgelöst durch einen Regenwald mit einem Überfluss an Farben. Die Baumstümpfe waren bis zu sieben Metern breit und überwachsen mit Pflanzen in Orange, Violett und Blau.

Und überall war wildes Getier. Ich legte meine beiden Reißzähne wieder an und aktivierte Unauffälligkeit, um sicherzugehen, dass ich keine Zeit mit aggressiven Mobs verschwenden musste.

Dann bahnte ich mir meinen Weg durch das Unterholz, in Richtung des Zentrums des Hexagons. Schon bald hatte ich eine kleine Lichtung erreicht, die mit merkwürdig aussehenden Pflanzen bedeckt war. Und mittendrin stand jemand: ein kleiner, untersetzter Kerl mit hellen Haaren, in Zivilkleidung, Jeans, T-Shirt und Turnschuhen:

Björn, Mensch
Level: 7

Gerade wollte ich Betäuben und heimtückischer Schatten aktivieren, als ich beschloss, zuerst mehr über den Typen herauszufinden. Man wusste ja nie, vielleicht war er einer von Jumas oder Tafaris Leuten.

„Demetrious[20]?", sagte der Kerl. Seine Stimme klang

---

[20] Demetrious ist Björns virtueller Assistent in *Level Up: The Knockout*, so wie Martha Phils virtuelle Assistentin ist.

ängstlich.

„Hallo!" Ich berührte meinen Helm und deaktivierte das Visier. Es hob sich und gab mein Gesicht frei.

„Wer bist du?", fragte er voller Furcht.

„Keine Sorge, ich werde dir nichts tun", log ich. Ich musste das Vertrauen dieses Versagers gewinnen. „Du hast gerade einen Respawn hinter dir, richtig? Wie viele Leben hast du noch, Wurm?"

Er zuckte mit den Schultern, ohne den Blick von meinen Dolchen zu wenden. Irgendetwas stimmte ganz offensichtlich nicht mit ihm.

„Bist du Björn?" Ich wartete auf seine Antwort. Als die nicht kam, formulierte ich die Frage um: „Ist dein Name Björn, Wurm?"

„Woher weißt du das? Um genau zu sein, heiße ich Mike. Mike Hagen. Und ich bin definitiv kein Wurm!"

„Du bist die schlimmste Art von Wurm, Mike Hagen! Du bist ein wertloser Versager, der es geschafft hat, sich an sein armseliges Leben zu klammern, während andere, weit würdiger als du, längst endgültig ins Gras gebissen haben!"

Er blinzelte und schüttelte den Kopf. In seinem Blick flackerte Verständnis. „Wer bist du?", fragte er erneut. „Ich kann sehen, dein Name ist Phil, und du hast Level 21. Wirst du mich umbringen?"

„Das weiß ich noch nicht. Wenn du mir nicht in die Quere kommst, erobere ich vielleicht einfach nur das Hexagon und überlege mir anschließend, was ich mit dir anfange."

Nicht, dass ich ihn gebraucht hätte. Er war nichts als eine Belastung, aber seine Charisma-Punkte konnten durchaus ihren Nutzen haben.

Ich zog ihn fort von dem weißen Stein und legte meine Hand darauf, aktivierte die Kommandozentrale. Die drei Energiewellen liefen durch die Luft, formten die Basis und den Bunker. Die letzte stieß Björn aus der Sicherheit des Bunkers heraus.

Hervorragend! An diesem Ort war ich vorläufig

sicher. Zumindest bis es einen der beiden führenden Teilnehmer erwischt hatte.

Ich verließ den Bunker. Björn stand hinter dem Zaun. Anscheinend hatte er Angst, die Basis erneut zu betreten.

„Komm her, du... Björn, oder Mike, oder was auch immer."

„Warum? Willst du mich jetzt töten?" Er sprang über den Zaun und kam auf mich zu.

„Das weiß ich noch nicht. Woher stammst du denn? Bist du immer so lässig? Und wo ist dein Hexagon?"

„Ich habe es verloren! Ich habe alles verloren! Irgend so ein verrückter teigiger Junge hat mich umgelegt!"

„Wann ist das passiert? War es in dieser Nacht?"

„Genau! *Bilyat!*"

„Was hast du gesagt?"

„*Bilyat!*", wiederholte er das russische Schimpfwort. Seine Aussprache verzerrte die Silben so, dass es kaum noch zu verstehen war. Dann brach er in Lachen aus.

„Wer hat dir denn dieses Wort beigebracht, du Idiot?"

„Du bist doch Russe, oder etwa nicht?", erklärte er selbstbewusst. „Im realen Leben teile ich eine Gefängniszelle mit einem Russen. Sein Name ist Roman. Er hat mir beigebracht, wie man das sagt."

„Bei welchem Leben bist du inzwischen angekommen, Wurm?"

„Es ist mein letztes." Wieder zuckte er mit den Schultern. „Das ist doch alles Bullenscheiße! Je schneller ich tot bin, desto schneller bin ich wieder zurück im Gefängnis. Die vermissen mich bestimmt schon."

„Entspann dich mal. Zurück auf der Erde hat sich nicht viel verändert."

„Das glaubst aber auch nur du! Ich bin schon eine ganze Woche hier, oder sogar länger. Die vermuten wahrscheinlich, ich sei getürmt." Sein Gesicht verdunkelte sich. Er schien sich hier tatsächlich völlig fehl am Platz zu fühlen.

„Hast du irgendeine Vorstellung davon, wie du hierher gelangt bist und was du hier machst?"

„Gewissermaßen, ja. Um ehrlich zu sein, habe ich zuerst gedacht, ich würde alles träumen. Kurz bevor es passiert ist, bin ich im Ring ziemlich auseinandergenommen worden."

„Im Ring? Wo denn — im Gefängnis?"

„Ja", nickte er. Der Gefängnisdirektor veranstaltet am Abend illegale Kämpfe in der Möbelwerkstatt. Wir nennen es den ‚hölzernen Ring'. Er hat versprochen, den Champion vorzeitig zu entlassen."

„Und?"

„Ich wurde gerade k.o. geschlagen. Als ich wieder zu mir gekommen bin, befand ich mich an einem höchst merkwürdigen Ort. Was mich nicht einmal sehr überrascht hat. In meiner Umgebung hatten sich vorher ein paar ziemlich komische Leute herumgetrieben."

Er beschrieb sie mir, und ich erkannte Khphor, Ilindi und Valiadis — komplett in schimmernder Rüstung.

Er berichtete weiter, wie er die Vorauswahl überstanden hatte und hier gelandet war. Er hatte lange gebraucht, um endlich zu kapieren, was von ihm erwartet wurde. Wieder und wieder hatte er alle Mitteilungen gelesen und versucht, sie zu verstehen. Der Typ hatte nicht unbedingt eine vollständige Sammlung Tassen im Schrank, das stand schon mal fest.

„Dann kam so ein anderer Kerl angeritten, auf dem Rücken eines schwarzen Rhinozerosses. Er war sehr groß, über zwei Meter, und er hat mir einfach den Kopf abgeschlagen, ohne auch nur ein Wort zu sagen."

„Du meinst Tafari?"

„Safari? Nun ja, ich vermute schon... Nachdem er ja ein Rhinozeros hatte..." Er lachte leise. „Dann fand ich mich an einem ganz anderen Ort wieder. Es hat mich fast eine Stunde gekostet, zu durchschauen, was ich tun musste. Ich wusste nicht einmal, dass ich ein zweites Mal hätte sterben können, wenn ich keine Existenz-Ressourcen farmte. Zum

Glück war da diese Kreatur, sie sah ein bisschen aus wie ein teigiger Junge mit Tentakeln, und irgendwie habe ich es geschafft, sie am Ende zu töten. Sie hat einen Existenzkristall hinterlassen. Danach kam ich langsam auf den Trichter und habe mir weitere Ressourcen besorgt. Endlich hatte ich genug für Level 3 und die Aktivierung einer Kommandozentrale. Gerade als ich zum Stein gehen wollte, war da schon ein anderer Kerl. Er hieß Zack."

„Ist ja nicht möglich!" Plötzlich erinnerte mich — Zack hatte etwas von einem Typen namens Mike erzählt, dem er begegnet war. „Was war mit ihm?"

„Er hat versucht, mich zu verarschen, hat mich gefragt, wer ich bin und was ich hier mache. Kaum hatte ich begonnen, ihm zu vertrauen, und in meiner Wachsamkeit nachgelassen, griff er mich von hinten an."

„Zack hat dich angegriffen? Dieser nutzlose Haufen Scheiße? Das ist ja mal ganz was Neues!"

Mike runzelte die Stirn. „Du kennst ihn?"

„Allerdings. Ihr zwei seid mir eine schöne Bande von Versagern!"

„Hör mal, glaubst du vielleicht, ich hätte es nicht kapiert?", rief er erbost aus. „Klar, dein Level liegt beim Dreifachen von meinem, du hast ein paar geile Messer und einen tollen Anzug — du siehst beinahe aus wie dieser blöde Darth Vader, nur dein Helm ist anders. Aber ich bin kein Versager! Ich bin kein Wurm! Zurück auf der Erde habe ich Jungs k.o. geschlagen, deren Level weit über meinem lagen! Nenn mich nie wieder Wurm!"

„Wenn du meinst... Wurm."

„Pah! Okay, du bist knallhart. Inzwischen ist mir das alles völlig egal. Woher kennst du diesen Abschaum Zack? Was kannst du mir über ihn sagen?"

„Nichts Gutes, fürchte ich." Ich knirschte beim Gedanken an dieses Arschloch von einem Verräter mit den Zähnen. Die Tatsache, dass dieser schwächliche Mike-Kerl sich bereits einmal mit meinem Feind angelegt hatte, verschaffte ihm bei mir ein paar Pluspunkte. „Wenn ich ihn das nächste Mal sehe, nehme ich ihn nach Strich und Faden auseinander!"

„Aha. Nun, er war kein großer Kämpfer. Nachdem ich ihn ordentlich verprügelt hatte, ist er mit dem bisschen Gesundheit geflohen, das er noch übrig hatte. Ich habe ihn nicht verfolgt, sondern einfach das Hexagon erobert und anschließend entdeckt, dass man mir einen Erfolg verliehen hatte."

„Welche Art von Erfolg?"

„Ha, ha!", lachte er, räusperte sich und fuhr dann fort: „Anscheinend bin ich in der Vorauswahl auf dem letzten Platz gelandet. Deshalb hat man meine Entwicklungsrate um 30 % verringert. Um das wieder auszugleichen, hat man mir allerdings ein weiteres Leben geschenkt, und ein vorübergehendes Talent — Einsiedler haben sie es genannt. Es wurde automatisch in dem Augenblick aktiviert, als ich das Hexagon erobert hatte. Dadurch hatte niemand mehr Zugriff auf meine Basis."

Wie sich herausstellte, hatte Mike den größten Teil der Prüfung damit verbracht, in seinem kleinen Loch herumzusitzen und es nicht gewagt, sein Hexagon zu verlassen, denn dies hätte Einsiedler deaktiviert.

„Im Grunde konnte ich heute Nacht nur einfach die Langeweile nicht mehr ertragen. Das kam mir langsam alles so vor wie der Film ‚Und täglich grüßt das Murmeltier‘. Die Nächte habe ich im Bunker verbracht, und tagsüber erledigte ich Mobs. Es war so eintönig, ich habe mir sogar ein paar Module gebaut und ein paar Hunde als Gefährten besorgt." Er lächelte. „Die waren so lieb!"

„Was ist mit ihnen?"

„Sie sind zuerst gestorben. Ich hatte mich entschlossen, einen Spaziergang zu machen, um zu sehen, was so alles vor sich ging. Dabei bin ich in das Hexagon von jemand anderem geraten."

„Wem gehörte es? Juma oder Tafari?"

„Juma. Ich konnte ohne Probleme bis zur Basis vordringen, aber dort sind sie über mich hergefallen. Ich versuchte, vernünftig mit ihnen zu reden, doch die haben mir nicht einmal zugehört. Im Bruchteil von Sekunden hatten sie die Hunde getötet und mich zurück zum Respawnpunkt geschickt. Ich wachte beim weißen Stein auf, hatte jedoch keine Ressourcen, um ihn zu aktivieren. Fast eine Stunde habe ich damit verbracht, mich vor den Mobs zu verstecken, bis ich mich entschloss, mir einen der teigigen Jungs zu greifen. Der sah mir gar nicht so gefährlich aus. Das war ein großer Fehler! Ich habe mein ganzes Leben lang noch niemals solche grässlichen Schmerzen erlebt! Nach dem Tod habe ich eine lange Zeit in einer pechschwarzen Leere verbracht. Die Qual war nicht auszuhalten. Dann bin ich hier wieder aufgetaucht. Ich hatte gerade meine Augen geöffnet, und schon warst du da."

Die Pause konnte auf einen Beschluss der Beobachter zurückzuführen gewesen sein. Womöglich hatten sie sich dagegen entschieden, Mike nachts wiederaufzuerstehen zu lassen, um sein Leben zu retten. Das erklärte auch seine anfängliche Reaktion mir gegenüber. Man musste schon über einen sehr starken Geist verfügen, wenn man mehrere Stunden unter Schmerzen in der großen Leere überstehen konnte, ohne dem Wahnsinn zu verfallen.

„Du könntest mir von Nutzen sein, Björn", entschied ich. „Ich schicke dir eine Einladung, dich meinem Clan anzuschließen."

$$* * *$$

Es hatte keinen Sinn, an dieses Nichts Ressourcen zu verschwenden. Vor allem nicht angesichts seiner Strafe einer verringerten Entwicklungsrate. Deshalb gab ich ihm einfach ein wenig Ausrüstung aus meinem extradimensionalen Vorrat und die Energiefaust, schließlich war er ein Boxer. Außerdem teilte ich ihm den Blitzstab zu. So konnte er aus der Ferne ein wenig Schaden anrichten, ohne sich den Mobs des Hexagons auf hohem Level nähern zu müssen.

Dabei behielt ich die Rangliste immer im Auge und wartete auf die Entwicklungen, die der Auseinandersetzung zwischen Juma und Tafari folgen mussten. Anscheinend hatte Juma den Mut nicht aufgebracht, seinem Gegner einen entscheidenden Schlag zu versetzen. Oder Tafari war zu klug gewesen, seine gesamte Macht in die Schlacht zu schicken. Allerdings waren auf beiden Seiten einige Teilnehmer den letzten Tod gestorben und entpersonifiziert worden. Sie waren ausgeschieden.

Das kam mir nur recht. Mein Plan schien mehr und mehr Gestalt anzunehmen. Ich musste weiter hochleveln, bis es einem der beiden Führenden gelungen war, den anderen aus dem Rennen zu schlagen. Dann musste ich mich heimlich an den Überlebenden heranmachen, wer immer es auch war, und ihn töten. Meine Chancen waren äußerst gering, aber ich war bereit, das Risiko einzugehen, auch wenn die Wahrscheinlichkeit bei 1:1.000 lag.

Solange es hell war, erledigten Mike und ich ganze Horden an Tages-Mobs. Nachts versuchten wir uns an den Elite-Kreaturen, gingen dabei jedoch äußerst vorsichtig vor.

Bis zum Morgen verfügte ich über genügend Ressourcen für Level 25. Das neue Level brachte mir ein neues Klassentalent ein:

Liquidator
Level der Klasse: 4
Talent Level 4:
Marker des Liquidators
Dies gestattet dir, jedes aktive Testsubjekt mit einem Marker zu versehen, um seinen Standort auf der Karte nachverfolgen zu können.
Abklingzeit: 13 Stunden

Anschließend steckte ich alle verfügbaren Eigenschaftspunkte in Glück. Den Schaden weiter auszubauen, den ich zufügen konnte, hatte nicht viel Sinn. Schließlich konnte ich ja der Chance des sofortigen Tötens vertrauen, die Reißzahn Nummer 2 mir verschaffte. Die Ausdauer zu stärken war ebenso sinnlos. Was die Beweglichkeit betraf, so brauchte ich die überhaupt nicht mehr, da ich keine Fernkampfwaffen verwendete. Natürlich hätte ich Punkte in Charisma stecken können, aber andererseits besaß ich davon schon genug. Intelligenz und Wahrnehmung verschafften mir bei einem Kampf keinerlei Vorteile. Aber Glück... Meine gesamte Strategie baute auf dieser speziellen Eigenschaft auf!

Kaum hatte ich die neue Fähigkeit aktiviert, sah ich eine vollständige Liste der derzeit noch aktiven Prüfungsteilnehmer. Ich scrollte herunter und konzentrierte mich dann auf den Namen, nach dem ich gesucht hatte:

Ziel ausgewählt:
Zack, Mensch
Level 20
Der Marker des Liquidators wurde gesetzt.
Mach deinen Feinden mehr Feuer unterm Hintern, Liquidator!

Die Mitteilung wurde ersetzt durch einen Pfeil in 3D, der in die richtige Richtung zeigte. Die Zahl darunter besagte:

30 Kilometer.

„Hey, Mikey, wie wäre es, wenn wir unserem Freund Zack einen Besuch abstatten?"

Mike grinste. „Warum nicht?"

Seitdem er meinem Clan angehörte, hatte ich eine ganze Menge über ihn erfahren. Und je mehr er mir über sich berichtete — über seine miserable Kindheit in einem Slum, über das Mobbing der Mitschüler, weil er so klein war, sogar über seine Angewohnheit, bei der kleinsten Beleidigung zu heulen, bis er das Interface erhalten hatte –, nach desto mehr Respekt verlangte seine Lebensgeschichte. Inzwischen betrachtete ich ihn nicht mehr als Versager.

Seine Version des Interface war die eines Computerspiels, in dem nur gekämpft wurde. Wie nicht anders zu erwarten, gab es dort keine Erfahrungspunkte für einen verbesserten sozialen Status, sondern nur für Siege im Ring. Anders als Nagash war Mike jedoch kein Abschaum.

Die Version des Interface, die den sozialen Status betonte, verwandelte die Benutzer nicht automatisch in begeisterte Gutmenschen. Zack und Leti waren der beste Beweis dafür. Ebenso galt jedoch auch das Gegenteil — die Standardversion, die von den höherrangigen Rassen entwickelt worden war, machte nicht notwendig jeden Benutzer zu einem soziopathischen Monster. Es hing eine ganze Menge von der Persönlichkeit eines Menschen ab, von der Essenz seines Seins, wenn man einmal so will.

„Wie sollen wir ihn denn finden?", erkundigte sich Mike ganz geschäftsmäßig und fügte dann der Vollständigkeit halber ein russisches Schimpfwort hinzu.

„Mein neues Talent wird uns dabei helfen", antwortete ich. „Aufsitzen! Rex, du bleibst hier und bewachst die Basis!"

Der neue Rex keuchte ebenso laut wie der alte, als er uns nachschaute, wie wir auf dem Rücken der Utahraptoren davonritten. Mike hatte lange gebraucht, bis er seine Angst vor Rex hatte überwinden können. Er erwähnte oft, dass sein Onkel Peter ihm viele Dinge beigebracht hatte, unter anderem, sich nicht unnötig lange in der Nähe von großen, starken Rüpeln aufzuhalten. In Mikes Augen war Rex größer und stärker und rüpeliger als alle großen, starken Rüpel, die er in der Vergangenheit kennengelernt hatte. Deshalb hatte es einen ganzen Tag der gemeinsamen Jagd als Team gekostet, bis er sich endlich an meinen Tyrannosaurier gewöhnt hatte.

Die Schlucht, die den Zugang zu unserem Hexagon einschränkte, bedeutete für unsere Raptoren kein Hindernis. Sie konnten ohne Mühe auf 40 km/h beschleunigen und Sprünge von 10 Metern hinlegen. Unser einziges Problem war, uns an ihnen so gut festzuhalten wie nur möglich.

Wir brauchten mehrere Stunden, bis wir das Hexagon erreicht hatten, in dem sich Zack aufhielt. Unterwegs ignorierten wir alle Mobs und lösten eine Reihe von Alarmen aus, damit Juma und Tafari etwas hatten, worüber sie sich Sorgen machen mussten. Mithilfe der Unauffälligkeit überquerten wir die Hexagone ungesehen, deaktivierten sie jedoch bewusst jeweils an den Grenzen.

Als wir uns Zack näherten, wurde mir langsam klar, dass er sich merkwürdigerweise noch immer in demselben Hexagon befand, wo er die Tage zufolge unserer Vereinbarung verbracht hatte. Hatte Juma ihm das etwa zum Eigengebrauch überlassen? Und was war mit Tafari?

Nun, wahrscheinlich fühlte Zack sich sicher, da Tafari ein gutes Dutzend anderer Hexagone hätte überwinden müssen, um zu ihm zu gelangen, und selbst wenn ein Alarm schrillte, konnte er entweder flüchten oder seinen Clan-Anführer Juma um Hilfe bitten.

Woraus folgte, dass ich unbedingt Schleier des Schattens aktivieren musste, bevor wir unseren Weg fortsetzten.

Warnung! Du bist dabei, ein Hexagon zu betreten, das von einem anderen Testsubjekt erobert wurde.
Eigentümer: Juma. Level 30
Level der Basis: 3
Spezielle Effekte:
-10 % für alle Eigenschaften

„Das ist der Kerl", erklärte ich Mike. „Er ist weniger als einen Kilometer entfernt. Was bedeutet, er hält sich nicht in der Basis auf, sondern ist mit Farmen beschäftigt. Wir werden uns jetzt an ihn heranschleichen. Tu bitte nichts Überstürztes. Wir müssen zuerst herausfinden, ob er allein ist und welche Kampfeinheiten er mit sich führt. Wenn möglich, müssen wir verhindern, dass er entkommt. Die Basis ist Level 3. Er verfügt also zumindest über ein paar

Plasmatürme und die Möglichkeit, durch einen Teleport zu entkommen."

„Kapiert", nickte Mike. „Ist das alles? Dann lass uns loslegen! Es wird Zeit, jemandem gründlich welche zu verpassen!"

„Das mit dem Verpassen werde ich übernehmen. Du hast nur Level 7, also komm gar nicht erst auf dumme Gedanken. Du bleibst in sicherer Entfernung und feuerst von dort aus."

„Und warum musste ich dann überhaupt mitkommen, wenn ich ihm nichts tun darf?", beschwerte er sich.

„Um mich unterwegs zu unterhalten. Das ist deine Hauptaufgabe. Also los!"

Als wir nur noch 100 Meter von Zack entfernt waren, ließen wir unsere Utahraptoren unter einem großen Baum zurück und gingen zu Fuß weiter.

Ich erblickte Zack als Erster und hob die Hand, damit Mike stehenblieb.

Zack war in unserer Richtung unterwegs, auf der Suche nach Mobs. Dank Juma hatte er inzwischen Level 20 erreicht. Die Klasse, die er laut der Rangliste besaß, war eine ganz seltene: Beherrscher der Elemente. Seine Spinnen führte er allerdings nicht mit sich, wahrscheinlich hatte also Juma seine Charisma-Punkte an sich genommen.

In diesem Augenblick baute Mike Mist, und zwar gründlich.

„Hey, Zack!" Er verließ den Bereich der Unauffälligkeit und lief auf unseren Feind zu. „Wir müssen noch unsere kleine Meinungsverschiedenheit von unserer letzten Begegnung fertig regeln."

Ich knurrte zornig. Was für ein Blödmann! Ich schlug mir frustriert gegen den Helm, verließ jedoch nicht den Bereich, der von der Unauffälligkeit erfasst wurde.

Wegen Mikes Dämlichkeit musste ich nun improvisieren. Nun, wenn alles andere versagte, konnte ich mich immer noch hinter Zacks Rücken mikroportieren und ihn betäuben.

„Du?", fragte Zack erstaunt. Er erholte sich jedoch rasch von seinem anfänglichen Schock, wahrscheinlich, als er Mikes geringes Level entdeckte. „Aber mit größtem Vergnügen!"

Er hob die Hände und klatschte einmal.

Eine frostige Spur kroch über den Boden auf Mike zu, fror seine Füße ein und kletterte anschließend an ihm hoch. Seine Gesundheit blieb unberührt, doch er konnte sich nicht mehr bewegen. Der Zähler für den Einfrieren-Debuff begann zu laufen, von 10 Sekunden an rückwärts. Es war wirklich beeindruckend.

Mit einem gehässigen Lachen wedelte Zack mit den Händen und klatschte ein weiteres Mal. Dabei brüllte er irgendetwas, von dem ich nur das Wort „Feuer" deutlich verstehen konnte.

In diesem Augenblick tauchte ich hinter ihm auf und betäubte ihn. Im Gedenken an meine gefallenen Kameraden verpasste ich ihm in Rekordgeschwindigkeit eine Hiebkombination.

Auf der Erde hätte ihn nun sofort der Tod ereilt. Doch hier wirkten sich die Regeln des Spiels zu seinem Vorteil aus.

Mikes Körper ging derweil in Flammen auf. Sein Gesicht verzerrte sich vor Schmerz.

Das war alles nur seine eigene Schuld!

Zack war noch immer betäubt, und eine weitere Kombination von Reißzahn Nummer 2 setzte nun seinem Leben endgültig ein Ende.

Der Spieler, der Ilindis Erwartungen ganz und gar nicht erfüllt hatte, wurde entpersonifiziert und aus der Prüfung geworfen. Sein Name auf der Rangliste wurde ausgegraut und war nun inaktiv. Das raubte Juma einen wichtigen strategischen Vorteil — die Fähigkeit, in jedes gewünschte Hexagon teleportieren zu können. Wenn er jetzt in meine Basis eindringen wollte, musste er dabei alle Hindernisse überwinden, die dieses Hexagon schützten.

„Nun komm schon, nimm dir das nächste Level!", rief

ich Mike zu. „Du hast genügend Ressourcen, um dich selbst zu heilen!"

„Oh, nein", keuchte er mit dem Hauch eines Lächelns. „Ich habe genug von dieser ganzen Scheiße."

Hilflos musste ich zusehen, wie der Verbrennungs-DOT ihn der letzten Prozente seines Lebens beraubte.

Sein verkohltes Gesicht ließ mich schaudern. Fleisch und sogar Schädelknochen waren freigelegt worden, die Augenhöhlen gähnten leer in der blutigen Masse.

„Viel Glück, Phil... Wir sehen uns..."

„Warum, Mike? Warum musstest du unbedingt auf ihn losgehen? Das war doch überhaupt nicht logisch!"

„Weiß nicht... Zwei gegen einen... ohne Warnung... Ich wollte ihm nicht in den Rücken fallen..."

Seine letzten Worte musste ich erraten, denn sein Körper war bereits verschwunden, seine Waffen zurücklassend.

Nein, um diesen komischen Versager mit seinen altmodischen Vorstellungen von Ehre tat es mir nicht leid. Ich war nur froh, dass ich keine Ressourcen an ihn verschwendet hatte. Dennoch wusste ich, sobald ich den Dolch erst einmal abgelegt hatte, der von mir verlangte, absolut logisch vorzugehen und nur an den Sieg zu denken, würde ich den Verlust eines weiteren Mitstreiters betrauern.

Ich wischte einen goldenen Ballon mit einer Mitteilung beiseite, der plötzlich vor mir in der Luft erschienen war. Damit musste ich mich später befassen. Ich nahm die Beute auf, die Zack und Mike hinterlassen hatten, und beschloss, zu meiner Basis zurückzukehren. Und morgen früh würde ich Juma als nächstes Liquidatorziel auswählen.

Als ich endlich wieder in der Basis eintraf, waren beide Sonnen bereits dabei, unterzugehen.

Und es war eine neue Systemmitteilung eingetrudelt:

Es wird Zeit, alles zu geben, Testsubjekt!
Der globale Boss Deel'Agha wird in Kürze im

Prüfungsfeld freigelassen.

Töte ihn für eine wohlverdiente Belohnung:

300.000 Existenz-Ressourcen-Punkte

Das legendäre Unterdrücker-Artefakt

Eine herbeirufende Pfeife

Und ein weiteres Leben für jedes deiner Clan-Mitglieder!

Wer wagt, gewinnt! Mach deinen Feinden mehr Feuer unterm Hintern, Testsubjekt!

KAPITEL 26

EINE CHANCE, ETWAS NEUES ZU LERNEN

Brich jemandem die Knochen, und sein Körper wird heilen. Brich seinen Willen, und sein Körper wird sterben...

Diablo

ICH BAT DAS Management des Kasinos, meine gesamten Gewinne — es waren mehrere Millionen Dollar — an gemeinnützige Organisationen zu überweisen. Ich brauchte das Geld nicht. Außerdem wollte ich Kira nicht dem Risiko aussetzen, das mit solchen Spielgewinnen verbunden war.

Als ich in mein Hotelzimmer zurückkam, befand sich Laura im vollen Panikmodus. Ich hatte Unsichtbarkeit und Verschwinden eingesetzt, meine zweite Heldenfähigkeit, um das Zimmer zu verlassen. Zu dem Zeitpunkt war mir das als gute Idee erschienen, ich wollte ja schließlich lediglich Panchenko neutralisieren. Mein rätselhaftes Verschwinden für mehrere Stunden hatte die vorher so gelassene Agentin jedoch in ein Nervenbündel verwandelt. Sie hatte meine Flucht bislang noch nicht gemeldet, sondern entgegen aller Wahrscheinlichkeit auf meine Rückkehr gehofft.

„Sie hätten mich doch wenigstens vorwarnen können!", schrie sie mich an. „Dann hätte ich Sie begleiten oder Ihnen zumindest einen gewissen Schutz verschaffen können!"

„Sie können das Gebrüll wieder einstellen", beschied

ich sie. „Wir können die Suche fortsetzen, aber zuerst brauche ich etwas zu essen. Ich bin am Verhungern."

Die nächsten Stunden verbrachte ich damit, Namen auf der Liste abzuhaken, bis ich völlig erschöpft war. Auch dann hatte ich allerdings noch die Kraft, wenigstens schnell meine verfügbaren Punkte gleichmäßig zwischen Intelligenz und Wahrnehmung zu verteilen. Ich hatte noch immer nicht die Hoffnung verloren, es auf Level 30 zu bringen, was Heldenfähigkeiten der Ebene 3 mit sich bringen würde:

Ebene 3
Name der Fähigkeit: Vorausschau
Fähigkeitsart: Aktiv, heldenhaft
Gestattet es dir, dich für die Dauer von 15 Sekunden in ein neues Realitätsmodell zu versetzen, um dann zum Ausgangspunkt der Aktivierung dieser Fähigkeit zurückzukehren.

Ebene 3
Name der Fähigkeit: Berserker
Fähigkeitsart: Aktiv, heldenhaft
Verdreifacht für die Dauer von 15 Sekunden all deine Haupteigenschaften.

Ebene 3
Name der Fähigkeit: Überzeugungskraft
Fähigkeitsart: Aktiv, heldenhaft
Diese Fähigkeit versieht den Benutzer mit einer Überzeugungskraft von 100 %. Dadurch kann er alle Menschen für sich gewinnen, deren sozialer Status unter seinem eigenen liegt. Die Fähigkeit zur Überzeugung von Menschen mit gleichem oder höherem Level beim sozialen Status lässt entsprechend nach.

Warnung! Jeder Versuch, diese Fähigkeit für antisoziale Zwecke einzusetzen, führt zu deren dauerhafter Deaktivierung.

Ebene 3
Name der Fähigkeit: Unverwundbarkeit
Fähigkeitsart: Aktiv, heldenhaft
Diese Fähigkeit erzeugt vorübergehend einen Nanofilm, der den gesamten Körper des Benutzers umgibt. Dadurch wird er unempfindlich gegen alle Angriffe oder andere aggressive Handlungen. Diese Fähigkeit kann sich ohne Wissen des Benutzers bei einer externen Bedrohung seines Lebens oder Wohlbefindens selbst aktivieren.
Dauer: 15 Sekunden

Jede dieser Fähigkeiten war in der Tat heldenhaft und ermöglichte es mir, neue Höhen zu erklimmen. Dennoch setzte ich vor allem auf die Unverwundbarkeit. Man wusste ja nie — vielleicht funktionierte das sogar gegen Erouls Fluch, wie ich Panchenkos Bannspruch inzwischen getauft hatte. Allerdings, war der wirklich als „externe Bedrohung" einzustufen?

Aber es war ja nun nicht etwa so, als ob ich es mir bereits auf der faulen Haut hätte gemütlich machen können. Ich musste im sozialen Status noch um drei weitere Level aufsteigen und alle Haupteigenschaften verbessern, um die Voraussetzungen zu erfüllen, und das alles bis zum Mittag, wenn der Countdown des Fluchs ablief. Was, ehrlich gesagt, nicht unbedingt machbar erschien.

Aber die Menschen erhoffen sich halt immer das Beste, und sogar ein Wunder.

Mit solchen Gedanken begab ich mich an das, was durchaus das letzte Frühstück meines Lebens werden konnte. Anschließend übertraf ich mich selbst im Auffinden von Kriminellen in Rekordgeschwindigkeit, einen nach dem anderen. Dabei versuchte ich krampfhaft, den Zähler des Fluchs zu ignorieren.

„Trinken Sie das." Laura, die kurz das Zimmer verlassen hatte, reichte mir eine Cola. „Sie haben doch gesagt, Sie brauchen mehr Zucker, richtig? Das verschafft Ihnen eine Menge davon."

„Danke. Stellen Sie die Flasche einfach neben mir ab. Sie stören meine Konzentration." Ich nahm den Blick nicht vom iPad mit den Notizen.

Sie nickte und stellte das Getränk auf den Kaffeetisch. „Ich brauche nur eine weitere Sekunde Ihrer Zeit, Phil. Ich muss Sie für eine halbe Stunde verlassen. Ich habe eine..."

„Okay", unterbrach ich sie. Ich runzelte die Stirn — ich spürte plötzlich eine Intuition, eine Vorahnung, die ich jedoch bislang noch nicht ganz einordnen konnte. „Ich bin in meinem Zimmer."

Ich hatte es eilig und war so vertieft in meine Arbeit, ich sah sie nicht einmal gehen. Meine Augen waren auf das Interface fixiert, meine Hände umklammerten den iPad mit den Dateien, und auf meinen Knien lag ein Laptop, auf dem ich mit Gary Grant E-Mails wechselte.

Inzwischen hatte sich der gesamte Suchprozess gewaltig vereinfacht. Ein Blick auf Namen und Foto einer Person reichte aus, um meine Erkenntnis auszulösen, die den Globus zum Drehen brachte, bis die betreffende Person geortet worden war. Anschließend trug ich die Koordinaten in der entsprechenden Datei auf dem iPad ein und tippte auf „Senden". Dadurch wurden die Daten automatisch an die CIA übermittelt.

Geduldig schrieb ich sie auf, all diese Koordinaten von Kriminellen, Mördern und Terroristen. Laura war noch nicht zurück, doch mein Interface leistete mir Gesellschaft und überschütte mich mit Erfahrungspunkten.

Nahezu gleichzeitig erhielte ich Mitteilungen über meine erreichten Ziele:

Gratuliere! Du hast ein neues Level erreicht!
Derzeitiges Level deines sozialen Status: 30

Gratuliere! Du hast in einer Systemfertigkeit ein neues Level erreicht!
Name der Fertigkeit: Heldenmut

Derzeitiges Level: 3
Jetzt kannst du die Heldenfähigkeiten der Ebene 3 aktivieren: Vorausschau, Berserker, Überzeugungskraft und Unverwundbarkeit, solange du die Voraussetzungen dafür erfüllst.
Erhaltene Erfahrungspunkte: 1.000

Ich verteilte die erhaltenen Eigenschaftspunkte, konnte mich jedoch einfach nicht für eine der neuen Heldenfähigkeiten entscheiden. Für die Unverwundbarkeit reichten meine Statistiken nicht aus, und zwischen den anderen fiel mir die Wahl schwer.

Meine Intuition rief mir aufgeregt zu, ich sollte momentan noch nichts auswählen, also folgte ich ihr am Ende und begab mich wieder an die Arbeit.

Der letzte offene Name auf der Systemkarte war der eines gewissen Khair Al-Umari, der insgesamt 6.000 Menschen getötet oder schwer verletzt hatte. Ich konzentrierte mich auf den Marker. Dabei kam mir der Gedanke, dass es gut wäre, zu sehen, welche Art von Mensch er tatsächlich war. Was, wenn alles, was die CIA in den Dateien zusammengetragen hatte, nichts als Fiktion war?

Mein Interface reagierte prompt auf mein Verlangen und bot eine umfangreiche Beschreibung dessen an, was dieser Kerl in seinem gesamten Leben angestellt hatte, vom Augenblick seiner Geburt. Der Text lief so schnell über das Display, es erinnerte mich an Regentropfen, die bei einem schnell fahrenden Fahrzeug von der Windschutzscheibe spritzen. Das Programm hatte meine Anfrage offensichtlich zu wörtlich genommen.

Möchtest du einen Datenfilter aktivieren?

Schaden konnte das nichts. Das Programm bot mir eine Auswahl verschiedener Kategorien, die sich auf das Leben von Al-Umari bezogen: Seine sämtlichen wichtigsten Realitätszweige ebenso wie alle Handlungen und Vorfälle, die sich auf seinen sozialen Status ausgewirkt hatten.

Der Filter erleichterte die Sache enorm. Dadurch wurde die gesamte Lebensgeschichte dieser alles andere als gewöhnlichen Person in etwa einem Dutzend Textzeilen zusammengefasst:

Geboren in Ägypten in die Familie eines Universitätsprofessors, machte Khair Al-Umari an der medizinischen Fakultät der Universität Kairo den Abschluss als Chirurg. Schon bald wurde er einer der Anführer einer Extremistengruppe in seinem Heimatland. Er wurde unter dem Verdacht verhaftet, ein Attentat geplant zu haben, konnte jedoch entkommen und floh nach Afghanistan, wo er die Koordinierung der Angriffe des 11. September unterstützte...

Nachdem ich alles gelesen hatte und mehr über diesen Mann wusste, beschäftigte ich mit seinen Motiven. Das Programm zeigte seine Verbindungen zu *Al Kaida* ebenso auf wie zu *Egyptian Islamic Jihad* und *ISIL*.

Die Konzentration auf diese Verbindungen gab weiteren Text frei, der sich mit der Geschichte seiner anfänglichen Annäherung an den Extremismus befasste und genau erklärte, wo, warum und wie das alles geschehen war.

Zu schade, dass das Interface die Informationen nicht direkt in mein Gehirn hochladen konnte.

Seine Verbindungen verzweigten sich mehr und mehr, erstreckten sich über das Meer und umspannten bald die gesamte Welt. Seine familiären Bande waren grün markiert, ebenso wie seine Partner, seine Finanzquellen und seine Netzwerke von Schläferzellen. Alle Personen, die ihm feindlich gesonnen waren, und die Organisationen, die ihn bekämpften, waren rot unterlegt.

Das Netzwerk verzweigte sich weiter, enthüllte Namen und Gesichter scheinbar unschuldiger Personen. „Scheinbar" war dabei der entscheidende Begriff.

Meine Kehle war trocken. Ich griff nach der Cola, die Laura mir hingestellt hatte, und registrierte mechanisch ihre chemische Zusammensetzung: Wasser, Kohlendioxid, Zucker, Farbstoffe, Orthophosphorsäure. Das waren die Inhaltsstoffe, die auf jeder Flasche mit dem bekannten roten Etikett brav aufgeführt wurden. Ich konnte jedoch auch all die anderen Zutaten sehen, die das sprichwörtliche Geheimnis dieses Getränks ausmachten — essentielle Öle von Orangen, Zitronen und Koriander, Pentobarbital...

Einen Augenblick mal! Der letzte Inhaltsstoff hatte in keinem Getränk etwas zu suchen!

Auf Google konnte ich inzwischen längst verzichten. Mein Zugang zum universellen Infospace bot mir sofort eine vollständige Beschreibung der Substanz an: *Ein Derivat der Barbitursäure, das sich auf das zentrale Nervensystem hemmend auswirkt und als Schlafmittel eingesetzt wird.*

Aha! Aber wieso denn bloß?

Ich warf einen weiteren Blick auf das Spinnennetz der Zweige, die vom Marker Al-Umaris ausgingen. Einer der Fäden, ein grüner, führte direkt zu einer Person mit dem Namen Laura Flores: Das war das unscheinbare, bebrillte Mauerblümchen einer CIA-Agentin, die zu meiner Bewachung abgestellt worden war. Ihre Motive musste ich allerdings erst noch ergründen.

Ich öffnete ihr Profil und aktivierte den Filter.

Leise klopfte es an die Tür. „Zimmerservice!"

Ich roch sofort, dass da etwas faul war. Mein Puls beschleunigte sich. Langsam stand ich auf und ging ein paar Schritte auf die Tür zu. Meiner Intuition folgend, aktivierte ich Vorausschau.

Die Welt erstarrte einen Augenblick lang, blinzelte mehrfach, dann war alles wieder ganz normal.

Es klopfte erneut, drei leise Berührungen mit dem gekrümmten Finger.

„Wer ist da?", fragte ich und entsperrte die Tür.

Sie schwang auf und traf mich hart an der Stirn. Ich ging zu Boden. Eine menschliche Gestalt beugte sich über mich. Eine Nadel versank tief in meinem Nacken.

Das Letzte, was ich mitbekam, waren ein

unterdrücktes Flüstern und das Rattern eines Serviertisches, der ins Zimmer geschoben wurde.

Warnung! Es wurde eine unnormal hohe Anzahl von Aggressionen entdeckt, gerichtet gegen einen Benutzer, dessen sozialer Statuslevel um ein Mehrfaches über dem seiner Angreifer liegt!

Angesichts dessen kann der Index der Umgebungssicherheit neu bewertet und zum Code Orange gesenkt werden. Dadurch werden 3 neue Punkte für Haupteigenschaften freigegeben.

Die frühere Einschränkung, dass der Benutzer eine Heldenfähigkeit lediglich für jeweils 10 erworbene soziale Statuslevel freischalten kann, kann entsprechend herabgesenkt werden, sodass nun die Freischaltung einer Heldenfähigkeit für jeweils 5 erworbene soziale Statuslevel möglich ist.

Annehmen/Ablehnen

Na endlich! *Annehmen!*

Im nächsten Augenblick stand ich wieder neben dem Sessel, den iPad in der Hand. Meine gesteigerte Intelligenz verhinderte, dass ich zögerte. Ich erfasste die Situation sofort, öffnete mein Profil und schaltete zwei meiner Heldenfähigkeiten der Ebene 2 frei:

Ebene 2
Name der Fähigkeit: Regeneration
Fähigkeitsart: Aktiv, heldenhaft

Entfernt alle negativen Auswirkungen vom Benutzer, wie Krankheit, Fluch, Vergiftung, Blutung oder Strahlenbelastung. Beschleunigt die Erholung und verbessert Selbstvertrauen, Selbstkontrolle, Zufriedenheit, Lebenskraft, Laune und Willenskraft. Der Umfang der Beschleunigung hängt von den Geisteswerten des Benutzers ab.

Ebene 2
Name der Fähigkeit: Sprint
Fähigkeitsart: Aktiv, heldenhaft
Fähigkeitsklasse: Kampf

Beschleunigt den Benutzer für die Dauer von 5 Sekunden durch Veränderung seines Stoffwechsels und seiner Wahrnehmung um 100 %.

Anschließend aktivierte ich die Regeneration. Wie, verdammt noch mal, hatte ich bisher das entscheidende Wort in der Beschreibung übersehen können? Wie bloß??? Nun, offensichtlich war ich durch andere Dinge abgelenkt gewesen.

Eine warme Welle breitete sich in meinem Körper aus. Meine Vitalität (sprich: Gesundheit) lag nun bei 100 %. So gesund war ich in meinem ganzen Leben noch nicht gewesen!

Mein Selbstvertrauen, meine Selbstkontrolle, meine Lebenskraft, meine Zufriedenheit, meine Willenskraft und meine Laune waren ebenfalls auf 100 % geschnellt. Eine Welle folgte der anderen. Meine alten Narben glätteten sich, die Kratzer, die mein intensives Training mir eingetragen hatte, heilten. Jeder einzelne blaue Fleck und jeder Moskitostich waren verschwunden. Auch meine verstopfte Nase — das erste Anzeichen einer drohenden Erkältung — war wieder frei.

Vor der letzten und mächtigsten Welle dieses Prozesses trat eine kurze Pause ein.

Mein zunächst vollständig wiederhergestellter Geist schwand langsam wieder. Doch am Ende erfüllte diese Heldenfähigkeit alle Erwartungen. Sowohl das Symbol des Fluchs als auch der Zähler wurden gelöscht.

Erneut hörte ich das Klopfen an der Tür, drei leise Berührungen mit dem gekrümmten Finger. Ich nahm das iPad auf und tauchte hinter dem Bett ab.

Ein leises Klicken verriet mir, dass die Tür mit einer

Schlüsselkarte geöffnet worden war — und zwar definitiv nicht mit meiner.

„Zimmerservice", sagte eine fremde Stimme.

Meine gesteigerte Wahrnehmung ließ mich die fast geräuschlosen Schritte über den Teppichboden hören — die Schritte mehrerer Personen.

„Wo ist er?", fragte jemand.

„Er muss hier irgendwo sein", erwiderte das angebliche Zimmermädchen. „Wahrscheinlich ist er ohnmächtig. Sie hat sein Getränk mit einem Schlafmittel versetzt."

In diesem Augenblick klingelte und vibrierte mein Handy, das auf dem Tisch lag.

„Er muss hier irgendwo sein", erklärte die Frau und trat weiter ins Zimmer. „Findet ihn!"

Ich wartete gar nicht erst darauf, dass sie mich entdeckten, sondern aktivierte sofort Unsichtbarkeit und Verschwinden.

Laura hatte mich also verraten und verkauft. Nachdem ich von meinen Besuchern nichts Gutes zu erwarten hatte, aktivierte ich gleich auch noch Sprint.

Die Zeit verlangsamte sich. Ich wurde vollkommen unsichtbar, einschließlich Bademantel und iPad.

Der Zähler für die Unsichtbarkeit fror bei der 3-Sekunden-Marke ein. Ich stand auf und musterte die extrem sportlichen Jungs im Raum, alle mit Skimasken mit schmalen Augenschlitzen. Ihre Gesichter konnte ich zwar nicht sehen, doch ihre Statistiken sprachen Bände und bestätigten gleich mehrfache Verbindungen zu Khair Al-Umari. Die Kerle waren gekommen, um mir ganz ernsthaft etwas anzutun.

Ich eilte in Richtung Ausgang und achtete dabei darauf, nicht gegen die bewegungslosen, aggressiven Gestalten der Männer oder des angeblichen Zimmermädchens Miranda zu stoßen, die sich den Hals verrenkten, um nach mir zu suchen. Rasch griff ich mir meine Baseball-Kappe, trat durch die Tür hinaus, die noch im Begriff war, sich zu schließen, rannte an drei weiteren Aufpassern im Flur vorbei und schaffte es sogar in der kostbaren wenigen Zeit, die mir noch an Unsichtbarkeit verblieb, bis in den Aufzug.

Kaum hatte ich den betreten, wurde ich leider wieder sichtbar. Allerdings war niemand hinter mir her. Keiner von denen hatte meine Flucht bemerkt.

Im Aufzug überprüfte ich die Motivationen der Eindringlinge, erfuhr von ihren terroristischen Verbindungen und erstellte für jeden von ihnen einen Marker. Ein weiteres Mitglied der Gruppe wartete vor dem Hotel in einem Taxi, zwei andere auf der Treppe und in der Empfangshalle. Woraus folgte: Die hatten nicht vorgehabt, mich umzubringen.

Mein Interface bestätigte meine Vermutung. Offensichtlich hatten sie mich entführen und zum Hafen von Altamira, Mexiko bringen wollen.

Ich zog mir die Kappe tief ins Gesicht und stieg ins erste Taxi, das ich erblickte.

Fragend sah der Fahrer mich an. „Wohin?"

„Zur *T-Mobile Arena*, bitte." Es war die einzige Adresse in dieser Stadt, die ich kannte.

Ich überprüfte meine Taschen und seufzte enttäuscht. Ich hatte nichts bei mir — kein Geld, keinen Pass, kein Handy. Was sollte ich denn jetzt bloß machen?

Meine Gedanken überschlugen sich. Anscheinend hatten weder Sanchez noch Alex Tomasik etwas mit dem zu tun, was da gerade geschah. Das half mir allerdings wenig, denn wie sollte ich die beiden kontaktieren? Die einzige Verbindung, die ich nutzen konnte, ohne mich den Terroristen gegenüber zu verraten, war Angela Howard. Nun, vielleicht konnte ich ihr eine E-Mail senden...

Zu schade, dass ich Handy und Laptop im Hotelzimmer hatte zurücklassen müssen. Übersehen würden die Jungs die Geräte bestimmt nicht. Wie gut, dass ich nirgendwo Passwörter und andere Anmeldedaten speicherte, diese Informationen befanden sich alle nur in meinem Kopf.

Zurück zur einstweilen wichtigsten Frage — wohin konnte ich jetzt gehen? Wo konnte ich für eine Weile untertauchen? Am Nachmittag wollte Sanchez zurück sein. Er würde bestimmt gleich nach mir suchen.

Ich schaute auf den iPad. Der hatte momentan keine Internetverbindung. Also brauchte ich jetzt einen schönen, ruhigen Ort mit WLAN und am besten auch etwas Geld, um eine Weile zu überleben. Und ich wollte den Taxifahrer nicht um sein Geld prellen. Oder, noch schlimmer, ihm Gewalt antun.

„Warten Sie, ich habe es mir anders überlegt", sagte ich und gab ihm die Adresse von Mike Hagen, meinem Interface-Benutzerkollegen.

KAPITEL 27

WAS IST DENN AN MÄRCHEN SO VERKEHRT?

> Ich hatte es nicht verdient,
> davonzukommen. Es gibt keine
> Happy Ends.
>
> *Max Payne 2: The Fall of Max Payne*

AUF PIBELLAU WAR es Nacht. Es war der elfte Tag meiner Prüfung. Ich hätte zu gern gewusst, wie viel Zeit inzwischen auf der Erde vergangen war. Technisch betrachtet hatte ein Tag auf Pibellau nur 13 Stunden. Subjektiv betrachtet fühlte es sich jedoch viel länger an. Nicht viel, aber doch.

Das Licht der Sterne ließ seltsame Schatten um Rex' Kopf tanzen. Bei meiner Rückkehr hatte er sich bereits durch mehrere Horden von Mobs mit geringem Level gearbeitet, die versucht hatten, zur Basis zu gelangen, und ich hatte eine Weile gebraucht, die ganzen Existenzkristalle einzusammeln.

Der globale Boss Deel'Agha kündigte seine Ankunft mit einem lauten Brüllen an, das einem das Blut in den Adern gefrieren ließ. Es hallte in den Knochen nach, die davon regelrecht in Vibration versetzt wurden. Vielleicht lag es an der Tatsache, dass sich der Boss nur drei Hexagone von mir entfernt befand, wie mir sein Marker auf der Karte verriet. Natürlich konnte es auch einfach nur die Soundtrack-Untermalung einer neuen Systemmitteilung sein.

Auf jeden Fall löste es einen kalten Schauer nach dem anderen aus, der mir über den Rücken lief. Mein Herz setzte einen Schlag lang aus, und die Haare auf meinen Unterarmen stellten sich auf. Instinktiv fletschte ich die Zähne. Die Veranstalter der Prüfung arbeiteten eben mit allen möglichen Tricks, um Druck auf die Teilnehmer auszuüben, auch mentalen. Ich hatte den Boss bisher noch nicht einmal zu Gesicht bekommen, doch mir schlug das Herz bereits bis zum Hals.

Ich versetzte mich in die Situation meiner Feinde, um Vermutungen über die kommenden Entwicklungen anzustellen. Für Juma bedeutete die Ankunft des Bosses eine schlechte Nachricht. Nun konnte er sich nicht in aller Ruhe weiter darauf konzentrieren, seine Ressourcen einzusetzen, um seinen Hauptwidersacher methodisch immer weiter aus dem Feld zu drängen, sondern musste sich auch mit dieser neuen Variablen befassen.

Denn falls es Tafaris Clan gelingen sollte, Deel'Agha zu eliminieren, würde dies das Gleichgewicht der Macht vollkommen verschieben. Man musste sich ja nur die Extraleben vorstellen, den Überreichtum an Ressourcen, und das legendäre Artefakt. Dessen Beschreibung war zwar reichlich vage, doch der Name sprach ja bereits für sich selbst: Unterdrücker... Plus die herbeirufende Pfeife. Das klang auf den ersten Blick nicht nach etwas Besonderem, aber wen oder was würde sie denn herbeirufen? Konnte sie vielleicht einen gesamten Clan an einen bestimmten Ort bringen? Oder holte ein Pfiff unbekannte höhere Mächte herbei? Womöglich sogar Deel'Agha selbst?

Wie auch immer man die Sache betrachtete — derjenige, dem es gelang, den globalen Boss zu schlagen, würde mit ziemlicher Sicherheit als Sieger aus der Prüfung hervorgehen.

Jedenfalls war es sehr wahrscheinlich, dass sich bei Sonnenaufgang beide Clans auf die Suche nach Deel'Agha begeben würden. Nachts, wenn so viele Elite-Mobs unterwegs waren, würde es wohl keiner wagen, sich dem

Boss entgegenzustellen.

Genau das konnte sich zu meinem Vorteil erweisen.

„Rex!“, rief ich.

Der Tyrannosaurier wandte den Kopf und gab ein lautes Schnauben von sich.

„Bist du bereit, mein zuverlässiger Freund? Sollen wir den Feinden ein wenig Dampf machen?“

Rex öffnete seine beeindruckenden Kiefer. „*Wuuuuh!*“

Das konnte ich natürlich auslegen, wie ich wollte, aber ich war mir ziemlich sicher, dass Rex mir voll und ganz zustimmte.

„Gut, dann versuchen wir es also. Aber du musst ganz leise sein, kapiert? Ich breite über uns beide Unauffälligkeit aus.“

Ich hatte beschlossen, mit den ersten Sonnenstrahlen aufzubrechen. Ich konnte nur hoffen, dass Rex es über den Abgrund schaffte, ohne hineinzustürzen — oder dabei auf halbem Weg steckenzubleiben. Und dass meine Unauffälligkeit ausreichte, um uns vor den Augen von Deel'Agha zu verbergen.

In der Zwischenzeit plante ich, die gesamte Nacht mit Farmen zu verbringen.

Dank meines Bonus beim Leveln brachte mir nahezu jeder getötete Elite-Mob genügend Ressourcen für ein neues Level ein, mehr oder weniger jedenfalls, je nach Art des Mobs. In diesem Stadium der Prüfung boten alle Mobs mehr Gesundheitspunkte, waren aber auch sehr viel gefährlicher, was den Schaden betraf, den sie anrichten konnten. Ansonsten unterschieden die neuen Monster sich nicht von den alten. Sie gingen nach derselben alten Strategie vor und setzten dieselben alten Tricks ein. Um ehrlich zu sein, waren selbst die Monster aus den Spielen auf der Erde weit komplexer, was ihre Taktik betraf.

Zuerst gab es allerdings noch etwas höchst Interessantes. Als dieser witzige Trottel, Mike „Björn“ Hagen, seinen letzten Tod gestorben war, hatte ich noch diesen goldenen Ballon gesehen. Nachdem ich den Kreken getötet hatte, war ich zwei ganz ähnlichen Ballons begegnet. Ich wusste also, dass mir dadurch ein Erfolg mitgeteilt wurde, den ich erreicht hatte.

Ich muss zugeben, ich hatte es nicht besonders eilig, den Ballon zu öffnen. Zuerst einmal musste ich schließlich ganz schnell Zacks Hexagon verlassen, bevor jemand aus Jumas Trupp auftauchen konnte. Daher hatte ich beschlossen, mit dem Lesen zu warten, bis ich wieder sicher in der Basis eingetroffen war. Was ja nur sinnvoll war.

Doch dann ließ ich den Ballon endlich platzen, in der Hoffnung auf ein weiteres Geschenk der Beobachter:

Erfolg freigeschaltet: der Letzte Einzelgänger.

Du bist der letzte Prüfungsteilnehmer in dieser Welle, der ohne Unterstützung von Vasallen um den Sieg kämpft, ohne andererseits selbst Vasall eines anderen Testsubjekts zu sein.

Belohnung: der Fels der Zeit

Doch noch bevor ich mich richtig darüber freuen konnte, verschwand die letzte Zeile und wurde durch einen neuen Text ersetzt, der all meine gerade aufkeimenden Hoffnungen gleich wieder zunichtemachte:

Entscheidung abgebrochen! Die Auswahl der Beobachter wurde verworfen!

Die Belohnung wurde durch Entscheidung der leitenden Aufsichtsperson (für Welle 4 der Prüfung) geändert.

Neue Belohnung:

+1 Leben

+1 Talentpunkt, der in ein Klassentalent deiner Wahl investiert werden kann.

Das war nichts, das mir den sprichwörtlichen roten Knopf für einen atomaren Angriff verschafft hätte. Allerdings eröffnete das unerwartete Geschenk für meine möglichen weiteren Handlungen völlig neue Wege.

Ich überprüfte mein Profil, um sicherzustellen, dass ich die Belohnung tatsächlich erhalten hatte. Oh ja, ich hatte.

Jetzt konnte ich den Angriff auf den Boss riskieren, ohne bis zum Morgen warten zu müssen. Ich meine, riskieren musste ich es ohnehin, aber jetzt hatte ich dafür zwei Versuche. Nun war es sogar meine Pflicht, tatsächlich so schnell wie möglich zu versuchen, den globalen Boss eigenhändig zu töten, und wäre es auch nur, um die Beobachter zufriedenzustellen und die Erwartungen zu rechtfertigen, die sie in mich gesetzt hatten. Genau dafür hatten sie mir den Bonus doch verliehen, oder?

Phil, Mensch
Level: 25
Klasse: Liquidator. Level: 4
Gesundheitspunkte: 3.200/3.200
Schaden ohne Waffe: 35-39
Wahrscheinlichkeit eines kritischen Treffers: 54,5 %
Bonus: Rabatt von 14 % auf die Kosten der Charakterentwicklung.
Erfolge: Altruist, Erster Riesentöter, Erster Draufgänger, Erster Sterbender, Letzter Einzelgänger

Haupteigenschaften
Stärke: 37
Beweglichkeit: 11
Intelligenz: 20
Ausdauer: 32
Wahrnehmung: 21
Charisma: 20
Glück: 23

Charakterstatistiken
Leben: 2
Eroberte Hexagone: 1
Rang: 3/169

Existenz-Ressourcen: 1.259/25.000

Liquidator
Talente Level 1:
Heimtückischer Schatten. Dies ermöglicht es einem Liquidator, zu verschwinden und hinter dem Rücken des Gegners sofort wieder aufzutauchen. Aktive Reichweite: 50 Meter
Betäuben. Dies ermöglicht einem Liquidator, sein Ziel für die Dauer von 5 Sekunden zu betäuben.

Talente Level 2:
Unauffälligkeit. Dies ermöglicht es dem Liquidator, mit den Schatten zu verschmelzen, sich an seine Feinde heranzuschleichen und in feindliche Hexagone einzudringen.
Ausweichen. Erhöht für die Dauer von 10 Sekunden die Wahrscheinlichkeit, dass der Liquidator feindlichen Schlägen ausweichen kann.

Talent Level 3:
Schleier des Schattens. Erlaubt dem Liquidator und seiner Gruppe, sich unsichtbar zu machen und heimlich in feindliche Hexagone einzudringen, ohne einen Alarm auszulösen.

Talent Level 4:
Marker des Liquidators.
Dies gestattet dir, jedes aktive Testsubjekt mit einem Marker zu versehen, um seinen Standort auf der Karte nachverfolgen zu können.

Verfügbare Talentpunkte: 1

Ich studierte meine Talente sorgfältig, um herauszufinden, wo ich den Bonuspunkt am besten investierte. Dabei gab das Programm mir die nötigen Erklärungen in Popups, die eine Stimme in meinem Kopf mir vorlas.

Ein heimtückischer Schatten Level 2 dehnte die Reichweite auf über 100 Meter aus, verdoppelte sie also. Das war ein nicht zu verachtender Vorteil, wenn man darauf wartete, jemanden genau im richtigen Augenblick zu erwischen. In meiner Situation war es allerdings unerheblich.

Beim Betäuben führte Level 2 zu einer 10 statt 5 Sekunden anhaltenden Wirkung. Das war hervorragend. Eine Lähmung, die 10 Sekunden anhielt, bedeutete doppelt so viele Dolchstiche. Leider würde dieses Talent allerdings gegen den globalen Boss keine Wirkung entfalten. Einer kleinen Nebenbemerkung zufolge, die glücklicherweise nicht im unlesbaren Kleingedruckten versteckt war, sank die Wahrscheinlichkeit, Deel'Agha zu betäuben, proportional zum Unterschied im Level. Aber nachdem ich ja auf keine Unterstützung durch einen Clan bauen konnte, verschaffte mir dies wenigstens eine anständige Chance, jemanden wie Juma zu töten.

Wenn ich den Bonuspunkt in Unauffälligkeit steckte, führte dies zu meiner vollständigen Unsichtbarkeit und verhinderte, dass irgendjemand meine Anwesenheit entdecken und verraten konnte. Auch dieser Kerl aus Jumas Clan, vor dem Ken mich gewarnt hatte, konnte mich dann nicht mehr sehen.

Mental vermerkte ich: Dies mochte die beste Option sein.

Ein Punkt mehr für Ausweichen garantierte keineswegs meine Fähigkeit, jedem Hieb auszuweichen, verdoppelte jedoch die Dauer, was 20 Sekunden nahezu Unverwundbarkeit bedeutete. Wobei ich nicht übersehen durfte, dass im Zweifel jeder zweite oder dritte Angriff meines Gegners mir dennoch einen gewissen Schaden zufügen musste.

Wenn ich den Punkt in Schleier des Schattens investierte, unterdrückte das alle Geräusche einer auf diese Weise getarnten Gruppe. Was Rex betraf, war das im Kampf absolut nutzlos. Es sei denn, ich wollte mich an einen der beiden verbleibenden Clan-Anführer heranschleichen und Rex befehlen, ihn vollständig zu verschlucken. Was ohnehin nicht funktioniert hätte — das würden die Regeln des Spiels nicht zulassen.

Ein Marker des Liquidators Level 2 sorgte dafür, dass ich das Ziel nicht nur orten, sondern ihm auch +10 % Schaden zufügen konnte. Was? Bloß 10 %? Aber selbst wenn es das Doppelte gewesen wäre — für meine Taktik spielte das keine Rolle. Ich war mir ziemlich sicher, die Panzerung der Clan-Anführer verschaffte denen zumindest 75 % des maximal möglichen Schutzes.

Das konnte ich doch gleich einmal überprüfen...

Ich schaute im Handbuch nach. Wow! Dank seiner Ressourcen konnte Juma seine Panzerung sogar auf den höchsten Schutz gebracht haben, mit 90 % Schadensabsorbierung.

Okay, damit blieben also Betäuben, Unauffälligkeit und Ausweichen.

Das war eine Wahl, die mir verdammt schwerfiel. Ich musste dafür im Kopf alle potenziellen Szenarios durchgehen, die sich ergeben konnten.

Wenn ich es tatsächlich wagen wollte, den globalen Boss anzugreifen, unter Vertrauen auf die erhöhte Wahrscheinlichkeit eines sofortigen Tötens durch meinen Dolch, musste ich mich für Ausweichen entscheiden. Aber wenn ich einen der beiden Clan-Anführer erledigen wollte, war Betäuben der logische Ort für einen zusätzlichen Punkt.

Und was meinen Plan B betraf, so verlangte der nach der guten alten Unauffälligkeit. Wenn meine Erinnerung an die Welt der Computerspiele mich nicht täuschte (die sich schließlich nicht allein auf das Spiel *WoW* stützte, das aus meinem Gedächtnis getilgt worden war), entsprach dies der üblichen Tarnung durch Unsichtbarkeit. Und das war eine Fähigkeit, die das Markenzeichen jedes guten Schurken bildete. Ironischerweise war ich, betrachtete man die Auswahl der Talente, die ich erhalten hatte, im Verlaufe dieser Prüfung genau das geworden, ein Schurke. Vielleicht hatten die Beobachter das für einen guten Scherz gehalten. Oder es war eine Folge der Analyse meiner Persönlichkeit durch das Prüfungssystem.

In diesem Augenblick krachten zwei Duxios gleichzeitig durch den Zaun. Rasch unterbrach ich meinen Gedankengang und übermittelte Rex eine Reihe von Befehlen. Nachdem sein fantastisches Brüllen sie betäubt hatte, hob ich meine beiden Dolche und aktivierte den heimtückischen Schatten, um einem von ihnen auf den Rücken zu springen.

Was für hirn- und bedeutungslose Kreaturen!

* * *

Die nächsten Stunden verbrachte ich mit einem urzeitlichen Abenteuer und bahnte mir meinen Weg durch Wellen nächtlicher Mobs. Bis ich mich endlich einer Gruppe teigiger Jungs gegenübersah, die gegen jeglichen physischen Schaden immun waren. Natürlich hatte ich meine Stäbe — den, der Stromstöße aussandte, den, der Plasma verschoss, und den, der Energie einsetzte. Aber diesen Kreaturen hinterherzujagen und nutzlos auf sie zu schießen war eines Kriegers wirklich nicht würdig.

Zusammen mit den Ressourcen, über die ich vorher bereits verfügt hatte, hatte ich genug gefarmt, um mir drei neue Level zu kaufen. Ich hatte alles aufgespart für den Fall, dass ich mich in einem Kampf rasch regenerieren musste, doch zum Glück war es dazu nicht gekommen. Vielleicht war es mein gesteigertes Glück, oder die Laune der Relativität — jedenfalls erzielte mein Säuredolch der Vernebelung nun bei etwa jedem zehnten Stich ein sofortiges Töten. Allerdings sollte ich mir all diese Punkte wirklich für die Auseinandersetzung mit dem Megaboss aufheben, der noch immer eifrig in Jumas und Tafaris Gebieten herumstreifte, überlebensgroß, und doppelt so hässlich. Was nur meine

Theorie bestätigte, dass keiner der Clans es wagen würde, ihn nachts anzugreifen.

„Rex, folge mir! Brechen wir auf. Pest, komm her!"

„Pest" war der Name, den ich dem Utahraptor gegeben hatte. Den anderen — den dieser komische Amerikaner geritten hatte — hatte ich „Hungersnot" genannt. Ganz im Sinne des Buches der Offenbarung hielt ich das für höchst angemessen. In dieser Prüfung herrschten Krieg und Tod, und Mike und ich waren die beiden anderen Reiter der Apokalypse, die sich auf Pest und Hungersnot fortbewegten.

Nun, jeder war auf seine Weise verrückt. Nach dem Tod meiner Clan-Mitglieder und Mikes blödsinnigem Opfer — von Letis Verrat einmal ganz zu schweigen — besaß ich jetzt nur noch zwei Freunde: Reißzahn Nummer 1 und Reißzahn Nummer 2. Und einer von diesen beiden schien jedes Mal meine Persönlichkeit zu verändern, wenn ich ihn in die Hand nahm.

Irgendwo im Hinterkopf musste ich das kapiert haben, denn diese Erkenntnis meldete sich immer wieder zu Wort, auch wenn sie von den Tentakeln des niederträchtigen Dolches der Abschöpfung unterdrückt wurde, die sich in meine Haut eingegraben hatten und meine Nervenenden und Blutgefäße durchdrangen.

Der Dolch löste meine Gedanken immer wieder von allem, das nicht relevant war, also entweder unlogisch oder *schwächlich*, oder das mich *ablenken* oder mir *im Weg stehen* konnte. Dadurch zwang er mich, bis an meine Grenzen zu gehen, sowohl mental als auch im Kampf, ohne Kompromisse.

Unter der Deckung des Schleiers des Schattens — den ich aktiviert hatte, um sicherzugehen, dass wir unsere Zeit nicht mit nächtlichen Elite-Monstern verschwenden mussten — verließen Rex, Pest, Hungersnot und ich die Sicherheit meines Hexagons, überquerten die Schlucht und machten uns auf den Weg zum globalen Boss.

Ich konnte Deel'Agha schon hören, lange bevor ich

ihn zu Gesicht bekam. Er war noch immer ein ganzes Hexagon entfernt, als ein grollendes Rumpeln den Grund unter mir in einer Reihe von Erschütterungen erzittern ließ. Das Hexagon schien total unbelebt zu sein. Da waren keine teigigen Jungs und keine Duxios, und nicht einmal zweiköpfige Schlangen, wie sie sonst nachts in allen Formen und Größen unterwegs waren.

Über den Boden zog sich im Zickzack ein Riss, der etwa 20 Meter breit war. Die Erde darin war locker, mit tiefen Furchen, als ob etwas oder jemand sie aufgegraben hätte. Die Ränder wirken glasig, wie Keramik aus einem Brennofen, und eine Spur von Schleim umgab alles.

Dieser Deel'Agha hinterließ seltsame Spuren, denen zufolge es sich bei ihm um eine Kreuzung aus einer Schlange und einem gigantischen Wurm handelte.

Wir hielten uns in einiger Entfernung von dem Graben, damit die Raptoren nicht an der unebenen, mit Kratern versehenen Oberfläche ausrutschen konnten.

Der T-Rex beschleunigte und begann, zu laufen. Er schien seinen Feind in der Nahrungskette zu wittern. Er brach durch Bäume, die umstürzten. Wäre es Tag gewesen, wäre unser Weg bereits von flachen Schlangen und dreischwänzigen Eichhörnchen mit scharfen Zähnen übersät gewesen, die sich normalerweise in den Bäumen versteckten, doch da war nichts. Es war, als würde jedes Mal bei Sonnenaufgang einer der Veranstalter der Prüfung einen Schalter umlegen, der die Tages-Mobs verschwinden ließ und sie mit nächtlichen Räubern ersetzte.

Als ich am Rand des Nebels des Krieges angekommen war, stieg ich ab und schlich mich an den Boss aller Bosse heran. Er war an einer Öffnung hinter dem Wald stehengeblieben, die wie eine Prärie gewirkt hätte, wäre sie nicht violett gefärbt gewesen und hätte sie nicht voller Leben gesteckt.

Unter mir raschelte das Gras. Wobei „Gras" jetzt eine etwas unpassende Bezeichnung war, denn das Zeug jagte tagsüber Insekten. Und sollte man — Gott bewahre! — auf diesem Gras einschlafen, bohrten sich die Halme in einen hinein und saugten einen aus, sodass man nie wieder aufwachte. Wie gut, dass man auf Pibellau sowieso nicht schlafen musste. Aber Ola, daran erinnerte ich mich noch gut, hatte sich einmal auf einem solchen Grasteppich ausgestreckt, um sich auszuruhen, und...

Reißzahn Nummer 2 vibrierte in meiner Hand, als ob er mir etwas mitteilen wollte.

Spar dir den Unfug! Das war völlig bedeutungslos! Was für einen Sinn hat es, über einen weiteren Versager nachzudenken, einen unwürdigen Ex-Vasallen?

Bis ich an den Boss herangekommen war, hatten sich alle nicht relevanten Gedanken verflüchtigt.

Deel'Agha machte seinem merkwürdigen Namen alle Ehre — er war in der Tat höchst merkwürdig. Seine enorme Masse verdeckte die Sicht auf alles dahinter, wie ein Gebäude mit 20 Stockwerken, das auf der Seite lag.

Er sah aus wie ein riesiger Koloss von einem Schleim schwitzenden Wurm mit Stacheln von der Größe eines Güterwagens. Den Kopf hatte er in die Höhe gestreckt, weil er gerade einen Duxio ganz verschluckte.

Seine Monsterkiefer standen weit offen und zeigten Reihen von Zähnen, die spiralförmig bis tief in seinen Schlund verliefen. Jede dieser Reihen rotierte in seinem Maul und zermahlte die Beute. Auf seinem Kopf bewegten sich Tentakel so dick wie Baumstämme, die als Schieber fungierten und die Nahrung die Kehle hinunter zwangen.

Unter seinem Bauch drangen Feuer und geschmolzene Lava hervor. Dort erreichten die Temperaturen über 1.000° C. Falls ich unter ihm begraben wurde, bedeutete das den sofortigen Tod. Gut zu wissen!

Erneut las ich die kurze Beschreibung des Monsters:

Deel'Agha
Der globale Boss der Prüfung

Level 78
Gesundheitspunkte: 2.179.000
Sein Level steigt mit jeder Stunde seiner Existenz auf
dem Prüfungsfeld um +1 an.

Angesichts dieser enormen Menge Leben brauchte man einfach irgendeine kontrollierende Fähigkeit, sonst konnte man es sich gleich schenken, ihn anzugreifen. Selbst Jumas Clan würde seine Probleme mit ihm haben, zumal Tafari die Ränge seines Feindes erneut gelichtet hatte. Allerdings hatte Tafari inzwischen ebenfalls weniger Vasallen als noch gestern.

All das waren allerdings rein theoretische Überlegungen. Der Deel'Agha hatte gerade mit einem einzigen Schlag einer seiner mächtigen Tentakel eine zweiköpfige Schlange getötet, die verzweifelt versucht hatte, ihm zu entkommen. Sie schaffte es nicht. Der Boss packte sie am Schwanzende und saugte sie sich wie Spaghetti in den Mund.

Es wurde Zeit. Ich gab meinen Dinos ihre Befehle und wartete, bis Rex seinerseits mit seinem donnernden Gebrüll die Erde zum Erzittern brachte. Was den Boss hoffentlich eine Weile bewegungslos machen würde.

Es funktionierte! Der vordere Teil des Wurms krachte zu Boden. Die unverdaute Schlange hing ihm noch immer aus dem Maul. Es stieg eine Pilzwolke aus Staub aus, die den gesamten Himmel verdunkelte und das Sternenlicht verdeckte.

Dunkelheit umgab uns auf einmal.

Mir war das gleichgültig. Mithilfe des heimtückischen Schattens mikroportierte ich mich auf den Rücken des Monsters und schaltete den Lochstich-Modus ein. Mit meinen beiden Freunden mit den scharfen Klingen fügte ich dem Boss rasch eine Reihe von Stichen zu. Weit unter mir nagten die Dinos am Boss. Doch grausamerweise verrieten die Protokolle mir, dass der Schaden, den wir ihm zufügten, absolut minimal war, er wurde von der Panzerung nahezu vollständig abgefangen.

Außerdem wurden einige meiner Stiche nicht einmal gezählt, weil sie die Panzerung gar nicht erst durchdrungen hatten. Dieser Boss war vielleicht ein Wurm — aber ganz sicher kein Versager. Oh nein — er war der König aller Würmer, der König von Pibellau.

„Grrrrraaaaargghhhh!"

Das Monster hatte sich von der Lähmung erholt und erhob sich zu seiner vollen Größe, nahm mich dabei mit in die Stratosphäre. Ich konnte mich nur gerade so noch an einem Stachel festhalten, sonst wäre ich herabgefallen. Und was hätte dümmer oder schändlicher sein können als ein tödlicher Sturz aus dieser Höhe?

Als er wieder herunterkrachte, landete der Körper des Wurms auf Rex und den beiden im Vergleich zu ihm winzigen Raptoren. Ihre Symbole verschwanden prompt von meinem Interface.

Der Schwung ließ mich vom Rücken des Monsters herabrollen. Dabei wurde ich von einem der schmaleren Stacheln aufgespießt wie eine Fliege auf einem Zahnstocher. Meine Gesundheit sackte rasch in den roten Bereich, und je mehr ich kämpfte, desto rascher sank sie herab. Ich musste mir das nächste Level kaufen, um zu überleben.

Deel'Agha verdrehte seinen Körper, um Rex unter sich hervorzuziehen. Mit den Baumstamm-Tentakeln stopfte er sich seine Überreste ins Maul.

Dabei veränderte sein erhobener Kopf den Winkel. Ich glitt vom Stachel und sprang etwa 15 Meter vom Boss entfernt auf den Boden. Nachdem das nächste Level meine Gesundheit wiederhergestellt hatte, sollte ich mich vielleicht besser zurückziehen und meine Taktik erneut überdenken.

Der Zähler für die Wahrscheinlichkeit eines sofortigen Tötens war bei 4 % stehengeblieben, nur drei von über 20 Stichen waren überhaupt durch den Panzer gedrungen. Wahrscheinlich hatte ich mir den falschen Körperteil für einen Angriff ausgesucht.

Aufmerksam betrachtete ich die gesamte Länge des

Wurms und versuchte, eine verwundbare Stelle zu finden. Der Boss bemerkte mich nicht, zu sehr war er damit beschäftigt, Rex' Leiche zu verspeisen.

Gefunden!

Ein dünner Streifen weißen Fleisches, nur etwa zwei Fingerbreit, trennte seinen glühend heißen Bauch von seinem steinharten Rücken, direkt unterhalb des Kopfes. Allerdings hatte ich keine Chance, mich dem Boss zu nähern — überall breitete sich geschmolzene Lava aus. Aber vielleicht konnte ich es mit einem Sprung schaffen, auf seinem Rücken zu landen und mich an einem der Stacheln festzuhalten?

Deel'Agha war vollständig vertieft darin, Rex im Ganzen zu verschlucken. Wie gut, dass Tyrannosaurier keine empfindungsfähigen Wesen waren. Rex hätte es sich bestimmt nicht träumen lassen, einmal ohne Rücksicht auf seine Größe verschlungen zu werden wie ein Kaninchen.

Ich griff Reißzahn Nummer 2 fester, schätzte die Entfernung ab, betrachtete die sich ständig weiter ausbreitende Lava, den heller werdenden Horizont, nahm Anlauf und sprang.

Meine Berechnungen erwiesen sich als korrekt. Ich bekam einen Stachel zu fassen und zog mich daran hoch, jeden Augenblick in der Gefahr, hinabzustürzen. Ich hatte Betäuben aktiviert, doch das erwies sich als wirkungslos.

Was scherte es mich? Ich schlug auf das Monster ein, wieder und wieder. Anscheinend hatte ich diesmal die richtige Stelle getroffen, denn die Stiche wurden alle registriert.

Du hast Deel'Agha einen Schaden zugefügt: 2.082
Von der Panzerung absorbierter Schaden: 90 %
Tatsächlicher Schaden: 208
Überprüfung der Wahrscheinlichkeit eines sofortigen Tötens (4 %)...
Überprüfung fehlgeschlagen.
+1 % Wahrscheinlichkeit, das Opfer mit dem nächsten

Stich zu töten (5 %).

> *Du hast Deel'Agha einen Schaden zugefügt: 1.845*
> *Von der Panzerung absorbierter Schaden: 90 %*
> *Tatsächlicher Schaden: 184*
> *Überprüfung der Wahrscheinlichkeit eines sofortigen Tötens (5 %)...*
> *Überprüfung fehlgeschlagen.*
> *+1 % Wahrscheinlichkeit, das Opfer mit dem nächsten Stich zu töten (6 %).*

Es gelang mir nicht, ihm einen weiteren Hieb zu versetzen, denn der Schaden, den ich gerade ausgeteilt hatte, machte nun mich zum Hauptziel des Monsters.

Den gesamten Körper des Wurms entlang schossen Tentakel in die Höhe und zogen mich vom Stachel herab. Noch während ich durch die Luft flog, aktivierte ich Ausweichen und heimtückischer Schatten und mikroportierte mich auf den Rücken der Bestie. Unsichtbar konnte ich mich leider nicht machen, die Unauffälligkeit wollte sich einfach nicht aktivieren lassen. Also blieb mir nur eines übrig: In Richtung der Schwachstelle das Rückgrat entlang zurück zu laufen und dabei den Stacheln auszuweichen.

Auf einmal füllte der scharfe Gestank von etwas Verbranntem meine Nase und meine Kehle. Ich blinzelte und las die Systemmitteilung, die zu keinem unpassenderen Zeitpunkt hätte kommen können:

> *Testsubjekt! Ein Feind ist in dein Gebiet eingedrungen!*
> *Basis 1 steht in der Gefahr, erobert zu werden!*

Verdammter Mist! Wenn jemand sich bereits seinen Weg durch mein Hexagon bahnte, war das der schlimmstmögliche Augenblick zum Sterben.

Kaum hatte ich diesen Gedanken beendet, begann der Körper des Bosses zu vibrieren. Ich verlor das

Gleichgewicht und konnte nicht weiterlaufen. Plötzlich öffneten sich überall um mich herum Eiterbeulen, die Wolken schwarzen Qualms ausspien, und Krater voller Lava öffneten sich in der Haut.

Bei meinem nächsten Schritt versank mein Fuß in einer der Eiterbeulen mit brodelndem Magma. Dieser Wurm schwitzte sozusagen Feuer. Mehr und mehr schlossen sich seine Stacheln um mich und drohten, mich bei lebendigem Leib zu verbrennen.

Verzweifelt versuchte ich, den Prozess des Sterbens zu verlängern, und kaufte mir ein neues Level. Dadurch schaffte ich es immerhin, die beiden Dolche zurück in den Rucksack zu stecken, damit sie nicht durch meinen Tod verlorengingen.

Du bist jetzt tot, Testsubjekt.
Verbleibende Leben: 1
Bis zum Respawn verbleibende Zeit: 3... 2... 1...

✳ ✳ ✳

Nachdem ich die Qualen der großen Leere mit ihrer nachtodlichen Erfahrung durchstanden hatte, lebendig verbrannt zu werden (das erinnerte mich an meinen ersten Tod auf Pibellau, als der Kreken mich angespuckt hatte), respawnte ich im Bunker der Basis.

Sehen konnte ich zwar niemanden, war mir jedoch ziemlich sicher, der Feind war höchstens einen Steinwurf von der Basis entfernt.

Ich öffnete den Rucksack, griff mir beide Dolche, aktivierte Unauffälligkeit und verließ den Bunker.

Und zwar keinen Augenblick zu früh.

Diesmal waren es nur zwei Kämpfer, nicht fünf.

Warum bloß zwei?

Die beiden waren noch immer etwa 50 Meter vom neu geschaffenen Bunker entfernt. Theoretisch konnte ich es also schaffen. Ich leitete die Erstellung von Rex ein. Dabei investierte ich alle Charisma-Punkte, über die ich verfügte.

Danach blieben mir nur noch etwa 100 Existenz-Ressourcen-Punkte. Wenn ich die mitzählte, die die Basis erzeugte, konnte ich noch etwa fünf Stunden überleben, weniger als einen halben Tag.

In diesen wenigen Stunden musste mein Schicksal sich endgültig entscheiden. Momentan allerdings musste ich die ungebetenen Gäste eliminieren. Die beiden kräftigen Kerle, jeweils mit Level 20, waren bereits über den Zaun gesprungen. Sie trugen passende Spitznamen — „Killer" und „Tod".

„Ihn umzubringen ist wirklich nicht einfach, was?", bemerkte Tod.

„Er hatte seinen eigenen Clan", erwiderte Killer. „Und er hat nahezu den gesamten Westen kontrolliert. Aber Juma war er einfach nicht gewachsen."

„Was habe ich dir gesagt? Wir hätten ihn angreifen sollen, als wir die Gelegenheit dazu hatten. Dann würden all diese Hexagone jetzt uns gehören und wir hätten Juma auseinandernehmen können wie eine Stoffpuppe!"

Killer zuckte mit den Schultern. „Seine Dinos waren eben nicht so stark, wie wir gefürchtet hatten. Er hatte eine große Klappe — und nichts dahinter. Komm schon, lass uns reingehen."

Vor ihnen teilte sich die Wand des Bunkers und ließ sie hinein.

20 Sekunden später kamen sie wieder heraus. Sie wirkten wachsam und hoch konzentriert. Anscheinend hatte meine Abwesenheit sie davon abgehalten, mir das Hexagon wegzunehmen. Ich stand nur drei Meter von ihnen entfernt, doch sie konnten mich nicht sehen.

„Er muss irgendwo hier ganz in der Nähe sein, richtig?"

„Halt den Mund!", fauchte Killer. „Warum zum Teufel hat Tafari heute nur zwei von uns losgeschickt? Vorher waren wir immer zu fünft!"

„Du bist der Anführer der Gruppe — nicht ich. Tafari hat mit dir gesprochen. Woher also soll ich wissen, was er sich dabei gedacht hatte?" Tods Lachen wurde von seinem Helm gedämpft.

Nervös sahen die beiden sich um, dann wanderten sie an der Wand des Bunkers entlang.

Rex' Ankunft würde noch mindestens fünf Minuten auf sich warten lassen. Ich hätte die Kerle natürlich auch allein angreifen können, aber warum? Mit Rex standen die Chancen weitaus besser.

Spiralförmig erweiterten sie ihre Kreise, schauten sich unruhig um. Der Gruppenanführer hielt seine Streitaxt fest umklammert, während er jeden Quadratzentimeter der Basis absuchte.

Ob er wohl Spieler sehen konnte, die sich getarnt hatten? Nun, selbst wenn — mehr konnte ich dieses besondere Talent wirklich nicht mehr steigern.

„Ich kapiere sowieso nicht, warum wir sein Hexagon unbedingt erobern sollen", drang Killers Stimme unter dem Helm hervor.

„Kannst du ihn sehen?"

„Nein, ich kann ihn nicht sehen! Dabei entdecke ich Spieler, die sich unsichtbar gemacht haben, normalerweise auf mindestens 30 Meter Entfernung!"

„Vielleicht ist das einfach eine Fehlfunktion, irgendein Defekt im System, der dafür sorgt, dass wir die Basis nicht erobern können. Im Camp brechen sie jetzt bestimmt schon zum globalen Boss auf. Wir werden noch den gesamten Kampf verpassen!"

Der Gruppenanführer antwortete nicht, sondern betrachtete argwöhnisch eine kleine Gruppe von Pfeifern, die sich hinter dem Zaun versammelt hatte und den beiden böse Blicke zuwarf.

Tod hob sein Schwert und bewegte sich auf sie zu.

„Hör auf mit dem Blödsinn!", schnauzte Killer ihn an. „Wir können sie immer noch umbringen, wenn sie uns angreifen."

„Wie du meinst, Chef." Tod blieb stehen, nahm den Helm ab und kratzte sich am verschwitzten Kopf. Jetzt konnte ich sehen, dass er fast noch ein Kind war, mit blonden Haaren und einem kindischen Schmollen. „Bist du sicher, dass wir für den globalen Boss nicht zu spät kommen? Die Schlacht will ich unbedingt miterleben."

Killer warf seinem Partner einen Blick zu und seufzte kaum hörbar. „Wir haben jede Menge Zeit, Tod. Wenn Juma den Boss bereits herausgefordert hätte, wäre schon längst eine Nachricht von Tafari bei mir eingegangen."

„Warum sollen wir diesen Boss eigentlich nicht selbst angreifen?"

„Mensch, sag mal — bist du immer so doof? Unsere Späher befinden sich längst hoch in der Luft, haben sich getarnt und beobachten ihn. Wir warten, bis Juma aufkreuzt und dem Monster ein bisschen Aggro verpasst, dann fallen wir ihm und seinem Clan in den Rücken. Was ist daran so schwer zu kapieren?"

„Es ist nur... Das ist doch ein ziemlich gemeiner Trick, oder?"

„Juma hat unsere Absprache zuerst gebrochen, erinnerst du dich? Und jetzt halt die Klappe, sonst..."

In diesem Augenblick kam Rex hinter dem Bunker hervor, reckte den Hals und kündigte sein Erscheinen mit dem traditionellen donnernden Brüllen an, in dem Killers letzte Worte untergingen.

Ich wartete gar nicht erst darauf, bis dieser Soundtrack fertig abgespielt war, sondern befahl ihm sofort, sein wütendes Brüllen einzusetzen und die Feinde zu lähmen.

„Zerquetsch sie!" Ich deutete auf Killer.

Dann fiel ich mit zwei mächtigen Sprüngen über Tod her und überschüttete ihn mit Hieben. Die brachten ihn zwar nicht um, raubten ihm jedoch zwei Drittel seiner Gesundheit. Rex hatte mittlerweile Killers zertrampelten Körper mit den Zähnen zerrissen und bleckte mit einem räuberischen Grinsen die Zähne.

„Er gehört ganz dir, Rex." Ich trat beiseite und wiederholte meinen Befehl.

Tod versuchte, wieder auf die Füße zu kommen, doch da schlossen sich bereits Rex' Kiefer um ihn. Das Schwert fiel ihm aus der Hand, sein Helm rollte über den Boden. Ein aus Todesangst geborener Schrei hallte durch die Luft, der jäh abbrach und durch das Knacken brechender Knochen ersetzt wurde.

Eine halbe Minute später erinnerte nichts mehr an Tafaris Kämpfer. Ich nahm die Beute an mich und überprüfte sie. Schlechte Nachrichten — ihre Ausrüstung war zwar besser als meine, aber Rex' Zähne hatten sie des größten Teils ihrer Haltbarkeit beraubt. Nach kurzem Zögern stopfte ich dennoch alles in meinen Rucksack, ebenso wie die Waffen, die sie hinterlassen hatten.

Es wurde Zeit, loszumarschieren, um nachzusehen, was sich mit Deel'Agha tat. Ich hatte das sichere Gefühl, da stand eine epische Schlacht bevor. Und ich hatte die Absicht, beim letzten Akt des Dramas mitzuspielen.

KAPITEL 28

DIE BRüCKEN SPRENGEN

Eddard Stark: Sagt mir, Lord Varys, wem dient Ihr eigentlich wirklich?
Varys: Dem Reich natürlich, mein guter Lord. Einer muss es ja schließlich tun. Wie habt Ihr das jemals bezweifeln können? Ich schwöre es bei meiner verlorenen Männlichkeit. Ich diene dem Reich, und das Reich braucht Frieden.

Game of Thrones

„HEUTE NACHT HATTE ich einen Albtraum." Mike fand mit seinem Plappern einfach kein Ende. „Du und ich sind gemeinsam durch diesen merkwürdigen Wald gegangen. Dann haben wir irgendeinen Kerl angegriffen, und der hat mich bei lebendigem Leib verbrannt."

„Aber klar doch", murmelte ich.

Ich musste mich wirklich auf die wichtigen Dinge konzentrieren. Lediglich meine guten Manieren sorgten dafür, dass ich Mike überhaupt zuhörte und ab und zu eine Reaktion zeigte.

„Phil, ich wurde bei lebendigem Leib verbrannt!", wiederholte er. „Es tat so weh, ich habe alle Nachbarn mit meinem Geschrei aufgeweckt!"

Anscheinend waren wir uns irgendwie während der Prüfung begegnet und hatten uns sogar miteinander verbündet, so unwahrscheinlich das auch schien. Dabei stand er nicht einmal auf Ilindis Liste!

Zu gern hätte ich gewusst, ob es meinem anderen Selbst gelungen war, die Leute von der Liste zu finden. Wer war das doch gleich alles? Zack, Jovanna, Carter, Ken… Ich konnte nur hoffen, sie hatten alle zusammengefunden und bereiteten den bösen Jungs mächtige Schwierigkeiten.

Inzwischen hatte ich bereits all die bösen Jungs markiert, die hier auf der Erde hinter mir her waren, und ein Alarmsystem eingerichtet, das mich jedes Mal warnte, wenn einer von ihnen mir auch nur auf einen Kilometer nahe kam.

Vor Mikes Motel angekommen, bat ich den Taxifahrer zu warten, während ich rasch zu seinem Zimmer rannte. Er bot einen traurigen Anblick, der gestrige Kampf in der Arena hatte ihm eine gebrochene Nase und ein blaues Auge eingetragen.

Außerdem hatte ich ihn anscheinend auch noch aufgeweckt.

„Hi, Mike! Hast du mal 20 Dollar für mich? Ich muss das Taxi bezahlen."

Etwa eine halbe Minute lang fragte er nach, was ich von ihm wollte, dann war er endlich wach genug, holte einen 100-Dollar-Schein und reichte ihn mir.

Ich gab dem Taxifahrer sein Geld und flüchtete zurück in Mikes Raum, den ich so schnell nicht wieder zu verlassen plante. Es war sinnlos, meine Spuren zu verwischen — wenn etwas passierte, würde ein Alarm ausgelöst, und das gab mir genügend Zeit, zu verschwinden. Außerdem war meine Unsichtbarkeit bereits wiederhergestellt.

Überraschenderweise hatte Mike mich nicht einmal gefragt, warum ich ohne einen Cent in der Tasche und mit einem Bademantel bekleidet bei ihm aufgetaucht war. Er hatte auch nicht wissen wollen, was ich von ihm wollte. Stattdessen hatte er mir ein Paar Shorts in Einheitsgröße und ein T-Shirt von sich gegeben, die ich nun trug, während ich mich weiter durch die Liste der CIA arbeitete.

„Mike", erklärte ich nun geduldig, „so wie ich die

Sache verstehe, passiert das tatsächlich, was du träumst, nur nicht hier, sondern auf einem anderen Planeten."

„Wie meinst du das?"

„Kannst du dich nicht mehr daran erinnern, wie du entführt worden bist?"

Offensichtlich nicht. Doch als ich ihm verschiedene Dinge beschrieb, die er während seiner Entführung gesehen haben konnte, fiel ihm wieder ein, etwas Ähnliches geträumt zu haben.

Ich gab ihm eine Kurzfassung der Geschichte mit den höherrangigen Rassen, komplett mit Entführungen und Prüfung, berichtete ihm, dass die Erdenbewohner davorstanden, einer Diagnose unterzogen zu werden, und warnte ihn vor dem Verlust seines Interface, und zwar schneller, als er sich das vorstellte, womöglich sogar noch heute.

Merkwürdigerweise schien das keinerlei Besorgnis in ihm auszulösen. Das ließ mich vermuten, dass er meine Erklärung nicht vollständig verstanden hätte. Also wiederholte ich alles.

Er zuckte mit den Schultern. „Was kümmert mich das? Meine Kampffertigkeiten verliere ich dadurch ja nicht, oder?"

„Nein", log ich. „Du, tut mir leid, aber ich muss jetzt wirklich arbeiten."

„Okay. Dann besorge ich uns etwas zu essen. Wie wäre es mit Chinesisch?"

„Ich bin einverstanden — solange es genug davon gibt."

Er grinste. „Und ob! Ich bin bald zurück."

„Mike", rief ich ihm nach. Er bewegte sich bereits in Richtung Tür. „Darf ich noch einmal dein Laptop benutzen?"

„Aber klar. Das Passwort ist ‚Heulsuse‘." Er grinste wieder. „Aber lass den Virenschutz eingeschaltet, wenn du dich auf den ganzen Pornoseiten herumtreibst!"

Über seinen eigenen schlechten Scherz lachend ging er und ließ mich allein im Zimmer zurück.

Ich hatte keine Ahnung, wie lange ich hier würde bleiben müssen. Ich hatte längst meine E-Mail an Angela Howard losgeschickt, in der ich sie bat, den Kontakt zwischen mir und Sanchez herzustellen. Wenn sie sich bei mir nicht meldete, musste ich womöglich Mike als Boten einsetzen. Er konnte dank seines Interface schließlich die Namen der Leute sehen. Woraus folgte, er konnte ganz unauffällig feststellen, ob Sanchez oder Tomasik sich im Hotel aufhielten und sie zu mir bringen, wenn er sie gefunden hatte. Momentan waren beide noch in Langley, doch sie wurden am Abend zurückerwartet.

Inzwischen war ich alle Listen der CIA durchgegangen und hatte nun beschlossen, ein paar andere Dinge zu erledigen.

Zuerst einmal musste ich Kira schreiben und ihr ein paar Dinge erklären. Wir hatten vereinbart, dass ich ihr eigenes E-Mail-Konto benutzte und meine Mitteilungen als Entwurf speicherte. So konnte sie sie sofort finden, nachdem sie sich angemeldet hatte. Ich musste ihr endlich eine erfundene Erklärung für all meine „hellseherischen" Fähigkeiten liefern, die es mir ermöglichten, vermisste und gesuchte Personen aufzuspüren. Auch musste ich etwas zu dem ganzen Geld sagen, das sich bereits in den beiden Bankkonten ansammelte, ihrem eigenen und dem der Stiftung, und all ihre vorhersehbaren Fragen zu eben jener Stiftung beantworten, bevor noch mehr Geld einging.

Zweitens musste ich die russische Polizei kontaktieren und die Koordinaten der gefährlichsten in Russland gesuchten Kriminellen übermitteln. Große Hoffnung auf irgendwelche Erfolge hegte ich allerdings nicht. Bis man sich dort endlich bewegte und die Informationen mehrfach überprüft hatte, befanden die Übeltäter sich gewiss schon längst an einem ganz anderen Ort. Aber das war etwas, das ich einfach tun musste, solange ich noch über das Interface verfügte. Man wusste schließlich nie — vielleicht verhafteten sie doch den einen oder anderen.

Drittens wollte ich die Koordinaten aller noch

unentdeckten Schätze und Mineralienablagerungen erfassen, solange ich das alles noch auf der Karte sehen konnte. Noch hatte ich zwar nicht entschieden, was ich mit diesen Daten anfangen wollte, aber es konnte ja nichts schaden, sie online irgendwo zu speichern. Wenn ich zwar das Interface verlor, aber meine Erinnerung und meine Erfolge behalten konnte, stellte mir das eine äußerst wertvolle Einnahmequelle bereit.

Und viertens, und vielleicht am wichtigsten überhaupt, hatte ich bereits eine Entscheidung getroffen, was die vielversprechendsten Fachgebiete wissenschaftlicher Forschung betraf, die den Wohlstand der Menschen und ein Gedeihen jeglicher Zivilisation fördern konnten und dabei unsere drängendsten Probleme angingen, wie Hunger, unheilbare Krankheiten, Umweltbelastung, Erforschung des Weltalls, Überbevölkerung und Arbeitslosigkeit. In jedem dieser Bereiche wollte ich Gruppen von Wissenschaftlern zusammenführen, und der Fonds vom Aufspüren der Terroristen sollte die Geldmittel dafür liefern, ebenso wie hoffentlich die Gewinne, die ich über die verlorenen Schätze und neu aufgefunden Mineralienablagerungen erzielen konnte.

Als Mike zurückkam, arbeitete ich bereits am letzten Punkt auf meiner Liste. Er holte Pappschachteln aus seiner Tüte und reihte sie auf dem Tisch auf.

„Hühnchen süß-sauer, Schweinefleisch mit Ananas, Nudeln, Vollkornreis, Dim Sum…"

Er zählte alles einzeln auf. Dann setzte er sich, riss eine der Packungen auf und machte sich darüber her. Dabei schwang er die Essstäbchen äußerst geschickt.

„Mike, ich muss dich um einen Gefallen bitten. Ich brauche deine Hilfe."

„Ich habe bis Mitternacht Zeit", erwiderte er mit vollem Mund. „Was kann ich für dich tun?"

Ich schilderte ihm in aller Knappheit meine Misere und erklärte ihm, was er tun musste. Inzwischen waren Sanchez und Tomasik bereits wieder in Vegas eingetroffen.

„Kapiert", nickte er. „Ich muss Alex Tomasik und Hector Sanchez finden. Und wenn ich Laura Flores begegne, halte ich mich von ihr fern. Falls die drei zusammenstecken, muss ich einen der beiden anderen beiseitenehmen. Ich weiß, was zu tun ist. Lass mich nur schnell fertigessen, dann mache ich mich auf den Weg."

Nachdem er sich eine weitere halbe Stunde lang vollgestopft hatte, brach Mike auf. Vorher gab er mir noch ein Smartphone, dessen Display einen Sprung aufwies.

„Damit wir in Kontakt bleiben können", erklärte er. „Meine Nummer findest du unter ‚Heulsuse'. Ruf mich an, falls du mich brauchst. Und sei es auch nur, dass du wieder Hunger bekommst." Er kicherte und schloss die Tür hinter sich.

Nach einer Weile schrillte der Alarm. Ich öffnete die Karte und sah, wie sich die Marker meiner Feinde rasch meinem Standort näherten. Sie waren nur noch knapp drei Kilometer entfernt.

Ich löschte den Browserverlauf, schloss das Laptop und stürzte aus dem Zimmer.

Im Sprint überquerte ich die Straße und einen Parkplatz, dann betrat ich ein Restaurant, das einen guten Ausblick auf das Motel bot. Ich fand sogar einen leeren Tisch direkt am Fenster und setzte mich, wartete auf das Eintreffen meiner Verfolger.

Wie aus dem Nichts tauchte ein Kellner neben mir auf.

„Ein Glas Wasser, bitte", sagte ich.

Mehrere Wagen hielten. Sechs Leute in unauffälliger Kleidung stiegen aus, verteilten sich und gingen gleich auf mehrere Motelzimmer zu. Sie klopften, ignorierten alle, die ihnen die Tür öffneten, drangen einfach ein, nur, um kurz darauf wieder aufzutauchen und sich zum nächsten Zimmer zu begeben.

Eine der Gruppen brach die Tür zu Mikes Zimmer auf, kam jedoch wenige Minuten später mit leeren Händen wieder heraus.

Verdammt! Ich hatte den Bademantel dort liegenlassen! An dem sich gut sichtbar das Logo das Hotels befand. Die Männer würden doch bestimmt zwei und zwei zusammenzählen und wissen, sie hatten das richtige Zimmer erwischt.

In der Tat — einer von beiden sprach in sein Funkgerät. Ich konnte nur hoffen, dass dies Mike keine Probleme eintragen würde.

Ich rief ihn an.

„Phil? Ich bin im Hotel. Bisher habe ich jedoch noch keinen der beiden Männer entdecken können, die du erwähnt hast."

„Mike, hast du denen im Motel deinen richtigen Namen angegeben, als du das Zimmer gebucht hast?"

„Um ehrlich zu sein, nein. Ich habe den Namen von jemandem verwendet, den ich im Gefängnis kennengelernt habe. Warum?"

„Du solltest dem Motel ein paar Tage fernbleiben. Sie haben mich gefunden. Ich konnte zwar rechtzeitig entkommen, aber jetzt wissen sie, dass ich bei dir war."

„Mist! All meine Sachen sind in dem Zimmer!" Er seufzte. „Ach, egal. Ist schon in Ordnung. Ich werde noch eine Weile hierbleiben. Wer weiß, vielleicht treffen deine Spione ja noch ein. Halte mich auf dem Laufenden."

Ich legte auf und trank von dem Wasser. Meine Kehle war ganz trocken. Nur um sicherzugehen löschte ich die letzte gewählte Nummer.

Dann beobachtete ich vom Fenster aus, wie meine Möchtegern-Entführer ihre Suche im Motel aufgaben und stattdessen die Umgebung durchkämmten. Zwei von ihnen kamen auf das Restaurant zu.

Trotz all meiner Fähigkeiten hatte ich nicht die geringste Ahnung, was ich jetzt machen sollte. Ich spielte mit dem Messer auf dem Tisch und sinnierte darüber nach, ob ich wieder fliehen sollte.

Aber wohin? Ich besaß weder Geld noch Papiere, auch wenn Ersteres dank meiner neuen Fähigkeiten kein so großes Problem war.

Sollte ich die Kerle fertigmachen? Das war eine verlockende Vorstellung.

Ich musste auf jeden Fall warten, bis Sanchez eintraf. Entweder fand Mike ihn, oder die Nachricht über Angela Howard (die überhaupt nicht Angela Howard war) erreichte ihn. Letzteres war weniger wahrscheinlich, in Russland war es jetzt mitten in der Nacht, und dort hielt diese Botschaftsmitarbeiterin sich ja angeblich auf.

Auf der Karte konnte ich sehen, wie Sanchez sich jetzt dem Hotel näherte, während Alex...

„Keine Bewegung", sagte eine Stimme auf Russisch. „Tut mir leid."

Der Lauf einer Waffe wurde gegen meine Rippen gepresst, dann spürte ich einen Nadelstich in den Bauch.

Hitzewellen breiteten sich in meinem gesamten Körper aus. Meine Sicht verschwamm. Ich taumelte, verlor die Kontrolle. Unsichtbare Hände verhinderten, dass ich vom Stuhl stürzte. Mit dem letzten bisschen, das von meiner Stärke noch übrig war, wandte ich mich um — und erblickte Alex Tomasik.

Was zum Teufel...?

„Es ist alles in Ordnung", sagte er leise. Er saß am Tisch neben meinem. „Ich gehöre nicht zu den Jungs, die das Motel nach Ihnen durchsucht haben. Laura spielt ihr Spiel, und ich spiele meines."

„Und für welche Organisation arbeiten Sie wirklich?", fragte ich. Meine Lippen waren halb taub, das Sprechen fiel mir schwer. „Sind Sie nun vom CIA oder nicht?"

„Oh ja, vor dieser ganzen Sache habe ich für den CIA gearbeitet, doch jetzt vertrete ich andere Personen. Personen, die Ihnen einen geschäftlichen Vorschlag unterbreiten möchten."

„Und dafür mussten Sie eine Waffe mitbringen?"

Er antwortete nicht.

„Alex?"

„Ich wusste doch nicht, wie Sie reagieren würden. Ich

hatte befürchtet, Sie würden mich für einen von denen halten." Mit einer Kopfbewegung deutete er auf das Motel gegenüber. „Aber ich sage Ihnen, mit denen habe ich nichts zu schaffen. Allerdings weiß ich über Ihre Fähigkeiten Bescheid. Wir alle wissen Bescheid."

„Welche Fähigkeiten?"

„Das verrate ich Ihnen gleich. Versprechen Sie mir einfach, keine Dummheiten zu machen. Es wäre ohnehin sinnlos. Das gesamte Gebäude steckt voll mit meinen Leuten. Alle Ein- und Ausgänge sind gesichert. Meine Jungs verfügen über Infrarot-Scanner und Farbsprühpistolen. Sie können nicht entkommen. Wundert es Sie, wie ich herausgefunden habe, dass Sie sich unsichtbar machen können?"

„Kameras?"

„Natürlich. Sie sind klug, Sie kapieren das, richtig? Natürlich haben wir in Ihrem Zimmer jede Menge versteckte Kameras angebracht. Und nun stellen Sie sich mein Erstaunen vor, als Sie auf einmal verschwunden sind, nur, um im Aufzug wiederaufzutauchen! Ich hatte ja viel erwartet, jedoch nicht das."

„Aber Sanchez...", murmelte ich. Ich hatte die Kontrolle über meine Sprache verloren.

„Oh, er muss fuchsteufelswild sein. Die Leute, die ich vertrete, liegen im Status allerdings weit über seinem. Alle Wanzen, die an Ihrer Kleidung angebracht sind, stammen also von mir."

Ich konnte nur etwas Unverständliches von mir geben.

„Was haben Sie gesagt? Nun, es spielt ohnehin keine Rolle. Wir werden Sie jetzt in einen hübschen, geheimen Bunker in der Mojave-Wüste bringen. Dort werden wir ein paar Tests mit Ihnen durchführen und versuchen, dieses Ding zu extrahieren, das man Ihnen eingepflanzt hat. Sie verstehen doch, wie wichtig das ist, oder? Das ist Billionen Male wichtiger als die Leben von diesem Terroristenabschaum. Einige von denen sind sogar... Ach, egal. Die Hauptsache ist..."

Er quasselte ununterbrochen weiter, rechtfertigte seine Handlungen. Ich konzentrierte mich derweil auf meine nächsten Handlungen. Mithilfe von Regeneration konnte ich die Kontrolle über meinen Körper wiederherstellen und meine Geistreserven auffüllen. Sprint konnte ich einsetzen, um die Zeit zu verlangsamen, und anschließend konnte ich ihm die Waffe abnehmen. Okay, gegen Infrarotsensoren halfen mir Unsichtbarkeit und Verschwinden wenig, aber damit konnte ich die Leute zumindest ein wenig verwirren, und das sollte mir die Zeit verschaffen, sie entweder umzubringen oder abzuhauen.

„Aber jetzt habe ich genug geredet", sagte er endlich. „Ich wollte Ihnen nur etwas geben, worüber Sie unterwegs nachdenken können."

Ich aktivierte Regeneration.

Warnung! Deine Geistreserven reichen für die Aktivierung von Regeneration nicht aus!
Erforderliche Geistreserven: 50 %
Derzeitiger Geist: 36 %

Tja, das war es dann wohl.

Ich war unglaublich wütend auf mich selbst. Wieso hatte ich es bloß zugelassen, dass die Werte meines Geistes so sehr herabgesackt waren? Wie hatte ich denen so dumm direkt in die Falle laufen können, mitten hinein in dieses Restaurant, das anscheinend die ganze Zeit die Kommandozentrale gewesen war? Doch ich war nicht einmal imstande, meinem Zorn wegen meiner eigenen Dämlichkeit durch ein Stöhnen Ausdruck zu verleihen.

Tomasik bellte ein paar Befehle. Mir wurden Hand- und Fußschellen angelegt, ein Sack wurde über meinen Kopf gezogen. So trug man mich hinaus. Draußen hörte ich die ängstlichen Stimmen von Passanten.

„In den Van mit ihm, rasch!", kommandierte Tomasik.

Man legte mich hinein und schloss die Türen.

Dunkelheit umgab mich, das Versprechen einer noch weit düstereren Dunkelheit, die mir bevorstand. Ob ich aus diesem Bunker wohl irgendwie entkommen konnte?

Ich konnte nicht mehr klar denken. Meine Gedanken drehten sich im Kreis, gaukelten mir eine verrückte Fluchtidee nach der anderen vor. Ich musste unbedingt noch ein paar Level aufsteigen, damit ich endlich Berserker und Unverwundbarkeit aktivieren konnte...

Gerade als wir uns dem Stadtrand näherten, trat auf einmal die Welt um mich herum zurück. Mein Herz blieb stehen. Ich spürte, wie ich hinabfiel in die große Leere.

Ich wurde entführt!

KAPITEL 29

RICHTE DEINE AUGEN AUF DEINE DERBEN HäNDE

Jeder muss sterben, aber nicht jeder lebt wirklich.

William Wallace, *Braveheart*

HEUTE WAR DIE Luft auf Pibellau so kristallklar, dass sie hell zu schimmern schien. So konnte ich das feine Netz aus Falten in Tafaris Gesicht erkennen, obwohl er noch fast 200 Meter von mir entfernt war.

Er und sein Clan befanden sich nun in unmittelbarer Nähe des globalen Bosses. Allerdings hielten sie sich wohlweislich aus seiner Sicht und damit seinem Aggro-Bereich heraus.

Der Boss glitt ganz gemütlich auf der Suche nach Beute an ihnen vorbei. Sein Verhalten bestätigte das absolute Fehlen an Intelligenz bei dieser Kreatur. Ob es einen tieferen Grund hatte oder einfach der Laune eines anonymen Programmierers entsprach — seine Verhaltensmuster kannten nur zwei Kategorien: Angriff und Verschlingen oder, falls sich gerade kein Opfer vor seiner Nase befand, die Suche danach.

Bisher hatte ich ihn noch nicht in vollem Kampfmodus erlebt, und es würde mich nicht überraschen, wenn er dabei noch weit mehr Angriffsfähigkeiten enthüllen würde als diejenigen, die ich bereits erlebt hatte: das Ausschwitzen von Lava, das Zuschlagen mit Stacheln und

Tentakeln und das Verschlucken des Feindes bei lebendigem Leib. In Anbetracht der Schwerfälligkeit der Kreatur und der Tatsache, dass ihre Tentakel nur etwa halb so lang wie ihr Körper waren, hatte sich Tafaris Clan wohl zum Angriff von hinten entschlossen, unter ständigem Wechsel der Position.

Aber Moment mal — hatte Tafari nicht abwarten und den Angriff Juma überlassen wollen? Offensichtlich hatte er es sich inzwischen anders überlegt und die Entscheidung getroffen, Deel'Agha selbst herauszufordern. Nun, ein Spatz in der Hand war nun einmal mehr wert als zwei Tauben auf dem Dach... In der Zwischenzeit verbesserten sich die Statistiken des Bosses mit jeder Stunde, die verging. Deshalb hatte Tafari wohl nicht länger zögern, sondern zuschlagen wollen, solange noch wenigstens eine geringe Chance bestand, den Jackpot zu gewinnen.

Ich zählte, einschließlich Tafari selbst, 14 Clan-Mitglieder, und mehr als 100 Kampfeinheiten. Sie erinnerten an sechsbeinige Schildkröten mit reptilienhaften Köpfen, beherrscht durch eine niedrige Stirn, was den Kreaturen ein aggressives Aussehen verlieh, und breite Kiefern voller scharfer Zähne. Anders als richtige Schildkröten bewegten sie sich so schnell, dass sie anscheinend niemals stillstanden. Sie rannten im Kreis und in Formen einer Acht herum wie Küchenschaben in der Küche eines Studentenwohnheims, wenn man nachts das Licht einschaltete.

Anders als das Rhinozeros von Tafari waren sie eindeutig außerirdischer Herkunft. Ich hatte allerdings keine Ahnung, wie er die Systemanforderung hatte umgehen können, dass alle Kampfeinheiten derselben Spezies angehören mussten.

Deel'Agha schien nun etwas bemerkt zu haben. Er hielt inne und hob den Kopf.

Tafari brüllte Befehle. Seine Männer nahmen die anscheinend vorher abgesprochenen Positionen ein, in Gruppen von jeweils zwei oder drei, und breiteten sich bogenförmig aus, endend am Schwanz des Monsters.

Rex und ich beschlossen, uns ebenfalls auf unsere Positionen zu begeben. Meine Fähigkeit der Tarnung verbarg uns beide. Wir hielten uns in sicherer Entfernung von Tafari und blieben seinem Sichtfeld fern, nicht, dass uns sonst am Ende noch Rex' Schritte verrieten. Es ergab keinen Sinn, sich bereits jetzt dem Kampf anzuschließen. Vor allem nicht, nachdem der Boss in der Lage war, sich gegen mehrere Angreifer auf einmal zu wehren, was mich womöglich enttarnt hätte.

Plötzlich verharrte Tafaris gesamter Clan bewegungslos. Einer der Krieger trat vor und brüllte etwas. Über dem Boss formte sich eine rabenschwarze Wolke, die ihn mit unzähligen scharfen Eiskristallen übergoss.

Das Monster erstarrte wie in einem spektakulären Special Effect. Über seinem Kopf erschien der Debuff des Einfrierens mit einem Zähler von zehn Sekunden. Sofort wurden alle Nahkämpfer aktiv und schlugen auf seinen Rumpf ein.

Zu dem Zeitpunkt, als Tafari den Rückzug befahl, hatte der Clan es geschafft, dem Boss 7 % seiner Gesundheit zu rauben. Doch sobald der Debuff abgelaufen war, schossen Tentakel aus dem Rücken des Monsters und griffen sich zwei der langsameren Kämpfer, die schreiend vor Schmerz zusammenbrachen. Die Tentakel schlossen sich um sie und hoben sie in den Schlund des Bosses.

Allerdings hatte das Monster keine Zeit, sie zu verdauen. Schon trat ein anderer Krieger vor und zeigte seine eigene Kontrollfähigkeit — diesmal eine mentale. Es funktionierte — leblos sanken die Tentakel der wieder erstarrten Kreatur herab und gaben die beiden Clan-Mitglieder frei.

Allerdings betrug der Countdown diesmal nur acht Sekunden. Hatte sich da wieder die vorprogrammierte Mechanik des Spiels gezeigt? War das etwas, das wir Spieler eine abnehmende Wirkung nannten?

Bisher hatte Tafari Glück gehabt. Bereits zwei kontrollierende Talente hatte er erfolgreich gegen den Boss eingesetzt. Ein drittes Mal kam er vielleicht nicht so gut davon.

Bei Ende der acht Sekunden hatte Tafari jedem den Rückzug befohlen und seinen Kampfeinheiten das Schlachtfeld überlassen. Die „Schildkröten" bauten sich entlang der gesamten Länge des Wurms auf, stiegen auf die Hinterbeine und rissen ihm mit ihren über einen halben Meter langen Klauen das Fleisch in Fetzen heraus. Mehr und mehr Schaden fügten sie ihm zu.

Die menschlichen Clan-Mitglieder hatten zwischenzeitlich zu den Fernkampfwaffen gewechselt und beschossen den Boss von Weitem, in sicherer Entfernung von seinen Tentakeln. Im Laufe der nächsten Minuten erkannte ich langsam die Methode hinter den scheinbar so chaotischen Handlungen. Sie waren ständig in Bewegung, selbst beim Schießen, und stürzten vor, um sich gleich wieder zurückzuziehen, damit sie nicht in die Reichweite der Kampffähigkeiten des Wurms gerieten.

Das Monster schwitzte Lava aus. Sofort verringerten sich die Gesundheitsbalken der Schildkröten. Um den sich unter ihren Füßen bildenden feurigen Pfützen auszuweichen, kletterten sie an den Flanken der Kreatur hoch. Anscheinend hatten sie übersehen, dass Lava auch von oben herunterströmte.

Immer wieder schossen die Tentakel des Bosses durch die Luft und fingen die langsam in Panik geratenden Schildkröten ein, die vergeblich versuchten, herabzuspringen. Der Boss schaffte es sogar, einige der weniger vorsichtigen Clan-Mitglieder anzugreifen und ihre Gesundheitswerte zu dezimieren.

Nachdem alle anderen Versuche fehlgeschlagen waren, den Boss in den Griff zu bekamen, nahm Tafari die Sache in die eigenen Hände.

„Stärke und Inspiration!", schrie er.

Sofort wurden alle Vasallen und Kampfeinheiten von einem schimmernden, weißen Nebel umgeben, der prompt ihre Gesundheit vollständig wiederherstellte. Und dem neuen Buff-Symbol zufolge hatten sich ihre sämtlichen Eigenschaften um 50 % verbessert. Wow! Was für ein geiles Talent Tafari da besaß!

Anscheinend hatte diese Aktion auch die Abklingzeit der Fähigkeiten verkürzt, denn erneut trat der Krieger mit dem Talent des Einfrierens vor. Drei weitere Vasallen mit Kontrollfähigkeiten näherten sich ebenfalls dem Boss, um zu gewährleisten, dass diesmal nichts schiefging.

Eine weitere schwarze Wolke, mehr scharfe Eiskristalle. Doch diesmal funktionierte das Talent nicht. Sofort mischte sich der Gedankenbeeinflusser ein, aber auch sein Talent blieb wirkungslos.

Und der dritte Vasall mit seinem kontrollierenden Talent kam zu spät...

Der Clan hatte den Boss eines Viertels seiner Gesundheit beraubt, und das führte anscheinend zu einer Änderung seiner Kampftaktik. Der Wurm zog die Tentakel ein, legte die Stacheln an, hob den Körper in einem Bogen und grub sich dann mit einem enormen Rumpeln immer tiefer in den Boden ein. Nur wenige Augenblicke später war er vollkommen unter uns verschwunden. Die Vibrationen und das laute Grollen waren jäh abgebrochen. Nur die Befehle, die Tafari bellte, und das Stöhnen der Verwundeten unterbrachen die plötzlich eingetretene Stille.

In diesem Augenblick fiel mir auf, dass keine Kampfeinheit von Tafari überlebt hatte, mit Ausnahme seines Rhinozerosses. Keine einzige Schildkröte befand sich mehr auf dem Schlachtfeld.

Ein übermächtiger Knall war zu hören.

Konzentrische Kreise breiteten sich über den Boden aus. Rasch trat ich zurück, so weit ich nur konnte. Ich wollte auf keinen Fall in die Nähe einer solchen Welle geraten. Denn jede davon raubte allen Mitgliedern von Tafaris Clan 10 % ihrer Gesundheit. Eine sechste und letzte Welle schließlich lähmte jeden, der sich innerhalb ihres Radius befand.

Und dann geschahen mehrere Dinge gleichzeitig. Aus dem Nebel des Krieges auf der entgegengesetzten Seite des

Schlachtfelds sprang eine Vielzahl schwarzer Punkte hervor, die sich rasch näherten. Dank meiner hohen Wahrnehmung konnte ich bereits sehen: Es waren Jumas Männer, komplett mit seiner Armee aus stacheligen, mehrfüßigen Küchenschaben.

Bedeutete das etwa, Juma hatte genau den Plan verfolgt, den ursprünglich Tafari gegen ihn hatte umsetzen wollen? Auf jeden Fall sah es ganz danach aus, als wäre soeben das letzte Stadium der Prüfung eingeläutet worden.

Jumas Vasallen bewegten sich in Form eines Bogens. Sie wichen dem Krater weit aus, in dem der Boss verschwunden war, und steuerten zielsicher auf die eingefrorenen Krieger von Tafari zu. In diesem Augenblick schoss der Wurm aus dem Boden und ließ sich mit seinem vollen Gewicht auf die nächste Gruppe von Tafaris Kämpfern fallen. Seine Kiefer arbeiteten angestrengt, als er einen bewegungslosen Körper nach dem anderen verschluckte.

Man musste weder ein Hellseher noch Krake Paul sein, um zu erkennen: Das bedeutete Tafaris Ende.

Diejenigen Testsubjekte, die der Boss bisher noch nicht erreicht hatte — einschließlich Tafari selbst, auf seinem Rhinozeros — wurden von den Wellen an Küchenschaben verschlungen, die hereineilten. Jumas Leute ignorierten den rasenden Zorn des Monsters völlig, konzentrierten sich ganz auf den gegnerischen Clan. Jedes Mal, wenn sich einer von Tafaris Vasallen von den lähmenden Vibrationen erholt hatte, die der Boss um sich herum verbreitete, wurde er gleich wieder eingefroren.

„Jetzt sind wir an der Reihe, Rex", erklärte ich und schickte ihn los, Jumas Clan anzugreifen. „Zerquetsch sie!"

Für einen ahnungslosen Beobachter musste der Tyrannosaurier aus dem Nichts aufgetaucht sein. Sobald er meinen Schleier des Schattens erst einmal verlassen hatte, trug Rex seinen Teil zu Lärm, Chaos und Aufruhr der Geschehnisse bei.

Der Himmel verdunkelte sich rasch, überzogen von Gewitterwolken. Die ersten Tropfen verdampften, noch bevor sie den Rücken des Bosses erreichen konnten. Einen Augenblick lang hielt er inne, als ob er einer inneren Stimme lauschen würde, dann versiegelte er rasch alle Lavakrater auf seiner Haut. Über uns grollte Donner.

Ich bewegte mich langsam und vorsichtig, ging um das Schlachtfeld herum und begab mich zur anderen Seite des Wurms, wo momentan niemand sonst war.

Einige von Jumas Küchenschaben hatten den Boss angegriffen, der sich über diese neue Nahrungsquelle sehr freute. Rex zertrampelte drei von Jumas Vasallen, die ihm über den Weg gelaufen waren, und verschaffte Tafari so ein wenig Zeit.

Der hatte sich inzwischen von der Lähmung erholt und wurde mühelos mit gleich zwei Angreifern fertig. Mit einem einzigen Hieb seines Schwertes schlug er einem der beiden den Kopf ab, komplett mit Helm. Anschließend brüllte er erneut eine Reihe von Befehlen. Die Handvoll seiner überlebenden Vasallen strömte aus, und der einzige verbleibende Krieger mit einem kontrollierenden Talent richtete genau dieses gegen den heimtückischen Feind.

Die Kontrolleure aus beiden Lagern reagierten gleichzeitig auf die Befehle ihrer Anführer. Wenige Sekunden später waren viele der Krieger aus beiden Clans ausgeschaltet.

Juma und seine Leibwächter ritten auf ihren Fabelwesen heran. Es war ihnen gelungen, der Betäubung auszuweichen. Nun griffen sie den erstarrten Tafari an, nur zwei Sekunden, bevor sein Debuff ablief. Doch nicht einmal diesen sechs Kriegern gemeinsam gelang es, ihn zu töten. Kaum hatte er seine Beweglichkeit wiedergewonnen, hetzte Tafari sein Rhinozeros auf Ken, der ihm am nächsten stand, während er selbst den Leibwächtern von Juma die Beine abschlug. Einen der Leibwächter, der aus vollem Hals schrie, verschlang Rex bei lebendigem Leib.

Juma ließ sein langes, dünnes Schwert durch die Luft zischen und rief etwas, aktivierte irgendeine Clan-Fähigkeit. Die Zeit schien sich zu verlangsamen, und alle innerhalb eines Bereichs von fünf Metern um ihn herum agierten nun, als müssten sie sich mühsam durch eine geleeartige Substanz bewegen. Juma selbst allerdings konnte sich mit normaler Geschwindigkeit weiterbewegen. Ich sah ganz klar die Wirkung, die er hervorgerufen hatte. Es hatte sich etwas wie eine schimmernde Glaskugel gebildet. Darin bewegten sich Rex und Tafari in Zeitlupe, und Juma, der neben Tafari stand, holte mit dem Schwert aus.

Es war das Letzte, das ich sah, denn nun hatte ich mich endlich dem Boss genähert, der eifrig damit beschäftigt war, sein nächstes Opfer hinunterzuschlingen. Sein mächtiger Leib verstellte mir den Blick auf das Schlachtfeld.

Plötzlich begann es, wie aus Kübeln zu schütten. Es war ein so mächtiger Wolkenbruch, wie man ihn wirklich nur auf Pibellau erleben konnte. Die riesigen Tropfen durchnässten alles, erstickten jedes Feuer und senkten die Temperaturen der Lavapfützen.

Der Gesundheitsbalken des Bosses war nun bereits nahezu auf die Hälfte herabgesunken. Ich wusste nicht, ob Juma sich überhaupt noch die Mühe machen würde, ihn zu erledigen, sobald er Tafari erst einmal besiegt hatte. Um mich herum stiegen schwere Wolken aus Nebel und Dampf auf.

Die erhobene Flanke des Monsters, besetzt mit Stacheln, war kurz neben mir zu sehen. Im Gedanken an seine verwundbare Schwachstelle bewegte ich mich neben ihm, sprang immer wieder über Lavapfützen, die sich im Regen verfestigt hatten. Noch schützte meine Unauffälligkeit mich, doch sie würde automatisch deaktiviert werden, sobald ich den ersten Schaden zufügte.

Ich wartete nur auf den richtigen Augenblick, um zuzuschlagen, als etwas absolut Unglaubliches geschah. Auf einmal verfiel der gesamte Körper von Deel'Agha in wilde Zuckungen. Er zog sich zusammen, drehte sich, dehnte sich aus, zog sich zusammen. Das schleuderte mich gute 30 Meter durch die Luft und raubte mir drei Viertel meiner Gesundheit. Ich kam mir vor, als hätte mich ein überladener

Lastwagen gerammt. Ich biss die Zähne zusammen, bemühte mich, keinen Laut von mir zu geben.

Ich untersuchte die erlittenen Verletzungen. Aus meiner zerrissenen Uniform ragte eine gebrochene Rippe hervor. Instinktiv würgte ich, doch nichts kam — mein Magen war bereits seit Beginn der Prüfung leer.

Ich hatte keine Ressourcen übrig, mit denen ich mir ein neues Level hätte kaufen können. In Ermangelung einer raschen Regeneration auf diesem Weg blieb mir nur eines übrig — ich musste warten, bis ich zumindest teilweise wiederhergestellt war. Momentan konnte ich mich nicht einmal bewegen.

Ich war also vorübergehend ausgeschaltet. Die beiden Clans bekämpften sich noch immer bis aufs Äußerste. Deel'Agha rollte sich zu einem Ball zusammen, der sich in Kreisen bewegte und alles zerquetschte, das ihm in den Weg kam. Als sich sein mächtiger Rumpf nun auf mich zubewegte, wurde mir klar: Er würde mich erreichen, bevor meine Regeneration weit genug abgeschlossen war, vor ihm zu flüchten.

Ich warf einen Blick auf Juma, der seinen undurchdringlichen Kokon aus Energie aktiviert hatte, dann auf Tafari, im Rückzug begriffen. Er war noch immer am Leben und grinste ein blutiges Grinsen, wie ich durch ein Loch in seinem Helm sah. Ich spürte bereits den zunehmenden Luftdruck von dem mächtigen Leib des Monsters, der mir immer näher kam. Rasch aktivierte ich den heimtückischen Schatten und mikroportierte mich hinter Tafaris Rücken, aus dem bereits die Spitze von Jumas Schwert ragte.

Ich registrierte die neuesten Veränderungen in der Rangliste. Tafari war tot, jedoch noch nicht entpersonifiziert. Er hatte seinen Clan und all seine Hexagone verloren. Nacheinander färbten sich die Namen seiner Vasallen grau.

Jumas Leute hatten sich inzwischen auf den Boss gestürzt.

Deel'Agha hatte seinen Breakdance abgebrochen.

Seine Disco-Vorstellung wurde ersetzt durch einen...
Lockruf. Oder wie sonst sollte ich diesen Laut beschreiben,
der in mir den unwiderstehlichen Wunsch weckte, zu ihm zu
eilen und mich von ihm verschlingen zu lassen, mich auf
diese Weise mit dieser großen und allmächtigen Gottheit zu
vereinigen?

Wieder und wieder stieß das Monster diesen Ruf aus,
lockte, bis alle Kreaturen in diesem Hexagon sich vor seinem
Kopf versammelt hatten, der sich langsam hin und her
bewegte. Auf einmal befanden sich Scharen von Pfeifern,
ganze Kirpi-Familien und Schwärme von Krekniks auf dem
Schlachtfeld, und der Boden verwandelte sich in einen
Teppich aus Küchenschaben.

Aus der Entfernung beobachtete ich die grauenvolle
Szene. Ich hatte keine Ahnung, was mir selbst den Arsch
gerettet hatte. Vielleicht machte meine Unauffälligkeit Level
2 mich immun gegen eine Kontrolle über meinen Verstand?
Oder half mein zuverlässiger Freund, Reißzahn Nummer 1,
mir, dem Lockruf dieses wertlosen Nichts von einem Monster
zu widerstehen? Ich spürte sein primitives Locken und sein
Versprechen der Göttlichkeit sehr wohl. Für mich war er
allerdings nichts als ein übergroßer Wurm mit einem
schlechten Stoffwechsel und erhöhter Körpertemperatut.

Töte ihn, flüsterte eine Stimme in mir. *Töte... ihn!*

Die außerirdische Sprache wisperte weiter und weiter
in meinem Kopf, brachte mein Blut zum Kochen, doch ich
ignorierte die unlogische Bitte. Ich hatte Besseres zu tun —
ich musste mich regenerieren. Um ehrlich zu sein, machte
es mir direkt Spaß, zuzuschauen, wie meine Feinde —
Menschen ebenso wie Mobs — sich gegenseitig erschlugen,
im Schlamm herumkrochen und sich darum bemühten,
diejenigen umzubringen, die dem Tode ohnehin bereits nahe
waren.

Der Boss verspeiste alles, das sich in seiner
Reichweite befand, griff sich Mobs wie Krieger mit den
Tentakeln und schob sie sich ins Maul. Gerade rief einer von
Jumas Kämpfern laut: „Gelobt sei Gott!", bevor ein Tentakel

ihn dem endgültigen Tod im Bauch des Monsters zuführte.

Leider war es dem Boss bisher nur gelungen, vier der Menschen zu verschlingen. Drei davon waren Clan-Mitglieder von Juma. Das brachte Juma dazu, den Rückzug zu befehlen. Kurz darauf machten sich seine Kontrolleure wieder ans Werk. Drei Versuche schlugen fehl, bis es endlich einem gelang, das Monster einzufrieren. Nun konnten die Überreste von Jumas Clan sich in Sicherheit bringen.

Jetzt oder nie!

Ich mikroportierte mich auf Deel'Aghas Rücken, rannte darauf entlang in Richtung Kopf, und kletterte dort wieder herunter, wobei ich mich an den Stacheln festhielt. Auf halbem Weg nach unten umklammerte ich einen Stachel mit beiden Beinen, schwang mit dem Kopf nach unten und stieß mit meinen Dolchen zu. Dabei zielte ich auf den dünnen Streifen weißer Haut zwischen dem rotglühenden Bauch und dem harten Rückenpanzer.

Ich steckte meine gesamte Stärke in jeden einzelnen, hochkonzentrierten, rhythmischen Hieb und bemühte mich, jedes Mal tiefer zu geraten, um meine Chance eines sofortigen Tötens dieses armseligen Wurms um 1 % zu erhöhen. Ich stach zu, wieder und wieder, konzentriert, ohne Eile, im Rhythmus meines Herzschlags, stieß die giftige Säure, die der biochemische Kern von Reißzahn Nummer 2 produzierte, tief in das blutige Fleisch des Monsters.

Der Wurm schrie aus vollem Hals, richtete die Stacheln auf und öffnete wieder seine Lavakrater, spritzte in seiner Verzweiflung mit dem kochend heißen Zeug nur so um sich. Ich zwang mich, einfach weiterzumachen, die feurigen Tropfen zu ignorieren, die sich durch meine Uniform und meine Haut brannten.

Bei meinem neunten Herzschlag war es endlich soweit. Die Glücksgöttin Fortuna, die mich bisher die gesamte Prüfung über ignoriert hatte, reichte mir schließlich eine hilfreiche Hand.

Du hast Deel'Agha einen Schaden zugefügt: 2.389

Von der Panzerung absorbierter Schaden: 90 %
Tatsächlicher Schaden: 239
Überprüfung der Wahrscheinlichkeit eines sofortigen Tötens (14 %)...
Überprüfung abgeschlossen!
Der globale Boss Deel'Agha ist tot.

Der gigantische Wurm erschauerte, was mich hinunterwarf. Sein Körper erschlaffte, sein Kopf krachte zu Boden, zog den Rest nach und nagelte mich mit seinem Gewicht fest. Ich steckte in den Stacheln fest, außerhalb der Sicht der anderen. Ich kämpfte, versuchte krampfhaft, mich zu befreien.

Dann hielt ich inne und lauschte. Alles war ruhig.

Es herrschte absolute Stille. Der Regen hatte aufgehört, die Schreie der Kämpfer waren abgeebbt.

Eine neue Systemmitteilung hallte durch die Luft, verbreitete sich über alle Hexagone und war für alle verbliebenen Prüfungsteilnehmer sichtbar:

Der globale Boss Deel'Agha wurde besiegt von Liquidator Phil, einem Menschen mit Level 28!

Dafür erhält Phil folgende Belohnungen:
300.000 Existenz-Ressourcen-Punkte
Das legendäre Artefakt: Unterdrücker
Eine herbeirufende Pfeife
Ein zusätzliches Leben für all seine Clan-Mitglieder.

Der Kadaver des Bosses verschwand. Ich schaute mich um. Die Regentropfen hingen bewegungslos in der Luft. Jumas Vasallen schienen in einer Momentaufnahme eingefangen zu sein.

Der Zähler meiner Existenz-Ressourcen drehte sich wie wild und fügte insgesamt 300.000 Punkte hinzu. Zwei neue glitzernde, goldene Schalter erschienen in der Leiste meines Interface: Unterdrücker und herbeirufende Pfeife.

Unterdrücker

Ein legendäres Artefakt aus dem Zeitalter einer ausgestorbenen Zivilisation, die einstmals auf Pibellau gelebt hat. Es steht in keiner materiellen Form zur Verfügung.

Indem es sich im Gehirn des Benutzers implantiert, erzeugt das Artefakt eine mentale Aura, die in der Lage ist, jedes Klassentalent der Feinde zu unterdrücken.

Reichweite: 12 Meter

Als ich mir das durch den Kopf gehen ließ, musste ich grinsen. Nein, dieses Artefakt half mir keineswegs, alle anderen umzubringen. Ein einziger besiegter Soldat bedeutet keine gewonnene Schlacht. Aber warum sollte ich auch alle umbringen wollen, da es doch reichte, eine einzige Person zu töten?

„Danke, Jungs", wandte ich mich an die Beobachter. Mir war ein schwerer Stein vom Herzen gefallen. Diese Aura hatte dafür gesorgt, dass ich endlich wieder mitspielen konnte und eine Chance hatte.

Etwas flackerte am Rand meines Sichtfelds. Ich wandte den Blick vom Text ab und entdeckte drei kleine Ballons, zwei rote und einen goldenen, die ungeduldig vor mir herumsprangen und nach meiner Aufmerksamkeit verlangten.

Ich öffnete zuerst den mir am nächsten roten Ballon. Eine Systemmitteilung entfaltete sich:

Die Prüfung wurde pausiert!

Dies ist ein geheimer Bonus für den großen Helden, der Deel'Agha besiegt hat, ein Monster, das die derzeitige Welle an Prüfungsteilnehmern terrorisiert und in Angst und Schrecken versetzt hat.

Dauer: 1 Stunde pibellauischer Zeit, oder bis die Pause abgebrochen wird, oder bis du einem Feind einen Schaden zufügst.

Ein breites Lächeln trat in mein Gesicht. Jetzt konnte

ich mir Zeit lassen und in aller Ruhe all die Geschenke betrachten, die ich gerade erhalten hatte. So verzweifelt ich auch meine Vergangenheit als Spieler hinter mir lassen wollte — was bitte war befriedigender als die Beute zu untersuchen, die einem zugefallen war, nachdem man den größten und bösesten Boss im Spiel umgebracht hatte?

Held! Dein Clan verfügt bisher nicht über Vasallen. Möchtest du einigen von denen, die du in deinen vorherigen Leben verloren hast, eine zweite Chance geben?

Ein Respawn ist verfügbar für die folgenden, entpersonifizierten Testsubjekte:
Jovanna
Ola
Carter
Manu
Eddie
Björn

Leti stand nicht auf der Liste — sie war ja noch immer am Leben und einer von Jumas Vasallen.

Mein Lächeln wurde immer breiter, als ich alle auf der Liste aktivierte, einen nach dem anderen. Clan-Mitglieder würden mir meine Aufgabe enorm erleichtern!

Du hast deine Auswahl getroffen, Held. Möchtest du die Prüfung für deine Vasallen ebenfalls pausieren?
Ja/Nein

Aber sicher doch!

Um mich herum erschienen die eingefrorenen Gestalten meiner Clan-Mitglieder, ihre Augen noch geschlossen. Respawnt waren sie bereits, aber die Pausierung der Prüfung wirkte sich natürlich auch auf sie aus.

Bevor ich mich weiter mit ihnen befasste, wollte ich

zuerst einmal wissen, was der goldene Ballon mir brachte. Gold — das bedeutete einen Erfolg. Was konnte das bloß sein?

Ich stieß mit dem Finger dagegen. Der Ballon platzte und hinterließ eine weitere Systemmeldung:

Held! Du hast einen neuen Erfolg freigeschaltet: Gotteskämpfer.
Du bist das erste und letzte Testsubjekt dieser Welle, dem es gelungen ist, den globalen Boss zu besiegen.
+100 % für jeden Schaden, den du anderen Prüfungsteilnehmern zufügst.

Ich betrachtete das neue Symbol mit der herbeirufenden Pfeife. Noch während ich mich auf den schimmernden Schalter konzentrierte, hatte ich das Gefühl, bereits zu wissen, was diese Pfeife mir einbringen würde.

Herbeirufende Pfeife
Ein Artefakt zum einmaligen Gebrauch.
Ruft eine Kopie des globalen Bosses Deel'Agha zur Unterstützung des Herbeirufenden herbei.

Klasse! Und wann bitte sollte ich diese Kopie herbeirufen, wenn nicht jetzt? Natürlich nicht gleich, aber sofort nach dem Ende der Pausierung.

Ich überlegte, wie ich diesen immensen Haufen an Existenz-Ressourcen am besten verteilte, die mir gerade gutgeschrieben worden waren, und ob ich sie gleichmäßig unter uns allen im Clan ausgeben sollte. Am Ende entschloss ich mich für das, was ich für den goldenen Mittelweg hielt. Starke Vasallen konnten mir nur helfen, Juma besiegen. Ich brauchte kein Kanonenfutter.

Ich kaufte mir ein Level nach dem anderen und verwendete beinahe die Hälfte der erhaltenen Ressourcen, um mich selbst auf Level 70 zu bringen.

Die 84 Eigenschaftspunkte, die mir das eintrug,

verteilte ich gleichmäßig zwischen Stärke und Ausdauer. Etwas anderes brauchte ich momentan nicht. Ich wollte nur eines — Schaden zufügen. Inzwischen war ich in der Lage, jeden von Jumas Vasallen mit einem einzigen Hieb zu töten. Und ich brauchte mehr Lebenspunkte, um mich gegen alle Eventualitäten zu schützen.

Unterdrücker würde mich gegen alle Anstrengungen schützen, mich irgendwie zu kontrollieren, und Juma davon abhalten, seine Unverwundbarkeit zu aktivieren, und zwar auch nach Ablauf der Abklingzeit.

All das hatte mich etwa eine halbe Stunde gekostet. Es war alles andere als einfach, um ganze 42 Level aufzusteigen, die Eigenschaftspunkte zu verteilen und die fünf neuen Klassentalente zu studieren. Nach Level 50 gab es keine neuen Talente mehr. Anschließend konnte man nur noch die vorhandenen Talente verstärken.

Nun musste ich die Pausierung der Prüfung rasch für meine Vasallen aufheben, denn ich musste ihnen ja berichten, was sich alles getan hatte.

Ich richtete meinen Blick wieder auf die Nachricht, die mir anbot, für meine Clan-Mitglieder die Pausierung zu unterbrechen, und konzentrierte mich auf „Ja".

Ich hörte ein gemeinschaftliches Keuchen meiner unglücklichen Spieler, die beinahe ganz in Vergessenheit versunken wären, gefolgt von ihren erstaunten Ausrufen.

Diese Leute mochten zwar merkwürdige, dumme und nichtswürdige Kreaturen sein — aber es waren immerhin meine merkwürdigen, dummen und nichtswürdigen Kreaturen!

Bei diesem Gedanken fiel mir ein, dass ich den Dolch besser vorübergehend ablegte, nur für alle Fälle.

Mein Blick wanderte von einem Gesicht zum nächsten, und mir wurde die Kehle eng. Nach einer scheinbar endlosen Kette an Fehlschlägen und Verlusten, die mich beinahe dazu gebracht hätten, aufzugeben, hatte ich es nicht nur geschafft, zu überleben, sondern der Prüfung auch eine entscheidende Wendung zu geben, die

Juma ansonsten inzwischen mit Sicherheit längst gewonnen hätte.

Ich schluckte und breitete lächelnd die Arme für meine Freunde aus.

Carter war der Erste, der zu sich kam. Er machte zwei Schritte auf mich zu und schlug mir fest ins Gesicht.

Erhaltener Schaden: 47 (Ohrfeige von Carter)
Möchtest du den Vasallen bestrafen und den Zähler für seine Entpersonifizierung aktivieren?

„Du verfluchter Abschaum!", schimpfte Carter. „Warum, verdammt noch mal, musstest du mich unbedingt umbringen?"

Wie gut, dass ich den Dolch entfernt hatte. Ich öffnete gerade den Mund, um etwas zu erwidern, als auf einmal das totale Chaos ausbrach. Meine Freunde sprangen gesammelt auf mich zu, alle in ihrer Zivilkleidung, und begruben mich unter lauten Jubelrufen unter sich. Ich schaffte es nur mühsam, auf den Füßen zu bleiben.

„Boss! Du hast es geschafft!", brüllte Eddie und raubte mir den Atem mit seinem heftigen Rückenklopfen. „Himmel, du hast Level 70! Ist ja unglaublich!"

Manu stand etwas von den anderen entfernt und krümmte sich vor Lachen. Dann drehte er sich um und bemerkte die Gestalten von Jumas Vasallen, die in den seltsamsten Bewegungen erstarrt waren.

„Heilige Mutter Gottes!", rief er aus. „Du verdammter Hurensohn, Phil! Wie hast du das bloß hingekriegt? Was ist passiert?"

„Juhu!", freute sich Ola, tanzte auf mich zu und versuchte, mich zu küssen.

Doch prompt wurde er von Jovanna beiseitegeschoben. Sie sprang hoch und umklammerte mich mit Armen und Beinen, hing an meinem Hals. Ihre Küsse sorgten dafür, dass ich mich eine Weile lang auf nichts anderes konzentrieren konnte.

In der Zwischenzeit tauschten sich meine Freunde über ihre Erfahrungen mit den verschiedenen Entpersonifizierungen und anschließenden Respawns aus.

Über Jovannas Schulter sah ich einen sehr überraschten Mike, der sich ungläubig von oben bis unten betrachtete.

„Ich bin gerade im Wald lebendig verbrannt worden", bemerkte er mit einem Schulterzucken. „Und jetzt ist alles wieder heile. Was ist bloß los?"

„Wer zum Teufel ist das?", fragte Manu. „Hey, Junge, wie bist du denn hier gelandet? Phil, gehört der zu uns?"

„Wo ist Leti?" Eddie sah sich um. „Und die Dinos, wo sind die? Rex, Tank, Croc und Spino?"

„Rex hat sich bis zum Ende tapfer geschlagen", erklärte ich. „Er ist gerade eben gestorben. Du hättest ihn kämpfen sehen sollen!"

„Und Leti?"

„Leti? Oh, die ist jetzt in Jumas Clan."

Eddies Gesicht verdunkelte sich. Manu legte ihm die Hand auf die Schulter. „Das ist doch verständlich, Mann."

„Das ist es", stimmte ich zu. „Also — wir haben zwar Leti verloren, aber dafür ist Mike alias Björn zu uns gestoßen. Und Carter. Von ihm hatte ich euch erzählt, oder? Jetzt gebt euch alle die Hand und hört mir gut zu..."

Kaum hatten sich alle begrüßt, beeilte ich mich, sie über die neuesten Entwicklungen seit Carters Tod zu informieren, damit er, der als Erster gestorben war, und auch Jovanna, die es als Nächste erwischt hatte, auf dem Laufenden waren.

Ich meinerseits erfuhr, dass für alle von ihnen zwischen ihrem endgültigen Tod und ihrem Respawn nur wenige Sekunden vergangen waren. Ihre Hirnaktivität musste mit dem Tod geendet haben und gerade erst wieder aktiviert worden sein.

„Wie viel Zeit bleibt uns noch bis zum Ende der Pause?", wollte Carter wissen, geschäftsmäßig wie immer. Mein Bericht schien ihn nicht im Geringsten zu erstaunen.

„Reicht es noch, neue Level zu erreichen und die neuen Talente zu studieren?"

„Klar. Wir haben noch knapp eine halbe pibellauische Stunde", erwiderte ich. „Ich werde die Ressourcen jetzt verteilen. Es sind noch fast 150.000 Punkte verfügbar. Ola, wie siehst du das? Das sollte doch reichen, um euch allen Level 25 zu verschaffen, oder? Mike ist die einzige Ausnahme, wegen seiner Strafe. Wenn meine Berechnungen zutreffen, schafft er es lediglich auf Level 20."

Der Afrikaner dachte kurz nach und nickte dann. Ich schickte jedem von ihnen etwas mehr als 20.000 Punkte und schaute zu, wie ihre Level anstiegen.

„Ich möchte, dass ihr ein paar Punkte aufbewahrt, falls ihr euch rasch durch einen Aufstieg um ein Level retten müsst", schärfte ich ihnen ein. „Man weiß schließlich nie. Noch haben wir nicht gewonnen, aber der Sieg ist bereits in greifbarer Nähe. Wir müssen nur noch Juma erledigen." Ich deutete auf seine etwa 100 Meter von uns entfernt mitten im Lauf eingefrorene Gestalt. „Wenn wir ihn töten, haben wir die Prüfung so gut wie gewonnen. Momentan gehören ihm alle Hexagone, außer einem einzigen. Und ihr wisst genau, was passiert, wenn er das letzte auch noch erobert, richtig?"

„Das Ziel jedes Prüfungskandidaten ist die Eroberung aller Hexagone auf Pibellau", zitierte Jovanna aus dem Regelbuch. „Wenn er sich das letzte auch noch unter den Nagel reißt, hat er gewonnen."

„Genau. Falls Juma es zurück zu seiner Basis schafft und sich von dort aus in ein Hexagon neben meinem teleportiert, schaffen wir es niemals, ihn noch einzuholen. Wir können unser Hexagon in der einen Stunde, die er dort verbringen muss, nicht erreichen, um es zu verteidigen."

„Also müssen wir verhindern, dass Juma von hier entkommt, koste es, was es wolle", brummte Carter. „Um die anderen können wir uns dann anschließend kümmern."

„Natürlich, anders können wir gar nicht vorgehen." Ich lächelte. „Aber ihr habt das Offensichtliche übersehen. Denkt einmal nach."

„Was denn?" Misstrauisch beäugte der grauhaarige Gitarrist mich.

Olas Gesicht erhellte sich mit einem Megawatt-Lächeln, das jede der beiden Sonnen von Pibellau in den Schatten gestellt hätte. Jovanna warf mit einem Triumphschrei beide Arme in die Luft. Eddie und Manu klatschten sich ab.

Mike murmelte, ohne sich an jemanden Bestimmten zu wenden: „Wenn ihm alle Hexagone gehören außer einem, und dieses Hexagon uns gehört, bedeutet das, wenn wir Juma umbringen..."

„Dann gewinnen wir die Prüfung!", brüllte Carter, schüttelte die Fäuste und stieß eine Reihe von Flüchen aus.

Ich wartete, bis sich alle wieder beruhigt hatten. Ich verstand ja, warum sie so aufgeregt waren. Als sie ihren letzten Tod gestorben waren — und das war für alle erst vor Kurzem gewesen –, hatten unsere Chancen, jemals zu gewinnen, bei null gelegen. Carter hatte es erwischt, als er fest damit gerechnet hatte, wir würden sogleich von Nagashs Armee zertrampelt. Jovanna war im sicheren Bewusstsein der absoluten Überlegenheit von Juma und Tafari über uns gestorben. Eddie, Ola und Manu waren ohne den geringsten Hoffnungsschimmer verschieden, in der Falle zwischen nächtlichen Monstern und Jumas Clan, der von hinten angegriffen hatte. Und Mike... nun, als ich ihm begegnet war, hätte Ilindi nicht einmal einen rostigen Cent auf unseren Sieg gesetzt.

„Ist das alles, was wir tun müssen?", wollte Manu wissen.

„Das ist es. Aber, auf die Gefahr hin, wie eine abergläubische, alte Unke zu klingen... Wir müssen mit weiteren Überraschungen rechnen. Wir werden von Milliarden von Außerirdischen beobachtet, und niemand weiß, was die sich womöglich als Nächstes ausdenken. Ich kann mir gut vorstellen, dass sie Juma nun ebenfalls einen gewissen Bonus gewähren, wenn das nicht sogar bereits passiert ist, um das Gleichgewicht wiederherzustellen und ein spannendes Finale geliefert zu bekommen."

„Gib einfach den Befehl." Grinsend kratzte sich Carter am Bauch. „Wie sollen wir diesen Mistkerl umlegen?"

„Das mit dem Töten übernehme ich. Ich werde Deel'Agha herbeirufen, damit er mir hilft."

„Ja, aber..."

„Ja, aber euer vorrangiges Ziel ist, euch nicht umbringen zu lassen!", knurrte ich. „Ich habe keine Ahnung, ob der Sieg auch für jemanden zählt, der dem gewinnenden Clan angehörte, aber vorher gestorben ist. Die Regeln, die jetzt gelten, sind mir zum Teil völlig schleierhaft. Nach meinem zwischenzeitlichen Tod hätte unser Clan eigentlich völlig aufgelöst werden müssen. Ich weiß nicht, warum ich euch zurückbringen konnte. Und hätte ich das nicht getan..."

Manu nickte. „Es komme, was wolle. Oder wie wir in Kolumbien sagen..."

Ich legte ihm die Hand auf die Schulter. „Nicht jetzt, bitte. Wir haben keine Zeit für Sprüche. Studiert eure Talente!"

Die nächsten zehn Minuten lauschte ich meinen Freunden bei ihrem aufgeregten Geplapper, als sie ihre neuen Talente entdeckten. Wie es zu erwarten war, wurde Mike zum Krieger, ebenso wie Carter und Manu.

„Ich habe den verlangsamenden Schuss bekommen!", jubelte Jovanna. „Wenn ich doch bloß eine Waffe hätte!"

Ich schlug mir gegen die Stirn. Wieso hatte ich nicht gleich daran gedacht? Rasch nahm ich den Rucksack ab und leerte ihn aus. „Jetzt hast du eine. Holt euch eure Waffen und eine Uniform!"

Wieder einmal dankte ich der weisen Voraussicht, mit der wir vorher vorgegangen waren. Die neuen Uniformen, die wir nur zur Sicherheit erstellt hatten, kamen jetzt, in diesem Augenblick, in dem wir sie am nötigsten brauchten, wie gerufen.

„Jetzt hört mir mal alle zu — euer Hauptziel ist, euch

nicht töten zu lassen. Jumas Kämpfer verfügen über dasselbe Level wie ihr, und seine Leibwächter haben sogar noch höhere Level. Riskiert nichts, wenn sie versuchen, ihren Anführer zu schützen. Unsere Hauptwaffe ist der globale Boss. Er ist so riesig, dass er sogar mit Rex im Nu fertig wird. Kapiert?"

„Aaah", gab Ola von sich. „Wie sieht er denn aus?"

„Wie ein Regenwurm von fast 100 Metern Länge, mit Tentakeln auf dem Kopf und einem gepanzerten Rücken, aus dem Stacheln von der Größe eines Busses ragen. Und aus den Poren seines Bauches dringt geschmolzene Lava. Na, wie klingt das?"

Ola schüttelte den Kopf. „Nein, ich will ihn mir wirklich nicht bildlich vorstellen."

„Du musst verdammt geschummelt haben, wenn es dir gelungen ist, ein solches Monster umzubringen", meldete Mike Hagen sich zu Wort. „Aber ich bin froh, dass sich die Dinge so ergeben haben. Es ist gut, dass du deine Freunde wieder hast, Phil. Ich hätte nicht gedacht, dass jemand wie du überhaupt Freunde haben kann."

Die anderen schauten mich verwundert an.

„Als ich Mike traf, stand ich unter dem Einfluss dieses Dolches, der meine Gedanken und mein Wesen verändert", erklärte ich. „Erinnerst du dich daran, Jovanna?"

Sie nickte. „Klar. Ich musste dir einen Pfeil ins Handgelenk jagen, um dich davon abzuhalten, Zack umzubringen. Sonst hättest du dein eigenes Versprechen nicht gehalten."

Alle schwiegen und verarbeiteten diese neue Information. Dann brach erneut wildes Chaos aus. Am lautesten war Ola, der seine Flüche mit ein paar französischen *gros mots* pfefferte, mit afrikanischen Sprichwörtern und dem gesamten Vokabular an englischen Beleidigungen, gerichtet sowohl gegen Zack als auch gegen Jovannas Schießkunst mit dem Bogen.

Jovanna wurde rot und senkte den Blick. „Ich hatte

doch keine Ahnung, was dieser Dolch noch alles mit dir anstellen würde."

Ich umarmte sie und schlug ihr freundschaftlich auf den Rücken, dann legte ich dem zornigen Ola die Hand gegen die Brust, um ihn zu beruhigen. „Ola, sie hat das Richtige getan."

„Ja, sie hat Phils Ehre gerettet", rief Manu. „Gibt es etwas, das für einen Mann wichtiger ist als sein Wort zu halten?"

„Nein", erwiderten Eddie und Carter wie aus einem Mund, obwohl die Frage rein rhetorisch gewesen war.

„Kann mir bitte mal jemand erklären, wovon ihr da redet?", verlangte Carter.

„Ganz bestimmt — aber lass uns erst diese Jungs erledigen." Ich zeigte auf das Schlachtfeld.

Als alle sich ihre Waffen und Uniformen geholt und wir die taktischen Details unserer Vorgehensweise besprochen hatten, blieben uns weniger als fünf Minuten bis zum Ende der Pause. Meine Freunde nahmen ihre Positionen ein, die wir mit dem Ziel gewählt hatten, alle denkbaren Fluchtwege Jumas zu sperren. Sie hatten eine ganz einfache Aufgabe — sie mussten nur am Leben bleiben und sicherstellen, dass Juma nicht zu einer Basis gelangen konnte.

Einschließlich seiner eigenen Person waren noch 13 Clan-Mitglieder von Juma auf dem Schlachtfeld. Außerdem waren noch zwei von Tafaris Vasallen am Leben, eingefroren mitten in ihrer Flucht. Letztere waren mir herzlich gleichgültig. Ich hoffte nur, dass Jumas Leute keine Zeit hatten, ihrem Anführer zu Hilfe zu eilen.

Ungeduldig küsste ich meine beiden Dolche in den Händen. Mein Blut war in Wallung, und die Macht in mir verlangte nach einem Ventil.

„Nun, seid ihr bereit, ihr nutzlosen Würmer?", fragte ich meine Vasallen, während der Zähler sich der Null näherte.

Carter schlug sich zweimal mit der Faust gegen die

Brust. Die anderen reagierten mit den unterschiedlichsten Bestätigungen.

„Ich kann euch nicht hören!", brüllte ich.

Jovanna drehte den Kopf und formte mit dem Mund eine Silbe, die „Dolch" zu lauten schien. Die anderen nickten verständnisvoll.

„Wir sind bereit!", schrien alle auf einmal wie aus einer Kehle.

„Schon besser. Helme auf!"

Ich betrachtete meine Vasallen. Mit den Waffen in der Hand, hohem Level und in Uniform sahen sie auf einmal gar nicht mehr so nutzlos aus. Hervorragend!

„Und los!", brüllte ich, rammte mir den Helm auf den Kopf und aktivierte die herbeirufende Pfeife.

Das Gewebe der Realität brach auf und gab einen Wurm in der Größe eines kleinen Busses frei, eine Nachbildung von Deel'Agha, nur zehnmal kleiner als der wahre Boss. Mit einem etwas skeptischen Lachen — na, immerhin hatte er Level 80, auch wenn er klein war — hetzte ich ihn auf Juma.

„Betäuben!", schrie ich aufgeregt, mikroportierte mich hinter Jumas noch immer erstarrten Rücken und schlug auf ihn ein.

Nur ganz am Rande vernahm ich noch Olas Worte: „Der ist aber keine 100 Meter lang. Nicht einmal zehn!"

Am Ende hätte ich nicht sagen können, wer von uns tatsächlich Juma getötet hatte — ob es meine Dolche gewesen waren, oder der Boss, der ihn mit seinen Kiefern in Fetzen riss. Ich hatte noch nicht einmal die Protokolleinträge über den Sieg lesen können, als auch schon erneut die gesamte Welt erstarrte. Nur hatte diesmal jemand nicht „Pause", sondern „Stopp" gedrückt.

Alles wurde dunkel. Mein Herz hörte auf zu schlagen.

Als ich die Augen öffnete, krampfhaft nach Atem ringend, war von meinen Freunden keiner mehr da. Von meinen Feinden übrigens auch nicht. Vor mir standen lediglich drei Gestalten, die ich schon halb vergessen hatte:

der dämonische, drei Meter große Khphor, Ilindi und Valiadis.

Ich hatte keine Waffen mehr, und ich trug Bermuda-Shorts und ein recht knapp sitzendes T-Shirt.

War etwa schon alles vorbei?

Mit einem Schrei griff ich mir an den Kopf. Es kam mir vor, als ob all meine Gedanken und Erinnerungen in das Gehirn eines anderen gepresst wurden, des realen Phil Panfilov, auf der Suche nach verfügbaren freien Speicherorten.

Und dann wurde ich er — ich wurde der reale Phil Panfilov. Ich erinnerte mich auf einmal an alles, das während der Prüfung auf der Erde passiert war. Cyrils Verrat, Panchenkos Versuch, mich umzubringen, meine Reise in die USA, meine Tage in Vegas, das Zusammentreffen mit Mike Hagen, meine Arbeit für die CIA, die Rache an Panchenko, das Aufheben des Fluchs, und schließlich mein Kidnapping, mit der anschließenden Entführung durch die Außerirdischen.

Ich — der reale Phil — wurde im Schnelldurchgang durch meine Erfahrung auf Pibellau geführt: Meine Ankunft dort, mein Tod durch die Säurespucke des Kreken, mein erstes Hexagon, meine Dinos, zuerst nur Velociraptoren und Dilophosaurier, gefolgt von meiner Begegnung mit Carter, mein zweiter Tod durch seine Hand. Mein erster Erfolg, meine erste Fähigkeit der Fusion, mein Treffen mit Jovanna und ihr Geschenk eines Messers, das Durchlaufen der Instanz, die Eroberung eines neuen Hexagons, Rex, mein Sieg über Carter, mein Bündnis mit Jovanna, Tank, meine Absprache mit Zack, Nebulas und Anomalien, mein Kampf gegen Nagash mit dem unerwarteten Wiederauftauchen von Carter, den ich anschließend umbrachte, weil Nagash meinen Willen beherrscht hatte. Ola, Croc, der kampflustige Striker, der Nagash angegriffen hatte, das Zusammenkommen mit Manu, Eddie und Leti, das Hexagon mit dem speziellen Zweck, das beim zweiten Besuch zum letzten Tod von Jovanna führte, der Frau, die ich, wie ich nun erkannte, von Herzen liebte. Das mehrfache Eindringen der Feinde in unsere Hexagone, mein Plan à la Kutuzov und der nachfolgende heimtückische Angriff durch Jumas Truppen in der Nacht, der Tod meiner Freunde, Letis Verrat, Kens Unterstützung und mein Entkommen, die Verzweiflung, der Wunsch, alles zu beenden, meine neuen Freunde, Reißzahn Nummer 1 und Reißzahn Nummer 2, die Begegnung mit Mike, meine Rache an Zack, Deel'Agha, ein weiterer Tod — und die letzte Schlacht...

Es mochten nur Bruchteile von Sekunden gewesen sein, in denen mir all das durch den Kopf ging, aber die Erinnerung war so intensiv und lebendig, dass ich meine Freunde bereits vermisste — und vor allem die Frau, die ich liebte.

Valiadis nahm seinen Helm ab. Das Lächeln in seinem Gesicht war müde, doch er zwinkerte mir zu. Ilindi wirkte sehr streng, allerdings funkelten ihre Augen übermütig.

Khphor trat vor und bot mir seine Hand. Ich streckte meine ebenfalls aus, und der Vaalphor ergriff meinen Arm unterhalb des Ellbogens, in einem Gruß, wie ihn früher die alten Römer benutzt hatten.

Seine Hand verbrannte mir den Unterarm, doch ich ertrug es stumm. Der Schmerz steigerte sich noch, als er endlich wieder losließ.

In meinem Kopf hallte seine mentale Ansprache wider: „Ich gratuliere, Mensch! Ich ernenne dich vor allen Beobachtern und Aufsehern zum Champion und Gewinner der vierten Welle der Prüfung deiner Rasse und deiner Zeitgenossen. Du darfst das Interface behalten, ebenso wie alle Erfolge, die du mit seiner Hilfe erreicht hast. Diejenigen deiner Clan-Mitglieder, die beim Ende der Prüfung deine Vasallen waren, dürfen ihre Erfolge ebenfalls behalten. Ihr Interface allerdings wird deinstalliert und die entsprechenden Erinnerungen werden gelöscht."

„Wo sind meine Freunde?", fragte ich laut.

„Ihre Nachbildungen wurden bereits als nun

überflüssig gelöscht", erwiderte Khphor, unhörbar für die anderen. „Ihre Originale wurden aus deiner Welt entführt. Derzeit wird ihnen gerade mithilfe einer teilweisen Gedächtnislöschung das Interface entfernt."

„Aber Sie haben doch versprochen, dass sie ihre Erinnerungen behalten dürfen!", protestierte ich und musste darum kämpfen, ruhig zu bleiben. „Jovanna, Ola, Carter... Heißt das etwa, sie werden alles vergessen, was die Prüfung betrifft, auch mich?"

„Wir haben die Testsubjekte bewusst getäuscht. Andernfalls hätte das Prinzip des Clans nicht so funktioniert, wie es erforderlich war, um unsere Zwecke zu erreichen."

„Und was ist mit den anderen Teilnehmern?" Ich musste an Ken und Striker denken. „Haben Sie sie zu dem Zeitpunkt zurückversetzt, bevor sie das Interface erhalten haben, und sie einfach dort gelassen?"

Bildete ich mir das nur ein, oder hatte er gerade spöttisch gegrinst? In der Tat — ich konnte zwar wegen des Helms Khphors Gesicht nicht sehen, doch was ich gerade zu hören bekam, war eindeutig ein leises, beinahe menschliches Lachen.

„Eine solche Operation wäre viel zu energieintensiv. Es ist weit einfacher, schlicht ihr Gedächtnis zu löschen und ihre Körper wieder in den früheren Zustand zu versetzen."

Zack hatte also recht gehabt. Aber bedeutete das nun tatsächlich, dass er all sein Geld und seine neue Ehefrau behalten durfte?

„Das heißt also, wenn ein Interface-Benutzer eine Menge Geld verdient oder einen hohen sozialen Status erreicht hat, bleibt ihm das erhalten?"

„Genug deiner dummen Fragen, Champion! Dein Interesse an den Leben und Problemen anderer ist absolut unlogisch."

Ilindi schüttelte kaum merklich den Kopf. Also hatten die anderen zumindest Khphors letzte Worte doch gehört.

Na gut — ich konnte später immer noch Valiadis darüber ausfragen.

„Lass uns die Formalitäten abschließen, Champion. Der leitende Aufseher über die vierte Welle der Prüfung deiner Rasse und deiner Zeitgenossen hat die Trophäe ausgewählt, die dir verliehen wird."

Khphor hielt inne. Ich wartete geduldig.

Er streckte seine Faust aus, öffnete sie langsam.

Eine Scheibe aus einem himmelblauen Metall schwebte über seiner Handfläche, umgeben von einer schimmernden Energie-Aura.

„Du erhältst das Oa-Tung. Dies ist ein Artefakt zum einmaligen Gebrauch. Es ermöglicht dir eine Chance, eine beliebige deiner Fertigkeiten auf ein Level zu heben, wie es bislang unter allen Vertretern deiner Spezies in deren gesamter Geschichte unerreicht ist. Nimm es."

Ich ergriff die Scheibe, die völlig gewichtlos war. Sie versengte mir meine Hand mit Hitze und verschwand dann in meinem Körper, von meiner Haut aufgenommen. Eine ganze Weile lang waren die Umrisse meiner Hand von einem schwachen Strahlen umgeben, dann verschwand auch dieses und hinterließ das neue Wissen, dass ich dieses Artefakt jederzeit durch einen mentalen Befehl aktivieren konnte.

„Verwende es weise, Champion", mahnte Khphor. „Deine Existenz in dieser Welt wird bald enden. Die nächste Welle wird für dein Zeitalter die letzte sein."

„Und was kommt dann?"

„Dann wirst du wie alle anderen Champions auch einer Auswahl unterzogen", antwortete statt Khphor Valiadis.

„Eine Auswahl? Und was zum Teufel ist das?"

„Ich habe keine Ahnung, Phil", erwiderte Valiadis. „Wir werden es einfach abwarten müssen, du und ich. Ich bin ebenfalls schon sehr gespannt, welche anderen Tricks diese Chrononauten noch auf Lager haben."

„Khphor, was ist diese Auswahl?", beharrte ich.

„Die Regeln der Auswahl unter den Menschen werden vom Droh Ragg festgelegt, vom Rat der Ältesten. Es versteht sich von selbst, dass sie alle Eigenschaften berücksichtigen, die deine Spezies definieren, ebenso wie alle Vorschläge, die von deren prominentesten Vertretern gemacht werden."

„Einen Augenblick — und wer bitte wird jetzt in die Zukunft reisen? Wieder meine Nachbildung?"

Khphor schüttelte den Kopf. „Nein, Mensch. Die Auswahl verlangt eine Interaktion mit der realen Welt, und keine Kreatur kann gleichzeitig an zwei verschiedenen Punkten eines bestimmten realen Zeitzweigs existieren. Ich ahne, welche Frage du mir als Nächstes stellen wirst. Hier ist meine Antwort: Pibellau ist keine reale Welt, sondern eine künstliche. Sie funktioniert im Einklang mit den Regeln, die der leitende Aufseher über die Prüfung festlegt."

„Sie meinen, dabei handelt es sich lediglich um eine virtuelle Realität?"

„Eigentlich nicht, nein. Alles, was dort passiert, ist eine realistische Nachstellung. Aber die Welt auf Pibellau folgt ihren eigenen Gesetzen. Um ein Bild aus deiner Welt zu verwenden: Diese Welt ist wie die Bühne bei einem Theaterstück. Für die nächste Welle werden die Kulissen ganz anders aussehen."

„Und was wird jetzt mit mir geschehen?"

„Du wirst hier entpersonifiziert und absolut exakt in der Zukunft wieder neu erstellt. Also genieße deine letzten Tage in deiner Heimatwelt. Du solltest dich freuen, dass du nicht der letzten Welle angehörst — deren Champion wird einen solchen Luxus nicht genießen dürfen."

Meine Gedanken überschlugen sich. Ich wandte mich an Ilindi und Valiadis. „Habt ihr beiden das gewusst?"

Valiadis nickte und wich meinem Blick dabei aus.

„Ich wünschte, ich hätte mich Jumas Clan angeschlossen!", rief ich aus, rasend vor Zorn. „Kann ich mich weigern, in die Zukunft zu reisen?"

„Nein, das kannst du nicht!" Warnend hob Khphor die Hand und verbot sich damit weitere Fragen. „Das reicht jetzt, Mensch. Schickt ihn zurück."

„Nein, warten Sie!", rief ich. Mir war plötzlich

eingefallen, dass „zurück" bedeutete, ich lag gerade gefesselt in einem Van, der mich zu irgendeinem Bunker in der Wüste bringen würde. „Können Sie mich auch an einen anderen Ort zurücksenden?"

„Das ist möglich", bejahte er.

Ich spürte den kalten Hauch seiner Gedanken, die meine erforschten.

„Ich vermute, du möchtest nach Hause gehen? Nun gut. Du wirst in deiner eigenen Wohnung wieder zu dir kommen."

Verzweifelt zermarterte ich mir das Gehirn, auf der Suche nach all den Fragen, die ich vergessen hatte, ihm zu stellen, als das dämonische Rascheln außerirdischer Gedanken erneut in mein Bewusstsein drang.

„Diese Leute kannst du vergessen. Sie werden dich nie wieder behelligen. Hast du verstanden? Geh jetzt."

Alles um mich herum verschwand. Oder war ich selbst es, der verschwand?

KAPITEL 30

NICHT FÜR RUHM ALLEIN...

Straßen? Dort, wo wir hingehen,
brauchen wir keine Straßen.

Dr. Emmett Brown, *Zurück in die Zukunft*

WIEDER ZURÜCK ZU Hause nach der Begegnung mit
Khphor überkamen mich ein so mächtiger Hunger und
Durst, dass ich bald an nichts anderes mehr denken
konnte und all meine anderen Sorgen vorübergehend in
den Hintergrund gedrängt wurden.

Ich trank Unmengen an köstlichem, eiskaltem
Wasser und begab mich auf die Suche nach etwas zu essen.

Ich spürte den Heißhunger, den wir alle kennen. Es
sind diese Augenblicke, wenn wir nachts aufwachen und es
uns zum Kühlschrank treibt, zu allen Küchenregalen und
der gesamten Küche, auf der Suche nach etwas Essbarem,
den Resten des letzten Mittagessens, Keksen, ein paar
Scheiben Käse und Schinken, einem alten Brötchen...
Allem, das sich finden ließ.

Etwas Ähnliches hatte ich bereits einmal in der
Nacht erlebt, als ich meine Stärke verbessert hatte. Damals
hatte ich Lebensmittel im Haus gehabt. Jetzt jedoch fand
sich nirgendwo auch nur die winzigste Krume, weil ich alles
gegessen, weggegeben oder weggeworfen hatte, bevor ich für
meine Reise in die USA zum Flughafen aufgebrochen war.

Die Wanduhr zeigte 4 Uhr an, und zwar morgens,
der Vor-Morgendämmerung vor den Fenstern nach zu
schließen. Es fand sich nicht einmal eine einzige Kartoffel

im Haus, sonst hätte ich mir rasch Fritten gemacht. Der imaginäre Geruch der goldbraunen Schnitze kroch mir in die Nase und ließ mir das Wasser im Mund zusammenlaufen.

Nun, ich würde es einfach aushalten müssen, bis die Cafés für die ersten Besucher öffneten.

Die Stille in der Wohnung ließ mir die Ohren klingeln. Und füllte mein Herz mit einem verzweifelten Anfall von Einsamkeit. Ich schaltete den Fernseher ein und klickte mich durch die Kanäle, bis ich einen Sportkanal fand, in dem gerade ein Tennisspiel lief.

Irgendetwas zuckte in meinem Kopf, zwang mich, auf diesem Kanal zu bleiben.

Sollte ich mich vielleicht nach draußen begeben? Vielleicht fand ich irgendwo einen Shop, der rund um die Uhr geöffnet hatte. Ich suchte erneut, diesmal nach Geld. Nein, ich hatte alles in Vegas gelassen.

Konnte ich Kira anrufen? Oder Alik?

Moment — wie bitte sollte ich die denn anrufen? Ein Festnetztelefon gab es in der Wohnung nicht, und mein Handy war ebenfalls in Amerika zurückgeblieben.

Am besten ging ich einfach zu Bett. Allerdings bezweifelte ich doch sehr stark, schlafen zu können.

Dann kam mir eine Idee. Ich konnte meine Eltern überraschen! Meine Mutter hatte mit Sicherheit etwas zu essen im Haus. Oh, Mist — nein, die waren ja im Sommerhaus, oder nicht? Bis ich dort eingetroffen war, lohnte sich alles nicht mehr. Ebenso gut konnte ich auch ins Büro gehen.

Dort ganz in der Nähe war eine Bäckerei, und die machte um 7 auf. Die Strafe, die das Interface verhängte, wenn ich aus purer Not einen Laib Brot stahl, war doch gewiss nicht allzu schwerwiegend, oder?

Der Gedanke an frischgebackene Brötchen verursachte mir Magenkrämpfe. Speichel tropfte mir aus dem Mund. Ich bildete mir ein, warmes Gebäck zu riechen...

Mein Verstand protestierte gegen das dumme Risiko, eine Strafe oder sogar Sperre zu riskieren, die mir eine solche sozial nachteilige Handlung ebenfalls eintragen konnte. Meine Instinkte standen im Widerstreit zu meinem Gewissen, aber nahezu automatisch hatte ich mir bereits meine Turnschuhe angezogen.

Gerade als ich nach der Türklinke griff, um die Wohnung zu verlassen, klopfte jemand.

Blut stieg mir in den Kopf. Ungebetene Besucher versprachen nichts Gutes. Ich bereitete mich darauf vor, Unauffälligkeit und das Verlangsamen der Zeit zu aktivieren, dann öffnete ich die Tür.

Mir entströmte ein Seufzer maßloser Erleichterung. Dort stand Ilindi, als Stacy verkleidet.

„Hallo! Bist du hungrig?"

Ich nickte und trat beiseite. Sie küsste mich auf die Wange. Ihr Minirock, ihre weißen Turnschuhe und das T-Shirt, das ihre Taille freigab, sahen auf ihrem sonnengebräunten Körper atemberaubend aus.

„Hunger- und Durstgefühl der Teilnehmer erleben, da sie während der gesamten Prüfung unterdrückt waren, einen enormen Anstieg, nachdem alle künstlichen Unterdrücker entfernt worden sind", erklärte sie und hielt mir zwei Einkaufstüten hin. „Ich habe Käse, Schinken, Brot, Tomaten und Gurken, Zucker und löslichen Kaffee mitgebracht. Tut mir leid, etwas anderes habe ich nicht bekommen."

Ich öffnete die Tüten. Ein köstlicher Duft breitete sich aus. Ich griff nach dem Schinken und biss hinein, mit Rinde und allem, knurrte vor Behagen.

Stacy betrachtete mich kritisch, schüttelte missbilligend den Kopf und nahm einen großen Rucksack ab, wie ihn Hiker verwenden. Nun hatte sie die Hände frei und fiel mir um den Hals. „Du hast es geschafft!"

Schulterzuckend lächelte ich. „Das habe ich. Aber jetzt bin ich am Verhungern."

„Komm, ich mache dir ein paar belegte Brote, einen

Salat und einen Kaffee."

Sie löste sich von mir. Ich wollte ein weiteres Mal in den Schinken beißen.

„Phil", mahnte sie mit einem strengen Blick und hob dabei die Augenbrauen.

Widerwillig ließ ich meine Beute los und folgte ihr in meine Küchenecke. Sofort holte sie alles aus den Tüten und suchte nach einem Messer und Tellern.

„Erzähl mir von der Prüfung. Wie hast du es hingekriegt?"

„Habt ihr uns nicht beobachtet?"

„Nicht direkt. Valiadis und ich hatten lediglich Zugriff auf die Statistiken. Danach hätte jeder Tag während der gesamten Prüfung dein letzter sein können. Deshalb kam dein Sieg umso unerwarteter." Sie lächelte. „Du hättest Nick sehen sollen — er hat vor Freude gebrüllt! Wir wollten wirklich, dass du gewinnst."

„Kapiert. In dem Fall werde ich dir natürlich alles berichten, Stacy, aber lass mich zuerst essen. Mein Magen fürchtet schon, mir sei die Kehle durchgeschnitten worden."

Nachdem ich alles verschlungen hatte — einen passenderen Begriff gab es dafür nicht –, das Ilindi mir gebracht hatte, war ich auf einmal ganz furchtbar schläfrig. Vor dem weit offenen Fenster zwitscherten fröhlich die ersten Vögel, und langsam erwachte die Stadt aus dem Schlaf. Autotüren quietschten, Hausmeister schwangen ihre Besen, Motoren sprangen an, als meine Nachbarn sich zur Arbeit begaben.

Ich lauschte, und all diese gewohnten Geräusche einer Stadt kamen mir völlig surreal vor. Das mussten die Entzugserscheinungen von der Prüfung sein. Dort auf Pibellau war alles so anders gewesen — die Töne, die Farben, die Gerüche.

Als Stacy meine eintretende Lethargie bemerkte, setzte sie ihre Heilfähigkeiten ein. Meine Schläfrigkeit verschwand, ich war auf einmal hellwach. Die Werte von

Geist, Laune und Selbstvertrauen schnellten in die Höhe, bis sie bei 100 % lagen. Was für eine interessante Wirkung! Da konnte kein Medikament mithalten.

Und da ich denn schon von Wirkungen sprach...

„Inzwischen kann ich das auch selbst", lächelte ich. „Ich verfüge über Regeneration, richtig?"

Sie nickte ungeduldig, als wäre ich ein kleiner Junge, der mit seinem neuesten Spielzeugauto angibt. „Ich weiß — aber das sparst du dir besser auf. Du wirst die Regeneration noch brauchen."

Sie musste meinen erstaunten Blick gesehen haben, denn sie ergänzte: „Ich bin sicher, du hast noch eine ganze Menge Dinge zu erledigen. Du hast vielleicht nicht viel Zeit zu schlafen."

Ich hörte ihr zu, ohne es aufzunehmen, was sie sagte. Ihre Nähe und ihre aufreizende Kleidung trieben mich langsam in den Wahnsinn. Es kostete mich Anstrengung, den Blick nicht auf ihren verführerischen Ausschnitt zu richten und den Anblick ihrer wohlgeformten Schenkel zu vermeiden, den ihr hochgerutschter, kurzer Rock freigab.

„... und du wirst nicht in diese Zeitperiode zurückkehren können."

Ich verbannte meine lüsternen Gedanken in den hintersten Winkel und wiederholte ihre letzten Worte, bis ihre Bedeutung bei mir angekommen war. „Aber warum denn nicht?"

„Khphor hat es doch bereits erklärt. Die Auswahl erfordert deine physische Teilnahme. Ob du bestehst oder nicht — du wirst den Rest deines Lebens in dieser anderen Zeitperiode verbringen müssen. Mit anderen Worten: In der Zukunft."

„Und was ist, wenn ich bestehe?"

„Dann wirst du an der Diagnose der niederrangigen Rassen teilnehmen."

„Und wenn ich versage?"

Sie seufzte. „Phil, ich weiß wirklich nicht alle

Einzelheiten. Ich vermute, du wirst so oder so in der Zukunft bleiben müssen. Die Nachkommen der Menschheit haben ein spezielles Programm für Zwangszeitreisende wie dich entwickelt. Es bietet soziale Anpassung und spezielle Leistungen, ebenso wie alle möglichen Privilegien."

„Stimmt ja — mein sozialer Status ist recht hoch, richtig? Meine virtuelle Assistentin hat mir verraten, dass ich in der Zukunft umso mehr Vorteile genießen kann, je höher mein sozialer Status ist."

Wieder seufzte sie. „Ganz so einfach liegt die Sache nicht."

„Wie meinst du das?"

„Das wirst du schon herausfinden." Sie wich meinem Blick aus. „Wie auch immer die Sache ausgehen wird — du bist jetzt kein normaler Mensch mehr, und das ist den anderen Menschen im 22. Jahrhundert sehr wohl klar. Sie werden dich als potenziellen Helden und Champion der Menschheit betrachten. Besonders, weil sie jeden deiner Schritte während der Prüfung beobachtet haben."

„Jetzt warte mal — waren sie etwa die Beobachter?"

Sie nickte, mit einem schwachen Lächeln. „Unter anderen waren auch sie Beobachter, ja. Alle Gewinner der Prüfung sind für sie absolute Berühmtheiten."

Sie stand auf, um mir eine weitere Tasse Kaffee zuzubereiten. Dabei betrachtete sie etwas über meinem Kopf.

„Du leidest gerade unter dem Debuff sexueller Frustration", bemerkte sie besorgt. „Soll ich dir helfen, ihn zu entfernen?"

„Ähm..."

Angesichts meines Zögerns kicherte sie und brach dann in lautes, ansteckendes Lachen aus. Verlegen wandte ich den Blick ab, der dabei auf den Fernseher fiel.

Mein Herz verkrampfte sich. Es lief noch immer das Tennisspiel — und Jovannas Gesicht füllte den Bildschirm. Sie hatte Aufschlag und war ernst und konzentriert, wie bei unserer ersten Begegnung.

Lange schaute ich ihr zu. Ich wusste sehr wohl, sie würde mich nicht wiedererkennen, selbst falls wir uns irgendwann begegnen sollten. Dennoch beschloss ich, ihrer Bitte nachzukommen und zu ihr zu gehen, mit unserer Beziehung von Neuem zu beginnen, obwohl mir nur so wenig Zeit blieb.

Ilindi flüsterte etwas. Ihre unsichtbare Berührung ließ eine heilende Welle über meinen Körper laufen. Ich erschauerte und atmete erleichtert auf. Ich fühlte mich wieder gut. Das Debuff-Symbol war verschwunden.

Ich grinste. „Ach, das hast du gemeint!"

„Ich hätte natürlich auch eine andere Methode einsetzen können, aber das hätte sehr viel mehr Zeit in Anspruch genommen." Sie zwinkerte mir zu. „Und Zeit ist ein Luxus, von dem wir nicht mehr viel besitzen."

„Das stimmt." Ich wusste bereits, was ich als Nächstes zu tun hatte.

„Ich muss dir noch etwas berichten. Khphor war von deinen Ergebnissen recht angetan. Er meinte, du hättest Potenzial, und die Prüfung hätte dich in die richtige Richtung vorangebracht. Nur dank ihm konnten Nick und ich überhaupt etwas für dich tun."

Sie holte ihren Rucksack, öffnete ihn und legte all meine Sachen auf den Tisch — Pass, Handy, Laptop, Brieftasche...

„Mist! Ich habe ja die CIA-Agenten total vergessen!"

„Entspann dich", beruhigte Ilindi mich. „Du hattest die Prüfung kaum gewonnen, als Khphor auch schon die Erinnerungen all der Leute manipuliert hat, die ein ungesundes Interesse an dir gezeigt haben. Sie werden sich nicht mehr um dich kümmern. Dein Pass wurde ordnungsgemäß gestempelt. Du hast das Gebiet der Vereinigten Statten ganz legal verlassen und das der russischen Föderation wieder betreten. Du kannst deine letzten Tage hier also in völliger Sicherheit genießen."

„Ach, wirklich? Und warum bitte ist Khphor auf

einmal so nett zu mir? Und wie hat er das überhaupt hinbekommen?" Ich nahm meine Besitztümer an mich. Nie hätte ich gedacht, mich so sehr freuen zu können, meine Papiere wiederzusehen. „Was hat es mit Khphors Großzügigkeit auf sich?"

„Phil, hast du irgendeine Ahnung, wie viele Ressourcen in die Prüfung investiert worden sind? Wie viele Menschen allein in deiner Welle dieses Interface erhalten und wie viele es bis zur Prüfung geschafft haben? Wie viele Entführungen stattgefunden haben? Und das soll alles umsonst gewesen sein, nur weil ein paar übereifrige Agenten dich in ein menschliches Gemüse mit verbranntem Gehirn verwandeln wollen? Außerdem bist du jetzt bei allen Beobachtern ein Star, nicht nur bei denen aus der menschlichen Rasse. Die höherrangigen Rassen genießen ein wenig Unterhaltung ebenfalls, was auch immer wir von ihnen halten mögen."

Sie nieste und zog dabei auf witzigste Weise die Nase kraus. Man sollte doch eigentlich denken, angesichts ihrer Heilfähigkeiten...

„Gesundheit!", sagte ich.

„Danke. Diese verdammte Allergie! Ich aktiviere ständig erneut Heilung, sobald die Abklingzeit abgelaufen ist, doch der Staub und die Umweltverschmutzung machen mir dennoch zu schaffen. Aber egal. Erzähl mir jetzt einfach haarklein von der Prüfung, und dann werde ich dich in Ruhe lassen. Ich möchte wissen, ob wir auf der Grundlage deiner Erfahrungen die nächsten Prüfungskandidaten besser vorbereiten können."

Auf dem Fernsehbildschirm war Jovanna dabei, zu verlieren. Sie war zornig und emotional.

Ich konnte es gar nicht abwarten, Ilindi endlich loszuwerden und all das zu erledigen, was ich vorhatte. Also nahm ich einen Schluck Kaffee und begann meinen Bericht.

„Ich bin auf dem Prüfungsfeld eingetroffen, mit nichts bekleidet als zerrissenen Jeans. Eine Weile lang habe ich die Regeln studiert..."

„Das kannst du überspringen", unterbrach sie mich.

„Nein, tut mir leid — das ist wichtig. Denn das hat mir die Erkenntnis verschafft, dass ich Ressourcen benötige. Also bin ich in die Schlucht hinabgestiegen. Dort bin ich auf den Kreken gestoßen, einen lokalen Boss, der mich sofort umgebracht hat..."

✱ ✱ ✱

Meine Schwester Kira hatte meine Mutter oft ausgelacht, weil die an Hellseherei, außersinnliche Wahrnehmungen und all diesen esoterischen Mist glaubte. Sie war völlig ausgeflippt, als sie erfahren hatte, dass unsere Mutter eine Art lokaler Wahrsagerin besucht hatte, um herauszufinden, ob ihre Tochter jemals heiraten würde. Sie hatte unserer Mutter in meinem Beisein eine gewaltige Standpauke gehalten. Seitdem war Kiras Abscheu vor „dörflichem Aberglauben", wie sie es nannte, noch gewachsen.

Daher beschloss ich, gar nicht erst lange um den heißen Brei herumzureden, sondern ihr meine Fähigkeiten ganz offen einzugestehen. Doch, wirklich. Vor allem nach ihrem zornigen Monolog bei unserem Telefonat.

Ich hatte sie gleich am ersten Tag angerufen, jedoch nicht mehr als ein „Hallo" herausgebracht, als sie auch schon losgelegt hatte. Mir blieb nichts anderes übrig, als zuzuhören, und dabei den Hörer vom Ohr zu entfernen, weil mir sonst die Trommelfelle geplatzt wären.

Sie stellte mir keine Fragen darüber, warum sie gerade zum Gründungsmitglied meiner in der Entstehung begriffenen Stiftung geworden war.—Was das betraf, schien sie bereit, abzuwarten, bis ich ihr persönlich eine Erklärung liefern konnte. Allerdings waren ihre Versionen über die Herkunft der Millionen, die auf meinem Offshore-Konto eintrafen, nichts als eine Sammlung unglaublicher

Erfindungen — die, witzigerweise, der Wahrheit gar nicht einmal so fern lagen.

Ja, ich hatte mich tatsächlich auf Banditen (sprich: Extremisten) eingelassen. Ja, ich war tatsächlich in einen dubiosen Plan verwickelt gewesen (sprich: die Prüfung), und alles, das damit zusammenhing. Es war sogar ein Kopfgeld auf mich ausgesetzt gewesen. Hätte ich ihr allerdings berichtet, dass ich es darüber hinaus mit ein paar Außerirdischen zu tun hatte, die mich für ein paar Zeitspiele angeworben hatten, hätte sie ganz bestimmt die Männer in Weiß geholt und mich einweisen lassen.

Deshalb einigten wir uns am Ende darauf: Sie würde mich am kommenden Wochenende abholen, um unsere Eltern im Sommerhaus zu besuchen, und dort würde ich ihr alles erklären. Sie wollte mich natürlich gleich sehen und verlangte Erklärungen, doch ich blieb stur. Ich musste die kommende Woche in vollständiger Isolation verbringen, um meine Pläne zu verfeinern und sicherzustellen, dass ich gut vorbereitet war.

Ich nahm mir nur gerade genug Zeit, um Alik und Veronica anzurufen und ihnen ein wenig moralische — wenn auch nicht physische — Unterstützung zu leisten. Sie steckten bis zum Hals in unseren sich rasch ausweitenden Geschäften. Es stellte sich heraus, dass ich einfach die Gelegenheit finden musste, sie wenigstens einmal im Büro aufzusuchen, um die enorme Liste der Arbeitslosen durchzugehen, neue Jobs für sie zu suchen und Kesha ein paar Tipps zu geben, was unser neues Personal und potenzielle Subunternehmer betraf.

Gleb hatte sich zwischenzeitlich zwei Designer-Assistenten besorgt und nannte sich hochtrabend künstlerischer Leiter. Greg und Marina leiteten beide unterschiedliche neue Abteilungen. Das war Keshas Idee gewesen.

Herr Katz war wie neugeboren. Er sah zehn Jahre jünger aus und war bei allen Aktivitäten am eifrigsten mit dabei. Roses Buchhaltungsabteilung war ebenfalls gewachsen, da die Firma kaum noch mit den hereinströmenden Gewinnen und den vielen neuen Verträgen fertig werden konnte. Die Gerüchte, die Panchenko in die Welt gesetzt hatte, waren ja nun beendet. Man hätte doch eigentlich denken sollen, dass ich nur eine sehr kurze Zeit fortgewesen war, aber die vielen Veränderungen, die zwischenzeitlich im Büro stattgefunden hatten, ließen mich ganz schwindelig werden.

Bevor ich das Büro wieder verließ, betrachtete ich noch einmal die Statistiken unserer Mitarbeiter, um alle Möglichkeiten und potenziellen Synergieraten durchzugehen. Dabei riet ich ihnen dringend von der Einstellung zweier Experten ab, die in Zukunft große Probleme für die Firma verursachen konnten. Sowohl Rose als auch Kesha wollten mich umstimmen, da die Experten ihre jeweiligen Schützlinge waren. Doch dank meiner Befehlshaber-Aura konnte ich sie rasch überzeugen. Schließlich vertrauten mir beide.

Die erste Woche nach der Prüfung verging wie im Flug. Ich hatte nahezu keine Zeit zum Schlafen, sondern erholte sowohl mich als auch die Werte meines Geistes mithilfe von Regeneration. Und ich hatte es geschafft, alles zu erledigen, das ich geplant hatte.

Nun, beinahe alles.

Die wichtigste Angelegenheit stand noch immer an, aber ich bezweifelte keine Sekunde, dass Kira mitziehen würde. Mein Interface irrte sich nie.

Wir waren im Sommerhaus eingetroffen. Mein Vater, meine Mutter und mein Neffe Cyril gönnten sich nach einem reichlichen Essen mit verschiedenen Salaten, Borschtsch, diversem Fleisch und Kohleintopf ein Mittagsschläfchen. Kira und ich blieben vor dem Haus und machten es uns in den Hängematten gemütlich, die an hohen Kiefern angebracht waren.

Meine Schwester holte eine E-Zigarette aus der Tasche und zog daran.

„Schau mich nicht so an", reagierte sie auf meinen

erstaunten Blick. „Bei meiner Art von Job ist Rauchen das geringere Übel. Und das ist wenigstens nicht so gefährlich für meine Lungen."

„Mich stört das nicht", erklärte ich. „Es hat mich nur gewundert, das ist alles. Du warst schließlich immer mein großes Vorbild, Schwesterherz."

„Und was, wenn ich die Nase voll davon habe, ein Vorbild zu sein? Hast du eine Ahnung, wie schwer das ist, die große Schwester zu sein? Jeden Tag ruft Mutter mich an und fragt mich über dich aus. Sie glaubt immer noch, ich sei für dich verantwortlich." Sie lächelte traurig. „Aber egal. Spuck es endlich aus. Worum geht es, und wann muss ich mit einem Besuch von Interpol rechnen?"

„Erinnerst du dich an den Tag im vergangenen Mai, an dem Yanna mich verlassen hat?"

„Klar." Sie nickte und blies eine große Dampfwolke aus.

Die Luft roch nach frischen Brötchen — es war ein warmer Duft, der sich mit all den Aromen der letzten Tage des Sommers vermischte, was eine ganz besondere Atmosphäre schuf. Ich atmete alles in tiefen Zügen ein, um diesen Augenblick mit seinem Geruch nach Äpfeln, Blumen, Kiefernnadeln und Straßenstaub tief in meinem Gedächtnis zu verankern.

„Ist dir aufgefallen, wie ich mich danach verändert habe?"

„Allerdings!" Sie verschluckte sich am Rauch und hustete. „Ist das also alles ihretwegen?"

„Bis zu einem gewissen Grad, ja. Sie war gewissermaßen entscheidend für meine Verwandlung, aber sie war nicht die Ursache. Ich werde dir jetzt alles erzählen. Ich kann die wirklich wichtigen Dinge einfach nicht mit dir besprechen, bevor ich weiß, dass du mir glaubst. Aber lass mich dir erst einmal eine kleine Demonstration vorführen. Sieh mich an."

Kira erstarrte, als ich kurz verschwand. Ihr fiel die E-Zigarette aus der Hand, und beinahe wäre sie aus der

Hängematte gestürzt.

„Heilige Scheiße!", rief sie aus. Hinter dem Zaun bellte der Hund des Nachbarn wie verrückt. „Phil, du solltest nicht solche Scherze mit mir treiben — ich habe Probleme mit meinem Herzen. Wo bist du?"

„Ich stehe direkt vor dir. Ich werde dich jetzt berühren, also bekomm keinen Schreck." Ich streckte die Hand aus und strich ihr über die weiche Wange.

Kira zuckte zusammen, wich jedoch nicht zurück. Sie legte mir die Hand auf den Arm und fluchte vor Erstaunen.

„Ich werde mich jetzt wieder sichtbar machen. Bist du bereit? Schau direkt vor dich."

Ich deaktivierte Unsichtbarkeit und Verschwinden und konnte beim Anblick der Verblüffung in ihrem Gesicht und ihrer vor Erstaunen wie Untertassen geweiteten Augen ein Lachen nicht unterdrücken. Sie rieb sich das Gesicht. Es war ein köstlicher Anblick! Meine coole Schwester, die nie die Fassung verlor... Wenigstens nicht, solange sie nicht gerade sauer auf mich war.

„Was sind das für Zirkustricks, kleiner Bruder?" Kaum hatte sie sich von dem Schock erholt, nahm sie einen weiteren Zug aus der E-Zigarette. „Was zum Teufel war das gerade? Hast du dich etwa darin geübt, ein Magier zu sein? Ein Zauberer? Ein verdammter David Copperfield?"

Wenn sie nervös war, konnte sie immer nicht aufhören zu reden. Aber ich hatte keine Zeit, ihren Theorien zuzuhören.

„Halt die Klappe", unterbrach ich sie. „Du musst weiter alles beobachten. Ich werde jetzt ein paar Schritte zurücktreten, und du wirfst mit deiner E-Zigarette nach mir, so fest du kannst."

„Ähm... Und warum sollte ich das tun? Die hat eine Menge Geld gekostet."

„Einfach nur so. Und keine Angst, sie wird nicht zerbrechen. Wirf einfach, sobald ich dir das Signal dazu gebe."

Ich ging zehn Schritte zurück und hob die Hand. „Bei drei! Eins... zwei... drei!"

Sie warf, und ich aktivierte Sprint.

Die Zeit verlangsamte sich. Ich konnte sehen, dass sie mich verfehlte, ihre E-Zigarette flog in eine ganz andere Richtung. Ich lief hinüber, fing sie mitten im Flug auf, rannte zu Kira, legte das Teil vor ihr auf den Boden, und ging wieder an die Stelle zurück, von der aus ich losgelaufen war. Dann deaktivierte ich Sprint.

Kira blinzelte erstaunt. „Was war denn das? Du warst auf einmal ganz verschwommen, und... Wo ist meine gottverdammte Zigarette?"

„Schau nach unten."

Als sie ihre E-Zigarette auf dem Boden liegen sah, fiel ihr die Kinnlade herunter. Sie nahm sie mit zitternden Fingern auf und betrachtete sie, wie auf der Suche nach einem Haken. Mechanisch nahm sie einen tiefen Zug, neigte den Kopf und wurde ganz nachdenklich.

Es war offensichtlich, worüber sie nachgrübelte.

„Hast du noch mehr Tricks auf Lager?", fragte sie endlich.

„Na klar. Sollen wir Fragen und Antworten spielen?"

„Allerdings! Ich muss dir eine ganze Menge Fragen stellen." Sie klang sehr zufrieden. „Was ist mit all diesen Millionen Dollar auf meinem Bankkonto? Woher stammen die? Was hast du...?"

„Warte." Erneut musste ich ihr ins Wort fallen. „Ich meine es andersherum. Ich werde dir eine Frage stellen, du wirst antworten. Und anschließend kann ich dir sagen, ob du die Wahrheit gesagt hast. Du musst mir natürlich ab und zu eine Lüge erzählen. Bringst du das fertig?"

„Keine Ahnung — du bist doch der große Lügner in der Familie. Aber versuchen können wir es. Also, fang an."

„Würdest du gern heiraten?"

„Nein!"

„Du lügst. Du wärst nur zu gern verheiratet. Wohin wirst du dieses Jahr in Urlaub fliegen?"

„Auf die Malediven."

„Das stimmt. Wirst du allein fliegen?"

„Nein, Cyril wird mich begleiten."

Ihre Worte verbreiteten Wärme — sie hatte mir eine Halbwahrheit gesagt. Es würde noch jemand anderes mitkommen.

„Das ist fast richtig. Du nimmst Cyril mit, und noch eine andere Person. Stimmt das?"

„Nun ja, das ist leicht zu erraten", erwiderte sie.

„Wie heißt der Kerl?"

„Andrew."

Mir lief es kalt den Rücken herunter. „Das ist eine Lüge."

„Okay, Michael."

„Das stimmt ebenfalls nicht."

„Sergei." Sie wurde rot, rutschte nervös hin und her und erbleichte dann.

„Das ist noch eine Lüge."

„Ich habe keinen Freund!"

Ihre Worte waren warm, aber nicht warm genug. „Ich denke doch, aber wahrscheinlich ist deine Beziehung nicht so eng, wie du es gern hättest. Ist das richtig?"

„Das reicht jetzt! Das ist doch alles Blödsinn, Phily!", protestierte sie erbost, ohne meine Frage zu beantworten. „Was willst du sonst noch von mir?"

Die dünne Linie einer emotionalen, sexuellen Beziehung ging von Kira aus und endete bei einem gewissen Arvidas, einem Mitarbeiter mit geringerem Rang in derselben Bank. Ich studierte sein Profil. Er war kein guter Partner für meine Schwester. Der Kerl war ein verantwortungsloser Frauenheld.

„Kira, du musst mir glauben — Arvidas ist nicht die richtige Wahl. Außer mit dir hat er auch noch Beziehungen mit einer Olga Vilskaya und einer Natalia Loseva. Kennst du die beiden?"

„Was?" Wie eine Furie sprang Kira aus der Hängematte und wäre dabei fast gestürzt. Sie packte mich bei den Schultern. „Wovon redest du? Wie solltest du denn darüber Bescheid wissen? Wenn das ein Scherz sein soll, ist es ein verdammt schlechter!"

„Es tut mir leid. Ich verspreche dir, ich werde dir gleich alles erklären, aber es ist kein Scherz. Sollen wir weitermachen?"

„Ich habe genug von deinen Demonstrationen", schimpfte sie und kehrte in ihre Hängematte zurück.

Sie sah mich nicht mehr an, sondern starrte hoch zum Himmel. Ich verstand sehr gut, wie sie sich fühlte, und drängte sie nicht weiter. Sie zog an ihrer E-Zigarette. Ich legte mich neben ihr ins Gras.

Ich kaute auf einem Grashalm, faltete die Hände hinter dem Kopf und betrachtete ebenfalls die Wolken. So verbrachten wir mehr als zehn Minuten, bis sie sich endlich beruhigt hatte.

„Hast du sonst noch etwas vorzuweisen?", bemerkte sie trocken. „Dann zeig es mir."

„Ich werde dir noch eine letzte Sache vorführen. Anschließend werde ich sehr lange und sehr intensiv reden. Hast du dein Handy dabei? Ja? Prima. Nenne mir den Namen einer guten Freundin, die nichts dagegen hätte, wenn du sie jetzt mit einem Anruf störst."

„Okay." Sie suchte in ihren Kontakten. „Mal sehen... Ja, hier — Irina Atanova."

Ich fand Irina zusammen mit ihrer Adresse in Kiras Verbindungen. „Deine Freundin Irina Atanova wurde 1986 geboren. Du hast sie auf einer Konferenz für Mitarbeiter aus der Finanzdienstleistungsbranche in Istanbul kennengelernt, vor vier Jahren. Sie ist nicht verheiratet und hat keine Kinder. Momentan arbeitet sie für den *Pyramid*-Finanzkonzern. Sie hat eine Schwester namens Marina. Derzeit hält sie sich gerade im Einkaufszentrum *Canary's Emporium* auf. Ruf sie an und frag sie, wo sie ist."

Kira wählte die Nummer, kaum, dass sie den Namen des Einkaufszentrums gehört hatte. Die beiden Frauen unterhielten sich ausgiebig. Das war kein typisches kurzes

Telefonat unter Männern — „Hi, wo bist du gerade? Hey, geil, Mann. Tschüss denn auch!" Oh nein — die Freundinnen veranstalteten eine katzenhafte Zeremonie, mit Beschnüffeln, Umkreisen und extensivem Miauen über alle möglichen, völlig unwichtigen Dinge. Dann unterhielten sie sich über ein paar Leute, die ich nicht kannte. Nur zum Spaß betrachtete ich deren Profile und zerstörte die Freude der beiden Frauen am Klatsch, indem ich rasch ein paar Dinge richtigstellte.

Endlich kam Kira zur Sache. Nachdem ihre Freundin geantwortet hatte, legte sie endlich auf.

„Sie ist tatsächlich im Einkaufszentrum. Woher hast du das gewusst?"

„Übrigens, sie ist *nicht* deine Freundin. Sie kann dich nicht ausstehen."

„Das werde ich mir merken", erwiderte sie ungeduldig und wiederholte dann: „Woher hast du das gewusst?"

„Also, du erinnerst dich an den Tag, an dem Yanna mich verlassen hat? Gut. An dem Tag hat nämlich alles angefangen..."

* * *

Ich musste meine Reise zu Jovanna verschieben. Ich rief Valiadis an, um herauszufinden, wie viel Zeit mir noch blieb. Seinen Worten zufolge würde die nächste Welle frühestens in zwei Wochen starten. Was bedeutete, mir blieb noch etwa ein Monat, solange die Prüfungsteilnehmer sich nicht schon am ersten Tag der Prüfung alle gegenseitig eliminierten.

Der Grund, warum ich in meinem Zeitplan hinterherhinkte, war Kira. All das, was mir so klar und einfach erschienen war — und was könnte schließlich einfacher sein, wenn man über Geld, die richtigen Namen und einen schrittweisen Entwicklungsplan verfügte? –, erwies sich als alles andere als klar für sie.

Sie hatte ihren Job bei der Bank gekündigt, auf eine Abfindung verzichtet und eine Verpflichtung unterzeichnet, sich nicht bei einem Wettbewerber der Bank um einen Job zu bemühen.

An dem Tag im Sommerhaus meiner Eltern hatte es allerdings bereits weit länger gedauert als geplant, ihr alles zu erklären. Abends hatten wir Cyril bei meinen Eltern gelassen, uns verabschiedet und waren zurück in meine Wohnung gefahren, wo wir die ganze Nacht mit Reden verbracht hatten. Ich hatte zuerst meine Geschichte zu Ende erzählt, dann hatte ich ihr erklärt, was sie tun musste, und den eigentlichen Zweck der Stiftung beschrieben.

Ich würde jetzt nicht direkt behaupten, Kira hätte sich von all diesen unglaublichen Details überzeugen lassen, aber meine Demonstrationen am Nachmittag hatten zumindest ihre Skepsis verringert. Sie hatte sich sogar ihrer üblichen sarkastischen Erwiderungen enthalten. Die Geschichte über meine Entführung, Khphor, die höherrangigen Rassen und die Prüfung sorgten dafür, dass sie sich wieder und wieder keuchend ans Herz griff. Ich bot ihr sogar an, sie Ilindi vorzustellen, der Vertreterin der Rhoaner auf dem Planeten Erde, solange Ilindi zustimmte, doch sie weigerte sich standhaft, die Außerirdische kennenzulernen.

„Oh nein", sagte sie entschieden. „Davor hätte ich Angst."

Mit schwerem Herzen näherte ich mich endlich dem letzten Teil meiner Geschichte. Ich wusste nicht, wie ich ihr mein bevorstehendes Verschwinden erklären sollte.

Doch sie hatte sich mit ihrem mächtigen analytischen Verstand längst alles zusammengereimt. „Diese Auswahl wird also in der Zukunft stattfinden? Im 22. Jahrhundert? Geil! Und anschließend folgt die Diagnose? Bedeutet das, du wirst auf einen anderen Planeten reisen und ihn mit eigenen Augen sehen können?"

„Ja, gewissermaßen. Auf Pibellau war ich ja immerhin bereits", erwiderte ich lachend. Und wunderte mich über meinen eigenen Mangel an Begeisterung angesichts dieser Aussicht.

„Phily, du bist der größte Glückspilz, den ich kenne! Und deine Fähigkeiten! Ist dir eigentlich klar, dass du den Traum jedes Mannes auf Erden wahr gemacht hast? Du kannst unsichtbar werden, verdammt!"

Als Reaktion auf ihren Enthusiasmus konnte ich nur mit den Schultern zucken und nicken. Sie wollte gerade etwas ergänzen, als ihr ein neuer Gedanke kam.

„Wirst du zurückkommen?", fragte sie, ihre Stimme auf einmal ganz erstickt und verzagt.

Ich schüttelte den Kopf. Sie wandte ihr Gesicht ab, und ich sah, wie ihr Tränen in die Augen stiegen.

„Kira, ich kann mich nicht weigern. Versetz dich einmal an meine Stelle — würdest du dich weigern? Außer dir und unseren Eltern hält mich hier nichts. Ich habe keine eigene Familie, und was Freunde betrifft... Es stimmt schon, ich habe jetzt ein paar sehr gute Freunde gefunden, aber es beruhigt mich enorm, zu wissen, dass du dich gut um sie kümmern wirst."

„Ich verstehe", sagte sie leise. Sie sah mich an, nahm meinen Kopf in beide Hände und küsste mich auf die Stirn.

Dann zog sie mich an sich und strich mir eine lange Zeit einfach nur über den Rücken, ohne etwas zu sagen. Sie schluchzte nicht, doch ich spürte, wie ihre Tränen mein T-Shirt durchnässten.

Langsam beruhigte sie sich wieder, riss sich zusammen und kam zum Geschäftlichen. Das war nun einmal ihre Art, sich von emotionalen Dingen abzulenken. Ich holte meine Notizen über die wissenschaftlichen und geschäftlichen Projekte, auf der Grundlage meiner allerersten Präsentation für meine zukünftigen Kollegen der *Großen Jobvermittlungsagentur*. Suche nach Bodenschätzen, Pharmazeutik, wissenschaftliche

Forschung, Investitionen in revolutionäre Technologien, Projekte der erweiterten Realität, eine Agentur für Talentsucher, ein Internat für Sportler…

Nachdem sie alles eingehend studiert hatte, stellte Kira mir eine Reihe von klarstellenden Fragen.

Am Ende fasste sie zusammen: „Schon der reine Umfang dieses Projekt ist beeindruckend. Ist dir jemals der Gedanke gekommen, dass ich allein damit überfordert sein könnte?"

„Du sollst auf keinen Fall die ganze Arbeit allein machen! Sieh mal — Gary Grant wird dich beim Betreiben der Stiftung unterstützen. Und betrachten wir zum Beispiel einmal das Internat für Sportler — wer wäre wohl besser geeignet, das zu leiten, als Alexander Tereschenko aus St. Petersburg? Und was wäre ein besserer Ort, um ein solches Internat zu errichten, als dieses leere Grundstück in Rostov? Ich habe mich bereits über die Haltung der Stadt gegenüber einer möglichen Sportschule informiert. Man wird dem keine Steine in den Weg legen. Hier hast du eine Liste der talentiertesten Kinder in verschiedenen Sportarten, und eine weitere der besten Kandidaten für Trainer, je nach Alter der Kinder. Du musst nur mit Tereschenko sprechen und die Finanzierung organisieren. Alles andere wird er übernehmen — das Einstellen der Trainer, die Gespräche mit den Eltern der Kinder, und das Beaufsichtigen der Bauarbeiten."

„Hast du irgendeine Vorstellung, über welche Beträge wir hier sprechen? Da ist schließlich nicht nur das Sportinternat! Was ist mit all den wissenschaftlichen Labors, der Kunstakademie und…"

„Zu Anfang werden das alles Projekte sein, die keine Gewinne einbringen, Kira. Obwohl ich mir sicher bin, eines Tages kann sich alles selbst finanzieren. In zehn Jahren werden die ersten Fußballer den Abschluss gemacht haben und von einem der großen europäischen Vereine gekauft worden sein. Jedes Kind auf dieser Liste verfügt über das Potenzial, zu den 100 Besten auf der gesamten Welt zu gehören, wenn nicht sogar der neue Messi zu werden. Zumindest können sie alle das russische Nationalteam erreichen."

Sie seufzte schwer. „Das verstehe ich ja alles. Ich werde einfach in den sauren Apfel beißen und die Arbeit erledigen. Ich bin sicher, ich kann das... vielleicht..."

„Ich weiß, dass du es kannst. Meinen Aufzeichnungen zufolge wird in weniger als zehn Jahren deine Gruppe aus Wissenschaftlern ein Heilmittel gegen Krebs auf den Markt bringen, das keine Nebenwirkungen hat. Ich habe dir hier zusammengestellt, was du alles unternehmen musst, damit es nicht nur vermarktet wird, sondern für jeden verfügbar und erschwinglich ist. Und hier, sieh doch nur — in den 30er Jahren kannst du eine dem Aspirin ähnliche Pille entwickeln, die vorübergehend eine gewisse Immunität gegen die Mehrheit der heute bekannten tödlichen Krankheiten verleiht. Das geht ganz einfach — dieses Medikament bringt dem Körper bei, wie er sein eigenes Immunsystem effektiver einsetzen kann, um Infektionen und Viren zu bekämpfen. Es zeigt dem System, wie all diese Dinge schon im Augenblick der Kontamination zerstört werden können. Du musst dafür nur eines tun — diese sechs Leute in einem Labor zusammenbringen und die Finanzierung sichern. Die Wahrscheinlichkeit, dass sie dein Angebot annehmen, liegt bei nahezu 100 %."

Ich ging die Liste der talentierten Kinder durch, bis ich auf ein paar Namen stieß, die ich markiert hatte. „Diese Namen hier sind besonders wichtig. Dieser Junge beispielsweise wird in etwa 15 Jahren einen Tricorder erfinden. Weißt du, was das ist? Das ist ein tragbares Gerät, das den physischen Zustand einer Person in Echtzeit analysieren kann. So wird eine zutreffende Diagnose ganz ohne schwere Apparate und langwierige medizinische Tests erreicht. Und nun sag mir — ist das nicht toll?"

„Das ist es", stimmte sie zu.

Sie schien es ernst zu meinen. Anscheinend hatte sie gerade erst damit begonnen, meinen Plan in seinem gesamten Umfang zu erfassen.

„Und ob! Ich möchte, dass du ihn und andere wie ihn unter deine Fittiche nimmst. Deine Stiftung muss irgendeinen Vorwand finden, um für ihre Ausbildung zu bezahlen oder so etwas. Und du kannst sie in der Forschung einsetzen, lange bevor sie ihr Studium an der Uni abgeschlossen haben."

„Das mit den Kindern ist kein Problem. Aber das bedeutet alles sehr langfristige Investitionen. Wie soll ich denn das alles finanzieren?"

„Momentan hast du etwa eine halbe Milliarde Dollar zu deiner Verfügung. Und hier ist ein USB-Stick. Dort findest du alle Informationen, die du für den Handel mit Aktien brauchst — die Namen der Unternehmen, die richtigen Beträge, den richtigen Zeitpunkt. Alles. Die Datei ist verschlüsselt. Das Passwort besteht aus den Geburtsdaten von Vater, Mutter, dir und mir — ohne Leerzeichen. Die Daten sind bis zum Ende des nächsten Jahres gültig. Eine Vorhersage darüber hinaus wäre extrem fehleranfällig, weil es einfach zu viele unbekannte Variablen gibt. Nach Silvester wird die Genauigkeit der Prognosen abnehmen, allerdings zunächst nur unwesentlich. Du musst die Zeit bis dahin also gut nutzen, um so viel Kapital wie möglich zu beschaffen."

„Das kannst du alles mir überlassen." Nervös zog Kira an ihrer E-Zigarette. „In dem Bereich kenne ich mich schließlich aus. Also packen wir es an — dem Mutigen winkt das Glück!"

„Nun mach mal halblang — was soll diese Amateur-Theatralik? Du musst einen kühlen Kopf bewahren!"

Ich wusste, dass jedes meiner Worte ihr eine schwere Last aufbürdete, zusätzlich zu ihrer massiven zukünftigen Verantwortung. Aber ich wusste ebenfalls — sie würde es schaffen.

„Weiter. Hier ist eine Datei mit einer Liste aller bislang unentdeckten großen Mineralienvorkommen. Hast du eine Ahnung, wie viel Geld Regierungen und private

Firmen heutzutage für versuchsweisen Abbau und seismische Untersuchungen ausgeben? Ich gebe zu, für dich klingt das alles wie Chinesisch..."

„Ganz im Gegenteil! Das ergibt für mich perfekten Sinn. Schließlich gehört unserer Bank eine der größten geophysikalischen Firmen des Landes. Und ich bin diejenige, die für die Zusammenarbeit mit deren lokaler Niederlassung zuständig ist."

„Dann muss ich dir ja nichts weiter erklären. Wie du diese Daten nutzt, die Billionen von Dollar wert sind, bleibt dir überlassen."

So und so ähnlich ging es noch lange weiter. Wie besprachen alle geplanten Projekte im Licht der aktuellen globalen Situation, stellten Theorien über die Reihenfolge der Projektstarts und die anfänglichen Mitarbeiter auf und besprachen die besten Rechtssysteme für die Holdinggesellschaft.

Endlich kamen wir zu dem, das am wichtigsten war. Wenigstens für mich. „Irgendwann einmal wirst du einen Sicherheitsdienst brauchen. Und persönliche Leibwächter. Damit befasst du dich besser, bevor du in anderer Arbeit erstickst. Und je mehr Zeit diese Leute mit dir verbringen, desto loyaler sind sie. Irgendwann wird der Erfolg des Unternehmens zu ihrem eigenen. In dieser Datei habe ich eine Reihe möglicher Kandidaten zusammengestellt. Sie werden alle sowohl dir als auch der Firma gegenüber absolut loyal sein. Sorge dafür, dass es ihnen gut geht, und bezahle sie großzügig. Dann wirst du keine Probleme mit ihnen erleben."

Kira war zu schlau, um zu widersprechen. Außerdem war sie nicht von gestern. Sie wusste genau, sie würde sich mit Versuchen herumschlagen müssen, ihr Geschäft an sich zu reißen, mit Sabotage durch Wettbewerber, vielleicht sogar mit Anschlägen auf ihr Leben. Außerdem konnten ihre Feinde versuchen, über ihre Familie Druck auf sie auszuüben. Am Ende beschlossen wir, dass sie als die unsichtbare Strategin im Hintergrund auftreten sollte, und dass es vielleicht eine gute Idee war, Cyril und unsere Eltern ins Ausland zu schicken. Nicht jetzt gleich, aber vielleicht später, zum richtigen Zeitpunkt.

Kira blieb über Nacht bei mir. Ich schlief nicht, sondern suchte weiter nach Kriminellen auf den Fahndungslisten, nach Land geordnet. Anonym schickte ich die Suchergebnisse denen, deren Interesse, diese Verbrecher zu ergreifen, am größten war, also an diejenigen, von denen das Programm mir verriet, dass sie handeln würden, sobald sie die Daten erhielten. Übrigens, was Online-Anonymität betraf, war ich inzwischen längst zum Experten geworden und hatte in dieser Fertigkeit Level 6 erreicht.

Beim Frühstück am nächsten Morgen brachte ich die Sprache auf meine Reise nach Belgrad, um Jovanna zu besuchen, doch Kira bat mich, damit noch eine Woche zu warten. Ich glich meine Liste der verbleibenden Aufgaben mit Jovannas Turnierplan ab und stimmte zu. Ja, ich würde vorher noch alles fertigstellen, das ich hier zu erledigen hatte. In zehn Tagen war Jovanna für ein Turnier in Tokio, und dort konnte ich sie sehen.

Nachdem ich mein japanisches Visum bekommen hatte, verbrachte ich die letzten Tage bis zum Flug damit, Kira zu unterstützen. Ich überschrieb ihr meinen Anteil an meiner Firma und stellte sie den anderen vor. Über mein bevorstehendes Verschwinden musste ich meine Freunde allerdings noch immer informieren. Davon abgesehen verbrachte ich jede freie Minute mit unseren Eltern.

Was die *Große Jobvermittlungsagentur* betraf, so war Veronica inzwischen deren neuer Direktor. Sie war die zweitbeste Wahl — dem Interface zufolge war ich selbst die beste. Kira als meine Nachfolgerin war lediglich Gründungsmitglied. Angesichts des schieren Umfangs der ganzen zukünftigen Projekte würde sie mit Sicherheit keine Zeit finden, sich mit einem so kleinen lokalen Unternehmen wie dieser Agentur zu befassen.

Dann gab es weitere gute Nachrichten — Kostya

Bekhterev war zurück aus Deutschland, und seine Schwester Julie hatte sich vollständig erholt. Ebenso wie auch Kostya selbst — heutzutage lächelte er viel öfter, und er stürzte sich voller Elan auf die Arbeit in unserem Unternehmen. In das Team hatte er sich rasch eingefügt. Das Boxen allerdings gab er vollständig auf. Meine rapiden Fortschritte hatten ihn, wie er sagte, jeglicher Motivation beraubt.

Ich schlug vor, dass er sich stattdessen auf seine Computerfertigkeiten konzentrierte. In dem Bereich besaß er das Potenzial, zu einem Spitzenexperten zu werden.

Insgesamt gerieten die Dinge also gut ins Laufen.

✱ ✱ ✱

Am Tag vor meiner Abreise nach Japan fiel mir auf einmal etwas ganz Wichtiges wieder ein. Ich rief sofort Sveta Messerschmitt an.

Sie kam gleich ans Telefon. „Phil — wie schön, dass Sie anrufen!", zwitscherte sie. „Ihr Welpe ist so süß! Gestern ist er in ein..."

„Sveta, genau deshalb rufe ich an." Ich schluckte den Kloß hinunter, der sich in meiner Kehle gebildet hatte. „Ich fürchte, ich..."

„Was denn? Was ist passiert?"

„Ich fürchte, ich kann den Welpen nicht nehmen."

„Aber warum denn?" Sie klang bestürzt. „Sie wollten ihn doch unbedingt haben!"

„Ich will ihn immer noch! Aber... mein neuer Job verlangt von mir, dass ich ständig auf Reisen bin." Es war der erste nachvollziehbare Grund, der mir eingefallen war. „Ich fürchte, ich kann mich um keinen Hund kümmern."

„Sie haben recht, das wäre nicht gut", stimmte sie zu. „Ein Hund braucht Training und Aufmerksamkeit. Wenn man die Zeit nicht aufbringen kann, ist es besser, keinen zu haben. Aber das ist so schade! Er ist total süß!"

„Ich weiß, ich habe das Foto gesehen, das du mir geschickt hast. Er ist zum Anbeißen! Grüß deinen Vater von mir und tätschele Richie für mich, okay?"

Nachdem ich mich von ihr verabschiedet hatte, saß ich eine ganze Weile einfach da und dachte darüber nach, wie mein Leben sich hätte entwickeln und was für wunderbare Dinge ich hätte erfahren können, wenn da nicht diese verdammte Auswahl wäre, die mir bevorstand.

Dann überlegte ich, was ich noch zu erledigen hatte.

Um genau zu sein, hatte ich bereits alles hinter mich gebracht, das auf meiner Aufgabenliste gestanden hatte, und sogar noch ein bisschen mehr. Kira verbrachte jede wache Minute in der *Großen Jobvermittlungsagentur*, arbeitete an ihrem Handlungsplan, telefonierte und vereinbarte Treffen überall auf der Welt. Dabei versuchte sie, die ideale Route für eine Geschäftsreise mit mehreren Meetings zu finden. Wir hatten beschlossen, gleichzeitig loszufliegen, damit wir noch so viel Zeit wie nur möglich miteinander verbringen konnten. Sie würde anschließend eine ganze Weile lang nicht nach Russland zurückkehren, und ich womöglich überhaupt nicht mehr, wenn meine nächste Entführung stattfand, solange ich mich noch im Ausland aufhielt.

Zu meinem Glück war ich gerade zu Hause, als mich plötzlich ein wahrer Level-Strom überflutete. Ich hatte keine Ahnung, was das ausgelöst hatte, doch es fühlte sich an wie ein Wolkenbruch. Einen ähnlichen, wenn auch weit schwächeren Anfall hatte ich bereits einmal erlebt, als ich die ganzen Tipps über die Aufenthaltsorte verschiedener Krimineller anonym verschickt hatte. Dabei war ich mehrere Level aufgestiegen, eines nach dem anderen.

Diesmal allerdings erreichte ich solche Höhen der Seligkeit, dass ich über eine Stunde brauchte, um mich davon zu erholen.

Gratuliere! Du hast eine Reihe sozial bedeutungsvoller Handlungen vorgenommen und dadurch eine Kette von Ereignissen ausgelöst, die gleich in mehrfacher Hinsicht zu einer Verbesserung des Wohlbefindens deiner Zivilisation führen werden. Dies wird den Zufriedenheitsindex der Fraktion der Menschheit um ein 7,2-Faches anheben, und den Glückssindex um ein 4,2-Faches. Außerdem wird es auf mehreren Ebenen einen technologischen Durchbruch mit sich bringen, der wiederum den Fortschritt der Fraktion der Menschheit beschleunigen wird.

> *Erhaltene Erfahrungspunkte: 360.000*
> *Gratuliere! Du hast neue Level erreicht!*
> *Derzeitiges Level des sozialen Status: 45*
> *Verfügbare Eigenschaftspunkte: 18*
> *Verfügbare Fertigkeitspunkte: 9*

> *Gratuliere! Du hast bei einer Systemfertigkeit ein neues Level erreicht!*
> *Name der Fertigkeit: Heldenmut*
> *Derzeitiges Level: 4*
> *Erhaltene Erfahrungspunkte: 1.000*

> *Gratuliere! Du hast bei einer Systemfertigkeit ein neues Level erreicht!*
> *Name der Fertigkeit: Erkenntnis*
> *Derzeitiges Level: 7*
> *Erhaltene Erfahrungspunkte: 3.000*
> *Jetzt kannst du die Antwort auf jede Frage erhalten, indem du sie einfach stellst.*

> *Fehlende Erfahrungspunkte bis zum nächsten Level: 21.350/46.000*

In diesem Augenblick stellte ich mir selbst eine Frage. Und erhielt eine Antwort.

Daher aktivierte ich das Oa-Tung. Ich wusste genau, worin ich der Beste überhaupt in den Annalen der menschlichen Geschichte werden wollte.

Und ebenso wusste ich warum.

Das Programm reagierte umgehend:

Oa-Tung aktiviert.

Es folgte eine Mitteilung, die dem Format der bereits bekannten Meldungen über den Aufstieg in einer Fertigkeit zu folgen schien:

Gratuliere! Du hast ein neues Fertigkeitslevel erreicht!
Name der Fertigkeit: kreatives Schreiben
Derzeitiges Level: 99
Erhaltene Erfahrungspunkte: 91.000

Die zwei neuen Level im sozialen Status, die mir das eintrug, brachten mir allerdings nicht viel Freude. Im Vergleich zu vorhin war die Wirkung einfach zu schwach. Diese paar weiteren Sekunden der Wonne ärgerten mich eher beinahe, als würde ich nur meine Zeit verschwenden.

Ich investierte einige verfügbaren Punkte dort, wo sie am nötigsten gebraucht wurden, in Charisma, ebenso wie ein paar auf Charisma bezogene Fertigkeiten. Außerdem verstärkte ich das Psi-Feld meiner Befehlshaber- und Energie-Aura. Um das zu erreichen, was ich vorhatte, musste ich über die höchstmöglichen Führungs- und Kommunikationsfertigkeiten verfügen, ebenso wie über das überzeugendste öffentliche Kommunizieren, und jedes neue Charisma-Level brachte für jede dieser Fertigkeiten fünf mehr Punkte mit sich.

Anschließend arbeitete ich an all den anderen Voraussetzungen, nur der Vollständigkeit halber sogar an denen für die Heldenfähigkeit des Zähmens. Endlich konnte ich alle verbleibenden Heldenfähigkeiten aktivieren: Zähmen, Berserker, Überzeugungskraft und Unverwundbarkeit.

Nur zum Spaß zähmte ich eine kleine Spinne, die mir passenderweise gerade zu Gesicht gekommen war. Sie gehorchte meinem Befehl sofort und spann ihr nächstes Netz genau dort, wo ich es angeordnet hatte.

Lächelnd setzte ich mich an den Schreibtisch, öffnete mein Laptop, erstellte ein neues Dokument und begann, mit 1.000 Anschlägen pro Minute zu tippen.

Das Buch, das mir vorschwebte, war nicht allzu umfangreich. Falls es jemals veröffentlicht würde — Moment mal, was sagte ich da? Nicht *falls*, sondern dann, wenn! –, war es wahrscheinlich dünner als alle anderen Bücher der Welt.

Und anders als in diesen anderen Büchern konnte der Leser in meinem Buch auch keine moosbedeckten Märchen, keine vagen Prophezeiungen, keine unverständlichen Ermahnungen und keine hoffnungslos veralteten Lebensweisheiten wiederfinden.

In diesem Buch wollte ich die Antworten auf alle Fragen zusammenstellen, die Menschen sich stellen konnten, Fragen, die sich schon Hunderte von Generationen an Menschen gestellt hatten, seitdem der erste Mensch das erste Mal zum Himmel aufgeschaut hatte. Was ist der Sinn des Lebens? Was ist Liebe? Wie kann man lieben und geliebt werden? Was macht Menschen glücklich? Wo finden Menschen Wahrheit und Gerechtigkeit? Was ist der Geist? Was ist das Universum? Wie kann man sein Leben so leben, dass man „kein quälendes Bedauern über verschwendete Jahre spürt"?[21] Was ist die Seele? Existiert sie überhaupt? Warum? Wie? Was? Wann?

---

[21] Ein Auszug aus einem beliebten russischen Zitat: „Der kostbarste Besitz eines Menschen ist das Leben. Es wird ihm nur einmal geschenkt, und er muss es so leben, dass er kein quälendes Bedauern für verschwendete Jahre spürt, niemals die brennende Scham einer gemeinen und kleinlichen Vergangenheit empfindet. Er muss es so leben, dass er beim Sterben sagen kann: Ich habe mein gesamtes Leben über all meine Stärke dem besten Anliegen der ganzen Welt gegeben — dem Kampf für die Freiheit der Menschheit!" (Nicholas Ostrovsky, *Wie der Stahl gehärtet wurde*)

Lächelnd löschte ich den Absatz wieder, der endlich die Frage beantwortete, wer wirklich John F. Kennedy ermordet hatte. Es war unwichtig.

Ich schrieb es so, dass jeder etwas Interessantes in meinen Worten finden konnte, ein unerfahrenes Kind ebenso wie ein weiser alter Mann, Reiche ebenso wie Arme, ein Idealist im Teenageralter ebenso wie eine kapriziöse junge Dame, ein Fabrikarbeiter ebenso wie ein Künstler, ein Spieler ebenso wie ein Professor, und jeder Mann und jede Frau auf dem Planeten Erde.

Ich schrieb, ohne innezuhalten oder Dinge zu überarbeiten. Es gab ohnehin nichts zu überarbeiten, nur die Zeilen über Kennedys Ermordung verliehen allem eine unpassende Frivolität, deshalb hatte ich sie löschen müssen. Kira war längst eingetroffen und hatte mich bereits mehrfach vergeblich zum Abendessen gerufen. Ich befand mich mitten in einem Schwung und hatte überhaupt keinen Hunger.

Im letzten Teil meines Buches schrieb ich über all das, was man in seinem Leben am besten vermeiden sollte. All die schlechten Angewohnheiten. Selbstsucht, Verrat, Gier, Heuchelei, Lüsternheit, Diebstahl, Zorn, Neid, Faulheit und alles andere, das man weder sich selbst noch den Menschen wünschte, die man liebte. Um alles so rasch wie möglich hinter mich zu bringen, hatte ich den Sprint-Modus aktiviert, ebenso wie Überzeugungskraft. Hoffentlich half es.

Als der nächste Morgen hereinbrach, war ich fertig. Ich hatte nur in der Nacht einmal eine Pause einlegen müssen, um mich zu regenerieren. Anschließend saß ich bis zum Mittag an einer englischsprachigen Fassung des Buches. Kiras konstante Fragen ignorierte ich schlichtweg.

Nach dem Mittagessen veröffentlichte ich das Buch im Selbstverlag online, wo immer ich konnte. Als Künstlernamen wählte ich „Homo Sapiens". Dieses Pseudonym verwendete ich auch bei der Einsendung des Manuskripts bei allen großen russischen, US-amerikanischen, europäischen und asiatischen Verlagen. Dabei erklärte ich vorab meinen Verzicht auf sämtliche Honorare.

Als ich endlich mit all dem fertig war, überkam mich ein solches Glücksgefühl, dass ich mich auf einmal mit allem und jedem eins fühlte. Diesmal hielt meine Euphorie so lange an, dass ich erst am Abend langsam wieder zu mir kam. Ich war mit so vielen Meldungen über neue Level im sozialen Status überschüttet worden, dass ich mich jetzt im dreistelligen Bereich befand.

Gratuliere! Du hast einen neuen Erfolg erreicht: Erster Held deines lokalen Segments der Galaxie (Standort: Planet Erde).

Du hast das höchste Level des sozialen Status in der Geschichte deiner Rasse erzielt.

Belohnung: Manipulation der Zeit, eine passive Heldenfähigkeit.

Das Leben des wertvollsten Mitglieds der Gesellschaft zu retten, ist der höchste Gipfel des sozialen Schutzes. Die Fähigkeit ermöglicht dem Benutzer, die Zeit anzuhalten und die Welt in genau dem Augenblick wieder zu reloaden, in dem sein Tod ihn ereilt hat. Dies ist eine sehr besondere heldenhafte Fähigkeit. Sie erfordert den gewaltsamen Abzug des Geistes aller empfindungsfähigen Lebewesen, die sich gerade im betreffenden Segment aufhalten.

Weitere Belohnung: Der Säer. Dies ist eine aktive Heldenfähigkeit, die dir ermöglicht, das Interface der Plattform Erweiterte Realität! Home Edition bei allen Personen deiner Wahl zu installieren.

Um das Interface bei einer Person installieren zu können, musst du für die Dauer von drei Sekunden eine körperliche Berührung des zukünftigen Benutzers aufrechterhalten.

Ich spürte gar nichts. Zwar hätte ich etwas

empfinden müssen, doch so war es nicht. Ich war so ausgelaugt, ich besaß nicht einmal mehr ausreichend Geist, um Martha zu aktivieren und ihr von meinen Erfolgen zu berichten.

Stattdessen sah ich auf die Uhr und drehte mich dann um. Dort stand eine sehr verängstigte Kira.

„Phil, geht es dir gut? Ist alles in Ordnung?", flüsterte sie. Besorgt legte sie die Hand auf meine Stirn. „Ich hatte schon gefürchtet, du würdest überhaupt nicht mehr zu dir kommen. Du hast auf einmal nicht mehr geatmet, obwohl dein Herz weiter geschlagen hat." Nach einer Weile ergänzte sie: „Dein Flug geht in vier Stunden, und ich sollte mich ebenfalls langsam zum Flughafen begeben. Hast du schon gepackt? Sollen wir uns gemeinsam ein Taxi nehmen?"

Ich stellte mir eine andere Frage, erhielt eine Antwort und nickte. „Natürlich. Ich muss nichts packen. Lass uns einfach aufbrechen. Aber können wir unterwegs noch kurz im Büro vorbeischauen? Und bitte ruf die anderen an. Alik, Veronica, Kesha, Gleb, Kostya, Greg, Marina... und Herrn Katz und Rose. Sie sollen alle kommen. Ich will mich von ihnen verabschieden."

∗ ∗ ∗

Es war nur noch eine halbe Stunde bis Mitternacht. Alle, die ich mit der Absicht ins Büro bestellt hatte, das Interface bei ihnen zu installieren, hatten beschlossen, mich zum Flughafen zu begleiten. Bevor ich mit der Installation begonnen hatte, hatte ich meinen Freunden eine kurze Demonstration gegeben. Die Superkräfte ließ ich dabei allerdings aus. Das Einzige, was ich ihnen tatsächlich zeigte, war die Lügenerkennung. Wie meine Suchfähigkeiten funktionierten, hatten sie längst aus erster Hand erlebt. Ich hatte ihnen zunächst das Prinzip des Interface der *Erweiterten Realität* auseinandergesetzt, anschließend meine Überzeugungskraft aktiviert und ihnen erklärt, das Interface wäre ein Spielzeug aus der Zukunft, in die ich jetzt aufbrechen musste, um niemals wieder zurückzukommen.

„Du bist mir wirklich einer, Mann!", stieß Alik hervor.

„Du etwa nicht, Mann?", spottete ich gutmütig. „Jetzt hört mir mal gut zu. Was auch passiert — ihr müsst immer ruhig bleiben. Das Programm wird sich je nach euren persönlichen Vorlieben ganz unterschiedlich verhalten, aber das Grundprinzip bleibt immer dasselbe. Solange ihr das Interface verwendet, um gute Dinge zu fördern, werdet ihr immer weiter hochleveln. Veronica, wolltest du nicht ein bisschen größer sein? Jetzt hast du die Gelegenheit dazu — solange du dein Charisma verbesserst. Achte nur darauf, dass du dich nicht unter Ausschluss anderer Dinge zu sehr auf solche Äußerlichkeiten konzentrierst. Du bist jetzt der Direktor dieser Firma, da sind ganz andere Qualitäten gefragt und nicht weniger wichtig. Alik, dich bitte ich darum, jeden verfügbaren Eigenschaftspunkt in deine Intelligenz zu stecken. Das meine ich ernst! Gleb, du musst dich auf Selbstdisziplin konzentrieren. Denn wenn du aus Versehen in einen Poker Club stolperst, wirst du sonst versucht sein, das System mithilfe deiner neuen Fähigkeiten zu betrügen — und das würde eine harte Strafe nach sich ziehen. Ich habe hier eine Liste all eurer Fähigkeiten mit dem höchsten Potenzial zusammengestellt. Zuerst und vor allem solltet ihr euch mit…"

„Ich habe eine Herzkrankheit", unterbrach Herr Katz mich mit klagender Stimme. Er kam sofort zur Sache. „Kann dieses *Interface*, wie du es nennst, mir dabei helfen, mein Leben zu verlängern?"

„Allerdings, Herr Katz. Das System wird Ihnen genau sagen, was Sie tun und was Sie lassen sollten. Und sobald Ihr sozialer Status erst einmal hoch genug gestiegen ist, verfügen Sie über spezielle Fähigkeiten. Eine davon ist die vollständige Wiederherstellung des Körpers des Benutzers. Na, ist das ein Anreiz für ein Kultivieren der Menschenfreundlichkeit?"

Katz schürzte die Lippen, wollte etwas sagen, überlegte es sich jedoch anders. „Wie auch immer", bemerkte er mit einem Schulterzucken. „Fangen Sie also an und installieren Sie es. Und ich will der Erste sein, dem es eingepflanzt wird!"

Ich hatte gewusst, dass er genau das sagen würde. Absolutes Wissen konnte das Leben allerdings ziemlich langweilig machen, wie ich feststellen musste.

„Ob Sie der Erste oder der Zweite sind, das spielt keine Rolle", erwiderte ich. „Die Aktivierung des Systems habe ich auf morgen früh sechs Uhr festgelegt. Das verschafft euch allen ein wenig Zeit, euch vorzubereiten. Wenn ihr aufwacht, wird das Interface bereits aktiv sein. Anfangs habt ihr vielleicht gewisse Probleme mit eurer Sicht, aber das ist ganz normal. Darüber solltet ihr euch also keine Sorgen machen."

Meine Entscheidung, die Aktivierung bis zum nächsten Morgen hinauszuzögern, war durch meinen Wunsch beeinflusst worden, die Anpassung daran so reibungslos wie möglich zu gestalten. Auch das hatte mein absolutes Wissen mir verraten.

Nachdem ich bei jedem von ihnen — auch bei Kira — das Interface installiert und noch einmal meine Anweisungen wiederholt hatte, wie man sich darin zurechtfand, gingen wir die Treppe hinunter und hinaus auf die Terrasse. Alle stiegen in ihre Autos.

In der Entfernung entdeckte ich zwei dunkle Silhouetten. Es waren Yagoza und Sprotte. Mit schuldbewusstem Gesicht kam Alik zu mir.

„Kannst du noch einen Augenblick warten, Phil?", flüsterte er. „Ich habe den beiden versprochen, ihnen ein wenig Geld zu leihen."

„Lass uns gemeinsam zu ihnen gehen", erklärte ich. „Ich möchte mich von ihnen ebenfalls verabschieden. Sie sind ja schließlich keine Fremden für mich."

Yagoza breitete die Arme aus, als er erkannte, wer sich ihnen da in Begleitung von Alik näherte.

„Hallo, mein Herr! Lange nicht gesehen!", bemerkte er mit seinem schiefen Grinsen eines Knastbruders.

„Hallo Igor — hallo Alexey." Ich verwendete zum ersten Mal ihre richtigen Namen.

Wir tauschten einen Handschlag und ein paar bedeutungslose Höflichkeiten. Yagoza trat nervös von einem Fuß auf den anderen und kratzte sich am Kinn. Ich wusste, dass er sich in meiner Gegenwart unbehaglich fühlte. Vor allem, weil er nicht die geringste Absicht hatte, Alik das Geld zurückzuzahlen, das er sich von ihm „borgen" wollte. Ihm war klar, dass ich so etwas nicht dulden würde, sondern von ihm erwartete, dass er seine Schulden abtrug, auf Biegen oder Brechen.

Aber es war die Sache nicht wert, jetzt einen Aufstand zu machen. Den Verlust von 2.000 Rubeln[22] würde Alik gewiss verkraften können.

Einer der Fahrer — Kira — hupte ungeduldig. Wir mussten los. Es wurde Zeit, sich zu verabschieden.

„Okay, Jungs", sagte ich zu Yagoza und Sprotte. „Ich bin für meinen Flug schon zu spät dran. Ich gebe euch beiden nur noch einen letzten Rat: Ihr müsst mit Rauchen und Trinken aufhören, einen normalen Job finden und Sport treiben. Möge euer Gewissen euch leiten. Vertrauen ist mehr wert als euer Bandengesetz. Ihr habt Besseres verdient. Viel Glück!"

Ich verabschiedete mich mit einem langen Händedruck von beiden und ging zu Kiras Auto.

Als ich zurückschaute, sah ich, wie Alik verstohlen um sich blickte — er wollte wohl nicht, dass Veronica mitbekam, wie er ihr gemeinsames Geld weitergab. Anschließend schob er Yagoza ein paar Scheine zu und verabschiedete sich hastig.

Ich konnte ein idiotisches Grinsen nicht

---

[22] 2.000 Rubel sind etwas weniger als 30 Euro.

unterdrücken.

Morgen früh um sechs würden die beiden ein neues Leben beginnen. Ich hatte ihnen nicht nur die außerirdische Wetware in die Köpfe gepflanzt, sondern es auch geschafft, sie davon zu *überzeugen*, dass sie neue Wege einschlagen mussten — etwas, woran sich vor mir schon viele die Zähne ausgebissen hatten.

Wie gut, dass mein verstärkter Geist es mir ermöglichte, die Überzeugungskraft öfter als nur einmal alle 24 Stunden einzusetzen!

* * *

Als ich in dem Hotel in Tokio, in dem Jovanna abgestiegen war, zum Frühstück herunterkam, nahm ich mir einen Tisch an dem Fenster, das sich zur Terrasse draußen öffnete. Melancholisch stocherte ich in meinem Omelett, aß ein Stück Toast mit Käse, und saß dann einfach da, trank Kaffee und wartete. Ich wusste, um Punkt halb acht würde sie hier erscheinen, ebenso wie alle drei Tage zuvor.

Aus der Ferne hatte ich sie bereits bewundert, aber mehr auch nicht, denn ich *hatte gewusst*, dass jeder Versuch, mich ihr zu nähern, fehlschlagen musste. Sie war zu sehr auf den Tennissport konzentriert, um sich durch irgendwelche Dummheiten ablenken zu lassen.

Ich hätte natürlich ein paar meiner Fähigkeiten aktivieren können, aber ich wollte ihre Aufmerksamkeit ganz ohne solche Tricks gewinnen. Und so, wie ich Jovanna kannte, hatte ich nur eine einzige Chance, einen guten ersten Eindruck zu hinterlassen. Sie war absolut geradeheraus. Wenn sie mich zurückwies, würde sich mir niemals eine zweite Gelegenheit bieten.

Der Tag meiner nächsten Entführung näherte sich. Meine Zeit verbrachte ich damit, eine optimale Reiseroute auszuarbeiten und mir alle erforderlichen Visa zu beschaffen. Ganz gleich, ob Jovanna und ich ein zweites

Mal zusammenfanden oder nicht, wollte ich unbedingt all meine Freunde aufsuchen, die ich auf Pibellau kennengelernt hatte, und ihr Interface erneut installieren. Inzwischen war es mir gleichgültig, ob sie sich an mich erinnerten oder nicht. Die Prüfung hatte ihren Wert bewiesen.

Auch Ken und Striker standen auf der Liste.

Mein Buch mit dem Titel *Die Antworten* war rasch zu einer neuen Internet-Sensation geworden. Mit jedem Tag, der verging, wurde es beliebter. Einige Leute waren offensichtlich bereits damit befasst, es ins Spanische und Chinesische zu übersetzen. Das garantierte am Ende eine nahezu weltweite Leserschaft. Millionen ständig neuer Leser zitierten immer wieder aus dem Buch, empfahlen es, stritten sich über seine Inhalte. In einem allerdings waren sich alle einig: Dieses Buch musste man unbedingt gelesen haben. Einige entwickelten die unterschiedlichsten Verschwörungstheorien, versuchten, die Identität des Autors zu erraten. Aber auch sie würden bald die Botschaft des Buches in sich aufnehmen, ohne sich ernsthaft darum zu kümmern, wer es nun tatsächlich geschrieben hatte.

Ich wusste sogar, dass in einiger Zeit ein paar Leute eine ganz neue Theorie über den Ursprung des Buches aufstellen würden, die den Namen Gottes umfasste. Zuerst war diese Anspielung scherzhaft gemeint, erfolgte nur zögernd, doch bald würden die Verbreiter dieser Theorie an Selbstvertrauen gewinnen und vorschlagen, den Namen ihres jeweiligen Gottes auf dem Cover aufzunehmen. Auch diese Version würde am Ende in Diskussionen steckenbleiben und in Vergessenheit geraten. Der Grund dafür war ein ganz einfacher — das Buch enthielt bereits die Antwort auf die Frage nach Gott: Gott war kein höheres Wesen, sondern etwas, das in uns allen steckte.

Alle Tische im Restaurant waren bereits mit mehreren Gästen besetzt. Daher steuerte Jovanna direkt auf meinen zu.

„Entschuldigen Sie, darf ich mich an Ihren Tisch

setzen?", fragte sie. „Haben Sie etwas dagegen?"

„Ganz und gar nicht — ich habe meinen Kaffee ohnehin bereits fast ausgetrunken", erwiderte ich mit einem Hintergedanken.

Sie stellte zwei Teller auf dem Tisch ab. Darauf befand sich alles, das man als das perfekte Sportlerfrühstück bezeichnen konnte: Ein gekochtes Ei, Hühnerbrust, Gemüse, eine Schale Porridge, eine Mischung aus Müsli und Joghurt, Hartkäse und ein paar Scheiben Toast mit Ahornsirup.

Sie setzte sich mir gegenüber, nahm ein Salatblatt auf und schob es sich in den Mund, ohne aufzuschauen. Ich bewunderte ihre langen Wimpern, ihre wie gemeißelten Gesichtszüge und die anmutigen Bewegungen ihrer starken, sonnengebräunten Arme.

„Sie sind Tennisspielerin", sagte ich.

Sie antwortete nicht. Meine Laune sank, und ich hatte im Ansehen bei ihr ein paar Punkte verloren.

Aber das schreckte mich nicht ab. Ich musste es einfach noch einmal versuchen, und meine Vorausschau verriet mir den richtigen Ansatz.

Ich trank meinen Kaffee aus, wünschte ihr einen angenehmen Tag und verließ das Restaurant.

Am nächsten Morgen saß ich wieder am selben Tisch. Sie sah mich und setzte sich mir gegenüber, obwohl diesmal einige Tische leer waren.

Ich befasste mich mit meinem Smartphone und ignorierte sie. Der Hype, der um *Die Antworten* herum entstanden war, gewann an Schwung. Inzwischen hatten alle möglichen Berühmtheiten das Buch entdeckt. Die Ex-Frau eines russischen Fußballers, ein Star im Reality-TV, hatte über Twitter eine kurze Rezension veröffentlicht, die Zehntausende von Re-Posts erntete. Im Westen lag das Hashtag #*bookofanswers* voll im Trend.

Ich spürte, wie sie mich ansah, schaute auf und lächelte.

Etwas verlegen senkte sie dennoch nicht den Blick.

„Ich bin Jovanna. Und wie heißt du?"

* * *

„Du führst ein faszinierendes Leben", bemerkte Jovanna. „Mir schwirrt schon der Kopf von all den Flügen — Kasachstan, Südafrika, Kamerun, Kolumbien... Dabei sind wir nirgendwo mehr als höchstens zwei Tage geblieben. Und dies ist jetzt bereits die vierte amerikanische Stadt in drei Tagen!"

Ihr Kopf ruhte auf meiner Brust, ihre Hände liebkosten mich.

Wir lagen in unserem Hotelzimmer in Las Vegas auf dem Bett, erholten uns vom letzten Flug und legten nach einem weiteren höchst leidenschaftlichen Abenteuer eine Pause ein.

Im Laufe der letzten Woche waren wir um den gesamten Globus geflogen. Kaum war das Tennisturnier beendet, hatte ich Jo — so nannte ich sie jetzt wieder — angeboten, mich auf meinen Reisen zu begleiten. Ihr Trainer war darüber nicht gerade glücklich gewesen, doch ich hatte ihn beruhigen können. Berücksichtigte ich mein derzeitiges Level an Überzeugungskraft war das nicht allzu schwer gewesen.

Zuerst besuchten wir Ken in Kasachstan. Ich stieß wie zufällig auf ihn, als wir uns beide in einem vollgepackten Aufzug in einem der Regierungsgebäude in Astana befanden. Dabei stattete ich ihn mit einem Interface mit verzögerter Aktivierung aus, das dem meiner Freunde ähnlich war.

Anschließend ging es nach Johannisburg. Der Flug dauerte 18 Stunden, mit einem Zwischenstopp in Dubai. Ich ließ Jovanna im Hotel und besuchte meinen südafrikanischen Freund.

Ich fand John Carter in einem Aufnahmestudio. Ich musste mein gesamtes gewaltiges Charisma einsetzen, um

653

an einem sehr unkooperativen Manager vorbeizukommen, und anschließend lauschte ich mehr als eine Stunde lang, wie mein Freund Gitarre spielte und sang.

Danach stellte ich mich ihm als einer seiner Fans vor und bat ihn um ein Autogramm. Zum Abschied schüttelte ich ihm lange die Hand.

Auf dem Weg zurück, durch farbenfrohe, lärmerfüllte Straßen, kämpfte ich mit der Versuchung, die Frau zu besuchen, die Marthas Prototyp war, Jenna Petersen. Ihr Marker auf der Landkarte meines Interface verriet mir: Sie war in der Stadt. Angesichts meiner Fähigkeiten konnte es auch nicht allzu schwer sein, sie kennenzulernen.

Am Ende entschied ich mich dagegen. Das Auftauchen von Jovanna in meinem Leben hatte, das musste ich zugeben, mein Ideal weiblicher Schönheit verändert. Unter den Umständen ergab eine so impulsive Handlung einfach keinen Sinn.

Sofort fiel mir ein Stein vom Herzen. Schon der Gedanke, Jenna zu treffen, war mir insgeheim wie ein Verrat an Jovanna vorgekommen.

In Südafrika blieben wir 24 Stunden, bevor uns der nächste Flug uns nach Kamerun zu Ola führte.

Zum Glück lebte er nicht mehr in seinem Dorf, sondern war in die Hauptstadt Yaoundé gezogen, wo er nun als Mathelehrer arbeitete. Ich holte ihn ein, als er die Schule verließ, fragte ihn nach dem Weg zur Bibliothek und schüttelte ihm zum Dank lange die Hand.

„Wer in Baumwolle steckt, sollte sich von Feuer fernhalten", erklärte ich zum Abschied, was ihn völlig verwirrte.

„Großvater?", hörte ich seine erstaunte Stimme hinter mir.

Es kostete uns nahezu 24 Stunden, um von der Hauptstadt Kameruns aus über Paris nach Bogota zu gelangen. Der Weg nach Medellin dauerte eine weitere Stunde. Dort traf ich auf ernsthafte Probleme. Jovanna wartete zum Glück im Hotel auf mich, aber mich selbst führte meine Suche nach Manu in ein extrem gefährliches, kriminelles Viertel der Stadt.

Ich aktivierte Berserker, Sprint und Unverwundbarkeit. Anschließend hatte ich meinen Spaß daran, ein paar echten südamerikanischen Macho-Typen mit meinen Fäusten die Flötentöne beizubringen. Ihre Aggressionswerte waren so hoch, sie hätten sogar Rex erröten lassen. Der Kampf zog eine recht große Zuschauerzahl an. Einer der Zuschauer war jemand, der sich mit MMA-Kämpfen befasste. Er sprach kein Wort Englisch, und mein Spanisch reichte nicht aus, ihm begreiflich zu machen, dass ich kein Interesse hatte, für ihn zu arbeiten. Er bellte einen Befehl, was eine neue Bande örtlicher Störenfriede zusammentrommelte. Ich brauchte ein paar Minuten, um mit ihnen allen fertigzuwerden. Allerdings wage ich zu behaupten, das Ergebnis konnte alle Kampfszenen aus Bollywood-Filmen in den Schatten stellen.

Zu diesem Zeitpunkt hatte Manu diesen Ort bereits wieder verlassen. Fluchend jagte ich ihm nach. Dazu musste ich das Fahrrad von jemandem stehlen. Ich wusste, wer der „Eigentümer" war, der es übrigens ebenfalls gestohlen hatte... Und dann trat ich wie verrückt in die Pedale.

Endlich hatte ich meinen kolumbianischen Freund eingeholt, gerade, als er aus seinem Auto stieg. Ich rammte ihn absichtlich mit dem Fahrrad. Er versuchte, unter mir hervorzukriechen, und brüllte spanische Flüche. Ich installierte währenddessen das Interface.

„Lo siento", entschuldigte ich mich in meinem besten Spanisch.

Dann griff ich mir das Fahrrad und fuhr davon, als ob nichts gewesen wäre, zurück zu Jovanna. Am Abend flogen wir weiter nach Orlando, wo ich Eddie aufsuchte, und anschließend nach New York, zu Striker.

Jetzt waren wir in Las Vegas, und Mike war der

Letzte auf meiner Liste. Jovannas Interface hatte ich längst installiert, die Aktivierung jedoch bis nach unserer Trennung verzögert. Ich hatte keine Ahnung, warum. Nein, das stimmt nicht — ich wusste genau, warum, schämte mich jedoch, es zuzugeben. Ich wollte einfach nicht, dass sie meine wahren Gefühle und ihr wahres Ansehen bei mir entdeckte.

Inzwischen war ich mir ziemlich sicher, dass, selbst wenn ich nicht in die Zukunft hätte reisen müssen, unsere Beziehung einfach nicht funktioniert hätte. Wieder zurück zu Hause, nach der Prüfung, hatte ich gleich nachgeschaut, und das Interface hatte mir gezeigt, dass die Werte unserer Kompatibilität sehr gering waren. Das war meine erste Handlung gewesen, so sehr mich Hunger und Durst auch gequält hatten.

Der Grund, warum ich trotzdem noch mit ihr zusammen war, war nicht Selbstsucht. Ich musste es einfach tun. Oder, um genau zu sein, ich hatte es bereits getan — Jovanna war schwanger, mit meinem Sohn.

$$* * *$$

Ich ließ Jovanna schlafend im Hotelzimmer zurück und besuchte Mike im Fitnessstudio, wo er energisch auf einen Boxsack einschlug.

„Oh, hallo!", rief er, als er mich erblickte. „Bist du neu hier? Hast du Lust auf ein Sparring?"

Er hatte also offensichtlich nicht nur das Interface verloren, sondern auch seine Erinnerung an mich, obwohl wir uns auch im realen Leben begegnet waren. Wahrscheinlich war er aus Versehen das Opfer der Gedächtnislöschung geworden, die Khphor nach meiner Rettung aus den USA aktiviert hatte.

„Nein, danke." Seine Begeisterung brachte mich zum Lächeln.

„Oh, nun komm schon — sei kein Feigling! Wie heißt

du?"

„Phil. Aber gegen mich hast du nicht die geringste Chance."

„Ha! Du bist witzig!" Er drehte sich um und rief einem neben dem alten Trainer Ochoa auf der Bank sitzenden Mexikaner zu: „Hey, Gonzales! Wirf mir mal meine Boxhandschuhe rüber! Ich muss dir nicht mehr in den Arsch treten — ich habe ein besseres Opfer gefunden!"

Nun ja, warum eigentlich nicht? Einfach nur, um meinen Kreislauf in Schwung zu bringen und für ein wenig Spaß...

Ich duckte mich unter den Seilen hindurch. Plötzlich klingelte mein Handy. Ich wusste bereits, wer mich anrief, und warum.

„Phil, du hast eine Stunde, um dich vorzubereiten", sagte Valiadis. „Ich hoffe, du hast all deine geschäftlichen Dinge regeln können." Schon legte er wieder auf.

„Tut mir leid, Mann, ich muss sofort zurück — ein Notfall." Ich streckte meine Faust aus. Mike stieß mit seiner dagegen.

„Ha! Wusste ich's doch — du bist ein Feigling!", zog er mich auf, in der Hoffnung, vielleicht doch noch zu seinem Kampf gegen mich zu kommen.

Ich griff ihn beim Arm, installierte das Interface und ließ ihn wieder los.

„Hey! Was zum Teufel sollte das denn?"

„Gar nichts. Ich wollte mir nur deine Tätowierungen anschauen, Mann. Wir sehen uns, Mike Hagen!"

Er sah mir nach und wunderte sich, woher ich ihn wohl kannte. Am Ende nahm er an, ich hätte ihn bei einem seiner Kämpfe erlebt. Anschließend vergaß er mich gleich wieder.

Morgen früh würde sein Interface aktiviert werden.

Jovannas Sohn würde den Namen Luka tragen, und den Nachnamen seiner Mutter. Sein jüngster Sohn — mein Enkel — würde einmal Zoran genannt werden.

Zum x-ten Male erinnerte ich mich an eine meiner ersten Unterhaltungen mit Martha — zu einem Zeitpunkt, als sie noch aus nichts als ein paar Skripten bestanden hatte.

„Wer hat das Unternehmen gegründet?"

„Die Firma wurde von Zoran Savich ins Leben gerufen."

„Ist er ein Mensch? Von welchem Planeten stammt er?"

„Er stammt ursprünglich von der Erde und wurde im Jahr 2058 in der Eurasischen Union geboren."

Jovanna lächelte im Schlaf. Der Zähler zählte die letzte Minute bis zu meiner Entführung in die Zukunft herunter.

Ich hatte meinen Abschiedsbrief längst geschrieben. Auf dem Nachttisch lagen außerdem der Glücksring des Veles und das Figürchen des Netsuke Jurōjin. Beides hatte ich in einem Pfandleihhaus in Vegas retten können. Jovanna sollte die Artefakte aufbewahren und unserem Sohn geben, wenn er erwachsen war.

Rasch schickte ich Kira noch eine SMS, berichtete ihr von meinem Sohn und bat sie, ein Auge auf ihn zu haben. Sie antwortete sofort:

Ich verspreche es. Wo immer du auch bist, Phily — ich liebe dich. Pass auf dich auf!

Ich küsste Jovanna auf den Nacken, atmete tief ihren Duft in mich hinein, solange ich es noch konnte. Ich musste mich für immer daran erinnern können, durfte ihn niemals vergessen.

Auch wenn ich bestimmt in der Zukunft noch ein paar Flirts erleben würde, ich wusste genau: Ich würde niemals mehr jemanden so lieben wie ich sie liebte.

3...
2...
1...
Entführung.

Benutzer wird entführt... Erfolgreich abgeschlossen.

Das Interface wird deinstalliert... Es ist ein Fehler aufgetreten.

Das Interface wird deinstalliert... Es ist ein Fehler aufgetreten.

Das Interface wird deinstalliert... Es ist ein Fehler aufgetreten.

Untersuchung des Fehlers...

Es wurde eine unautorisierte künstliche Intelligenz gefunden.

Der Geist wird auf 0 zurückgesetzt... Erfolgreich abgeschlossen.

Die künstliche Intelligenz wird gelöscht...

Erfolgreich abgeschlossen! Die künstliche Intelligenz wurde gelöscht!

Der Verstand des Benutzers wird auf den Server im lokalen Segment übertragen... Erfolgreich abgeschlossen.

Der physische Körper des Benutzers wird entpersonifiziert... Erfolgreich abgeschlossen.

Der Verstand des Benutzers wird analysiert...

Es wurden unautorisierte Fertigkeiten und Fähigkeiten gefunden!

Unautorisierte Fertigkeiten und Fähigkeiten werden auf 0 zurückgesetzt... Erfolgreich abgeschlossen.

Die Haupteigenschaften des Benutzers werden in ihren anfänglichen Zustand zurückversetzt... Erfolgreich abgeschlossen.

Es wird ein neuer physischer Körper erstellt...

Erfolgreich abgeschlossen.

Der Verstand des Benutzers wird in den neuen Körper integriert... Erfolgreich abgeschlossen.

Der Körper des Benutzers wird teleportiert... Erfolgreich abgeschlossen.

Das Erwecken des Benutzers wird vorbereitet...

Erfolgreich abgeschlossen! Der Benutzer wurde erweckt!

Codename: Phil Panfilov, Mensch.

Champion der vierten Welle im Jahr 2018.

Ich öffnete die Augen.

ENDE VON BUCH 3

NEUE VORBESTELLUNGEN!

Kräutersammler der Finsternis LitRPG-Serie
von Michael Atamanov:
Der Videospieltester
Hart am Wind
Falle für den Herrscher
Streben nach Verkörperung

Unterwerfung der Wirklichkeit LitRPG-Serie
von Michael Atamanov:
Countdown
Bedrohung aus dem All

Der Weg eines NPCs LitRPG-Serie
von Pavel Kornev:
Toter Schurke
Königreich der Toten

Nächstes Level LitRPG-Serie
von Dan Sugralinov:
Neustart
Held
Die letzte Prüfung
Level Up: The Knockout
(mit Max Lagno)

Spiegelwelt LitRPG-Serie
von Alexey Osadchuk:
Der tägliche Grind - Im virtuellen Hamsterrad
Die Zitadelle

Vielen Dank, dass *Die letzte Prüfung* gelesen hast!

Weitere deutsche Übersetzungen unserer LitRPG-Bücher werden schon bald folgen!

Um weitere Bücher dieser Reihe schneller übersetzen zu können, brauchen wir Deine Unterstützung! Bitte schreibe eine Rezension oder empfehle *Die letzte Prüfung* Deinen Freunden, indem Du den Link in sozialen Netzwerken teilst. Je mehr Leute das Buch kaufen, desto schneller sind wir in der Lage, weitere Übersetzungen in Auftrag geben und veröffentlichen zu können.

Bitte vergessen Sie nicht, unseren Newsletter zu abonnieren:
http://eepurl.com/dOTLd1

Sei der Erste, der von neuen LitRPG-Veröffentlichungen erfährt!
Besuche unsere englischsprachen Twitter- und Facebook LitRPG-Seiten und triff dort neue sowie bekannte LitRPG-Autoren:
https://twitter.com/MagicDomeBooks

Deutsche LitRPG Books News auf FB liken:
facebook.com/groups/DeutscheLitRPG

Erzähle uns mehr über Dich und Deine Lieblingsbücher, schau Dir die neuesten Bücher an und vernetze Dich mit anderen LitRPG-Fans.
Bis bald!

www.ingramcontent.com/pod-product-compliance
Lightning Source LLC
Chambersburg PA
CBHW031448210326
41599CB00016B/2154